DIREITO EMPRESARIAL
BRASILEIRO
DIREITO SOCIETÁRIO

O GEN | Grupo Editorial Nacional – maior plataforma editorial brasileira no segmento científico, técnico e profissional – publica conteúdos nas áreas de concursos, ciências jurídicas, humanas, exatas, da saúde e sociais aplicadas, além de prover serviços direcionados à educação continuada.

As editoras que integram o GEN, das mais respeitadas no mercado editorial, construíram catálogos inigualáveis, com obras decisivas para a formação acadêmica e o aperfeiçoamento de várias gerações de profissionais e estudantes, tendo se tornado sinônimo de qualidade e seriedade.

A missão do GEN e dos núcleos de conteúdo que o compõem é prover a melhor informação científica e distribuí-la de maneira flexível e conveniente, a preços justos, gerando benefícios e servindo a autores, docentes, livreiros, funcionários, colaboradores e acionistas.

Nosso comportamento ético incondicional e nossa responsabilidade social e ambiental são reforçados pela natureza educacional de nossa atividade e dão sustentabilidade ao crescimento contínuo e à rentabilidade do grupo.

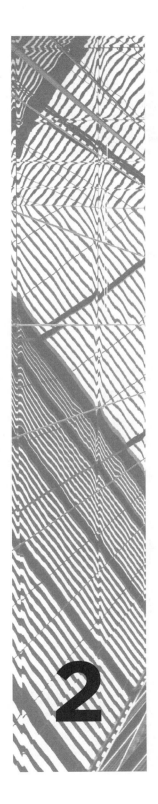

GLADSTON MAMEDE

DIREITO EMPRESARIAL BRASILEIRO

DIREITO SOCIETÁRIO

14.ª edição revista e atualizada

2

- O autor deste livro e a editora empenharam seus melhores esforços para assegurar que as informações e os procedimentos apresentados no texto estejam em acordo com os padrões aceitos à época da publicação, e todos os dados foram atualizados pelo autor até a data de fechamento do livro. Entretanto, tendo em conta a evolução das ciências, as atualizações legislativas, as mudanças regulamentares governamentais e o constante fluxo de novas informações sobre os temas que constam do livro, recomendamos enfaticamente que os leitores consultem sempre outras fontes fidedignas, de modo a se certificarem de que as informações contidas no texto estão corretas e de que não houve alterações nas recomendações ou na legislação regulamentadora.

- Fechamento desta edição: *24.01.2022*

- O Autor e a editora se empenharam para citar adequadamente e dar o devido crédito a todos os detentores de direitos autorais de qualquer material utilizado neste livro, dispondo-se a possíveis acertos posteriores caso, inadvertida e involuntariamente, a identificação de algum deles tenha sido omitida.

- **Atendimento ao cliente: (11) 5080-0751 | faleconosco@grupogen.com.br**

- Direitos exclusivos para a língua portuguesa
  Copyright © 2022 by
  Editora Atlas Ltda.
  Uma editora integrante do GEN | Grupo Editorial Nacional
  Al. Arapoema, 659, sala 05, Tamboré
  Barueri – SP – 06460-080
  www.grupogen.com.br

- Reservados todos os direitos. É proibida a duplicação ou reprodução deste volume, no todo ou em parte, em quaisquer formas ou por quaisquer meios (eletrônico, mecânico, gravação, fotocópia, distribuição pela Internet ou outros), sem permissão, por escrito, da Editora Atlas Ltda.

- Capa: Danilo Oliveira

- Até a 12ª edição, esta obra era intitulada *Direito Societário: Sociedades Simples e Empresárias.*

- **CIP – BRASIL. CATALOGAÇÃO NA FONTE.**
  SINDICATO NACIONAL DOS EDITORES DE LIVROS, RJ.

  M231d
  v. 2

  Mamede, Gladston
  Direito societário / Gladston Mamede. – 14. ed. – Barueri [SP]: Atlas, 2022.
  (Direito empresarial brasileiro; 2)

  Inclui bibliografia
  ISBN 978-65-5977-227-8

  1. Direito empresarial – Brasil. 2. Direito comercial – Brasil. 3. Sociedades comerciais – Legislação – Brasil. I. Título. II. Série.

  22-75724   CDU: 347.7(81)

  Meri Gleice Rodrigues de Souza – Bibliotecária – CRB-7/6439

Aos meus pais,
Antônio e Elma Mamede.
Nasci um homem muito rico,
não pelo ouro, mas pelo carinho
e educação de vocês.

Aos meus filhos,
Filipe, Roberta e Fernanda Mamede.
Todos os dias, agradeço a Deus por vocês,
e Lhe peço que os abençoe, proteja e ilumine.

À minha esposa tão amada,
Eduarda Cotta Mamede.
"Solo en las rutas de mi destino,
sin el amparo de tu mirar,
soy como un ave que en el camino
rompió las cuerdas de su cantar.
Cuando no estás, la flor no perfuma;
si tú te vas, me envuelve la bruma.
El zorzal, la fuente y las estrellas
pierden para mí su seducción.
Cuando no estás, muere mi esperanza;
si tú te vas, se va mi ilusión.
¡Oye mi lamento, que confío al viento
todo es dolor cuando tú no estás!
Nace la aurora resplandeciente,
clara mañana, bello rosal;
brilla la estrella, canta la fuente,
ríe la vida porque tú estás."
("Cuando tú no estás". Gardel, Lattes, Le Pera, Battistella)

Deus nos dê, a toda a humanidade,
Paz, Luz e Sabedoria,
Amor, Felicidade e Saúde.

Sobre o Autor

Bacharel e Doutor em Direito pela Universidade Federal de Minas Gerais. Membro do Instituto Histórico e Geográfico de Minas Gerais. Diretor do Instituto Pandectas.

Livros do Autor

Livros jurídicos

1. *Manual prático do inquilino*. Belo Horizonte: Edição dos Autores, 1994. 68 p. (Em coautoria com Renato Barbosa Dias.)
2. *Contrato de locação em shopping center*: abusos e ilegalidades. Belo Horizonte: Del Rey, 2000. 173 p.
3. *O trabalho acadêmico em direito*: monografias, dissertações e teses. Belo Horizonte: Mandamentos, 2001. 192 p.
4. *IPVA*: imposto sobre a propriedade de veículos automotores. São Paulo: Revista dos Tribunais, 2002. 183 p.
5. *Fundamentos da legislação do advogado*: para o curso de ética profissional e o exame da OAB. São Paulo: Atlas, 2002. 174 p.
6. *Agências, viagens e excursões*: regras jurídicas, problemas e soluções. São Paulo: Manole, 2003. 178 p.
7. *Código Civil comentado*: penhor, hipoteca e anticrese: artigos 1.419 a 1.510. São Paulo: Atlas, 2003. v. 14, 490 p. (Coleção coordenada por Álvaro Villaça Azevedo.)
8. *Férias frustradas*: manual de autoajuda para o turista. São Paulo: Abril, 2003. 98 p.
9. *Direito do turismo*: legislação específica aplicada. 3. ed. São Paulo: Atlas, 2004. 176 p.
10. *Direito do consumidor no turismo*. São Paulo: Atlas, 2004. 198 p.
11. *Manual de direito para administração hoteleira*: incluindo análise dos problemas e dúvidas jurídicas, situações estranhas e as soluções previstas no direito. 2. ed. São Paulo: Atlas, 2004. 200 p.
12. *Comentários ao Estatuto Nacional da Microempresa e da Empresa de Pequeno Porte*. São Paulo: Atlas, 2007. 445 p. (Em coautoria com Hugo de Brito Machado Segundo, Irene Patrícia Nohara e Sergio Pinto Martins.)
13. *Semiologia do direito*: tópicos para um debate referenciado pela animalidade e pela cultura. 3. ed. São Paulo: Atlas, 2009. 280 p.
14. *Mais de 500 questões de Ética Profissional para passar no Exame de Ordem*. São Paulo: Atlas, 2013. 377 p.
15. *Entenda a sociedade limitada e enriqueça com seu(s) sócio(s)*. São Paulo: Atlas, 2014. 167 p. (Em coautoria com Eduarda Cotta Mamede.)

16. *Divórcio, dissolução e fraude na partilha dos bens*: simulações empresariais e societárias. 4. ed. São Paulo: Atlas, 2014. 181 p. (Em coautoria com Eduarda Cotta Mamede.)
17. *Empresas familiares*: o papel do advogado na administração, sucessão e prevenção de conflitos entre sócios. 2. ed. São Paulo: Atlas, 2014. 204 p. (Em coautoria com Eduarda Cotta Mamede.)
18. *A advocacia e a Ordem dos Advogados do Brasil*. 6. ed. São Paulo: Atlas, 2014. 324 p.
19. *Direito empresarial brasileiro*: teoria geral dos contratos. 2. ed. São Paulo: Atlas, 2014. v. 5. 463 p.
20. *Blindagem patrimonial e planejamento jurídico*. 5. ed. São Paulo: Atlas, 2015. 176 p. (Em coautoria com Eduarda Cotta Mamede.)
21. *Planejamento sucessório*: introdução à arquitetura estratégica – patrimonial e empresarial – com vistas à sucessão causa mortis. São Paulo: Atlas, 2015. 175 p. (Em coautoria com Eduarda Cotta Mamede.)
22. *Manual de redação de contratos sociais, estatutos e acordos de sócios*. 5. ed. São Paulo: Atlas, 2019. 544 p. (Em coautoria com Eduarda Cotta Mamede.)
23. *Holding familiar e suas vantagens*: planejamento jurídico e econômico do patrimônio e da sucessão familiar. 12. ed. São Paulo: Atlas, 2020. 240 p. (Em coautoria com Eduarda Cotta Mamede.)
24. *Manual de direito empresarial*. 14. ed. São Paulo: Atlas, 2020. 512 p.
25. *Direito empresarial brasileiro*: empresa e atuação empresarial. 12. ed. São Paulo: Atlas, 2020. 424 p.
26. *Direito empresarial brasileiro*: sociedades simples e empresárias. 12. ed. São Paulo: Atlas, 2020. 544 p.
27. *Direito empresarial brasileiro*: títulos de crédito. 11. ed. São Paulo: Atlas, 2019. 344 p.
28. *Direito empresarial brasileiro*: falência e recuperação de empresas. 11. ed. São Paulo: Atlas, 2020. 488 p.

Livros de ficção

1. *Enfim*. São Paulo: Salta, 2014. 138 p.
2. *Eu matei JK*. São Paulo: Longarina, 2016. 154 p.
3. *Uísque, por favor*. São Paulo: Longarina, 2017. 285 p.
4. *Pique-esconde*: tanto vivo ou morto faz. São Paulo: Longarina, 2017. 180 p.
5. *Ouro de inconfidência*. São Paulo: Longarina, 2018. 238 p.
6. As pessoas lá de fora. São Paulo: Longarina, 2018. 165 p
7. *Inferno verde*. 2. ed. São Paulo: Longarina, 2019. 131 p.
8. *Bah!* crônicas liteiras (ou não) de tempos e temas diversos. São Paulo: Longarina, 2019. 182 p.

Outros

1. *Memórias de garfo & faca*: de Belo Horizonte ao mundo, aventuras na cata de um (bom) prato de comida. Belo Horizonte: Instituto Pandectas, 2020.

Coordenação de obras

1. *Responsabilidade civil contemporânea*: em homenagem a Sílvio de Salvo Venosa. São Paulo: Atlas, 2011. 766 p. (Em conjunto com Otavio Luiz Rodrigues Junior e Maria Vital da Rocha.)
2. *Direito da arte*. São Paulo: Atlas, 2015. 449 p. (Em conjunto com Otavio Luiz Rodrigues Junior e Marcílio Toscano Franca Filho.)

Nota do Autor

Brinco com o charuto entre os meus dedos. Escolhi um corona: nem muito grande, nem muito pequeno, embora goste mais dos enormes *double corona*, preferencialmente claros e, assim, de sabor mais suave. Tabaco o suficiente para alimentar o vício que mais cedo, mais tarde, cobrará o seu preço, deixando clara a minha estupidez. Acendo-o: neste instante sou apenas saudade: sinto a nostalgia das tantas decisões de minha vida, dos impasses, das partidas. Em todas essas oportunidades, eu não sabia nada do que ainda aconteceria, mas hoje vejo que foi tudo assustadoramente simples: a vida seguiu vida, preenchida de inúmeros momentos, atos, fatos, pessoas, sem se importar com o que ficara para trás. Vida, certamente vida, apenas: um dom, um presente, um instante na infinitude do tempo no qual se permite que existamos e, mais, que floresçamos.

Custei a aprender a "arte" de fumar levemente: no início, divertia-me com enormes baforadas (que ainda me aprazem, mas quando estou nervoso). Cachimbo e charutos são fumos distintos, hábitos distintos, circunstâncias distintas: o cachimbo exige maior atenção e, portanto, introspecção; por isso, é preciso tranquilidade para fumá-lo. O cachimbo parece-me um hábito essencialmente solitário; o charuto, ao contrário, permite uma interação maior com outras pessoas. Mas não há mais olfatos preparados para apreciar o seu cheiro. Fumantes de charuto, portanto, são normalmente *mal vindos* e *malvistos*, lamentavelmente. Mas tive que abandonar o cachimbo há muito tempo, por feridas que causava na língua. Melhor seria abandonar essa estupidez de me drogar de nicotina.

Recuso a ideia do destino, do "está escrito" (*maktub*, diz-se em árabe). Recuso ver-me atrelado a trilhos, previsíveis em todas as suas curvas, autômato até nos meus sentimentos. Recuso sentir-me como escravo do inevitável; prefiro assumir a responsabilidade de ser o agente, a obrigação ética da ação, não só para mim e para meus filhos, mas também para as gerações futuras, sem lastro de sangue.

Não é a condição social (exterior) que faz o ser humano escravo ou senhor; é a condição interior (psicológica, moral e, querendo-se, espiritual). Livre ou cativo, o submisso será sempre um escravo; por isso, Zumbi é senhor. Por isso, Ganga Zumba e Chica da Silva são senhores. Por isso, Joaquim José da Silva Xavier é o senhor, não os juízes que o sentenciaram à morte e voltaram submissos a Portugal, ter com a rainha louca. O juiz não é quem enverga a toga, mas quem manifesta Justiça; e só os puros de coração podem manifestá-la, nunca os amargos e os soberbos, que apenas podem servir aos desígnios da infelicidade.

Recuso a ótica do submisso, daquele que aceita o infortúnio não como um desafio a lidar – atente-se para o significado da palavra *lide* – e vencer, mas como um golpe injusto que seria, paradoxalmente, expressão da vontade divina. Não creio nisso, pois, no mínimo por necessidade conceitual e lógica, Deus identifica-se com a Justiça. Prefiro a opção de quem, no contexto definido pela vida, reconhece qual é o seu papel, percebe a sua missão e cumpre o seu papel. Uma ética de senhores, não de servos, embora difícil numa sociedade de falsos senhores e seus feudos de opressão. Esses que se pretendem semideuses, mas que são ídolos falsos, feitos de carne, sangue e presunção, feitos de ódio e tristeza, amargos no olhar que, por hospedar a maldade, veem o mal em tudo, sem perceber que o mal está em si. São grandes semeadores de pragas e ervas daninhas, esforçando-se por destruir as lavouras que se criaram após a passagem do semeador. São glutões devoradores de desgraça, precisando criá-las para delas se alimentar.

É bonito ver, negro, o chá cair no abraço circular da xícara, branca, de porcelana. Chás, prefiro-os sem açúcar: gosto de sentir-lhes o gosto, sem precisar escondê-los no açúcar.

Há nalgumas mesquitas algo que me fascina: a afirmação de que *não há Deus além de Deus* e que Ele é impensável: o pensamento humano não pode entender Deus ou *traduzi-Lo*. Somente o Coração pode *compreendê-Lo* e *compreender-se nEle*: pode-se viver Deus, mas erra-se ao racionalizá-Lo. Eu, mesmo sem religião, creio e busco compreender-me em Seus mistérios. E aqui, uma vez mais, tento cumprir a minha função. Não sei quantas moedas o meu Senhor deixou em minhas mãos antes de partir; isso, avaliou Ele, segundo o que julgou a minha capacidade (Mt, 25, 14-40). Ele a *conhece* melhor do que eu. Sei que tratei de as empregar e fazer render, pois um dia, quando o meu Senhor voltar e me pedir a prestação das contas, quero entregar-Lhe seu capital e lucro, pois me esforço por ser fiel. Por isso escrevo.

Com Deus,
com Carinho,

Gladston Mamede

Sumário

PARTE GERAL
CONTRATO DE SOCIEDADE

1 CONTRATO DE SOCIEDADE 3
   1 Elementos contratuais 3
   2 Sociedades simples e empresárias 6
   3 Sociedades não personificadas 9
   4 Sociedade em comum 10
      4.1 Patrimônio social e responsabilidade dos contratantes 13
   5 Sociedade em conta de participação 14
      5.1 Posição ostensiva 16
      5.2 Constituição 17
      5.3 Término e liquidação 20

2 PERSONIFICAÇÃO DAS SOCIEDADES 22
   1 Pessoa jurídica 22
      1.1 Elementos da existência das pessoas jurídicas 23
      1.2 Existência e funcionamento lícitos: deveres gerais de conduta societária 26
   2 Ato constitutivo 28

xiv Direito Empresarial Brasileiro: Direito Societário • Mamede

3 Autorização para o registro... 31

    3.1 Sociedade nacional 32

    3.2 Sociedade estrangeira 33

4 Nulidade absoluta ou relativa do registro.................... 35

5 Sócio incapaz 37

6 Sociedade entre cônjuges 39

7 Micro e pequena empresa 40

3 CONTRATO SOCIAL... 43

1 Sociedades contratuais.. 43

2 Sociedades de pessoas e sociedades de capital 45

3 Contrato social 46

    3.1 Sócios: identificação e qualificação.................... 48

    3.2 Qualificação da sociedade 49

        3.2.1 Nome empresarial 49

        3.2.2 Objeto social.. 50

        3.2.3 Sede 51

        3.2.4 Prazo de duração 52

    3.3 Capital.. 52

        3.3.1 Princípios norteadores.......................... 53

    3.4 Quotas.. 57

    3.5 Realização do capital social 58

    3.6 Administração e representação........................... 59

    3.7 Participação em lucros e perdas......................... 61

    3.8 Responsabilidade subsidiária dos sócios 62

4 Registro.. 63

5 Modificações do contrato social 64

6 Acordo de quotistas 68

4 DIREITOS E OBRIGAÇÕES DOS SÓCIOS............................. 71

1 Relações jurídicas sociais... 71

2 Pessoalidade... 73

3 Contribuições sociais 75

    3.1 Contribuição em serviço................................... 76

    3.2 Responsabilidade pela transferência de bens e créditos......... 77

4 Lucros e perdas... 77

5	O dever de fidúcia e a *affectio societatis*	79
6	Obrigações contratuais	81
7	Conflitos sociais e arbitragem	82

5 ADMINISTRAÇÃO SOCIETÁRIA 84

1	Administração	84
2	Administração coletiva e conjunta	85
	2.1 Conflito de interesses	87
3	Constituição de administrador	88
	3.1 Administrador provisório (temporário)	91
4	Atuação do administrador	93
5	Responsabilidade civil	95
6	Prestação de contas e fiscalização	96
7	Término da administração	97
8	Sociedades de grande porte	98

6 DISSOLUÇÃO PARCIAL OU TOTAL DA SOCIEDADE 102

1	Resolubilidade	102
2	Morte de sócio	105
	2.1 Morte de cônjuge do sócio ou sua separação	106
3	Direito de recesso	108
	3.1 Sociedade contratada por prazo determinado	109
	3.2 Sociedade contratada por prazo indeterminado	111
4	Exclusão do sócio	112
	4.1 Incapacidade superveniente	114
	4.2 Falta grave	115
	4.3 Falência do sócio	117
	4.4 Penhora da quota	117
5	Liquidação de quota	118
	5.1 Responsabilidade residual	122
	5.2 Atos do ex-sócio	123
6	Dissolução (total) da sociedade	124
7	Transformação: fundação ou firma individual	128

7 LIQUIDAÇÃO DA SOCIEDADE 130

1	Procedimentos de dissolução	130

2 Liquidante 131

3 Atos de liquidação 133

    3.1 Prestação de contas 137

4 Dissolução e Liquidação judicial 139

    4.1 Liquidação judicial 142

5 sonegação de bens 144

8 COLIGAÇÃO, TRANSFORMAÇÃO, INCORPORAÇÃO, FUSÃO E CISÃO ... 147

1 Sociedades coligadas: controle, filiação e mera participação 147

    1.1 Participação recíproca 149

2 Transformação 150

3 Incorporação societária 152

4 Fusão societária 155

5 Cisão societária 157

6 Justificação 162

7 Protocolo 163

8 Efeitos da metamorfose societária 164

9 *Due dilligence* (auditoria prévia) 167

9 DESCONSIDERAÇÃO DA PERSONALIDADE JURÍDICA 169

1 Mau uso da personalidade jurídica 169

    1.1 Desvio de finalidade 171

    1.2 Confusão patrimonial 171

2 Relações de consumo 172

    2.1 Má administração 174

3 Relações de trabalho 181

4 Definição da obrigação e do responsabilizado 182

    4.1 Extensão da obrigação sobre a empresa coligada 186

5 Tutela jurisdicional 188

6 Desconsideração inversa da personalidade jurídica 189

7 Prescrição 191

PARTE ESPECIAL I
SOCIEDADES CONTRATUAIS EM ESPÉCIE

10 SOCIEDADE SIMPLES 195

Sumário **xvii**

1	Elemento caracterizador	195
2	Tipos de sociedade simples	196
3	Ato de constituição	197
4	Relações entre os sócios	197
5	Administração	198

11 SOCIEDADE EM NOME COLETIVO ... 200

1	Nome coletivo	200
2	Estrutura	201
3	Obrigações sociais	202
4	Administração	203
5	Penhorabilidade da quota	204

12 SOCIEDADE EM COMANDITA SIMPLES ... 206

1	Comanditar	206
2	Responsabilidade do sócio	207
3	Responsabilidade do ex-sócio	208
4	Contrato social	210
5	Atuação societária	211
6	Morte de sócio	212
7	Unicidade de categorias	213

13 SOCIEDADE LIMITADA: ESTRUTURA ... 214

1	Limite de responsabilidade	214
2	Regime jurídico	215
3	Contrato social	216
4	Quotas	217
	4.1 Integralização	218
	4.2 Indivisibilidade	219
	4.3 Condomínio de quota	220
	4.4 Cessão de quotas	221
	4.5 Usufruto de quota	224
	4.6 Penhor de quota	225
	4.7 Penhora de quota	226
5	Sócio remisso	227
6	Capital social	228

6.1 Aumento de capital 229

6.2 Redução de capital 231

14 SOCIEDADE LIMITADA: FUNCIONAMENTO 233

1 Administração 233

2 Administração da atividade negocial (gerência) 234

3 Tempo de exercício da administração 238

4 Poderes e deveres do administrador 240

5 Prestação de contas 241

6 Responsabilidade civil 243

7 Conselho fiscal 244

8 Deliberações sociais 245

8.1 Convocação 248

8.2 Participação e votação 249

9 Dissolução total ou parcial 252

9.1 Resolução da sociedade em relação a sócios minoritários 253

PARTE ESPECIAL II
SOCIEDADES INSTITUCIONAIS (ESTATUTÁRIAS)

15 INTRODUÇÃO ÀS SOCIEDADES POR AÇÕES 261

1 Sociedade institucional ou estatutária 261

2 Estatuto social 262

2.1 Objeto social 263

2.2 Denominação 264

2.3 Outros elementos qualificadores 266

2.4 Reforma do estatuto 267

3 Escrituração 268

3.1 Livros sociais 270

3.2 Responsabilidade pela escrituração regular 272

4 Companhias abertas ou fechadas 273

5 A Comissão de Valores Mobiliários 274

5.1 Poderes 277

5.2 Sanções disciplinares 280

6 Negociação no mercado 281

7	Registro de companhia aberta	283
8	Fechamento de capital	285

16 CAPITAL SOCIAL E AÇÕES 288

1	Ações e suas espécies, classes e formas	288
2	Ações ordinárias	291
3	Ações preferenciais	293
4	Ações de classe especial	297
5	Ações com vantagens políticas	299
6	Ações de fruição (amortização de ações)	300
	6.1 Resgate de ações	301
	6.2 Ações resgatáveis	301
7	Forma das ações	302
	7.1 Ações escriturais	303
8	Modificação do capital social	304
	8.1 Direito de preferência	307
	8.2 Redução do capital social	310

17 CONSTITUIÇÃO DAS SOCIEDADES POR AÇÕES 312

1	Fundação	312
2	Subscrição pública	314
3	Assembleia geral dos subscritores	316
4	Subscrição particular	319
5	Integralização das ações	320
	5.1 Integralização por incorporação de bens	321
	5.2 Incorporação de imóveis	324
	5.3 Acionista remisso	325
6	Registro	328

18 TITULARIDADE E NEGOCIABILIDADE DA AÇÃO 330

1	Cambiaridade	330
2	Emissão de ações	331
3	Certificado de ação	332
4	Custódia de ações fungíveis	333
5	Negociabilidade	334
	5.1 Negociação de ações pela companhia: resgate, reembolso, amortização e recompra	335

6	Direitos de terceiros sobre a ação		337
	6.1	Penhor de ação	337
	6.2	Alienação fiduciária em garantia	338
	6.3	Usufruto	339
	6.4	Demais cláusulas e ônus	340

19 OUTROS TÍTULOS SOCIETÁRIOS 342

1	Partes beneficiárias		342
	1.1	Emissão de partes beneficiárias	343
	1.2	Conversibilidade em ações	345
2	Debêntures		346
	2.1	Agente fiduciário	347
	2.2	Emissão de debêntures	348
	2.3	Espécies e formas	351
	2.4	Certificado de debêntures	353
	2.5	Conversibilidade em ações	354
	2.6	Assembleia de debenturistas	355
	2.7	Adimplemento	356
	2.8	Cédula de debêntures	357
3	Bônus de subscrição		358
4	Notas promissórias		359

20 DIREITOS DOS ACIONISTAS 360

1	Tipologia		360
2	Defesa dos direitos e arbitragem		361
3	Voto		363
4	Aquisição do direito de voto pelas ações preferenciais		366
5	Abuso do direito de voto		367
6	Acordo de acionistas		370
	6.1	Execução	374
	6.2	Resolução	375
7	Direito de retirada		377
	7.1	Reembolso	378
8	Exclusão de acionista		381

21 ÓRGÃOS SOCIETÁRIOS 384

1 Assembleia geral 384

   1.1 Convocação 388

   1.2 Funcionamento 390

   1.3 Assembleia ordinária e prestação de contas 392

   1.4 Quórum de votação 394

2 Órgãos de administração 395

3 Conselho de administração 397

4 Diretoria 399

5 Deveres dos administradores 402

6 Responsabilidade dos administradores 405

7 Conselho fiscal 410

8 Órgãos técnicos e consultivos 413

9 Sociedade em comandita por ações 414

22 CONTROLE, COLIGAÇÃO E SUBSIDIARIEDADE 416

1 Controle acionário 416

2 Sociedade controladora 419

3 Alienação do controle 421

4 Oferta pública de aquisição de controle acionário 425

5 Subsidiária integral 427

6 Coligação e participação 430

7 Grupo de sociedades 432

8 Consórcio 436

23 RESULTADOS ECONÔMICOS 438

1 Finalidade econômica 438

2 Demonstrações periódicas 439

3 Resultados do exercício 443

4 Lucro e reservas 445

5 Dividendos 447

   5.1 Dividendo obrigatório 448

24 DISSOLUÇÃO, LIQUIDAÇÃO E EXTINÇÃO 451

1 Dissolução 451

2 Dissolução de pleno direito 452

3	Dissolução por decisão judicial	454
4	Dissolução por decisão administrativa	456
5	Dissolução parcial	456
6	Liquidação e extinção	459

25 SOCIEDADE COOPERATIVA 462

1	Cooperativismo	462
2	Natureza jurídica	463
	2.1 Características essenciais	466
	2.2 Especialidade	472
3	Constituição	473
4	Admissão, eliminação e exclusão de cooperados	474
	4.1 Concorrência com a cooperativa	476
5	Assembleia geral	480
6	Órgãos da administração	482
7	Fusão, incorporação e desmembramento	484
8	Dissolução e liquidação	485
	8.1 Responsabilidade subsidiária pelo passivo não satisfeito	487

REFERÊNCIAS 489

Parte Geral
CONTRATO DE SOCIEDADE

1
Contrato de Sociedade

1 ELEMENTOS CONTRATUAIS

A união de esforços para a consecução otimizada de resultados é uma tendência humana tão marcante que cheguei a investigar a existência de informações genéticas que a determinem: um instinto gregário, como o revelado também por outras espécies animais; foi assim que descobri, entre os estudos de etologia, sociologia animal e disciplinas afins que os animais, humanos, incluídos, manifestariam dois impulsos (opostos, mas complementares): um impulso agonístico (de luta, de disputa) e um impulso altruísta (de cooperação, de ajuda).[1] Disputar e colaborar, muito do Direito está explicado nesse par complementar e muito do Direito Societário, por igual. Em fato, haveria algo de natural, de biológico, na tendência de trabalhar junto, de cooperar para um fim comum: um instinto gregário que, de resto, foi detectado também por outras espécies animais.[2] Isso se reflete tanto no Estado quanto em coletividades menores, como as organizações privadas. No plano dos negócios, trata-se de uma estratégia ancestral: juntar-se a uma ou mais pessoas para ganhar dinheiro. Essa é a base elementar do instituto da sociedade e, enfim, do Direito Societário. O que há de se estimular: a cooperação entre os sócios (altruísmo); o que há que se conter e regrar entre os sócios: a disputa, a luta (agonismo). Essa a base do instituto e do instrumento jurídico.

---

[1] Conferir MAMEDE, Gladston. *Semiologia do direito*: tópicos para um debate referenciado pela animalidade e pela cultura. 3. ed. São Paulo: Atlas, 2009.

[2] Conferir MAMEDE, Gladston. *Semiologia do direito*: tópicos para um debate referenciado pela animalidade e pela cultura. 3. ed. São Paulo: Atlas, 2009.

Direito Empresarial Brasileiro: Direito Societário • Mamede

A sociedade é um contrato. E o contrato é a primazia do acordo, opondo-se frontalmente à agressão, à conquista violenta ou fraudulenta. Não é – e não pode ser – a via da sujeição de um indivíduo (ou grupo de indivíduos) a outro indivíduo (ou grupo de indivíduos), como resultado da predominância da força, em potência ou ato. É a via da composição, da combinação dos interesses, da constituição de relações de convergência.[3] Seguindo tais referências, é correto afirmar que a formação de uma sociedade pode ser contratada entre as partes.

Em linhas gerais, não se trata de contrato formal (embora a contratação de pessoa jurídica o seja, como veremos bem adiante). No plano geral, uma sociedade pode ser contratada de forma expressa ou mesmo tacitamente: afinal, o *contrato* não se confunde com *o instrumento de contrato*. O contrato é o acordo de vontades e o instrumento de contrato é o documento constituído especificamente para comprovar o contrato e, *almenos*, algumas das cláusulas acertadas entre as partes. Apenas quando a lei exija um instrumento (documento escrito no qual se declaram os termos do ajuste), será esse um requisito para a validade dos ajustes. Nessa toada, são os seguintes os elementos de um contrato de sociedade (artigo 981, CC): (1) ajuste de vontade; (2) pluralidade de pessoas (o que poderá ser excepcionado na formação de pessoa jurídica); (3) definição de obrigações recíprocas; (4) finalidade econômica; e (5) partilha dos resultados. Fica claro, consequentemente, que o contrato de sociedade que leva à formação de uma pessoa jurídica (sociedade simples ou empresária) é um tipo especialíssimo de algo bem mais geral e amplo: um contrato de sociedade como os incontáveis que se celebram todos os dias:

– O que vocês acham de a gente comprar juntos e depois cada um fica com a sua parte. Sai mais barato.

– Uai! S'imbora.

Está celebrado o contrato. Agora, a execução: comprar (dividir o valor da compra) e dividir entre os contratantes (sócios), como ajustado. O ajuste das vontades, livres e conscientes, é requisito basilar do contrato. E ajuste que é (e deve ser), voltado para um fim comum: os contratantes da sociedade assumem entre si um compromisso de atuação coordenada, de trabalharem para a realização do objeto contratado. Como decorrência dessa contratação, nasce entre eles um poder/dever de fidúcia para com o grupo, dever de lealdade: contrataram uma sociedade. É implícito a este sinalagma, uma renúncia individual em favor de um interesse coletivo, ainda que em limites que se amoldem à Constituição, leis, princípios jurídicos e, respeitados todos esses, ao contrato. No caso da sociedade, está implícito que as partes assumem um dever de ação comum: agir para um mesmo fim. E isso implica lealdade entre si para a consecução do contrato. Esse é um elemento vital dessa ferramenta jurídica (que pode ser encarada, por igual,

---

[3] Conferir MAMEDE, Gladston. *Direito empresarial brasileiro*: teoria geral dos contratos. 2. ed. São Paulo: Atlas, 2014. v. 5.

como instituição): a sociedade é um espaço para atuação comum, solidária, a demandar coerência na postura de sócios e administradores: a coletividade como limite à individualidade.

Também é requisito a pluralidade de partes: duas ou mais, pessoas naturais e/ou jurídicas, de Direito Público ou de Direito Privado. A presença de tal requisito na definição legal do contrato, no entanto, não mais se espraia por formas mais complexas de sociedade, como no passado. A reboque do que se viu na Europa, o Direito evoluiu para aceitar a unicidade de sócio na composição de uma sociedade. Dessa maneira, verifica-se uma tendência de se distanciar da compreensão contratual da sociedade e caminhar para uma compreensão institucional. Contudo, é uma evolução covarde e, portanto, hesitante, resultando em mais confusões do que segurança jurídica. Melhor seria um passo corajoso, expresso em norma que fosse clara e coerente, expressando uma base teórica forte que afastasse confusões. Infelizmente, não está sendo assim, e temo que não será. O Direito é um carro em que o pedal do acelerador é entregue a um motorista e o do freio a outro. Assim, como se viu no volume 1 (*Empresa e Atuação Empresarial*), o novo convive com um velho já quase ilógico e insustentável, mas que faz com que alguns tenham suas manias atendidas, apesar da sociedade. Pena.

O *contrato de sociedade* define obrigações recíprocas entre as partes, ao contrário do *contrato de associação*, certo que não há, entre os associados, direitos e obrigações recíprocos (artigo 53, parágrafo único, do Código Civil). Na sociedade, mesmo sem personalidade jurídica, a *reciprocidade das obrigações* é elemento essencial: todos devem contribuir para a consecução das finalidades ajustadas e, *mutatis mutandis*, todos podem exigir, extrajudicial ou judicialmente, o cumprimento das obrigações assumidas. Mas a exigência de reciprocidade não traduz necessidade de proporcionalidade matemática; as obrigações assumidas pelas partes não precisam ser equivalentes, nem proporcionais à participação de cada sócio. A liberalidade (livre e consciente) de qualquer das partes, contribuindo em maior proporção para o ajuste, não caracteriza defeito jurídico. Visto por outro ângulo, também a afirmação de reciprocidade ecoa a necessidade de lealdade e fidúcia por parte dos contratantes em todas as fases do iter contratual. A pretensão de usar a sociedade para se beneficiar em prejuízo dos demais contratantes constitui ato ilícito por atentar diretamente contra a ideia de contrato e contra a sua definição legal. Não é apenas uma questão de mero *affectio societatis*, como querem alguns. É bem mais. É elemento inerente à essência do instituto jurídico: as partes devem agir juridicamente de forma coerente com a ideia de reciprocidade que é inerente à sociedade.

Somente há sociedade se a finalidade do ajuste é econômica: produção e auferimento de vantagens com expressão pecuniária. Não há sociedade se a finalidade é religiosa, cultural etc. O ajuste de mútua cooperação em atividade não econômica e sem o objetivo de apropriação das vantagens produzidas não caracteriza contrato de sociedade (artigo 981 do Código Civil), mas outra figura, como a associação (artigo 53). Aliás, haverá associação mesmo quando se tenha atividade produtiva e/ou negocial, mas sem objetivo de apropriação e distribuição dos resultados; assim a associação de senhoras que produzam peças em crochê para vendê-las e doar o saldo positivo para um orfanato.

Não se confunda, contudo, finalidade econômica com lucratividade. O lucro guarda correspondência direta com a ideia de investimento: *lucro é a remuneração do capital investido*. É o que se passa com os *sócios capitalistas*, cuja contribuição para a sociedade é exclusivamente o investimento de capital, sendo remunerados quando se distribuem os lucros. Há finalidade econômica mesmo quando o saldo positivo não caracterize lucro, não se verificando remuneração por capital investido; é o que se passa nas sociedades cooperativas, nas quais se remunera o trabalho de cada cooperado e não o investimento feito. Nas cooperativas não há lucro, mas saldo positivo; mas há finalidade econômica, razão pela qual está caracterizada a sociedade.

A expressão *atividade econômica*, embora implique conversibilidade em pecúnia (em valores monetários), não está diretamente vinculada ao conceito de dinheiro. Pode haver atividade econômica mesmo quando a contratação não envolva valores em moeda, como quando a vantagem econômica seja representada por bens ou vantagem de outra natureza, como serviços, *desde que com expressão econômica*. Acresça-se que a atividade econômica exercida pelos contratantes pode ser de qualquer natureza, como prestação de serviços, produção e/ou venda de bens, intermediação de negócios etc.

O contrato de sociedade poderá ser celebrado para um único evento, a exemplo da organização de espetáculo. O objeto pode ser um conjunto de eventos determinados, prolongando-se os efeitos do contrato, conforme o ajuste, até que todos sejam realizados. Também é possível que a eficácia da sociedade seja fixada no tempo: um termo ou um prazo definido. Por fim, é igualmente lícito estipular um contrato de sociedade por tempo indeterminado, o que é comum; cinco músicos que criem uma banda e passem a se apresentar em bares, dividindo entre si o valor dos cachês, sem estipular quando o negócio irá acabar.

2 SOCIEDADES SIMPLES E EMPRESÁRIAS

Ao longo da história do Direito, criou-se o artifício de atribuir personalidade jurídica não exclusivamente a seres humanos, mas a determinados entes de existência meramente moral. Entre esses entes estava o contrato de sociedade que, assim, passou a poder ser entificado: cumprindo os requisitos legais, a sociedade se tornava uma pessoa. Por isso digo artifício jurídico. Cuida-se de mais uma manifestação da arte humana: uma superação da mera realidade física para estabelecimento de uma realidade humana, ideológica (com significações, valores

Parte Geral – Cap. 1 • Contrato de Sociedade 7

etc.), sobre a qual se funda uma correspondente prática social (práxis).[4] Assim, no esboço de Código Civil apresentado ao governo imperial pelo grande jurista baiano Teixeira de Freitas (c. 1860), os artigos 16 e 17 diziam que "todos os entes suscetíveis de aquisição de direitos e deveres são pessoas", sendo que "as pessoas, ou são de existência visível, ou de existência tão somente ideal".[5] A personificação do contrato de sociedade, dando origem à sociedade (artigo 44, II, do Código Civil), expressa tal existência meramente ideal da pessoa. Mas a infraestrutura dessa pessoa jurídica (a sociedade) é um contrato ou, como se verá adiante, um estatuto social.

O Código Civil divide as sociedades em simples e empresárias (artigo 982 do Código Civil). Essa divisão atende a uma compreensão medieval da sociedade humana, com raízes na estrutura social greco-romana e já deveria ter sido superada, reconhecendo-se a unidade do direito negocial. Em fato, na estrutura social e econômica anterior, as relações civis eram calçadas na família patriarcal, tendo o *pater familias*, o cabeça do casal, como sua pedra angular. E isso num espaço rural: o feudo e, depois, a fazenda. Mulheres, filhos menores e mesmo agregados estavam excluídos da vida econômica e, mais do que isso, a própria lógica dessa produção patriarcal se opunha à vitalidade das cidades (os burgos) e suas feiras e comércio etc. O Direito Comercial foi uma das primeiras grandes revoluções do II Milênio, quiçá pouco antes: não é quem você é (pai, nobre, família etc.): no mercado, todos são iguais, todos contratam em isonomia. Isso se manteve, entre nós, brasileiros, até meados do século XX e não mais se justifica. Nossa sociedade mudou e todos vivemos no mesmo plano alucinado de relações econômicas, contratos, empresas (das mais simples às grandes corporações). A pretensão de sustentar uma ética civil e outra mercantil não reflete o que efetivamente vivemos. Aliás, a evolução da jurisprudência falimentar, a alcançar não apenas as sociedades simples, mas associações e fundações, deixa claro que estamos maduros para uma unificação da compreensão jurídica das atividades negociais. E ela é urgente e só não ocorre porque há quem se locuplete indevidamente com essa divisão artificial e, assim, resiste à evolução simplificadora.

Na compreensão do Código Civil, as sociedades empresárias são aquelas que têm por objeto o exercício de atividade própria de empresário sujeito a registro (artigos 966 e 967); as demais são consideradas sociedades simples. Portanto, a nota distintiva da sociedade simples seria a inexistência de uma organização de bens materiais e imateriais (intelectuais), bem como de recursos humanos, voltada para a produção sistemática de riqueza. É o que se passaria com algumas sociedades de profissionais liberais, nas quais cada um dos sócios desempenha,

---

4   Conferir MAMEDE, Gladston. *Semiologia do direito*: tópicos para um debate referenciado pela animalidade e pela cultura. 3. ed. São Paulo: Atlas, 2009.

5   Conferir FREITAS, Augusto Teixeira de. *Esboço do Código Civil*. Brasília: Ministério da Justiça: Fundação Universidade de Brasília, 1983. p. 9-10.

isolada e independentemente, por força da lei (*ex vi legis*) ou em virtude da vontade (*ex voluntate*), o objeto social. De qualquer sorte, por força do parágrafo único do artigo 982, as sociedades por ações são sempre consideradas empresárias e a sociedade cooperativa é sempre considerada simples.

Observe-se, no que se refere às atividades rurais, haver uma hesitação legislativa, tornando facultativo o registro do empresário em tais casos (artigo 971 do Código Civil); é mais uma tradução daquela compreensão medieval das atividades humanas que já deveria ter sido superada. Precisamos de um tratamento unitário das atividades negociais, acredito. Como se não bastasse, há também nesse ponto um fator lamentável de insegurança jurídica. De qualquer sorte, essa regra não alcança as sociedades, já que a atribuição de personalidade resulta do registro, incluindo atividades rurais que não tenham finalidade econômica, como nas fundações ou associações. Se há finalidade econômica em sentido estrito, a pessoa jurídica se caracterizará como sociedade, simples ou empresária, dependendo da estrutura de funcionamento, do interesse social e do tipo societário: uma sociedade cooperativa será obrigatoriamente simples e uma sociedade por ações será obrigatoriamente empresária. Faculta-se a transformação da sociedade rural simples em *sociedade rural empresária* (artigo 984), se atendidos os requisitos para tanto (artigos 968 e 1.113 a 1.115). Nessa hipótese, o Código fala em *equiparação*, para todos os efeitos, à sociedade empresária, no que se equivoca; não é uma hipótese de equiparação, mas de inclusão: a sociedade rural *será* empresária.

As sociedades empresárias personalizadas devem adotar um desses tipos societários (artigos 1.039 a 1.092 do Código Civil): (1) sociedade em nome coletivo; (2) sociedade em comandita simples; (3) sociedade limitada; (4) sociedade anônima; (5) e sociedade em comandita por ações. Já as sociedades simples devem adotar uma das seguintes formas: (1) sociedade simples *em sentido estrito* (ou *comum*); (2) sociedade em nome coletivo; (3) sociedade em comandita simples; (4) sociedade limitada; (5) e sociedade cooperativa. A chamada sociedade simples *em sentido estrito* (ou *comum*) resulta do artigo 983 do Código Civil, segundo o qual "a sociedade simples pode constituir-se de conformidade com um desses tipos e, não o fazendo, subordina-se às normas que lhe são próprias".

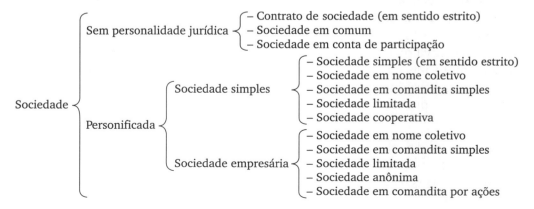

Vige no Direito Societário Brasileiro o *princípio da tipicidade societária*: a constituição de sociedades, simples ou empresárias, deverá respeitar as formas (ou tipos) previsto em lei.[6] O *princípio da tipicidade* não se aplica às sociedades sem personalidade jurídica; essas sociedades submetem-se apenas aos princípios gerais de Direito e às regras do Direito Obrigacional e Contratual. Mas submete as sociedades personificadas, bem como seus atos constitutivos, erigindo padrões mínimos indispensáveis, cujo desrespeito implicará nulidade do registro ou, quando menos, nulidade de parte das disposições anotadas no ato de constituição. Assim, não se podem criar tipos novos, nem tipos mistos, formados pela combinação de tipos diversos. Também não se admite a recusa em atender os elementos essenciais de um tipo societário, a exemplo da previsão de limite de responsabilidade numa sociedade em nome coletivo, contrariando o artigo 1.039 do Código Civil.

Daí não se tira um engessamento absoluto das sociedades; não estão submetidas a uma mesma *clausulação*. Respeitados os requisitos legais, há um amplo espaço para a livre estipulação de cláusulas no contrato (artigo 997, *caput*, do Código Civil) ou estatuto.[7]

3 SOCIEDADES NÃO PERSONIFICADAS

A sociedade adquire personalidade jurídica com a inscrição, no registro próprio e na forma da lei, dos seus atos constitutivos (artigos 45, 985 e 1.150 do Código Civil). Durante décadas, chamou-se de *sociedade de fato* àquela que não estivesse registrada. Contudo, mesmo sem registro, há um contrato de sociedade e, portanto, uma relação jurídica *de fato* e *de direito*, ainda que sem personalidade jurídica. O Código Civil de 2002 corrigiu essa distorção terminológica, reconhecendo que o *contrato de sociedade* pode originar *sociedades personificadas* ou *não personificadas*. A sociedade sem personalidade jurídica, portanto, é uma sociedade *de fato* e *de direito*. A ausência do registro tem por efeito apenas a ausência de atribuição de personalidade, não tornando ilícito o contrato de sociedade, se tem objeto lícito. Aliás, pode-se dizer o mesmo do *contrato de associação*, inclusive para fins de convivência afetiva (união estável) ou qualquer outro tipo de associação lícita.

Nesse amplo leque de possibilidades jurídicas para o contrato de sociedade sem personalização, o legislador tipificou duas situações específicas que serão aqui estudadas: a sociedade em comum e a sociedade em conta de participa-

---

[6] Sobre o princípio da tipicidade societária, no Direito português, confira-se FURTADO, Jorge Henrique Pinto. *Curso de direito das sociedades*. 4. ed. Coimbra: Almedina, 2001. p. 30-31.

[7] Essa ampla liberdade de regramento da sociedade por meio das cláusulas de seu ato constitutivo foi objeto de uma exaustiva exploração que fiz, junto com Eduarda Cotta Mamede: *Manual de Redação de Contratos Sociais, Estatutos e Acordos de Sócios*. 3. ed. São Paulo: Atlas, 2016.

ção. Acredito que tal tipificação não é exaustiva: são dois casos que, por sua gravidade, receberam tratamento específico. Pode haver contrato de sociedade não personificado em outras situações. Nessas hipóteses, não haverá regulação específica, devendo o legislador se orientar, antes de mais nada, pelo artigo 981; os artigos 986 a 990 devem ter aplicação subsidiária e, por força do artigo 986, as normas que regem a sociedade simples: artigos 997 a 1.038, todos do Código Civil.

4 SOCIEDADE EM COMUM

A *sociedade em comum* foi pensada pelo Código Civil como um momento prévio ao registro e, assim, à personificação do contrato de sociedade. O artigo 986 diz que a sociedade irá se reger por aquelas normas *enquanto não inscritos os atos constitutivos*, uma oração subordinada adverbial. Essa qualificação restritiva deixa claro que o legislador não pensou os artigos 986 a 990 para os contratos de sociedade que foram ajustados para existir sem personificação, ou seja, para aquilo que sempre se chamou de sociedade de fato. O pior é que sociedades sem personalidade jurídica é o que mais há, mesmo quando contratam (e querem contratar), sem saber que o fazem, a exemplo de quatro jovens que constituam uma banda de *rock'n roll* para tocar em bares, sem jamais pensarem em dar personalidade jurídica a tal contrato. Um exemplo entre milhões: sociedades sem registro e, portanto, sem personalidade jurídica devem alcançar milhões de unidade sem que, contudo, tenham um regramento próprio. O que se faz? Usa-se essencialmente o artigo 982 do Código Civil e, supletivamente, no que for possível, as normas da sociedade em comum (que serão agora estudadas) e da sociedade simples. Problemas que não encontrem solução aí deverão submeter-se às demais regras e estratégias que são empregadas para a colmatação de lacunas, nomeadamente em face do princípio da indeclinabilidade da jurisdição.

Por outro lado, a regulamentação da sociedade comum é de se festejar. O ajuste de vontade para a constituição de uma sociedade personificada dá-se bem antes do registro, passando as partes a praticar atos preparatórios para a constituição da atividade negocial, o que culminará com o arquivamento dos atos constitutivos no Registro Próprio. Há sociedade em comum entre o ajuste inicial e o registro, sendo regida pelos artigos 986 a 990 do Código Civil e, subsidiariamente, pelas normas da sociedade simples, dispostas nos artigos 997 a 1.038, sempre que compatíveis. Mas não se aplicam as disposições da sociedade em comum à fase de constituição das sociedades por ações (artigo 986), regida pela Lei 6.404/1976, inclusive no alusivo à formação (artigos 80 e seguintes) nem às sociedades em conta de participação, que têm tratamento próprio (artigos 991 a 996 do Código Civil).

Não há forma prescrita para a validade do contrato de sociedade sem personalidade jurídica. A forma diz respeito ao contorno por meio do qual o ato jurídico se manifesta no mundo material, exteriorizando-se de sua existência intelectual. Ora, não obstante os conceitos de *forma* do ato jurídico e de *prova* do ato jurídico sejam distintos, a prescrição legal de uma forma necessária trabalha a favor da prova da existência do ato. Há forma prescrita para o cheque; assim, a cártula que atenda à forma legal (Lei 7.357/1985) e normas regulamentares do Banco Central do Brasil prova o saque (a ordem de pagamento à vista feita pelo correntista ao banco). A forma prescrita em lei facilita a prova do ato jurídico. Quando não há forma prescrita, o ato pode se concretizar por qualquer forma, desde que não seja juridicamente vedada (artigo 104, III, do Código Civil). Justamente por isso, a prova do ato jurídico se fará por qualquer meio lícito (artigo 212 do Código Civil), salvo exceções legais ou convencionais.

Como não há forma prescrita para o contrato de sociedade sem personalidade jurídica, inclusive a *sociedade em comum*, torna-se um problema a prova de sua existência, em duas perspectivas diversas: (1) relações entre a sociedade e terceiros e (2) relações entre os sócios. Na primeira perspectiva, duas hipóteses diversas se colocam: (a) a prova da sociedade por terceiros, em demanda contra um, alguns ou todos os sócios e (b) a prova da sociedade pelos sócios, nas relações mantidas com terceiros. Os terceiros podem provar a existência da sociedade por qualquer meio lícito (artigo 987 do Código Civil), não podendo seus sócios, quando demandados, opor a irregularidade de sua constituição (artigo 75, IX e § 2º, do Código de Processo Civil). Lembre-se que todos os sócios respondem solidária e ilimitadamente pelas obrigações sociais (artigo 990 do Código Civil), embora possam exigir que os bens sociais sejam executados primeiro (artigo 1.024), indicando os bens livres do patrimônio social que poderiam satisfazer à obrigação. Esse benefício de ordem, contudo, não alcança aquele que contratou pela sociedade. Portanto, a prova da existência da sociedade pode ser produzida em demanda contra apenas um, contra alguns ou contra todos os sócios, não sendo indispensável o litisconsórcio passivo entre todos.

Nas demandas contra terceiros, os sócios provam *por escrito* a existência da sociedade sem personalidade jurídica (artigo 987 do Código Civil). Essa prova se faz por qualquer documento, em sentido largo (instrumento de contrato, recibos

12 Direito Empresarial Brasileiro: Direito Societário • Mamede

etc.), incluindo o chamado *começo de prova escrita*, desde que hábil a demonstrar que a existência do contrato de sociedade era conhecida pelo terceiro. Se não há prova de que o terceiro tinha conhecimento da existência da sociedade, o contrato havido entre os sócios será *res inter alios acta* (coisa havida entre outros) para aquele. Assim, se o terceiro se relacionou com um ou mais sócios determinados, sem saber que atuavam no âmbito de um contrato de sociedade, não poderá ser demandado por sócio com quem não se relacionou. A demanda deverá ser estabelecida entre aquele ou aqueles que estabeleceram, *de fato* e *de direito*, a relação com o terceiro. Exemplo: João, José, Jorge e Gil contrataram uma sociedade em comum com o objetivo de comprar roupas e revendê-las; Gil comprou e pagou camisas de Confecção Ltda., que não as entregou. Somente Gil tem legitimidade ativa para acionar o terceiro; João, José e Jorge não o podem fazer, já que o contrato de sociedade estabelecido com Gil é, para *Confecção Ltda.*, *res inter alios acta*.

A limitação à prova escrita conflita com princípios jurídicos, contudo. Se é possível provar por outro meio lícito (artigo 212 do Código Civil) que o terceiro tinha conhecimento da sociedade e que essa realidade também orientou seu agir jurídico, parece-me que se deve aceitar sua vinculação com a coletividade social não personificada. Entender o contrário seria premiar sua má-fé e a improbidade, desrespeitando os artigos 113 e 422 do Código Civil. O artigo 75, IX, do Código de Processo Civil, segundo o qual as sociedades irregulares, sem personalidade jurídica, serão representadas em juízo, ativa e passivamente, pela pessoa a quem couber a administração de seus bens, deve interpretar-se nesse sentido: *passivamente*, face à licença de que a sociedade seja provada pelo terceiro *de qualquer forma*; ativamente, nos limites acima descritos. Não obstante, é preciso registrar haver no Superior Tribunal de Justiça entendimentos mais largos, como os anotados no Recurso Especial 1.551/MG e no Recurso Especial 14.180/SP.

Por fim, nas relações entre os sócios, o dispositivo estabelece que o contrato de sociedade em comum só pode ser provado por escrito (artigo 987 do Código Civil). Reitero que essa regra deve ser interpretada restritivamente. A existência do contrato de sociedade, em si, deve permitir prova ampla, como ocorre também com a prova do contrato de associação; do contrário, permitir-se-ia a uma das partes locupletar-se indevidamente à custa de outra, o que não se tolera (artigos 884 e seguintes do Código Civil). Ademais, ter-se-ia ato ilícito por abuso de direito (artigo 187) e, como dito, indevida atuação desonesta e em má-fé (artigos 113 e 422). Parece-me que a disposição de necessidade de prova escrita, portanto, deve ser interpretada em sentido estreito: cláusulas específicas, que fujam ao costumeiro e ao usual, só comportam prova por escrito.

De qualquer sorte, as regras anotadas nos artigos 986 a 990 do Código Civil criam, para os advogados, contadores e administradores o desafio de, assessorando seus clientes, aconselhá-los a firmar um *instrumento de sociedade em comum*, prova documental dos ajustes havidos entre aqueles que acordaram a constituição de uma sociedade, simples ou empresária. Assim, o consultor ou assessor empresarial, tão

Parte Geral – Cap. 1 • Contrato de Sociedade **13**

logo procurado pelos sócios para a constituição da pessoa jurídica, deve recomendar a imediata constituição de um contrato escrito para provar a existência à sociedade em comum e lhe dar regulamento, especialmente no que se refere às obrigações assumidas por cada contratante em relação à sociedade e aos demais, bens destinados à sociedade, despesas havidas, responsabilidade sobre atos praticados e dívidas assumidas diante de terceiros etc. Sendo necessário, uma contabilidade provisória deverá ser organizada, permitindo a todos os sócios, na eventualidade de demandas entre si, provar em fatos havidos na execução da sociedade em comum.

4.1 Patrimônio social e responsabilidade dos contratantes

O complexo de relações jurídicas de uma pessoa, dotadas de valor econômico, constitui uma universalidade de direito (artigo 91 do Código Civil). Essa universalidade jurídica é chamada de patrimônio. A cada pessoa, natural ou jurídica, corresponde um patrimônio, composto por suas faculdades (*patrimônio ativo* ou *positivo*, também chamado de *patrimônio bruto*) e por suas obrigações (*patrimônio passivo* ou *negativo*). Faculdades e obrigações com expressividade econômica, passíveis de serem convertidos em pecúnia, compõem o *patrimônio econômico*. Os direitos próprios da personalidade (artigos 11 e seguintes do Código Civil) compõem o *patrimônio moral*, que é inalienável, embora possa ser alvo de danos passíveis de indenização.

A sociedade em comum não tem personalidade jurídica, razão pela qual não é titular de um patrimônio (econômico e moral). Ainda assim, os bens (faculdades) e dívidas (obrigações) que correspondem ao contrato – ou ao contratado, para facilitar a compreensão – constituem um *patrimônio especial*, do qual os sócios são titulares em comum (artigo 988 do Código Civil). Essa cotitularidade limita-se aos direitos que não exijam forma especial para transferência, a exemplo de dinheiro, mercadorias, maquinário etc. Havendo forma prescrita em lei para a transferência de titularidade jurídica, a exemplo de bens imóveis (artigo 108), não haverá tal cotitularidade; não há, portanto, condomínio sobre o imóvel se não atendida a exigência de escritura pública para a transferência de propriedade, com registro respectivo (artigo 1.245). Isso, contudo, não significa criar uma lesão para os sócios em relação a eventuais direitos sobre bens imóveis, permitindo o enriquecimento ilícito de um, ou alguns, em prejuízo de outro ou outros. No desfazimento da sociedade em comum, apuram-se os valores correspondentes a cada um dos sócios no patrimônio especial, afirmando, daí o crédito ou débito de cada um.

Em oposição àquela cotitularidade do *patrimônio ativo* da sociedade em comum, define-se uma solidariedade em relação ao seu patrimônio passivo, isto é, ao conjunto das obrigações assumidas com os atos de gestão praticados por qualquer dos sócios. Isso significa que o conjunto dos bens do patrimônio especial respondrá pelo conjunto das dívidas. Os bens sociais respondem pelos atos de gestão praticados por qualquer dos sócios (artigo 989).

Essa regra geral, contudo, não afasta o problema específico da responsabilidade individual de cada um dos sócios por seus próprios atos, bem como pelos atos dos demais. Os contratantes da sociedade, nas relações entre si, assumem obrigações específicas, respondendo pelas cláusulas ajustadas, bem como pelas normas gerais do Direito, o que obriga a todos os sócios, sejam pessoas naturais ou jurídicas. Assim, coloca-se a obrigação de contribuir para as despesas contratuais, de subscrever o capital social da pessoa jurídica a ser criada, na proporção ajustada etc.

É lícito às partes estabelecer pacto expresso limitativo de poderes, definindo quem pode agir pela sociedade e qual o limite dessa atuação, bem como a responsabilidade pelos atos praticados por qualquer sócio (artigo 989). Essa limitação, contudo, tem eficácia exclusiva entre os próprios sócios, salvo comprovado que o terceiro dela tinha conhecimento inequívoco. Afinal, nas relações com terceiros, todos os sócios respondem solidária e ilimitadamente pelas obrigações sociais (artigo 990), regra que alcança as obrigações contratuais e extracontratuais. Como não existe personalidade própria, nem atos constitutivos registrados que permitam identificar o representante autorizado a atuar em nome da sociedade, por *obrigações sociais* interpretam-se aquelas que sejam resultantes de atos praticados por qualquer dos sócios, na execução do contrato de sociedade. Excetua-se apenas o ato praticado com excesso de poderes (*ultra vires*), desbordando o pacto expresso limitativo de poderes (artigo 989), se há prova inequívoca de que o terceiro, credor da obrigação contratual ou de indenizar, conhecia o excesso na atuação do sócio.

Julgando o Agravo Regimental no Recurso Especial 1.563.983/ES, a Terceira Turma do Superior Tribunal de Justiça entendeu que é lícito pretender a dissolução de sociedade em comum (de fato) utilizando-se do rito comum. A corte aceitou mesmo a cumulação do pedido de dissolução do vínculo societário com pretensão de indenização (no caso, danos morais).

5 SOCIEDADE EM CONTA DE PARTICIPAÇÃO

A *sociedade em conta de participação* é uma modalidade de contrato de sociedade não personificado (artigo 991 do Código Civil), razão pela qual a eventual inscrição de seu instrumento em qualquer registro não lhe confere personalidade jurídica (artigo 993, parte final). A ausência de personalidade é um elemento essencial, havendo expressa previsão legal de que a sociedade diz respeito única e exclusivamente aos contratantes (sócios) e não a terceiros. Na essência da sociedade em conta de participação está uma distinção de atuações societárias: há sócio(s) que atua(m), em nome próprio, junto a terceiros, ostensivamente, e sócio(s) que não participa(m) dessas relações, ou seja, que se mantém(êm) oculto(s) a ela.

Não mais se exige que qualquer dos sócios seja empresário, ao contrário do que fazia o Código Comercial do Império (artigo 325).

A contratação da sociedade em conta de participação, portanto, envolve duas *posições* jurídicas diversas. Apenas o(s) sócio(s) que ocupe(m) a *posição ostensiva* obriga(m)-se perante terceiros, pois negocia(m) em nome próprio e à própria custa. Na *posição oculta* fica quem não é envolvido na contratação, nem por seu nome, nem por seu patrimônio, embora vá participar do financiamento de sua execução ou dos atos executórios. Se a sociedade serve a múltiplos contratos, nada impede que sócios diversos ocupem, em negócios diversos, a posição ostensiva, cabendo aos demais a posição oculta. Imagine-se, por exemplo, três serralheiros que ajustem entre si a coparticipação na execução das maiores encomendas. Assim, se A contrata 100 janelas de alumínio, será ele o sócio em posição ostensiva, atuando B e C na posição oculta, trabalhando pela realização do negócio. Quando B contrate 150 portas de alumínio ocupará a posição ostensiva, cabendo aos outros dois, naquele negócio, a posição oculta.

É indiferente haver, ou não, uma fixidez na posição ostensiva, embora sejam comuns os contratos nos quais o objeto social é exercido unicamente por um *sócio ostensivo*. Somente ele atua econômica e juridicamente perante terceiros, apresentando-se individualmente e como único e exclusivo responsável pelos negócios estabelecidos, não vinculando os demais sócios participantes, que ocupam *posição oculta* (*sócios ocultos*). Em muitos casos, os sócios ocultos funcionam exclusivamente como financiadores da operação, não trabalhando por sua execução, cabendo exclusivamente ao sócio ostensivo a realização dos atos executórios do objeto social. São múltiplas as possibilidades do instituto.

É usual falar-se em *sociedade oculta*. Mas a efetiva ocultação dos sócios, que não ocupam posição ostensiva, não é requisito essencial da sociedade que, assim, não se descaracteriza se sua existência é descoberta ou, mesmo, se é conhecida, desde que se mantenha o princípio elementar de que as relações jurídicas sejam estabelecidas pelo sócio que ocupa a posição ostensiva, em seu nome individual e sob sua própria e exclusiva responsabilidade. Portanto, não é preciso ser uma *sociedade secreta*. Não é a ocultação que dá unidade conceitual à sociedade em conta de participação, mas a sua condição de ajuste de abrangência exclusiva entre as partes, (1) não oponível a terceiros e (2) não aproveitável a terceiros (para os quais é *res inter alios acta*).

Esse núcleo conceitual está claro no artigo 993, estabelecendo que o contrato de sociedade em conta de participação produz efeitos somente entre os sócios. Porém, para a conservação desse regime jurídico, é indispensável que o sócio que ocupa posição ostensiva se apresente, efetivamente, de forma individual, atuando em nome próprio; não é o rótulo de sociedade em conta de participação que dá a proteção jurídica aos sócios que ocupam a *posição oculta*, mas o fato de as relações jurídicas por meio das quais se realiza o objeto social não se apresentarem ligadas àqueles, mas exclusivamente ao *sócio ostensivo*. A advertência alcança a totalidade dos sócios participantes e a cada um, isoladamente; qualquer sócio participante que tome parte das relações do sócio ostensivo com terceiros irá responder solidariamente com este pelas obrigações em que intervier (e apenas nestas, frise-se).

5.1 Posição ostensiva

A sociedade em conta de participação é um contrato com eficácia meramente *interna corporis*, ou seja, circunscrito às partes contratantes, que não o podem opor a terceiros, da mesma forma que esses não o podem alegar contra si, excetuadas as hipóteses de descaracterização, total ou parcial, como já visto. Para tanto, é fundamental que a atividade constitutiva do objeto social seja exercida unicamente pelo sócio em posição ostensiva, em seu nome individual e sob sua própria e exclusiva responsabilidade (artigo 991 do Código Civil), sem invocar a existência da sociedade e dos seus partícipes em posição oculta. Assim, os terceiros estarão estabelecendo relações jurídicas única e exclusivamente com o sócio em posição ostensiva, não com a sociedade que é para si *res inter alios acta* (coisa entre terceiros), não lhe sendo lícito sequer usar do artigo 987 para tentar provar a sua existência e, assim, vincular os demais sócios.

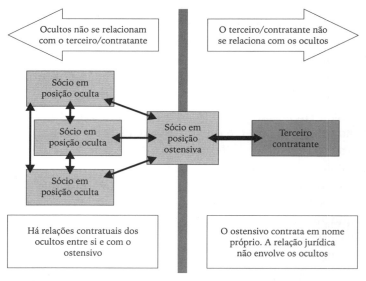

O sócio ou sócios que estejam em posição ostensiva se apresentam em nome próprio, atuando individualmente e assumindo, pessoal e exclusivamente, a responsabilidade decorrente da atividade. A expressão *atividade constitutiva do objeto social*, portanto, interpreta-se por seu aspecto negocial: a concretização mercantil da atividade voltada para a produção de riqueza (tenha ou não estrutura empresarial). Nada impede que os demais sócios invistam capital, produzam bens, realizem serviços, desde que as relações com os terceiros sejam concretizadas apenas em nome do sócio ostensivo e sob sua exclusiva responsabilidade.

Os sócios em posição oculta podem fiscalizar a gestão dos negócios sociais, embora não possam tomar parte nas relações do sócio ostensivo, sob pena de responder solidariamente com este pelas obrigações em que intervierem (artigo 993, parágrafo único, do Código Civil). O sócio que ocupa a posição ostensiva é o limite entre dois planos jurídicos distintos. Apenas ele se obriga com o terceiro; apenas ele se obriga com os sócios em posição oculta. Não há relação jurídica entre terceiros e sócios em posição oculta, em qualquer das direções. Nem terceiros, nem sócios em posição oculta podem transcender o sócio em posição ostensiva e agir (extrajudicial ou judicialmente) contra quem está além dele. O direito de fiscalização é inerente à sociedade em conta de participação, independentemente de previsão contratual; surge da outorga de poderes (mandato) que está implícita à atuação daquele que ocupa a posição ostensiva.

A contratação de sociedade em conta de participação pode dar-se para um único negócio, um conjunto determinado de negócios, por tempo determinado ou indeterminado. Não há limitação legal. Também não há limitação legal para o número de sócios que ocupem a posição ostensiva e a posição oculta. Pode mesmo haver 5 em posição ostensiva e 1 em posição oculta. Também não há descaracterização, como visto, se o ajuste estipula que todos os sócios podem agir como ostensivos nos negócios que venham a estabelecer, desde que o façam em nome próprio e não em nome da sociedade. Se em cada negócio que estabelecer o sócio atuar como pessoa individual, sem vincular os demais, manter-se-á a estrutura típica da sociedade em conta de participação.

5.2 Constituição

Não há formalidades para a constituição da sociedade em conta de participação, nem estipulação legal de meio probante necessário para demonstrar a sua existência (artigo 992 do Código Civil). Pode ser constituída de forma expressa (verbalmente ou por escrito) ou tácita, sem que se enuncie como *sociedade em conta de participação*, mas desde que os seus elementos estejam presentes. Sequer é preciso que as partes tenham consciência de se tratar de tal figura jurídica para que o ajuste se complete; basta vontade livre e consciente de realizar o núcleo típico do negócio. Dar rótulos é atribuição de juristas. Se Atair, Sueli, Fátima e Helena ajustam entre si que irão trabalhar juntas, produzindo comida árabe para atender à clientela que procura e contrata Sueli (sócia que ocupa *posição ostensiva*), haverá uma sociedade em conta de participação, mesmo que disso não deem notícia as contratantes.

Coerentemente, a prova da existência da sociedade pode fazer-se por qualquer meio lícito, embora só interesse aos seus sócios, não a terceiros, face às particularidades do tipo societário: perante terceiros apenas o sócio que ocupa posição

18 Direito Empresarial Brasileiro: Direito Societário • Mamede

ostensiva está obrigado, já que é ele, individualmente, em nome próprio e sob sua exclusiva responsabilidade, quem estabelece a relação obrigacional (artigo 991).

O sócio ostensivo não pode admitir novo sócio sem o consentimento expresso dos demais, a não ser que esteja autorizado a fazê-lo pelo instrumento de contrato (artigo 995). A forma de participação econômica de cada sócio será pactuada livremente entre as partes, podendo haver os que contribuam com dinheiro, bens – transferidos em definitivo ou apenas temporariamente (emprestados) – e, até, trabalho. Se forem bens transferidos temporariamente, aquele que os detiver (o sócio em posição ostensiva, normalmente) só poderá exercer direito de ação na condição de possuidor; as demandas que digam respeito à propriedade das coisas (móveis ou imóveis) ou à titularidade dos bens imateriais (direitos patrimoniais transferíveis, com expressividade econômica) deverão ter o titular por parte, independentemente da existência da sociedade, que será tema estranho à demanda, se o litígio não se constituir entre os sócios.

A contribuição do sócio participante constitui, com a do sócio ostensivo, patrimônio especial, objeto da conta de participação relativa aos negócios sociais, embora essa especialização patrimonial somente produza efeitos em relação aos sócios (artigo 994). Esse conjunto de faculdades e obrigações deve ser objeto de conta própria, com eficácia limitada aos membros, não tendo terceiros interesse jurídico em sua investigação. Não é, portanto, *patrimônio autônomo*, já que a sociedade não tem personalidade jurídica.

As relações entre os participantes da sociedade em conta de participação atenderão ao que as partes tenham estipulado livre e conscientemente, se lícito. Isso vale, mesmo, para a distribuição dos ônus e dos bônus (investimentos e resultados) da atuação empresarial, desde que não se verifique, de qualquer parte, abuso de direito; na ausência de previsão específica, resultados positivos (lucros) ou negativos (prejuízos) devem ser distribuídos na mesma proporção da participação no patrimônio especial,[8] operação que exige particular atenção nas situações em que as contribuições individuais não tenham se resumido a dinheiro, envolvendo cessão temporária de bens, trabalhadores ou trabalho. Supletivamente, aplicam-se-lhe as normas que regem as sociedades simples, no que for compatível (artigo 996). É lícito às partes estipularem foro de eleição para a solução dos problemas havidos entre si, bem como pactuarem cláusula compromissória de juízo arbitral.

Por fim, um exemplo. Imagine-se uma sociedade que atue no comércio de bebidas e que, diante da oportunidade de comprar um lote excepcional de uma aguardente, em bom preço, acerte com investidores (sócios ocultos) o custeio e a divisão dos lucros. O respectivo contrato poderia ser assim instrumentalizado:

---

[8] ALMEIDA, Carlos Guimarães. A virtuosidade da sociedade em conta de participação. *Revista Forense*, Rio de Janeiro, ano 69, v. 244, out./dez. 1973, p. 13.

Contrato de sociedade em conta de participação

Que entre si celebram, como sócio ostensivo, Nohmi & Valias Bebidas Ltda., empresa inscrita na Junta Comercial de Minas Gerais sob o número XXXXXX, com sede na Avenida dos Exemplos, nº 9, em Brasília de Minas, Minas Gerais, e, como sócios ocultos, João Debret, francês, casado, desenhista, domiciliado na Rua da Exemplificação, nº 4.789, em Ponte Nova, Minas Gerais, e Joaquim Maria Assis, brasileiro, casado, professor, domiciliado na Praça d'Outros Exemplos, 32, na Capital do Rio de Janeiro, que se obrigam ao cumprimento das aqui cláusulas dispostas neste instrumento.

Cláusula Primeira: A sociedade em conta de participação tem por objeto a compra e distribuição pelo mercado atacadista de bebidas de 5.000 (cinco mil) garrafas de um litro da aguardente "Magna Carta", reserva especial, produzida por Destilaria AFM S.A., empresa inscrita na Junta Comercial de Minas Gerais sob o número XXXXX, com sede na Avenida dos Exemplos, nº 15, em Brasília de Minas, Minas Gerais.

Cláusula Segunda: O valor total do investimento para a concretização do objeto deste contrato é de R$ 15.000,00 (quinze mil reais), dividido em 3 (três) partes de R$ 5.000,00 (cinco mil reais), cada qual de responsabilidade de um dos sócios.

§ 1º O sócio ostensivo se obriga a comunicar aos sócios ocultos qualquer alteração de custo, devendo comprovar aquelas que impliquem o aumento do valor total do negócio.

§ 2º Consideram-se custos da operação, rateados entre todos os sócios, as perdas ocasionadas por fatos caracterizadores de caso fortuito ou motivo de força maior. O sócio ostensivo comunicará sua ocorrência aos sócios ocultos tão logo tenha ciência.

§ 3º O sócio ostensivo está obrigado a comprovar a ocorrência das perdas referidas no parágrafo anterior, bem como a quantificá-las.

Cláusula Terceira: Os sócios ocultos se comprometem a entregar ao sócio ostensivo, antes de completados 30 (trinta) dias, após a conclusão do negócio, metade do valor de sua participação, e a outra metade antes de completados 60 (sessenta) dias da conclusão do negócio.

§ 1º Os valores referidos no *caput* deverão ser entregues em dinheiro ou depositados em tempo hábil para que estejam compensados e disponíveis em conta corrente no prazo determinado, permitindo o adimplemento das prestações do negócio.

§ 2º O sócio inadimplente estará obrigado ao pagamento integral da multa estipulada no contrato estabelecido com a Destilaria Nato S.A.

§ 3º Independentemente da obrigação anotada no parágrafo anterior, o sócio inadimplente ainda estará obrigado a indenizar pelos danos que seu ato venha determinar, aplicado o artigo 927 do Código Civil.

Cláusula Quarta: A administração dos negócios sociais e os seus atos de gestão caberão exclusivamente ao sócio ostensivo, como disposto no artigo 991 do Código Civil.

§ 1º Os sócios ocultos têm o direito de fiscalizar a gestão dos negócios sociais, bem como de pedir-lhe a prestação de contas.

§ 2º O sócio ostensivo manterá escrituração contábil própria para o patrimônio especializado desta sociedade, conforme estipulação do artigo 994, *caput* e § 1º, do Código Civil, sem necessidade de qualquer registro, mas acompanhada dos documentos bastantes para a comprovação dos respectivos lançamentos, de acordo com o disposto no Regulamento do Imposto de Renda.

Cláusula Quinta: O sócio ostensivo se compromete a aplicar todo o cuidado e diligência necessário para o sucesso da empreitada, atuando com probidade, boa-fé e respeitando a legislação vigente.

Cláusula Sexta: Os sócios, ostensivo e ocultos, participam dos lucros e das perdas dos negócios objeto desta contratação, na proporção das suas respectivas quotas.

Cláusula Sétima: A presente sociedade considerar-se-á dissolvida com a conclusão da operação, prestando suas contas o sócio ostensivo, com aprovação pelos sócios ocultos.

§ 1º Também se dissolverá a sociedade havendo consenso unânime dos sócios neste sentido.

§ 2º A aprovação das contas por cada sócio caracteriza quitação, ficando solvidas as obrigações entre esse e o sócio ostensivo.

Cláusula Oitava: As modificações neste instrumento deverão ser deliberadas pela maioria absoluta do capital social, com votos tomados pelo número de quotas de cada sócio.

Parágrafo único: Exigem unanimidade dos votos as alterações contratuais que versem sobre:

I – objeto do contrato, incluindo quantidade, espécie e tipo das bebidas a serem adquiridas e distribuídas;

II – percentual de participação nas perdas ou percentual de participação nos lucros devidos a cada sócio; e

III – indicação do sócio ostensivo;

Cláusula Nona: Os sócios elegem como foro para a solução de eventuais litígios a comarca de Montes Claros, em Minas Gerais. Estando assim acordados, firmam o presente contrato, em três vias, na presença de duas testemunhas que também assinarão o presente instrumento. Segue-se local, data e as assinaturas dos contratantes e das duas testemunhas, devidamente qualificadas.

5.3 Término e liquidação

São causas para o fim da sociedade em conta de participação: deliberação dos sócios, ilicitude ou impossibilidade do objeto, esgotamento do objeto social, falta de pluralidade de sócios, falência ou liquidação do sócio ostensivo, transcurso do tempo previsto (prazo ou termo) ou qualquer outra condição contratual (artigo 1.033 do Código Civil). Vencido o tempo de duração, sem que se dê liquidação à sociedade, quando seja necessária, considera-se ter havido prorrogação por tempo indeterminado, se nenhum sócio a isso se oponha. Em oposição, mesmo tendo havido contratação por tempo ou negócio(s) certo(s), dissolve-se a contratação por consenso unânime dos sócios.

Havendo um único sócio ostensivo, sua falência implica a dissolução da sociedade em conta de participação; nesse caso, haverá a liquidação da respectiva conta, cujo saldo constituirá crédito quirografário (artigo 994, § 2º). Se há mais de um sócio ocupando posição ostensiva, em sociedade composta por três ou mais membros, aplica-se a regra do § 3º, relativa à falência de sócio participante, certo ser possível a continuidade da contratação em relação aos demais sócios, excluído aquele. Nesse caso, como no de falência de sócio participante, aplicam-se as regras falimentares relativas aos contratos estabelecidos pelo falido. Atente-se para o fato de que, havendo três ou mais sócios, um dos quais podendo ocupar posição ostensiva, não se faz necessário dissolver a contratação diante da falência de outro participante; nesse caso, será feita a liquidação da conta, apurando os haveres até o momento da decretação da falência; havendo saldo favorável ao falido, deverá ser pago à massa; se o saldo relativo ao falido é negativo, deverá ser habilitado na falência, como crédito quirografário.

A liquidação da sociedade em conta de participação faz-se por meio de ação de prestação de contas (artigo 996). Mesmo havendo mais de um sócio que ocupe posição ostensiva, estabelecer-se-á um único processo, no qual as respectivas contas serão prestadas e julgadas. No entanto, é preciso registrar o julgamento do Recurso Especial 1.230.981/RJ pela Terceira Turma do Superior Tribunal de Justiça. Neste feito, decidiu-se: "(1) Discute-se a possibilidade jurídica de dissolução de sociedade em conta de participação, ao fundamento de que ante a ausência de personalidade jurídica, não se configuraria o vínculo societário. (2) Apesar de despersonificadas, as sociedades em conta de participação decorrem da união de esforços, com compartilhamento de responsabilidades, comunhão de finalidade econômica e existência de um patrimônio especial garantidor das obrigações assumidas no exercício da empresa. (3) Não há diferença ontológica entre as sociedades em conta de participação e os demais tipos societários personificados, distinguindo-se quanto aos efeitos jurídicos unicamente em razão da dispensa de formalidades legais para sua constituição. (4) A dissolução de sociedade, prevista no art. 1.034 do CC/2002, aplica-se subsidiariamente às sociedades em conta de participação, enquanto ato inicial que rompe o vínculo jurídico entre os sócios."

A leitura do acórdão esclarece o conteúdo da decisão. No feito, a sócia ostensiva de quatro sociedades em conta de participações propôs ação de dissolução de sociedade empresarial, na qual pretende resolver o vínculo societário mantido com sócio oculto e apurar os valores devidos às partes, invocando os artigos 1.034 e 996 do Código Civil. Para tanto, sustentou a recorrente a quebra da *affectio societatis*. O Superior Tribunal de Justiça afirmou que as hipóteses de dissolução da sociedade em conta de participação não estão restritas àquelas previstas no artigo 994 do Código Civil, o que me parece ser indene de dúvidas. A sociedade pode resolver-se por motivos diversos, inclusive imotivadamente, se não foi contratada por prazo determinado, ou, se o foi, motivadamente, sendo a quebra da *affectio societatis* uma hipótese. De qualquer sorte, declarada a dissolução do vínculo, a resolução se faz por prestação de contas (artigo 996 do Código Civil), não havendo falar em apuração de haveres, que é impróprio no caso.

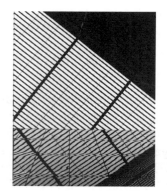

2
Personificação das Sociedades

1 PESSOA JURÍDICA

São distintas as ideias de *ser humano* e de *pessoa*. Ser humano é um conceito biológico. Pessoa, para o direito, é o sujeito capaz de titularizar direitos e deveres. Não há uma identidade entre a condição humana e a condição de pessoa. Já houve momentos históricos em que seres humanos (escravos) eram coisas e não pessoas (*servus est res*). Em oposição, reconhece-se a personalidade jurídica das chamadas pessoas morais (ou pessoas jurídicas), que são entes jurídicos não biológicos. Os romanos já reconheciam a unidade jurídica dos grupos humanos (*universitates personarum*), a exemplo das corporações de operários (*collegium*).[1] Mas não evoluíram para reconhecer a figura da pessoa jurídica, o que teria ocorrido no Direito Canônico, quando a igreja aceitou a autonomia das ordens religiosas (o *corpus mysticum*): não se confundiam com a Igreja, embora a ela vinculadas, nem se confundiam com as *pessoas naturais, pessoas físicas*, de seus membros.[2] A pessoa jurídica é um artifício jurídico: um conceito e um instrumento criado para otimizar as relações sociais. Assim, a personalidade jurídica não é condição que se identifica com o ser humano, mas uma qualidade jurídica que vai além, tornando outros entes sujeitos de relações jurídicas.

Se há pessoas que não são seres humanos, todos os seres humanos são pessoas, ideia que se refletiu no artigo 2º do Código Civil de 1916: "todo homem é capaz de direitos e obrigações na ordem civil". Trata-se de uma *regra de inclusão*

---

[1] VENOSA, Sílvio de Salvo. *Direito civil*. 3. ed. São Paulo: Atlas, 2003. v. 2, p. 243-247.

[2] MONTEIRO, Washington de Barros. *Curso de direito civil*. 39. ed. São Paulo: Saraiva, 2003. v. 1: parte geral (atualizado por Ana Cristina de Barros Monteiro França Pinto), p. 121.

universal que, no artigo 1º do Código Civil de 2002, foi escondida sob péssima redação: em lugar de dizer que *todo ser humano é capaz de direitos e obrigações na ordem civil*, referiu-se a toda pessoa, tornando o dispositivo absolutamente tautológico e, de resto, incompatível com o artigo 2º, já que a pessoa jurídica, definitivamente, não é passível de *nascimento com vida*. Tomando *pessoa* por *ser humano*, o artigo 1º do vigente Código Civil reitera a *regra de inclusão universal*: todos os seres humanos são capazes de direitos e obrigações na ordem civil, sejam brasileiros ou não, residentes ou não no Brasil. Se um ser humano é escravo em outro sistema jurídico, para o Direito Brasileiro será uma pessoa capaz de direitos e deveres na ordem civil.[3]

No Direito Brasileiro, a pessoa jurídica já esteve vinculada à ideia de coletividade: a *universitates personarum*, ou seja, coletividade de pessoas, que podem estar organizadas para fins econômicos (sociedades; artigo 981 do Código Civil) ou não (associações; artigo 53 do Código Civil), além da *universitates bonorum*, isto é, a coletividade de bens (fundações; artigos 62 a 69). Sobre tais coletividades, o Direito deita o véu da personalidade, fazendo que sejam compreendidas como uma pessoa, como unidade subjetiva. Se as pessoas *João*, *José* e *Pedro* constituem regularmente a pessoa jurídica *Sociedade Exemplo Ltda.*, cuja existência começa com o registro regular (artigo 45), nos negócios mantidos pela pessoa jurídica será ela, a sociedade, o sujeito de direitos e deveres, não os seus membros. É possível, até, que a sociedade contrate com um sócio, já que são pessoas distintas. De qualquer sorte, é preciso destacar que o Direito Brasileiro evoluiu para aceitar pessoas jurídicas unipessoais, ou seja, com um sócio apenas: a sociedade limitada e a subsidiária integral, que serão adiante estudadas, além de situações de unipessoalidade temporária. Mesmo nesses casos, a pessoa jurídica tem personalidade jurídica própria. João da Silva é o único sócio de João da Silva Ltda.; são duas pessoas (e duas personalidades jurídicas) diversas. E João da Silva pode contratar com João da Silva Ltda.; são patrimônios diversos (ainda que as quotas de João da Silva Ltda. componham o patrimônio de João da Silva).

1.1 Elementos da existência das pessoas jurídicas

A sociedade é uma pessoa e, nessa condição, é absolutamente distinta das pessoas de seus sócios. Na frase *José, João e Joaquim constituíram a sociedade Jotas S.A.*, há quatro pessoas distintas: os três sócios e a sociedade. Também na frase *Jonatan constituiu uma sociedade limitada*, são duas pessoas: Jonatan e a

---

[3] Num maravilhoso artigo, escrito no final da década de 1950, quando se iniciaram as explorações espaciais, Haroldo Valadão afirma que tal compreensão deve alcançar mesmo seres inteligentes não humanos, provenientes de outros planetas, que eventualmente se revelassem aos humanos. (Conferir VALADÃO, Haroldo. Direito interplanetário e direito intergentes planetárias. *Revista Forense*, Rio de Janeiro, ano 55, v. 177, p. 7-27, maio/jun. 1958).

sociedade limitada. Daí estabelecer o artigo 49-A do Código Civil, incluído pela Lei 13.874/2019, que a pessoa jurídica não se confunde com os seus sócios, associados, instituidores ou administradores.

Não é só. A cada pessoa corresponde um patrimônio e, dessa maneira, a sociedade tem um patrimônio próprio, em nada se confundindo com o patrimônio do sócio ou dos sócios. Ora, como patrimônio em direito é a *universitas iuris*, vale dizer, o conjunto de relações jurídicas, *positivas* (também ditas *ativas*: *direitos*, *faculdades*, *créditos*) e *negativas* (ainda ditas *passivas*: *deveres*, *obrigações*, *débitos*), fica claro que os direitos da pessoa jurídica não se confundem com os direitos de um, alguns ou todos os sócios, regra que se aplica igualmente aos deveres. O imóvel que pertence à sociedade não pertence aos sócios. As dívidas da sociedade não são dívidas dos sócios, embora haja normas específicas de responsabilidade subsidiária, ou seja, há casos em que o credor da obrigação, não conseguindo receber da sociedade, pode acionar os sócios como devedores subsidiários. Mas isso não quer dizer que a obrigação seja do sócio; é da sociedade e por ela responde, *subsidiariamente*, o sócio. Se a sociedade tem condição patrimonial para fazer frente à obrigação, não se pode exigi-la do sócio.

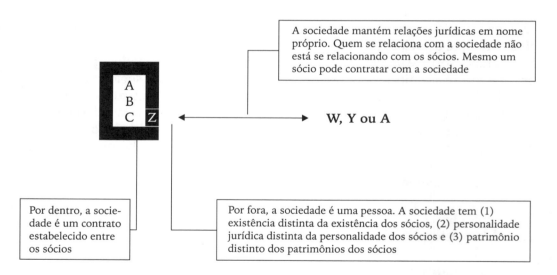

Nesse contexto, destaca-se o parágrafo único do artigo 49-A do Código Civil, incluído pela Lei 13.874/2019, a estabelecer que a autonomia patrimonial das pessoas jurídicas é um instrumento lícito de alocação e segregação de riscos, estabelecido pela lei com a finalidade de estimular empreendimentos, para a geração de empregos, tributo, renda e inovação em benefício de todos. Noutras palavras, é lícita a constituição de estruturas jurídicas voltadas ao planejamento jurídico, incluindo para o meio de sociedades (ou outros tipos de pessoas jurídicas), ao contrário de tendência que vinha se cristalizando no Direito Brasileiro. Aliás, eu

Parte Geral – Cap. 2 • Personificação das Sociedades **25**

e Eduarda Cotta Mamede, em diversos livros, já defendíamos essa liceidade que, agora, é legalmente declarada.[4]

Efeito necessário dessa distinção patrimonial entre sociedade e sócios é a possibilidade de se estabelecerem relações jurídicas entre ambos, o que é comum. Acionistas de bancos têm contas nesses bancos, assumindo, nessas relações, a condição de consumidores; o sócio de uma sociedade limitada pode vender ou comprar um carro da sociedade. Reitero: são pessoas distintas. Há uma relação interna, já que o sócio é titular de quotas ou ações da sociedade; ademais, contratou--a (sociedades por quotas) ou aderiu à sua instituição (sociedades estatutárias). Mas essas relações *interna corporis* circunscrevem-se a espaços jurídicos próprios. Corolário do princípio da distinção necessária entre o patrimônio social e o patrimônio de cada sócio é a desconsideração da personalidade jurídica quando haja confusão patrimonial (artigo 50 do Código Civil), permitindo ao Judiciário determinar que os efeitos de certas e determinadas relações obrigacionais, aparentemente atribuíveis à pessoa jurídica, sejam estendidos aos bens particulares dos administradores ou sócios.

A existência da pessoa jurídica e da pessoa de seus sócios também é distinta. Há sociedades que foram fundadas há mais de um século, e seus sócios foram se sucedendo ao longo do tempo, morrendo, mas sem afetar a vida (em sentido metafórico, por óbvio) da pessoa jurídica. Em oposição, centenas de sociedades são dissolvidas a cada mês, sem que isso afete a existência biológica e jurídica de seus sócios. Mesmo se todos os sócios, num mesmo evento, falecerem, a pessoa jurídica se manterá existente, submetendo-se as quotas e/ou ações à regra do Direito Sucessório, o que inclui a possibilidade de se tornarem parte de *herança jacente* (artigos 1.819 e seguintes do Código Civil) e acabarem sendo transferidas ao Estado.

Corolário do princípio de que a pessoa jurídica tem personalidade, patrimônio e existência distintos da personalidade, patrimônio e existência de seus membros é a afirmação de seus direitos personalíssimos. As pessoas jurídicas (e, portanto, as sociedades), não são titulares apenas de um patrimônio econômico, mas igualmente de um patrimônio moral (artigo 52 do Código Civil). Obviamente, a proteção aos seus Direitos Personalíssimos só é cabível no plano dos direitos morais ou sociais, forte na inexistência de corpo biológico ou dimensão psicológica no que toca às pessoas ditas morais ou jurídicas. Portanto, protegem-se, segundo a ótica dos direitos da personalidade, a identidade da pessoa jurídica, seu nome (razão social ou denominação), sua boa imagem pública (no mercado e junto

---

[4] Destaco três obras de nossa autoria: (1) *Holding familiar e suas vantagens*: planejamento jurídico e econômico do patrimônio e da sucessão familiar. 10. ed. São Paulo: Atlas, 2018. 208 p.; (2) *Planejamento sucessório*: introdução à arquitetura estratégica – patrimonial e empresarial – com vistas à sucessão *causa mortis*. São Paulo: Atlas, 2015. 175 p.; e (3) *Blindagem patrimonial e planejamento jurídico*. 5. ed. São Paulo: Atlas, 2015. 176 p.

26 Direito Empresarial Brasileiro: Direito Societário • Mamede

aos consumidores) etc. Isso implica a aplicação analógica dos artigos 15 a 21 do Código Civil.

Protege-se, antes de tudo, o nome da pessoa jurídica, bem como todos os sinais que a identifiquem, como o título do estabelecimento, símbolos (incluindo marca), identidade de apresentação publicitária etc., embora devendo atender às normas específicas que cuidam de tais bens jurídicos, e que foram analisadas no volume 1 (*Teoria da Empresa e dos Títulos de Crédito*), ao qual remeto o leitor. Protege-se, ainda, o bom nome da empresa, isto é, a boa avaliação que o mercado faz dela como devedora, parceira, fornecedora de bens ou serviços etc. Assim, se a sociedade é indevidamente protestada ou denunciada ao Serasa, há dano à sua credibilidade entre fornecedores e instituições financeiras, cumprindo ao responsável indenizá-la. O mesmo se daria se um veículo de imprensa publicasse uma matéria sobre pretensos riscos nos bens ou serviços fornecidos pela sociedade, sem que o problema efetivamente ocorresse, o que causaria dano à sua imagem pública, dano moral que poderá ser indenizado concomitantemente com os danos econômicos que venham a ser demonstrados e provados.

1.2 Existência e funcionamento lícitos: deveres gerais de conduta societária

A pessoa jurídica é um artifício legal, uma construção de pura tecnologia jurídica que foi constituída ao longo dos séculos, como resultado da evolução da humanidade. Obviamente, essa instituição tem sua existência diretamente vinculada ao sistema que lhe dá sustentação, ou seja, exigindo que o seu manejo se faça de forma lícita, conforme ao restante das regras jurídicas. Seria paradoxal aceitar-se que um artifício jurídico servisse como instrumento e/ou meio para a negação do sistema jurídico. Portanto, a utilização da licença legal para a constituição de pessoas jurídicas deve ser interpretada e compreendida como uma faculdade à qual correspondem, para as pessoas de seus membros, *deveres gerais de conduta societária*, parâmetro que se aplica indistintamente às sociedades simples e empresárias, contratuais (por quotas) ou estatutárias (por ações). E esses deveres se afirmam tanto para dentro (dos sócios entre si e para com a sociedade) quanto para fora (dos sócios e da sociedade em relação a terceiros, incluindo o Estado).

Corolário desse paradigma fundamental está, em primeiro plano (da execução do contrato em si), a afirmação de que deve ser dissolvida a sociedade cujo objeto se torne ilícito, pois lhe faltará um pressuposto de validade (artigo 104, II), embora seja juridicamente possível alterar o objeto social, excluindo a atividade que se tornou ilícita, para que se conserve a pessoa jurídica, desde que haja concomitante abstenção na prática dos respectivos atos, em face de sua ilegalidade posterior. Aliás, esse dever de abster-se na prática dos atos que se tornaram ilícitos encarta-se no plano dos *deveres gerais de conduta societária*: não basta alterar o ato cons-

Parte Geral – Cap. 2 • Personificação das Sociedades **27**

titutivo (contrato social ou estatuto social); é preciso efetivar uma alteração das práticas societárias e da consequente atividade negocial para respeitar o sistema jurídico. Coerentemente, deve-se compreender como um caso para a dissolução da sociedade, sua liquidação e extinção, o deferimento de pedido formulado pelo Ministério Público ou outro ente legitimado, em *ação civil pública*, quando fundado no uso da pessoa jurídica para praticar atos ilícitos, incluindo a hipótese de abuso de direito (artigo 187 do Código Civil) e, mais do que isso, a constatação de sua nocividade ao interesse público. Neste sentido, merece atenção a Lei 12.846/13, que dispõe sobre a responsabilização objetiva administrativa e civil de pessoas jurídicas pela prática de atos contra a Administração Pública, nacional ou estrangeira. A norma se aplica às sociedades empresárias e às sociedades simples, personificadas ou não, independentemente da forma de organização ou modelo societário adotado, bem como a quaisquer fundações, associações de entidades ou pessoas, ou sociedades estrangeiras, que tenham sede, filial ou representação no território brasileiro, constituídas de fato ou de direito, ainda que temporariamente (artigo 1°). Portanto, aplica-se aos contratos de sociedade despersonalizados, bem como às sociedades que serão adiante estudadas. Detalhe: a norma permite a responsabilização objetiva das sociedades (das pessoas jurídicas) nos âmbitos administrativo e civil, pelos atos lesivos previstos na lei praticados em seu interesse ou benefício, exclusivo ou não (artigo 2°), sendo que a responsabilização da pessoa jurídica não exclui a responsabilidade individual de seus dirigentes ou administradores ou de qualquer pessoa natural, autora, coautora ou partícipe do ato ilícito (artigo 3°).

Atente-se para o fato de que a personalidade jurídica da sociedade, nestes casos, não é o suficiente para impedir que sócios, administrador(es) societário(s) e prepostos sejam responsabilizados por seus atos ilícitos pessoais. Responderá pessoalmente por seu ato aquele (sócio, administrador e/ou preposto) que contribuiu eficazmente para a prática do ato ilícito pela sociedade. Não dá para pretender ter sido ela, a sociedade, e alegar ser pessoa diversa pois o ato de um contribuiu para o ato do outro. Imagine-se uma sociedade que passou a ser usada para a prática de fraudes. Aqueles que concorreram para a prática são responsáveis junto com a sociedade, como também serão aqueles que, tendo o dever de impedir essa prática, foram negligentes ou imprudentes em não o fazer; aquele que tem ou deveria ter consciência do uso ilícito da pessoa jurídica tem o dever de resistir a esse ato ou a essa prática, prontamente ou tempestivamente, conforme o caso, respondendo pela omissão ou pela demora, em conformidade com as previsões legais que sejam aplicáveis ao caso.

Essencialmente, o uso lícito de uma pessoa jurídica faz com que os atos praticados sejam atribuídos a tal pessoa. O uso ilícito da pessoa jurídica, com dolo, culpa grave ou abuso de direito, faz com que o ato do autor seja também suportado por si, evitando assim que a entificação seja transformada em instrumento para

28 Direito Empresarial Brasileiro: Direito Societário • Mamede

a prática de atos ilegais. Esse paradoxo do lícito usado para o ilícito não encontra guarida no Direito; caracteriza fraude à lei.

2 ATO CONSTITUTIVO

A criação e existência de uma pessoa jurídica de Direito Privado assenta-se sobre uma base escritural definida em lei e que tem, na sua raiz, uma convenção escrita que deve atender a requisitos estabelecidos em lei, sendo levada a registro público. Essa convenção é chamada de ato constitutivo. Afinal, é ela que dá constituição à pessoa jurídica: explicita seus elementos essenciais (previstos em lei), define suas características e pauta o seu funcionamento. Há dois tipos diversos de ato constitutivo: o contrato social e o estatuto social, sendo que a eles corresponde duas naturezas societárias diversas, como iremos desenvolver adiante. Essa base escritural não é imutável, ou seja, é possível alterar a convenção que dá constituição (o ato constitutivo) à sociedade, somo se verá. Mais do que isso, não é instrumento normativo exclusivo: é possível que a definição de como a vida societária – incluindo a realização do objeto social (nas sociedades empresárias, será a empresa) – seja esclarecida por outros atos normativos que, por igual, irão compor a dimensão escritural da pessoa jurídica. É o caso do regimento interno, regulamento contra corrupção e de boas práticas empresariais (*compliance*), manual de reunião ou assembleias de sócios, dentre outros. Como se não bastasse, a dimensão escritural avança por atos de registro dos atos societários, como a escrituração contábil e sua comprovação, como se estudou no volume 1 desta Coleção.

A convenção de constituição deve ser reduzida a termo, vale dizer, o ato constitutivo deve ser comprovado por meio de um instrumento escrito e levado a registro, não comportando expressão tácita ou verbal. Os atos normativos inferiores ao ato constitutivo (contrato ou estatuto social) também devem ser expressos, vale dizer, também devem ser reduzidos a termo (instrumento escrito), mas seu registro é facultativo, embora a eficácia perante terceiros esteja vinculada ao registro que, como é sabido, dá-lhes publicidade. A constituição dessa base normativa suplementar constitui alternativa de regulamentação que, sim, é dispensável em pequenos e médios negócios, bem como em empresas titularizadas por sociedades com forte marca individual (há casos de sócios com 99% dos títulos societários, como exemplo). Em companhias maiores, com participação societária mais fragmentada, senão difusa, bem como naqueles em que os reflexos sociais da atividade são mais intensos, tais regulamentações suplementares permitem uma intervenção de elevada tecnologia jurídica a bem da organização produtiva.

Ajustes que não tenham sido reduzidos a termo e firmados, no entanto, não devem ser tomados por inexistentes. Sendo possível comprovar sua existência e ciência pelas partes envolvidas – e apenas entre elas – poderão ser considerados como elementos que componham a cultura da sociedade e/ou da empresa. Claro, isso demanda prova robusta e particular atenção para o tipo de relação jurídica que se quer comprovar. Comprovando-se, por exemplo, que o administrador societário sempre enviou para todos os sócios pauta exaustiva e instruída de documentos sobre pontos a serem aprovados em reunião ou assembleia de sócios, cria-se um padrão a ser respeitado e, consequentemente, pode ser anulada a deliberação favorável de matéria que não foi pautada e instruída, havendo ausências suficientes para alterar o resultado do pleito. Um exemplo entre tantos outros que poderiam ser listados.

O ato constitutivo (contrato social, nas sociedades por quotas; estatuto social, nas sociedades institucionais) é o primeiro elemento da dimensão escritural da pessoa jurídica; funciona como elemento jurídico de fundação/criação, na medida em que deve ser levado a Registro. A existência da pessoa jurídica de Direito Privado (associação, sociedade ou fundação) principia com o registro no órgão competente (artigo 45 do Código Civil). Registram-se também todas as alterações jurídicas a que seja submetida a pessoa jurídica. Sociedades simples, associações e fundações registram-se nos Cartórios de Registro Civil, excetuadas as cooperativas. Sociedades empresárias e cooperativas registram-se nas Juntas Comerciais. Esses atos constitutivos devem atender aos requisitos postos em lei, que serão aqui estudados, para além dos quais podem conter regras particulares, acordadas entre os fundadores da pessoa jurídica.

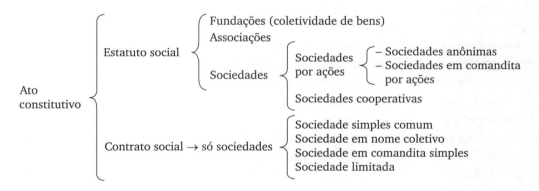

O ato constitutivo define a infraestrutura jurídica da pessoa, incluindo regras para as relações entre os sócios, os atos que a pessoa pode praticar e os que lhe são vedados, o exercício de sua administração etc. Por consequência, no seu plano interno a sociedade é um conjunto de regras jurídicas e as relações que se concretizam segundo tais cânones, nomeadamente a atuação de seres humanos (sócios, administradores, prepostos etc.).[5] Caindo no perigoso plano das analogias, ouso

---

[5] Essa ampla liberdade de regramento da sociedade por meio das cláusulas de seu ato constitutivo foi objeto de uma exaustiva exploração que fiz, junto com Eduarda Cotta Mamede: *Manual de Redação de Contratos Sociais, Estatutos e Acordos de Sócios*. 3. ed. São Paulo: Atlas, 2016.

30 Direito Empresarial Brasileiro: Direito Societário • Mamede

lembrar aqueles longos dragões de pano do folclore chinês: para quem os vê de fora, trata-se de uma figura única: a personagem dragão (sua *pessoa*); para quem deles participa, trata-se de um conjunto de atos e relações entre indivíduos (por vezes dois, por vezes muitos mais) que devem agir harmonicamente (seguindo determinados padrões de comportamento, respeitando limites e funções) para que a personagem possa cumprir suas finalidades.

Também é lícito à sociedade empresária, como ao empresário, instituir filiais, ou seja, girar seus negócios em estabelecimento principal (matriz) e em estabelecimento(s) secundário(s): filial, sucursal, agência etc. Embora não haja outra pessoa jurídica, seu registro é obrigatório (artigo 969 do Código Civil). Em se tratando de pessoas jurídicas, a criação de estabelecimento secundário se faz por meio de alteração contratual que será arquivada no registro mercantil em que está inscrita a sociedade. Se, por ventura, a sucursal, filial ou agência for funcionar no território submetido a outra jurisdição (território de outra junta comercial), será preciso arquivar a alteração em ambas as juntas: onde está o registro principal e na junta em cujo território funcionará o estabelecimento secundário. Note-se que, em qualquer hipótese, a filial não constitui uma outra pessoa jurídica: ela é parte de uma só sociedade, compõe sua estrutura e seu patrimônio.

Assim, por meio do Recurso Especial 1.355.812/RS, os ministros da Primeira Seção do Superior Tribunal de Justiça entenderam ser perfeitamente possível a penhora de valores depositados em nome das filiais para fazer frente a obrigações da matriz: "a filial é uma espécie de estabelecimento empresarial, fazendo parte do acervo patrimonial de uma única pessoa jurídica, partilhando dos mesmos sócios, contrato social e firma ou denominação da matriz. Nessa condição, consiste, conforme doutrina majoritária, em uma universalidade de fato, não ostentando personalidade jurídica própria, não sendo sujeito de direitos, tampouco uma pessoa distinta da sociedade empresária. Cuida-se de um instrumento de que se utiliza o empresário ou sócio para exercer suas atividades". Assim, a "discriminação do patrimônio da empresa, mediante a criação de filiais, não afasta a unidade patrimonial da pessoa jurídica, que, na condição de devedora, deve responder com todo o ativo do patrimônio social por suas dívidas". Mais do que isso, esclareceram adiante, "a obrigação de que cada estabelecimento se inscreva com número próprio no CNPJ tem especial relevância para a atividade fiscalizatória da administração tributária, não afastando a unidade patrimonial da empresa, cabendo ressaltar que a inscrição da filial no CNPJ é derivada do CNPJ da matriz". Some-se o Agravo de Instrumento no Recurso Especial 1.812.723/SC: "Havendo inadimplência contratual, a obrigação de pagamento deve ser imposta à sociedade empresária por completo, não havendo ensejo para a distinção entre matriz e filial, raciocínio esse a ser adotado também em relação a débitos tributários. Precedente."

3 AUTORIZAÇÃO PARA O REGISTRO

Sempre que necessário, o registro será precedido de autorização ou aprovação do Poder Executivo (artigo 45 do Código Civil). Existem sociedades que dependem de autorização para se registrar, submetendo-se ao Código Civil (artigos 1.123 a 1.133) ou a lei especial. É o que se passa com as instituições financeiras, a depender de autorização do Banco Central para funcionar, transferir controle acionário e promover reorganização societária (Lei 4.595/1964). Essas situações são excepcionais, contudo, em face dos princípios constitucionais de liberdade de ação econômica, sem interferência estatal (artigos 1º, IV, e 170, *caput* e parágrafo único). Assim, a necessidade de autorização para registro ou funcionamento é excepcional, devendo decorrer de previsão legal e, ademais, atender aos princípios constitucionais da razoabilidade e da proporcionalidade.

A competência e o poder para autorizar é do Poder Executivo Federal (artigo 1.123, parágrafo único, do Código Civil), ou seja, do Presidente da República, embora lhe seja possível delegá-la a outrem, como o Presidente do Banco Central. Quando a autorização se fizer necessária para as sociedades que atuarão em alguma área ou atividade econômica, seguem-se prioritariamente as normas legais específicas, definidas para tal autorização. A validade da autorização será de 12 meses, contados da publicação, se lei especial não estipular um outro (maior ou menor); esse prazo é de decadência, já que a norma usa o termo *caducar* (artigo 1.124).

Como a autorização para explorar atividade econômica é exceção à regra geral de liberdade de ação jurídica e econômica (artigo 170, parágrafo único, da Constituição da República), seu indeferimento deve ser fundamentado com razões que atendam às normas constitucionais e legais, bem como ao interesse público. Os princípios e regras do Direito Administrativo têm, aqui, ampla aplicação. Também é lícito ao Poder Público, em lugar de indeferir, determinar alterações nos atos constitutivos (acréscimos, modificações em sentido estrito ou supressões), bem como solicitar que os respectivos documentos sejam aditados (artigo 1.129 do Código Civil).

Cuida-se de processo administrativo, devendo ser garantidas ao peticionário as vantagens jurídicas respectivas, como o devido processo e, ademais, a faculdade de recorrer ao Judiciário contra o indeferimento ou, mesmo, contra atos interlocutórios, entre o pedido e a decisão final, sempre que ferirem os princípios que devem orientar o processamento das petições formuladas ao Poder Público. Mais do que isso, os interessados têm direito a ciência inequívoca dos requisitos legais e regulamentares para a autorização, não sendo válido surpreendê-los com elemento novo, deles desconhecido e que, ao longo do procedimento, não lhes tenha sido dada a oportunidade efetiva de conhecer e atender, em *tempo hábil* para tanto. Será nula a decisão se somente com ela os interessados tomarem conhecimento de algum requisito, sendo indiferente haver ou não dolo na ação ou omissão do agente público.

32 Direito Empresarial Brasileiro: Direito Societário • Mamede

O Poder Público também pode cassar a autorização (artigo 1.125 do Código Civil), implicando a dissolução da sociedade (artigo 1.033, V). A cassação pode acontecer a qualquer momento, embora também condicionada ao devido processo administrativo e decisão fundamentada.

3.1 Sociedade nacional

Os procedimentos e os requisitos para autorização de sociedades são distintos para sociedades nacionais e estrangeiras. Essa distinção é constitucional, não ofendendo a Emenda 6/1995, já que não se apega à origem do capital social. É nacional a sociedade organizada respeitando a legislação brasileira, sendo registrada no Brasil e mantendo aqui a sede de sua administração (artigo 1.126 do Código Civil). É indiferente se as quotas ou ações são titularizadas por brasileiros (natos ou nacionalizados) ou por estrangeiro, bem como a origem do capital, desde que lícita. Será brasileira a sociedade que um iraniano, que mora em Portugal, criar com um chinês, residente na Rússia, desde que registrada no Brasil, respeitando as leis brasileiras e com sede no Brasil, ainda que usando capital tailandês. Aliás, sociedade estrangeira pode, independentemente de autorização, ser acionista de sociedade brasileira (artigo 1.134); o Código Civil fala apenas em sociedade anônima, mas a regra aplica-se a qualquer tipo societário. O equívoco se deve ao fato de ter sido copiado o artigo 64 do Decreto-lei 2.627/40 (a antiga Lei de Sociedades Anônimas), sem o cuidado da devida adaptação.

A nacionalidade de uma sociedade brasileira pode ser alterada, para o que basta transferir seu registro para outro país, atendendo à sua respectiva legislação e mantendo lá a sede de sua administração. Esse ato demanda consentimento unânime dos quotistas ou acionistas (artigo 1.127). Não caracteriza mudança de nacionalidade da sociedade a alienação de quotas ou ações, no todo ou em sua maioria, para pessoa natural ou jurídica que não seja brasileira e/ou que esteja domiciliada no exterior, desde que mantido o registro no país, seguida sua legislação e, finalmente, mantida aqui a sede de sua administração.

Em casos excepcionais, regra-se a origem geográfica do capital (nacional ou estrangeiro) ou a nacionalidade de seus sócios. Ilustro com a propriedade de empresa jornalística e de radiodifusão sonora e de sons e imagens: em qualquer caso, pelo menos 70% do capital total e do capital votante de tais empresas deverão pertencer, direta ou indiretamente, a brasileiros natos ou naturalizados há mais de dez anos; mais, torna obrigatório que tais sócios exerçam a gestão das atividades e estabeleçam o conteúdo da programação dos veículos (artigo 222, § 1º, da Constituição da República). Nesses casos, deve ficar arquivada na sede da sociedade uma cópia autenticada do documento comprobatório da nacionalidade dos sócios, permitindo, assim, satisfazer prontamente às exigências da fiscalização ou do Judiciário (artigo 1.126, parágrafo único, do Código Civil). O dispositivo exige que, em se tratando de sociedade anônima, as ações sejam nominativas; contudo, por força do artigo 20 da Lei 6.404/1976 (alterado pela Lei 8.021/1990), todas as ações, no Brasil, devem ter forma nominativa.

O requerimento de autorização de sociedade nacional deve ser instruído com uma cópia do contrato social, lançando-se na cópia a assinatura de todos os sócios (artigo 1.128 do Código Civil). Em se tratando de sociedade por ações, anônima ou por comandita, o requerimento se fará acompanhar de cópia, autenticada pelos fundadores, dos documentos exigidos pela lei especial. Em se tratando de sociedade anônima para a qual se pretenda subscrição pública de ações, dever--se-á providenciar, em primeiro lugar, a autorização para funcionamento, cujo procedimento estará a cargo dos fundadores, obrigados a juntar no pedido ao órgão competente cópias autênticas do projeto do estatuto e do prospecto.

Apenas sendo deferida a autorização se poderá proceder à constituição da companhia e ao seu registro (artigo 1.132), precedida da publicação, pela socie-dade, em 30 dias, dos seus documentos de constituição e dos atos administrativos autorizatórios (artigo 1.131). Após o registro, publica-se o termo de inscrição. Também dependerão de autorização eventuais modificações feitas no contrato social ou no estatuto (artigo 1.133). Excetuam-se apenas alterações que tenham por objetivo aumentar o capital social em virtude de utilização de reservas ou da reavaliação do ativo.

3.2 Sociedade estrangeira

A sociedade estrangeira, qualquer que seja o seu objeto, não pode, sem auto-rização do Poder Executivo, funcionar no País, diz o artigo 1.134 do Código Civil, ainda que por estabelecimentos subordinados; pode, todavia, ressalvados os casos expressos em lei, ser acionista de sociedade anônima brasileira. Uma vez mais, o Código nos premia com uma redação ruim, para não dizer péssima, descolada da realidade, reiterando a necessidade urgente da edição de um Código das Sociedades Contratuais que supere os erros e as antiqualhas que foram dispostos nos artigos 981 a 1.141 do Código Civil. A bem da precisão, *funcionar* é exercer atividade negocial em nome próprio; é algo distinto de investir e, igualmente, de ser titular de quotas e ações de sociedades brasileiras, contratuais ou institucionais. O sócio *não funciona*, e essa realidade vale para sociedades por quotas ou por ações.

O fato de o dispositivo afirmar que a sociedade estrangeira *pode, todavia, ser acionista de sociedade anônima brasileira*, não quer dizer que ela não possa ser quo-tista de sociedade contratual, certo que isso não é *funcionar no país*. Não há relação lógica entre *funcionar* e ser sócio (acionista ou quotista). A primeira parte da norma (a geral), portanto, não se harmoniza com a segunda (específica) que, apesar da conjunção, *todavia*, só pode ser compreendida como mera exemplificação. Como se não bastasse, entender o contrário criaria uma distinção entre sócios nacionais

34 Direito Empresarial Brasileiro: Direito Societário • Mamede

e sócios estrangeiros e, via de consequência, quanto à origem do capital, postura essa que é inconstitucional desde a edição da Emenda Constitucional nº 6/1995.

O pedido de autorização para funcionar no Brasil deverá ser instruído com os seguintes documentos, apresentados autenticados, legalizados pelo consulado ou embaixada brasileira da respectiva sede, além de devidamente traduzidos para o português por tradutor juramentado (artigo 1.134, § 1º): (1) prova de se achar a sociedade constituída conforme a lei de seu país; (2) inteiro teor do contrato ou do estatuto; (3) relação dos membros de todos os órgãos da administração da sociedade, com nome, nacionalidade, profissão, domicílio e, salvo quanto a ações ao portador, o valor da participação de cada um no capital da sociedade; (4) cópia do ato que autorizou o funcionamento no Brasil e fixou o capital destinado às operações no território nacional; (5) prova de nomeação do representante no Brasil, com poderes expressos para aceitar as condições exigidas para a autorização; e (6) último balanço.

O Poder Executivo pode estabelecer *condições convenientes à defesa dos interesses nacionais*, quando da concessão de autorização para o funcionamento de empresa estrangeira no território nacional (artigo 1.135), embora respeitando os princípios constitucionais e a existência de lei, em sentido estrito, que preveja as medidas que podem ser adotadas. Estipuladas as condições, a sociedade estrangeira poderá desistir de atuar no país, recorrer ao Judiciário contra o seu conteúdo ou aceitá-las formalmente, hipótese na qual será expedido o ato de autorização. Se o ato constitutivo for alterado, a sociedade estrangeira deverá submeter a alteração para ser aprovada pelo Poder Executivo brasileiro. Sem tal aprovação, a alteração não produzirá efeitos no território nacional, sendo inoponível ao Estado e a terceiros que aqui mantenham relações jurídicas com ela (artigo 1.139 do Código Civil).

Será necessário, ademais, providenciar o registro do estabelecimento subordinado na Junta Comercial em cuja circunscrição se estabelecerá, usando a sociedade o mesmo nome que mantém em seu país originário, embora seja permitido acrescentar as palavras *do Brasil* ou *para o Brasil* (artigo 1.137, parágrafo único); friso: é uma faculdade, não uma obrigação. Essas expressões, contudo, não são privativas de sociedades estrangeiras autorizadas, podendo ser utilizadas por sociedades brasileiras controladas por homônimas estrangeiras.

A sociedade estrangeira, sob pena de lhe ser cassada a autorização, deve providenciar a publicação no *Diário Oficial da União* – e, se for o caso, no Diário Oficial do Estado em que esteja sua sede – de demonstrativos de balanço patrimonial, resultado econômico e atos de administração, segundo a legislação de seu país de origem; essa reprodução deverá ser feita, sempre, logo após a publicação original, no exterior, tomando-se o cuidado de as traduzir, permitindo assim cumprir sua função de informação pública (artigo 1.140). Isso, para além das obrigações contábeis que sejam definidas pela legislação brasileira. Aliás, as relações que o estabelecimento subordinado estabelecer regem-se pela lei brasileira, mesmo que digam respeito ao exterior (artigo 1.137). Justamente por isso, é obrigatório que a sociedade estrangeira autorizada a funcionar no país mantenha aqui um representante que tenha poderes jurídicos suficientes não só para a concretização de suas atividades, mas igualmente para resolver quaisquer questões e, mesmo, receber citação judicial pela sociedade. O instrumento de outorga de tais poderes será arquivado e averbado no registro mercantil; somente então, poderá ele agir pela sociedade.

A sociedade estrangeira pode nacionalizar-se, transferindo sua sede para o Brasil, se a tanto foi autorizada pelo Poder Executivo (artigo 1.141). Deverá apresentar o ato de deliberação da nacionalização, prova da realização do capital, pela forma declarada no contrato ou estatuto social, além dos documentos exigidos no artigo 1.134. De qualquer sorte, a simples criação de uma sociedade nacional, pelos procedimentos ordinários que serão estudados neste livro, é procedimento mais simples, destacado ser indiferente a nacionalidade dos sócios e do capital, como visto.

4   NULIDADE ABSOLUTA OU RELATIVA DO REGISTRO

O registro da sociedade pode ser anulado ou declarado nulo, hipótese nas quais será ela dissolvida (artigo 1.034, I, do Código Civil). A anulabilidade afirma-se diante de defeito jurídico que pode ser corrigido. Por exemplo, o ato praticado pelo relativamente incapaz, sem a presença e anuência de seu assistente, é anulável; mas pode ser ratificado pelo assistente, convalidando-o. O mesmo se passa com o ato praticado em função de erro (ignorância), dolo, coação, estado de perigo, lesão, defeitos que dão margem à anulação do negócio, mas que também podem ser convalidados. A convalidação faz-se expressa ou tacitamente, inclusive pela inércia: deixando transcorrer sem iniciativa o prazo para pedir a anulação. Só não se aceita a convalidação quando prejudique direito de terceiro (artigo 172 do Código Civil); direito, friso, e não mero interesse. A ação que pede a anulação do registro, se provida, tem sentença com efeitos constitutivos: a atividade, que até então era válida, se tornará inválida em razão do *decisum*, embora se preservem os atos até então praticados. Efeitos *ex nunc*, portanto: da sentença para frente (artigo 177). Ademais, a possibilidade de o vício ser sanado impede o seu reconhecimento de ofício ou a pedido por terceiro que tenha apenas interesse jurídico – e não direito – ao seu reconhecimento.

São múltiplos os defeitos que podem dar lugar à anulação do registro, de figuras típicas, previstas pelo Código Civil ou legislação extravagante, até situações atípicas, mas reconhecidas pelo Judiciário segundo os princípios gerais de Direito. São exemplos de defeitos típicos a incapacidade relativa de sócios, atuação em excesso de poder por representante de sócio, erro (ou ignorância), dolo, coação, estado de necessidade ou lesão etc. Somem-se contratações que reflitam troca desigual de valores entre ascendentes e descendentes, sem consentimento dos outros descendentes e do cônjuge do alienante (artigo 533, II, do Código Civil) e a doação de cônjuge adúltero ao seu cúmplice para a constituição do capital social (artigo 550).

A anulação do registro é medida extrema que deve ser aplicada se não puder ser tomada outra menos grave, respeitado o princípio da preservação das atividades negociais. Se possível, anula-se apenas cláusula do contrato ou estatuto social, preservando o restante e, com ele, o registro da pessoa jurídica. Por exemplo, pode-se simplesmente excluir o sócio que, sendo relativamente incapaz, não foi assistido na prática do ato, que, posteriormente, não mereceu a convalidação do assistente.

O prazo de decadência para pedir a anulação do registro de pessoas jurídicas é de três anos, contados da publicação de sua inscrição no registro respectivo (artigo 45, parágrafo único, do Código Civil). Se não há publicação do registro, como entre micro e pequenas empresas, face à dispensa feita pela Lei Complementar 123/2006, o prazo deverá ser contado do registro em si, creio. De qualquer sorte, é preciso atenção para situações específicas como doação do cônjuge adúltero, fraude contra credores, entre outros, com prazos próprios. Assim, o credor, prejudicado com a fraude na integralização do capital tem quatro anos de prazo (artigo 178, II, do Código Civil). Se houve doação do cônjuge adúltero para a integralização do capital, dois anos após a dissolução da sociedade conjugal. São, em todos esses casos, prazos decadenciais, inexistindo causas que impeçam, suspendam ou interrompam a prescrição, excetuada a incapacidade civil absoluta (artigos 208 e 198, I).

Mas pode haver nulidades, ou seja, defeitos graves que, como reconheça expressamente o legislador, tornem o ato inaproveitável: *o que é nulo não produz qualquer efeito* [*quod nullun est, nullun effectum producit*]. Não podem ser consertados, convalidados; nem mesmo pelo decurso de tempo a nulidade convalesce (artigo 169 do Código Civil), podendo ser pronunciada de ofício pelo Judiciário, mesmo que as partes assim não queiram, podendo ser arguida por qualquer interessado e, até, pelo Ministério Público (artigo 168). Coerentemente, a sentença *declara a nulidade*, reconhecendo um estado que preexiste ao pedido; é, portanto, sentença declaratória, com efeitos *ex tunc* [desde então]: seus efeitos retroagem até a data do ato, já que, desde sua concretização, ele não se aproveita juridicamente.

A nulidade do ato constitutivo conduz à nulidade do respectivo registro. Todos os casos decorrem de lei expressa, face à sua gravidade. Assim, celebração do contrato de sociedade por pessoa absolutamente incapaz; definição de objeto social (de fins sociais) que seja ilícito, impossível ou indeterminado; se o motivo determinante da criação da sociedade, comum aos sócios, for ilícito; se não se respeitar a forma que foi prescrita em lei; se for preterida alguma solenidade considerada essencial pela lei, a exemplo da autorização, quando devida; se a constituição da sociedade tiver por objetivo fraudar a lei; diante de qualquer outra hipótese taxativamente contemplada como nulidade pela lei, ou mesmo diante de atividade que a lei proíba sem, no entanto, cominar qualquer sanção (artigo 166 do Código Civil).

Também será nulo o ato constitutivo simulado (artigo 167), ou seja, se (1) aparentarem conferir ou transmitir direitos a pessoas diversas daquelas às quais realmente se conferem, ou transmitem; (2) contiverem declaração, confissão, condição ou cláusula não verdadeira; e (3) os instrumentos particulares forem antedatados, ou pós-datados. Assim, se a sociedade for constituída para mascarar compra e venda de ascendente a descendente, sem autorização dos demais herdeiros necessários (artigo 496) ou se se os sócios listados no ato jurídico não forem os verdadeiros titulares das quotas ou ações, mas pessoas usadas para qualquer tipo de fraude (vulgo *laranjas*).

Não se pode, porém, esquecer o artigo 170 do Código Civil, a estipular que se deverá aproveitar a parte boa do negócio jurídico em que há uma nulidade, se, expurgada a nulidade, subsistirem elementos que ainda correspondam à vontade das partes. Assim, a existência de um sócio absolutamente incapaz, que não foi representado por seu pai, tutor ou curador no ato constitutivo, pode determinar a nulidade apenas de sua adesão ao contrato de sociedade, se os demais sócios, capazes, pretendem conservar a sociedade que, entre si, foi validamente contratada.

5 SÓCIO INCAPAZ

A sociedade, simples ou empresária, é um instrumento por meio do qual os seres humanos podem realizar seu intento e otimizar sua existência, seu trabalho, enfim, suas atividades. É um poderoso meio para a consecução de finalidades comuns, ampliando as possibilidades individuais. Portanto, há um plano interno no qual se afirma a importância das relações entre os sócios, tendo enorme relevância jurídica. É um amplo espaço de direitos e obrigações, afirmados tanto em relação à pessoa da sociedade quanto entre si, as pessoas dos sócios. Esses direitos referem-se a dois planos diversos: direitos sociais (de atuação social) e direitos patrimoniais.

Pessoas naturais e jurídicas (de Direito Público e de Direito Privado, incluindo fundações, associações e sociedades) podem ser sócias de sociedades, simples ou empresárias. Mesmo os incapazes podem ser sócios, sendo indiferente tratar-se de incapacidade civil absoluta (artigo 3º do Código Civil) ou relativa (artigo 4º). Afinal, não se trata de incapacidade para titularizar direitos e deveres, mas incapacidade para exercê-los pessoal e individualmente. Quotas e ações são bens jurídicos e, portanto, podem ser titularizadas mesmo por incapazes. Para o comum das sociedades, não há norma que impeça a titularidade de quotas ou ações por incapazes, desde que seu patrimônio pessoal não corra riscos: pode ser quotista comanditário nas sociedades em comandita simples, quotista nas sociedades limitadas, acionista nas sociedades anônimas e acionista não dirigente nas sociedades em comandita por ações. Em alguns lugares do mundo, é usual que pais presenteiem os filhos com ações de companhias abertas, preparando-lhes um patrimônio para a maturidade.

O incapaz pode receber quotas ou ações em doação, por herança, assim como pode adquiri-las e, até, contratar a sociedade, participando de sua criação.

38   Direito Empresarial Brasileiro: Direito Societário • Mamede

Basta que os demais sócios o permitam, se a sociedade der ênfase à identidade dos sócios, exigindo mútua aceitação (sociedades *intuitu personae*). Mas seu patrimônio pessoal deve estar protegido, ou seja, não pode haver responsabilidade subsidiária pelas obrigações sociais. Obviamente, o ato do absolutamente incapaz deverá ser praticado por meio do representante legal e, em se tratando de relativamente incapaz, será necessária assistência; portanto, devem intervir pais ou tutor (menores de 16 anos) ou curador (interditados). Mas o incapaz não poderá ser administrador da sociedade, pois é situação de exercício de direitos e deveres, não de mera titularidade.

Nesse sentido, a Lei 12.399/11 incluiu um § 3º no artigo 974 do Código Civil, estabelecendo que o Registro Público de Empresas Mercantis a cargo das Juntas Comerciais deverá registrar contratos ou alterações contratuais de sociedade que envolva sócio incapaz, desde que atendidos, de forma conjunta, os seguintes pressupostos: (1) o sócio incapaz não pode exercer a administração da sociedade; (2) o capital social deve ser totalmente integralizado; e (3) o sócio relativamente incapaz deve ser assistido e o absolutamente incapaz deve ser representado por seus representantes legais. A meu ver, a norma peca por se referir exclusivamente ao Registro Mercantil, olvidando-se haver situações nas quais incapazes podem compor sociedades simples limitadas e sociedade em comandita simples, na condição de sócios comanditários, principalmente nestas últimas, em que desempenhariam a função exclusiva de investidores de capital. Noutras palavras, preservados os direitos e interesses dos incapazes, na forma do Direito Pátrio, a limitação não me parece se justificar.

Em oposição, coloca-se a situação da incapacidade superveniente (interdição). Nas sociedades por quotas, o sócio pode ser excluído judicialmente, mediante iniciativa da maioria dos demais sócios, por incapacidade superveniente (artigo 1.030). A regra, contudo, aplica-se exclusivamente às sociedades em que a atuação pessoal do sócio é elemento essencial (sociedades *intuitu personae*); nas sociedades em que essa identidade tem menos importância do que o aporte de capital (sociedades *intuitu pecuniae*), a regra não pode ser aplicada, pois seria uma vedação arbitrária, diante da ampla cambiaridade dos títulos societários. Afinal, o que importa é o aporte de capital, sendo indiferente a identidade e a atuação pessoal do sócio. Se a atuação pessoal do sócio é elemento essencial, os demais sócios poderão deliberar o ajuizamento de ação pedindo sua exclusão, feito que terá participação obrigatória do Ministério Público. O pedido deverá apresentar-se devidamente fundamentado, demonstrando que, em seu estado, o sócio não pode cumprir o papel que dele se espera na sociedade. Deferida exclusão, procede-se à liquidação das quotas (artigo 1.031).

Se o absolutamente incapaz é aceito pelos demais sócios, o exercício das faculdades sociais será da responsabilidade dos pais, tutor ou curador, representando-o. Se há incapacidade relativa, o incapaz exercerá os direitos sociais correspondentes às suas quotas ou ações, devidamente assistido.

6 SOCIEDADE ENTRE CÔNJUGES

Há normas que causam estranheza, a exemplo do artigo 977: "Faculta-se aos cônjuges contratar sociedade, entre si ou com terceiros, desde que não tenham caso no regime da comunhão universal de bens, ou no da separação obrigatória." A redação não ajuda. O conteúdo, menos ainda.

De abertura, fica clara a possibilidade de a pessoa natural, mesmo casada, contratar sociedade com terceiros. Trata-se de direito pessoal e, portanto, dispensa outorga conjugal para a subscrição, aquisição ou alienação de quotas ou ações.[6] No entanto, pode haver, sim, limitações no alusivo à forma de integralização do capital, nomeadamente quando se pretenda fazê-lo por meio de bem imóvel. Afora, isso, ser casado, em qualquer regime, não implica, por si só, cerceamento do direito de associar-se ou ser sócio (quotista ou acionista). A norma dirige-se especificamente à sociedade contratada entre os cônjuges: ao fato de, mais do que cônjuges, sejam simultaneamente sócios.

De abertura, os cônjuges podem contratar sociedade entre si, se casados pelo regime da comunhão parcial de bens, regime de participação final nos aquestos e regime de separação de bens (quando não se trate de regime obrigatório). Essa contratação poderá dar-se apenas entre os cônjuges ou, ainda, envolvendo os cônjuges e terceiros. A possibilidade em nada afeta as relações patrimoniais concernentes ao casamento, que não são prejudicadas pelo fato de que os cônjuges, no exercício do princípio da liberdade para agir e contratar, constituem relações empresariais para além das relações familiares já estabelecidas. Nesses casos, não há nenhum problema em se tratar de uma sociedade bifronte (familiar e negocial), assim como não o há na união estável, hetero ou homoafetiva. Serão relações jurídicas distintas, familiar e societária, em planos jurídicos distintos, que não se interferirão, excetuada nulidade de outra causa.

Portanto, apesar da redação confusa, restam duas hipóteses nas quais a contratação de sociedade, (1) entre si, (2) por cônjuges, é vedada: se casados no regime da comunhão universal de bens, ou no da separação obrigatória. Essa última hipótese é mais fácil de compreender e tratar: tem-se mera extensão do regime de separação obrigatória e a razão da norma é óbvia: impedir um enfraquecimento da vedação legal de comunhão patrimonial, parcial ou total. A hipótese mais curiosa é a vedação de sociedade entre cônjuges casados no regime da comunhão universal de bens.

Narra Anacleto de Oliveira Faria que, em 1927, a Junta Comercial do então Distrito Federal (Rio de Janeiro) criou uma celeuma ao negar registro a uma sociedade mercantil que teria por sócios marido e mulher. O Instituto dos Advogados

---

[6] Conferir MAMEDE, Gladston; MAMEDE, Eduarda Cotta. *Divórcio, dissolução e fraude na partilha de bens:* simulações empresariais e societárias. 4. ed. São Paulo: Atlas, 2014.

40 Direito Empresarial Brasileiro: Direito Societário • Mamede

do Brasil (a OAB só seria criada na década seguinte), sob a relatoria de Izidoro Campos, também concluiu que "perante os princípios legais e doutrinários, a constituição de sociedade mercantil composta de marido e mulher, casados sob o regime de comunhão, não é legítima".[7] Em ambos os casos, uma mesma conclusão: na sociedade comercial, sócios tem os mesmos direitos e, no casamento, predominava a posição do marido, o cabeça do casal, o que teve vigência entre nós até o Estatuto da Mulher Casada (1962).

Ademais, facilmente se percebe que a disposição, embora válida e eficaz, é anacrônica. A norma não se escora numa unipessoalidade conjugal, pois os cônjuges se mantêm pessoas distintas. Também não se justifica numa unidade patrimonial; há uma comunicação entre os patrimônios dos cônjuges, mas tais patrimônios mantêm-se distintos, cada qual ligado à respectiva pessoa. Cuida-se apenas de uma imposição legal. Pior: norma que se mostra ainda mais envelhecida com a aceitação, entre nós, da sociedade limitada unipessoal, da qual não estão excluídos os casados em comunhão universal de bens. Uma das muitas antiqualhas jurídicas que refletem um parlamento em descompasso com a sociedade brasileira. O *estrago* só não é maior por ser um regime de bens menos usual, a comunhão universal, bem como por não se aplicar a norma às sociedades por ações, estando restrita às sociedades contratuais, embora alcance indistintamente as sociedades simples e empresárias, como reconheceu a Terceira Turma do Superior Tribunal de Justiça, julgando o Recurso Especial 1.058.165/RS.

7 MICRO E PEQUENA EMPRESA

A Lei Complementar 123/2006, instituindo o Estatuto Nacional da Microempresa e da Empresa de Pequeno Porte, estabelece normas gerais relativas ao tratamento diferenciado e favorecido a ser dispensado às microempresas e empresas de pequeno porte no âmbito dos Poderes da União, dos Estados, do Distrito Federal e dos Municípios. Enquadram-se o empresário e a sociedade, simples ou empresária, devidamente registrados, desde que sua *receita bruta*, no caso das microempresas, seja igual ou inferior a R$ 360.000,00, em cada *ano-calendário*, e, no caso das empresas de pequeno porte, superior a R$ 360.000,00, mas igual ou inferior a R$ 4.800.000,00 (artigo 3º, redação dada pela Lei Complementar 155/2016), como estudado no volume 1 (*Empresa e Atuação Empresarial*) desta coleção. Note-se que o legislador não se preocupou muito com o conceito de empresa (artigo 966 do Código Civil), olvidando-se não haver empresa na sociedade simples. Assim, em face da extensão do tratamento diferenciado e favorecido a

---

[7] O parecer foi publicado, na íntegra, na *Revista Forense* nº 50, em sua página 12. FARIA, Anacleto de Oliveira. Sociedade comercial entre cônjuges. *Revista Forense*, Rio de Janeiro, ano 55, v. 178, p. 469-470, jul./ago. 1958.

essas sociedades, melhor seria falar em *microatividades negociais* e em *atividades negociais de pequeno porte* desempenhadas por sociedades simples e empresárias.

Mesmo atendendo aos limites de receita bruta anual, não se qualifica para o regime do Estatuto Nacional da Microempresa e da Empresa de Pequeno Porte (artigo 3°, § 4°) a sociedade:

1. de cujo capital participe outra pessoa jurídica; é indiferente a natureza jurídica dessa pessoa jurídica: associação, sociedade (simples ou empresária), fundação ou, mesmo, pessoa jurídica de Direito Público;

2. que seja filial, sucursal, agência ou representação, no país, de pessoa jurídica com sede no exterior;

3. de cujo capital participe pessoa física que seja inscrita como empresário ou seja sócia de outra empresa que receba tratamento jurídico diferenciado nos termos do mesmo Estatuto, desde que a receita bruta global (o somatório de ambas as empresas) ultrapasse os limites de receita bruta acima estudados;

4. cujo titular ou sócio participe com mais de 10% (dez por cento) do capital de outra sociedade, ou a titularize empresa individual, sem os benefícios do Estatuto, desde que a receita bruta global (o somatório de ambas as empresas) ultrapasse o limite de R$ 2.400.000,00;

5. cujo sócio ou titular seja administrador ou equiparado de outra pessoa jurídica com fins lucrativos, desde que a receita bruta global (o somatório de ambas as empresas) ultrapasse o limite de R$ 2.400.000,00;

6. constituída sob a forma de cooperativas, salvo de consumo;

7. que participe do capital de outra pessoa jurídica;

8. que exerça atividade de banco comercial, de investimentos e de desenvolvimento, de caixa econômica, de sociedade de crédito, financiamento e investimento ou de crédito imobiliário, de corretora ou de distribuidora de títulos, valores mobiliários e câmbio, de empresa de arrendamento mercantil, de seguros privados e de capitalização ou de previdência complementar;

9. resultante ou remanescente de cisão ou qualquer outra forma de desmembramento de pessoa jurídica que tenha ocorrido em um dos cinco anos-calendário anteriores;

10. constituída sob a forma de sociedade por ações, seja sociedade anônima, seja sociedade em comandita por ações;

11. cujos titulares ou sócios guardem, cumulativamente, com o contratante do serviço, relação de pessoalidade, subordinação e habitualidade. (Incluído pela Lei Complementar n° 147/14).

No alusivo à quarta e à sétima hipóteses acima listadas (artigo 3°, § 5°), excepciona-se a participação no capital de cooperativas de crédito, bem como em centrais de compras, bolsas de subcontratação, no consórcio previsto pelo próprio

Estatuto e associações assemelhadas, sociedades de interesse econômico, além de sociedades de garantia solidária e outros tipos de sociedade que tenham como objetivo social a defesa exclusiva dos interesses econômicos das microempresas e empresas de pequeno porte.

O legislador silenciou-se sobre a natureza jurídica das centrais de compra, razão pela qual, parece-me, podem ter qualquer forma: associações ou sociedades de qualquer tipo (contratuais e estatutárias). Essencialmente, é preciso que o objeto social seja a aquisição comunitária de bens para seus membros. Mais não exigiu, disciplinou ou vedou o legislador.

Bolsas de subcontratação são espaços interempresariais, ou seja, praças para a oferta e a procura por bens e serviços entre empresas. A referência à *subcontratação* está diretamente ligada a um tipo específico de oportunidade de negociação: empresas contratadas para determinada finalidade (fornecimento de bens ou prestação de serviços) buscam parceiros para subcontratar parte desta demanda. Por exemplo, uma empresa contratada para a produção de determinada peça automotiva complexa subcontrata a produção de determinada parte com outra ou outras peças, funcionando a subcontratante, ela mesma, como uma pequena montadora das partes menores, fornecidas pelas subcontratadas. Comumente, tais bolsas são associações, ou seja, pessoas jurídicas sem fins lucrativos, inscritas no Cartório de Registro das Pessoas Jurídicas; suas quotas, por consequência, dão apenas o direito à participação nos trabalhos sociais (ou associativos), não gerando lucro, ao contrário do que se passa com as sociedades, simples ou empresárias, nem mesmo distribuição de vantagens econômicas, como ocorre com as cooperativas.

A pesquisa sobre o sentido das expressões *associações assemelhadas*, *sociedades de interesse econômico*, *sociedades de garantia solidária* e *outros tipos de sociedade, que tenham como objetivo social a defesa exclusiva dos interesses econômicos das microempresas e empresas de pequeno porte* pode levar o intérprete, sim, para o âmbito das cooperativas. Os artigos 6º, I, e 7º da Lei 5.764/1971 expressamente licenciam a participação, como sócio cooperado, de pessoas jurídicas que tenham por objeto as mesmas ou correlatas atividades econômicas das pessoas físicas; assim, tanto empresários como sociedades, simples ou empresárias, podem tomar parte em cooperativas que tenham por objetivo a comunhão de esforços a bem de todos os seus membros e suas atividades negociais. Um amplo leque de alternativas coloca-se; não apenas a cooperativa de compras ou a cooperativa de crédito, além de cooperativas para armazenamento, beneficiamento de produtos e distribuição de bens, entre outros. Para além das cooperativas, outras tantas pessoas também se compreendem nas expressões citadas, como associações de lojistas (inclusive em *shopping centers*), entre outras.

3
Contrato Social

1 SOCIEDADES CONTRATUAIS

Como já disse anteriormente, as sociedades estão divididas em dois grandes grupos que refletem uma diferença em sua natureza jurídica, com implicações diretas nas relações havidas entre seus sócios. Há quem ache que é tudo a mesma coisa; mas sempre há quem ache que tudo é a mesma coisa: *são diferentes, mas são iguais: não é o mesmo, mas dá na mesma*. E, infelizmente, essa imprecisão, essa atecnia, reflete-se em jurisdição equivocada, tratando uma como se fosse a outra, com efeitos nefastos sobre as partes envolvidas. Detalhe: nada impediria que se adotasse um regime só. No entanto, não é o que temos.

Mas voltemos aos dois grandes grupos de sociedades e a diferença entre eles existente. Na parte final deste livro, estudaremos as chamadas sociedades estatutárias ou sociedades institucionais: pessoas jurídicas que têm natureza análoga às associações e fundações, no sentido que resultam de um ato de fundação e seus membros (sócios e associados) não assumem obrigações entre si. Numa pessoa jurídica institucional, as relações societárias são exclusivamente verticais: dos membros para com a pessoa. Exemplo: tenho ações da Petrobras e não mantenho relação jurídica direta com outros acionistas, apenas com a companhia. Em oposição, nas sociedades contratuais (sociedades por quotas), os sócios são contratantes entre si: há relações jurídicas horizontais (entre os contratantes: os sócios) e verticais (do sócio para com a pessoa jurídica). Sendo os sócios contratantes entre si, eles mantêm relações jurídicas diretas entre uns e outros: são partes de um negócio. Infelizmente, é comum que tais diferenças – e seus efeitos – não sejam percebidas. Pior: é comum não serem reconhecidas, como se o diferente fosse igual, já o disse.

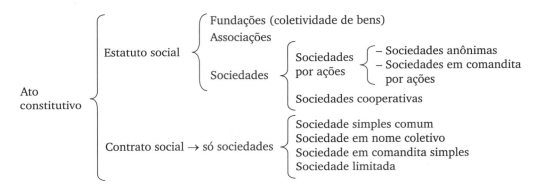

As sociedades contratuais (sociedades por quotas) são instituídas por meio do registro de um contrato social que deve atender cláusulas mínimas (artigo 997 do Código Civil), podendo ainda trazer cláusulas facultativas. Seu capital é dividido em quotas e pode apresentar natureza simples ou empresária. Em ambos os casos, a ideia de contrato é marcante: a sociedade é negociada e contratada pelos sócios, que são nomeados e qualificados no instrumento de constituição, no qual assumem obrigações mútuas (relações societárias horizontais). Mesmo a transferência de participação societária só irá se completar quando o contrato social for alterado, devendo a alteração ser averbada no registro para que tenha eficácia perante terceiros. Cria-se um elo negocial específico, que não existe nas pessoas jurídicas institucionais (associações e sociedades estatutárias), razão pela qual entendo ser possível a qualquer sócio executar o contrato contra sócio inadimplente, independentemente da anuência dos demais (da totalidade ou da maioria); trata-se de efeito cogente à condição de contratante, afirmando-se, no plano processual, como pretensão possível de parte legítima, jurídica e diretamente interessada no provimento jurisdicional. Contudo, há muitas posições em sentido contrário, é preciso ressaltar. Minha posição se funda na diferença entre as naturezas contratual e institucional e a necessidade de não se pretender como institucional (relações meramente verticais) o que é contratual (relações horizontais). Enquanto se mantiver tais distinções, será preciso dela retirar elementos concretos que reflitam a opção dos sócios por uma natureza e não pela outra.

Em contraste, reforço, mesmo assumindo o risco do desgaste, há as chamadas sociedades estatutárias ou sociedades institucionais. Seus elementos de identificação e as regras específicas por meio das quais existem e são administradas estão definidos em estatutos e não em contratos. O estatuto, embora reflita o conjunto das normas que orientam a existência e o funcionamento da pessoa jurídica, não se apresenta como um contrato, não contendo direitos e obrigações recíprocos (artigo 53, parágrafo único, do Código Civil), mas deveres para com a sociedade. Não há, sequer, reconhecimento mútuo obrigatório. De seu ato constitutivo constam apenas os responsáveis pela sua instituição e os presentes à assembleia de sua criação. O estatuto não precisa listar todos os associados (nas associações), cooperados (nas cooperativas) ou acionistas (nas sociedades por ações) e não é alterado diante da transferência de participação societária. Há livro próprio para que sejam registrados os nomes dos sócios, número e qualidade da participação societária, bem como sua eventual transferência. Nas *sociedades estatutárias* há um realce maior para a instituição, ou seja, para o ente criado.

2 SOCIEDADES DE PESSOAS E SOCIEDADES DE CAPITAL

A tradição doutrinária *jus-empresarialista* reconhece que a contratação de uma sociedade simples ou empresária pode ter por referência o mútuo reconhecimento entres os seus sócios: faz parte do ajuste, da vontade mútua (sinalagma) contratar a sociedade por que são aqueles sócios (e não outros). São sócios porque se identificam e se aceitam reciprocamente. Neste caso, fala-se em sociedades *intuitu personae*, isto é, sociedades contratadas em função das pessoas. É o caso, por exemplo, das chamadas *empresas familiares*, ou seja, da sociedade *intuitu familiae*, em que a constituição da pessoa jurídica tem por objetivo abrigar pessoas de uma mesma família para a condução de suas atividades econômicas; é o que se passa com a *holding familiar*, por exemplo.[1] É elemento essencial do contrato e marca o plano das relações societárias horizontais (entre os sócios), embora não interfira nas relações verticais (com a sociedade), salvo cláusula específica. E é preciso respeitar essa causa eficaz do negócio societário.

Em contraste, aceita-se por igual que as pessoas contratem uma sociedade sem se preocuparem com a identidade dos sócios. São situações nas quais o foco está no aporte de capital feito pelo sócio e não na pessoa de quem é o sócio: tanto faz se é fulano, beltrano ou ciclano, desde que invista na sociedade. São sociedades *intuitu pecuniae*, ou seja, sociedades ajustadas em função do dinheiro, focadas no aporte do capital e não na pessoa dos sócios. Como relevante é o aporte e manutenção do capital investido, a transferência da participação societária é livre.

O Código Civil não explicita essa distinção, mas prevê normas que dão às sociedades contratuais uma caracterização *intuitu personae*, prevendo que o sócio não pode ser substituído no exercício das suas funções sem o consentimento dos demais sócios (artigo 1.002), bem como limitando a cessão total ou parcial de quota à modificação do contrato social, o que demanda aprovação unânime dos sócios (artigos 997, 999 e 1.003). Essa limitação terá efeitos sobre a penhora de quotas (artigo 1.026) e mesmo sobre a sucessão *causa mortis*, como se estudará (artigo 1.028). Essa situação é fruto da própria natureza contratual da constituição da pessoa jurídica, nos moldes há pouco estudados. Inclusive na sociedade limitada, embora de forma menos rígida, o sócio tem o direito de ceder sua quota a estranho

---

[1] Conferir MAMEDE, Gladston; MAMEDE, Eduarda Cotta. *Holding Familiar e suas Vantagens*. São Paulo: Atlas, 2016.

se não houver oposição de titulares de *mais de um quarto do capital social* (artigo 1.057). Em oposição, as *sociedades por ações* (sociedade anônima e sociedade em comandita por ações) são, por essência, sociedades de capital.

Contudo, mesmo nas sociedades por quotas é lícito aos sócios, por meio de cláusula no contrato social, dar consentimento prévio para a livre alienação das quotas, transformando-a em sociedade de capital (*intuitu pecuniae*). Afinal, o direito de aprovar ou vetar a cessão de quotas não é indisponível; pelo contrário, é matéria própria das estratégias jurídicas e econômicas dos sócios, submetendo-se ao princípio da livre iniciativa (artigo 1º, IV, e 170, *caput*, da Constituição da República). Portanto, as sociedades contratuais são, a priori, *intuitu personae*, mas é lícito aos contratantes (aos sócios) disporem em sentido contrário, ou seja, estabelecerem regras que prevejam a livre transferência das participações societárias. Podem, mesmo, estabelecer situações mistas, o que já ocorre com a sociedade limitada por força do artigo, a cessão de quota(s) de sociedade limitada a terceiro que não seja sócio pode merecer oposição de titulares de mais de um quarto do capital social. Note-se que o contrato social pode prever outro percentual e mesmo regular o mecanismo de aprovação ou oposição nas hipóteses de cessão a terceiro não sócio.

Ainda que se preveja a livre circulação dos títulos, a cessão de quotas demanda alteração do contrato social (artigos 997, I, e 999 do Código Civil). Se os demais sócios se recusam a firmar a alteração contratual e a nova versão do contrato, registrando o nome e qualificação do cessionário das quotas, será preciso ajuizar execução de obrigação de fazer para que haja suprimento da assinatura dos recalcitrantes, que, ademais, poderão ser condenados nas perdas e danos causados por seu ato ilícito.

3 CONTRATO SOCIAL

O contrato social é um negócio plurilateral que pode ser celebrado por uma ou mais pessoas. Sim, aceita-se no Direito Brasileiro, desde a Lei 13.874/2019, prevendo a possibilidade de sociedade limitada unipessoal, a figura do contrato consigo mesmo, que já havia sido enunciada anteriormente pela doutrina europeia. Mais um sinal de que poderíamos superar a fase das sociedades contratuais e unificarmos todas as pessoas jurídicas (sociedades, associações, fundações e figuras *sui generis*) em natureza institucional. Seria mais lógico, quanto menos. Não haveria um contrato consigo mesmo, mas um estatuto. Mas lógica e coerência não são marcas fortes do Direito Brasileiro, em boa medida em função da péssima qualidade de nosso Poder Legislativo, mais afeto à politicagem rasa e baixa do que ao exercício da função legislativa.

Com a celebração do contrato social, pessoa(s) natural(is) e/ou jurídica(s) ajustam entre si a constituição de uma sociedade simples ou empresária, enunciando seus elementos essenciais, conforme demanda legal (cláusulas obrigatórias), e podendo estabelecer ainda outros regramentos para a realização do objeto social (cláusulas facultativas). Se o contrato de sociedade, em termos gerais, está genericamente tipificado pelo artigo 981 do Código Civil, o contrato de sociedade personificada está minuciosamente tipificado nos artigos 997 e seguintes. Essa definição legal exaustiva submete o contrato ao princípio da tipicidade societária: só se podem criar sociedades que atendem às naturezas (contratuais ou estatutárias; simples ou empresárias) e tipos previstos em lei. Sequer tipos mistos são admitidos, salvo previsão legal. E, sim, a lei permite em alguns casos que se adote a regência supletiva de um tipo em outro, como se estudará.

Como dito, do instrumento de contrato devem constar cláusulas obrigatórias, listadas em lei. Para além dessas balizas, abre-se um espaço amplo, a perder de vista, para dar modos a cada sociedade. Claro, respeitando outras balizas, como os princípios gerais de Direito, destacadas as normas de Direito das Obrigações e, nestas, as do Direito dos Contratos. São muitos os exemplos de clausulas facultativas: prévio consentimento para livre cessão de quota(s), regras para administração da sociedade, organização de sua administração, cláusula compromissória ou compromisso arbitral etc.[2] A melhor tecnologia jurídica permite ao advogado moldar a sociedade em minúcias diversas, atendendo às necessidades e interesses de sócios e da empresa, respondendo a limitações e demandas contextuais etc.

Há uma grande – e saudável – preocupação com as cláusulas obrigatórias. No entanto, a excelência jurídica está justamente nas cláusulas facultativas. De fato, é o contrato social que rege a vida societária e empresarial. Quando determinado tema ou situação não está ali contemplado, recorre-se às regras gerais do Código Civil: primeiro, normas específicas do tipo societário; depois, normas societárias de regência suplementar; em seguida, normas da teoria geral do Direito Societário e das pessoas jurídicas; se ainda não há solução, o julgador recorrerá às normas de Direito Contratual e Obrigacional, e assim por diante: em face do Princípio da Indeclinabilidade de Jurisdição, a ausência de norma específica não escusa o dever de julgar o conflito. Daí a importância de o advogado ouvir as partes, pesquisando as particularidades societárias para, enfim, compor um ato constitutivo à altura de suas necessidades e em harmonia com sua individualidade.

Outro elemento essencial dos atos societários, seja o contrato social, sejam eventuais alterações contratuais que venham a ser produzidas, é a assinatura das partes, ou seja, a assinatura dos sócios, por si ou por seus representantes com poderes suficientes para tanto, como demanda o artigo 116 do Código Civil. Os Ministros da Terceira Turma do Superior Tribunal de Justiça, julgando o Recurso Especial 1.368.960/RJ decidiram que a falsificação da assinatura de uma das partes torna o negócio societário nulo, mesmo tendo havido posterior ato de convolação.

---

2   Neste sentido, publicamos um repertório de modelos de cláusulas: MAMEDE, Gladston; MAMEDE, Eduarda Cotta. *Manual de Redação de Contratos Sociais, Estatutos e Acordos de Sócios*. 3. ed. São Paulo: Atlas, 2015.

3.1 Sócios: identificação e qualificação

Como se trata de um contrato, todas as pessoas que compõem o ajuste societário deverão ser listadas e qualificadas. A lista deve ser completa, por mais extensa que possa ser; ainda que sejam centenas de sócios, todos deverão constar do contrato social. Se há alteração na composição societária, o contrato deve ser alterado. Se não consta a verdadeira composição societária, a sociedade estará irregular, havendo simulação (artigo 167 do Código Civil), pela qual responderão não apenas o verdadeiro sócio e o terceiro que consta do contrato, a exemplo do cedente e do cessionário das quotas, bem como os demais sócios, se souberem do vício.

Em se tratando de pessoas naturais, deverão ser informados nome, nacionalidade, estado civil, profissão e residência de cada um dos sócios (artigo 997, I). O nome deverá ser completo, embora omissões de elementos acidentais não constituam defeitos graves (nulidade ou anulabilidade), desde que a identificação seja inequívoca. A informação complementar de números como o documento de identidade ou Cadastro de Pessoas Físicas (CPF), embora não tenham sido arrolados pelo legislador civil, ajudam na identificação da pessoa natural. A informação equivocada ou mesmo falseada de nacionalidade, estado civil, profissão e residência de cada sócio, desde que não caracterize simulação, não constitui elemento bastante para nulificar o contrato e o registro respectivo. Mas pode caracterizar ilícito civil, do qual pode advir a obrigação de indenizar, se determinar dano a terceiro, ilícito administrativo e ilícito penal, dependendo do contorno dos fatos.

Em se tratando de pessoa jurídica, deverão ser informadas a razão social ou denominação do sócio, sua nacionalidade (se empresa nacional ou empresa estrangeira), seu número no Cadastro Nacional de Pessoas Jurídicas (CNPJ), além de sua sede.

> *Por este instrumento, **Flávio Valério Cláudio Constantino**, brasileiro, casado, comerciante, domiciliado na Rua Ápia, 73, Crucilândia (Minas Gerais), **Marco Aurélio Valério Maxentio**, brasileiro, divorciado, comerciante, domiciliado na Rua Campo de Marte, 308, Jeceaba (Minas Gerais), e **Caio Aurélio Diocleciano**, brasileiro, solteiro, administrador de empresas, domiciliado na Rua Ápia, 90, Crucilândia (Minas Gerais), ajustam entre si a organização de uma **sociedade limitada**, cuja existência e funcionamento obedecerá às cláusulas a seguir:*

Atente-se para o fato de que as informações sobre a composição societária devem ser verdadeiras, respondendo os sócios pela eventual falsidade. Não apenas responsabilidade civil, como decidiu o Superior Tribunal de Justiça ao julgar o

Habeas Corpus 436.024/SP: "Verifica-se o delito de falsidade ideológica quando os acusados, na elaboração de contrato social de empresa, inserem falsamente o nome de terceira pessoa na condição de sócia, mediante a promessa de pagamento da quantia mensal pelo 'empréstimo do nome', com o fim de alterar a verdade sobre fato juridicamente relevante, isto é, a condição de verdadeiros sócios e proprietários da empresa".

3.2 Qualificação da sociedade

O contrato social deve, ainda, definir os elementos identificadores da pessoa jurídica que será constituída, vale dizer, seu nome (firma ou denominação), objeto social, sua sede e o prazo de duração pelo qual é contratada (artigo 997, II). Vou examiná-los em separado.

3.2.1 Nome empresarial

Por meio de um nome, a pessoa (natural ou jurídica) se dá a conhecer e a referenciar. Sua importância é tanta que constitui direito personalíssimo, inerente à condição de pessoa (artigos 16 a 19 e 52 do Código Civil). Como visto no volume inaugural desta coleção *(Empresa e Atuação Empresarial)*, a sociedade poderá adotar por nome, conforme o caso, uma *razão social (firma social)* ou uma *denominação*. A razão social está diretamente vinculada à composição societária, submetendo-se ao princípio da veracidade, ou seja, devendo refletir a realidade da coletividade de pessoas (*universitas personarum*), como em *Caius Július Caesar & Advogados Associados* ou *Vinícola Leonardo Canabrava & Filhos Ltda.* Adotam firma social os tipos societários em que haja responsabilidade subsidiária de sócios e, facultativamente, a sociedade limitada. Também se permite que a sociedade opte simplesmente por adotar por nome o seu número no Cadastro Nacional de Pessoas Jurídicas – CNPJ, acompanhado da identificação do tipo societário, se exigida em lei.

A denominação não se referencia pela composição societária, podendo ser composta por *expressões de fantasia*, vale dizer, palavras que não guardem qualquer relação com o nome dos sócios, como *General Motors do Brasil Ltda.* ou com o *Bar da Saudade Ltda.* Mas, como visto no volume 1 – *Empresa e Atuação Empresarial*, não se admitem termos que contrariem a moral pública, nome ou alcunha (o apelido) inequivocamente ligado a outra pessoa, nome social já adotado e registrado por outrem, marca ou título de estabelecimento conhecidos, nem termos ou expressões que possam determinar enganos ou confusões, como ocorreria com uma agência de turismo que pretendesse adotar a denominação *Embaixada dos EUA – Turismo Ltda.* Ademais, a denominação deve designar o objeto da sociedade (artigo 1.158, § 2°), não se admitindo constar do nome palavras ou expressões que denotem atividade não prevista no objeto social.

Firma ou denominação estão submetidas ao princípio da novidade, devendo revelar-se distinta de nomes já registrados naquela Unidade da Federação, permitindo que se cumpra a função identificadora e individualizadora do nome empresarial. Essas e outras questões foram examinadas no volume 1 (*Empresa e Atuação Empresarial*) desta coleção, ao qual remeto o leitor.

Cláusula Primeira – A sociedade adotará a denominação [ou razão social, conforme o caso] de Roma do Ocidente – Administração de Condomínios Ltda.

3.2.2   Objeto social

As pessoas jurídicas são *seres finalísticos*, ou seja, são entes constituídos para fins determinados, aos quais o Direito outorga personalidade jurídica. Não existem por existir, mas como ferramenta jurídica para a concretização de objetos específicos, atendidas as limitações legais. Essas limitações alcançam até o plano genérico das finalidades sociais: as associações têm finalidade não econômica, as sociedades têm finalidade econômica e as fundações têm fins religiosos, morais, culturais ou de assistência (artigo 62, parágrafo único, do Código Civil). Por finalidade econômica tem-se a atuação negocial, ou seja, a sociedade, simples ou empresária, tem por fim obrigatório a prática constante de atos negociais, visando à produção de resultados econômicos apropriáveis por seus sócios. Essa finalidade cumpre-se por meio da realização do objeto social.

O objeto social definido delimita os atos que dizem respeito à sociedade e vinculam seu patrimônio. Justo por isso, parece-me que os atos disformes podem caracterizar atos não societários, sendo compreendidos como atos de terceiros, não da pessoa jurídica, embora seja preciso reconhecer que o artigo 50 do Código Civil não considera tratar-se de *desvio da finalidade* para fins de desconsideração da personalidade jurídica. Não afasta, porém, a caracterização de ato ilícito por parte de quem vai além do que lhe autorizou o contrato social. Afinal, a pessoa jurídica não tem a liberdade de ação que é própria dos seres humanos. Só os atos humanos que se acomodem nos limites da lei e do ato constitutivo (contrato ou estatuto social) compreendem-se como atos da pessoa jurídica. Ademais, apenas nos limites das cláusulas do contrato social estão os sócios obrigados entre si e para com a sociedade. Justamente por isso, dissolve-se a sociedade quando exaurido o fim social, ou verificada a sua inexequibilidade (artigo 1.034, II).

A definição do objeto social resulta do acordo de vontade dos sócios, embora devendo ser lícito, possível e satisfatoriamente determinado (artigo 104, II). A determinação, em caso, é vital para o ajuste social, não sendo, a meu ver, aceitável a definição no contrato de sociedade personificado de objeto determinável. A determinação, todavia, oferece um desafio em cada caso, certo que é usual no mercado a definição de *fins abertos*, isto é, de expressões que abrigam em sua semântica uma área vastíssima, a exemplo de *comércio de varejo*. Dependendo do grau de imprecisão de tais expressões, o Registro do Comércio deverá recusar o arquivamento, exigindo definição pormenorizada dos fins. Se os atos já estão registrados, a existência de conflitos sociais pode levar ao Judiciário o problema da interpretação do dispositivo contratual ou estatutário impreciso ou excessivamente vago, amplo, aplicando-se o princípio inscrito no artigo 112 do Código Civil para a proteção dos direitos e dos interesses das minorias sociais.

> *Cláusula Segunda – A sociedade tem por objeto social a prestação de serviços de administração de condomínios, incluindo serviços terceirizados de zeladoria e conservação.*

3.2.3   Sede

A cada pessoa corresponde um ou mais lugares (domicílio), a partir dos quais, presume-se, sua atuação jurídica é irradiada (artigos 70 a 78 do Código Civil). Essa identificação geográfica não traduz, em regra, um limite para a ação econômica ou jurídica. Mas define competência para atuação de órgãos públicos, a exemplo do Judiciário e da Junta Comercial. Por outro lado, a definição do domicílio permite a localização da pessoa por terceiros interessados. Para as pessoas jurídicas, a definição do domicílio (sede) é feita por declaração no ato constitutivo (artigos 46, I, e 75, IV, 968, IV, e 997, II). Contudo, apenas esse elemento subjetivo, disposto no ato constitutivo, não atende à exigência legal, devendo estar presente, igualmente, o elemento objetivo; assim, não basta eleger um endereço e lançá-lo no contrato social, é necessário que a pessoa jurídica tenha existência física ali, ainda que não exclusiva. Se não há qualquer correlação concreta entre o endereço e a pessoa jurídica, haverá simulação (artigo 167, parágrafo único, II), o que implica nulidade.

Atente-se ainda para o artigo 75, IV e § 1º, do Código Civil, quando deixa claro que sede e domicílio não se confundem; embora a sede seja domicílio da pessoa jurídica, outros pode haver, correspondendo ao lugar onde funcionarem as respectivas diretorias e administrações, bem como os demais estabelecimentos que eventualmente mantenha serão considerados, igualmente, domicílio. A regra deve ser interpretada com cautela, compreendendo-se *estabelecimento* no sentido de filial, sucursal ou agência, com gerência (em sentido largo, traduzindo a ideia de administração) própria, hábil a permitir a conclusão do ato pretendido. Exemplifique-se com os Bancos; para além da sede, constante do ato constitutivo, também as agências serão domicílio; os chamados postos de atendimento bancário (PAB), um caixa ou dois sem estrutura administrativa não poderão ser considerados domicílio, já que não caracterizam, em sentido estrito, um estabelecimento.

> *Cláusula Terceira – A sociedade terá sede na Praça da Matriz, 45, sobreloja, em Crucilândia, Minas Gerais.*

3.2.4 Prazo de duração

O contrato social deve definir sua eficácia no tempo, ou seja, o período durante o qual os sócios estarão obrigados a adimplir suas obrigações. O prazo de duração poderá ser determinado ou indeterminado, hipótese na qual o contrato se manterá enquanto as partes desejarem. Optando os sócios por uma determinação, deverá ser ela estipulada em referenciais cronológicos, obrigatoriamente: um prazo ou um termo. Não se pode definir condição por prazo, embora seja lícito elencá-la como causa de dissolução da sociedade (artigo 1.035 do Código), estipulando--lhe prazo indeterminado. Por fim, realce-se que, vencido o prazo de duração da sociedade, sem que lhe promovam a dissolução e liquidação, haverá prorrogação por tempo indeterminado (artigo 1.033, I).

Cláusula Quarta – Esse contrato tem prazo indeterminado de validade.

ou

Cláusula Quarta – O prazo de duração da sociedade é de cinco anos, contados da data de assinatura deste instrumento.

ou

Cláusula Quarta – A sociedade durará até 31 de dezembro de 2018, quando, salvo decisão unânime dos sócios, se dissolverá, promovendo-se sua liquidação.

3.3 Capital

Os sócios investem determinado capital na sociedade e devem explicitar essa informação no contrato social. No Capítulo 5 do volume 1 (*Empresa e Atuação Empresarial*) desta coleção, expus cuidadosamente os aspectos jurídicos do capital registrado; recomendo ao leitor examinar aquelas considerações, de todo aplicáveis aqui. O capital registrado foi exaustivamente estudado no volume 1 desta coleção, ao qual remeto o leitor. Cuida-se da pedra de toque da formação do patrimônio societário, conforme registro na escrituração contábil correspondente (artigo 1.179 do Código Civil). Afinal, a constituição da sociedade, e de sua atividade negocial, demanda a destinação de valores, em *montante suficiente e específico* para a realização de seu objeto. Essa destinação caracteriza investimento e sua finalidade é o lucro, ou seja, a produção de sobrevalores: espera-se que a atividade empresária produza valores que excedam o capital e, assim, possam ser retirados do patrimônio empresário e destinados aos sócios.

A *suficiência* do capital é definida pelos próprios sócios, quando o Estado não estabeleça capital mínimo necessário, exercendo sua função constitucional de defesa da ordem econômica, incluindo a proteção ao consumidor, desde que respeite as metanormas jurídicas, como o princípio da razoabilidade e o princípio da proporcionalidade, entre outros. Em muitos casos, essa definição atende mesmo a convenções internacionais, refletindo a preocupação de organismos multilaterais com setores como instituições financeiras e securitárias. Por outro lado, a ideia de *montante específico* remete à da escrituração contábil dos investimentos na atividade negocial e todos os desdobramentos decorrentes da exploração do negócio. Aliás, o capital referido pelos artigos 968, III, e 997, III, do Código Civil é o capital inicial. Ao longo do desenvolvimento das atividades societárias, pode-se perceber a necessidade de redefini-lo, ou seja, aumentar esse capital (capitalizar a sociedade) ou até reduzi-lo (descapitalizar), desde que respeitados os requisitos e condições legais correspondentes, como se estudará.

O contrato não deve apenas definir qual o valor total do investimento na sociedade (capital), mas igualmente a participação que cabe a cada sócio, ou seja, o valor subscrito por cada sócio, além do tempo e do modo de integralização, ou seja, da disponibilização efetiva dos valores. Portanto, é preciso esclarecer se a integralização se fará no ato de constituição ou em momento futuro, bem como a maneira como se fará: pagamento em dinheiro, transferência de bens ou crédito, prestação de serviços para a sociedade, quando possível. Lembre-se que o ato de integralizar não é privativo do sócio, podendo ser feito por outrem, em nome e a bem do sócio: uma agência de fomento, uma organização não governamental, um benfeitor (parente, amigo, desconhecido) etc. Não há vedação legal de que o investimento seja feito por um terceiro, onerosamente (contrato de mútuo ou outro, remunerado por juros ou doutro jeito) ou gratuitamente: doação, *inter vivos* ou *causa mortis*.

O capital deve ser registrado em moeda corrente, mas sua integralização pode ser feita por meio de qualquer vantagem econômica, desde que suscetível de avaliação pecuniária, isto é, desde que se possa atribuir-lhe um valor na moeda com curso obrigatório no país. Mesmo a prestação de serviço deverá ser avaliada. Essa avaliação se faz pelo valor de mercado, ou seja, pelo valor de venda, e permite, mesmo, a incorporação de ágios mercadológicos havidos em bens coletivos, como estabelecimentos empresariais, valor de marca e patentes etc. Essa possibilidade, contudo, deve ser concretizada com atenção aos princípios que orientam o capital social.

3.3.1 Princípios norteadores

Quando me referi à *capital suficiente*, uma questão relevante se põe à análise: a subcapitalização. Na esmagadora maioria das situações, a suficiência do investimento é livremente estimada pelo empresário ou sócios da sociedade empresária, ao seu alvedrio. Mas há casos em que o Estado, exercendo sua função constitucional de defesa da ordem econômica, incluindo a proteção ao consumidor, estipula capital mínimo e, mesmo, que exija auditoramento regular de que tais valores conservam-se efetivamente na empresa para, assim, garantir a estabilidade do negócio. Pode fazê-lo, obviamente, respeitando as metanormas jurídicas, como o princípio da razoabilidade e o princípio da proporcionalidade, entre outros.

Em muitos setores econômicos, o controle da suficiência de capital é objeto da afirmação por órgãos internacionais, resultando de convenções multilaterais, a exemplo do que ocorre com instituições financeiras e instituições securitárias. Esses parâmetros de adequação do capital (*capital adequacy*, dizem os anglicistas) levam em conta os *encargos de capital* que são estimados como necessários para atender os riscos havidos na relação entre os ativos e o passivo das empresas, o que pode incluir mesmo a definição sobre a qualidade desses ativos para garantir *liquidez* suficiente para fazer frente a eventuais crises, evitando danos sistêmicos à economia. Assim, os Estados forçam posturas mais conservadoras dos entes privados, dimensionando sua atuação para evitar que a sociedade em geral seja vítima de posturas empresariais mais agressivas. Há um nítido interesse público nessas políticas, quando executadas com razoabilidade e proporcionalidade.

Por outro lado, a ideia de *montante específico* remete ao mecanismo essencial de investimentos na empresa, bem como à respectiva escrituração contábil. Dessa maneira, no que se refere ao empresário, permite-se destacar o patrimônio empresário do restante do seu patrimônio, lembrando não haver distinção de personalidade entre pessoa natural do empresário e a respectiva firma individual.

Note-se que a alocação do capital para a constituição da empresa não é ato privativo do empresário; o investimento pode ser feito pelo Estado, uma agência de fomento, uma organização não governamental, um benfeitor (parente, amigo, desconhecido). Não há vedação legal de que o investimento seja feito por um terceiro, onerosamente (contrato de mútuo ou outro, remunerado por juros ou doutro jeito) ou gratuitamente: doação, *inter vivos* ou *causa mortis*.

O investimento (capital) feito na empresa é o meio para permitir a constituição de um *patrimônio empresarial*. No âmbito da sociedade empresária, esse valor corresponde às quotas ou ações societárias: cada quota ou ação tem um valor e o somatório das quotas corresponde ao capital social. Mas são duas realidades distintas, que não se confundem, o capital e o patrimônio; patrimônio é o conjunto das relações jurídicas positivas (ativo) e negativas (passivo). O *capital registrado* serve ao *patrimônio empresarial*; mas não lhe é igual. Também não se confundem patrimônio empresarial e não empresarial, preservando-se a especialidade do patrimônio empresarial pela respectiva escrituração contábil. O patrimônio empresarial se desenvolverá com história própria, conforme o desenrolar das atividades negociais, incluindo as decisões do empresário. Justamente por isso, é muito comum que o patrimônio empresarial bruto (ou ativo), ou mesmo o patrimônio líquido, supere – e muito – o valor do capital social.

O capital deve ser conservado a serviço da empresa, salvo descapitalização que atenda aos requisitos legais. A lógica do investimento é a lógica da preservação do capital, usado exclusivamente para os fins empresariais. Por isso, como se estudará no Capítulo 9 deste livro, o resultado de um exercício apura-se a partir do patrimônio ativo, do qual se subtraem não apenas o patrimônio passivo, mas também o capital social para, então, chegar-se ao patrimônio líquido. Só há lucro quando o sobrevalor patrimonial preserva o capital investido na empresa, garantindo sua preservação.

Otávio Vieira Barbi, em excelente dissertação, explora os princípios que informam o capital social, cujo objetivo é proteger os interesses dos sócios e de terceiros que mantêm relações jurídicas com a sociedade; são eles: (1) princípio da realidade, também chamado de princípio da subscrição integral; (2) princípio da intangibilidade; e (3) princípio da fixidez.[3] A esses três, somo um outro: (4) o princípio da publicidade.

Princípio da realidade ou princípio da integralização: o capital registrado deve ser verdadeiro; sua definição não pode ser retórica ou estimativa. O capital deve ser certo, inequívoco: valor total, tempo e modo de integralização. Nas sociedades, deve-se definir até as partes ideais em que se divide: quotas ou ações. Essas declarações são elementares à inscrição do empresário (artigo 968, III, do Código Civil) e ao ato constitutivo de sociedades (artigos 997, III e IV, e 1.055 do Código Civil e artigos 5º e 11 da Lei 6.404/1976), sendo ineficaz, perante terceiros, qualquer pacto separado em sentido contrário (artigo 997, parágrafo único, do Código Civil). Mais do que isso, os sócios estão obrigados a integralizar o capital, no tempo e no modo ajustados, sendo responsáveis pela evicção do bem ou solvência do crédito, quando integralizarem o capital por meio de sua transferência (artigos 1.004, 1.005, 1.052 e 1.057 do Código Civil e artigos 7º a 10 e 80 a 85 da Lei 6.404/1976). Por fim, há normas específicas que cuidam da hipótese de o sócio não integralizar, como devido, o capital que subscreveu (artigos 1.004 e 1.058 do Código Civil e artigos 106 e 107 da Lei 6.404/1976).

Princípio da intangibilidade: o capital registrado deve ser preservado na empresa e usado exclusivamente na empresa. Não pode(m) o(s) responsável(is) pela empresa lançar mão desses valores para si ou para outras finalidades, o que caracteriza indevida confusão patrimonial (artigo 50 do Código Civil). São investimentos e, assim, devem estar alocados na empresa ou à disposição da empresa, salvo deliberação válida de descapitalização, atendidos os requisitos legais e o princípio da fixidez. Por isso, só há falar em lucro ou prejuízo quando, ao final do exercício, subtrai-se o passivo do ativo e, em seguida, subtrai-se o próprio capital registrado (que é inscrito na coluna do passivo). Ele é subtraído para ser preservado na empresa. Doutra volta, o princípio justifica mesmo a previsão legal, quando há licença constitucional, de capital mínimo, necessidade de auditoria das demonstrações econômicas, a submissão à fiscalização e, até, a intervenção estatal, como ocorre com instituições financeiras, sociedades seguradoras, sociedades que exploram planos de saúde etc.

---

3 BARBI, Otávio Vieira. *Composição de interesses no aumento de capital das sociedades limitadas*. Rio de Janeiro: Forense, 2007. p. 11-15. O autor cita Sabine Dana-Démaret, Cesare Vivante e Paulo de Tarso Domingues.

Na lei, o princípio da intangibilidade reflete-se no direito à distribuição de lucros, embora vedada a distribuição de lucros ilícitos ou fictícios (artigos 1.007 a 1.009 do Código Civil), o que inclui a distribuição de lucros e retirada de quantias, a qualquer título, ainda que autorizados pelo contrato, quando feitas em prejuízo do capital (artigo 1.059). Também na limitação das hipóteses de pagamento de dividendos aos acionistas (artigo 201 da Lei 6.404/1974) e nas condições para que a companhia adquira suas próprias ações (artigo 30, § 1º, *b*).

Todavia, o princípio da intangibilidade do capital social não é absoluto, conhecendo limites, ou melhor, modalizações que permitem ajustá-lo às circunstâncias que se apresentem. Assim, a possibilidade de descapitalização, desde que atendidos os requisitos legais para tanto; isso a incluir a retirada do sócio (*direito de recesso*), nas hipóteses legais (incluindo praceamento e adjudicação de suas quotas em execução), com liquidação de suas quotas ou reembolso de suas ações. Essa descapitalização pode resultar, ademais, de medidas sociais, como execução ajuizada contra o empresário ou sociedade empresária, certo que o patrimônio do devedor (incluído o capital social) responde pelo cumprimento de suas obrigações. São meras possibilidades, contudo; havendo reserva de capital suficiente, tais eventos podem ocorrer sem que haja descapitalização.

Princípio da fixidez: o capital deve apresentar-se estável, constante, fixo. Não é passível de variabilidade constante, o que traria insegurança. Mas não é imutável; desde que respeitados procedimentos previstos em lei, o capital pode ser aumentado (capitalização) ou reduzido (descapitalização); daí falar-se, também, em *princípio da variabilidade condicionada do capital social*: sua alteração está condicionada a requisitos formais específicos, sem os quais se manterá fixo.[4]

Princípio da publicidade: o capital registrado é, por essência, uma informação pública, em sua expressão original e em suas variações, devendo ser levado ao Registro Mercantil (artigos 968 e 999 do Código Civil, artigos 166, § 1º, 173 e 174 da Lei 6.404/1976). Aliás, é preciso particular atenção para esse artigo 174, a revelar toda a envergadura do *princípio da publicidade do capital social*; tal norma prevê que, ressalvadas as disposições dos artigos 45 e 107 da Lei 6.404/1976, a redução do capital social com restituição aos acionistas de parte do valor das ações, ou pela diminuição do valor destas, quando não integralizadas, à importância das entradas, só se tornará efetiva 60 dias após a publicação da ata da assembleia geral que a tiver deliberado. Durante esse prazo, prevê, os credores quirografários por títulos anteriores à data da publicação da ata poderão, mediante notificação, de que se dará ciência ao registro do comércio da sede da companhia, opor-se à redução do capital; decairão desse direito os credores que o não exercerem dentro do prazo. Findo o prazo, a ata da assembleia geral que houver deliberado a redução poderá ser arquivada se não tiver havido oposição ou, se tiver havido oposição de

---

4   BARBI, Otávio Vieira. *Composição de interesses no aumento de capital das sociedades limitadas.* Rio de Janeiro: Forense, 2007. p. 15. O autor cita Paulo de Tarso Domingues.

algum credor, desde que feita a prova do pagamento do seu crédito ou do depósito judicial da importância respectiva.

3.4 Quotas

O capital social definido pelos sócios será dividido em quotas, em partes. O contrato definirá quantas são essas partes e qual o seu valor, sendo obrigatório, por óbvio, que o somatório do valor de todas as partes seja igual ao valor do capital da sociedade, igualmente disposto no contrato social. Ademais, o contrato deverá especificar a correspondência entre as quotas e os sócios, ou seja, determinar a titularidade de cada quota. Aliás, havendo alteração no valor do capital social, no valor das quotas ou na distribuição das quotas, deverá haver, obrigatoriamente, alteração do contrato social, para refleti-la.

Habitualmente, divide-se o capital social em pequenas quotas de mesmo valor, atribuindo certo número dessas partes a cada sócio, em conformidade com a sua participação; assim, numa sociedade com capital social de R$ 100.000,00, corresponddendo 30% ao sócio Caio, criam-se 100 quotas de R$ 1.000,00, atribuindo-lhe 30 quotas. É ainda mais usual determinar um fracionamento ainda menor: mil quotas de R$ 100,00, atribuindo ao sócio Caio 300 quotas. Essa divisão será determinada pelo interesse dos sócios, que a ajustarão. Menos usual, mas igualmente possível, é atribuir a cada sócio uma única quota, de valor correspondente à sua participação no capital social, havendo ou não igualdade entre os valores. Assim, se dez sócios têm igual participação na sociedade acima exemplificada, podem-se criar dez quotas – uma para cada – no valor de R$ 10.000,00; sendo três sócios com participação distinta, três quotas com valores distintos: ao sócio Caio uma quota no valor de R$ 30.000,00; ao sócio Flávio, uma quota no mesmo valor; ao sócio Marco Aurélio, uma quota no valor de R$ 40.000,00.

Cláusula Quinta – O capital social é de R$ 100.000,00 (cem mil reais), divididos em 1.000 (um mil) quotas no valor unitário de R$ 100,00 (cem reais) cada. A participação de cada sócio no capital social será a seguinte:

a) Flávio Valério Cláudio Constantino .... *300 quotas*

b) Marco Aurélio Valério Maxentio .... *400 quotas*

c) Caio Aurélio Diocleciano .... *300 quotas*

ou

Cláusula Quinta – O capital social é de R$ 100.00,00 (cem mil reais), divididos em três quotas correspondentes a cada sócio, nos seguintes valores:

a) Flávio Valério Cláudio Constantino: R$ 30.000,00 (trinta mil reais)

b) Marco Aurélio Valério Maxentio: R$ 40.000,00 (quarenta mil reais)

c) Caio Aurélio Diocleciano: R$ 30.000,00 (trinta mil reais)

3.5 Realização do capital social

O contrato deverá ainda especificar como cada sócio realizará a sua participação no capital social, ou seja, como integralizará sua quota; essa transferência de valores, do sócio para a sociedade, em correspondência à sua participação no montante global do capital social, garante à sociedade meios suficientes para a realização de seu capital social. Em oposição, o sócio passa a ter direitos patrimoniais sobre a quota ou quotas que lhe correspondem, além de direitos sociais. Portanto, deverão ser especificados no contrato o *prazo* e o *modo* de realização (integralização) das quotas sociais.

A integralização pode fazer-se no ato da instituição da sociedade: o sócio paga o valor correspondente à sua quota ou quotas, saldando suas obrigações para com a sociedade (a pessoa jurídica que, ao ser criada, tem direito ao capital que cada sócio se comprometeu a fornecer-lhe para viabilizar sua existência e seu funcionamento) e para com os demais sócios, com quem se obrigou àquele pagamento. Mas é possível que o contrato social preveja que o pagamento se fará posteriormente, no todo ou em parte, disciplinando, obrigatoriamente, o prazo ou termo de vencimento, tornando líquida a obrigação do sócio ou sócios. O registro da sociedade deve ser obstado se o contrato se apresenta incerto e/ou ilíquido, não definindo adequadamente o valor da contribuição devida pelo sócio e o momento em que deve ser adimplida.

Se, porém, o registro for feito sem tal previsão, seria caso de serem aplicados os artigos 134 e 331 do Código Civil, exigindo prontamente o pagamento, entendimento que encontra suporte, igualmente, no artigo 1.001 do mesmo Código, segundo o qual as obrigações dos sócios começam imediatamente com o contrato, se neste não for fixada outra data. Todavia, não se pode desconhecer que o artigo 1.004, um pouco adiante, após prever que o sócio que deixe de adimplir as contribuições estabelecidas, na forma e prazo previstos, acaba por permitir, fruto de uma redação um pouco confusa, um prazo de mora de 30 dias, contado da *notificação pela sociedade*; por tal via, faz com que a hipótese se harmonize com o parágrafo único do artigo 397, exigindo *notificação premonitória*, isto é, notificação judicial ou extrajudicial para a constituição em mora.

Quanto ao *modo*, a realização do capital poderá se fazer mediante (1) pagamento em dinheiro; (2) cessão de crédito, inclusive endosso de títulos de crédito; (3) transferência de bens imóveis ou móveis, incluindo direitos pessoais com expressividade econômica, a exemplo da titularidade de marca ou patente; e serviços que devam ser prestados pelo sócio (artigo 997, V). O pagamento em dinheiro se faz pela entrega do papel-moeda ou por outro meio eficaz, como depósito ou transferência bancários, a compensação de cheque emitido. Acordando-se que a integralização se fará em prestação de serviços para a sociedade, deverão ser esses especificados, aludindo-se à natureza do ato caracterizador do serviço prestado, bem como limites (tempo, empreitada etc.). É preciso particular atenção na valoração dos serviços em face da proteção constitucional e legal ao trabalho, tendo-se por certo que o abuso na estipulação poderá ser interpretado como caracterização de relação de emprego e, até, como exploração de trabalho escravo.

> *Cláusula Sexta – O capital social se realizará dos seguintes modos:*
>
> *a) O sócio Caio Aurélio Diocleciano integraliza, neste ato, a totalidade de suas quotas, mediante pagamento em moeda corrente nacional no valor total de R$ 30.000,00 (trinta mil reais), que foram contados e conferidos.*
>
> *b) O sócio Flávio Valério Cláudio Constantino transfere para a sociedade imóvel de sua propriedade: loja de 40 m², situada na Praça da Matriz, 45, sobreloja, em Crucilândia, Minas Gerais, no valor de R$ 15.000,00 (quinze mil reais), conforme escritura pública do Cartório de Registros Cíveis da Comarca de Bonfim. O valor restante, R$ 15.000,00 (quinze mil reais), será integralizado, em moeda corrente nacional, em 3 (três) parcelas de R$ 5.000,00, com vencimento em 30 (trinta), 60 (sessenta) e 90 (noventa) dias, contados do registro da sociedade.*
>
> *c) O sócio Marco Aurélio Valério Maxentio integraliza, neste ato, R$ 10.000,00 (dez mil reais), mediante pagamento em moeda corrente nacional, contado e conferido. O valor restante, R$ 30.000,00 (trinta mil reais), será integralizado em 2 (duas) parcelas semestrais de R$ 15.000,00 (quinze mil reais), vencíveis em 21 de fevereiro e 21 de agosto de 2019, respectivamente.*

É passível de indeferimento o pedido de arquivamento de contratos sociais ou suas alterações em que haja incorporação de imóveis à sociedade, por instrumento particular, quando do instrumento não constar a descrição e identificação do imóvel, sua área, dados relativos à sua titulação, bem como o número da matrícula no Registro Imobiliário, e a outorga uxória ou marital, quando necessária. Lembre-se de que, na forma do artigo 64 da Lei 8.934/1994, a certidão dos atos de constituição e de alteração de empresários individuais e sociedades mercantis, fornecida pelas Juntas Comerciais em que foram arquivados, será o documento hábil para a transferência, por transcrição no registro público competente, dos bens com que o subscritor tiver contribuído para a formação ou aumento do capital social. No entanto, é imprescindível proceder-se à transferência da propriedade, mediante registro, perante o Cartório de Registro de Imóveis em que se encontra registrada a matrícula do imóvel (conferir Recurso Especial 1.743.088/PR).

3.6 Administração e representação

A pessoa jurídica é um artifício jurídico. Um ente moral cuja existência e atividade depende do agir humano, atribuindo-se-lhe as respectivas ações. Por óbvio, não tem vontade própria e capacidade para agir por si mesmo. Age Fulano ou Beltrano ou Ciclano mas, juridicamente, aqueles atos são atribuíveis à Silva,

Silva & Silva Ltda. E isso diz respeito a tudo: comprar, vender, produzir, abrir a loja de manhã, fechar à noite, anunciar publicitariamente etc. E isso pode ocorrer num lugar ou em centenas, como ocorre com as redes com múltiplas filiais. São atos de execução da atividade negocial, que podem ser realizados por prepostos. E a direção desses múltiplos atos pode ser delegada a gerentes (artigo 1.172 do Código Civil). Mas há um conjunto específico de ações (de atos jurídicos) que dizem respeito à existência societária em si, não à realização de atos comezinhos por meio dos quais se concretiza seu objeto social. Se a sociedade é um ente moral, quem a representa na raiz: qual ser humano cuja assinatura, vincula a pessoa jurídica? O contrato social deverá definir isso: nomear a(s) pessoa(s) natural(is) a quem cabe a administração e a representação da sociedade.

Portanto, o contrato deverá disciplinar a atribuição de competência e poder para que alguém (pessoa natural) aja em nome da sociedade (artigo 997, VI), definindo a extensão desses competência e poder. Preservam-se, dessa maneira, não só os interesses e direitos dos próprios sócios, mas também os de terceiros que, consultando o ato constitutivo, podem saber quem é verdadeiramente, de direito, o administrador e quais são os seus poderes, matéria que será trabalhada no capítulo sobre administração societária. O contrato tanto poderá nomear o administrador como, nas sociedades limitadas, prever o modo como será ele nomeado, permitindo que a nomeação se faça por ato em separado, respeitadas as normas contratuais.

O artigo 46, III, do Código Civil, que como visto disciplina as pessoas jurídicas de Direito privado em geral, demanda ademais a indicação de quem representará, ativa e passivamente, judicial e extrajudicialmente. É lícito prever-se que a mesma ou mesmas pessoas executarão todas essas funções, bem como atribuí-las a pessoas diversas, desde que essa distribuição de competências, funções e respectivos poderes fique devidamente esclarecida no contrato social. Pode-se, por exemplo, outorgar a uma pessoa natural a condição de administrador e a uma diretoria ou conselho a condição de representação. Podem-se, igualmente, criar restrições específicas para algumas situações, sendo extremamente comum estipular-se que a representação da sociedade junto a instituições financeiras, incluindo a movimentação de conta bancária, se fará pelo administrador e determinado sócio, conjuntamente, tornando necessárias a presença e a assinatura de ambos para que o ato jurídico tenha validade.

Cláusula Sétima – A sociedade será administrada e representada, ativa e passivamente, judicial e extrajudicialmente, pelos sócios Caio Aurélio Diocleciano e Flávio Valério Cláudio Constantino, conjuntamente, podendo praticar todos os atos necessários à realização do objeto social, incluindo movimentar conta bancária, contrair empréstimos e financiamentos, alienar, hipotecar, transigir, ou praticar quaisquer outros atos que exorbitem da administração ordinária.

3.7 Participação em lucros e perdas

O contrato social deverá especificar a participação de cada sócio nos lucros e nas perdas oriundas da atividade desempenhada pela sociedade, sendo nula a estipulação de que qualquer dos sócios esteja excluído da participação, quer nos lucros, quer nas perdas (artigo 1.008 do Código Civil). Apenas em relação ao sócio cuja contribuição consista na prestação de serviços, vale dizer, em trabalho, aceita-se a exoneração pelas despesas (artigo 1.008), no que se respeita a Constituição da República (artigo 6º), protegendo o trabalhador, ainda que na condição de sócio. Mas essa proteção legal comporta ajuste em contrário, constante do contrato social, mesmo pela via de alteração, desde que com ela anua o sócio obrigado à prestação de serviços (artigo 1.007).

O mais comum é distribuir lucros e prejuízos em correspondência com a participação de cada sócio no capital registrado, solução que será aplicável se silente o contrato (artigo 1.007). Assim, desde que respeitados os princípios gerais de Direito, partes podem estipular outras soluções. Nas sociedades simples, por exemplo, é comum ver-se estipulação de que cada sócio auferirá os lucros decorrentes de seu trabalho individual, respondendo todos, igualitariamente ou em outra proporção, pelas despesas sociais. De qualquer sorte, se a previsão se mostrar abusiva, será um ato ilícito (artigo 187) e, assim, nulo (artigo 166, VII).

Cláusula Oitava – Os sócios participarão dos lucros e das perdas sociais, na proporção de suas quotas [ou em percentual correspondente à sua participação no capital social].

Note-se haver tipos societários nos quais os sócios não respondem subsidiariamente pelas obrigações sociais, o que implica não lhes caber participação nas perdas sociais. As perdas são suportadas apenas pela própria sociedade que, não conseguindo fazer frente a seus débitos, terá sua falência decretada ou, alternativamente, poderá ver-se submetida a procedimento judicial de recuperação. Como a sociedade pensada para exemplificar o nosso estudo – *Roma do Ocidente – Administração de Condomínios Ltda.* – é sociedade limitada, a cláusula oitava do exemplo seria diversa:

Cláusula Oitava – Os sócios participarão dos lucros na proporção de suas quotas [ou em percentual correspondente à sua participação no capital social].

A exclusão da participação nas perdas, contudo, exige a inscrição de cláusula prevendo o limite de responsabilidade entre as obrigações da sociedade e o patrimônio dos sócios, como se estudará na próxima seção.

3.8 Responsabilidade subsidiária dos sócios

O contrato social deverá estabelecer se os sócios respondem, ou não, subsidiariamente, pelas obrigações sociais (artigos 46, V, e 997, VIII, do Código Civil). Como se viu no Capítulo 2, o patrimônio da sociedade é distinto do patrimônio dos sócios. Assim, o crédito da sociedade não é crédito dos sócios, da mesma maneira que a dívida da sociedade não é dívida dos sócios; é possível, inclusive, que a sociedade seja credora ou devedora de um sócio. Ainda assim, a regra geral para as pessoas jurídicas é a responsabilidade subsidiária dos membros (sócios ou associados) pelas obrigações sociais não adimplidas. *Subsidiária* por traduzir responsabilidade de segundo plano, afirmada apenas quando a pessoa jurídica, efetivamente, não tem como saldar as suas obrigações.

Para algumas situações jurídicas específicas, a lei prevê um limite entre as obrigações da sociedade e os sócios, protegendo o patrimônio destes. Fê-lo para estimular as pessoas a investirem, explorando atividades produtivas, a bem do desenvolvimento econômico e social do país. Assim, a *sociedade em comandita simples*, em relação ao sócio comanditário (artigo 1.045), a sociedade limitada (artigo 1.052), a sociedade anônima (artigo 1.088) e a sociedade em comandita por ações, em relação aos acionistas que não sejam diretores ou gerentes (artigo 1.091). Nesses casos, não há responsabilidade subsidiária dos sócios pelas obrigações sociais.

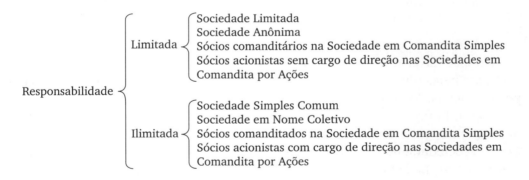

Portanto, a previsão contratual de que os sócios não respondem subsidiariamente pelas obrigações sociais está diretamente vinculada à previsão legal do limite entre os patrimônios. Não é válida em tipos societários nos quais a lei preveja a responsabilidade subsidiária de sócios. O artigo 997, VIII, interpreta-se, portanto, em conjunto com o artigo 1.023, ambos do Código Civil, a estatuir como regra geral a responsabilidade subsidiária dos sócios pelas obrigações societárias, salvo cláusula de responsabilidade solidária. Contudo, é lícito ao contrato trazer cláusula disciplinando limites internos de responsabilidade, eficazes entre os sócios e, assim, disciplinando o exercício do direito de regresso por aquele que responda perante terceiros, com seu patrimônio pessoal.

Por força do artigo 997, VIII, do Código Civil, nas sociedades em que haja previsão legal do limite de responsabilidade, deverá o ato constitutivo trazer tal informação, deixando claro que os sócios não renunciaram ao benefício legal. Essa posição reflete a prática jurídica e se faz presente em algumas decisões judiciárias. Todavia, parece-me um formalismo exacerbado. Creio que o limite de responsabilidade deflui da lei e, destarte, beneficiará os sócios comanditários na sociedade em comandita simples, a todos os sócios nas sociedades limitadas e anônimas, aos sócios que não desempenhem função de direção, na sociedade em comandita por ações. A existência de cláusula prevendo a inexistência de responsabilidade subsidiária, quando haja previsão nesse sentido, caracteriza *bis in idem*. Nesse contexto, melhor teria sido não ter o legislador disciplinado o texto do inciso VIII do artigo 997, fazendo com que o limite de responsabilidade fosse aferido da própria legislação, não de sua reiteração no contrato.

Frise-se, por último, que o limite de responsabilidade é renunciável por meio de cláusula contratual, ou seja, é lícito ao contrato prever que os sócios responderão subsidiariamente pelas obrigações sociais, mesmo em tipo em que haja limite de responsabilidade. Afinal, trata-se de direito disponível.

> *Cláusula Nona – Os sócios não respondem subsidiariamente pelas obrigações sociais.*
>
> ou
>
> *Cláusula Nona – A responsabilidade subsidiária dos sócios está limitada ao valor das quotas não integralizadas.*

4 REGISTRO

O contrato social deve ser escrito, sendo indiferente a utilização de instrumento particular ou público, desde que atendidos os requisitos legais já estudados. O instrumento será assinado por todos os sócios e levado ao Registro Público. Seu arquivamento dá conhecimento ao público, produzindo efeitos em relação a terceiros. A estipulação de pactos não registrados (documentos apartados ou *side letters*, como preferem os anglicistas) não é eficaz em relação a terceiros (artigo 997, parágrafo único, do Código Civil); essa ineficácia, contudo, não traduz nulidade: o ajuste é válido entre os seus signatários, se não padecer de qualquer outro vício, mas apenas entre esses. Para os terceiros, não será eficaz por ser *res inter alios acta*, a não ser que se comprove que tinham ciência inequívoca de seus termos, hipótese em que o respeito aos princípios da boa-fé e da probidade demanda respeitarem a disposição, se lícita.

Nos 30 dias subsequentes à sua constituição, os atos constitutivos de sociedades simples deverão ser levados ao Registro Civil das Pessoas Jurídicas do local de sua sede; em se tratando de sociedade empresária ou de sociedade cooperativa, o registro será requerido ao Presidente da Junta Comercial relativa à sede da sociedade (artigo 998). O pedido de inscrição será acompanhado do instrumento autenticado do contrato; se algum sócio nele houver sido representado por procurador, deverá ser apresentada uma cópia igualmente autenticada da respectiva procuração; se for o caso, deve-se apresentar, ainda, prova de autorização da autoridade competente (artigo 998, § 1°).

O pedido de registro feito nos 30 dias subsequentes à assinatura do instrumento faz com que os efeitos do arquivamento, quando deferido, retroajam à data em que foi firmado. Desrespeitado esse prazo, os efeitos jurídicos da inscrição – e do contrato, perante terceiros – serão produzidos apenas a partir da data do despacho que deferir o arquivamento, respondendo o responsável pela omissão por eventuais perdas e danos (artigo 36 da Lei 8.934/1994 e artigo 1.151, § 2°, do Código Civil). Dessa forma, tem-se uma presunção legal relativa (*iuris tantum*) de veracidade dos documentos apresentados no trintídio. Como se só não bastasse, garante-se o respeito ao princípio da publicidade dos atos constitutivos, que está na base da instituição e manutenção do sistema nacional de registro mercantil, funcionando as Juntas Comerciais como órgãos de publicitação das informações de registro, constituindo uma prova pública de atos jurídicos.

A sociedade que institua uma sucursal, filial ou agência deverá averbar sua constituição na Junta Comercial, se sociedade empresária ou sociedade cooperativa, ou no Registro Civil, nas demais hipóteses de sociedade simples. Se tal estabelecimento secundário estiver localizado na circunscrição de outra Junta Comercial ou outro Registro Civil das Pessoas Jurídicas, neste também deverá ser inscrita a sucursal, filial ou agência, fazendo-se acompanhar da prova da inscrição originária da sociedade.

5 MODIFICAÇÕES DO CONTRATO SOCIAL

As disposições do contrato social podem ser alteradas, se assim convierem os sócios. Se o contrato social não explicitar outro quórum, a alteração demanda aprovação unânime, quando se tratar de matéria indicada no artigo 997, e maioria absoluta, nos demais casos (artigo 999). Nas sociedades limitadas, esse percentual é de 75%, isto é, três quartos (artigos 1.071, V, e 1.076, I). A alteração poderá constar de instrumento particular ou por escritura pública, independentemente da forma adotada para o ato constitutivo, e deverá ser obrigatoriamente levada a registro (artigo 999, parágrafo único, do Código Civil e Lei 8.934/1994).

Genericamente, como se sabe, a maioria pode ser *simples* (ou *relativa*), *absoluta* ou *qualificada*. A *maioria simples* (maioria relativa) verifica-se quando uma alternativa supera a alternativa ou alternativas concorrentes, independentemente do número de votos. Haveria maioria simples, portanto, se 40% dos votos fossem dados numa alternativa, 35% noutra e 25% numa terceira. Na *maioria absoluta* fazem-se necessários votos que representem, pelo menos, um voto além de 50% dos votos possíveis; se são 100 votos, 51 constituem a maioria absoluta; se são 1.000 votos, 501 constituem a maioria absoluta. Por fim, tem-se, ainda, a *maioria qualificada*, que é qualquer percentual superior à maioria absoluta, definido em lei ou pelo contrato (nos limites permitidos pela lei); portanto, não há uma qualificação só, a exemplo de 2/3 dos votos possíveis; cabe à lei ou ao contrato social qualificar a maioria: 2/3, 3/4, 90 etc. Mas, viu-se, há situações nas quais a lei ou o contrato exigem unanimidade, ou seja, hipóteses nas quais a minoria é amplamente protegida: sem seu voto, não se aprova a proposta. Mas tem-se como regra geral uma liberdade para a definição pelos sócios do quórum de aprovação das diversas matérias. Assim, o quórum legal aplica-se no silêncio do contrato.

A lei não leva em consideração o *quorum* dos presentes à deliberação, que é elemento indiferente. O quórum de aprovação calcula-se sobre o valor total do capital social. Institui-se, assim, uma proteção ao ato constitutivo e, via de consequência, a cada um dos sócios – ainda que, com mais razão, aos sócios minoritários, mormente no que toca às matérias que exigem unanimidade para alteração. Note-se que a estipulação expressa da necessidade de maioria absoluta para as alterações contratuais que não estejam submetidas à regra da unanimidade (relativas a matérias elencadas no artigo 997) afasta a aplicação do artigo 1.010, § 2º, do Código Civil, segundo o qual *prevalece a decisão sufragada por maior número de sócios no caso de empate, e, se este persistir, decidirá o juiz.* Essa norma tem aplicabilidade restrita às deliberações *sobre os negócios da sociedade*, como se lê no *caput* do artigo; o empate, no alusivo à alteração contratual, traduz rejeição da proposta por não se ter atendido a requisito específico para a sua aprovação e implementação. Assim, as abstenções contam-se em sentido contrário à proposta.

As matérias que estão anotadas no artigo 997 do Código Civil – e que, portanto, exigem unanimidade para serem alteradas – são as seguintes: *nome, nacionalidade, estado civil, profissão e residência dos sócios, se pessoas naturais, e a firma ou a denominação, nacionalidade e sede dos sócios, se jurídicas; denominação, objeto, sede e prazo da sociedade; capital da sociedade, expresso em moeda corrente, podendo compreender qualquer espécie de bens, suscetíveis de avaliação pecuniária; a quota de cada sócio no capital social, e o modo de realizá-la; as prestações a que se obriga o sócio, cuja contribuição consista em serviços; as pessoas naturais incumbidas da administração da sociedade, e seus poderes e atribuições; a participação de cada sócio nos lucros e nas perdas; se os sócios respondem, ou não, subsidiariamente, pelas obrigações sociais.*

A lista exige algum cuidado em relação ao artigo 997, I, do Código Civil, pois a exigência de unanimidade para alteração de *nome, nacionalidade, estado civil, profissão e residência dos sócios, se pessoas naturais, e a firma ou a denominação, nacionalidade e sede dos sócios, se jurídicas*, interpreta-se restritivamente, isto é, somente a aceitação de novo sócio exige aprovação unânime, vez tratar-se de sociedade de pessoas. Em se tratando de sociedade de capitais, como seria uma sociedade empresária limitada, não poderão os demais sócios, normalmente, obstar-se à transferência das quotas. Também a retirada do sócio (artigo 1.029) não exige aprovação dos demais. Por outro lado, a alteração do nome civil (por exemplo, em função de casamento, separação judicial, retificação de registro) ou firma empresarial do sócio, de sua residência ou sede, do estado civil do sócio etc., sequer demandam aprovação dos demais sócios, sendo averbáveis à vista da simples apresentação da prova correspondente. Entender o contrário seria violar duplamente o princípio da veracidade: em primeiro lugar, aceitando que o contrato social trouxesse informações que não mais verdadeiras, mantidas no instrumento apenas em função da ausência de deliberação pela totalidade dos sócios; em segundo lugar, por desconsiderar que os sócios não poderiam votar em sentido contrário a essas alterações, sob pena de recusarem a exposição da verdade.

Também o tempo de duração da sociedade pode ser alterado. Se a sociedade foi contratada por prazo determinado, a prorrogação ou redução desse prazo, além de sua dissolução antes do tempo exigem votação unânime (artigo 1.033, II e III). Contudo, a dissensão sobre a prorrogação não tem, todavia, o efeito de vetar a continuidade da pessoa jurídica, em face do princípio da preservação das atividades negociais; assim, os sócios que não quiserem prorrogar poderão retirar-se, prosseguindo a sociedade com os demais, por novo prazo certo ou por prazo indeterminado. Também pode haver alteração contratual para estipular prazo certo para sociedade contratada por prazo indeterminado ou para as sociedades que tiveram seu prazo de duração prorrogado por prazo indeterminado (artigo 1.033, I), o que exige voto unânime dos sócios (artigos 997, II, e 999); os vencidos, no entanto, poderão notificar os demais de que se retirarão da sociedade no prazo ou termo (artigo 1.029). O vencedor ou vencedores, por seu turno, conservarão a sociedade.

Note-se que a listagem legal leva em consideração exclusivamente as matérias constantes das cláusulas obrigatórias. Assim, as matérias constantes de cláusulas facultativas submetem-se à regra geral: 75% do capital (três quartos; artigos 1.071, V, e 1.076, I) e maioria absoluta nos demais casos (artigo 999), se o contrato social não explicitar outro quórum. No entanto, é preciso atenção redobrada para a matéria que será votada. Não se admite, por exemplo, que a maioria delibere algo que lhe seja diretamente favorável e que lese ou ameace de lesar o direito da minoria. O poder de voto deve ser exercido em benefício da sociedade e da coletividade social e, jamais, como instrumento de dominação, o que atenta contra a essência do sinalagma contratual e, mais do que isso, irá caracterizar abuso de direito. Imagine-se, como exemplo fácil, um contrato social que previsse mecanismos facilitadores da fiscalização dos atos e contas praticados pela administração societária e que fossem revogados por voto do sócio majoritário que é o administrador ou que escolhe e mantém o administrador. Se o poder da maioria fosse tal, todos os direitos da minoria que não resultassem de lei se tornariam mero favor, um brinde da maioria, corrompendo por completo o sinalagma.

Isso não quer dizer que o(s) detentor(es) da maioria do capital social não tenha(m) o direito de expressar sua influência sobre a sociedade em proporção ao investimento que fez (fizeram) e mantém(êm). Essencialmente, o exercício do voto deve ter conteúdo lícito e ninguém irá duvidar que a maioria não pode deliberar por furto, por venda ilícita de entorpecente, pela exploração da prostituição etc. São atos ilícitos. Ora, há ilicitude também no abuso de direito, o que inclui a pretensão de sujeição ilegítima das minorias. A discordância do voto, dito de outra forma, deve limitar-se à compreensão do que é melhor para a sociedade, jamais àquilo que beneficia a maioria em prejuízo (lesando) a minoria. Somente em relação à eleição para a administração societária a tradição jurídica admite um exercício do voto em benefício próprio, considerando que deter a maioria do capital social corresponde ao direito de votar em si mesmo ou em qualquer pessoa de sua confiança, para a administração.

Neste contexto, não me furtarei ao dever de anotar, inclusive, que a tradição jurídica brasileira não abraça, sequer, a compreensão da responsabilidade civil decorrente do voto que caracterize culpa grave, fruto de níveis elevados de negligência ou imprudência, seja em relação à escolha do administrador societário, seja em relação a outros temas. Sócios majoritários elegem administradores absolutamente inábeis e despreparados para a administração, como filhos(as), companheiros(as) e outros critérios irresponsáveis, levando ao fracasso da empresa, sem que se reconheça aos minoritários o direito de serem indenizados pelo prejuízo que experimentam indiretamente (o prejuízo direto é da própria sociedade). A meu ver, uma clara demonstração de primarismo na compreensão dos direitos e deveres inerentes à convivência societária e ao investimento comum de capital. Sim, estou pregando no deserto. O pedido de arquivamento da alteração será feito pelo titular, sócio, administrador ou representante legal. Destaque-se que, segundo a Terceira Turma do Superior Tribunal de Justiça, julgando o Recurso Especial 151.838/PE, "a falta de assinatura de um dos sócios não impede o arquivamento, previsto, no caso, que as deliberações sociais são tomadas pelo voto da maioria". Se a alteração decorre de decisão judicial, a comunicação do juízo alusiva ao ato será, para conhecimento de terceiros, arquivada pela Junta Comercial, mas os interessados, quando a decisão alterar dados da empresa mercantil, deverão providenciar também o arquivamento de instrumento próprio, acompanhado de certidão de inteiro teor da sentença que o motivou, transitada em julgado; exceção para sentença que determina a dissolução extintiva da empresa mercantil, hipótese na qual é suficiente o arquivamento do inteiro teor da sentença transitada em julgado.

6 ACORDO DE QUOTISTAS

Como já disse anteriormente, é possível estabelecer normas inferiores ao contrato social, como regimento interno, código de bom governo (boa governança) e ética, programa de compliance (boa conduta e anticorrupção), dentre outros. Entre esses, lista-se o acordo de quotistas, que pode ser firmado entre alguns ou todos os sócios e que tem por objeto o exercício conjunto das suas faculdades societárias. Assim, os acordantes contratam agir, no todo ou em relação a determinadas matérias, em uníssono, ampliando sua força individual a partir da convenção de uma coletividade. Isso é perfeitamente lícito se o objeto contém-se nisso: legítimo exercício conjunto de faculdades societárias para constituir uma força interna, sem o objetivo de lesar ilicitamente os demais sócios, nem mesmo aos próprios acordantes. Ahn? Os próprios acordantes? Sim. Há casos em que acordos são anulados por que se percebeu que o seu manejo foi usado para sujeitar indevidamente um ou alguns acordantes a outro(s). Essa sujeição abusiva de um(ns) a outro(s) não é lícita. Não se pode usar um instrumento lícito para alcançar objetivo ilícito.

Portanto, é juridicamente possível que os sócios, todos ou apenas alguns, contratem entre si regras para sua atuação societária, extraordinárias ao contrato social. Esse *acordo de quotistas* pode envolver apenas uma parte dos sócios ou, até, a sua totalidade. Essa convenção pode ter objetos diversos, como a preferência na transferência de quotas ou o ajuste de voto nas reuniões ou assembleias, obrigando-se os pactuantes a votar sempre em conjunto ou a votar determinada matéria (como a destinação dos lucros) de determinada forma, elegerem conjuntamente o administrador etc. O acordo pode ter até cláusula compromissória, estipulando que os litígios havidos entre os seus signatários serão resolvidos por meio de arbitragem.

Pode ser contratado tudo o que não desrespeite a Constituição, a lei e até o contrato social, vez que a ele todos estão obrigados e não seria lícito contratar o descumprimento de um contrato: mais uma vez, a contradição de usar meio lícito para ato ilícito. Consequentemente, não é lícito ajustar comportamento incompatível com o contrato social, incluindo abusivo em relação aos demais sócios, vez que romperia com o dever de fidúcia e lealdade a que todos os sócios estão obrigados entre si, além de desrespeitar os princípios da socialidade (função social dos contratos), da eticidade (boa-fé) e da moralidade (probidade), aplicando-se à hipótese os artigos 113, 187, 421 e 422 do Código Civil. Não se deve esquecer, jamais, que todos os sócios (e não só os acordantes deste pacto em separado), comprometeram-se na atuação conjunta, societária. O dever de fidúcia e lealdade é uma consequência disso: é um contrato de sociedade (a implicar comunhão, cooperação); não é um contrato de dissociação, oposição, disputa, antagonismo. Contrata-se uma sociedade e não uma luta, um ringue. Há que haver coerência com a ideia central.

Não é correto limitar a possibilidade de *acordo de quotistas* às sociedades limitadas que adotem a Lei 6.404/1976 como norma supletiva. A possibilidade jurídica do acordo de quotistas, em qualquer tipo societário, decorre da liberdade de ação jurídica e econômica (artigo 1º, IV, da Constituição da República). Ademais, o artigo 997, parágrafo único, do Código Civil aponta na mesma direção, ainda que por via transversa. Segundo o dispositivo, "é ineficaz em relação a terceiros qualquer pacto separado, contrário ao disposto no instrumento do contrato". Em primeiro lugar, o legislador não fala em ilicitude ou invalidade; fala apenas em ineficácia em relação a terceiro. Pior, essa ineficácia está vinculada ao fato de o pacto ser *contrário ao disposto no instrumento do contrato*. Assim, pactos em separado que não sejam contrários ao disposto no instrumento do contrato são válidos.

De qualquer sorte, é preciso cautela na interpretação da norma. Uma leitura apressada poderia levar à conclusão de que o pacto contrário ao disposto no contrato social é ineficaz apenas em relação ao terceiro. Não é isso. *Contrário*, no contexto da norma, interpreta-se como *estranho*. Não é lícito estabelecer pactos parassociais que desrespeitem o contrato social já que os contratantes são obrigados a guardar, assim na conclusão do contrato, como em sua execução, os princípios de probidade e boa-fé (artigo 422 do Código Civil). A ineficácia em relação ao terceiro resulta da falta de publicidade, se apenas o contrato social está arquivado no Registro Público. Aliás, se por outra via o ajuste é conhecido por terceiros, será eficaz em relação àqueloutros que efetivamente os conheçam, aplicados os artigos 113, 187 e 422 do Código Civil.

Portanto, a validade do acordo depende de (1) não afrontar determinações legais e (2) não afrontar o contrato social; o pacto que desrespeita o contrato social constitui descumprimento: é ato ilícito, desonesto (ímprobo), de má-fé. Justamente por isso não é válido o acordo que tenha por objeto os deveres do sócio signatário, atentando contra suas obrigações sociais. Um exemplo clássico seria o acordo que prevê que os signatários se comprometem a sistematicamente aprovar as contas da administração. Ora, é dever do sócio examinar adequadamente as contas e sobre elas se manifestar não sob a perspectiva do interesse, mas por um dever de adequação, de verdade. Consequentemente, o acordo que tenha tal objeto não será válido. O acordo de quotistas não pode constituir um instrumento de negação da sociedade em si. Também não é lícito que atente contra os direitos dos demais sócios, embora seja regular que contrarie seus interesses: na coletividade social, os interesses apuram-se conforme o poder de voto. Por isso, os acordantes podem escolher, entre si, os administradores etc.

Acredito que o acordo de quotistas pode ser arquivado no Registro Público para, assim, tornar-se público e merecer eficácia em relação a terceiros. A Lei 8.934/1994, que dispõe sobre Registro Público de Empresas Mercantis e Atividades Afins, logo em seu artigo inaugural, prevê que o Registro Mercantil tem por finalidade dar garantia, publicidade, autenticidade, segurança e eficácia aos atos jurídicos das empresas mercantis. O legislador referiu-se genericamente a *atos jurídicos*, sem os limitar. Na sequência, o artigo 2º diz que os atos das firmas mercantis individuais e das sociedades mercantis serão arquivados no Registro Público de Empresas Mercantis e Atividades Afins, *independentemente de seu objeto*, salvo as exceções previstas em lei. Destaco: independentemente de seu objeto, desde que não se trate de ato ilícito. E o acordo de quotistas, viu-se, é lícito. Ademais, a Lei 8.934/1994 não veda expressamente o arquivamento de pactos parassociais, na mesma toda em que não se pode olvidar que *o espírito* e a função do Registro Público Mercantil está na assentamento e publicização do que possa interessar a atores mercantis (empresários, sócios, administradores) e às empresas. É meu parecer que isso alcança confortavelmente o acordo de quotistas, permitindo-lhe produzir efeitos perante terceiros como resultado da ciência ficta proporcionada pelo registro.

Em face do *acordo de sócios*, quotistas ou acionistas conduz o jurista para um problema delicado: a percepção de que a afinidade societária (*affectio societatis*) não é um elemento que envolve, de forma absoluta, todos os sócios. Como ocorre em todos os grupos, mesmo a família, constatam-se multiplicidades de interesses e afinidades que podem aproximar alguns membros e afastar outros, sem que se chegue a um contexto de litigiosidade. Por exemplo, pode haver sócios que prefiram distribuir menos dividendos, usando preferencialmente os lucros para a capitalização da sociedade ou formação de reservas contábeis, opondo-se a outros que prefiram a distribuição de resultados. Também pode haver entre sócios visões diversas sobre a forma como a sociedade e a atividade negocial devam ser administradas, justificando a formação de blocos de sócios, sem que qualquer um desses grupos esteja atentando contra a sociedade em si e o contrato que a sustenta, bem como sem que esteja agindo contra os direitos dos demais sócios. Há, portanto, uma afinidade (*affectio*) intragrupal, intrassocietária que é juridicamente possível, lícita e, até, psicológica e sociologicamente compreensível.

Voltarei ao tema no Capítulo 21, ao estudar o *acordo de acionistas*.

4
Direitos e Obrigações dos Sócios

1 RELAÇÕES JURÍDICAS SOCIAIS

A partir da constituição da pessoa jurídica, definem-se dois planos diversos: um externo e um interno. Para dentro, as relações societárias, ou seja, relações dos sócios entre si (relações jurídicas horizontais, bem como dos sócios, nesta condição, para com a sociedade (relações jurídicas verticais). Para fora, as relações da sociedade com terceiros, lembrando que um sócio pode assumir a condição de terceiro. Por exemplo, um sócio pode comprar ou vender um bem para a sociedade, pode alugar-lhe um bem etc.

Repassando: no plano interno, afirma-se o contrato firmado pelos sócios, nos espaços licenciados pela Constituição, pelas leis e pelos princípios gerais do Direito. A partir dessa estrutura normativa (Constituição, leis, princípios jurídicos e contrato social) definem-se as relações entre os sócios, com as respectivas faculdades e obrigações havidas entre si (relações jurídicas horizontais). Essa compreensão do cenário societário, fundada na compreensão do que é um contrato e, a partir daí, quais são as faculdades e as obrigações dos sócios entre si, não foi encampada pelo Direito Brasileiro. Ainda que se trate de um contrato, preferiu-se dar valor maior para a figura da sociedade e seus direitos em relação aos seus sócios (relações jurídicas verticais). Uma visão que, de resto, inspira-se na Lei 6.404/1976 que, já foi dito, ocupa-se de sociedades institucionais e não contratuais. Um paradoxo que acaba por reforçar a figura do(s) sócio(s) majoritário(s) e enfraquecer o exercício dos direitos e interesses dos sócios minoritários. Sim: uma versão do Direito Societário não como mecanismo de altruísmo, mas de sujeição. Insistimos em duvidar da coletividade. Usando a terminologia latina, celebramos os *potentiores* em oposição aos *humiliores*, quando o melhor seria buscar identificar os *honestiores*.

A tradição brasileira prefere tomar direitos e deveres dos contratantes societários como sendo titularizados pela sociedade (o que leva muitos a deixar determinadas normas para atos normativos inferiores, como o acordo de sócios). Assim, como a representação da sociedade cabe ao seu administrador, cuja escolha reflete a maioria do capital, o exercício das faculdades societárias está em suas mãos. Não são os contratantes, mas a sociedade contratada que deve agir. Apenas se o administrador societário não se avia na execução das faculdades societárias, os demais sócios podem requerer-lhe a convocação de uma reunião de sócios; se o administrador não atender ao requerimento, os próprios sócios podem convocar a reunião. Nesta reunião, o tema será explicitado e colocado em votação. Os sócios vencidos podem recorrer ao Judiciário pedindo a responsabilidade civil do administrador e/ou sócio majoritário pelos danos sofridos pela sociedade. Essa ação será movida pelos dissidentes, em nome próprio e às próprias expensas. Contudo, havendo provimento, os benefícios serão devidos à sociedade. Em suma, uma solução que empurra a questão para vias truncadas, cheia de meandros custosos e que, por certo, trabalham contra a própria ideia de socialidade contratual.

Especificamente no que se refere à execução das obrigações que os sócios têm para com a sociedade, parece-me que seria melhor reconhecer outra solução: permitir que cada sócio execute o contrato social contra os demais sócios, inclusive no que diz respeito às contribuições devidas à pessoa jurídica. Afinal, se os sócios estão obrigados entre si, deveríamos reconhecer que qualquer um deles tem o direito e a legitimidade processual para exigir o cumprimento do ajuste. Uma solução específica para as sociedades contratuais, insisto. A pluralidade de partes não é suficiente para permitir que a maioria delibere a disposição de direito da minoria. O sócio com quota ou quotas que representem 1% do capital social sofre, em seu patrimônio, os efeitos da inadimplência de qualquer outro sócio e tem, constitucionalmente, o direito de pedir ao Judiciário que examine essa lesão de direito. Exigir que a ação seja ajuizada pela sociedade (a pessoa jurídica), conforme o voto do(s) controlador(es), implica dar ao(s) majoritário(s) um poder de dispor não só de seu direito, o que ofende os princípios basilares do Direito.

Os direitos e obrigações dos sócios principiam com a assinatura do contrato (artigo 1.001 do Código Civil); com a assinatura, friso, e não apenas com o registro. Com o registro principia a personalidade jurídica da sociedade, mas as partes já estão obrigadas entre si quando firmam o instrumento de contrato. Cuida-se, porém, de uma regra geral. É lícito às partes ajustarem outra data para que passe a ser efetivo o negócio plurilateral – o contrato de sociedade e suas cláusulas –, embora não me pareça que esse termo de eficácia possa ser posterior ao registro.

As obrigações sociais terminam quando, liquidada a sociedade, se extinguirem as responsabilidades sociais (artigo 1.001). Friso que a extinção não ocorre apenas com a liquidação da sociedade, ainda que tenha havido baixa no registro. Terminam quando extinguem-se as responsabilidades sociais, ou seja, as responsabilidades dos sócios em relação à sociedade, certo haver relações jurídicas (obrigações subsidiárias à sociedade) que perduram à extinção da pessoa jurídica, em conformidade com o tipo societário, com a legislação de regência (nomeadamente as fiscais, trabalhistas e consumeristas) e com as circunstâncias de cada caso. Como se não bastasse, há um amplo leque de obrigações pós-executórias, a exemplo do dever de sigilo ou segredo.

Cabe à coletividade dos sócios decidir sobre os assuntos da sociedade, decisões essas que se regem pelo *princípio da deliberação majoritária*, salvo estipulação contratual diversa. Assim, cada sócio vota com o peso de sua participação no capital social. Quem tem 52% do capital social, tem voto com peso proporcional a tal participação. Contudo, a maioria (representada por um ou alguns sócios) não pode usar o peso de sua presença nas votações para prejudicar a sociedade, da mesma forma que não lhes é lícito lesar o direito dos demais sócios.

2 PESSOALIDADE

O sócio não pode ser substituído no exercício das suas funções sem o consentimento dos demais sócios, expresso em modificação do contrato social (artigo 1.002 do Código Civil). Esse dever de pessoalidade na vida societária apura-se caso a caso, alcançando apenas as sociedades em que se espera um trabalho cotidiano dos sócios na realização do objeto social, nomeadamente sociedades simples, a exemplo das sociedades de advogados, uma clínica de dentistas ou médicos. Nas sociedades em que os sócios são apenas investidores e que a atividade empresarial é de responsabilidade do(s) administrador(es) societário(s) e preposto(s), não me parece haver falar em *substituição no exercício das funções*. Cuida-se apenas de deliberações societárias e, para essas, os sócios podem apresentar-se pessoalmente ou por meio de procurador devidamente constituído.

Portanto, a proibição do artigo 1.002 diz respeito especificamente ao exercício das *funções sociais* e não ao exercício dos *direitos sociais*. A diferença é clara e sua percepção, vital: por funções sociais têm-se aquelas que são desempenhadas na vida da pessoa jurídica, na sua atuação cotidiana, para a qual se faz necessário o trabalho humano. Assim, numa sociedade de dentistas, onde cada qual trabalha em seu escritório, não é lícito transferir essa atuação a outrem, fazendo-o conviver no meio social, sem a anuência dos *demais sócios*. O mesmo se diga do administrador da sociedade, seja *intuitu personae* ou *intuitu pecuniae*, que não pode simplesmente transferir suas funções a outrem sem a devida anuência e modificação do contrato social, fazendo registrar o novo administrador. O exercício dos direitos sociais é distinto; diz respeito ao universo das relações *interna corporis*, como assembleias e votações, não havendo desempenho de função social, em sentido estrito. Permite,

74 Direito Empresarial Brasileiro: Direito Societário • Mamede

portanto, a outorga de procuração para fazer-se representar por outrem (artigos 115 a 120, 653 e seguintes).

A ideia de pessoalidade ainda se reflete na previsão de que a cessão total ou parcial de quota, sem a correspondente modificação do contrato social com o consentimento dos demais sócios, não terá eficácia quanto a estes e à sociedade (artigo 1.003). Nas sociedades limitadas, o consentimento dos demais sócios não precisa ser unânime; permite-se a sócios que representam mais de 25% do capital social se opor à cessão de participação societária para quem não é sócio (artigo 1.057). Esses percentuais legais aplicam-se quando o contrato não traga regra própria. Essas regras são válidas para a transferência *inter vivos* ou *causa mortis* (sucessão hereditária legítima ou testamentária). Mas são regras para as sociedades *intuitu personae*. Destaque-se, por fim, que a não aprovação da cessão não cerceia os direitos patrimoniais do sócio, certo que, como se estudará na sequência, se a sociedade não estiver contratada por tempo certo, o sócio pode retirar-se (direito de recesso). Arremato lembrando que a cessão de quotas exige alteração do contrato social que deverá ser levada a registro para que seja eficaz perante terceiros. A simples anuência dos sócios não vincula terceiros sem o registro; nem o uso de escritura pública tem esse condão, já que não se trata de registro específico, sendo legítimo esperar que os terceiros façam a consulta desse, face à sua função publicitária.

A cessão das quotas não põe termo às obrigações do sócio para com a sociedade (artigo 1.003, parágrafo único). Nem a retirada o faz. O fim do vínculo societário não apaga as relações jurídica precedentes, em prejuízo de terceiros. A cessão ou a retirada não constitui uma exoneração das obrigações sociais, abrindo uma oportunidade para fraudes. Assim, as relações anteriores à saída do sócio conservam suas qualidades essenciais após tal evento. Diz o parágrafo único do artigo 1.003 que até dois anos depois de averbada a modificação do contrato, ou seja, depois de ter sido tornada pública, o sócio cedente da quota ou quotas responde solidariamente com o cessionário, perante a sociedade e terceiros, pelas obrigações que tinha como sócio, o que inclui a responsabilidade subsidiária sobre as obrigações sociais. Essa responsabilidade solidária, da forma como disposta, é objetiva, prescindindo da verificação de má-fé. Ainda assim, a regra deve ser vista com cautela, pois não pode ser compreendida como meio para que o sócio simplesmente se exonere das obrigações que tinha enquanto compunha a coletividade social. Entender o contrário seria permitir a realização de simulações, o que, todavia, é ato nulo (artigo 167). E o negócio jurídico nulo não convalesce com o decurso do tempo (*quod nullum est, nullum effectum producit* – artigo 169).

Nesse contexto, parece-me que, em respeito aos princípios da socialidade (função social dos contratos), eticidade (boa-fé) e moralidade (probidade), em se tratando de sociedade sem limite de responsabilidade, o ex-sócio responderá pela integralidade das obrigações que não foram arroladas na apuração de haveres; em se tratando de sociedade com limite de responsabilidade, responderá até o valor recebido por sua quota ou quotas, excetuada a hipótese de desconsideração da personalidade jurídica, que será posteriormente estudada neste livro. De qualquer sorte, tendo a dívida sido arrolada na apuração de haveres e, assim, descontada do valor final do patrimônio estimado, desvalorizando a quota ou quotas liquidadas, não se poderá responsabilizar o ex-sócio, sob pena de *bis in idem*, quero dizer, sob pena de o obrigar, ilegitimamente, a sofrer duplamente os efeitos patrimoniais da obrigação.

3 CONTRIBUIÇÕES SOCIAIS

Os sócios são obrigados, na forma e prazo previstos, às contribuições estabelecidas no contrato social (artigo 1.004), além das obrigações legais. Em primeiro lugar, o dever de integralizar as quotas que subscreveu, no tempo e no modo contratados, nomeadamente quando o sócio se comprometeu a transferir determinado bem para a sociedade. Somam-se as demais obrigações dispostas no contrato social. Pode-se estabelecer, por exemplo, um sistema de contribuição para rateio de perdas sociais, sempre que verificadas, em valor certo ou percentual, devido por cada sócio. E o sócio haverá de cumprir essa obrigação. Pode-se constituir uma *sociedade de despesas*, na qual os sócios têm, apenas, a obrigação de ratear as despesas sociais; podem-se estabelecer contribuições mensais em valor certo (por exemplo, R$ 1.000,00 mensais) ou em valor percentual (por exemplo, 10% sobre o valor dos contratos estabelecidos por cada sócio). Há uma ampla possibilidade jurídica. Mas o que for contratado deverá ser cumprido.

Diz o artigo 1.004 do Código Civil que aquele que deixar de adimplir sua obrigação, nos trinta dias seguintes ao da notificação pela sociedade, responderá perante esta pelo dano emergente da mora. O texto dá margem a muitas dúvidas. Pode-se ler que os efeitos da inadimplência só se tornam exigíveis após notificação premonitória, judicial ou extrajudicial, decorrendo *in albis* o aludido prazo trintenário. Parece-me que essa interpretação apenas se justifica se deliberada a exclusão do sócio pela inadimplência, exigindo-lhe indenização por eventuais danos decorrentes do inadimplemento. Se os sócios optarem pela execução do contrato social, que é um título executivo extrajudicial, não se faz necessária a notificação premonitória. De resto, minha posição pessoal, reitero, é a de que qualquer dos sócios possa executar o contrato social, já que todos são contratantes, diferente do que se passa nas sociedades institucionais, estudas na parte final deste livro.

Acredito que a notificação só se faz necessária quando não se tenha certeza quanto à obrigação, forma, objeto e prazo, cumprindo a função de dar clareza à obrigação (torná-la certa e líquida) e, após o trintídio – sem que haja oposição –, constituir o devedor em mora, tornando exigível a obrigação. Também se fará necessária quando se pretenda, em face da inadimplência, a exclusão do sócio; pela notificação, dá-se ciência do efeito específico deliberado pela maioria dos demais sócios, garantindo-lhe o prazo para manter-se na sociedade. Por fim,

76 Direito Empresarial Brasileiro: Direito Societário • Mamede

também deverá ser notificado o sócio dos efeitos específicos de sua inadimplência quando a maioria dos demais sócios decidir pela redução de sua quota ou quotas ao montante já realizado (artigo 1.004). Em ambos os casos, exclusão ou redução da participação do capital social, será feita uma apuração de haveres para apurar-se a situação patrimonial da sociedade na data da resolução, por meio de balanço especial, chegando-se assim ao valor final das quotas (artigo 1.031).

3.1 Contribuição em serviço

É lícita a contratação de sociedade com a integralização de quota ou quotas do capital social por meio de serviços que o sócio se compromete a realizar para a sociedade, devendo haver uma correspondente especificação das prestações que são devidas (artigo 997, V, do Código Civil). O conceito de serviço deve ser interpretado em sentido largo, creio, aceitando contribuição que não seja, em sentido estrito, um *fazer*, um *agir*. É a hipótese da sociedade constituída em torno da imagem de um dos sócios, correspondendo a contribuição deste à própria disponibilização de sua imagem: artistas, esportistas etc.

A norma alcança as sociedades simples comum, em nome coletivo e em comandita simples. É vedada a contribuição por meio de prestação de serviços na sociedade limitada (artigo 1.055, § 2º). Mas a utilização dessa licença legal exige redobrada cautela, evitando-se que, de seu contexto, se possa aferir o mascaramento de uma relação de emprego, o que conduzirá a uma pesada indenização trabalhista.

A estipulação de contribuição em serviços exige do sócio a ela obrigado exclusividade na prestação daquele serviço, salvo estipulação contratual em contrário (artigo 1.006). Não há falar em cerceamento da garantia de liberdade de exercício profissional (artigo 5º, XIII, da Constituição da República), mas afirmação desse direito, embora com exclusividade, o que não é vedado pela Carta Política, sendo constitucionais os regimes de dedicação exclusiva. Note-se que não está prevista exclusividade na prestação de *qualquer serviço* ou na realização de *qualquer trabalho*, mas apenas do serviço que o sócio se comprometeu a realizar para integralizar sua participação no capital da sociedade (artigo 1.006). Estão excluídos outros *trabalhos, ofícios ou profissões*. Não se trata, contudo, de direito indisponível: o sócio pode estar autorizado pelo contrato social ou por documento em apartado, assinado por todos os sócios, a prestar o mesmo serviço para outrem.

Se o sócio prestador de serviços desrespeita o dever de exclusividade e *emprega-se em atividade estranha à sociedade*, será privado de seus lucros e poderá ser excluído da sociedade (artigo 1.006). Note-se que a expressão *empregar-se* não se interpreta restritivamente; não traduz contrato de trabalho, isto é, relação de emprego, submetida às normas da Consolidação das Leis do Trabalho. Alcança o trabalho autônomo, com habitualidade, ou mesmo a assunção de igual posição em outra sociedade. Não me parece, contudo, que alcance situações eventuais,

Parte Geral – Cap. 4 • Direitos e Obrigações dos Sócios **77**

vale dizer, prestação pontual, eventual, de trabalho, até em função do princípio da insignificância (princípio da bagatela), salvo se demonstrado que, apesar da eventualidade, houve prejuízo para a sociedade, a incluir a perda relevante de receita (faturamento).

3.2 Responsabilidade pela transferência de bens e créditos

A integralização do capital social pode ser feita por meio da transferência de bens e créditos. No alusivo aos bens, pode-se transferir o domínio (a propriedade) ou, mesmo, a posse direta ou indireta, assim como o mero uso, bastando, para tanto, atribuir-lhe um valor pecuniário, com a concordância dos demais sócios, sendo possível recorrer a serviços de avaliação de peritos. Isso alcança bens imóveis e móveis, direitos patrimoniais com expressão econômica (a exemplo de patentes, marcas, *softwares* etc.); créditos e outros estão compreendidos nessa ampla possibilidade de meios para o adimplemento do dever de contribuição, conforme seja ajustado pelas partes no contrato social.

O sócio que integraliza sua participação por meio da transferência de bens ou créditos, em lugar de transferir pecúnia, responde pela higidez da relação jurídica transferida, ou seja, garante que a sociedade fruirá do bem e que o crédito será solvido (artigo 1.005). Como é obrigação do sócio integralizar as quotas que subscreveu, é sua obrigação fazer boa a transferência do bem e/ou do crédito, respondendo por todos os defeitos cujo efeito seja privar a sociedade, no todo ou em parte, do direito à realização do capital social. Responde, portanto, pela evicção do bem transferido (artigo 447), pela solvência do crédito cedido ou endossado, bem como por qualquer outro vício que tenha por resultado a não realização do capital social. Mas a transferência do bem imóvel só se aperfeiçoa com o registro do título translativo no cartório competente (Recurso Especial 703.419/DF).

4 LUCROS E PERDAS

O contrato social deve estipular a participação dos sócios nos lucros e nas perdas sociais, sendo vedada a exclusão de qualquer deles de uma ou outra participação, excetuados os sócios cuja contribuição social consista em trabalho, que somente participam dos lucros, na proporção da média do valor das quotas (artigos 1.007 e 1.008 do Código Civil). Participar dos lucros, portanto, é direito do sócio; *mutatis mutandis*, participar das perdas é um dever do sócio.

A distribuição dos lucros deve ser regular, atendendo à lei e ao contrato social, resultando de números contábeis verdadeiros e adequados à situação da sociedade. Não se podem distribuir lucros em prejuízo da sociedade (artigo 1.009). A distribuição de *lucros ilícitos* ou *lucros fictícios* tem por efeito a responsabilidade civil solidária (1) dos administradores responsáveis pela mesma, além (2) dos sócios que receberam os respectivos dividendos, desde que conhecessem ou devessem conhecer-lhes a ilegitimidade. Como se trata de um ato ilícito, portanto, não se afirma apenas um dever de restituição do que foi indevidamente recebido, mas um dever de indenizar os prejuízos que a sociedade e/ou que terceiros tenham experimentado em decorrência de sua prática (artigos 186, 187 e 927). Já o dever de restituição resulta do simples recebimento indevido e, ademais, atende ao dever genérico de não se enriquecer indevidamente em detrimento de outrem (artigos 884 e seguintes). Essa realidade é ainda mais grave na sociedade limitada, pois o empobrecimento sem causa da sociedade e a redução de seu capital enfraquecerão a continuidade das atividades negociais, podendo prejudicar direitos de terceiros (credores, trabalhadores etc.).

É lícito ao Judiciário determinar a suspensão da distribuição de lucros, ordenando a penhora ou o arresto do valor, no todo ou em parte, em face de obrigação pecuniária devida pela sociedade. Nesse caso, a constrição judicial se faz sob ativos da sociedade devedora e, assim, obsta a sua transferência para os sócios. O fundamento é a temeridade da distribuição, certo que a sociedade deve adimplir obrigação pecuniária (dívida cível, trabalhista, previdenciária, fiscal etc.). O Judiciário pode determinar que os valores fiquem bloqueados no caixa da sociedade ou sejam depositados em conta judicial, à disposição do juízo. Se há adjudicação desses valores, deve-se retificar a escrituração contábil, já que não haverá a distribuição dos dividendos societários, mas pagamento da obrigação. Distinta será a determinação de que seja penhorada ou arrestada a parcela de dividendos devida a certo sócio, por obrigação deste. A escrituração contábil se mantém, ainda que o sócio não chegue a embolsar o valor que lhe era devido e foi judicialmente constrito. A parcela será transferida ao Judiciário, ficando depositada em conta judicial à disposição do juízo.

No alusivo às perdas, se os bens da sociedade não bastarem para satisfazer a suas obrigações, os sócios responderão pelo saldo com seus bens particulares; tais bens, contudo, somente podem ser executados pelas dívidas da sociedade depois que os bens sociais o forem (artigos 1.023 e 1.024). Essa responsabilidade subsidiária pelas obrigações sociais afirma-se nas sociedades simples comum, em nome coletivo e em comandita simples; não se aplica à sociedade limitada (artigo 1.052). A participação nas perdas se faz, em regra, na mesma proporção em que cada sócio participe das perdas sociais (artigo 1.023); no entanto, o contrato social pode trazer cláusula de solidariedade, respondendo todos os sócios pela integralidade das obrigações não satisfeitas pela sociedade, facultando-se àquele que suportou a execução regressar contra os demais para, assim, dividir os ônus. Realce-se, para arrematar, que mesmo o sócio que foi admitido na sociedade depois de sua constituição é também responsável pelas dívidas sociais anteriores à sua admissão; não pode eximir-se de saldá-las ao argumento de que não participou de sua formação (artigo 1.025).

Parte Geral – Cap. 4 • Direitos e Obrigações dos Sócios

5 O DEVER DE FIDÚCIA E A *AFFECTIO SOCIETATIS*

A contratação da sociedade exige comprometimento de seus sócios, não apenas com o cumprimento das cláusulas avençadas, mas igualmente um comportamento compatível com a constituição de uma coletividade com objetivos econômicos. Isso demanda atenção ao conjunto de princípios jurídicos aplicáveis ao Direito Societário. Os sócios devem agir de maneira coerente com o que contrataram, o que inclui o dever de fidúcia (de se fazer confiar, de agir de maneira coerente com haver contratado uma sociedade) e de lealdade. A tradição jurídica brasileira prefere falar em princípio da *affectio societatis*, expressão que teria sido cunhada por Ulpiano e vigorosamente defendida por juristas como Manara e outros, embora igualmente combatida por inúmeros doutrinadores.[1] *Affectio societatis* seria, traduzindo *in verbis*, uma *afeição societária* ou *afeição para a sociedade*. Não *afeição* emocional, mas *animus contrahendae societatis*, ou seja, intenção ou ânimo de contratar e manter uma sociedade. Nesse quadro, é preciso estar atento para o fato de que, em latim, o prefixo *adf* se equivale ao prefixo *aff*;[2] *affectio*, portanto, deriva de *adfectio*, expressando a ideia de *fazer junto* ou, ainda, de *estar junto para fazer algo*. Daí ser usual traduzir *affectio* (*adfectio*) como disposição, estar disposto ou bem disposto;[3] assim, os sócios devem revelar em seu comportamento (comissivo e omissivo) uma disposição para a vida societária. Em suma, dever de fidúcia e lealdade para com a sociedade e para com os demais sócios, todos parceiros de uma mesma contratação.

Diante do que se vê no cotidiano societário, é recomendável ser exaustivo: a contratação, em sentido largo, pressupõe o problema do ânimo de contratar (*animus contrahendi*), da intenção consciente de estabelecer um vínculo contratual e, destarte, constituir uma obrigação sobre si (vinculada a seu patrimônio). Essa intenção (*animus*) é, em muitos casos, o elemento distintivo entre uma contratação e outra, mesmo em prejuízo dos atos exteriorizados, aí incluídos os instrumentos escritos, nem sempre hábeis a traduzir adequadamente o que o indivíduo quis, qual era a sua vontade (artigo 112 do Código Civil). Nos contratos de tato continuado, que se alongam no tempo, esse *animus* deve prolongar-se para uma correta execução das prestações. O *animus contrahendi* pressupõe, no mínimo, comportamento coerente das partes contratantes, que devem trabalhar a favor do ajuste, atendendo às legítimas expectativas da parte contrária e agindo com boa-fé e probidade para o cumprimento da função social do contrato (artigos 421 e 422).

No plano específico do contrato de sociedade, essa intenção (*animus*) deve manifestar-se por meio de ações e omissões que se harmonizem com os objetivos

---

[1] BULGARELLI, Waldirio. *Sociedades comerciais*. 10. ed. São Paulo: Atlas, 2001. p. 26.

[2] FARIA, Ernesto. *Dicionário escolar latino-português*. Rio de Janeiro: FAE, 1988. p. 25.

[3] Idem, ibidem, p. 34.

80 Direito Empresarial Brasileiro: Direito Societário • Mamede

da instituição da pessoa jurídica. A *affectio societatis* é, por certo ângulo, um elemento subjetivo que dá origem à sociedade; enfocada de forma coletiva, a englobar todos os sócios, será justamente o elo psicológico necessário para a constituição (1) da sociedade em comum e (2) de sua transformação em sociedade simples ou empresária. Após a criação, a *affectio societatis* pode ser compreendida de duas formas distintas: por seu *aspecto objetivo* e por seu *aspecto subjetivo*. Pelo *aspecto objetivo*, traduz o dever geral de todos os sócios de atuarem a bem da sociedade, permitindo que se realizem as suas funções jurídica, econômica e social, nos moldes discutidos acima, aplicáveis indistintamente a todos os contratos. Sob esse enfoque, a expressão está desprovida de qualquer conotação emocional, psicológica, não se relacionando com a ideia de *afeição*, no sentido coloquial.

O Superior Tribunal de Justiça, julgando o Recurso Especial 388.423/RS, afirmou que a quebra da *affectio societatis* "outra coisa não significa senão inequívoco inadimplemento da mais básica, mais óbvia e mais relevante obrigação contratual. [...] Ora, quando se fala em *affectio societatis*, aqui, não se supondo o crasso erro de equiparar, sempre, contrato plurilateral com sociedade, o que se desejou exprimir, e o foi, com todas as letras, correspondia ao grave incumprimento contratual por parte da *recorrente* que levara ao óbito da possibilidade de vida em comum. Sabido que o dever básico, aqui, corresponde, inequivocamente, à contribuição comum, à *socialização* a que alude Pontes de Miranda (*in Tratado de direito privado*, 38/9, par. 4.185, 7), a quebra da proclamada *affectio societatis* outra coisa não traduz, ao fim e ao cabo, senão rematada inadimplência a básico dever".

Em oposição, o fim do vínculo societário conduz ao fim da *affectio societatis*. Nesse sentido, julgando o Recurso Especial 285821/SP, a Sexta Turma do Superior Tribunal de Justiça reconheceu ser "cabível a exoneração da garantia fidejussória prestada à sociedade após a retirada da sócia-fiadora, em face da quebra da *affectio societatis*". No corpo do acórdão, lê-se: "tendo a sócia fiadora e seu cônjuge notificado o locador de sua pretensão de exoneração do pacto fidejussório, em razão da sua retirada da sociedade que afiançaram, direito lhes assiste de se verem exonerados da obrigação, uma vez que o contrato fidejussório é *intuitu personae*, sendo irrelevante, no caso, que o contrato locatício tenha sido estipulado por prazo determinado e ainda esteja em vigor". Para tal entendimento, levou-se em consideração cuidar-se de "contrato de natureza complexa em que a fiança pactuada o é enquanto preservado o contrato societário", o que faz "evidente que a resolução de qualquer dos contratos implica a resolução do remanescente, mormente se a essência complexa do contrato foi aceita pelo locador, na exata medida em que locou o imóvel à pessoa jurídica, sendo fiadora uma de suas sócias". De qualquer sorte, é fundamental ter-se redobrado cuidado na aplicação da regra, certo haver inúmeras obrigações jurídicas diretas ou indiretas que se preservam mesmo quando findo o elo societário.

Nas sociedades *intuitu personae*, essa *affectio societatis* assume um contorno específico, pois inclui mútuos reconhecimento e aceitação pelos sócios, o que justifica a recusa do ingresso de estranhos na coletividade social. Assim, no Recurso Especial 148.947/MG, a Terceira Turma do Superior Tribunal de Justiça decidiu que "as quotas, em princípio, são penhoráveis. Havendo, entretanto, cláusula impediente, cumpre respeitar a vontade societária, preservando-se a *affectio societatis*, que restaria comprometida com a participação de um estranho não desejado". Cito ainda o Recurso Especial 114.708/MG, no qual a Terceira Turma do Superior Tribunal de Justiça reconheceu que o ex-cônjuge, que recebeu metade das quotas em partilha pela separação, não manifesta *affectio societatis*, tendo legitimidade ativa para pedir a liquidação das quotas, como se estudará nos Capítulos 6 e 7.

Por outro ângulo, se o sócio perde a *affectio societatis*, rompe-se o *animus contrahendi* e sua permanência na sociedade contratada não mais se justifica. Justamente por isso, se não há contratação por tempo determinado, permite-se o exercício de recesso, ou seja, a possibilidade de se retirar da sociedade, apurando o valor que lhe cabe no patrimônio social, como se estudará adiante. Se há contratação por tempo determinado, a retirada da sociedade só é possível (artigo 5º, XX, da Constituição) se o sócio indeniza a sociedade do seu inadimplemento com o dever de permanecer durante o período contratado.

6   OBRIGAÇÕES CONTRATUAIS

O contrato social pode estabelecer cláusulas com disposições não contempladas em lei, desde que lícitas, e a elas também os sócios estarão obrigados. A interpretação dessas cláusulas se faz à luz dos princípios gerais de Direito, destacadas as normas de Direito das Obrigações, dos Contratos e do Direito Societário. No que se refere aos sócios, pode levar em conta elementos externos ao instrumento, a exemplo das tratativas para a constituição da sociedade, correspondências, contratos preliminares etc. Em relação a terceiros, contudo, a interpretação se fará exclusivamente à vista do que se encontre no instrumento registrado, não se lhes podendo opor elementos para os quais são estranhos (*res inter alios acta*), salvo provando que os conheciam.

A incidência das normas e princípios obrigacionais e contratuais sobre o contrato social, neste destacadas as normas facultativas, conduz a diversas conclusões produtivas. Por exemplo, a existência de lacunas nas disposições implica aplicação dos princípios clássicos para a colmatação de lacunas, realçada a consulta dos usos locais (artigo 111). Nem os sócios entre si, nem a sociedade ou os sócios em relação a terceiros, podem fazer valer suas reservas mentais (artigo 110), ou seja, a objeção que tinham a determinados aspectos que não se fizeram expressar na avença. Deve-se, porém, considerar a hipótese de reserva mental que, por qualquer meio, era – ou devia ser – do conhecimento das demais partes ou, mesmo, do destinatário da reserva (artigo 110).

Também na interpretação do contrato social se deve atender mais à intenção consubstanciada nas cláusulas do que ao sentido literal da linguagem. No entanto, esse princípio, anotado no artigo 112 do Código Civil e aplicável ao Direito Societário, deve ser compreendido no universo específico dos sócios (*ad intra*, isto é, para dentro); a regra não deve alcançar terceiros, já que o contexto e as intenções manifestadas nas tratativas, como visto, lhes são estranhas: coisa havida entre outros (*res inter alios acta*). Os terceiros que não tenham conhecimento da fase pré-contratual conhecem o contrato apenas pelo instrumento que se encontra no registro, devendo as controvérsias ser resolvidas a partir da interpretação daquele texto, sem transcender para elementos que são absolutamente estranhos a um dos litigantes, preservando a regra geral de respeito à boa-fé e atenção aos usos. Aliás, a interpretação deve considerar, para além da boa-fé e dos usos, a probidade, ou seja, os valores morais de honestidade que orientam a existência social (artigo 422). Arremate-se com a imprescindibilidade de atenção para com o princípio da função social dos contratos (artigo 421) do Código Civil e para a função social da empresa, o que demanda atenção não só aos interesses dos próprios sócios, mas também aos interesses dos terceiros que, igualmente, são beneficiários dessa função.

7 CONFLITOS SOCIAIS E ARBITRAGEM

As sociedades simples e empresárias, em sua qualidade de coletividades, repetem a tendência do ser humano – e, de resto, de outras espécies animais – de alternarem relações altruístas, cooperativas, e relações agonísticas, isto é, de disputa, competição;[4] são extremos entre os quais se alternam os indivíduos, resultado de estímulos variados, como as dificuldades conjunturais, diferenças de caráter e/ou forma de atuação e, por vezes, pequenas tolices, próprias dos seres humanos. Seria ideal que os sócios revelassem apenas uma predisposição para o comportamento altruísta, trabalho em conjunto e harmônico para a realização do objeto social, conforme contratado e a bem de todos. Mas nem sempre isso ocorre.

O conflito, todavia, é um direito do sócio, embora limitado pelo dever de convivência e de atuação a favor da sociedade. Uma compreensão mais extremada da ideia de *affectio societatis*, diferente da que foi vista no item anterior, poderia criar a ilusão de que o conflito é – ou deve ser – estranho à sociedade, o que não é verdadeiro. A própria condição de contrato, de posições jurídicas antagônicas em torno de um objetivo comum revela um conflito inerente, implícito e próprio ao contrato de sociedade, embora devendo equilibrar-se pela necessidade de atuação a favor da realização do objeto, a exigir comportamento que respeite a função social do ajuste, além de revelar-se honesto e de boa-fé (artigos 421 e 422 do Código Civil).

O conflito é lícito e o exercício da posição conflitante é uma faculdade do sócio – de cada um e de todos –, desde que respeitados tais limites. Para além

---

[4] MAMEDE, Gladston. *Semiologia do direito*: tópicos para um debate referenciado pela animalidade e pela cultura. 3. ed. São Paulo: Atlas, 2010.

deles, haverá abuso de direito, que é ato ilícito (artigo 187), considerado tanto como ato de descumprimento contratual, podendo conduzir à exclusão do sócio, quanto, igualmente, elemento propulsor da obrigação de indenizar (artigo 927), se advém dano a outrem, como a qualquer outro sócio e, mesmo, à sociedade.

Para evitar que as consequências deletérias dos conflitos sociais possam prejudicar a própria empresa, muitos contratos sociais trazem cláusula de arbitragem, instituto alternativo de resolução de disputa que é analisado no Capítulo 13 do volume 5 (*Teoria Geral dos Contratos*) desta coleção. A jurisdição privada (arbitragem) tem se mostrado uma alternativa mais célere e, por vezes, mais técnica, já que se indicam por árbitros especialistas na área do litígio, em lugar de julgadores generalistas. Contudo, o compromisso arbitral não poderá, jamais, apresentar-se iníquo ou abusivo, caso em que deverá ser anulado.

A opção pela arbitragem, no entanto, implica uma renúncia à jurisdição pública que, sabe-se, é garantida pela Constituição da República, em seu artigo 5º, XXXV. Assim, a estipulação de cláusula compromissória de arbitragem deve ser aprovada por todos os sócios; não é lícito à maioria deliberar tal renúncia para a minoria: o sócio dissidente, que votou contra a cláusula de arbitragem, não se submete a ela pois somente ele pode renunciar à jurisdição pública que a Constituição lhe garante. Noutras palavras, é preciso reconhecer que a vontade social não é absoluta, que experimenta matérias e, assim, que não pode substituir a vontade individual do sócio em alguns tópicos. Justamente por isso, entendo que a inserção da cláusula de arbitragem deve fazer-se por votação unânime. No entanto, uma vez aprovada a inclusão da cláusula compromissória no contrato social, ela passa a compor a instituição e, assim, aqueles que adquirem ações da companhia, ordinárias ou preferenciais, aderem ao seu estatuto e às disposições deste. Assim, se as quotas sociais são cedidas a outrem, aquele que ingressa na sociedade irá se submeter ao seu contrato social, com as cláusulas que ali estejam licitamente previstas.

Pode a cláusula de arbitragem ter sua eficácia suspensa em relação a determinado conflito societário? Acredito que sim, e me sirvo dos artigos 187, 421 e 422 do Código Civil para chegar a tanto: a função social da arbitragem é garantir o direito de jurisdição; opta-se por jurisdição privada (arbitral) e não por jurisdição pública (judicial). Não caracteriza – porque não pode caracterizar – renúncia à jurisdição. Se por suas características a cláusula arbitral não atender, ainda que em situação específica, ao direito à jurisdição, não poderá ser aplicada. Um exemplo é fácil: imagine-se que a câmara eleita tenha um valor mínimo de alçada; direitos cujo valor seja inferior não serão alcançados pela cláusula e a pretensão de defendê-los será judiciária. O mesmo se deve entender quando o valor a ser desembolsado para a instauração da arbitragem supera, e muito, o razoável, considerando, inclusive, o benefício buscado pelo acionista. Em lugar de viabilizar o exercício da faculdade, tal situação criará um obstáculo econômico intransponível ou de difícil transposição, o que não atende aos princípios jurídicos contemporâneos.

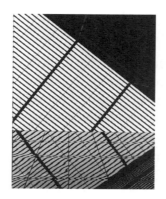

5
Administração Societária

1 ADMINISTRAÇÃO

Como já afirmei anteriormente, a pessoa jurídica não tem vontade própria e não age por si. Demanda seres humanos para decidir o que fará e para executar suas ações. O contrato social (ou, nas *sociedades estatutárias*, o *estatuto social*) atribui competência e poder a seres humanos determinados para que ajam em nome da pessoa jurídica, vinculando seu patrimônio. Não é – e não pode ser – uma atribuição genérica: é preciso identificar e qualificar qual(is) ser(es) humano(s) administram e representam a pessoa jurídica. Sempre que esses seres humanos ajam em nome da pessoa jurídica (não como eles próprios, mas como ela), nos limites dessa atribuição de competência e poder, expressando sua condição de representante, o ato não se compreenderá como tendo sido juridicamente praticado por ele, pessoa natural, mas pela sociedade representada. É a regra elementar da representação (artigo 116 do Código Civil). Justo por isso, não é possível nomear como administrador societário uma pessoa jurídica, criando uma cadeia de transferências que, no fim das contas, apenas ocultaria aquele a quem se atribuíram os poderes e competências societários.

O Código Civil refere-se a essa representação como *administração societária*. Ao administrador societário cabe a coordenação *interna corporis*, incluindo a regência da coletividade social, a prática dos atos registrais e a representação social. A sociedade adquire direitos, assume obrigações e procede judicialmente, por meio dos administradores devidamente nomeados e com poderes que bastem para tanto (artigo 1.022). No entanto, é preciso ter atenção para um detalhe: a expressão administração societária não se interpreta como direta e obrigatoriamente ligada à execução do objeto social. O administrador não é obrigado a estar cotidianamente à frente da atividade negocial, coordenando-a pessoalmente, gerindo assuntos corriqueiros. Pode contratar prepostos para fazê-lo, incluindo um ou mais gerentes a quem atribua essa execução do objeto social, incluindo funções específicas, a exemplo da *gerência técnica da produção*. E, sim, pode outorgar-lhe poderes para agir, quanto a tais assuntos, em nome da sociedade. Há uma diferença entre administração societária (da pessoa jurídica) e administração negocial (da atividade desempenhada pela sociedade).

2 ADMINISTRAÇÃO COLETIVA E CONJUNTA

A sociedade pode ter um administrador ou vários. Aliás, todos os sócios podem ser administradores. Portanto, é lícita a instituição de administração coletiva, ou seja, *administração simultânea*, que compete igualmente a todos os sócios, caso em que qualquer administrador representará a sociedade perante os terceiros. As decisões devem refletir um acordo entre os sócios, sendo que as deliberações serão tomadas por maioria de votos, contados segundo o valor das quotas de cada um; portanto, cada sócio terá na votação o peso de sua participação no capital social (artigo 1.010). Quem tem 35% de participação no capital vota com o peso 35 em 100; quem tem 20% vota com o peso 20 em 100. Se há empate por esse critério, prevalece a decisão sufragada por maior número de sócios (independentemente do valor de suas quotas). Persistindo o empate, a questão deverá ser levada ao Judiciário para que a resolva. O contrato social, contudo, pode estabelecer outra solução, desde que seja lícita e respeite os princípios gerais de Direito. Por exemplo, pode remeter o impasse para a arbitragem.

Essas deliberações podem ser declaradas nulas ou anuladas se violarem a lei ou o contrato social, ou forem eivadas de erro, dolo, simulação ou fraude. Em se tratando de anulabilidade, o prazo decadencial é de três anos (artigo 48, parágrafo único); já a nulidade não se convalece com o tempo (artigo 169). De qualquer sorte, em ambos os casos, o não exercício da faculdade em tempo razoável pode conduzir à *supressão da faculdade jurídica* (*supressio*) antes do transcurso de tal prazo.[1] Ademais, em se tratando de anulabilidade, pode haver convalidação tácita do ato pelo fato de ter sido cumprido, ainda que em parte, por aquele que poderia anulá-lo, estando ciente do vício que o inquinava, o que importa na extinção de todas as ações e exceções correspondentes (artigos 174 e 175).

Uma vez mais, ouso tomar o lado minoritário dos que estudam o Direito para focar a questão no fato de se tratar de um contrato: o contrato de sociedade. A maioria dos especialistas prefere um caminho mais burocrático para que se possa pedir a declaração de nulidade ou a anulação de atos de administração societária; pedir a convocação de uma reunião de sócios e, se não convocada, assumir

---

[1] Conferir MAMEDE, Gladston. *Direito empresarial brasileiro*: teoria geral dos contratos. São Paulo: Atlas, 2010. v. 5, capítulo 3, seção 8 (Supressão da faculdade jurídica).

a convocação; colocar o tema em votação e, apenas se for vencido (o que é óbvio quando o administrador seja o sócio controlador), mover a ação em nome próprio, mas em benefício da sociedade. Isso, trate-se de administração coletiva ou não. Se todos são contratantes, se todos são partes, parece-me que todos titularizam a faculdade de, em nome próprio, fazer cumprir o contrato. Não se está diante de natureza institucional, mas de pessoa jurídica com natureza contratual. Não é razoável tratar de forma igual situações com naturezas jurídicas diversas.

Na administração coletiva, é preciso cautela para distinguir as *deliberações sociais* dos *atos de administração*. Sempre que se fizer necessário decidir sobre os negócios sociais, os sócios deliberaram (artigo 1.010); mas os atos de administração são exercíveis por cada um dos sócios, separadamente, se nada dispõe o contrato social a respeito (artigo 1.013). Esse limite entre deliberação e ato executório é tênue e controverso; há, por certo, uma área em que os conceitos se confundem. A solução legal dá margem a problemas: competindo a administração da sociedade a vários administradores, separadamente, cada administrador poderá impugnar a operação (o ato) pretendida por outro (artigo 1.013, § 1º). Esse veto tornaria a matéria controversa e, assim, afeta à deliberação social. A impugnação seria um meio para determinar o que é matéria afeta à deliberação social, sendo o silêncio um reconhecimento de que se trata de mero ato administrativo, para o qual todos têm competência e poder, se não há outra previsão contratual. O problema é que o ato já pode ter sido praticado, já que os atos de administração são exercíveis por cada um dos sócios, separadamente (artigo 1.013). Nesse caso, responderá por perdas e danos perante a sociedade qualquer administrador que realize operação sabendo – ou devendo saber – estar agindo em desacordo com a maioria (artigo 1.013, § 2º).

Mais segura é a previsão de *administração conjunta*, na qual a competência e o poder para praticar atos de administração encontram-se submetidos ao concurso necessário de todos os sócios. Portanto, o ato somente terá validade se todos os administradores dele participarem, chancelando-o. A regra pode ser modalizada: demandar que seja necessário tantos sócios: dois, três etc. A gravidade da previsão de administração conjunta é de tal ordem que seus efeitos perante terceiros dependem de cláusula expressa no contrato social, devidamente arquivado no registro competente, excetuando-se a hipótese de decorrer de lei expressa. Se a estipulação foi disposta em documento apartado, esse pacto será ineficiente em relação a terceiros (artigo 997, parágrafo único), embora mantenha sua validade *ad intra*, permitindo processar aquele que agiu com excesso de poderes pelas perdas e danos decorrentes de seu ato.

A previsão de *administração conjunta* pode contemplar a totalidade dos sócios, exigindo a presença de todos para a validade de qualquer ato. Mas é possível que a administração plural não contemple todos os sócios, mas, ainda assim, os administradores societários estejam submetidos ao dever de atuação conjunto. Também é possível uma situação mista, na qual o contrato social, discrimine que atos devem ser praticados conjuntamente pelos administradores e quais poderão ser praticados separadamente por qualquer deles. Contudo, mesmo na *administração conjunta*, podem ser praticados atos individuais em casos urgentes, em que a omissão ou retardo das providências possa ocasionar dano irreparável ou grave (artigo 1.014). A norma é curiosa, pois implica uma confiança por parte do terceiro, que estabelece a relação jurídica com a sociedade, sem a presença de todos os encarregados da administração conjunta, de que (1) os administradores faltantes ao ato a ele comparecerão posteriormente, validando-o (artigo 176) ou (2) que o Judiciário reconhecerá a validade do ato, mesmo sem a participação de todos aqueles a quem se outorgou competência e poder conjuntos para a administração, considerando demonstrada e provada situação caracterizadora de caso urgente, nos moldes do dispositivo comentado.

2.1 Conflito de interesses

O sócio que participar de uma deliberação, embora tenha na operação interesse contrário ao da sociedade, responde por perdas e danos, se for aprovada graças a seu voto (artigo 1.010, § 3º, do Código Civil). Não se proíbe o sócio de votar, destaco. Ele pode participar, pode votar e seu voto será computado na deliberação final. Apenas se prevê uma responsabilidade civil por perdas e danos decorrente da aprovação da posição que sufragaram. Não há um dever de abster-se, mas um dever de votar em conformidade com o interesse social. Evitam-se, assim, incontáveis demandas que surgiriam com o objetivo de anular votações por conflitos de interesses. O legislador, contudo, preferiu compreender o desafio por seus resultados, dando-lhe relevância jurídica quando se possa provar a ocorrência de dano.

Cuida-se de uma expressão do dever de fidúcia (ou, preferindo-se, da *affectio societatis*): o sócio estaria traindo a sociedade se coloca o seu interesse individual à frente dos interesses coletivos, agindo de forma incompatível com o sinalagma contratual. Todos estão obrigados a uma comunhão de esforços para a realização dos fins sociais, o que implica atuação proba (honesta) e de boa-fé, respeitando a função social do contrato de sociedade. Constituirá, portanto, *interesse contrário* todo aquele que prestigie o sócio – suas relações jurídicas próprias – em detrimento da sociedade. A regra não se limita a interesses econômicos contrários, creio, mas igualmente interesses morais; o conceito de *interesse contrário* é amplo. Não se permite que o sócio atue em proveito próprio e desproveito da sociedade.

Não basta o *conflito de interesse*. É indispensável que tenha havido dissensão a respeito da deliberação. Não há conflito de interesses se a deliberação foi aprovada em votação unânime da qual tenham tomado parte todos os sócios. Há mera afirmação da vontade social, fugindo à previsão de responsabilidade civil. Excetuam-se, por óbvio, hipóteses nas quais se comprove que a posição assumida pelos demais sócios decorreu, diretamente, da atuação abusiva do sócio ou sócios em *conflito de interesses*, a exemplo do dolo. Nesse caso, todavia, mesmo que o sócio houvesse se abstido de participar da deliberação, sua responsabilidade decorreria das regras gerais do Direito (artigos 186, 187 e 927 do Código Civil).

Também não há falar em responsabilidade civil se a posição defendida pelo sócio ou sócios em conflito de interesses for vencida e, afinal, não adotada. É preciso que seu posicionamento seja vitorioso e que, ademais, a vitória seja devida ao seu voto. Se a deliberação foi resultado de votação por maioria e o voto do sócio ou sócios em conflito de interesse não tenha sido indispensável para a deliberação, afasta-se a previsão, segundo seu próprio texto. Não é só. Mesmo aferido que o sócio em conflito de interesses participou da deliberação, votando a favor da posição que o beneficiava e prejudicava a sociedade, sendo o seu voto indispensável para a vitória da posição que defendia, ainda se exige a ocorrência de perdas e danos para a sociedade ou para qualquer dos sócios, bem como a existência de nexo de causalidade entre tais perdas e danos e os atos que advieram daquela deliberação (artigo 1.010, § 3º).

Acredito, aqui também, que a legitimidade para a ação será tanto da sociedade quanto, alternativamente, de qualquer dos sócios vencidos, pois todos titularizam interesse de agir. Mas há posições em contrário. No entanto, parece-me que reconhecer esse interesse apenas na sociedade seria tornar a regra inócua: a exigência de maioria para deliberar a ação é, no contexto, no mínimo improvável, submetendo a minoria social a uma situação kafkiana, angustiante: um direito existente em tese, mas não concretizável em face da atuação opressora da maioria. Nesse contexto, deve-se permitir que qualquer sócio vencido – ou mesmo vencedor, na hipótese de ter sido induzido a erro ou similar – possa pedir a reparação que, feita aos cofres da sociedade, ressarcirá o seu direito, expresso na titularidade de quota sobre o capital social ressarcido.

3 CONSTITUIÇÃO DE ADMINISTRADOR

Os sócios podem escolher um só administrador para a sociedade, a quem caberá não só o comando da atividade negocial, mas, igualmente, a representação societária. Esse administrador não precisará ser um sócio na sociedade simples comum (artigo 1.019, parágrafo único, do Código Civil) e na sociedade limitada. Em oposição, será obrigatoriamente um sócio na sociedade em nome coletivo (artigo 1.042) e o sócio comanditado na sociedade em comandita simples (artigos 1.046 e 1.047).

Não podem ser nomeados administradores (artigo 1.011, § 1º) os condenados a pena que vede, ainda que temporariamente, o acesso a cargos públicos; ou por crime falimentar, de prevaricação, peita ou suborno, concussão, peculato; ou contra a economia popular, contra o sistema financeiro nacional, contra as normas de defesa da concorrência, contra as relações de consumo, a fé pública ou a propriedade, enquanto perdurarem os efeitos da condenação. Somem-se os eventuais impedimentos que sejam dispostos em lei especial; é o que se passa com os magistrados, impedidos pela Lei de Organização da Magistratura Nacional, ou os membros do Ministério Público, impedidos pela Lei Orgânica do Ministério Público, militares, impedidos pelo Estatuto dos Militares, como visto no primeiro volume desta coleção.

O administrador é um mandatário da sociedade (artigo 1.011, § 2º), aplicando--se-lhe as regras do mandato (artigos 653 a 691), no que couber. Sua nomeação, com a respectiva atribuição de poderes, poderá ser feita por cláusula disposta no contrato social, hipótese na qual a troca de administrador exige alteração contratual, devidamente registrada. Também se admite que o contrato apenas preveja as regras para a nomeação do administrador que, assim, será feita por instrumento em apartado que deverá ser averbado à margem da inscrição da sociedade no respectivo registro.

O registro é indispensável para dar publicidade à nomeação. Assim, por um lado, a sociedade protege-se, tornando público quem é seu administrador, bem como os poderes que lhe foram outorgados, inclusive eventuais ressalvas. A comunidade em geral fica sabendo que somente aquela(s) pessoa(s) natural(is) pode(m) agir em nome da sociedade. Aliás, a publicidade legitima o administrador nomeado, permitindo-lhe provar que pode praticar, em nome da sociedade, os atos que pretende realizar. A publicidade da cláusula serve ao administrador nomeado, antes de mais nada, por legitimar seus atos. A informação constante da Junta Comercial (sociedades empresárias e sociedades cooperativas) ou do Registro Civil das Pessoas Jurídicas (demais sociedades simples) deixa claro para todo o mercado que o administrador age em nome da sociedade, podendo negociar e contratar por ela. Afinal, qualquer representante está obrigado a provar, às pessoas com quem tratar em nome do representado, a sua qualidade e a extensão de seus poderes (artigo 118).

Por outro lado, a publicidade exime o administrador de responsabilidade por atos regulares de gestão, afirmando sua condição de simples mandatário. Lembre--se que o administrador é pessoalmente responsável, em solidariedade com a sociedade, pelos atos que praticar antes de requerer a averbação do documento apartado no qual foi nomeado ou, sendo a hipótese, a alteração contratual na qual constou sua nomeação (artigo 1.012). Por fim, ressalto, a publicidade serve a terceiros, pois lhes permite comprovar que o ato praticado pelo administrador, nos limites dos poderes que lhe foram conferidos, produz efeitos em relação à sociedade representada (artigo 116).

Contudo, o registro não é pressuposto de validade da nomeação (artigo 1.012) que é válida e eficaz entre os sócios, mesmo antes da publicação, salvo estipulação expressa em contrário, modalizando a eficácia do ato. Também as obrigações do administrador para com a sociedade principiam imediatamente após a nomeação, se o contrário não constar do respectivo instrumento. A falta de publicidade da nomeação, no entanto, impede a produção de seus efeitos perante terceiros, exceto se provado que conheciam a nomeação, caso em que não podem se furtar das respectivas consequências, o que não revelaria probidade e boa-fé (artigo 422). Por outro ângulo, é preciso reconhecer que a nomeação não registrada, mas descoberta depois pelo terceiro, pode ser arguida para vincular a sociedade. Afinal, não obstante o desconhecimento da representação, ela existia e os atos do representante vinculam o representado (artigo 116); a ausência de averbação, portanto, trabalha contra a sociedade e o administrador, não contra os terceiros.

O administrador não pode fazer-se substituir no exercício de suas funções (artigo 1.018); não é titular de um direito de *substabelecimento geral* dos poderes recebidos, com ou sem reserva. O problema comporta duas análises distintas. No que diz respeito à representação da sociedade, qualquer ato de transferência dos poderes da administração seria inválido, salvo estipulação em contrário no contrato social ou no instrumento em apartado de nomeação do administrador; a regra do artigo 667, §§ 3º e 4º, do Código Civil, interpreta-se aqui às avessas. No mandato em geral, a procuração silente sobre a faculdade de substabelecer interpreta-se como permitindo-o, respondendo o procurador se proceder culposamente (§ 4º); somente se há cláusula expressa proibindo o substabelecimento, os atos praticados pelo substabelecido não obrigam o mandante, salvo ratificação expressa (§ 3º). No contrato de sociedade e na nomeação do administrador, em face de suas particularidades (artigo 1.018), tem-se uma inversão da regra: na omissão, interpreta-se não ser lícito o substabelecimento e, destarte, os atos praticados pelo pseudossubstabelecido não obrigam a sociedade. Seria necessário haver atribuição expressa de poderes para substabelecimento para que tal transferência fosse válida, devendo, ademais, ser requerida a sua averbação.

Não se veda, contudo, que o administrador se faça substituir na condução cotidiana das atividades que realizam o objeto social da pessoa jurídica administrada. Afinal, a constituição de gerentes é considerada regular pelo artigo 1.172 do Código Civil. Aliás, os atos praticados pelos prepostos, mesmo que danosos, não vinculam o administrador, salvo se tiverem agido com culpa na escolha deste ou nas instruções dadas a ele (artigo 667, § 2º). A essa previsão legal de ação culposa acrescenta-se, por óbvio, a ação dolosa (artigos 186 e 927); seria a hipótese do administrador que escolhe deliberadamente pessoa inadequada para, assim, prejudicar a sociedade.

Acrescente-se ser lícito ao administrador, em nome da sociedade, constituir mandatários para negócios ou atos específicos (artigo 1.018), salvo vedação expressa no contrato social. O administrador poderá, por exemplo, constituir advogado para representar judicial ou extrajudicialmente a sociedade; também poderá constituir um mandatário para comprar um imóvel em outra cidade. O instrumento de constituição de tais mandatários, público ou particular, deve especificar os atos e as operações que poderão praticar, não exigindo, para sua

Parte Geral – Cap. 5 • Administração Societária **91**

validade, averbação junto ao registro da sociedade. Também aqui se aplicam as regras da responsabilidade civil pela escolha culposa e dolosa do mandatário.

A sociedade deve remunerar o trabalho desempenhado pelo administrador, certo tratar-se de ofício exercido a bem de lucro (artigo 658, parte final). Esta remuneração chama-se *pro labore*, um pagamento periódico (habitualmente mensal) pelo trabalho de administração. Não se trata de salário, friso, já que não se trata de uma relação de emprego: o administrador da sociedade não é empregado, mas, na qualidade de representante da sociedade, assume o papel análogo ao de empregador: é ele quem administra o pessoal, verifica cumprimento de jornada, determina atividades. Também não se trata de lucro. O lucro é devido aos sócios quando há saldo positivo no balanço patrimonial, como estudado no volume 1 desta coleção. O *pro labore* é devido ao administrador por seu trabalho, haja lucro ou prejuízo.

O *pro labore* é fixado no contrato social e o seu pagamento será contabilizado como despesas sociais. Se o administrador é sócio, ainda terá direito aos dividendos como os demais sócios, na forma do contrato (habitualmente, segundo a participação no capital social), sempre que o balanço patrimonial aponte lucro. Também é possível que o contrato social preveja bonificações a favor do administrador, pagas para além do *pro labore*. O mais comum é a previsão de um percentual que lhe é devido sobre o lucro líquido apurado no exercício, valor esse que lhe será pago antes de se proceder à distribuição dos dividendos aos sócios. Pode-se também prever bônus em valor fixo para a hipótese de se alcançar determinado resultado, entre diversas outras hipóteses.

3.1 Administrador provisório (temporário)

É lícito aos sócios constituir administrador(es) interino(s), ou seja, atribuírem os poderes da administração, no todo ou em parte (definida e precisada), com objetivos específicos. Por exemplo, a constituição de uma filial em localização muito distante, quando exija a prática de atos que suplantem a mera gerência. Outra situação é a contratação de profissional especializado em superação de crises econômico-financeiras para, ocupando temporariamente a condição de administrador societário, cuidar da reengenharia da corporação. Cito, ademais, o exemplo de impedimentos (jurídicos ou físicos) do administrador societário, justificando a nomeação de um administrador interino. Obviamente, a figura do administrador temporário envolve diversas questões jurídicas, nomeadamente as relativas a (1) meio (forma e prova), (2) conteúdo e (3) tempo.

O meio para a constituição do administrador temporário não é outro do que os meios para a constituição do administrador societário: a nomeação pode fazer-se por meio de cláusula disposta no ato constitutivo (artigos 997, VI, e 1.060 do Código Civil), assim como pode ocorrer de o ato constitutivo definir o modo de eleição, hipótese em que a nomeação por ato em separado – a exemplo do ato da reunião ou assembleia de sócios – será obrigatoriamente averbada no Registro Público (artigos 1.012 e 1.062 do Código Civil). Quando se queira apenas atribuir poderes que excedam a mera gerência, como para a construção de uma unidade produtiva em região distante, com organização da operação, estabelecimento de contratos e situações afins, pode-se optar por constituir um gerente com poderes mais largos, próprios do administrador societário. Mas é preciso atenção para o conteúdo dessa outorga, como se verá abaixo, e para o respectivo registro (artigos 1.072 a 1.074 do Código Civil), para que tenha eficácia perante terceiros.

Embora, a forma necessária e a prova por excelência para tal constituição seja o instrumento escrito e devidamente registrado, nunca é demais recordar a teoria da aparência, há pouco estudada, a permitir que, para preservação da boa--fé de terceiros, reconheçam-se como atos que vinculam a sociedade aqueles que tenham sido praticados por quem não era administrador, mas que aparentava, objetivamente, sê-lo, ou seja, que aparentava deter os poderes necessários para a prática do ato jurídico em nome da sociedade (simples ou empresária).

Em segundo lugar, coloca-se a questão fundamental do conteúdo da consti-tuição do administrador societário provisório (temporário). Como deixa claro o artigo 116 do Código Civil, a manifestação de vontade pelo representante, nos limites de seus poderes, produz efeitos em relação ao representado. Portanto, a precisão dos poderes do representante é uma questão vital para que se definam sua competência e faculdades jurídicas. Se em relação ao administrador societário ordinário, a ausência dessa precisão conduza à afirmação de que podem praticar todos os atos pertinentes à gestão da sociedade (artigo 1.015 do Código Civil), em relação ao administrador provisório ou interino, essa indefinição trabalha contra sua atuação. O correto é precisar, no meio escolhido para a nomeação, o que lhe é permitido fazer e, mais do que isso, o que lhe é vedado fazer, tomando o cuidado de levar o documento para arquivamento no Registro Público. Quanto mais notório for o conteúdo da limitação, maior segurança jurídica haverá.

Por fim, é preciso haver uma definição dessa provisoriedade, ou seja, uma definição da temporalidade, sendo que se pode fazê-lo definindo um prazo, uma data final (termo final) ou, até, uma condição resolutiva. É lícito, inclusive, prever--se que a eficácia dos poderes outorgados perdurará até que sejam cassados. No entanto, lembrando uma vez mais do princípio da aparência, é preciso advertir para o fato de que todas as indefinições e imprecisões constituem um risco de interpretação, podendo a sociedade vir a ser responsabilizada por atos que criem prejuízos para terceiros de boa-fé.

Por fim, cumpre realçar que a figura do administrador provisório também servirá ao Judiciário, sempre que for necessário intervir na sociedade. Essa in-tervenção pode ocorrer em hipóteses diversas, a começar pela vacância na admi-nistração (artigo 49 do Código Civil). Pode também ser decretada, como medida acautelatória, em feitos em que se apura a prática de atos ilícitos por parte do administrador, lesando sócios e/ou terceiros (inclusive a Fazenda Pública). Neste caso, caberá ao juiz, no ato de nomeação do administrador interino, definir qual é a sua competência, quais são os seus poderes, podendo mesmo dizer o que lhe é vedado fazer.

Recomendável destacar que essa intervenção, com a nomeação judicial de um administrador temporário, em razão de eventual prática de atos ilícitos pelo administrador societário, é medida de extrema gravidade e que implica o risco de o gestor nomeado revelar-se inábil no exercício da função. Uma alternativa a essa medida é a nomeação, pelo juízo, de um observador judicial, ou seja, de uma pessoa a quem atribua a competência e o poder de acompanhar o dia a dia da gestão societária, narrando ao juízo eventual prática de atos ilícitos ou duvidosos para, assim, garantir a licitude e a legitimidade na administração da sociedade.

4 ATUAÇÃO DO ADMINISTRADOR

O contrato social estipulará qual é a competência e quais são os poderes atribuídos ao administrador. Se não o fizer, o administrador poderá praticar todos os atos pertinentes à gestão da sociedade (artigo 1.015 do Código Civil). Esses *atos pertinentes à gestão da sociedade* interpretam-se caso a caso, conforme o objeto social e as atividades negociais desempenhadas pela pessoa jurídica. Em se tratando de uma padaria, incluem compra de trigo e outros insumos para a produção de pães, biscoitos etc., compra de produtos para revenda, como laticínios, balas e chocolates, geleias e afins, administração de pessoal (incluindo contratação e demissão), recolhimento de taxas e impostos etc. Não há como, em abstrato, prever-se a extensão exata desses *atos pertinentes*; é matéria de fato, sendo definida caso a caso. Para os assuntos que não sejam pertinentes à gestão da sociedade, caberá a decisão pelos sócios, em deliberação, atendido o quórum legal ou estatutário, conforme a matéria. É o que ocorre, por exemplo, com a oneração ou a venda de bens imóveis, sempre que não seja esse o objeto social.

Reitero: o administrador não age em nome próprio, mas em nome da sociedade administrada e representada. Sempre que respeita essa regra elementar, os atos praticados – se concretizados nos limites da atribuição de competência e poder – vinculam apenas à sociedade administrada e não ao administrador. Assim, a sociedade estará obrigada a satisfazer às obrigações legitimamente contraídas pelo administrador, sem que a isso possa se opor qualquer sócio ou mesmo a totalidade dos sócios (artigo 675). Se o administrador age em nome próprio, mesmo que o negócio diga respeito à sociedade, ficará pessoalmente obrigado (artigo 663).

Obrigam a pessoa jurídica os atos dos administradores, exercidos nos limites de seus poderes definidos no ato constitutivo (artigo 47). Se o administrador pratica ato excedendo os poderes que lhe foram conferidos (*ato ultra vires*), esse ato não será eficaz em relação à sociedade, salvo se esta os ratificar (artigo 662). Para os

94 Direito Empresarial Brasileiro: Direito Societário • Mamede

atos que extrapolam os poderes conferidos pela sociedade ao seu administrador, ou que os contrariem, ele será considerado um mero gestor de negócios (artigo 665). Assim, por tais atos o administrador ficará pessoalmente obrigado perante a sociedade – e os demais sócios – e, igualmente, pessoalmente obrigado perante os terceiros com quem contratar, sendo que, salvo ratificação dos atos pela sociedade, não haverá vínculo jurídico entre essa e os terceiros (artigo 861).

A mera contrariedade às instruções da coletividade de sócios sem que haja excesso nas atribuições e poderes atribuídos pelo contrato social, a sociedade (representada) estará vinculada ao ato praticado pelo administrador societário (representante), devendo honrar as obrigações decorrentes (artigo 679). No entanto, a sociedade poderá processar o administrador societário, já que agiu desrespeitando suas instruções, pedindo a reparação pelas perdas e danos resultantes, se ocorreram. Remarque-se, contudo, que não haverá falar em vinculação da sociedade se o terceiro, com quem o administrador societário negociou, sabia que o ato contrariava as orientações da reunião ou assembleia dos sócios.

Na interpretação e na aplicação das normas acima estudadas, contudo, atenção aos princípios da razoabilidade e da proporcionalidade, evitando-se os efeitos nefastos de artificialismos ou superficialismos. Explico-me: a realidade social, concreta, histórica, não pode ser desconsiderada pela análise jurídica; um Direito de bibliotecas, de mera afirmação conceitual, não submetido à prova das ruas, não compreende o ser humano e a sociedade e, destarte, não se mostra capaz de atender a suas finalidades e, muito menos, de atender às bases do Estado Democrático de Direito. Nesse quadro, parece-me fundamental ter-se em vista a realidade como referencial obrigatório da exegese jurídica, sendo tomada por dois ângulos distintos: (1) a realidade como base social efetiva, na qual a norma deve afirmar-se, a exigir que o estudo de suas possibilidades hermenêuticas tenha sempre em conta as relações sociais concretamente verificadas, sob pena de se estabelecer um hiato entre norma e realidade; (2) a realidade como base social certa, conhecida pelo legislador que, no entanto, legisla com a finalidade específica de intervir e alterar as práticas sociais, de mudá-las.

No caso estudado, é preciso considerar a celeridade comum das relações cotidianas, em muitos casos incompatível com a consulta aos atos constitutivos da pessoa jurídica. O entregador de gás não irá examinar os atos constitutivos para verificar se o pedido de um botijão corresponde ou não aos poderes outorgados ao administrador da empresa; quem entra numa concessionária e compra um carro não examina seus atos constitutivos para saber se quem lhe vende tem competência e poder para fazê-lo. Fico a imaginar a esdrúxula cena do administrador de uma microempresa, uma estamparia de *fundo de quintal*, tentando compreender o estatuto social de uma grande sociedade anônima cujo diretor pretende contratá-lo para estampar 200 camisas de malha branca. Pretender tomar o artigo 47 do Código Civil como norma absoluta, parece-me claro, é absurdo, fruto de uma

Parte Geral – Cap. 5 • Administração Societária **95**

exegese fantasiosa que se esforça por desconhecer que mais de 99% da população brasileira padecem de um analfabetismo jurídico crítico, em tudo lamentável.

Melhor será compreender a norma tendo por norte duas situações específicas: (1) o terceiro que conhece o ato constitutivo e/ou as limitações de poder do administrador; (2) o terceiro que deve conhecer, que está obrigado, em virtude de sua condição específica, a examinar o ato constitutivo para investigar a exata extensão dos poderes do administrador. O grande exemplo são as instituições financeiras, a quem cabe o exame dos atos constitutivos para aferirem a regularidade ou não de um negócio bancário qualquer.

Os sócios respondem pela escolha do administrador. Os sócios têm o dever de vigiar o administrador. Essas obrigações, no mor das situações, são maiores do que o dever do terceiro consultar o Registro Público para conhecer os poderes do administrador societário. Se, no entanto, o terceiro negocia com o administrador, sabendo estar este excedendo os poderes que lhe foram conferidos, ou contrariando vedações, não terá ação contra a sociedade e, de acordo com o artigo 673 do Código Civil, não o terá, igualmente, contra o próprio administrador, exceto se provar que este lhe prometeu ratificação dos sócios ou se responsabilizou pessoalmente.

Alfim, cumpre lembrar que os atos praticados pelo administrador excedendo os poderes que lhe foram conferidos (ato *ultra vires*) ou desrespeitando vedações expressas anotadas no ato de nomeação poderão ser ratificados pela sociedade (artigos 662, parágrafo único, e 665, parte final). A ratificação deverá ser expressa, sob a forma de deliberação social que se tomará no quórum específico para a matéria do ato.

5 RESPONSABILIDADE CIVIL

É dever do administrador exercer suas funções com probidade (honestamente), atuando de forma proativa, com cuidado e diligência, tratando os negócios da sociedade como se fossem seus (artigo 1.011 do Código Civil). Cuida-se de um dever geral cujo descumprimento (doloso, culposo ou em abuso de direito) constitui ato ilícito, devendo haver indenização das perdas e dos danos que determine (artigos 186, 187 e 927). Afinal, o mandatário deve aplicar toda a sua diligência habitual na execução do mandato, completando com a previsão da obrigação de indenizar qualquer prejuízo causado por culpa sua (artigo 667). Inequívoca, portanto, a responsabilidade civil do administrador pelos atos dolosos e culposos – negligentes ou imprudentes –, afirmada tanto em face da própria sociedade, quanto em face de terceiros que venham a ser prejudicados por aqueles atos; havendo mais de um administrador, serão eles solidariamente responsáveis pela indenização das perdas e danos (artigo 1.016).

Diante da aferição de que ação ou omissão dolosas, culposas ou mesmo decorrentes de abuso de direito determinaram perdas e/ou danos para a sociedade, não se defende o administrador da pretensão de indenização pela afirmação dos proveitos que tenha granjeado à pessoa jurídica (artigo 669). Essa pretensa compensação não encontra bases jurídicas, certo que os proveitos são próprios da atuação do administrador; determiná-los é o seu trabalho e não um benefício gratuito oferecido para a sociedade. Em oposição, a atuação culposa ou dolosa extrapola por completo a razão de sua contratação (*ratio contrahendi*) e nomeação.

O administrador também é responsável pelos atos que praticar no seu interesse pessoal e desproveito da sociedade, como aplicar créditos ou bens sociais em proveito próprio ou de terceiros, sem consentimento escrito dos sócios. Se o faz, deve restituir; não sendo possível restituir, por se tratar de coisa infungível, estará obrigado à indenização (artigo 1.017). Em ambos os casos, se o administrador ganhou com a transferência indevida, deverá também restituir o que o legislador chamou genericamente de *lucros resultantes*, expressão que deve ser tomada genericamente por benefício quantificável, podendo caracterizar-se sob a forma de aluguel, juros ou outra. Aliás, o artigo 670 do Código Civil, em situação análoga, fala em pagamento de juros pelas somas empregadas em proveito próprio, contados desde o momento em que houve o abuso. Havendo, ademais, prejuízos que tenham sido suportados pela sociedade, também por eles responderá o administrador. A norma disposta no artigo 1.013, § 2º, sobre conflito de interesses entre o administrador e a sociedade, anteriormente estudada, deve ser aqui listada, igualmente, como hipótese de responsabilidade civil do administrador.

6 PRESTAÇÃO DE CONTAS E FISCALIZAÇÃO

O administrador, mandante que é, está obrigado a dar contas de sua gerência aos sócios, que são seus mandantes, prestando contas justificadas de sua administração, apresentando-lhes os relatórios contábeis (inventário, balanço patrimonial e demonstrações contábeis), transferindo-lhes as vantagens provenientes de sua atuação (artigos 668 e 1.020 do Código Civil). Não se trata, entretanto, de um ato apenas formal: não se trata apenas de apresentar contas, ou seja, *quaisquer contas*. É dever do administrador expor a real situação financeira da sociedade, não sendo lícito falsear, fraudar, alterar, maquiar, omitir ou, até, pretender construir uma *versão melhor*, *mais amena*, *mais otimista*, quando o cenário é diverso. O administrador tem o dever jurídico de dar a conhecer, de forma fiel e imparcial, o desempenho da empresa e sua situação econômico-financeira. Sua responsabilidade alcança mesmo a interpretação que dá ao valor de ativos, ao risco de operações e outros elementos (a justificar a formação de provisões ou fundos).

A prestação de contas é uma obrigação do administrador e uma faculdade dos sócios. É, portanto, o administrador quem responde, pessoalmente, à pretensão judicial ou extrajudicial de ver prestadas as contas, nunca a sociedade empresária, nem os demais sócios, mesmo que sejam responsáveis pela eleição daquele. Como

Parte Geral – Cap. 5 • Administração Societária   **97**

se não bastasse, todos os sócios podem examinar os livros e documentos, e o estado da caixa e da carteira da sociedade, a qualquer tempo, salvo se o contrato social estipular época determinada para o exercício de tal faculdade (artigo 1.021), hipótese na qual o exame extraordinário – fora do tempo contratualmente previsto – somente poderá se fazer por meio de deferimento judicial, em ação na qual o sócio demonstre motivos relevantes para excepcionar a limitação, a exemplo de indícios de fraude, risco de falência etc.

Esse direito de fiscalização e exame das contas, ainda que esteja limitado aos negócios da sociedade, não se extingue com ela, isto é, com a dissolução da pessoa jurídica. Pelo contrário, mesmo após o encerramento das atividades, liquidação da sociedade e sua baixa no registro respectivo, terá o sócio legitimidade para questionar o administrador ou administradores sobre a gerência da sociedade. O fundamento de tal pedido será, por óbvio, a aferição de possível ocorrência de ato ilícito, cujos efeitos, sabe-se, não se extinguem com a pessoa jurídica, mas apenas com a prescrição que pode ser posterior àquela.

7   TÉRMINO DA ADMINISTRAÇÃO

A administração societária terá fim, antes de mais nada, (1) pela revogação ou pela renúncia; (2) pela morte ou interdição de uma das partes; (3) pela mudança de estado que inabilite o mandante a conferir os poderes, ou o mandatário para os exercer; e (4) pelo término do prazo ou pela conclusão do negócio (artigo 682 do Código Civil). As hipóteses são claras, sendo que a dissolução da sociedade é hipótese de *mudança de estado que inabilite o mandante a conferir os poderes*. No entanto, nada impede que, por previsão constante do contrato social, por deliberação dos sócios ou por decisão judicial, seja o administrador societário constituído nas funções de liquidante, o que em nada confunde-se com a extensão da administração societária, já que são funções distintas. Os casos mais interessantes são a renúncia e a revogação.

Princípio pela renúncia. O administrador não está obrigado a seguir indefinidamente no desempenho da função, podendo renunciar aos poderes que lhe foram outorgados. Aliás, mesmo se o administrador houver se comprometido a atuar durante certo tempo, terá ele o direito a renunciar aos poderes, embora responda pelos danos, contratuais e extracontratuais, advindos de seu inadimplemento. Se a administração foi contratada por tempo indeterminado, a renúncia será uma faculdade do administrador que, dessa maneira, poderá exercê-la sem precisar justificar seu ato. O mesmo ocorre quando haja tempo determinado, afere-se não estar o administrador obrigado a cumprir todo o período, havendo mera limitação temporal da outorga dos poderes.

No alusivo à revogação dos poderes, os poderes que forem conferidos a um sócio para desempenhar a função de administrador da sociedade são irrevogáveis se forem estabelecidos por meio de cláusula expressa do contrato social (artigo 1.019). A palavra *irrevogabilidade* interpreta-se no sentido de que os demais sócios não podem destituir o sócio-administrador, cassando os poderes que lhe foram conferidos e a nomeação, sem que ele mesmo consinta. Não traduz imutabilidade, sendo certo que, se o próprio sócio-administrador concordar com a pretensão, alterando o contrato social, tal revogação se completará. Afinal, a nomeação de um sócio para administrar a sociedade, quando disposta no contrato social, exige alteração contratual que, salvo estipulação de *quorum* específico pelo ato constitutivo, exige o consentimento de todos os sócios (artigos 997, VI, e 999).

Já os poderes outorgados a não sócio para administrar a sociedade são revogáveis a qualquer tempo, ainda que a nomeação tenha se feito por meio de cláusula do contrato social. Dessa maneira, a combinação dos artigos 682, I, e 1.019, parágrafo único, constitui uma exceção à aplicação dos artigos 997, VI, e 999, todos do Código Civil. Também são revogáveis, a qualquer tempo, os poderes de administração atribuídos por documento em apartado a sócio ou não sócio. Em todos esses casos, a destituição se fará por mera deliberação social, demandando maioria de votos, segundo *quorum* previsto no contrato social ou, no seu silêncio, segundo as regras do artigo 1.010. Em todos os casos, a eficácia da revogação do mandato em relação a terceiros está condicionada ao registro da alteração contratual ou a averbação do documento apartado.

8 SOCIEDADES DE GRANDE PORTE

A edição da Lei 11.638/2007 define a *sociedade de grande porte*: sociedade ou conjunto de sociedades sob controle comum que tiver, no exercício social anterior, ativo total superior a duzentos e quarenta milhões de reais ou receita bruta anual superior a trezentos milhões de reais (artigo 3º). Tais sociedades, previu o legislador, ainda que não constituídas sob a forma de sociedades por ações, estão submetidas às normas inscritas na Lei 6.404/1976 sobre escrituração e elaboração de demonstrações financeiras, incluindo a obrigatoriedade de auditoria independente por auditor registrado na Comissão de Valores Mobiliários (CVM).

Na maioria dos casos, a previsão alcança sociedades limitadas. Mas não se restringe a tais sociedades; mesmo sociedade simples, quando é uma *holding* (sociedade de participação), pode titularizar ativo total superior a duzentos e quarenta milhões de reais. Dessa maneira, a obrigação legal dirige-se a todo e qualquer tipo societário, simples ou empresário, incluindo sociedades cooperativas, sociedade simples comum, sociedade em nome coletivo (simples ou empresária), sociedade em comandita simples (simples ou empresária), sociedade limitada (simples ou empresária), sociedade anônima de capital fechado e sociedade em comandita por ações com capital fechado.

As *sociedades de grande porte* estão obrigadas não só a elaborar o balanço patrimonial ao fim de cada exercício, mas também devem elaborar Demonstração de Lucros ou Prejuízos Acumulados (DMPL), Demonstração do Resultado do Exercício (DRE), Demonstração de Fluxos de Caixa (DFC) e Demonstração de Valor Agregado (DVA). As contas deverão ser auditadas por auditor registrado na Comissão de Valores Mobiliários. Por fim, tais relatórios contábeis, assim como a auditoria, deverão ser publicados. Nem se diga que tal exigência foi suprimida do Projeto de Lei 3.741/2000, ao final convertido na Lei 11.638/2007. Essa supressão, todavia, não é suficiente para levar à conclusão de que a publicação não é devida. A norma manda seguir *as disposições sobre escrituração*, expressão que, por si só, aponta para todas as regras que dizem respeito à escrituração contábil, ou seja, todas as normas que se ocupam da dimensão escritural da atividade negocial. E entre essas está a publicação dos relatórios contábeis.

Ademais, a previsão de aplicarem-se às sociedades de grande porte as disposições sobre *elaboração de demonstrações financeiras* (artigo 3º) remete ao Capítulo XV da Lei 6.404/1976: "Exercício Social e Demonstrações Financeiras". Todo ele seria aplicável às pessoas jurídicas de grande porte. E o capítulo mencionado prevê a publicação das demonstrações de cada exercício (artigo 176, § 1º). Por fim, como a lei obriga a realização de auditoria independente, *por auditor registrado na Comissão de Valores Mobiliários*, é forçoso reconhecer que essa obrigatoriedade, na Lei 6.404/1976, é exclusiva das companhias abertas (artigo 177, § 3º), entes que, sabe-se, estão obrigados à publicação de suas demonstrações financeiras (artigo 176, § 1º). Portanto, sob uma interpretação sistêmica, a exigência em si de auditoria independente também aponta para a necessidade de publicação. O auditor não serve exclusivamente à pessoa jurídica (a sociedade) ou a seus sócios; serve ao mercado como um todo e à comunidade em geral que é diretamente impactada pela atividade negocial. Sob tal ângulo, a norma do artigo 3º da Lei 11.638/2007 interpreta-se como exigência de que as sociedades de grande porte atendam às normas escriturais aplicáveis às companhias abertas, incluindo no que se refere ao atendimento das normas que, sobre o tema, sejam expedidas pela Comissão de Valores Mobiliários (CVM).

Um quarto argumento aponta na mesma direção: a exigência de que o auditor esteja *registrado na Comissão de Valores Mobiliários*. O dispositivo remete o jurista para a Lei 6.385/1976, que dispôs sobre o mercado de valores mobiliários e criou a Comissão de Valores Mobiliários. Seu artigo 1º, VII, é expresso ao referir-se à disciplina, por aquela Lei, da "auditoria das companhias abertas". Tem, assim, mais um indicativo de que o artigo 3º pretende que as sociedades de grande porte submetam-se amplamente ao regime escritural das companhias abertas. Vale dizer, o legislador compreendeu que as sociedades de grande porte, mesmo não adotando a forma de sociedade por ações com capital aberto, impactam diretamente o mercado e, portanto, devem submeter-se ao controle da Comissão. Nesse sentido, aponta a própria estrutura normativa da Lei 11.638/2007, cujos artigos

4° e 5° (seguintes ao artigo 3°, ora estudado) cuidam expressamente da Comissão de Valores Mobiliários, e da Lei 6.385/1976, deixando claro que sua competência foi alargada. Aliás, o citado artigo 5° traz norma que diz respeito à atuação da Comissão no que diz respeito à escrituração contábil e auditoria, mostrando que a interpretação construída nos parágrafos anteriores desta análise é coerente.

Essencialmente, a publicação e a auditoria das contas são instrumentos de transparência da atividade negocial das sociedades, cumprindo com o princípio da função social da empresa. O porte dessas sociedades justifica a exigência de publicação, destacado o impacto de suas atividades sobre o Estado, os trabalhadores, fornecedores e consumidores etc. A falência de diversas sociedades que, por não estarem constituídas sob a forma de companhia aberta, estavam livres da publicação e auditoria de suas demonstrações financeiras é, por si só, uma demonstração de que o legislador acertou ao demandar que tais dados tornem-se públicos.

Mais do que isso, a Lei 11.638/2007 deve ser compreendida em consonância com a Lei Complementar 123/2006 (Estatuto Nacional da Microempresa e da Empresa de Pequeno Porte). Se, nesta norma, o legislador criou simplificações que compreendem a pequena dimensão das atividades negociais a ela submetidas, nomeadamente em face de uma limitação de receita bruta anual fixada em dois milhões e quatrocentos mil reais (limite da empresa de pequeno porte – EPP), aqui observa ser necessário um movimento diverso, voltado a ampliar as exigências a que se submetem os empreendimentos de grande porte.

Nas *sociedades de grande porte* é indispensável a manifestação anual sobre as contas, haja assembleia ou reunião, haja mera anuência firmada em documento respectivo, substituindo a realização de um evento para tanto. Essa manifestação se fará obrigatoriamente à vista dos documentos da administração, entre balanço, demonstrativos, relatórios e auditoria (artigos 133 da Lei 6.404/1976 e 1.078, I, do Código Civil), documentos esses que deverão ser publicados até cinco dias, pelo menos, antes da data marcada para a realização da assembleia geral (artigo 133, § 3°, da Lei 6.404/1976). Mesmo que se opte pela manifestação por escrito (artigo 1.072, § 3°, do Código Civil), a publicação de balanço, demonstrativos financeiros, relatórios da administração e relatório de auditoria ainda será obrigatória (artigo 3° da Lei 11.638/2007 combinado com o artigo 133, § 4°, da Lei 6.404/1976).

Note-se que a ausência de atendimento a todos esses requisitos tornará a escrituração contábil irregular. Portanto, não há falar em ausência de sanção para a não publicação do balanço, das demonstrações financeiras, dos relatórios da administração e do parecer dos auditores independentes. A sanção imediata é o reconhecimento da irregularidade das contas, enfim, da escrituração da sociedade, o que não é pouco, destacados os efeitos dessa irregularidade nos mais diversos planos jurídicos, a principiar do atendimento das obrigações fiscais acessórias, passando pelas obrigações societárias, realçadas as relações entre administradores e controladores e minoritários, alcançando os efeitos experimentados nas

Parte Geral – Cap. 5 • Administração Societária **101**

pretensões de recuperação da empresa, extrajudicial ou judicial, ou na própria falência. Em todos esses ambientes jurídicos, a irregularidade da escrituração contábil é elemento essencial.

O respeito a tais exigências constitui dever do administrador que deve empregar, no exercício de suas funções, o cuidado e diligência que todo homem ativo e probo costuma empregar na administração dos seus próprios negócios (artigos 1.011 do Código Civil e 153 da Lei 6.404/1976). Assim, deve exercer as atribuições que a lei e o ato constitutivo lhe conferem para lograr os fins e no interesse da sociedade, satisfeitas as exigências do bem público e da função social da empresa (artigo 154 da Lei 6.404/1976), sendo que administradores respondem solidariamente perante a sociedade e os terceiros prejudicados, por culpa no desempenho de suas funções (artigo 1.016 do Código Civil). Portanto, a omissão no dever de publicar caracterizará ato ilícito do qual resultará o dever de indenizar, caso dela resultem prejuízos (artigos 186, 187 e 927 e seguintes do Código Civil, seu artigo 1.016, e artigo 158 da Lei 6.404/1976).

O sócio controlador, por seu turno, está obrigado a usar seu poder com o fim de fazer a sociedade realizar o seu objeto e cumprir sua função social, e tem deveres e responsabilidades para com os demais sócios, os trabalhadores da empresa e para com a comunidade em que atua, cujos direitos e interesses deve lealmente respeitar e atender (artigo 116, parágrafo único, da Lei 6.404/1976). Como se só não bastasse, é preciso lembrar que a coletividade dos sócios tem poderes para decidir todos os negócios relativos ao objeto da sociedade e tomar as resoluções que julgar convenientes à sua defesa e desenvolvimento (artigo 121 da Lei 6.404/1976), além da competência privativa de "tomar, anualmente, as contas dos administradores e deliberar sobre as demonstrações financeiras por eles apresentadas" (artigo 122, III). Como se não bastasse, se os administradores e/ou sócios controladores não cumprem com suas obrigações legais, os demais sócios têm a obrigação de trazer a sociedade para a normalidade, ou seja, para o cumprimento das regras, podendo mesmo convocar a reunião ou assembleia de sócios (artigo 123, parágrafo único, *b*).

6
Dissolução Parcial ou Total da Sociedade

1 RESOLUBILIDADE

O contrato de sociedade é resolúvel, isto é, comporta uma solução jurídica, um fim. Essa resolução poderá ser total, implicando a extinção da pessoa jurídica, ou parcial, concretizando-se em relação a um ou alguns sócios, conservando-se o elo contratual entre os demais. Em qualquer das hipóteses, a resolução, seja total ou parcial, exige atenção a regras precisas constituídas para a proteção da própria sociedade (pessoa que é), de terceiros e, enfim, dos sócios. Eis por que se fazem necessários procedimentos de liquidação, ou seja, de apuração dos direitos da sociedade empresária, seus créditos, bem como de seus deveres, suas dívidas, obrigações. A regular dissolução e liquidação da sociedade é um dever dos sócios e, mais do que isso, uma segurança para todos: sana a situação patrimonial e evita discussões sobre responsabilidades subsidiárias, entre outras.

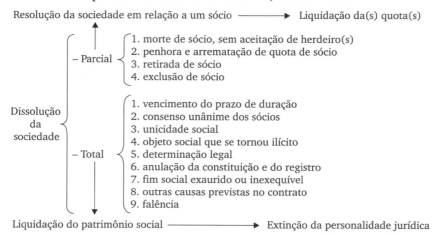

Parte Geral – Cap. 6 • Dissolução Parcial ou Total da Sociedade **103**

A sociedade pode se resolver em relação a um ou alguns sócios, mantendo-se o contrato (e a pessoa jurídica) em relação a outro ou outros (sociedade limitada unipessoal ou mesmo com o ingresso de outros sócios para recompor a pluralidade societária). Mas também pode se revolver em relação a todos os sócios, o que implica numa dissolução, a envolver a liquidação do patrimônio (com destinação do saldo) e extinção da personalidade jurídica (com baixa no registro). Sob a perspectiva do sócio, a resolução (total ou parcial) implica a definição de um saldo nas relações jurídicas (faculdades e obrigações) societárias. Isso conduz o jurista de volta ao desafio que envolve a definição de um equilíbrio indispensável entre posições que se complementam e podem conflitar entre si: cada sócio em face do outro e cada sócio em face da coletividade social. E o desafio é vetusto: dar a cada um o que é seu (*suum cuique tribuere*).

Pelo ângulo do sócio, complementam-se dois direitos e interesses opostos, juridicamente protegidos: (1) o direito de manter-se na sociedade e (2) o direito de retirar-se da sociedade. Pelo ângulo da coletividade dos demais sócios, afirmam-se (3) o direito à manutenção do vínculo societário, em conformidade com o que foi contratado, (4) o direito/dever de convivência harmônica a bem da realização do objeto e fins societários (habitualmente chamado de *affectio societatis*). Não é difícil chegar-se à conclusão de que se está diante de um sistema potencialmente instável, a exigir do jurista – mormente diante do caso concreto – atenção para corrigir situações iníquas e injustas. De qualquer sorte, seria injusto dizer que esse desafio é exclusivo do Direito Societário. Pelo contrário, está na raiz da própria condição humana: o ser humano como ser social: indivíduo e membro de uma comunidade: eu e nós.

Em primeiro lugar, o direito de manter-se na sociedade, pois a contratou, nela investiu e tomou parte nos esforços de sua instituição. Cada sócio é elemento subjetivo importante para a instituição da sociedade personalizada, no mínimo pelo apoio que oferece aos demais, acreditando na mesma ideia, suportando-a material e psicologicamente. Não é justo, não é legítimo, não é ético e honesto, não revela boa-fé, nem probidade, contar com alguém para constituir e/ou manter uma sociedade, num dado momento, e simplesmente pretender-se descartá-lo(s), quando deles não mais se precisa. Aceitar uma equação dessas é tornar o instituto uma ferramenta para iniquidade em lugar de valorizar o seu aspecto mais nobre: a conjunção de esforços para a realização de objeto comum e, enfim, a partilha justa de resultados. Em sentido diametralmente oposto está o direito do sócio de se retirar da sociedade, de não se manter eternamente atado aos demais e à própria pessoa jurídica, direito com lastros constitucionais (artigo 5°, XX, da Constituição da República). Ambos não são direitos absolutos, mas faculdades que se afirmam em contextos jurídicos específicos, havendo que se levar em conta o que foi contratado pelas partes (faculdades e obrigações que assumiram) bem como o seu comportamento comissivo e omissivo, do qual podem resultar consequências societárias, como o dever de ficar ou de sair.

104 Direito Empresarial Brasileiro: Direito Societário • Mamede

Esses direitos individuais devem ser equilibrados com os interesses da coletividade, reconhecendo haver direitos e interesses do grupo, do qual todos fazem parte. O grupo tem direitos sobre cada sócio. Não é justo que a afirmação do direito de um sócio possa prejudicar ilegitimamente a todos os demais. A coletividade tem o direito à fidúcia e à lealdade societária por parte de cada um e de todos os sócios. São deveres de coerência com a contratação da sociedade: decorrem da essência do instituto, como já demonstrei anteriormente. Sociedade implica colaboração e não disputa, cooperação e não submissão, cooperação e não agressão. A sociedade e a coletividade de sócios (todos e cada um, reitero) têm interesse e direito a uma convivência harmônica, na qual todos atuem a bem da realização do objeto social e para a produção de riquezas; em suma, a coletividade tem direito à manutenção da *affectio societatis*, direito que é lesado se um sócio trabalha contra a coletividade. Por fim, coloca-se o ângulo da própria sociedade, considerada como pessoa que é (pessoa jurídica ou moral), afinado com os princípios da função social e da preservação da atividade negocial, que consideram não apenas os direitos e interesses dos sócios, mas, também, os interesses e direitos da comunidade em geral na manutenção da atuação societária, reconhecendo sua importância para o desenvolvimento econômico e social. Portanto, é preciso equilibrar essas referências, individual (parte) e coletiva (todo), que podem ser tomadas por um ângulo de complementariedade, mas podem revelar-se pelo viés do antagonismo. O desafio do jurista é a combinação de todos esses ângulos, buscando a solução que melhor realize as regras e os princípios jurídicos.

Para a solução de eventuais conflitos, é lícito aos sócios estabelecer cláusula compromissória no contrato social, prevendo que a dissolução da sociedade e/ou a resolução do pacto social em relação a um ou mais sócios se faça por meio de arbitragem, incluindo a definição do rito a ser seguido. Nessa hipótese, a previsão alcançará mesmo os sucessores do sócio, haja sucessão voluntária (cessão onerosa ou gratuita de quotas), haja sucessão *causa mortis*. Não é outro o entendimento do Superior Tribunal de Justiça, como se afere do julgamento do Recurso Especial 1.727.979/MG: "(1) A ação de dissolução (parcial) de sociedade tem por propósito dirimir o conflito de interesses existente entre os sucessores do sócio falecido que não desejam ingressar na sociedade ou do sócio remanescente, em sociedade de pessoas, que, por alguma razão, objetiva obstar o ingresso dos sucessores do sócio falecido na sociedade. Diz respeito aos interesses dos sócios remanescentes; dos sucessores do falecido, que podem ou não ingressar na sociedade na condição de sócio; e, principalmente da sociedade. Os direitos e interesses, nessa seara, discutidos, ainda que adquiridos por sucessão, são exclusivamente societários e, como tal, disponíveis por natureza. Não constitui, portanto, objeto da ação em comento o direito à sucessão da participação societária, de titularidade dos herdeiros, que se dá, naturalmente, no bojo de ação de inventário e partilha. A indisponibilidade do direito atrela-se a aspectos inerentes à personalidade de seu titular (no caso, do sócio falecido), do que, no caso, a toda evidência, não se cogita. (1.1) Os direitos e interesses discutidos na ação de dissolução parcial de

Parte Geral – Cap. 6 • Dissolução Parcial ou Total da Sociedade **105**

sociedade são exclusivamente societários e, como tal, sujeitos à arbitralidade, de modo a não atrair a incidência do art. 1º, *caput*, da Lei n. 9.307/1996".

Naquele caso, estabeleceu-se no contrato social "cláusula compromissória arbitral, segundo a qual todos os conflitos afetos a questões societárias que repercutam essencialmente no pacto social, envolvendo os sócios entre si e entre estes e a sociedade, estão sujeitos à análise do Juízo arbitral. Encontram-se, assim, submetidos à arbitragem todos os conflitos de interesses que se relacionam com a própria existência da sociedade e, como tal, produzam reflexos na consecução dos objetos sociais, na administração da sociedade e na gestão de seus negócios, e, ainda, no equilíbrio e na estabilidade das relações societárias". Assim, disseram os julgadores, "sob o aspecto objeto, ressai clarividente que a matéria discutida no âmbito da ação de dissolução parcial de sociedade, destinada a definir, em última análise, a subsistência da pessoa jurídica e a composição do quadro societário, relaciona-se diretamente com o pacto social e, como tal, encontra-se abarcada pela cláusula compromissória arbitral".

Para os julgadores, "(3) a cláusula compromissória arbitral, inserta no contrato social por ocasião da constituição da sociedade, como *in casu*, ou posteriormente, respeitado o quórum legal para tanto, sujeita a sociedade e a todos os sócios, atuais e futuros, tenham estes concordado ou não com tal disposição, na medida em que a vinculação dos sócios ao conjunto de normas societárias (em especial, do contrato social) dá-se de modo unitário e preponderante sobre a vontade individual eventualmente dissonante. (3.1) Se ao sócio não é dado afastar-se das regras e disposições societárias, em especial, do contrato social, aos sucessores de sua participação societária, pela mesma razão, não é permitido delas se apartar, sob pena de se comprometer os fins sociais assentados no contrato e a vontade coletiva dos sócios, representada pelas deliberações da sociedade. (3.2) A condição de titular da participação societária do sócio falecido, ainda que não lhe confira, de imediato, a condição de sócio (já que poderá, inclusive, intentar a exclusão, em definitivo, desta, por meio da dissolução parcial da sociedade), não lhe confere margem de escolha para não seguir, como um todo, o conjunto de regras societárias (em especial, do contrato social), notadamente no tocante ao destino da participação societária sucedida, que, como visto, em tudo se relaciona com o pacto social".

2 MORTE DE SÓCIO

À morte do sócio, nas sociedades contratuais, corresponderá, como regra geral, a liquidação da respectiva quota (artigo 1.028 do Código Civil), salvo estipulação contratual em contrário, o que inclui a contratação *intuitu pecuniae*. Dessa maneira, o legislador afasta o direito dos herdeiros a ingressar na sociedade por meio de *causa mortis*. É preciso que o contrato social garanta esse direito ou que os sócios remanescentes aceitem o(s) herdeiro(s). Do contrário, a morte do sócio resolve-se pela liquidação de suas quotas, preservando o direito patrimonial dos herdeiros e, simultaneamente, o caráter *intuitu personae* da contratação.

A liquidação das quotas do falecido faz-se por meio de apuração de haveres, ou seja, por meio de levantamento de balanço especial, levando em conta não apenas os bens escriturados, mas também o ativo intangível que dá valor à empresa, a exemplo de vantagens como logística, penetração de mercado etc. Assim, no Recurso Especial 282.300/RJ, a Terceira Turma do Superior Tribunal de Justiça afirmou que "a apuração de haveres, no caso de dissolução parcial de sociedade de responsabilidade limitada, há de ser feita de modo a preservar o valor devido aos herdeiros do sócio, que deve ser calculado com justiça, evitando-se o locupletamento da sociedade ou dos sócios remanescentes". Os julgadores recusaram o último balanço patrimonial pois não tinha por objetivo a apuração de haveres e nem poderia servir de referência para a dissolução da sociedade.

Se o contrato social permitir a sucessão *causa mortis* da(s) quota(s), haverá assunção da condição de sócio por meeiro(a) e/ou herdeiro(s). Nesse caso, "os herdeiros ficam representados pelo inventariante até a partilha e a consequente alteração contratual, anotada na Junta Comercial, quando, então, serão individualizadas as novas quotas sociais", como reconheceu a Terceira Turma do Superior Tribunal de Justiça no julgamento do Agravo Regimental no Agravo de Instrumento 65.398/RJ. Mesmo não havendo solução diversa no contrato social, pode haver acordo entre os herdeiros do sócio falecido e os sócios remanescentes sobre a substituição do *de cujus*, aceitando o(a) meeiro(a) e/ou herdeiro(s). Mas não basta que os sócios remanescentes aceitem meeira e/ou herdeiros. É indispensável simultânea aceitação por esses da condição de sócio (artigo 1.028, III). É-lhes lícito simplesmente recusá-la e exigir a liquidação da(s) quota(s).

Outra solução possível é a transferência da quota ou quotas titularizadas pelo *de cujus* a terceiro, que seja aceito pela sociedade e a aceite, transferindo-se o respectivo valor para o espólio que, todavia, deverá expressamente anuir com a negociação, já que são seus a posição de titular e, destarte, o direito de alienar ou liquidar. Não é só. Em lugar da resolução da sociedade em relação à(s) quota(s) do *de cujus*, o sócio ou sócios remanescentes podem optar pela dissolução total da sociedade (artigo 1.028, II), resolvendo-se por completo o contrato, liquidando-se a sociedade e extinguindo a pessoa jurídica.

2.1 Morte de cônjuge do sócio ou sua separação

Quotas atribuem direitos sociais e direitos patrimoniais. Pelo viés patrimonial, são bens jurídicos. Assim, se a participação societária compõe o patrimônio comum do casal, o falecimento do cônjuge do sócio ou o divórcio do casal implicará partilha das quotas. No entanto, em se tratando de sociedade *intuitu personae*, os demais sócios não estão obrigados a aceitar herdeiros ou o ex-cônjuge. Nesse sentido o Recurso Especial 248.269/RS, julgado pela Terceira Turma do Superior Tribunal de Justiça: as quotas societárias, "representando direito patrimonial de

Parte Geral – Cap. 6 • Dissolução Parcial ou Total da Sociedade **107**

participar dos lucros e da partilha do acerto líquido, em caso de dissolução, integram, em princípio, a comunhão, nada importando que figurem em nome de um dos cônjuges. O que não se comunica é o *status* de sócio".

Obviamente, se o sócio é casado pelo regime da separação de bens, ou se, no regime da comunhão parcial ou de comunhão final dos aquestos, a titularidade da quota ou quotas precede ao casamento, a questão perde relevância, já que o sócio será, individualmente, titular da quota ou quotas, direito esse que não se comunicará com o seu cônjuge. O problema situa-se na comunhão universal de bens e na comunhão parcial ou final dos aquestos, se a titularidade da quota ou quotas for posterior ao casamento, desde que não resulte de *sucessão real* de bens ou valores titularizados antes do matrimônio.[1]

De abertura, não podem o ex-cônjuge (no divórcio) ou os herdeiros do cônjuge falecido do sócio exigir desde logo a parte que lhes couber na quota social (artigo 1.027 do Código Civil). Portanto, não podem pedir o valor contratual das quotas ou a proporção sobre o patrimônio líquido, conforme o último balanço social. Seus direitos patrimoniais sobre a participação societária se exercem por meio de liquidação das quotas respectivas (artigo 1.031), sendo que, até a sua realização, meeiro ou seus herdeiros têm o direito de concorrer à divisão periódica dos lucros (artigo 1.027). Justamente por isso, creio que, durante esse período, titularizarão alguns direitos societários, como o de fiscalização de livros e contas, impugnação de balanços etc., já que são acessórios do seu direito à distribuição de lucros.

Julgando o Recurso Especial 1.626.493/SC, o Superior Tribunal de Justiça entendeu que "(3) A participação em sociedade limitada não constitui um patrimônio partilhável, automaticamente, no rompimento de uma relação conjugal, detendo o ex-cônjuge sócio da sociedade empresarial, a singular administração da integralidade das cotas do ex-casal. (4) Essa circunstância, que deprime, em nome da preservação da sociedade empresarial, o pleno direito de propriedade do ex--cônjuge, não sócio, pode dar ensejo a manipulações que afetem, ainda mais o já vulnerado direito à propriedade. (4) Nessa linha, forjou-se, para as hipóteses de abuso na gestão empresarial em detrimento de ex-cônjuge não sócio, ou ainda, de indevida transferência patrimonial do ex-cônjuge, sócio para a sociedade, a teoria da desconsideração inversa da personalidade jurídica. (4) Diante das sérias consequências da aplicação dessa teoria, o pedido de quebra de sigilo bancário da pessoa jurídica, para que a ex-cônjuge consiga um mínimo de conhecimento sobre o patrimônio imobilizado em cotas, constitui um *minus* que deve ser deferido, mormente quando se verifica a ocorrência de vultosa quantia do ex-cônjuge sócio para a pessoa jurídica".

O pedido de liquidação das quotas recebidas poderá ser formulado por qualquer dos interessados, ou seja, pelo ex-cônjuge ou herdeiro(s) ou pela própria

---

[1] Conferir MAMEDE, Gladston; MAMEDE, Eduarda Cotta. *Separação, divórcio e fraude na partilha de bens*: simulações empresariais e societárias. São Paulo: Atlas, 2010.

sociedade, representada por seu administrador ou administradores. Não haverá dissolução parcial da sociedade, já que o sócio meeiro nela se manterá; a sociedade será descapitalizada do valor das quotas liquidadas (artigo 1.031, § 1º). Assim, o sócio meeiro terá sua participação reduzida.

Em se tratando de sociedade de capital, nada disso ocorrerá, sendo direito do ex-cônjuge ou herdeiro(s) assumir a titularidade das quotas que lhes disserem respeito e exercer seus direitos societários amplamente, sem que qualquer dos sócios possa opor-se, excetuadas situações específicas, dadas em concreto. Detalhe: podem assumir a condição de sócio, mas a isso não estão obrigados. Podem, sim, optar pela liquidação das quotas, retirando-se da sociedade.

3 DIREITO DE RECESSO

Além dos casos previstos na lei ou no contrato, qualquer sócio pode retirar-se da sociedade; se de prazo indeterminado, mediante notificação aos demais sócios, com antecedência mínima de sessenta dias; se de prazo determinado, provando judicialmente justa causa (artigo 1.029). O *direito de recesso*, ou seja, direito de se retirar da sociedade, importa uma tensão entre o direito do sócio a não se manter na sociedade e o direito da coletividade à preservação da atividade negocial. Mas o recesso é faculdade que tem lastro constitucional (artigo 5º, XX), mas com consequências patrimoniais que também revelam raízes na Norma Fundamental (artigos 1º, IV, 5º, II e XXXV, e 170). Essencialmente, não encontra guarida no Estado Democrático de Direito a pretensão de criar uma sujeição privada absoluta: tem que compor, tem que ficar, tem que se manter, tem que participar, tem que manter o investimento. Tudo isso pode ser contratado, mas tem limite, tem modo, tem tempo. Veja que mesmo ao Direito Público falece um poder de submissão tão forte, salvo situações especialíssimas. Com mais razão, deve-se questionar a pretensão privada de obrigar alguém a compor algo, a ser sócio, a ficar. Não tenho dúvida que se retirar é um direito, embora reconheça ser necessário respeitar o devido processo legal, judiciário ou não, e assumir as respectivas consequências. Mas tudo ao sol dos princípios da razoabilidade e da proporcionalidade. A sociedade deve ser compreendida como uma vantagem, nunca como uma condenação, uma praga, uma maldição. Não é e não deve ser o inferno de Dante. Não se lê (ou não se deveria ler) sobre a entrada das Juntas Comerciais: *lasciate ogni speranza voi ch'entrate*.

O direito de sair, ou seja, o *direito de recesso* pode ser exercido de comum acordo com os sócios que ficam, obedecendo ao que está disposto no contrato social ou chegando a um acordo de como isso ocorrerá. Não se enganem: é o que se passa na maioria esmagadora dos casos. A eticidade, moralidade e socialidade cuja falta se sente nos processados que entopem o Judiciário, vê-se para além das paredes do fórum, manifestando em negócios jurídicos que não demandam jurisdição. Já

Parte Geral – Cap. 6 • Dissolução Parcial ou Total da Sociedade **109**

o disse, e repito: o litígio não é afirmação do Direito, mas de uma falha, de uma doença do Direito. Por sorte, é a exceção e não a regra. No mor das situações jurídicas, pessoas respeitam as normas, acordam, resolvem harmonicamente situações como esta e outras. Por vezes, há dificuldades, mas bons advogados sem ranços de litigiosidade estremada, resolvem-nas com diálogo e negociação. Essa é uma das facetas mais lindas do verdadeiro Direito Empresarial. E isso deve ser valorizado.

Se não há acordo, o sócio que pretende o recesso deverá recorrer ao Judiciário, se arbitragem não estiver prevista no contrato social. Não vivemos mais num tempo em que ações tenham que apresentar nome certo, como ocorria no processo ordinário. Mas os que gostam de nomear suas pretensões poderão chamá-la de ação de recesso ou ação de dissolução parcial. A tradição jurídica, aqui também, desconhece a natureza contratual e se fixa na instituição (apesar de as sociedades por quotas não serem institucionais, como o são as estatutárias). Pretende-se haver litisconsórcio passivo necessário: os demais sócios e a sociedade (a pessoa jurídica), já que a liquidação afetará o seu patrimônio. O sócio terá um crédito contra a sociedade. Toma-se a relação *por fora*, como se o sócio tivesse um direito (crédito) resultante de relação jurídica com a sociedade, o que não é verdadeiro.

Essencialmente, a sociedade por quotas é um contrato, assumindo os sócios a condição de partes com deveres e direitos recíprocos (artigo 981). Assim, a resolução da sociedade em relação a um sócio é denúncia contratual, referindo-se apenas aos sócios, já que resolve a questão no plano do contrato de sociedade, do qual a pessoa jurídica é mero objeto. Seu deferimento não conduz a uma execução contra a sociedade, mas a um procedimento liquidatório (artigo 1.031). Curiosamente, se todos os sócios estão no feito, como autor e réus, a sociedade está no feito e a exigência de demandar a sociedade chega às raias do risível. Em se tratando de pessoas jurídicas institucionais, está ela, a pessoa jurídica, mas não estão os demais sócios ou associados. No julgamento do Recurso Especial 1.121.530/RN, a Quarta Turma do Superior Tribunal de Justiça decidiu que, "na ação de dissolução parcial de sociedade limitada, é desnecessária a citação da pessoa jurídica se todos os que participam do quadro social integram a lide". No mesmo sentido, as decisões proferidas no Agravo Regimental 751.625/RN, Recurso Especial 735.207/BA. Ao longo do acórdão, lê-se: "Em que pese esta Corte já ter considerado, em precedentes antigos, a necessidade da presença da pessoa jurídica na lide, uma vez que a dissolução parcial importa em crédito do sócio retirado contra a empresa, o entendimento mais atual consagra a tese de que, citados todos os sócios, a pessoa jurídica estará amplamente defendida e não haverá prejuízo para nenhum dos litigantes."

3.1 Sociedade contratada por prazo determinado

O contrato social obriga seus signatários a adimplir as cláusulas nele estipuladas, às quais livre e conscientemente aderiram por meio da aposição de suas assinaturas (artigo 219 do Código Civil) ou de seus representantes, *nos limites de seus poderes* (artigo 116). O sócio que se obrigou a permanecer na sociedade por determinado tempo deve adimplir tal ajuste. Mas pode haver transação, consentindo a totalidade dos sócios com o recesso, exonerando o retirante da obrigação de responder pelo ilícito contratual.

De outra face, pode haver *justa causa* para a retirada (artigo 1.029, segunda parte), permitindo o recesso mesmo se a sociedade foi contratada por prazo determinado. Esse *direito de recesso fundamentado* exerce-se por meio de ação judicial, demonstrando e, se necessário, provando motivos relevantes que justifiquem a retirada, a exemplo do inadimplemento de cláusulas pelos demais sócios, abuso de direito pela maioria (ato ilícito, segundo o artigo 187 do Código Civil), rompimento da *affectio societatis* que não lhe possa ser imputado, inviabilidade de realização do objeto social, ausência de resultados econômicos que justifiquem a manutenção da sociedade etc. As situações não podem ser limitadas pela teoria, cabendo ao Judiciário verificar, no caso concreto, a ocorrência ou não da justa causa, mesmo se por razões extrassocietárias, como o padecimento de doença grave, necessitando o sócio realizar a sua parte do capital para custear seu tratamento.

Se não há *transação* ou *justa causa*, o sócio deverá adimplir a obrigação contratual de manter-se na sociedade. Contudo, não se pode perder de vista a garantia constitucional de não ser obrigado a manter-se associado (artigo 5º, XX). Mais do que isso, é preciso não perder de vista a situação indigna de se obrigar alguém a conviver com quem não quer ou suporta, sofrendo as consequências de atos e deliberações coletivas com que não concorda. Por isso, creio que é preciso compreender a questão de forma bipartida: a pessoa e o capital. Parece-me que a pessoa sempre poderá apartar-se da vida social, ou seja, retirar-se da sociedade, evitando a vida coletiva que não aceita. Parece-me que a garantia constitucional encontra nesse aspecto sua grande razão de ser. Evitar que indivíduos sejam compulsoriamente arrastados por coletividades quando não o desejam. Justamente por isso, se feito pedido de antecipação de tutela nesse sentido, o Judiciário deverá deferi-lo de pronto, sob pena de desrespeitar um direito fundamental. Não tem o Judiciário poder para obrigar o sócio a manter-se associado; a Norma Fundamental veda qualquer provimento nesse sentido. Mas esse é apenas um lado da questão. Há outro: ele se obrigou a ficar por tempo determinado e deve responder pelo inadimplemento da obrigação contratual.

Assim, a questão jurídica torna-se outra: os efeitos do exercício desse direito constitucional (1) no direito de liquidação das quotas e (2) na aferição ou não de responsabilidade civil pelo ato. Acredito que a questão deve resumir-se ao aspecto patrimonial, não ao pessoal. Seguindo essas bases, defendo que o sócio pode retirar-se imotivadamente da sociedade contratada por tempo certo (artigo 5º, XX, da Constituição da República), mas não terá direito à liquidação da quota ou quotas, até o fim do prazo ou termo contratado para a existência social. Dessa forma, o ex-sócio estará fora da sociedade (respeitada a garantia constitucional do

Parte Geral – Cap. 6 • Dissolução Parcial ou Total da Sociedade **111**

artigo 5º, XX), mas terá que esperar o transcurso do prazo certo de existência da pessoa jurídica, conforme a contratação original à qual anuiu, para pedir a apuração de haveres e levantar a parte correspondente à sua participação no capital social. Será, portanto, titular de *direito futuro não deferido, res sperata* que lhe dá direito de velar pela preservação de seus direitos e interesses, inclusive pela via judicial. Por outro ângulo, o descumprimento da obrigação contratual constitui ato ilícito e, se dele resultam perdas e danos, o sócio deverá responder por eles (artigo 187 combinado com o artigo 927 do Código Civil). É preciso atentar para o fato de que tal posição é pessoal e minoritária, senão solitária. Mas é o que me parece, pelos motivos e fundamentos que listei.

3.2   Sociedade contratada por prazo indeterminado

O direito de recesso é amplo se a sociedade foi contratada por prazo indeterminado ou se, findo o prazo certo, não se lhe providenciar a liquidação, caracterizando prorrogação por prazo indeterminado (artigo 1.033, I, do Código Civil). Nesse caso, não é preciso motivar; basta a denúncia imotivada do contrato, precedida de notificação dos demais sócios – e não da sociedade – com antecedência mínima de 60 dias (artigo 1.030 do Código Civil), evitando sejam os demais sócios tomados de surpresa, o que poderia atrapalhar o próprio desenvolvimento das atividades sociais. É possível estipular prazo maior, o que trabalha a favor dos demais sócios e da própria sociedade. O prazo deverá constar da notificação; ausente sua indicação, pressupõe-se tratar-se do prazo mínimo legal: 60 dias.

Examinando o Recurso Especial 1.403.947/MG, o Superior Tribunal de Justiça esclareceu que "O direito de retirada imotivada de sócio de sociedade limitada por tempo indeterminado constitui direito potestativo à luz dos princípios da autonomia da vontade e da liberdade de associação". Emendou, esclarecendo que, "Quando o direito de retirada é exteriorizado por meio de notificação extrajudicial, a apuração de haveres tem como data-base o recebimento do ato pela empresa", devendo respeitar os 60 dias dispostos no artigo 1.029 do Código Civil. Aliás, esclareceram os Ministros, "o Código de Processo Civil de 2015 prevê expressamente que, na retirada imotivada do sócio, a data da resolução da sociedade é o sexagésimo dia após o recebimento pela sociedade da notificação do sócio retirante (art. 605, inciso II)". Por fim, ficou esclarecido que "a decisão que decretar a dissolução parcial da sociedade deverá indicar a data de desligamento do sócio e o critério de apuração de haveres".

A exigência de notificação e de prazo mínimo para o recesso somente se fazem necessárias quando se tratar de *retirada imotivada*. Se a retirada funda-se em *justa causa*, não é necessário notificar nem esperar 60 dias, no mínimo; o sócio pode ajuizar, de imediato, a ação de dissolução de sociedade, mesmo com pedido de antecipação de tutela. Assim decidiu a Quarta Turma do Superior Tribunal de

Justiça, quando examinou o Recurso Especial 65.439/MG. E as hipóteses de *causa justa* não são limitadas, incluindo quebra da *affectio societatis*, ocorrência de *falta grave* sem que haja a iniciativa de excluir o sócio que nela incorreu e qualquer outra, conforme avaliação do julgador.

Havendo notificação, nos 30 dias subsequentes ao seu recebimento, os demais sócios poderão deliberar pela dissolução da sociedade, contranotificando o sócio retirante (artigo 1.029, parágrafo único). Nessa hipótese, não haverá liquidação das quotas do sócio notificante, mas liquidação de toda a sociedade, extinguindo--se sua personalidade jurídica. Não é preciso unanimidade, contudo. Basta que a dissolução total seja aprovada por sócios cujas quotas, somadas às do retirante, totalizem a maioria absoluta do capital social (artigo 1.033, II), embora, aplicados os princípios da função social e da preservação da atividade negocial, deva-se reconhecer o direito da minoria à manutenção da sociedade, como se verá na sequência. Os sócios devem acordar sobre a liquidação das quotas do retirante, se o contrato é silente sobre o tema. Sem cláusula prévia ou ajuste, recorre-se à dissolução judicial.

4 EXCLUSÃO DO SÓCIO

Há hipóteses nas quais o sócio pode ser excluído da sociedade. No Capítulo 4, viu-se a possibilidade de exclusão quando não cumpra com a obrigação de integralizar o capital registrado subscrito, no tempo e modo dispostos no contrato social. Também leva à exclusão, mediante iniciativa da maioria dos demais sócios, a falta grave no cumprimento de suas obrigações, ou, ainda, por incapacidade superveniente (artigo 1.030 do Código Civil). Por fim, o artigo 1.085 estabelece uma hipótese de exclusão extrajudicial do sócio, exclusiva das sociedades limitadas, razão pela qual será estudada adiante, no Capítulo 15 deste livro.

Examinando o Agravo Interno no Agravo em Recurso Especial 1.026.239/ RJ, a Quarta Turma do Superior Tribunal de Justiça rechaçou a pretensão de excluir o sócio, com base no artigo 1.030 do Código Civil, por meio de notificação cartorária, reconhecendo ser necessária declaração judicial da extinção do vínculo no caso de cometimento de falta grave pelo sócio (concorrência contra a sociedade). Disseram os ministros: "Com efeito, tem-se na exclusão judicial de sócio uma medida extrema que visa à eficiência da atividade empresarial, para o que se torna necessário expurgar o sócio que gera prejuízo ou a possibilidade de prejuízo grave ao exercício da empresa, sendo imprescindível à consecução desse fim a demonstração em juízo da justa causa e não uma mera alegação em notificação extrajudicial." Perfeito!

O ajuizamento da ação visando à exclusão de sócio não exige maioria do capital social, mas *maioria entre os demais sócios* (artigo 1.030). Assim, se o sócio que se pretende excluir detém 90% do capital social, o pedido de exclusão deverá

Parte Geral – Cap. 6 • Dissolução Parcial ou Total da Sociedade **113**

ser formulado por aquele ou aqueles que detenham participação superior a 5%. Havendo empate pelo critério de participação no restante do capital social, prevalecerá a decisão sufragada pelo maior número dos demais sócios (artigo 1.010). Persistindo o empate, creio, aqueles que representam a metade do capital social dos demais sócios estarão legitimados para a ação (artigo 1.010, § 2º, parte final).

Frise-se que a legitimidade é dos demais sócios que representem mais da metade do capital social, excluído o percentual correspondente ao sócio que se pretende excluir. A ação deve ser movida por eles e em seu nome, e não em nome da sociedade. Trata-se de assunto pertinente aos sócios, próprio das relações *interna corporis*, anteriores à personalidade da sociedade, já que relativas ao contrato social. Haverá litisconsórcio necessário entre todos os demais sócios que, representando mais da metade do capital social, excluído o percentual correspondente ao sócio que se pretende excluir, deliberaram o pedido de exclusão. A apresentação de deliberação pela exclusão, mesmo tomada pela aludida maioria, não legitima um único sócio, que não atende ao requisito quantitativo fixado, a mover a ação; aliás, tal deliberação sequer é necessária: basta que sejam autores do pedido judicial os demais sócios que atendem ao requisito quantitativo de representar mais da metade do capital social, excluído o percentual correspondente ao sócio que se pretenda excluir.

Examinando o Recurso Especial 813.430/SC, a Quarta Turma do Superior Tribunal de Justiça assim se manifestou: "O quotista interessado na expulsão de outro deverá instaurar o contencioso em face deste, dos sócios remanescentes e da pessoa jurídica à qual se ligavam." Em seu voto, o relator, Ministro Massami Uyeda afirmou que, no tocante à existência de litisconsortes passivos necessários, os institutos da (1) *exclusão de sócio* e do (2) *exercício do direito de retirada de um dos sócios*, ainda que distintos (o primeiro é compulsório e o segundo voluntário), são inequivocamente causas de dissolução parcial da sociedade. "Imprescindível para se concluir pela necessidade de determinado sujeito de direito integrar a lide, é aferir seus interesses e, precipuamente, a incidência dos efeitos do provimento judicial, no caso dissolutório, em sua esfera de direitos. Na espécie, tais requisitos reputam-se presentes, pois, na hipótese de procedência do pedido de exclusão do sócio, a sociedade limitada, com índole pessoalista, terá seu contrato social alterado e, por consequência, desfeito os vínculos que a constituem. Este desfecho acarretará, ainda, o início da liquidação da sociedade, mesmo que parcial, com alteração do capital social (diminuição ou novas subscrições) e apuração de haveres. Assim, sendo incontroversa a necessidade da presença da sociedade e dos sócios remanescentes na fase *executiva*, com mais razão a presença destes na fase *cognitiva*."

Não é essa, contudo, a minha posição. Os litígios que têm por objeto a exclusão de um sócio ou o exercício do direito de retirada compreendem-se no plano das relações societárias *ad intra*, ou seja, compreendem-se no plano interno, no qual a sociedade nada mais é do que um contrato e, portanto, um negócio plurilateral.

A *pessoa* da sociedade, sob tal perspectiva, não é elemento essencial; *seus* interesses nada mais são do que o resultado da deliberação dos sócios. A presença da sociedade no processo, destarte, constituirá apenas uma complicação do processo, considerando-se tratar-se de um ente de existência meramente ideal, de um artifício jurídico para estimular a atuação organizada e institucionalizada. Pior: a pessoa da sociedade ingressa nesses ambientes litigiosos apenas para desequilibrar a relação processual, certo que atuará sempre expressando a vontade da maioria ou, no mínimo, a vontade daquele ou daqueles que detêm a administração e representação societárias. Vale dizer, o artifício da personalidade, dessa maneira, torna-se um delírio, um complicador e uma desvirtuação da essência do litígio: pretensões contratuais diversas.

A ação de exclusão, se deferida, dá origem a uma sentença constitutiva.

4.1 Incapacidade superveniente

O sócio pode ser excluído judicialmente por *incapacidade civil superveniente*, ou seja, por interdição (artigo 1.030). Se o sócio já fora admitido na sociedade, apesar de incapaz, não poderá ser excluído por ser incapaz. A norma interpreta-se restritivamente, sendo aplicável apenas nas sociedades de pessoas e sempre que a atuação pessoal do sócio seja característica da sociedade. Nas sociedades *intuitu pecuniae*, o que importa é o capital investido, sendo irrelevante o estado do sócio. Também não me parece ser possível excluir o sócio, mesmo em sociedade *intuitu personae*, se demonstrado e/ou provado que o sócio não estava obrigado a prestações personalíssimas, isto é, que devam ser exercidas pessoalmente por ele, sendo impossível a substituição. Se assim não acontece, não haverá interesse de agir, certo que a pessoa do sócio se manterá na sociedade, conservando seu *intuitu personae*, e não haverá desrespeito a dever de atuação pessoal, já que não previsto. Obviamente, é possível haver problemas de convívio com o curador do sócio interditado; mas, nessa hipótese, aplica-se a licença de exclusão por falta grave.

A exclusão do sócio interditado não se fará sem ação judicial (artigo 1.030). A participação do Ministério Público na ação constitutiva em que se pede a exclusão do sócio interditado é obrigatória. O pedido deverá ser instruído, obrigatoriamente, com a sentença constitutiva da interdição, transitada em julgado, embora deva-se reconhecer o direito de os demais sócios, comprovando problemas advindos do estado de que padeça o sócio, pedirem o seu afastamento temporário das atividades sociais. Esse pedido se fará em ação cautelar que indique a ação de exclusão como feito principal, apontando, ademais, o transcurso do processo de interdição como óbice ao pronto ajuizamento daquela. O trintídio para ajuizamento do feito principal não transcorrerá até o trânsito em julgado da sentença na ação de interdição.

4.2 Falta grave

Se o sócio incide em *falta grave*, poderá ser excluído, judicialmente, da sociedade. A previsão legal de procedimento judicial obrigatório resolve o conflito natural dos interesses que se estabelecem em tais circunstâncias, como reconhecido no julgamento do Recurso Especial 50.543/SP pela Terceira Turma do Superior Tribunal de Justiça, asseverando que a exclusão ou despedida de sócio supõe a existência de causa que a justifica, não podendo dar-se à revelia, sem qualquer oportunidade de defesa. Para evitá-lo, haverá obrigatoriamente um controle judicial da pretensão de dispensar o sócio. A ação para exclusão de sócio tem natureza constitutiva, recusando o arroubo e a tirania da maioria dos *demais sócios*, aferindo em concreto a ocorrência de motivo que justifique a despedida requerida.

A expressão *falta grave* traduz todo comportamento que caracterize desrespeito relevante aos deveres sociais, conforme avaliação do magistrado. O contrato social pode prevê-los, listando comportamentos vedados cuja verificação, por si só, justificará a exclusão, certo ter sido contratada pelas partes. Para além dessas previsões, um amplo leque de possibilidades se define, como atos que caracterizem desrespeito ao dever de fidúcia e lealdade, comportamento incompatível com *affectio societatis* (quando não seja lícito, como resistir a pretensões societárias que atentem contra valores legítimos), concorrência com a sociedade, prática – ou tentativa – de crimes dolosos que tenham a sociedade ou qualquer dos sócios como vítima, improbidade etc.

A exigência de iniciativa pela maioria dos demais sócios implica não apenas a instauração de uma instância *interna corporis*, própria da coletividade social, para a avaliação do que seja *grave* ou não. Implica igualmente a possibilidade de perdão social, vale dizer, de a maioria dos demais sócios recusar a exclusão daquele ou daqueles sócios, perdoando-lhes o comportamento. Mas é preciso considerar os direitos e os interesses da minoria vencida. A força do Direito Societário expressa-se exatamente aí: não na mera chancela dos *potentiores*; não na fácil e demagógica guarida aos meros reclamos dos *humilores*; mas na exaltação dos *honestiores*, garantindo que o contrato de sociedade (em tese, ou seja, para qualquer um, e em concreto, vale dizer, em cada caso) seja bom para todos. E com isso, com esse respeito às virtudes sociais em cada célula, fica saudável o tecido como um todo: o Estado Democrático de Direito e a economia nacional.

Nesse sentido, parece-me que a minoria dos demais sócios, quando vencida na pretensão de pedir judicialmente a exclusão de sócio por falta grave, terá a seu favor a possibilidade de exercer o direito de recesso, apontando a falta grave, perdoada pelos demais, como justa causa, na hipótese de contratação por tempo determinado. Ademais, exercendo o direito de recesso, ou não, se houve prejuízos experimentados pela sociedade em razão da falta grave, os minoritários poderão pedir que a pessoa jurídica seja indenizada dos danos sofridos (econômicos e/ou morais, conforme o caso), incluindo eventuais lucros cessantes e até perda de chance.

116 Direito Empresarial Brasileiro: Direito Societário • Mamede

Para a Terceira Turma do Superior Tribunal de Justiça, "a exclusão de sócio de sociedade limitada não é possível pela mera quebra da *affectio societatis*. Conquanto se trate de liame originário da relação contratual dos sócios, necessário à manutenção do vínculo social, a *affectio societatis* pode embasar o pedido de retirada do sócio, mas não lhe impor sua exclusão. Legalmente, a exclusão de sócio, nos termos do art. 1.085 c/c 1.030, ambos do CC/2002, exigem o requerimento da maioria, bem como a demonstração de que o sócio excluído *está pondo em risco a continuidade da empresa*."[2] É o que consta do acórdão que solucionou o Recurso Especial 1.286.708/PR, no qual ainda se lê: "Em clara homenagem ao princípio da preservação da empresa, demonstrada a prática de atos graves, tendentes a comprometer a continuidade da empresa, dispensa-se o requerimento da maioria. Isso porque a exclusão tem por antecedente a quebra do dever contratual de tal gravidade que poderia ensejar o desmantelamento da própria empresa; e a exigência de requerimento da maioria poderia resultar na impossibilidade fática de se proteger a sociedade, em especial, em situações como a do presente processo em que cada sócio detém a mesma proporção de quotas sociais."

O acórdão vai além, merecendo transcrição: "Apesar da dispensa do requerimento da maioria, por tratar-se de medida extrema e excepcional, não pode o direito transigir com a efetiva demonstração de uma justa causa. Assim, o rompimento da *affectio societatis*, para fins de exclusão deve decorrer de inadimplemento do dever de colaboração social, sendo imprescindível que haja a comprovação desse inadimplemento, com a especificação dos atos praticados pelo sócio que se pretende excluir e o prejuízo à consecução do fim social da empresa. Em outras palavras, que fique caracterizada a justa causa para a exclusão." Note-se que, no caso, aferiram-se, sim, a existência de fatos graves: i) existência de irregularidades formais e materiais na empresa Concorde; ii) utilização de contrato de mútuo de origem fraudulenta para dar suporte a diversas transações financeiras. Mas eram fatos praticados por ambos os sócios (dois irmãos) nas sociedades em que partilhavam. Então, decidiram os magistrados: "segundo padrões de boa-fé e probidade exigidos do homem médio, não há dúvidas de que a irregularidade contábil e, mais ainda, a utilização de contrato fraudulento configuram, em tese, justa causa para o afastamento de sócio da administração e mesmo do quadro societário." No entanto, "tratando-se de prática reiterada de ambos os sócios e em ambas as empresas, não vejo como imputar a essa prática espúria a condição *sine qua non* da quebra da *affectio societatis* e mesmo de eventual solução de continuidade da empresa. [...] Em síntese, diante do contexto probatório a justa causa apontada não foi demonstrada, e as causas consideradas justas pelo Tribunal de origem, no contexto prático da gestão de ambos os sócios, não seriam fundamento para romper o vínculo de afinidade porque tolerado e praticado mutuamente por ambos os sócios. Assim, não há comprovação quanto à culpa pelo rompimento desse

---

2   Grifo no original.

Parte Geral – Cap. 6 • Dissolução Parcial ou Total da Sociedade **117**

vínculo societário, de tal sorte que não se pode impor a um dos sócios a pena de seu desligamento compulsório."

A ementa que se deu a tal julgamento (Recurso Especial 1.286.708/PR), neste particular, foi a seguinte: "a prática de atos reiterados como padrão de normalidade por ambos os sócios e nas três sociedades que mantêm há mais de 40 anos, ainda que irregulares e espúrios, não servem como causa necessária da quebra da *affectio societatis* a fim de configurar justa causa para exclusão de sócio." A solução me parece correta, por que considera princípios elementares do Direito Privado, nomeadamente o princípio *tu quoque*, estudado no quinto volume desta coleção, ao qual remeto o leitor. Mais do que isso, se os atos societários irregulares são praticados e/ou tolerados pelos sócios, compondo o normal da vida societária, devem ser reputados ilícitos e produzirem os respectivos efeitos em relação a terceiros (Estado, trabalhadores, parceiros comerciais etc.), não entre si. Há uma situação de concurso de pessoas que, como se sabe, comporta mesmo a percepção e consideração do grau de participação de cada ator jurídico (sócios e/ou administrador).

4.3 Falência do sócio

Será excluído de pleno direito da sociedade o sócio, empresário ou sociedade empresária que tiver sua falência declarada. Analogamente, o mesmo se passará com o *sócio não empresário* que for declarado insolvente. Essa exclusão não depende de processo judicial, operando-se de pleno direito como resultado da própria formação da massa falida ou massa insolvente, nas quais os bens do falido ou do insolvente são arrecadados para atender à execução coletiva de seus credores. Contudo, não cabe aos sócios, cientes da sentença falimentar, ir ao Judiciário pedir a exclusão do falido ou insolvente ou providenciar alteração contratual para fazê-lo. A expressão *exclusão de pleno direito* (artigo 1.030, parágrafo único, do Código Civil) não se interpreta como faculdade que lhes diga respeito. A declaração de falência ou insolvência tem por efeito a arrecadação dos bens do devedor, que não terá sobre eles direito de administração. A exclusão de pleno direito se dará como resultado do processo de falência ou insolvência; a liquidação da quota ou quotas (artigo 1.031) será processada perante o juízo da execução coletiva, até o que o exercício dos respectivos direitos sociais estará a cargo do administrador da massa insolvente ou falida.

4.4 Penhora da quota

As quotas de sociedade são bens jurídicos que compõem o patrimônio econômico do sócio e, por isso, também garantem suas obrigações. Justamente por isso, a execução de dívida contra o sócio pode levar à penhora e, mesmo, à adjudicação de sua participação em sociedade simples ou empresária, não importa a natureza do vínculo societário: *intuitu pecuniae* ou *intuitu personae*. Se não há óbices à transferência das quotas, não demandando aprovação dos demais sócios, aquele que adjudicá-las poderá assumir a condição de sócio ou pedir sua liquidação. Nas sociedades *intuitu personae*, embora penhora e adjudicação sejam possíveis (artigos 1.026 e 1.030), há um conjunto de normas específicas, voltadas para a proteção da coletividade social, sem prejuízo do credor. De abertura, essa constrição condiciona-se à insuficiência de outros bens do devedor (artigo 1.026). Havendo outros bens que possam, igualmente, garantir a execução, deverão ser preferencialmente constritos, cabendo ao devedor indicá-los.

Se não há outros bens livres e desembaraçados, aptos a suportar a execução, a penhora deverá fazer-se, preferencialmente, sobre a participação do devedor nos lucros da sociedade, e não sobre sua quota (artigo 1.026). Obviamente, desde que demonstrado que os lucros por distribuir são suficientes para satisfazer ao crédito executado, afastando a necessidade de penhora da quota ou quotas sociais. Se não são suficientes, far-se-á a penhora da quota ou quotas sociais, hipótese na qual haverá resolução do contrato social em relação àquela participação societária, o que poderá ser requerido pelo próprio adjudicante (artigo 1.026, parágrafo único). Isso, é claro, se as partes não entrarem em acordo, aceitando (1) o ingresso do adjudicante na sociedade ou (2) a transferência dos títulos para outrem (inclusive sócio ou sócios). Procedida a liquidação da quota, o valor que for apurado será depositado em dinheiro, no juízo da execução, até 90 dias após a liquidação (artigo 1.026, parágrafo único); do contrário, o credor terá título para executar bens sociais, tantos quantos bastem à realização de seu crédito.

5   LIQUIDAÇÃO DE QUOTA

Com a retirada do sócio, por qualquer causa, liquida-se o valor de sua(s) quota(s). Em qualquer das hipóteses, mesmo na exclusão por falta grave, afeta-se a condição de sócio, não o direito patrimonial à(s) quota(s) titularizada(s), que são, em sentido largo, forma de propriedade, merecendo a proteção dos artigos 5º, XXII, e 170, II, da Constituição da República. A participação do sócio que está saindo da sociedade deverá ser liquidada e realizada, ou seja, sua quota ou quotas, o que poderá fazer-se por mútuo consenso entre todos ou, se necessário, judicialmente.

Aliás, a Terceira Turma do Superior Tribunal de Justiça, diante do Recurso Especial 43.896/SP, definiu: "ainda que a sociedade tenha internamente feito a apuração, tem o sócio interesse de agir para ingressar em juízo com o pleito de apuração judicial de haveres". No corpo do acórdão, esclareceu-se: "ao sócio que da sociedade pretende se retirar assiste legitimidade e interesse para ajuizar ação

Parte Geral – Cap. 6 • Dissolução Parcial ou Total da Sociedade **119**

de apuração de haveres visando obter um pronunciamento judicial acerca do real valor da sua quota sobre o capital social da empresa, sendo, destarte, desnecessário a impugnação extrajudicial dos valores apresentados pela sociedade para configurar o litígio. O ajuizamento da respectiva ação judicial faz presumir o conflito de interesses a justificar a entrega da prestação jurisdicional pleiteada".

A liquidação faz-se, prioritariamente, seguindo os parâmetros que tenham sido previstos no contrato social (artigo 1.031). Em face do novo Código de Processo Civil, isso inclui, mesmo, o procedimento judicial ou extrajudicial a ser seguido pelas partes, incluindo a hipótese de jurisdição privada (arbitragem). Mais do que isso, alcança mesmo o critério estabelecido para a apuração de haveres, ou seja, para a liquidação da participação societária (quota ou quotas), conforme jurisprudência já pacífica. No julgamento do Recurso Especial 1.499.772/DF pela Terceira Turma do Superior Tribunal de Justiça, os ministros entenderam que, para apurar o valor da empresa e, assim, o valor que seria devido ao sócio que estava se retirando, deveriam ser "levados em consideração, no cálculo da dívida, patrimônios não contabilizados previamente, como o *goodwill*, termo utilizado para designar valores decorrentes de marca, imagem de mercado, carteira de clientes, *know-how* dos funcionários, entre outros e que guarda semelhança com os conceitos de fundo de comércio e aviamento." Para os julgadores, ainda que tais elementos não fossem especificados na decisão judiciária, compõem a empresa e devem ser levados em conta na liquidação (a apuração do valor devido). "Impossível falar, assim, que a liquidação da dívida com inclusão desses valores não contabilizados previamente ultrapassou o comando do título executivo judicial transitado em julgado."

No entanto, o respeito ao que foi contratado pelas partes pressupõe regularidade não só da contratação, como das condições que sustenta a previsão jurídica ajustada. Portanto, não se seguirá o contrato se for ilícito, abusivo, iníquo, bem como se implicar distorções flagrantes que lesem a garantia constitucional do direito à propriedade. Com efeito, soluções como a utilização do último balanço podem ser inadequadas. Para a Terceira Turma do Superior Tribunal de Justiça, por exemplo, a existência de irregularidades sérias na contabilidade é fundamento suficiente para afastar sua juridicidade e, assim, seu proveito para a liquidação das quotas. Foi o que se decidiu no Recurso Especial 1.286.708/PR.

Daí ter evoluído a jurisprudência do Superior Tribunal de Justiça para reconhecer que, "na dissolução parcial de sociedade por quotas de responsabilidade limitada, o critério previsto no contrato social para a apuração dos haveres do sócio retirante somente prevalecerá se houver consenso entre as partes quanto ao resultado alcançado, sendo que, em caso de discordância, deverá ser adotado o balanço de determinação, por melhor refletir o valor patrimonial da empresa." É o que se decidiu no Agravo Interno no Agravo em Recurso Especial 1.663.721/MS; no mesmo sentido, o julgamento do Recurso Especial 1.335.619/SP. Também não se atenderia às finalidades jurídicas da apuração de haveres se demonstrado haver ativos inadequadamente contabilizados, por vezes em razão de determinação estatal (como a previsão de escrituração pelo valor histórico e não pelo valor de mercado) ou vantagens empresariais (*goodwill of trade*) não contabilizáveis, como logística, capital intelectual, clientela, entre outros. Assim, a Quarta Turma do Superior Tribunal de Justiça decidiu, no Recurso Especial 271.930/SP, que deve ser apurado o valor real das ações de sociedade anônima que integravam o patrimônio da sociedade limitada que estava sendo dissolvida. Já no Recurso Especial 271.930/SP, a mesma Turma determinou a inclusão dos dividendos porventura não pagos ao sócio retirante, evitando o enriquecimento indevido do sócio remanescente. No mesmo sentido, o Recurso Especial 1.371.843/SP, julgado pela Terceira Turma da mesma Corte, no qual se disse ser "assente no âmbito do Superior Tribunal de Justiça que se deve prestigiar o princípio da força obrigatória dos contratos, razão pela qual a apuração de haveres deve se proceder da forma como estabelecida em contrato. No entanto, a jurisprudência desta Corte também entende que nas hipóteses de enriquecimento sem causa ou ofensa à lei de ordem pública, tal princípio deve ser mitigado, além de que a cláusula contratual que prevê pagamento parcelado dos haveres do sócio retirante só pode ser aplicada em situações não litigiosas."

Neste contexto, os ativos intangíveis – quando existem – oferecem o maior desafio. Refiro-me ao conjunto de fatores imateriais que, na modernidade, mostraram-se mais importantes para a produção de resultados positivos (lucro) do que bens materiais. São compostos tanto pela propriedade intelectual, a exemplo de patentes, marcas, *softwares*, como por outros fatores, a exemplo de titularidade de ponto empresarial, contratos estabelecidos, logística, imagem pública etc. Imagine-se, por exemplo, o valor que se deve atribuir, no levantamento de um balanço especial de uma editora, para contratos assinados por grandes escritores, cedendo-lhe os direitos autorais de suas obras para publicação por período médio de cinco anos, com direito à renovação.

É só um exemplo. A todo momento são noticiadas aquisições de empresas com enorme ágio entre o valor patrimonial escriturado e o valor da operação. Essa diferença a maior reflete a valoração dos ativos intangíveis, dos aspectos dinâmicos da empresa, como estudado no volume 1 desta coleção *(Empresa e Atuação Empresarial)*. Por isso, creio que é melhor a liquidação da(s) quota(s) se feita por meio de balanço especial, levantando todos os direitos (faculdades, créditos) e os deveres (obrigações, dívidas), buscando delimitar com a maior precisão possível o valor da empresa titularizada pela sociedade e, destarte, o valor das quotas. Não é um procedimento simples, certo que em muitas oportunidades o balanço patrimonial pode não refletir depreciações ou sobrevalorizações de ativos, além dos casos em que o valor contábil de um bem é histórico (valor de aquisição ou constituição), não correspondendo ao seu valor de mercado.

O exame do valor dos ativos, portanto, deve fazer-se segundo critérios que correspondam à realidade atual, a implicar, inclusive, a possibilidade de arbitramento do valor a ser atribuído a intangíveis. A inclusão de tais vantagens foi reconhecida pela Terceira Turma do Superior Tribunal de Justiça quando julgou o Recurso Especial 52.094/SP.

"A data-base para apuração dos haveres coincide com o momento em que o sócio manifestar vontade de se retirar da sociedade limitada estabelecida por tempo indeterminado." Foi o que decidiu o Superior Tribunal de Justiça no Recurso Especial 1.371.843/SP; o mesmo entendimento fora manifestado no julgamento do Recurso Especial 646.221/PR, quando ainda se afirmou que, "quando o sócio exerce o direito de retirada de sociedade limitada por tempo indeterminado, a sentença apenas declara a dissolução parcial, gerando, portanto, efeitos *ex tunc*".

O valor definido para as quotas deverá ser pago ao sócio retirante, em dinheiro, em 90 dias, a partir do término da liquidação, salvo estipulação contratual em contrário. Com efeito, é lícito estipular no contrato social parcelamentos e prazos especiais para o pagamento do sócio que se retira. Essa iniciativa é lícita, se não revela abusividade, desproporcionalidade ou falta de razoabilidade. Justifica-se pela conveniência de minimizar os efeitos negativos da descapitalização da atividade negocial. Nesse sentido, decidiu a Terceira Turma do Superior Tribunal de Justiça, julgando o Recurso Especial RESP 87.731/ SP: "na linha de precedentes da corte, não há razão para negar eficácia a cláusula contratual que estabeleceu deverem os haveres do sócio que se retira ser pagos em parcelas".

Note-se, porém, que a mesma Terceira Turma do Superior Tribunal de Justiça, julgando o Recurso Especial 143.057/SP, decidiu que "o prazo contratual previsto para o pagamento dos haveres do sócio que se retira da sociedade supõe *quantum* incontroverso; se houver divergência a respeito, e só for dirimida em ação judicial, cuja tramitação tenha esgotado o aludido prazo, o pagamento dos haveres é exigível de imediato".

O pagamento do valor da quota ou quotas se fará por meio de redução do capital social, salvo se os demais sócios suprirem o valor da quota. Essa operação contábil pode ser simples, em sociedades menores, mas é extremamente complexa em sociedades maiores, mormente quando o resultado do balanço especial indicar valores mui distintos daqueles que constavam do último balanço regular, aprovado ao fim do exercício. A descapitalização da sociedade, fruto da liquidação de quota, deverá determinar impactos na escrituração; se o balanço especial apura valor superior ao balanço do último exercício, o pagamento do percentual que corresponder à participação das quotas liquidadas produziria, no patrimônio contábil, um efeito distorcido. Imagine-se uma sociedade cujo balanço do último exercício revelava um patrimônio líquido de R$ 1 milhão, mas cujo balanço especial – feito para apurar o valor das quotas do sócio retirante, representativas de 40% do capital registrado – tenha atingido o valor de R$ 2 milhões; o pagamento dos 40% devidos ao retirante (R$ 800 mil) representaria uma distorção assustadora sobre o patrimônio líquido escriturado. Portanto, é fundamental que a retirada se faça acompanhar de uma adequação escritural, a refletir-se, inclusive, em alteração contratual do capital registrado, se necessário.

5.1 Responsabilidade residual

O sócio que se retirou da sociedade, bem como os herdeiros do sócio morto cujas quotas foram liquidadas, conservam uma *responsabilidade residual* pelas obrigações sociais (artigo 1.032). Assim, não obstante a apuração dos haveres – e ainda que o débito em questão tenha sido nela arrolado –, poderão ser executados. O prazo decadencial para que os credores exerçam esse direito é de dois anos, contados da averbação da resolução da sociedade.

Em se tratando de liquidação das quotas do sócio morto (artigo 1.028), a responsabilidade residual dos herdeiros limita-se às obrigações anteriores à resolução da sociedade em relação à(s) quota(s) do finado. Se a sociedade não tinha limite de responsabilidade, essa responsabilidade não se limitará ao valor apurado na liquidação, certo que a herança responde pelas dívidas que podiam ser exigidas do falecido, embora limitado à proporção que coube ao herdeiro na partilha dos bens (artigo 1.997 do Código Civil). Portanto, se em vida o sócio poderia ser chamado para responder subsidiariamente pelas obrigações sociais, tendo havido a partilha, os herdeiros podem ser chamados para responder pelas obrigações que seriam do *de cujus* até o limite das forças da herança e na proporção que cada qual recebeu. Havendo limite de responsabilidade (sociedade limitada e sócio comanditário, na comandita simples), os herdeiros responderão apenas pelo valor que receberam pela liquidação da(s) quota(s) do *falecido*. Não se diga que a limitação de responsabilidade afastaria a incidência sobre esse valor; o pagamento de quotas liquidadas se faz com o patrimônio da sociedade, patrimônio esse que era garantidor daquelas obrigações, a justificar, portanto, a *responsabilidade residual*.

Em se tratando de sócio que se retirou ou foi excluído da sociedade (artigos 1.029 e 1.030), a *responsabilidade residual* também alcança todas as obrigações anteriores à liquidação de sua quota ou quotas sociais. Mas também alcança as obrigações sociais posteriores, enquanto não se requerer a averbação da alteração contratual (artigo 1.032). Assim, havendo imediata averbação da alteração contratual, aplica-se regra análoga à morte do sócio: o sócio que pediu sua retirada ou foi excluído ficará responsável, residualmente, pelas obrigações anteriores à sua saída, em prazo decadencial de dois anos. Nas sociedades simples, em nome coletivo e em comandita simples, em relação ao comanditado, essa responsabilidade não se limitará ao valor apurado pela quota ou quotas sociais, mas estende-se ao restante do patrimônio pessoal do sócio. Na sociedade limitada e na sociedade em comandita simples, em relação ao comanditário, essa responsabilidade se limitará ao valor recebido pela quota ou quotas liquidadas, não mais.

Se não houve imediata averbação da alteração contratual, a responsabilidade do sócio se estenderá para além da liquidação de suas quotas, em função do princípio da aparência: supõe-se que terceiros, examinando o registro da sociedade, contariam com a participação daquele que, não obstante já se ter retirado ou ter sido excluído, ainda consta dos atos constitutivos da pessoa jurídica. A regra haverá

Parte Geral – Cap. 6 • Dissolução Parcial ou Total da Sociedade **123**

de ser excepcionada se provado que o terceiro, credor da obrigação constituída após a liquidação da quota ou quotas do sócio retirante, mas antes da respectiva averbação ou arquivamento, *sabia* ou *devia saber* (fruto de *dever funcional*) da retirada ou exclusão do sócio, hipótese em que não há falar em aplicação da teoria da aparência, nem em responsabilidade residual (artigo 1.032), não só por se estar fora do âmbito da *mens legislatoris*, do espírito que moveu o legislador, mas igualmente por haver quebra dos princípios da boa-fé e da probidade (artigos 113 e 422). Essa responsabilidade se estenderá até o dia em que seja providenciada a averbação da resolução da sociedade em relação àquele sócio ou arquivamento da respectiva alteração contratual. Uma vez arquivada, passará a contar o prazo decadencial de dois anos (artigo 1.032).

Tenho minhas reservas em relação a esse prazo decadencial de dois anos. Acredito ter plena validade entre os sócios, mas vejo com restrição sua aplicação sobre terceiros, cerceando-lhes o direito de faculdades jurídicas com prazo decadencial maior. Não me parece legítimo compreender que a retirada/exclusão do sócio que tem responsabilidade subsidiária pelas obrigações sociais seja fato relevante para reduzir um prazo prescricional superior a dois anos a um prazo decadencial bienal. Acredito, portanto, que essa decadência bienal aplica-se entre os ex-sócios, para efeito do exercício do direito de regresso, não restringindo o direito de terceiros. De qualquer sorte, mesmo assumindo posição diversa, é preciso reconhecer que, se houve simulação, ter-se-á nulidade do ato jurídico que, assim, não se convalidará com o decurso do tempo (artigos 167 e 169).

Provando o ex-sócio que a obrigação que pagou a terceiro por *responsabilidade residual* constava do passivo quando da apuração de haveres, haverá enriquecimento ilícito dos demais sócios. Afinal, a mesma obrigação terá impactado seu patrimônio duas vezes: na liquidação e na responsabilidade residual. Assim, poderá regressar contra a sociedade e, subsidiariamente, os demais sócios, exigindo o reembolso do que pagou, monetariamente corrigido e com juros moratórios calculados a partir do efetivo desembolso.

5.2   Atos do ex-sócio

Até que seja levada ao registro público a alteração contratual que concretiza a saída do sócio que se retirou ou foi excluído, os atos por ele praticados em nome da sociedade, ainda que indevidamente, são válidos – desde que reflitam os poderes outorgados no contrato social. Tem-se, aqui também, a aplicação dos princípios da aparência e da publicidade, reconhecendo-se a função do registro público de orientar a atuação de terceiros, dando-lhes a conhecer a situação jurídica da sociedade. Entre os sócios, o ato do ex-sócio será ilícito; mas perante terceiros que não saibam, nem devam saber, de sua saída do corpo social, o ato será válido, vinculando o patrimônio da pessoa jurídica. A sociedade deverá arcar com as consequências do ato, podendo voltar-se contra o ex-sócio, exigindo sejam reparadas as perdas e/ou danos que tenha determinado. Se a quota ainda não houver sido liquidada, tais valores poderão entrar no cálculo respectivo.

Justamente por isso, em processos litigiosos de retirada ou exclusão, nos quais se cria uma situação conflitante em torno da saída ou não do sócio ou sobre a liquidação das respectivas quotas, pode ser recomendável pedir ao Juízo oficiar o Cartório de Registro Civil das Pessoas Jurídicas (sociedades simples, excluídas as cooperativas) ou a Junta Comercial (sociedades empresárias e sociedades cooperativas), mandando averbar à margem do registro o transcurso do processo de retirada ou exclusão. Em algumas situações, conforme os elementos fáticos revelados, pode-se mesmo pedir, em ação cautelar, o afastamento do sócio ou a vedação de prática de determinados atos, averbando-se a decisão no registro respectivo, para segurança não só de terceiros, mas também da própria sociedade.

Em oposição, tão logo seja feita a alteração do contrato social, excluindo o sócio que se retirou ou foi excluído, rompe-se esse vínculo, independentemente de outra medida. Quando julgou o Recurso Especial 186.216/RS, a Terceira Turma do Superior Tribunal de Justiça tinha diante de si um caso no qual fora enviada correspondência aos clientes, "dando conta de que um dos sócios se retirara da sociedade", e advertindo que ela, a sociedade, não se responsabilizaria "por atos que o ex-sócio viesse praticar em seu nome". Para o Ministro Ari Pargendler, relator, a correspondência colocou em dúvida a honorabilidade pessoal do ex--sócio, sendo certo que "o direito à informação não ia além da comunicação de que o sócio se desligara da sociedade. O mais, como seja, a insinuação de que ele pudesse aparentar, perante terceiros, condição que já não tinha atingiu, sim, sua dignidade pessoal". Essa, contudo, não foi a posição do Ministro Carlos Alberto Menezes Direito, que restou vencido; para ele, "o episódio não configura a res-ponsabilidade, nem alcançou o patrimônio, dito *moral*, do autor".

6 DISSOLUÇÃO (TOTAL) DA SOCIEDADE

A aplicação do princípio da preservação da atividade negocial fez com que se criasse a expressão *dissolução parcial da sociedade*, pensada em oposição à *dissolução total*. O Código Civil, mais adequadamente, refere-se respectivamente a *resolução da sociedade em relação a um sócio* (artigos 1.028 a 1.032) e *dissolução* (artigos 1.033 a 1.038), esta última conduzindo à extinção da pessoa jurídica. Mesmo compreendido no sentido do Código, o termo *dissolução* pode ser empre-gado para duas acepções distintas, como reconheceu o ministro Ari Pargendler, no exame do Recurso Especial 317.255/MA, julgado pela Terceira Turma do Superior Tribunal de Justiça, lembrando ser "assente, na doutrina do Direito Comercial, a dupla significação do termo *dissolução*, que pode ser entendido na sua acepção lata, de uso comum, como término da pessoa jurídica, e, na acepção estrita, como

Parte Geral – Cap. 6 • Dissolução Parcial ou Total da Sociedade **125**

dissolução-ato, integrante do instituto jurídico maior, que é a 'extinção' da pessoa jurídica, que engloba a dissolução, a liquidação e a partilha".

Por diversas razões, dissolvem-se as sociedades. Antes de mais nada, por causas que estejam dispostas no próprio contrato social (artigo 1.035 do Código Civil). Assim, verificada a hipótese prevista, a dissolução da sociedade e liquidação de seu patrimônio poderá ser pedida por qualquer dos sócios. Se nenhum o fizer, presume-se ter havido uma transação tácita para a continuidade da sociedade, com surreição (*surrectio*) de situação jurídica nova. A estipulação de cláusula contratual de extinção é extremamente comum nas chamadas sociedades de propósito específico (SPE), pessoas jurídicas que são constituídas para uma finalidade certa, sendo dissolvidas após a realização de tal objetivo. Por exemplo, a sociedade que seja constituída por construtoras e investidores para a construção de uma determinada usina hidroelétrica ou determinada rodovia.

A estipulação de cláusula de extinção pode ser feita de três formas diversas: (1) sociedade por tempo determinado em cujo contrato se preveja a dissolução antecipada se verificada determinada condição (uma ou mais; simultâneas, sucessivas ou alternativas); (2) estipular-se que a sociedade existirá por tempo indeterminado, submetendo-se ao regime societário correspondente, mas prevendo-se cláusula de dissolução para determinadas hipóteses; nesse caso, os sócios não estão obrigados a se manterem na sociedade até a verificação da condição; (3) sociedade contratada por tempo indeterminado, mas com a previsão de que somente haverá dissolução quando verificada a condição ou condições previstas em cláusula contratual. Nesta última situação, aplicar-se-á, por analogia, o regime das sociedades contratadas por prazo certo.

Aliás, entre as causas contratuais de dissolução está, por certo, o transcurso do período certo (determinado) para o qual a sociedade foi contratada, termo (artigo 131) ou prazo (artigo 132). Tal dissolução também não é obrigatória; se os sócios não promoverem a dissolução, considerar-se-á prorrogada a sociedade por tempo indeterminado (artigo 1.033, I). Qualquer sócio poderá opor-se à prorrogação; mas essa oposição não impõe a dissolução; apenas garante ao opositor o direito de imediata retirada, com liquidação de participação (artigo 1.031). Também é possível haver transação entre todos os sócios, prorrogando o prazo contratual de existência da sociedade (artigos 997, II, e 999); aliás, mesmo sociedades que estejam funcionando por prazo indeterminado podem experimentar a contratação posterior de prazo certo. Não se olvide, todavia, que os vencidos poderão simplesmente usar a licença do artigo 1.029, *caput*, do Código Civil, notificando os demais sócios ou sócio de que se retirarão da sociedade no prazo ou termo assinalado na notificação.

Também se dissolve a sociedade por deliberação favorável da totalidade dos sócios, que tem poder para tanto, mesmo quando se trate de sociedade por prazo determinado e esse não tenha vencido. A contratação por prazo determinado permite a qualquer sócio, por menor que seja sua participação, exigir o cumprimento

126 Direito Empresarial Brasileiro: Direito Societário • Mamede

da cláusula. Mas se há prazo indeterminado, incluindo por prorrogação (artigo 1.033, I), a dissolução pode ser deliberada pela maioria absoluta dos sócios, salvo outro *quorum* específico, previsto no contrato social. Contudo, em face do princípio da preservação das atividades negociais, creio que se deve permitir à minoria conservar a sociedade, liquidando-se as quotas dos que deliberaram pela dissolução.

Nesse caso, é direito dos minoritários a conservação dos bens que sejam essenciais para a preservação do negócio, desde que, para tanto, sejam capazes de pagar o valor apurado, na liquidação, para as quotas dos sócios que se retiram, embora se possam alienar os bens, não essenciais para a manutenção do empreendimento. Esse entendimento foi chancelado pela Quarta Turma do Superior Tribunal de Justiça, quando decidiu o Recurso Especial 61.278/SP: se um dos sócios pretende dar continuidade à sociedade, "mesmo contra a vontade da maioria, que busca a sua dissolução total, deve-se prestigiar o princípio da preservação da empresa, acolhendo-se o pedido de sua desconstituição apenas parcial, formulado por aquele, pois a sua continuidade ajusta-se ao interesse coletivo, por importar em geração de empregos, em pagamento de impostos, em promoção do desenvolvimento das comunidades em que se integra, e em outros benefícios gerais".

Causas para a dissolução social
- 1. Causas contratuais
- 2. Transcurso de prazo ou termo determinado
- 3. Consenso unânime dos sócios
- 4. Deliberação da maioria dos sócios nas sociedades por prazo indeterminado
- 5. Unicidade social superior a 180 dias
- 6. Ilicitude posterior
- 7. Extinção da autorização para funcionar
- 8. Anulação ou declaração de nulidade da constituição
- 9. Objeto social exaurido ou inexequível
- 10. Nocividade ao interesse público reconhecida em ação civil pública
- 11. Falência ou insolvência civil

Se todas as quotas ficarem concentradas num só sócio (unicidade social), a sociedade deverá ser extinta se, em 180 dias, não for recomposta a pluralidade social. Atente-se para o fato de que o prazo foi fixado em dias e não em meses; a contagem deve fazer-se dia a dia (do artigo 132, *caput*). Durante esse prazo, para evitar a liquidação social, o sócio remanescente poderá requerer, ao Registro Público de Empresas Mercantis, a transformação do registro da sociedade para empresário individual ou para empresa individual de responsabilidade limitada, observado, no que couber, as regras que orientam a transformação de tipos societários.

Parte Geral – Cap. 6 • Dissolução Parcial ou Total da Sociedade **127**

Também deve ser dissolvida a sociedade cujo objeto se torne ilícito, pois lhe faltará um pressuposto de validade (artigo 104, II). Foi o que aconteceu, por exemplo, com os cassinos, em 1946. Não há falar em direito adquirido à atividade que passou a ser ilícita; não se adquire, com o registro, um direito ao exercício *ad infinitum* da atividade, eximindo-a de ser afetada pela evolução jurídica. Obviamente, se a sociedade tem outra atividade, bastará alterar o objeto social, excluindo as atividades que passaram a ser consideradas ilícitas, deixando de explorá-las. Também pode ocorrer de lei posterior determinar a extinção de determinadas sociedades; imagine-se, por exemplo, lei federal que determinasse a dissolução de cooperativas de crédito. Por fim, pode ocorrer a extinção da autorização para funcionar (artigo 1.033, V), hipótese que exige respeito ao devido processo administrativo, como estudado no Capítulo 2 deste livro.

Nos casos de ilicitude e fim da autorização, qualquer dos sócios poderá requerer a liquidação da sociedade (artigo 1.036, parágrafo único); se nenhum o fizer, no prazo de 30 dias, contados da entrada em vigor da lei ou do ato administrativo que determinou a perda da autorização, a iniciativa de promover a liquidação judicial da sociedade será do Ministério Público (artigo 1.037). Se o Ministério Público não promover a liquidação judicial da sociedade, em 15 dias contados do recebimento da comunicação que lhe faça a autoridade competente para conceder a autorização, prevê o artigo 1.037, parágrafo único, que tal autoridade poderá nomear um interventor com poderes para requerer a dissolução da sociedade e administrá-la, até que seja nomeado o liquidante.

Também se o registro for declarado nulo ou for anulado, a sociedade será dissolvida (artigo 1.034, I). A matéria foi estudada no Capítulo 2 deste livro, em sua seção 4, para a qual remeto o leitor. Hipótese próxima é o deferimento de pedido formulado pelo Ministério Público ou outro ente legitimado, em *ação civil pública*, para que a sociedade seja dissolvida porque se mostrou nociva ao interesse público, o que é juridicamente possível. Contudo, não haverá anulação, mas determinação judicial da dissolução.

Some-se a dissolução da sociedade em função de seu objeto social ter-se exaurido ou se tornado inexequível, lembrando-se que as pessoas jurídicas são entes finalísticos, vale dizer, são entes constituídos para fins determinados, como se estudou no Capítulo 3. As sociedades, por exemplo, têm por finalidade gerar lucros (vantagens econômicas apropriáveis pelos sócios), o que se faz por meio da realização do objeto social disposto no ato constitutivo. O patrimônio empacado, estático, que produz apenas despesas ou lucros insuficientes não atende às finalidades legais, sendo lícito a qualquer sócio pedir judicialmente a dissolução da sociedade. A aplicação da regra, contudo, exige atenção para o caso em concreto e para as suas particularidades, sempre. Para além da finalidade, coloca-se o problema do objeto social definido no ato constitutivo. O fim social considera-se exaurido quando a atuação da sociedade ou de outras empresas o esgotou, tanto quanto tenha sido superado pelas próprias condições sociais, econômicas, tecnológicas etc. Por seu turno, será inexequível sempre que não possa mais ser realizado, por condições físicas ou mesmo legais. Imagine-se uma sociedade constituída para explorar a concessão de uma rodovia, uma vez finda a concessão. Também pode haver inexequibilidade fruto da própria incapacidade da sociedade para a realização de fim que, de resto, é possível, não tendo se exaurido. Seria a hipótese de sociedades que se descapitalizaram ao ponto de não conseguirem manter-se no ramo de negócio, de empresas que não conseguem acompanhar tecnologia para serem, efetivamente, competitivas, atendendo ao porte dos investimentos nelas feitos, entre outros.

Por fim, as sociedades também podem ser dissolvidas em função da verificação de um estado de insolvência (artigo 1.044), ou seja, por meio de *insolvência civil*, falência e liquidação extrajudicial. A dissolução, nesses casos, faz-se por meio de procedimentos específicos, a exemplo da falência (Lei 11.101/2005), que será estudada no volume 4 – *Falência e Recuperação de Empresas*.

7 TRANSFORMAÇÃO: FUNDAÇÃO OU FIRMA INDIVIDUAL

Como visto no volume 1 *(Empresa e Atuação Empresarial)* desta coleção, a empresa é, simultaneamente, uma universalidade de fato (*universitas facti*) e uma universalidade de direito (*universitas iuris*), nos termos dos artigos 90 e 91 do Código Civil. Dessa forma, é perfeitamente possível que os sócios, por escritura pública, destinem a sociedade, considerada como bem jurídico econômico, para a formação de uma fundação, especificando a finalidade a que se destina (artigo 62, parágrafo único): fins religiosos, morais, culturais ou de assistência. Igualmente é possível, se não há limitações contratuais, próprias das sociedades *intuitu personae*, que a quota ou quotas de um ou mais sócios sejam dotadas para a formação de uma fundação, numa situação distinta, já que a sociedade, simples ou empresária, se mantém como tal, havendo mera alteração na titularidade de uma ou mais de suas quotas, que passarão a servir à concretização das finalidades fundacionais.

A destinação de toda a empresa, tomada como patrimônio jurídico, para a formação de uma fundação, implica a extinção da sociedade, sua dissolução (dissolução do vínculo social, conservando-se a unidade do patrimônio de especialização: a empresa), embora sem procedimento liquidatório, já que não haverá realização do valor de qualquer quota. Dissolve-se o vínculo societário, assumindo os sócios a posição de donatários do acervo patrimonial societário para a fundação. Se parte dos sócios não concordar com a dotação, resolver-se-á a sociedade em relação a ele(s), liquidando e indenizando suas quotas (artigo 1.031). Sob a forma de fundação, o patrimônio empresarial perderá tal qualidade, já que não servirá à produção de vantagens econômicas apropriáveis; em oposição, o patrimônio dotado e as atividades que lhe digam respeito estarão diretamente envolvidos na realização dos fins a que foram destinados, merecendo a fiscalização do Ministério Público.

A mesma base conceitual permite compreender uma outra questão. O sócio que concentre todas as quotas de uma sociedade sob sua titularidade poderá requerer a registro público a transformação do registro da sociedade para inscrição de *empresário individual, se não quiser manter-se como sociedade unipessoal*. Para tanto, o legislador mandou que fossem seguidas as normas que regem a *transformação* (artigos 1.113 a 1.115), a serem estudadas no Capítulo 8. A solução, contudo, não é tão simples. Basta recordar que o ato de transformação independe de dissolução ou liquidação da sociedade (artigo 1.113), o que não é correto dizer para a hipótese focada: o vínculo societário será, sim, dissolvido e, em decorrência, a sociedade até então existente será extinta. Contudo, como se viu acima, em relação à dotação da empresa para a constituição de uma fundação, não se fará necessário liquidar o patrimônio empresarial.

7
Liquidação da Sociedade

1 PROCEDIMENTOS DE DISSOLUÇÃO

Para que a sociedade efetivamente se dissolva, extinguindo a pessoa jurídica, é preciso realizar o seu ativo (apurar seus direitos econômicos), levantar e pagar seu passivo (seus débitos). Esse procedimento é a liquidação da sociedade, e sua realização é obrigatória, sob pena de serem pessoalmente responsabilizados os sócios administradores. A propósito, em face do Recurso Especial 1.795.248/SP, a Segunda Turma do Superior Tribunal de Justiça se pronunciou assim: "O distrato social, ainda que registrado na junta comercial, não garante, por si só, o afastamento da dissolução irregular da sociedade empresarial e a consequente viabilidade do redirecionamento da execução fiscal aos sócios gerentes. Para verificação da regularidade da dissolução da empresa por distrato social, é indispensável a verificação da realização do ativo e pagamento do passivo, incluindo os débitos tributários, os quais são requisitos conjuntamente necessários para a decretação da extinção da personalidade jurídica para fins tributários. Nesse sentido: REsp 1.777.861/SP, Rel. Ministro Francisco Falcão, Segunda Turma, *DJe* 14/2/2019; REsp 1.766.931/SP, Rel. Ministro Herman Benjamin, Segunda Turma, *DJe* 21/11/2018; AgInt no AREsp 697.578/RS, Rel. Ministro Gurgel de Faria, Primeira Turma, *DJe* 4/12/2018". A liquidação da sociedade dissolvida é um dever e um direito dos sócios (artigo 1.036, parágrafo único, do Código Civil). Caso os administradores não a providenciem, qualquer sócio poderá recorrer ao Judiciário para que o procedimento seja devidamente instaurado. O respeito às normas que regulamentam a dissolução e liquidação da sociedade é fundamental para a preservação dos direitos e interesses não só dos sócios, mas também de terceiros.

A personalidade jurídica da sociedade não se extingue durante a liquidação, mas apenas com a conclusão desta (artigo 51 do Código Civil), seja amigável ou litigiosa. Somente com a averbação da dissolução, feita após o término da liquidação, tem-se o término da existência jurídica da sociedade, o fim de sua personalidade (§§ 2º e 3º do artigo 51).

A subsistência da personalidade jurídica, durante o procedimento de liquidação social, está vinculada e comprometida com os procedimentos de sua liquidação extrajudicial ou judicial. Não está apta, durante esse período, à prática de atos negociais. A gestão da sociedade dissolvida, enquanto não concluída a liquidação, restringe-se aos negócios inadiáveis, vedando que sejam praticadas outras operações (artigo 1.036); essa vedação é válida a partir da deliberação de dissolução e não apenas de sua averbação no registro público, embora seja lícito aos sócios, na deliberação, fixar prazo ou termo para o início da dissolução. Os administradores são pessoal e ilimitadamente responsáveis por operações que superem essa licença legal. Portanto, apenas excepcionalmente se permite que a sociedade mantenha, durante o procedimento liquidatório, suas atividades negociais, prolongando sua atuação no mercado. O Judiciário poderá deferir esse prolongamento quando se trabalha com a possibilidade de alienar unidades produtivas em funcionamento para aproveitar eventual sobrepreço, fruto de sua vantagem de mercado (*goodwill of trade*), de seu aviamento.

2 LIQUIDANTE

Cabe ao *liquidante* a condução do procedimento da liquidação societária. Sua designação poderá ser feita, previamente, pelo contrato social; se nada diz o contrato, os sócios elegerão uma pessoa (sócio ou não) para ocupar a função (artigo 1.038 do Código Civil), devendo o(s) administrador(es) providenciar sua pronta investidura (artigo 1.036). Essa eleição se fará contando-se os votos segundo o valor das quotas de cada um; persistindo o empate, prevalecerá a decisão sufragada por maior número de sócios e, persistindo o embate, deverá ser formulado pedido para que o Judiciário escolha o liquidante (artigo 1.010), se não houver pacto compromissório. Note-se que não se trata de pedido de liquidação judicial, mas mero pedido para que resolva o impasse na escolha do liquidante, devendo o juiz, neste caso específico, decidir entre as posições antepostas, ou seja, entre as indicações que constituíram o impasse, não havendo falar em nomeação de estranho para ser o liquidante. Assim, escolhido o liquidante pelo Judiciário, a liquidação poderá prosseguir extrajudicialmente.

O liquidante escolhido poderá ser destituído, a qualquer tempo e imotivadamente, pela maioria dos sócios. Já a destituição pela via judicial pressupõe a ocorrência de justa causa, podendo ser pedida por um ou mais sócios, independentemente de sua participação no capital social (artigo 1.038, II). O legislador não definiu o que é justa causa para a *destituição motivada* do liquidante, no que andou bem. Abre-se, assim, um leque vasto de possibilidades, a principiar do descumprimento

132 Direito Empresarial Brasileiro: Direito Societário • Mamede

dos deveres do liquidante (artigo 1.103), passando por situações diversas, como rompimento do dever de boa-fé e probidade, desídia no desempenho das funções, atos que demonstrem incapacidade técnica para o desempenho da função etc.

O liquidante assume deveres gerais e específicos. São gerais as obrigações de respeitar as leis, agir com boa-fé e probidade etc. São deveres específicos (artigo 1.103): (1) averbar e publicar a ata, sentença ou instrumento de dissolução da sociedade; (2) arrecadar os bens, livros e documentos da sociedade, onde quer que estejam; (3) proceder, nos quinze dias seguintes ao da sua investidura e com a assistência, sempre que possível, dos administradores, à elaboração do inventário e do balanço geral do ativo e do passivo; (4) ultimar os negócios da sociedade, realizar o ativo, pagar o passivo e partilhar o remanescente entre os sócios ou acionistas; (5) exigir dos quotistas, quando insuficiente o ativo à solução do passivo, a integralização de suas quotas e, se for o caso, as quantias necessárias, nos limites da responsabilidade de cada um e proporcionalmente à respectiva participação nas perdas, repartindo-se, entre os sócios solventes e na mesma proporção, o devido pelo insolvente; (6) convocar assembleia dos quotistas, a cada seis meses, para apresentar relatório e balanço do estado da liquidação, prestando conta dos atos praticados durante o semestre, ou sempre que necessário; (7) confessar a falência da sociedade e pedir concordata [a recuperação judicial ou extrajudicial, no regime da Lei 11.101/2005], de acordo com as formalidades prescritas para o tipo de sociedade liquidanda; (8) finda a liquidação, apresentar aos sócios o relatório da liquidação e as suas contas finais; e (9) averbar a ata da reunião ou da assembleia ou o instrumento firmado pelos sócios que considerar encerrada a liquidação.

Esses deveres específicos constituem, na verdade, um roteiro do procedimento extrajudicial de liquidação, como se estudará na próxima seção. Pode-se dizer que o dever específico do liquidante é cumprir com o procedimento liquidatório. Seus atos são, ademais, regidos pelas normas específicas do tipo de sociedade liquidanda, aplicáveis ao respectivo administrador (artigo 1.004 do Código Civil). Mas, pela prática de atos ilícitos, responde pelo regime ordinário (artigos 186, 187 e 927). Isso inclui o prosseguimento da atividade social, mesmo que para facilitar a liquidação, sem estar expressamente autorizado pelo contrato social, ou pelo voto da maioria dos sócios (artigo 1.105, parágrafo único, parte final).

É direito e dever do liquidante representar a sociedade, judicial e extrajudicialmente, ativa e passivamente, podendo praticar todos os atos necessários à sua liquidação, inclusive alienar bens móveis ou imóveis, transigir, receber e dar quitação (1.105 do Código Civil), excepcionado o poder de gravar de ônus reais os móveis e imóveis, bem como o de contrair empréstimos, salvo quando indispensáveis ao pagamento de obrigações inadiáveis. A indispensabilidade da contração de empréstimos, bem como a qualidade da obrigação, que deverá ser inadiável, constituem elementos passíveis de contestação judicial, a implicar a possibilidade de responsabilização civil do liquidante, sempre que atue com dolo ou culpa (artigo 186) ou abuso de direito (artigo 187). A ação dolosa ou culposa ou abusiva, além

Parte Geral – Cap. 7 • Liquidação da Sociedade **133**

de caracterizar falta grave, a autorizar a destituição judicial do liquidante (artigo 1.038, II), permite a ação de indenização, pelos danos ao patrimônio dos sócios, mesmo no que diga respeito ao exercício dos poderes genéricos (artigo 1.105): alienar bens móveis ou imóveis, transigir, receber e dar quitação.

3 ATOS DE LIQUIDAÇÃO

Após a deliberação ou determinação da dissolução da sociedade, nomeia-se o liquidante (artigo 1.102 do Código Civil); se o escolhido não for o administrador da sociedade, será necessário averbar a nomeação no registro público. O procedimento seguirá as referências legais que aqui se estudarão, embora seja lícito aos sócios, no ato constitutivo ou, mesmo, no instrumento de dissolução, determinar outros atos como obrigatórios.

A primeira providência é a averbação, no registro correspondente, da deliberação ou determinação (a sentença, por exemplo) de dissolução e da nomeação do liquidante, que podem constar de único instrumento (artigo 1.102, parágrafo único). É preciso publicar a ata, sentença ou instrumento de dissolução da sociedade (artigo 1.103, I) no órgão oficial da União ou do Estado, conforme o local da sede do empresário ou da sociedade, e em jornal de grande circulação (artigo 1.152), salvo em se tratando de microempresa ou empresa de pequeno porte (artigo 71 da Lei Complementar 123/2006).

Em 15 dias, contados de sua investidura, o liquidante elaborará o inventário e o balanço geral do ativo e passivo da sociedade (artigo 1.103, III, do Código Civil). O inventário é a verificação do que existe no patrimônio da empresa, ou seja, o levantamento do que compõe o seu patrimônio ativo (em sentido genérico, os seus direitos que têm expressão econômica), estimando o *preço corrente* (*valor médio de mercado*), e do que compõe o seu patrimônio negativo (os seus deveres com expressão econômica ou seja, suas dívidas). A partir desses elementos, será composto o balanço patrimonial.

Se o liquidante não elabora tempestivamente o inventário e o balanço, estará descumprindo obrigação legal, a permitir pedido judicial de sua destituição (artigo 1.038, II), embora possa demonstrar a ocorrência de causa justa, a exemplo do grande volume de informações a serem colhidas, entre outras dificuldades eventualmente enfrentadas. Justo por isso, creio ser lícito aos sócios deliberar, por maioria, prazo maior para a apresentação do inventário e do balanço, desde que o façam com boa-fé e probidade, sem lesar direitos e interesses de minoritários e/ou terceiros, prejudicados com a demora injustificada ou abusiva do procedimento liquidatório.

Para realização do inventário e do balanço, todos os bens, livros e documentos da sociedade deverão ser arrecadados pelo liquidante. Se algum sócio ou terceiro retiver livro ou documento da sociedade (por exemplo, talonário de notas fiscais), o liquidante poderá requerer judicialmente sua busca e apreensão, certo de que o bem deve ser mantido com a sociedade (artigo 1.194). Em se tratando de dissolução judicial, que será estudada na sequência, o pedido de busca e apreensão será feito em processo cautelar apenso, sendo a liquidação judicial o feito principal; em oposição, se a liquidação tem trâmite extrajudicial, a busca e apreensão pedida terá natureza satisfativa, processando-se como ação principal, na qual é cabível o pedido de antecipação de tutela se preenchidos os requisitos legais.

Se o livro ou documento que o liquidante necessita não pertencer à sociedade, mas ainda assim lhe disser respeito diretamente, estando no poder legítimo de cointeressado, o liquidante deverá pedir a sua exibição judicial, demonstrando seu interesse legítimo. É o que se passará, por exemplo, se a sociedade liquidanda for sócia de uma outra sociedade, sendo necessário apurar créditos ou débitos eventualmente existentes, bem como o valor das quotas ou ações, para cálculo do ativo. O pedido de exibição judicial também servirá para que sejam aferidos títulos de crédito em poder do credor (notas promissórias, letras de câmbio etc.), documentos sobre condomínios, ação de prestação de contas contra sócio ostensivo de sociedade em conta de participação etc. No que diz respeito aos bens, o procedimento correto será o da ação reivindicatória ou possessória, conforme o caso.

A partir do inventário, o balanço oferecerá um retrato contábil da sociedade em dissolução, permitindo aferir o caminho que deverá ser seguido. Justamente por isso, sendo necessário, o liquidante deverá confessar a falência, se empresa, ou insolvência, se sociedade simples (artigo 1.103, VII). O dispositivo, equivocadamente, fala em *pedir concordata*, no que comete um deslize. A concordata (no sistema do revogado Decreto-lei 7.661/45) e a recuperação judicial de empresas (no sistema da Lei 11.101/2005) são institutos concebidos para permitir a continuidade da sociedade empresária, o que, a toda vista, não ocorrerá quando se tem uma pessoa jurídica que já teve sua dissolução deliberada por sócios quotistas ou acionistas, ou determinada pelo Judiciário. Antes de confessar a insolvência, porém, o liquidante deverá notificar os sócios do valor em aberto do passivo e da eventual responsabilidade de cada um sobre o montante total: quotas por integralizar e, nas sociedades sem limite de responsabilidade, a proporção que cabe a cada um na participação das perdas. Obviamente, o pedido de falência poderá ser evitado se os sócios aceitarem contribuir com seu patrimônio particular para a solução do passivo. Se os sócios adimplirem todo o passivo, a liquidação se concluirá ordinariamente, podendo, no entanto, restar relações entre os ex-sócios.

Se qualquer dos sócios com responsabilidade subsidiária sobre as obrigações sociais, diante da notificação do liquidante, omitir-se – no todo ou em parte – no aporte de valores suficientes para permitir que as obrigações restantes sejam adimplidas, abrir-se-á a oportunidade para que os demais o façam em seu lugar, evitando o procedimento falimentar. Aquele ou aqueles que o fizerem se sub-rogarão nas obrigações do sócio para com a sociedade, podendo regressar contra o mesmo, exigindo que lhes seja restituído o que pagaram em seu lugar, acrescido de juros moratórios (artigo 406 do Código Civil) e correção monetária. A parcela devida

Parte Geral – Cap. 7 • Liquidação da Sociedade **135**

pelo insolvente ou falido será repartida entre os demais sócios (os *solventes*) na proporção de suas participações no capital social (artigo 1.103, V). Também com tal pagamento, os sócios solventes se sub-rogam nos créditos daqueles cujas obrigações foram adimplidas com suas contribuições, podendo habilitar-se na massa falida ou insolvente. No entanto, por se tratar de obrigações societárias, os créditos sub-rogados, se eventualmente traziam qualidade que lhes definia privilégio de qualquer ordem (crédito acidentário, trabalhista, fiscal etc.), não as conservarão; vale dizer, os sócios que responderam pela parte devida pelo falido ou insolvente deverão habilitar-se como credores quirografários, independentemente das obrigações que foram saldadas com a contribuição suplementar.

Não sendo a hipótese de falência ou insolvência, o liquidante passará a ultimar os negócios da sociedade, isto é, a concluí-los: entregar mercadorias ou serviços pendentes, denunciar contratos de trato sucessivo, demitir pessoal, denunciar contratos de arrendamento e locação, como exemplos. O liquidante, para tanto, deverá ter redobrado cuidado na sequência de seus atos, principiando pelo cumprimento das obrigações pendentes que possam ser cumpridas com o que se encontra disponível em estoque, verificando se é adequado realizar operações complementares para atender a contratos pendentes ou, face ao custo elevado destas, aceitar os efeitos da mora (devolução de valores, pagamento de multa, juros moratórios). Deverá, ainda, considerar o que pode ser facilmente dispensado (por exemplo, contratos de publicidade, não mais necessários com a dissolução; contrato de fornecimento de combustível para máquinas que não mais estão sendo usadas; contrato de manutenção de máquinas que, paradas, dispensam manutenção preventiva até a alienação; assinatura de jornais e revistas). Seu trabalho deve ser consciencioso, respondendo pelos prejuízos que cause, frutos da manutenção indevida de contratos desnecessários, denúncias desastrosas, negociações inequivocamente prejudiciais ao patrimônio. Para o final deixará a denúncia de contratos cuja manutenção se faça necessária durante o procedimento liquidatório, como telefone, manutenção preventiva de máquinas que tenham alta probabilidade de desgaste ou estrago, mesmo quando paradas etc.

Deverá, ainda, alienar os bens do ativo, empregados ou não na atividade (incluindo sucata e outros que componham o *ativo morto*), matéria-prima não utilizada, mercadorias ainda constantes do estoque etc., cedendo titularidade sobre propriedade intelectual (patente, marca, *software* etc.), transferindo ações e títulos de renda fixa, executando e/ou cobrando créditos (conforme haja ou não título executivo), entre outras medidas que se façam necessárias. Aqui também responderá por atos que se mostrem lesivos, como negociações em valores que fujam muito do *valor médio de mercado* (excetuados, por óbvio, procedimentos concursais como leilão e carta-convite, sempre que devidamente executados), perecimento, estrago ou depreciação de bens em virtude de demora excessiva na alienação. Poderá ser acionado por qualquer sócio quotista ou acionista, pedindo a reparação do que, proporcionalmente, perdeu; se, em função do ato ou omissão, o patrimônio social deixou de ser suficiente para fazer frente ao passivo, levando à situação de falência, essa responsabilidade se afirmará perante os sócios que tiveram de sofrer em seu patrimônio pessoal os efeitos das obrigações sociais, se pessoa jurídica sem limite de responsabilidade, ou perante a massa falida, se pessoa jurídica com limite de responsabilidade.

A partir do que for aferido com a realização do ativo, o liquidante deverá passar ao pagamento do passivo. Dois critérios devem orientá-lo nesse procedimento; em primeiro lugar – e principalmente quando haja risco de saldo negativo –, prestigiar os créditos com preferência (créditos acidentários, trabalhistas, fiscais etc.). Por outro lado, entre créditos concorrentes, sem preferência, e mesmo diante da ampla ausência do risco de execução coletiva, deverá preferir o pagamento das obrigações que ofereçam maior ônus para o patrimônio social, como acordos trabalhistas com previsão de multa em percentual elevado, dentre outros. Não me parece, nesse aspecto, que o artigo 1.106 do Código Civil, ao determinar que o liquidante pagará as dívidas sociais proporcionalmente, sem distinção entre vencidas e vincendas, tenha o condão de eximi-lo da responsabilidade por atos que revelem incapacidade ou desídia para a atividade, criando lesões para os sócios. O dispositivo apenas disciplina que todas as dívidas deverão ser pagas, indistintamente; mas não está deferindo ao liquidante uma ampla faculdade de pagá-las como bem quiser, apenas respeitando os direitos dos credores preferenciais. O dispositivo, ademais, obriga o liquidante a saldar as dívidas vincendas com desconto, no que certamente está referindo-se à eventual existência de juros e quaisquer outros encargos – como seguro para a operação, muito comum em financiamentos com garantia real (seguro para o imóvel hipotecado ou para os bens móveis empenhados).[1]

Se da liquidação for apurado saldo positivo, ou seja, se o ativo for suficiente para saldar o passivo, sobrando bens e valores, estes deverão ser partilhados entre os sócios quotistas ou acionistas, conforme deliberem. Os sócios podem instruir o liquidante, diante da perspectiva desse remanescente, sobre quais bens preferem não ver alienados para, no futuro, receberem-nos como parte do que lhes cabe na partilha do saldo patrimonial. O liquidante está obrigado a respeitar essas instruções; se as desrespeitar, contudo, o negócio com o terceiro não poderá ser desfeito, já que as instruções caracterizam *res inter alios acta* (negócio havido entre terceiros) para o adquirente, excetuada a hipótese de conhecê-las, hipótese em que se lhe aplicarão os efeitos em função dos princípios da boa-fé e da probidade. Também se permite aos sócios deliberar, por maioria de votos, que o liquidante faça rateios por antecipação da partilha, mesmo antes de ser ultimada a liquidação, desde que já estejam pagos todos os credores (artigo 1.107).

Durante todo o procedimento liquidatório, a sociedade adotará, no final de sua firma (razão empresarial ou razão social) ou denominação social, a expres-

---

[1] Conferir MAMEDE, Gladston. *Código Civil comentado*: penhor, hipoteca e anticrese: artigos 1.419 a 1.510. São Paulo: Atlas, 2003. v. 14.

Parte Geral – Cap. 7 • Liquidação da Sociedade **137**

são *em liquidação*. O liquidante, em todos os atos que pratique, nos documentos da sociedade e nas publicações, igualmente tomará sempre o cuidado de deixar expressa tal condição, de sociedade em liquidação. Ademais, nos documentos que assinar, deixará clara a sua condição de liquidante da sociedade em dissolução. O atendimento a tal exigência, própria do princípio da aparência, é imperativo, caracterizando ato ilícito a sua omissão. Ao final do procedimento, após a partilha e a prestação de contas, o liquidante fará averbar a ata da reunião ou da assembleia, ou o instrumento firmado pelos sócios, que considerar encerrada a liquidação (artigo 1.103, IX, do Código Civil).

Uma vez concluído o procedimento de liquidação e dada a baixa no registro respectivo, a subsistência de créditos (faculdades, direitos) ou débitos (obrigações, deveres) não tem o condão de prolongar, *ad infinitum*, a personalidade jurídica da sociedade, o que apenas traria insegurança para as relações. *A sociedade simplesmente não existe mais*, extinguiu-se ou, metaforicamente, morreu. O credor não satisfeito só terá direito a exigir dos sócios, individualmente, o pagamento do seu crédito, até o limite da soma por eles recebida em partilha, e a propor contra o liquidante ação de perdas e danos (artigo 1.110). A norma deve ser interpretada com cautela. Havendo responsabilidade limitada ao valor do capital devido pelas quotas ou ações, os sócios quotistas ou acionistas responderão apenas no limite do que receberam, excetuadas as situações de responsabilidade pessoal de algum. Mas em se tratando de sociedade na qual os sócios respondam subsidiariamente pelas obrigações sociais, não se interpreta o artigo como uma exoneração dessa subsidiariedade (o que daria margem a fraudes), preservando-se a possibilidade de execução do patrimônio pessoal dos ex-sócios. Por fim, frise-se que a responsabilidade do liquidante (artigo 1.110) não é objetiva, ou seja, não prescinde da demonstração de dolo, culpa ou abuso de direito (artigos 186 e 187).

3.1 Prestação de contas

O liquidante assume condição análoga à do administrador, embora no contexto específico da liquidação (artigo 1.104 do Código Civil). Será ele o representante da sociedade em liquidação e se submeterá às regras do mandato (artigos 653 ss., além do artigo 1.011 do Código Civil). Está submetido à fiscalização por parte dos demais sócios, que poderão pedir a qualquer momento para examinar documentos e aferir a regularidade das operações. Alterando o que constava das primeiras edições deste livro, não me parece ser lícito cercear esse direito, considerando a gravidade do procedimento liquidatório e seus reflexos sobre o patrimônio dos sócios e de terceiros. Ademais, a própria dissolução societária não justifica a proteção à movimentação financeira da liquidação.

O liquidante também está obrigado à prestação de contas, (1) no curso do procedimento, (2) em sua eventual saída e (3) ao término da liquidação. Ademais, o liquidante é parte ativa e passiva legítima para a ação de prestação de contas, ajuizada a qualquer momento. Ao longo do procedimento liquidatório, deverão ser convocadas, a cada seis meses, assembleias de sócios, nas quais se apresentará relatório dos atos praticados e balanço do estado da liquidação, devidamente acompanhados de documentos comprobatórios (artigo 1.103, VI). Também ao final da liquidação, o liquidante deverá prestar suas contas à assembleia dos sócios, fazendo-o pela apresentação de um relatório final circunstanciado, no qual fiquem claras todas as etapas seguidas, bem como uma prestação de contas, em forma contábil (artigo 1.108). Nessa assembleia, após a exposição pelo liquidante, poderá ele ser questionado pelos demais sócios sobre pontos específicos e, ao final, as contas serão postas em votação, contando-se os votos segundo a estipulação do artigo 1.010 do Código Civil e, apenas para o primeiro empate, a primeira parte de seu § 2º. Mantido o empate no critério de participação no capital e, ademais, no número de sócios, as contas não se considerarão aprovadas. Aprovadas as contas, estará encerrada a liquidação, devendo ser levada ao registro, para averbação, a ata da assembleia final, pedindo-se a baixa. A sociedade estará extinta.

Note-se que, nas sociedades contratuais, os votos são tomados pela participação no capital ou, diante de empate, pela contagem das cabeças – independentemente da participação de cada uma no capital social. Não há, ao contrário das sociedades institucionais ou estatutárias – sociedade anônima, sociedade em comandita por ações e sociedade cooperativa –, tomada de votos em função dos presentes. Dessa forma, parece-me claro que o sócio ausente é voto que não se deu à aprovação das contas, ou seja, que a ausência à assembleia caracteriza recusa das contas, sendo certo que o sócio que não possa comparecer pessoalmente tem a faculdade de se fazer representar por procurador constituído especificamente para tal finalidade, se não tivesse poderes gerais para atuar em toda a liquidação. Diferentemente, nas sociedades institucionais ou estatutárias, os votos são tomados pela presença, sujeitando-se à deliberação da maioria presente aqueles que, sem justa causa, faltaram à assembleia.

A recusa das contas implicará o estabelecimento de litígio: a liquidação assumirá o *status* de coisa controvertida (*res controversa*), cabendo ao Judiciário resolver entre as pretensões, conforme lhe sejam postas: pedidos de cobrança, anulação de atos etc. São incontáveis as possibilidades que podem advir do caso concreto, merecendo, destarte, tratamento judicial conforme a ação que tenha sido proposta. Se as pretensões disserem respeito apenas a direitos e deveres entre os sócios ou entre estes e o liquidante, é possível determinar-se, em antecipação de tutela, a extinção da sociedade – decisão esta que, não merecendo recurso, dará azo a mandado de averbação da extinção e baixa da pessoa jurídica, a ser levado ao respectivo registro –, prolongando-se apenas o conflito entre as partes. A lei não exige fundamentação para o voto que recusa as contas, razão pela qual, diante da recusa, poderá o próprio liquidante recorrer ao Judiciário, por meio de ação de prestação de contas, para obter a sua aprovação judicial, embora – é claro –

Parte Geral – Cap. 7 • Liquidação da Sociedade **139**

correndo o risco de ter seu pedido julgado improcedente, reconhecendo-se que não são adequadas.

Ainda que as contas sejam aprovadas por maioria, será providenciada a averbação da ata da assembleia e extinta a pessoa jurídica, preservando-se o direito do dissidente ou dissidentes – aquele ou aqueles que votaram contra a aprovação – de recorrerem ao Judiciário, promovendo a ação que julguem cabível, no prazo de 30 dias, a contar da publicação da ata da assembleia final, devidamente averbada no registro próprio. Essa averbação, contudo, poderá ser obstada por meio de medida cautelar preparatória àquela ação, sempre que demonstrado ser lesiva à pretensão estruturada no feito principal. De outra face, aquele ou aqueles que aprovaram o relatório e as contas na assembleia perdem o interesse jurídico para impugnar os atos do liquidante, tomando-se a aprovação, no mínimo, por seus efeitos de transigência com o que foi proposto por aquele. Ressalvam-se, todavia, ações que sejam fundadas em defeitos típicos dos atos jurídicos (artigos 138 a 165), em fatos novos ou na alegação de nulidade (artigo 169).

4 DISSOLUÇÃO E LIQUIDAÇÃO JUDICIAL

Estando os sócios em litígio, tem-se a liquidação judicial da sociedade, caso o contrato social não tenha cláusula de arbitragem. Diz o artigo 599 do Código de Processo Civil que a ação de dissolução parcial de sociedade pode ter por objeto (1) a resolução da sociedade empresária contratual ou simples em relação ao sócio falecido, excluído ou que exerceu o direito de retirada ou recesso; e (2) a apuração dos haveres do sócio falecido, excluído ou que exerceu o direito de retirada ou recesso; ou (3) somente a resolução ou a apuração de haveres. A ação de dissolução parcial de sociedade pode ter também por objeto a sociedade anônima de capital fechado quando demonstrado, por acionista ou acionistas que representem cinco por cento ou mais do capital social, que não pode preencher o seu fim, emenda o § 2º.

A ação pode ser proposta, nos termos do artigo 600 do Código de Processo Civil, (1) pelo espólio do sócio falecido, quando a totalidade dos sucessores não ingressar na sociedade; (2) pelos sucessores, após concluída a partilha do sócio falecido; (3) pela sociedade, se os sócios sobreviventes não admitirem o ingresso do espólio ou dos sucessores do falecido na sociedade, quando esse direito decorrer do contrato social; (4) pelo sócio que exerceu o direito de retirada ou recesso, se não tiver sido providenciada, pelos demais sócios, a alteração contratual consensual formalizando o desligamento, depois de transcorridos dez dias do exercício do direito; (5) pela sociedade, nos casos em que a lei não autoriza a exclusão extrajudicial; ou (6) pelo sócio excluído. Mais do que isso, esclarece o parágrafo único do mesmo artigo 600, o cônjuge ou companheiro do sócio cujo casamento, união estável ou convivência terminou poderá requerer a apuração de seus haveres na sociedade, que serão pagos à conta da quota social titulada por este sócio.

A ação pedindo a resolução do contrato social em relação a certa(s) quota(s) e/ou a liquidação de quota(s) deverá ser ajuizada no foro onde a pessoa jurídica tiver sua sede. Todavia, se o contrato trouxer eleição de foro, será ela plenamente eficaz, como, aliás, reconheceu a Terceira Turma do Superior Tribunal de Justiça, quando julgou o Recurso Especial 684.760/AM. Se o pedido for contestado, serão devidas verbas sucumbenciais e, ademais, será devida a incidência de juros de mora, se vencedor o retirante. Foi o que se decidiu nos Embargos de Divergência no Recurso Especial 564.711/RS, examinados pela Segunda Seção do Superior Tribunal de Justiça: "na ação de apuração de haveres resultante de dissolução parcial da sociedade, os juros incidentes sobre o montante da condenação fluem a partir da citação inicial".

Havendo manifestação expressa e unânime pela concordância da dissolução, o juiz a decretará, passando-se imediatamente à fase de liquidação. Nesse caso, não haverá condenação em honorários advocatícios de nenhuma das partes, e as custas serão rateadas segundo a participação das partes no capital social. É o que prevê o artigo 603 do Código de Processo Civil que, no entanto, ressalva: havendo contestação, observar-se-á o procedimento comum, mas a liquidação da sentença seguirá o rito previsto nos artigos 604 e seguintes.

A petição inicial será necessariamente instruída com o contrato social consolidado, formulando o pedido de dissolução parcial da sociedade. Os sócios e a sociedade serão citados, sendo que a sociedade não precisará ser citada se todos os sócios o forem, mas ficará sujeita aos efeitos da decisão e à coisa julgada (artigo 601). A citação se fará para que, no prazo de 15 dias, os réus concordem com o pedido ou apresentem contestação. Atente-se para o fato de que o artigo 602 do Código de Processo Civil permite à sociedade formular pedido de indenização compensável com o valor dos haveres a apurar. Não há limitação, contudo, se isso se fará na condição de autor do pedido dissolutório ou se réu; assim, a medida é permitida em ambas as posições.

Essa indenização não encontra limitação processual, ou seja, é possível que todos os danos que a sociedade ou os demais sócios tenham sofrido, em função da vida societária, sejam trazidos para o litígio como parte da apuração de haveres. Por exemplo, atos *ultra vires* praticados pelo(s) sócio(s) administrador(es), lesão ao dever de fidúcia societária da qual tenha resultado prejuízos para a sociedade, desvios financeiros.

Para apuração dos haveres, respeita-se o artigo 604 do Código de Processo Civil, segundo o qual o juiz: (1) fixará a data da resolução da sociedade; (2) definirá o critério de apuração dos haveres à vista do disposto no contrato social; e (3) nomeará o perito. Para tanto, creio, o juiz verificará, em primeiro lugar, se há indicação contratual, estatutária ou legal de pessoa que deva se ocupar de liquidar a sociedade. Se não houver, nomeará pessoa de sua confiança. Ademais, o juiz

Parte Geral – Cap. 7 • Liquidação da Sociedade **141**

determinará à sociedade ou aos sócios que nela permanecerem que depositem em juízo a parte incontroversa dos haveres devidos (§ 1º). O depósito poderá ser, desde logo, levantado pelo ex-sócio, pelo espólio ou pelos sucessores (§ 2º). Detalhe: se o contrato social estabelecer o pagamento dos haveres, será observado o que nele se dispôs no depósito judicial da parte incontroversa (§ 3º).

Em caso de omissão do contrato social, o juiz definirá, como critério de apuração de haveres, o valor patrimonial apurado em balanço de determinação, tomando-se por referência a data da resolução e avaliando-se bens e direitos do ativo, tangíveis e intangíveis, a preço de saída, além do passivo também a ser apurado de igual forma (artigo 606). Aliás, em todos os casos em que seja necessária a realização de perícia, a nomeação do perito recairá preferencialmente sobre especialista em avaliação de sociedades.

A data da resolução e o critério de apuração de haveres podem ser revistos pelo juiz, a pedido da parte, a qualquer tempo antes do início da perícia (artigo 607). Mas se não há motivos para tanto, a data da resolução da sociedade será (artigo 605): (1) no caso de falecimento do sócio, a do óbito; (2) na retirada imotivada, o sexagésimo dia seguinte ao do recebimento, pela sociedade, da notificação do sócio retirante; (3) no recesso, o dia do recebimento, pela sociedade, da notificação do sócio dissidente; (4) na retirada por justa causa de sociedade por prazo determinado e na exclusão judicial de sócio, a do trânsito em julgado da decisão que dissolver a sociedade; e (5) na exclusão extrajudicial, a data da assembleia ou da reunião de sócios que a tiver deliberado.

O balanço especial para liquidação das quotas se faz pelo levantamento de todos os bens, créditos e direitos da sociedade (patrimônio ativo), bem como de todos os seus deveres que comportem expressão pecuniária (patrimônio passivo). Esse levantamento não está adstrito à escrituração contábil, podendo ser apurado que o valor de determinado bem é superior ou inferior àquele constante dos balanços patrimoniais. No patrimônio ativo também se computam as vantagens de mercado, atribuindo-se valor para fatores excepcionais, como ponto empresarial, logística, clientela e outros elementos que compõem o chamado ativo intangível. Parte-se do ativo, subtrai-se o passivo, chegando ao patrimônio líquido; sobre esse patrimônio líquido, calcula-se a proporção correspondente às quotas do sócio que se retira.

Até a data da resolução, integram o valor devido ao ex-sócio, ao espólio ou aos sucessores a participação nos lucros ou os juros sobre o capital próprio declarados pela sociedade e, se for o caso, a remuneração como administrador. Após a data da resolução, o ex-sócio, o espólio ou os sucessores terão direito apenas à correção monetária dos valores apurados e aos juros contratuais ou legais (artigo 608 e seu parágrafo único).

Uma vez apurados, os haveres do sócio retirante serão pagos conforme disciplinar o contrato social (artigo 609 do Código de Processo Civil) e, no silêncio deste, a quota liquidada será paga em dinheiro, no prazo de 90 dias, a partir da liquidação, salvo acordo, ou estipulação contratual, em contrário (artigo 1.031, §

Direito Empresarial Brasileiro: Direito Societário • Mamede

2º, do Código Civil). A Terceira Turma do Superior Tribunal de Justiça, julgando o Recurso Especial 143.057/SP, afirmou que "o prazo contratual previsto para o pagamento dos haveres do sócio que se retira da sociedade supõe *quantum* incontroverso; se houver divergência a respeito, e só for dirimida em ação judicial, cuja tramitação tenha esgotado o aludido prazo, o pagamento dos haveres é exigível de imediato". O pagamento do valor da quota ou quotas se fará por meio de redução do capital social, salvo se os demais sócios suprirem o valor da quota ou quotas; pode haver, igualmente, ingresso de um terceiro na sociedade, assumindo o lugar do sócio remisso.

4.1 Liquidação judicial

Se os sócios não estiverem de acordo sobre o procedimento extrajudicial, qualquer um poderá ajuizar ação pedindo para que a liquidação da sociedade se processe judicialmente. Durante a vigência do Código de Processo Civil de 1973 (Lei 5.869/1973), o seu artigo 1.218 mandava aplicar os artigos 655 a 674 do Código de Processo Civil de 1939 (Decreto-lei 1.608/39). O atual Código de Processo Civil, no entanto, criou um desafio. Seu artigo 1.046, § 3º, estabelece que "os processos mencionados no art. 1.218 da Lei nº 5.869, de 11 de janeiro de 1973, cujo procedimento ainda não tenha sido incorporado por lei submetem-se ao procedimento comum previsto neste Código".

Fica claro, portanto, que houve revogação expressa do procedimento inscrito no Código de Processo Civil de 1939, o que cria uma grande dificuldade. Afinal, está-se falando não da pretensão de ver dissolvida a sociedade, ou seja, de obter uma decisão judicial que determine a dissolução. Essa pretensão, sim, amolda-se facilmente ao procedimento comum previsto no Código de Processo Civil. O problema é que liquidação não pressupõe pretensão (ação) e contrapretensão (contestação). É processo de realização e resolução das relações jurídicas, o que pode resultar de sentença em processo havido entre sócios, mas igualmente de decisão judicial ou administrativa (como a cassação da autorização para funcionar).

A lacuna cria um grande desafio e caberá à doutrina e à jurisprudência colmatá-la. O início do feito é bem simples e, por certo, amolda-se ao processo comum: o interessado na liquidação (sociedade, sócio, Ministério Público) ajuizará o pedido de liquidação judicial da sociedade, devendo ser citados os [demais] sócios para, querendo, contestar a pretensão. Em se tratando de dissolução determinada judicialmente, o pedido não deve fazer sob forma de ação, mas sob a forma de pedido de cumprimento de sentença.

Em conformidade com a nova dinâmica processual, o feito será, então, submetido à audiência de conciliação ou de mediação, na busca da definição de um procedimento de liquidação amigável, extrajudicial, fixando-se no acordo as regras para a sua realização; sendo muitos os sócios, a audiência poderá ser substituída por uma assembleia, realizada em lugar adequado a comportar todas as partes, juntando-se ao processo a ata respectiva.

É possível que as regras procedimentais da liquidação estejam previstas no ato constitutivo (contrato social ou estatuto social, conforme o caso). Nessa hipótese, aplicando-se o artigo 604, II, do Código de Processo Civil, deverá ser seguido o procedimento estabelecido no ato constitutivo, obviamente se forem válidos o seu estabelecimento (legalidade da manifestação coletiva da vontade) e os seus termos. Se não houver ajuste prévio sobre o procedimento, o juiz decidirá as questões preliminares e nomeará o liquidante responsável pelo procedimento.

Para escolher o liquidante judicial, o juiz verificará, em primeiro lugar, se há indicação contratual, estatutária ou legal de pessoa que deva ocupar a função; não havendo tal disposição prévia, o juiz consultará os sócios, seja por meio de votos entregues em cartório, seja por deliberação na própria audiência ou na assembleia de sócios. A decisão será tomada por maioria, computada pelo capital dos sócios; havendo empate ou divergência sobre o capital, a votação será decidida pelo número de sócios votantes.

Não mais se aplica a regra do artigo 657, § 2º, do Código de Processo Civil de 1939, segundo o qual, sendo apenas dois os sócios e divergindo quanto à escolha do liquidante, a escolha será feita pelo juiz entre pessoas estranhas à sociedade. Deve prevalecer a escolha feita pela maioria do capital social. Somente se houver empate por todos os critérios (votação pela participação no capital e, depois, por cabeça), o juiz fará a escolha. Neste caso, acredito, deve-se preferir pessoa estranha à sociedade, evitando-se uma solução que, injustificadamente, penda para um dos lados da contenda. Note que, sendo o liquidante pessoa estranha ao quadro social, o juiz deverá arbitrar comissão para remunerar o seu trabalho.

Obviamente, é lícito aos sócios, logo após a nomeação do liquidante, impugnar a escolha, apresentando as razões pelas quais o fazem, deliberando o juiz, fundamentadamente, se acata o pedido, nomeando outro liquidante, ou se o rejeita, decisão da qual caberá agravo de instrumento. Não havendo impugnação ou sendo ela rejeitada, o nomeado será intimado para, se aceitá-la, assinar o termo de posse em 48 horas. A todo momento, incorrendo o liquidante em falta grave, poderá ser destituído pelo juízo, de ofício ou por pedido de qualquer dos sócios, devidamente fundamentado. É o que ocorre, por exemplo, se o liquidante retardar injustificadamente o andamento do processo, se praticar atos ilícitos etc.

A liquidação não atende apenas aos interesses dos sócios, mas também de terceiros, razão pela qual, acredito, o primeiro ato do liquidante deva ser a publicidade do que se passa: alteração, no Registro Público, do nome da sociedade (razão social ou denominação) acrescentando a expressão *em liquidação*. Depois, será preciso inventariar as relações jurídicas societárias, ou seja, levantar um balanço patrimonial: aferir os bens e direitos que compõem o seu ativo, bem como as obrigações que constem de seu passivo. Não há prazo legal para tanto, razão pela qual o liquidante deverá concluir o seu trabalho no prazo fixado pelo

144 Direito Empresarial Brasileiro: Direito Societário • Mamede

magistrado. O Código de 1939 fixava 15 dias, prazo que me parece razoável na maioria das situações.

Apresentados inventário e balanço, os interessados serão intimados para tomar conhecimento, podendo apresentar impugnação. Não há prazo legal para tanto, razão pela qual o juiz deverá defini-lo quando mandar intimar as partes. O Código de 1939 fixava cinco dias, prazo que me parece razoável na maioria das situações. Se o direito de impugnar for exercido, o juiz ouvirá o liquidante e a parte contrária, decidindo a questão.

Passa-se, então, à realização do ativo: execução ou cobrança dos créditos e, sempre precedida de autorização judicial, alienação dos bens do ativo, principiando pelos bens de fácil deterioração ou de guarda dispendiosa. Serão pagas, em primeiro lugar, as obrigações sociais certas e exigíveis, com atenção para a eventualidade de créditos privilegiados, além dos encargos da liquidação, que, contudo, podem ser suportados pelos sócios, se assim desejarem. O liquidante, ademais, praticará os atos necessários de gestão da massa liquidanda, incluindo a representação judicial e extrajudicial, ativa e passiva, da sociedade até a sua extinção.

Verificando que o ativo não é suficiente para satisfazer o passivo, o liquidante exigirá dos sócios as contribuições que lhes são devidas, em se tratando de tipo societário em que não há limitação de responsabilidade: sociedade simples comum, sociedade em nome coletivo e sócios administradores das sociedades em comandita (simples e por ações). Em se tratando de sociedade em que haja limite de responsabilidade (como nas sociedades limitadas) ou não podendo os sócios suportar o passivo aberto, oficiará ao Juízo a existência de condição que recomenda a decretação da falência (se empresa) ou insolvência civil (se sociedade simples). Se, em oposição, houver remanescente do patrimônio social, o liquidante proporá um plano de partilha, sendo os sócios intimados para, querendo, impugná-lo em cinco dias. Decidida a partilha, o liquidante completará o seu trabalho, prestando suas contas.

5 SONEGAÇÃO DE BENS

Com o término da liquidação e a extinção da pessoa jurídica, todos os seus bens deverão estar devidamente partilhados. Não é juridicamente possível que permaneçam em nome da sociedade, pois essa já não existe, numa situação análoga à morte da pessoa natural. Deverão ser transferidos para os ex-sócios ou para terceiros, como pagamento de obrigações ou como doação. Essa transferência deve concretizar-se inclusive nos respectivos registros (imóveis, veículos, propriedade intelectual etc.). Nenhum bem deve permanecer em nome da sociedade pois ela não existe mais. Nem é possível atribuir a ex-sócio ou a terceiro, o poder de firmar instrumentos (privados ou públicos) em nome da sociedade extinta. É comum

Parte Geral – Cap. 7 • Liquidação da Sociedade **145**

encontrarem-se documentos nos quais os ex-sócios assim disponham, mas isso não é lícito: cuida-se de uma fraude ao dever de liquidar a sociedade, assumindo os ônus respectivos, ou seja, pagando eventuais impostos, taxas e emolumentos que se verifiquem necessários.

De qualquer sorte, pode acontecer de se verificar, por dolo ou culpa, a sonegação de bens à liquidação, o que caracterizará um ato ilícito, ainda que todos os credores tenham sido pagos. Desse ato ilícito pode resultar, ou não, dano e, assim, afirmar-se a obrigação de indenização por parte daquele ou daqueles que forem responsáveis pela não inclusão do bem no inventário do ativo social para, assim, serem devidamente partilhados.

A sonegação de bens cria, ademais, outros problemas jurídicos relevantes: excluídos da liquidação, mesmo não havendo saldo negativo a satisfazer, os bens ainda devem ser partilhados entre os sócios. Como se não bastasse, se tais bens estiverem sujeitos a registro, como se passa com imóveis, veículos e com a propriedade industrial, ninguém poderá deles dispor enquanto não se regularizar a questão de sua titularidade, ou seja, enquanto não se determinar que o registro seja alterado para fazer constar o nome de sócio ou sócios que, tendo o direito ao acervo societário, sucederão a pessoa jurídica extinta como *donos* do bem.

O Direito positivo não traz nenhuma solução específica para a sonegação de bens, voluntária (dolosa) ou involuntária (culposa) na liquidação, judicial ou extrajudicial, de sociedade. A solução, acredito, é considerar que o acervo societário é um patrimônio comum que deveria ter sido *partilhado*, por meio da liquidação. A sonegação de bens, dessa maneira, daria margem a um pedido judicial de *sobrepartilhamento*, aplicado o artigo 669, I, do Código de Processo Civil. Obviamente, se os bens sonegados não estão sujeitos a registro e não restaram credores insatisfeitos, dando azo à decretação da falência da sociedade empresária ou da insolvência da sociedade simples, a partilha dos bens omitidos poderá ser feita, extrajudicialmente, por meio de transação entre todos os sócios. Não me parece razoável exigir o recurso ao Judiciário quando os sócios estão acordes quanto ao sobrepartilhamento e não há direito de terceiros a ser tutelado; o princípio da economia processual recomenda não recorrer à ação quando é de todo despiciendo.

Em oposição, o pedido judicial de sobrepartilhamento será imperativo quando haja litígio, sobre o tema, entre os sócios, ainda que o bem não esteja sujeito a registro, a exemplo de coisas móveis, como insumos e mercadorias. Qualquer um dos sócios poderá propor a ação contra aquele ex-sócio que detém o bem ou bens sonegados, na defesa de sua quota parte, não havendo falar em litisconsórcio ativo; em fato, em nada prejudica o direito de um ex-sócio o fato de os demais sócios não se interessarem pelos bens, deles dispondo, abandonando-os. Embora o pedido seja de sobrepartilhamento, "o nome atribuído à ação é irrelevante para a aferição da sua natureza jurídica, que tem a sua definição com base no pedido e na causa de pedir, aspectos decisivos para a definição da natureza da ação proposta". Foi o que decidiu a Terceira Turma do Superior Tribunal de Justiça, quando julgou o Recurso Especial 509.300/SC. Note-se que não há necessidade de anular a liquidação. A Terceira Turma do Superior Tribunal de Justiça, julgando o Recurso Especial 770.709/SC: "Os bens sonegados na separação judicial sujeitam-se à sobrepartilha; se a finalidade visada é a de integrar no patrimônio comum bens que nela deixaram de ser arrolados, não há necessidade de anular a partilha."

Também será imperativo o pedido judicial de sobrepartilhamento, ainda que em jurisdição voluntária, quando os bens sonegados estejam sujeitos a registro. Se todos os sócios estiverem acordes, o pedido terá por objeto apenas o reconhecimento da sonegação e a homologação da partilha proposta pelos ex-sócios. Deferida tal partilha por sentença transitada em julgado, será emitida ordem judicial para que se proceda à transferência da titularidade do bem nos órgãos registrais respectivos.

8
Coligação, Transformação, Incorporação, Fusão e Cisão

1 SOCIEDADES COLIGADAS: CONTROLE, FILIAÇÃO E MERA PARTICIPAÇÃO

A sociedade é um ente escritural cuja infraestrutura é dada por um ato constitutivo (contrato ou estatuto social), devidamente registrado e passível de alterações. Essa dimensão escritural estende-se, ademais, pelos registros contábeis que historiam sua história patrimonial. Justamente por isso, essa *paisagem interna*, escritural, revela amplas possibilidades jurídicas. Entre esses eventos jurídicos estão a resolução da sociedade em relação a um sócio (artigos 1.028 a 1.032 do Código Civil) e a dissolução social (artigos 1.033 a 1.038 do Código Civil). Mas outras possibilidades societárias existem e merecerão estudo neste capítulo: a coligação de empresas, a participação societária, a transformação societária, a incorporação de sociedade, a fusão de sociedades e a cisão de uma sociedade. Aliás, em institutos como transformação, incorporação, fusão e cisão, o uso metafórico do conceito de *corpo* é relevante pois, por não ser físico, pode o *corpo social* transformar-se, incorporar ou ser incorporado, fundir-se ou cindir-se.

Entre esses eventos corporativos da pessoa jurídica, principiarei explorando a participação societária: uma pessoa jurídica e, mais especificamente, uma sociedade pode ser sócia de uma outra sociedade. Aliás, pode-se constituir uma sociedade cujo objeto social seja, apenas, ter participação em outras sociedades;

é o que comumente se chama de empresa de participações ou *holding*.[1] Essas *relações de capital* (artigo 1.097 do Código Civil) entre sociedades podem ter desdobramentos diversos, razão pela qual merecem atenção jurídica. O Código Civil fala, genericamente, em *sociedades coligadas*, referindo-se a todas as sociedades que mantêm relações societárias entre si por um dos seguintes tipos: controle, filiação (ou *coligação*, em sentido estrito) ou mera *participação societária*.

Sociedade controlada é aquela de cujo capital outra sociedade possua a maioria dos votos nas deliberações dos quotistas ou da assembleia geral e o poder de eleger a maioria dos administradores (artigos 1.098, I, do Código Civil). Pode haver mesmo *controle indireto*, quando a titularidade das ações ou quotas necessárias para decidir as deliberações sociais e de eleger a maioria dos administradores for de uma sociedade que, por seu turno, seja controlada por outra. Assim, se a sociedade A controla a sociedade B e esta, por seu turno, controla a sociedade C, a sociedade A será considerada controladora da sociedade C. O conceito é vital para regrar participações recíprocas, que se estudarão na sequência, entre outras práticas mercantis, a exemplo a *carta de garantia* (*comfort letter* ou *cold letter*, em inglês, ou *lettre de patronage*, em francês), por meio da qual uma sociedade controladora, confessa tal condição, afirma estar consciente de determinada operação da sociedade controlada, aprovando-a ou, mesmo, comprometendo-se a empenhar-se por sua boa concretização.

Na quase totalidade das sociedades por quotas, esse controle é exercido pela *maioria dos votos nas deliberações dos quotistas ou da assembleia geral*, traduzida pela titularidade de quotas que representem mais de 50% do capital social. Mas não é uma necessidade. Revelam-se casos, principalmente nas sociedades por ações, nos quais o controle societário é exercido com participações inferiores a 50%, mas ainda assim suficientes para assegurar a capacidade duradoura de preponderar nas deliberações sociais e de eleger a maioria dos administradores, direta ou indiretamente (artigo 243, § 2º, da Lei 6.404/1976). Compreendem-se, assim, situações diversas, como ações sem direito a voto, participação societária pulverizada entre diversos sócios, abstenção sistemática no exercício das faculdades societárias etc. Mas o controle não resulta de vitórias eventuais nas deliberações sociais ou eleições; pressupõe hegemonia, vale dizer, uma situação duradoura, uma constância.

A expressão *sociedade coligada* pode ser utilizada em sentido largo (artigo 1.097 do Código Civil), abrangendo as situações em que uma sociedade participa do capital social de outra, haja controle, filiação ou mera participação. Em sentido estrito, *sociedade coligada* é sinônimo de *sociedade filiada* (artigos 1.099 do Código Civil e 243, § 1º, da Lei 6.404/1976). Há filiação ou coligação, em sentido estrito,

---

[1] Conferir: MAMEDE, Gladston; MAMEDE, Eduarda Cotta. *Holding familiar e suas vantagens*: planejamento jurídico e econômico do patrimônio e da sucessão familiar. 12. ed. São Paulo: Atlas, 2020.

Parte Geral – Cap. 8 • Coligação, Transformação, Incorporação, Fusão e Cisão **149**

quando uma sociedade titulariza, no mínimo, 10% do capital de outra sociedade, sem que, contudo, tenha esta, controle sobre aquela, ou seja, sem que a empresa coligada tenha capacidade de decidir as deliberações sociais e de eleger a maioria dos administradores. É indiferente tratar-se de capital votante ou não; o legislador não fez qualquer restrição.

Por fim, há *simples participação societária* quando uma sociedade possua menos de 10% do capital com direito a voto de outra sociedade (artigo 1.100 do Código Civil). A limitação ao *capital com direito a voto*, feita pelo legislador, não se sustenta. Seu efeito seria deixar no limbo as participações inferiores a 10% do capital sem direito a voto, o que resultaria, nesses casos, num enfraquecimento do capital social nos casos de participação recíproca, o que não é desejável.

1.1 Participação recíproca

Salvo disposição especial de lei, a sociedade não pode participar de outra, que seja sua sócia, por montante superior, segundo o balanço, ao das próprias reservas, excluída a reserva legal (artigo 1.101 do Código Civil). Evita-se, assim, o risco de enfraquecimento do capital social das sociedades em que há *participação recíproca*. Se a sociedade A tivesse R$ 500.000,00 em quotas da sociedade B e esta, por seu turno, tivesse R$ 500.000,00 em quotas da sociedade A, esses direitos se compensariam e, assim, apesar de existirem na escrituração contábil de ambas as pessoas jurídicas, não se traduziriam em riqueza efetiva.

A participação recíproca só é admitida se há reservas de capital em montante superior ao valor da participação recíproca, *excluída a reserva legal*, ou seja, as reservas que sejam determinadas em lei, a exemplo do artigo 193 da Lei 6.404/1976. São *reservas de capital* os valores que, embora pudessem ser distribuídos como lucros, foram conservados na sociedade para, assim, fortalecê-la. Esses valores são escriturados em rubrica própria (*reserva de capital*) e não se confundem com outras rubricas similares: *fundos* e *provisões*. Os fundos são valores que são reservados para finalidades específicas; estão na contabilidade para fazer frente à ocorrência de certos eventos, evitando que o desembolso enfraqueça o caixa. Assim, sociedades que enfrentem grande volume de demandas judiciais podem criar fundos contábeis para fazer frente às possíveis condenações. Também as provisões servem para finalidade específica; contudo, a provisão serve a eventos certos (impostos, comissões etc.) ou muito prováveis (provisão para créditos de difícil recuperação) etc.

Fundos e provisões não atendem à exigência de reservas, *por montante superior* ao valor da participação recíproca (artigo 1.101). É preciso que os valores estejam escriturados como reserva, isto é, que constituam sobra de valores conservada voluntariamente na contabilidade sem finalidade específica (*reserva inominada*), servindo ao reforço do capital registrado. A participação recíproca está limitada a tal reserva. Se a sociedade Y tem uma reserva inominada de capital de R$ 400.000,00, poderá empregá-la na titularidade de quotas ou ações da *sociedade W*, que é sua sócia. A *sociedade W*, por seu turno, somente poderá ter quotas ou ações da *sociedade Y* no limite de suas reservas inominadas de capital. Justamente por isso, não atende à exigência a *provisão de lucro* ou *provisão de dividendos*, isto é, o dinheiro que tenha sido separado para distribuição futura aos sócios quotistas ou acionistas.

Atende-se, assim, ao princípio da preservação da empresa, bem como protegem--se os credores das sociedades. As quotas e as ações titularizadas por sociedades com participações recíprocas que excedam o valor das reservas inominadas de capital constituirão participação societária indevida, dando azo à desconsideração da personalidade jurídica, podendo atingir, conforme o caso, administradores e sócios. Ademais, a descoberta desse excesso de participação societária recíproca, a partir da aprovação do balanço patrimonial, implica a obrigação de alienar as quotas ou ações em excesso, no prazo de 180 dias, contados daquela aprovação (artigo 1.101, parágrafo único). Enquanto essa alienação não for providenciada, a sociedade não poderá exercer o direito de voto correspondente às ações ou quotas em excesso. A desatenção à determinação legal de transferência das ações implicará caracterização de fraude societária, dando azo até à desconsideração da personalidade jurídica, reitero.

2 TRANSFORMAÇÃO

O Código Civil se refere à transformação em dois sentidos diversos. Em sentido largo, a transformação é a metamorfose societária, isto é, qualquer alteração na infraestrutura jurídica da sociedade, que (1) pode mudar o seu tipo societário (e, assim, o regulamento jurídico que rege suas relações *ad intra*), (2) pode ser incorporada por outra sociedade, (3) pode fundir-se com outra ou outras sociedades e, mesmo, (4) pode cindir-se em duas ou mais sociedades. Em sentido estrito, transformação é a primeira dessas operações: a mudança do tipo societário. Melhor seria, portanto, chamar o conjunto das operações de metamorfose societária, listando suas quatro espécies: transformação (ou mudança de tipo societário), incorporação, fusão e cisão.

É lícito às sociedades transformarem-se, ou seja, alterarem o seu tipo societário. Uma sociedade limitada pode tornar-se uma sociedade anônima ou uma sociedade em nome coletivo. Uma sociedade anônima pode se tornar uma sociedade em comandita simples ou em comandita por ações ou sociedade limitada. A transformação não demanda dissolução da sociedade e, assim, sua liquidação (artigos 1.113 do Código Civil e 220 da Lei 6.404/1976); apenas exige que sejam obedecidos os preceitos que regulam a constituição do tipo societário para o qual se converterá.

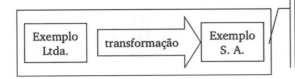

Em primeiro lugar, é preciso o consentimento de todos os sócios, embora os sócios possam expressar previamente esse consentimento por meio de cláusula no contrato social ou no estatuto social, caso em que o dissidente poderá retirar-se da sociedade (artigos 114 do Código Civil e 221 da Lei 6.404/1976), liquidando-se suas quotas (artigo 1.031 do Código Civil) ou reembolsando suas ações (artigo 45 da Lei 6.404/1976). Esse direito de recesso para o caso de transformação, contudo, pode ser objeto de renúncia prévia, disposta no contrato social ou no estatuto social (artigo 221, parágrafo único, da Lei 6.404/1976); nas sociedades contratuais, contudo, a eficácia dessa renúncia limita-se ao contrato por prazo determinado. Havendo contratação por prazo indeterminado, vige o direito de recesso imotivado (artigo 1.029 do Código Civil).

A transformação do tipo societário não pode modificar ou prejudicar os direitos dos credores, em qualquer caso (artigos 1.115 do Código Civil e 222 da Lei 6.404/1976). Assim, as obrigações constituídas sob o regime jurídico anterior, próprio do tipo societário abandonado, se preservarão com as características e as qualidades próprias daquele tipo, incluindo a responsabilidade civil subsidiária, se existente. Assim, na transformação de uma sociedade em nome coletivo em sociedade limitada, o limite de responsabilidade será válido a partir da transformação; para as obrigações constituídas ao tempo em que a sociedade mantinha sua qualidade anterior, manter-se-á a responsabilidade subsidiária dos sócios pelas obrigações sociais. Essa regra alcança, inclusive, aqueles que se retiraram da sociedade em função da transformação, em face do estabelecimento da *responsabilidade residual* (artigo 1.032 do Código Civil).

Contudo, a falência da sociedade transformada somente produzirá efeitos em relação aos sócios que, no tipo anterior, a eles estariam sujeitos, se o pedirem os titulares de créditos anteriores à transformação, e somente a estes beneficiará (artigos 1.115, parágrafo único, do Código Civil e 222, parágrafo único, da Lei 6.404/1976). Portanto, não pode haver determinação *ex officio* ou a requerimento do Ministério Público (exceto a favor de incapaz ou de ente público), já que se trata de direito disponível.

Em sítio de recurso repetitivo, a Primeira Seção do Superior Tribunal de Justiça, julgando o REsp 923.012/MG, decidiu que nas mutações societárias (fusão, cisão, incorporação), bem como na transformação do tipo societário ou na aquisição de fundo de comércio ou estabelecimento comercial, não há sucessão real, mas apenas legal: o sujeito passivo da relação jurídica continua a existir, ainda que metamorfoseado, ou seja, com alterações na personalidade jurídica. Assim, "na hipótese de sucessão empresarial, a responsabilidade da sucessora abrange não apenas os tributos devidos pela sucedida, mas também as multas moratórias ou punitivas referentes a fatos geradores ocorridos até a data da sucessão" (Súmula 554/STJ). O parâmetro vale para as obrigações jurídicas de outras naturezas, não se limitando às fiscais.

3 INCORPORAÇÃO SOCIETÁRIA

Na incorporação, uma ou mais sociedades são absorvidas por outra (artigos 1.116 do Código Civil e 227 da Lei 6.404/1976), operação essa que pode dar-se entre sociedades de tipos iguais ou diferentes (artigo 223 da Lei 6.404/1976); portanto, uma sociedade anônima pode incorporar sociedade limitada ou vice-versa, como exemplo. Se uma das sociedades (incorporadora ou incorporada) for sociedade por ações, aplica-se a Lei 6.404/1976, sendo que, se alguma for companhia aberta, a operação resultará numa companhia aberta (artigo 223, § 3º). A mesma regra vale para a fusão e a cisão. Cabe aos administradores obter o respectivo registro e, se for o caso, promover a admissão de negociação das novas ações no mercado secundário, no prazo máximo de 25 dias, contados da data da assembleia geral que aprovou a operação, observando as normas pertinentes baixadas pela Comissão de Valores Mobiliários.

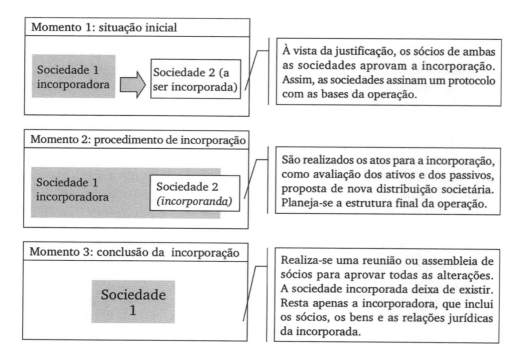

Parte Geral – Cap. 8 • Coligação, Transformação, Incorporação, Fusão e Cisão **153**

A incorporação deve ser aprovada tanto pela sociedade incorporadora, quanto pela incorporada, aplicando-se, em cada hipótese, as regras específicas do tipo societário: nas sociedades simples comum, em nome coletivo e em comandita simples, será necessária a aprovação unânime (artigos 997 e 999 do Código Civil); na sociedade limitada, aprovação por, no mínimo, três quartos do capital social (artigos 1.071, VI, e 1.076, I, do Código Civil); nas sociedades por ações, maioria na assembleia geral especialmente convocada para examinar tal proposição (artigos 223 e 227 da Lei 6.404/1976). As deliberações serão tomadas à vista de uma *justificação*, delineando as *bases da operação* (artigos 1.117 do Código Civil e 225 da Lei 6.404/1976). Aprovada a proposta de incorporação, no mesmo ato os sócios autorizarão os administradores a praticar os atos necessários à incorporação, a começar pela assinatura de um protocolo, no qual as condições da incorporação serão incluídas. Justificação e protocolo, por dizerem respeito, indistintamente, às operações de incorporação, fusão ou cisão, serão estudados em separado adiante.

A justificação de incorporação deve estimar o patrimônio que resultará da operação e a nova distribuição da participação societária. A operação exige a aprovação de um aumento de capital correspondente ao patrimônio incorporado; esse aumento corresponderá à participação dos sócios da incorporada, que se tornarão sócios da incorporadora (artigo 227, § 1º, da Lei 6.404/1976). A integralização do capital correspondente às novas quotas ou ações se fará com o patrimônio líquido da sociedade incorporada, razão pela qual os sócios da incorporadora deverão nomear peritos para avaliar as relações jurídicas da sociedade a ser incorporada, seu patrimônio ativo (direitos, créditos) e seu patrimônio passivo (deveres, obrigações), aferindo o valor do patrimônio líquido (artigos 1.117, § 2º, do Código Civil e 227, § 1º, da Lei 6.404/1976).

Findo esse procedimento, nova assembleia de sócios será convocada para aprovar o laudo de avaliação e ultimar os atos de incorporação, completados com a deliberação de extinção da sociedade incorporada (artigos 1.118 do Código Civil e 227, § 3º, da Lei 6.404/1976). Embora o legislador fale apenas em aprovação pelos sócios da incorporadora, acredito que também os sócios da incorporada têm interesse jurídico em examinar e deliberar sobre a avaliação, já que ela afeta seus direitos. Aliás, se a avaliação se afastar muito da justificação e do protocolo, têm mesmo o direito de desistir da operação. Somente se os avaliadores forem constituídos como árbitros (Lei 9.307/1996), o laudo de avaliação, em sua qualidade de *sentença* arbitral, terá que ser acatado pelos sócios de incorporadora e incorporada. Aliás, a incorporação só se efetivará nas condições aprovadas se os peritos nomeados determinarem que o valor do patrimônio ou patrimônios líquidos a serem vertidos para a formação de capital social é, ao menos, igual ao montante do capital a realizar (artigo 226 da Lei 6.404/1976). Havendo diferença a menor, os sócios podem autorizar aos administradores a subscrição em bens pelo valor da diferença que se verificar entre o ativo e o passivo (artigo 1.117, § 1º, do Código Civil).

A incorporação conclui-se com a aprovação de seus atos pela sociedade incorporadora, já com a presença dos sócios da sociedade incorporada; no mesmo ato, declararão extinta a sociedade incorporada, fazendo arquivar e publicar os atos correspondentes. Apesar de a sociedade incorporada ser extinta, nada impede que, nessa operação, aprove-se a mudança do nome da sociedade incorporadora que, assim, passe a adotar o nome da sociedade incorporada. O somatório dos patrimônios morais permite à nova coletividade social optar por um dos dois nomes ou, até, pela combinação de ambos ou por um terceiro nome. Ao fim, os sócios da sociedade incorporada receberão as ações ou quotas que lhes cabem diretamente da sociedade incorporadora (artigo 223, § 2º, da Lei 6.404/1976).

Como resultado da incorporação, todos os direitos e obrigações da sociedade incorporada passarão a ser direitos e obrigações da sociedade incorporadora. O artigo 1.116 do Código Civil fala em sucessão de direitos e obrigações, no que privilegia o aspecto nominal da incorporação: *incorporada* deixa de existir, sendo extinto o respectivo registro, *incorporadora* continua existindo e, assim, seria sucessora da *incorporada*. É uma meia verdade: na incorporação há apenas extinção do nome e registro da incorporada; o corpo social preservou-se: pessoas e patrimônio, ainda que absorvido por outra sociedade. Ora, o patrimônio é o conjunto de direitos e deveres. Se o patrimônio foi incorporado, não há sucessão, mas uma transformação (metamorfose) patrimonial e pessoal. Não há, em sentido jurídico, uma transferência de bens, nem uma circulação de mercadorias. Há mera alteração nominal do titular, já que ao *corpo* de uma sociedade acrescentou-se o *corpo* de outra.

Justamente por isso, o artigo 234 da Lei 6.404/1976 – ainda que reiterando no equívoco do termo *sucessão* – prevê que a certidão da incorporação, passada pelo Registro Civil das Pessoas Jurídicas, quando se dê entre sociedades simples, ou pelo Registro Mercantil, é documento hábil para a averbação nos registros públicos competentes das alterações nominativas decorrentes da operação, em bens, direitos e obrigações. Não haverá *registro* de transferência, pois transferência não houve; haverá mera averbação do novo nome do titular do bem, certo que, ao se incorporar a outra sociedade, a sociedade incorporada passou a existir e funcionar pelo nome da sociedade incorporadora. É o oposto do que se passa no artigo 89 da Lei 6.404/1976, no qual a incorporação do imóvel ao patrimônio da companhia, para fins de integralização de ações, se faz por inscrição, por registro da nova pessoa que titulariza o bem (aqui também não por transferência – em sentido estrito –, mas por formação coletiva de patrimônio especificado – capital –, necessário à instituição, à constituição da pessoa jurídica).

Não há transferência, mas mera assunção de um corpo social por outro corpo social, passando a constituir uma totalidade (um corpo social maior) que funciona sob o nome e a estrutura jurídica da incorporadora. A incorporada não existirá mais e não mais poderá realizar atos – mesmo processuais – com o nome empresarial anterior. Tudo se fará em nome da incorporadora. Se há processo em curso, será preciso cuidar da respectiva substituição processual.

4 FUSÃO SOCIETÁRIA

Na *fusão*, a metamorfose societária dá-se de forma ligeiramente distinta da incorporação. Não se tem uma absorção do corpo de uma sociedade por outra, mas o somatório de dois corpos societários, constituindo um terceiro corpo societário. Somam-se os patrimônios (ativo e passivo) e as coletividades sociais (sócios quotistas e/ou acionistas), mas a bem de um novo corpo social, extintas as sociedades anteriores (artigos 1.119 do Código Civil e 228 da Lei 6.404/1976), ainda que se opte por dar à terceira pessoa o nome de uma das duas sociedades que se fundiram. Não há risco de confusão entre incorporação e fusão: não é o rótulo que se dá ao evento social, mas a sua estrutura que define a situação jurídica correspondente.

Podem fundir-se sociedades de tipos iguais ou diferentes, sendo que a sociedade fruto da fusão poderá tomar qualquer tipo societário, mesmo diferente daqueles que caracterizavam as sociedades que se fundiram. Se uma ou mais das sociedades que irão se fundir, ou mesmo se a sociedade fruto da fusão, forem sociedades por ações (sociedade anônima e sociedade em comandita por ações), aplicar-se-ão as disposições específicas constantes da Lei 6.404/1976. Ademais, se uma das sociedades fundidas for uma companhia aberta, a sociedade resultante da fusão será obrigatoriamente uma companhia aberta, preservando-se assim os interesses do mercado mobiliário (artigo 223, § 3º, da Lei 6.404/1976).

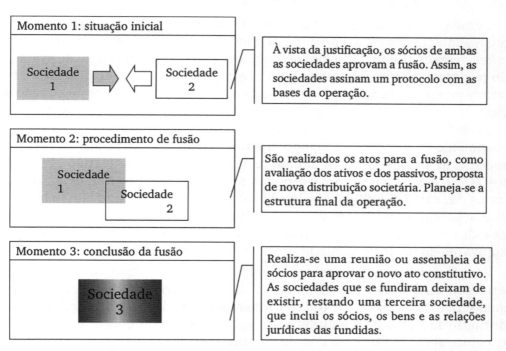

A fusão deverá ser aprovada pelos sócios de ambas as sociedades, segundo as regras específicas de cada tipo societário: unanimidade nas sociedades simples

156 Direito Empresarial Brasileiro: Direito Societário • Mamede

comum, em nome coletivo e comandita simples (artigos 997 e 999 do Código Civil); três quartos do capital social, no mínimo, na sociedade limitada (artigos 1.071, VI, e 1.076, I); maioria na assembleia geral especialmente convocada para examinar tal proposição, nas sociedades por ações (artigos 223 e 227 da Lei 6.404/1976). Ressalva-se, todavia, a possibilidade de estar previsto, no contrato ou estatuto social, quórum específico para tal deliberação, hipótese na qual os dissidentes poderão exercer o direito de recesso, ainda que a sociedade esteja contratada por tempo determinado. A deliberação dos sócios será tomada à vista de uma justificação (artigos 1.120 do Código Civil e 225 da Lei 6.404/1976), dela constando o projeto do ato constitutivo (contrato social ou estatuto social) da nova sociedade, bem como o plano de distribuição do capital social (artigo 1.120, § 1º, do Código Civil).

Se os sócios aprovarem a proposta, na mesma reunião ou assembleia serão nomeados os peritos para avaliação do patrimônio das sociedades. Sendo duas as sociedades que estudam a fusão, a recusa de sua aprovação implica fim do processo; sendo mais de duas, a recusa por parte de uma delas implicará alteração da justificação, apresentando aos sócios a situação da futura sociedade conforme aos novos participantes da fusão. À aprovação da justificação por ambas as sociedades se seguirá a assinatura pelos órgãos de administração ou sócios das sociedades interessadas de um protocolo, no qual as condições da fusão serão incluídas. Justificação e protocolo serão estudadas adiante.

Finda a avaliação, os administradores das sociedades convocarão reunião ou assembleia dos sócios para tomar conhecimento dos laudos; aqui também, parece-me ser direito dos sócios de cada sociedade, à vista do laudo de avaliação do respectivo patrimônio, desistir do negócio se houver grande diferença entre os termos da justificação e o resultado da avaliação, refletindo-se na posição societária que ocuparão na nova sociedade. Aliás, a operação só pode ser efetivada nas condições aprovadas se os peritos nomeados determinarem que o valor do patrimônio ou patrimônios líquidos a serem vertidos para a formação de capital social é, ao menos, igual ao montante do capital a realizar (artigo 226 da Lei 6.404/1976). Apenas se para o processo de fusão forem constituídos árbitros, na forma da Lei 9.307/1996, para decidir sobre o valor dos patrimônios, o laudo de avaliação, em sua qualidade de *sentença* arbitral, terá que ser acatado pelos sócios de todas as sociedades; nessa hipótese, aliás, não haverá falar em assembleia para aprovação do laudo de avaliação.

Em face dos laudos, descobre-se qual é o valor dos patrimônios das sociedades em fusão, chegando-se ao valor da sociedade a ser criada e, consequentemente, qual será a participação de cada sócio terá nesta sociedade, incluindo eventual distinção de classes de acionistas, se prevista. Os sócios devem aprovar esse laudo e, enfim, aprovar a própria criação da nova sociedade e de seu ato constitutivo (contrato ou estatuto social). A integralização do capital da nova sociedade faz-se com o patrimônio líquido das sociedades que se fundiram, embora seja lícito

Parte Geral – Cap. 8 • Coligação, Transformação, Incorporação, Fusão e Cisão **157**

estipular-se capitalização complementar pelos sócios. Com a aprovação do ato constitutivo e seu registro, a fusão conclui-se: as sociedades que se fundiram estarão extintas, devendo ter baixa no registro público, e uma nova sociedade terá sido criada (artigos 1.121 do Código Civil e 228, § 3°, da Lei 6.404/1976).

A sociedade objeto da fusão pode adotar o nome (razão social ou denominação) de uma das sociedades fundidas. O somatório dos patrimônios faz-se tanto sob o aspecto econômico, quanto sob o aspecto moral; portanto, os direitos da personalidade das sociedades fundidas enfeixam-se na sociedade fruto da fusão que, destarte, poderá escolher a razão social (desde que respeitado o princípio da veracidade que lhe é próprio) ou denominação de qualquer das sociedades que formaram o corpo social comum, ou mesmo outro.

Também na fusão, o somatório dos patrimônios das sociedades fundidas implica estarem reunidos na sociedade fruto da fusão todos os direitos e todos os deveres, até então titularizados por aquel'outras, falando os artigos 1.119 do Código Civil e 228 da Lei 6.404/1976 em sucessão nesses direitos e obrigações, no que optam por prestigiar o aspecto nominativo, isto é, o nome que se dá ao corpo unificado, fundido, das duas sociedades. Tem-se, via de consequência, uma situação análoga àquela estudada há pouco para a incorporação, havendo uma metamorfose patrimonial e pessoal, usando a expressão do Ministro Humberto Gomes de Barros no Recurso Especial 242.721/SC. Não há, em sentido jurídico, nenhuma transferência ou transmissão: as mercadorias do ativo circulante somam-se, assim como os bens do ativo permanente.

Aqui também impera o artigo 234 da Lei 6.404/1976 que, embora usando o termo *sucessão*, é correto ao estabelecer mera averbação nos registros públicos competentes da certidão de fusão passada pelo Registro Civil das Pessoas Jurídicas (sociedades simples, excetuada a cooperativa) ou pelo Registro Mercantil (sociedades empresárias e sociedade cooperativa), permitindo a alteração nominativa decorrente da operação: o nome do titular corresponderá àquele atribuído ao novo corpo social. Não é hipótese de *registro* de transferência, já que não houve transferência; tem-se mera averbação do nome pelo qual a coletividade social, ampliada pela fusão, identifica-se. Uma vez mais, algo essencialmente distinto do que se passa com o artigo 89 da Lei 6.404/1976, pelas mesmas razões expendidas na seção anterior. Aqui, igualmente, parece-me que a fusão de direitos e deveres é consequência direta da fusão, embora recomendando-se atenção ao nome adotado pela coletividade fundida.

5 CISÃO SOCIETÁRIA

O Código Civil se refere à cisão societária no título do Capítulo X (*Da transformação, da incorporação, da fusão e da cisão das sociedades*), mas dela não cuida. Aplica-se o artigo 229 da Lei 6.404/1976, além de se recorrer à analogia

158 Direito Empresarial Brasileiro: Direito Societário • Mamede

com as demais *metamorfoses sociais*. Cisão é a divisão do corpo social (patrimônio e sócios): transferência de parcelas do patrimônio da sociedade para uma ou mais sociedades, constituídas para esse fim ou já existentes, extinguindo-se a companhia cindida, se houver versão de todo o seu patrimônio, ou dividindo-se o seu capital, se parcial a versão (artigo 229 da Lei 6.404/1976). A definição legal é ampla e compreende diversas hipóteses: (1) divisão da sociedade em duas ou mais sociedades, extinguindo-se a sociedade cindida; (2) cisão parcial da sociedade, que não se extingue, apenas tem seu corpo social reduzido, sendo criada uma ou mais novas sociedades; (3) cisão parcial da sociedade, que se mantém, sendo transferido parte de seu corpo social para outra ou outras sociedades preexistentes que, destarte, incorporam essa parte do patrimônio cindido; (4) cisão total da sociedade, que se extingue, sendo transferido seu corpo social, em partes, para outras sociedades preexistentes que incorporam tais partes do patrimônio cindido; (5) cisão total da sociedade, que se extingue, sendo criada(s) nova(s) sociedade(s) e havendo incorporação de parte(s) do corpo societário por sociedade(s) preexistente(s).

No primeiro caso, tem-se extinção da pessoa jurídica cindida, já que dividida em duas ou mais pessoas jurídicas (cisão total), a implicar criação de registros específicos correspondentes, com a atribuição de nomes para cada qual. No segundo caso, cria(m)-se registro(s) específico(s) para a(s) sociedade(s) criada(s), mas se mantém o registro da sociedade cindida, que se manterá existente (cisão parcial), embora descapitalizada. Essa criação de novos registros, contudo, não acontecerá no terceiro caso, já que as partes cindidas se incorporam (incorporação societária) a sociedades preexistentes, com seu respectivo registro, implicando alteração de seu capital registrado, coletividade social e patrimônio; mas a sociedade cindida se mantém (cisão parcial), ainda que descapitalizada. Pode-se ter apenas a extinção da sociedade cindida, com baixa do seu registro, já que, no quarto caso, as partes da *cisão total* foram incorporadas por sociedades preexistentes. Por fim, tem-se uma cisão total com efeitos mistos: incorporação de parte(s) e criação de nova(s) sociedade(s).

Tais distinções se refletem no procedimento aplicável a cada um dos casos. Em todos os casos, contudo, a sociedade cindida pode ter qualquer forma societária e as parcelas cindidas podem assumir (na hipótese de ganharem personalidade jurídica própria) qualquer tipo societário ou incorporar-se à sociedade que tenha qualquer tipo. Portanto, é perfeitamente lícito haver na cisão uma ou mais transformações societárias concomitantes. Uma sociedade em nome coletivo pode cindir-se em três partes: manter-se, numa delas; a segunda parte tornar-se uma sociedade limitada; e a terceira parte incorporar-se a uma sociedade anônima. Essa transformação concomitante apenas exigirá o respeito aos preceitos reguladores da constituição e inscrição próprios do tipo para o qual se dará a conversão (artigo 1.113 do Código Civil).

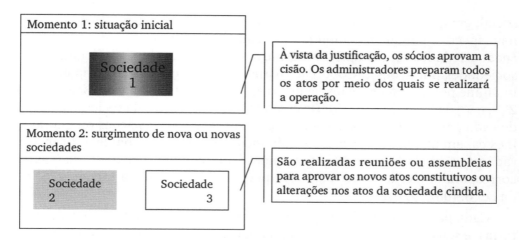

Em qualquer das hipóteses, a cisão deverá ser aprovada pelos membros da sociedade cindida, nos percentuais de votação já estudados: unanimidade nas sociedades simples em nome coletivo e em comandita simples (artigos 997 e 999 do Código Civil); três quartos do capital social, no mínimo, na sociedade limitada (artigos 1.071, VI, e 1.076, I, do Código Civil); maioria na assembleia geral especialmente convocada para examinar tal proposição, nas sociedades por ações (artigos 223 e 227 da Lei 6.404/1976). É lícito ao contrato ou ao estatuto social preverem quórum específico, menor ou maior, para tal deliberação. Se há concomitante incorporação da parcela cindida à sociedade preexistente, deverá haver aprovação dessa incorporação pela sociedade incorporadora. Segue-se a assinatura pelos órgãos de administração ou sócios das sociedades interessadas de um protocolo, no qual as condições dessa incorporação serão incluídas. Ademais, se a sociedade que irá se cindir, se uma ou mais das sociedades que resultará dessa cisão ou se uma das parcelas do corpo social cindido destinar-se à incorporação em sociedade anônima ou sociedade em comandita por ações, deverão ser respeitadas as normas específicas da Lei 6.404/1976, que regulamenta as sociedades por ações.

Todas essas deliberações se farão a partir de uma *justificação* (artigo 225 da Lei 6.404/1976), instrumento do qual constarão informações suficientes e claras sobre o evento social e seus impactos na ou nas sociedades envolvidas, designadamente capital social de cada qual e a participação societária dos quotistas ou acionistas. Se a proposta de cisão incluir a atribuição de personalidade jurídica própria a uma ou mais parcelas do corpo social cindido (instituição de uma nova sociedade, portanto), a justificação ainda trará um projeto de ato constitutivo da nova sociedade (contrato ou estatuto social). Aprovada a proposta, passa-se à avaliação do patrimônio a ser transferido; em se tratando de sociedade por ações, a assembleia que aprovar a justificação e nomear peritos funcionará como assembleia de constituição da nova companhia (artigo 229, § 2°, da Lei 6.404/1976).

Em todos os casos, nas parcelas cindidas do corpo social e na parcela que se mantenha, na hipótese de cisão parcial, a participação societária no capital social, em quotas ou ações, guardará proporção com a participação originária na respectiva parcela patrimonial; para que seja atribuída a um ou mais sócios (nas sociedades contratuais), e mesmo a determinada classe de acionistas (nas sociedades por ações), proporção distinta dessa, faz-se necessária aprovação unânime pelos demais sócios, já que o ato implica disposição de direito (artigo 229, § 5°, da Lei 6.404/1976). De qualquer sorte, os sócios da sociedade titulares de cada parte do patrimônio que foi cindida receberão as ações ou quotas que lhes cabem diretamente da sociedade incorporadora, se a parcela for incorporada por sociedade previamente existente, ou da nova sociedade, se à parcela corresponder a criação de uma nova personalidade jurídica (artigo 223, § 2°, da Lei 6.404/1976).

Cada parte cindida do corpo social é representada por participações societárias, e seus titulares, além de parcela patrimonial respectiva. Dessa maneira, havendo criação de uma personalidade própria para tal parcela (criação de uma nova sociedade) ou incorporação a outra coletividade já personalizada, não haverá, em sentido jurídico e estrito, transferência. Foi o que reconheceu a Primeira Turma do Superior Tribunal de Justiça no julgamento do Recurso Especial 242.721/SC, afirmando que a cisão não é fato gerador de ICMS: não há circulação, mas assunção de titularidade derivada da divisão da corporação. E assunção não apenas de faculdades, mas de obrigações: as relações jurídicas não se extinguem, mas se partilham como resultado do partilhamento do corpo societário.

Em relação aos débitos, a questão é mais tormentosa. De acordo com o artigo 229, § 1°, da Lei 6.404/1976, cada parcela do corpo social cindido será diretamente responsável pelos direitos e obrigações que lhe tenham sido destinados no ato da cisão; isso vale tanto para as sociedades que absorvam parcelas do patrimônio social da cindida, com extinção da sociedade originária, quanto, igualmente, para a parcela do corpo social que tenha sido conservada sob a personalidade jurídica originária, não havendo extinção. Essa distribuição, de acordo com o mesmo dispositivo, deverá respeitar a proporção dos patrimônios líquidos transferidos, sendo que, nos direitos e obrigações que não tenham sido expressamente relacionados, manter-se-á essa regra geral de proporcionalidade entre a titularidade ou responsabilidade em função da proporção do patrimônio líquido transferido. Para além dessa distribuição das obrigações entre as parcelas cindidas do corpo social, haverá, igualmente, uma responsabilidade solidária entre cada subcorpo social resultante, variando apenas em função da permanência, ou não, da sociedade cindida (artigo 233 da mesma Lei 6.404/1976).

Em primeiro lugar, se a sociedade cindida teve a antiga nominação extinta, definir-se-á uma ampla responsabilidade solidária entre todas as sociedades resultantes da cisão, por formação ou incorporação. Se a sociedade cindida subsistir, as sociedades absorventes de parcelas cindidas de seu corpo social somente responderão solidariamente pelas obrigações anteriores à cisão. O grande desafio é oferecido pelo artigo 233, parágrafo único, da Lei 6.404/1976, prevendo que o ato de cisão parcial poderá estipular que as sociedades que absorverem parcelas do patrimônio da companhia cindida serão responsáveis apenas pelas obrigações que lhes forem transferidas, sem solidariedade entre si ou com a companhia cindida. Para a validade dessa estipulação, ainda segundo o dispositivo, bastaria a publicação dos atos da cisão, cabendo aos credores anteriores, no prazo de 90 dias a contar da data da publicação, opor-se à estipulação, em relação ao seu crédito, desde que notifique a sociedade.

A norma tornou-se o grande caminho para fraudes no Direito brasileiro. A uma parte atribuem-se as piores obrigações e um patrimônio frágil (*parte podre da sociedade*), ao passo que a outra parte (dita *parte boa*) estaria perversamente blindada às dívidas. Contudo, a utilização da estratégia implica, a toda vista, nulidade que encontra múltipla escora legal: (1) o motivo determinante, comum a ambas as partes é ilícito, embora utilizando-se de hipótese legal (artigo 166, III, do Código Civil); (2) há nítido intuito de fraude (*aninus fraudandi*), ainda que concretizado por meio de licença legal, o que caracteriza fraude à lei; como dito pelo jurista romano Paulo, "opera contra lei quem faz o que a lei proíbe, depois, em fraude à lei quem, salvadas as palavras da lei, elude o sentido dela" [*contra legem facit, qui id facit, quod lex prohibet: in fraudem vero, qui salvis verbis legis, sententiam eius circumvenit*]; e é nulo o negócio jurídico que tem por objetivo fraudar lei imperativa (artigo 166, VI); (3) a cisão ficta é ato simulado e, portanto, nulo (artigo 167).

Apreciando o Recurso Especial 1.294.960/RJ, a Terceira Turma do Superior Tribunal de Justiça dispôs que, "na cisão parcial, a companhia que adquire o patrimônio da cindida sucede-a, por disposição de lei, nos direitos e obrigações. Essa sucessão se dá quanto aos direitos e obrigações mencionados no ato da cisão, em caso de cisão parcial, ou na proporção dos patrimônios transferidos mesmo sobre atos não relacionados, na hipótese de cisão com extinção. [...] O Superior Tribunal de Justiça vem se posicionando no sentido de considerar insubsistente a cláusula de exclusão de solidariedade aposta no instrumento de cisão, nos termos do artigo 233, § 1º, da Lei das S/A, quanto a credores cujo título não tiver sido constituído até o ato de cisão, independentemente de se referir a obrigações anteriores." No âmbito das razões de decidir, lê-se que "a regra do artigo 233 da Lei das Sociedades por Ações, portanto, ao regular a solidariedade entre as companhias sucessoras ou entre estas e a companhia cindida, é uma regra que complementa a sucessão legal estabelecida pelo artigo 229".

O arquivamento e a publicação dos atos de cisão caberão aos administradores das sociedades que tiverem absorvido parcelas do seu patrimônio, quando da extinção da companhia cindida. Em se tratando de cisão parcial, com mera versão parcial do patrimônio, esse dever caberá aos administradores da companhia cindida e da que absorver parcela do seu patrimônio: a que foi criada para lhe dar personalidade ou a que incorporou a parcela cindida.

6 JUSTIFICAÇÃO

Para orientar a deliberação de sócios sobre as operações de incorporação, fusão ou cisão, faz-se necessário elaborar uma *justificação* que lhes será apresentada. Na *justificação*, serão expostos os motivos ou finalidades da operação proposta e o interesse de cada sociedade na sua realização (artigo 225, I, da Lei 6.404/1976). Some-se uma descrição sobre como ficará o capital da(s) sociedade(s), incluindo uma projeção da composição, após a operação, das sociedades que deverão emitir quotas ou ações em substituição às que se deverão extinguir (artigo 225, III, da Lei 6.404/1976). Obviamente, trata-se de uma mera projeção, tomada a partir dos últimos balanços das sociedades; não há uma obrigação de predizer com exatidão. A avaliação do patrimônio definirá a proporção exata. De qualquer sorte, a justificação deverá ser a mais fiel possível, razão pela qual o prévio conhecimento de elementos que, destoantes do balanço, indiquem a probabilidade de determinados resultados sobre a composição societária da sociedade ou sociedades, após o evento social, deverão ser explanados na justificativa.

Devem ser especificadas eventuais modificações nos direitos e deveres dos sócios (artigo 225, II), o que pode decorrer da lei, quando uma sociedade seja de tipo societário diferente da sociedade envolvida na operação, ou de alterações que sejam feitas no ato constitutivo. Nas sociedades contratuais, será preciso fazer uma indicação nominativa dos sócios, descrevendo a composição societária que resultará da operação. Nas sociedades por ações, por serem institucionais, a exigência será atendida por informações que considerem espécies e classes acionárias, e a proporção de conversão, após a operação. Obviamente, para atender ao requisito legal, deverá haver informação específica sobre as quotas ou ações que deverão ser emitidas (artigo 223, § 2º), destinadas aos novos sócios que ingressarão na sociedade resultante da operação, nos moldes já estudados. Por fim, nas sociedades em que não se faz necessário voto unânime para aprovar a operação, a justificação deve trazer uma projeção, a mais fiel possível – consideradas as informações que se tenham disponíveis até então – do valor de liquidação de quota ou de reembolso de ação (artigo 225, IV), para orientar a decisão dos sócios, caso estudem exercer seu *direito de recesso*.

A justificação é elemento vital à metamorfose societária (incorporação, fusão ou cisão), designadamente nas sociedades em que as negociações sejam conduzidas pelos administradores, com parte da coletividade social delas tomando conhecimento pelo que seja apresentado em reunião ou assembleia de quotistas ou acionistas. A sua importância e gravidade é ainda maior nas sociedades com grande número de sócios, nomeadamente sociedades anônimas de capital aberto. Sua confecção deve atender, obrigatoriamente, aos princípios da socialidade (função social da empresa), eticidade (boa-fé) e moralidade (probidade), destacados os princípios da veracidade e da não surpresa. Os prejudicados podem recorrer ao Judiciário para suspender o procedimento ou para anulá-lo sempre que, diante das falhas

Parte Geral – Cap. 8 • Coligação, Transformação, Incorporação, Fusão e Cisão **163**

da *justificação*, tenham incorrido em erro substancial (artigos 138 e seguintes do Código Civil) ou tenham sido levados a errar (dolo, conforme os artigos 145 e seguintes). Como se não bastasse, a negligência ou imprudência na elaboração da justificação, tanto quanto o dolo ou o abuso de direito, caracterizarão ato ilícito (artigos 186 e 187) que, se determinando prejuízo para sócio, tanto quanto para a sociedade, implicarão a possibilidade de ação de indenização (artigo 927).

7 PROTOCOLO

A aprovação da justificação pela(s) sociedade(s) envolvida(s) na operação será seguida de assinatura de um protocolo com as condições da operação, sendo assinado pelos administradores e/ou pelos sócios, em nome da sociedade. Esse protocolo deve incluir (artigo 224 da Lei 6.404/1976) uma ampla descrição da situação societária que resultará da operação, incluindo: (1) o número, espécie e classe das quotas ou ações que serão atribuídas em substituição dos direitos de sócios que se extinguirão e os critérios utilizados para determinar as relações de substituição; (2) os elementos ativos e passivos que formarão cada parcela do patrimônio, no caso de cisão; (3) os critérios de avaliação do patrimônio líquido, a data a que será referida a avaliação e o tratamento das variações patrimoniais posteriores; (4) a solução a ser adotada quanto às ações ou quotas do capital de uma das sociedades possuídas por outra; (5) o valor do capital das sociedades a serem criadas ou do aumento ou redução do capital das sociedades que forem parte na operação; (6) o projeto ou projetos de estatuto, ou de alterações estatutárias, que deverão ser aprovados para efetivar a operação; (7) todas as demais condições a que estiver sujeita a operação. Os valores que estejam sujeitos a determinação pela avaliação a ser promovida nos patrimônios das sociedades envolvidas na operação serão indicados por estimativa (artigo 224, parágrafo único).

O protocolo é ato jurídico que caracteriza promessa, ou seja, assunção da obrigação de fazer, no caso, de concluir a negociação. O descumprimento da obrigação, do compromisso jurídico constante do protocolo, dá margem à responsabilidade civil da sociedade, ainda que os sócios tenham assinado o protocolo. De qualquer sorte, se é a resistência de um ou mais sócios que implica o descumprimento do protocolo e, destarte, a obrigação de indenizar a outra sociedade pelos danos sofridos com o inadimplemento contratual, poderá a sociedade denunciá-lo da lide ou, não o fazendo, exercer seu direito de regresso pelo que desembolsar.

O protocolo somente obriga as sociedades quando reflita razoavelmente a situação que se apresenta após a avaliação. Como já afirmei, se os peritos chegarem a valores que se afastem – e muito – do que constava da justificação e, via de consequência, do protocolo assinado, é direito da sociedade recusar o negócio, o que implica, portanto, o direito de cada um de seus sócios de votar contra a sua conclusão, sem que haja falar em descumprimento contratual e ato ilícito ense-

164 Direito Empresarial Brasileiro: Direito Societário • Mamede

jador da obrigação de indenizar. Essa interpretação é sustentada, inclusive, pelo artigo 226 da Lei 6.404/1976, a afirmar que as operações somente se efetivarão nas condições aprovadas se os peritos nomeados determinarem que o valor do patrimônio ou patrimônios líquidos a serem vertidos para a formação de capital social é, ao menos, igual ao montante do capital a realizar.

8 EFEITOS DA METAMORFOSE SOCIETÁRIA

A certidão, passada pelo registro do comércio, da incorporação, fusão ou cisão, é documento hábil para a averbação, nos registros públicos competentes, da sucessão, decorrente da operação, em bens, direitos e obrigações (artigo 234 da Lei 6.404/1976). Aliás, a metamorfose patrimonial cria, por certo, efeitos jurídicos corolários sobre a sociedade ou sociedades envolvidas e mesmo sobre terceiros. Se há transformação de tipo societário, haverá regime de regência diverso; ademais, é comum haver concomitantes alterações no ato constitutivo. Essas alterações, contudo, não podem modificar ou prejudicar os direitos dos credores, em qualquer caso (artigos 1.115 do Código Civil e 222 da Lei 6.404/1976).

No alusivo ao capital societário, as metamorfoses podem implicar integralização, nas sociedades que são criadas, capitalização ou até descapitalização, como na sociedade cindida. Ademais, as escriturações contábeis devem registrar os movimentos patrimoniais, conforme faculdades jurídicas (incluindo a propriedade de bens imóveis e móveis, materiais e imateriais) e obrigações que lhes sejam aportados ou retirados. Mas as operações mantêm capital e patrimônio afetados à exploração negocial, salvo se incluírem um concomitante procedimento de descapitalização, com transferência de bens para os titulares de quotas ou ações. A situação é ainda mais complexa pelo fato de não haver uma correlação direta entre o capital registrado da(s) sociedade(s) envolvida(s) e o(s) respectivo(s) patrimônios(s). As operações, contudo, devem ser verdadeiras e, justamente por isso, não devem se ater ao valor do capital, mas no valor do patrimônio que será utilizado para aumentar ou integralizar o capital, conforme o caso.

As operações devem ser verdadeiras, isto é, considerarem o patrimônio efetivamente verificado e não o capital registrado ou o patrimônio líquido escriturado. Fazem-se pela essência e não pela aparência. Se o patrimônio líquido é superior ao capital registrado, estará caracterizado superávit contábil, permitindo, antes de mais nada, a distribuição de lucros entre os sócios, no que se preservariam os termos da operação cujo protocolo se assinou. Também é possível negociarem para que tal sobrevalor seja aproveitado na operação; isso implicará, contudo, maior participação dos sócios daquele corpo social no corpo ou corpos sociais constituídos a partir da incorporação, fusão ou cisão. Por outro lado, se o patrimônio líquido é inferior ao capital registrado, a operação não poderá ocorrer nos termos do protocolo (artigo 226 da Lei 6.404/1976). Só se as partes anuírem com uma

Parte Geral – Cap. 8 • Coligação, Transformação, Incorporação, Fusão e Cisão **165**

redefinição do perfil societário, com menor participação dos sócios daquele corpo social, na proporção do déficit contábil, a operação poderá concluir-se. Outra solução é aportarem os sócios daquela sociedade capital extra para conservar o plano originário de participação societária de cada sócio ou classe social.

Ainda no plano das questões relativas ao capital, deve-se observar a possibilidade mui interessante de uma das sociedades envolvidas na operação ser titular de ações da outra (coligação), o que nos remete a situações de controle, coligação (*filiação*) ou mera participação societária. Nesses casos, é indispensável criar mecanismos para que uma sociedade não seja sócia de si mesma. Isso pode ser feito pelo cancelamento de participações societárias recíprocas, fortalecendo a participação dos demais sócios no corpo societário. Nas sociedades por ações, os parágrafos do artigo 226 da Lei 6.404/1976 cuidam do tema, prevendo a alternativa de se conservarem em tesouraria as ações correspondentes a tais participações recíprocas, desde que seu valor global não supere o limite dos lucros acumulados e reservas (em sentido estrito, não alcançando provimentos e fundos com destinação específica), excetuada a reserva legal. Esse movimento deve constar da justificativa, sendo aprovado pelos sócios. Ademais, estabelece-se que, nessas metamorfoses, quando realizadas entre partes independentes e vinculadas à efetiva transferência de controle, os ativos e passivos da sociedade a ser incorporada ou decorrente de fusão ou cisão serão contabilizados pelo seu valor de mercado (artigo 226, § 3º); dessa maneira, preservam-se os direitos e interesses dos demais sócios.

No que diz respeito aos efeitos sobre terceiros, sublinho a unidade dos planos ativo e passivo do patrimônio: todas as faculdades constantes do ativo garantem todas as obrigações constantes do passivo, salvo bens impenhoráveis ou direitos reais de garantia.[2] O credor considera o patrimônio ativo quando aceita a constituição de uma relação creditícia; sabe que poderá pedir a constrição dos bens do ativo para fazer valer seu crédito. A *metamorfose* societária, contudo, altera essa situação, já que determina uma mutação no corpo societário (patrimônio e/ ou pessoas). Assim, define-se prazo decadencial, contado da publicação dos atos relativos à incorporação, fusão ou cisão, para que o credor anterior, demonstrando ter sido prejudicado por ela, requeira judicialmente a anulação da operação (artigos 1.122 do Código Civil e 232 da Lei 6.404/1976). A regra deve ser vista com cautela, já que a publicação determina mera ciência ficta dos interessados. Acredito que a metamorfose societária não pode ocorrer em prejuízo de terceiros de boa-fé, razão pela qual creio que o credor, mesmo se não age contra a operação, conserva direito à satisfação de seu crédito, vinculando-o ao patrimônio ativo conforme o tempo da constituição.[3] Se tal patrimônio, no todo ou em parte, foi

---

[2]   Conferir MAMEDE, Gladston. *Código civil comentado*: penhor, hipoteca e anticrese: artigos 1.419 a 1.510. São Paulo: Atlas, 2003. v. 14, p. 34-36.

[3]   Conferir SENA, Adriana Goulart de. *A nova caracterização da sucessão trabalhista*. São Paulo: LTr, 2000.

166 Direito Empresarial Brasileiro: Direito Societário • Mamede

assimilado por outra sociedade, fruto de incorporação, fusão ou mesmo cisão, continuará a responder pela obrigação. Afinal, há na operação uma sucessão em bens, direitos e obrigações (artigo 234 da Lei 6.404/1976).

As metamorfoses societárias também não têm o condão de alterar as disposições constantes nos ajustes firmadas pela(s) sociedade(s). Essas contratações se conservam, embora possam experimentar uma mutação nominal, passando a vincularem-se ao patrimônio da sociedade incorporadora, da sociedade objeto da fusão ou da sociedade que, na cisão, foi destinatária do ajuste. Isso inclui mesmo a estipulação de cláusula compromissória de arbitragem que, assim, vinculará a nova parte. Afinal, se o compromisso é disposto numa contratação, a cláusula comporá o ajuste, na qualidade de parte acessória, transferindo-se com o contrato, se há cessão ou sucessão, assim como nas incorporações, fusões ou cisões. Noutras palavras, reitero que a metamorfose societária não tem o condão de prejudicar os direitos de terceiros; não se cuida de um meio para a extinção de obrigações.

O artigo 232 da Lei 6.404/1976 fixa prazo de até 60 dias para pleitear judicialmente a anulação da operação; o artigo 1.122 do Código Civil o fixa em 90 dias. Acredito que houve derrogação do primeiro prazo pela norma posterior. Mas é melhor não correr tal risco, já que se pode argumentar que o artigo 232 da Lei 6.404/1976 é norma específica para as sociedades por ações. De qualquer sorte, são uníssonos os dispositivos quando preveem que a consignação em pagamento do valor do crédito do autor prejudicará a anulação pleiteada, já que perderá interesse jurídico no pedido. Também ficará prejudicada a ação se, sendo ilíquida a dívida, a sociedade garantir-lhe a execução; como se trata apenas de garantia, não haverá extinção da ação de anulação, mas mera suspensão de seu curso (artigos 1.122, § 2º, e 232, § 2º, da Lei 6.404/1976).

Por outro lado, esses mesmos dispositivos garantem a todos os credores da sociedade incorporada, da sociedade fundida ou da sociedade cindida, o direito de pedir a separação dos patrimônios se, no prazo de 90 dias ocorrer a falência da sociedade incorporadora, da sociedade nova ou da cindida. A separação resultará numa preservação da situação anterior, permitindo que os créditos sejam pagos pelos bens das respectivas massas. Note-se que, se o pedido for assim formulado, não haverá mera anulação da operação, implicando uma volta ao *status quo ante*, mas apenas separação das respectivas massas; esse fato pode não ser interessante para os credores que, raramente, preservam seus créditos quando submetidos à execução coletiva. O pedido de anulação – que teria na decretação da falência demonstração inequívoca de que a operação foi lesiva ao crédito, atendendo aos arts. 1.122 do Código Civil e 232 da Lei 6.404/1976 – poderá ser recomendável pois, restituindo os corpos sociais ao *status quo ante*, poderá traduzir-se na preservação de uma das sociedades da falência requerida por obrigação da outra.

Por fim, coloca-se, como efeito da metamorfose o direito de recesso. Nas sociedades contratuais, há um amplo direito de retirar-se da sociedade contratada por tempo indeterminado (no artigo 1.029 do Código Civil); se contratada por tempo determinado, a deliberação de *metamorfose societária* permite o recesso pelo vencido, no prazo de 30 dias (artigo 1.077). Nas sociedades por ações, podem exercer o direito de recesso os vencidos na deliberação de incorporação ou fusão (artigo 230 da Lei 6.404/1976) e na cisão (artigo 137 da Lei 6.404/1976). Some-se o direito de retirada se a incorporação, fusão ou cisão envolverem uma companhia aberta e as sociedades advindas da mutação societária não forem igualmente abertas, obtendo o registro respectivo e promovendo a admissão de negociação das novas ações no mercado secundário (artigo 223, § 4°). Se a operação implicar transformação do tipo societário – por exemplo, de sociedade aberta em sociedade fechada, ou de sociedade anônima aberta em sociedade limitada –, o direito de retirada será imediato, devendo ser exercido nos 30 dias seguintes à assembleia geral que aprovou a operação; nesse caso específico, o direito de retirada somente beneficiará àqueles que não votaram a favor da transformação.

9   *DUE DILLIGENCE* (AUDITORIA PRÉVIA)

Embora o legislador tenha silenciado a respeito, o mercado percebeu que as operações de incorporação, fusão e aquisição de controle implicam um risco enorme, resultado direto do princípio do sigilo escritural e de todo o segredo que envolve a administração empresarial. Para evitar essas surpresas, o mercado criou um procedimento interessante, que não está previsto na legislação: as partes envolvidas no pretenso negócio ajustam entre si o direito de se realizar uma auditoria prévia da sociedade que se pretende incorporar ou cujo controle societário se pretenda adquirir, ou de ambas as sociedades, para os casos de fusão. Essa auditoria prévia é geralmente conhecida como *due dilligence*.

Como não tem previsão legal, a auditoria prévia (*due dilligence*) atenderá àquilo que for contratado entre as partes, sendo recomendável fazê-lo por meio de instrumento escrito, firmado por todas as partes envolvidas. Também não há um momento certo para que a investigação tenha curso. Pode ser feita antes mesmo de a operação ser levada para a aprovação das coletividades sociais, orientando a definição das bases do negócio e, assim, a elaboração da justificativa, assim como pode ser prevista no protocolo como fase para que se apurem se as bases do negócio, dispostas na justificativa, correspondem à realidade verificada na empresa. O mais seguro, até para evitar repercussões negativas no mercado em geral, é ajustar-se sua realização antes mesmo de a matéria ser levada às coletividades sociais, fazendo constar do instrumento uma cláusula de sigilo, por meio da qual as partes assumam o compromisso de não relatarem a ocorrência do procedimento caso o negócio não venha a se realizar. Esse dever de sigilo deve ser estendido a administradores, sócios e prepostos responsáveis pela auditoria.

Também o alcance das investigações será definido no instrumento firmado pelas partes. A hipótese mais simples é a auditoria das escriturações contábeis, incluindo conferência dos documentos que comprovam os lançamentos feitos nos livros. Contudo, amplia-se a prática de permitir investigações mais amplas, que incluem a verificação do estado dos bens que compõem o ativo, aferição da situação das relações contratuais mantidas pela sociedade (passadas e presentes), aferição das obrigações que compõem o passivo, exame do estágio em que estão as demandas judiciais e arbitrais (ainda que tramitem sob cláusula de sigilo). Não é só. É cada vez mais comum a previsão de que os auditores podem entrevistar executivos, fornecedores, clientes mais importantes e mesmo trabalhadores. Em muitos casos, são essas entrevistas que oferecem pistas sobre riscos, práticas ilícitas e outras distorções que podem não ser nada interessantes. Por exemplo, pode-se descobrir que a lucratividade tem origem no desrespeito às normas trabalhistas, fraudes fiscais, sanitárias, metrológicas, prática de atos de corrupção, entre outras.

Mas, reitero, não há regra legal para essa auditoria (*due dilligence*) que, assim, deverá ser acertada entre as partes, incluindo no que diz respeito ao seu conteúdo e extensão. Contudo, a realização de uma auditoria prévia o mais minuciosa possível, consideradas as particularidades de cada caso, corresponde ao dever de diligência que deve ser revelado por todos os administradores empresariais. E quanto maior o negócio, quanto maior a corporação, maior essa obrigação: conferir tribunais; investigar notícias publicadas, no passado, sobre a empresa.

Embora seja óbvio que, em face do que se descobriu na auditoria prévia (*due dilligence*), a parte possa desistir do negócio, melhor será quando o contrato prévio que prevê a investigação regule esse direito de desistência da operação, bem como as consequências envolvidas.

9
Desconsideração da Personalidade Jurídica

1 MAU USO DA PERSONALIDADE JURÍDICA

A atribuição de personalidade para os contratos e estatutos societários é um artifício jurídico cunhado, ao longo da evolução social, econômica e jurídica da humanidade, para otimizar a *marcha desenvolvimentista* das relações interindividuais. É essa a função social do instituto. Seu manejo doloso, seu uso com imprudência ou negligência, assim como seu exercício em moldes que excedem manifestamente os limites impostos pelo seu fim econômico ou social, pela boa-fé ou pelos bons costumes, constituem ato ilícito. E se há uso ilícito da personalidade jurídica de sociedade, associação ou fundação, daí decorrendo danos a terceiros, é preciso responsabilizar civilmente aquele(s) que deu(ram) causa eficaz a tais prejuízos. Esse parâmetro é válido para sócios, administradores e, até, para terceiros que, embora não estejam formalmente vinculados à pessoa jurídica, usam-na ilicitamente, ainda que por intermédio de terceiros (*laranjas*, na linguagem coloquial).

Assim, para responder à utilização ilícita da atribuição de personalidade jurídica aos entes escriturais, cunhou-se a desconsideração da personalidade jurídica. Trata-se de mecanismo grave, que recomenda aplicação cautelosa. Contudo, um grande equívoco tornou-se endêmico no Direito brasileiro: a banalização do instituto, aplicando-o a partir da mera inadimplência pela sociedade de suas obrigações. É um grave erro. Creio que a desconsideração deve estar diretamente ligada ao mau uso da personalidade jurídica, não prescindindo do aferimento de dolo, abuso de direito, fraude, dissolução irregular da empresa, confusão patrimonial ou desvio de finalidade. Em suma, não é correto afirmar a desconsideração da personalidade jurídica como consequência direta da inadimplência.

Segundo o artigo 50 do Código Civil, com a redação que lhe deu a Lei 13.874/19, em caso de abuso da personalidade jurídica, caracterizado pelo desvio de finalidade ou pela confusão patrimonial, pode o juiz, a requerimento da parte, ou do Ministério Público quando lhe couber intervir no processo, desconsiderá-la para que os efeitos de certas e determinadas relações de obrigações sejam estendidos aos bens particulares de administradores ou de sócios da pessoa jurídica beneficiados direta ou indiretamente pelo abuso.

A aplicação da teoria da desconsideração da personalidade jurídica não pode ser encarada como panaceia para atender a credores insatisfeitos. Preserva-se no Direito brasileiro a regra geral da distinção entre as personalidades e os patrimônios entre a sociedade e a pessoa de seus sócios e administradores. Mais do que isso, mantém-se por igual a previsão legal de ausência de responsabilidade subsidiária dos sócios nas sociedades em comandita simples (em relação aos sócios comanditários), sociedade limitada, sociedade anônima e sociedade em comandita por ações (excetuados os administradores). A desconsideração da personalidade jurídica é medida de exceção, a ser utilizada apenas em hipóteses específicas, que serão agora estudadas.

No corpo do acórdão que julgou o Recurso Especial 1.315.110/SE, a Terceira Turma do Superior Tribunal de Justiça destacou que, "de acordo com a *Teoria Menor da Desconsideração*, que tem aplicação restrita a situações excepcionais em que se mostra necessário proteger bens jurídicos de patente relevo social e inequívoco interesse público, a incidência da desconsideração se justificaria pela simples comprovação da insolvência da pessoa jurídica para o pagamento de suas obrigações, independentemente da existência de desvio de finalidade ou de confusão patrimonial. A referida teoria foi acolhida em nosso ordenamento jurídico excepcionalmente no Direito do Consumidor e no Direito Ambiental. Confira-se, à guisa de exemplo, os seguintes precedentes: REsp 279.273, 3ª Turma, de minha relatoria para Acórdão, *DJ* de 29.03.2004, REsp 1.096.604/DF, 4ª Turma, Rel. Min. Luis Felipe Salomão, *DJe* de 16.10.2012 e REsp 1.169.175/DF, *DJe* de 04.04.2011. Na legislação pátria, todavia, adotou-se, como regra geral, a Teoria Maior da Desconsideração, segundo a qual a mera demonstração de estar a pessoa jurídica insolvente para o cumprimento de suas obrigações não constitui motivo suficiente para a desconsideração da personalidade jurídica. Exige-se, portanto, para além da prova de insolvência, ou a demonstração de desvio de finalidade, ou a demonstração de confusão patrimonial. Assim, em virtude da adoção da Teoria Maior da Desconsideração, é necessária a comprovação do desvio de finalidade ou a demonstração de confusão patrimonial. É, necessário, portanto, comprovar que *alguém* – via de regra, um gerente ou administrador, praticou ato reconhecido como fraudulento ou abusivo."

1.1 Desvio de finalidade

De acordo com o § 1° do artigo 50 do Código Civil, incluído pela Lei 13.874/19, desvio de finalidade é a utilização da pessoa jurídica com o propósito de lesar credores e para a prática de atos ilícitos de qualquer natureza. Trata-se de ato doloso. O uso da pessoa jurídica para a prática consciente de atos ilícitos não se amolda à função social do instituto. Mas é indispensável dolo. A simples prática de ato ilícito pela sociedade não é hipótese de despersonificação.

Essencialmente, não se admite o uso doloso (artigo 186) ou abusivo (artigo 187) da pessoa jurídica com o objetivo de praticar ato ilícito e, assim, causar danos a terceiro. O ato societário, nessas circunstâncias, será nulo (artigo 166, II, III e VI), devendo ser desconsiderado como tal para, assim, obrigar a seu verdadeiro responsável. Essa utilização ilícita da pessoa jurídica pode ser feita pelos sócios, pelo administrador, bem como por terceiro que, por meio de interpostas pessoas (mesmo jurídicas), manipula a personalidade jurídica para se beneficiar indevidamente.

Atente-se para o § 5° do artigo 50 do Código Civil, incluído pela Lei 13.874/19: "não constitui desvio de finalidade a mera expansão ou a alteração da finalidade original da atividade econômica específica da pessoa jurídica". A nova previsão é curiosa. A pessoa jurídica é um *ser finalístico*: é constituída para determinada finalidade, para certo objeto, como se apura em seu ato constitutivo. Sua atuação só é regular quando respeita as normas e princípios jurídicos, incluindo o ato constitutivo. No entanto, por força da previsão legal, o ato que foge desses parâmetros não caracteriza *desvio de finalidade* e não dá margem à desconsideração da personalidade jurídica.

1.2 Confusão patrimonial

Não só a personalidade jurídica da sociedade é distinta da personalidade jurídica de seus sócios, como o patrimônio da pessoa jurídica é distinto dos patrimônios de seus sócios. Esse princípio vincula inclusive os próprios sócios e o administrador, que estão obrigados a tratar o patrimônio societário de forma correta, preservando direitos e interesses de todas as partes envolvidas: a própria sociedade, os sócios e terceiros (o Fisco, os trabalhadores, os consumidores etc.). A sociedade mantém – e deve manter – relações jurídicas próprias, que não devem se confundir com as relações dos sócios, do administrador ou, mesmo, de outras entidades com as quais sejam definidas relações de fato ou de direito.

Estabelece o § 2° do artigo 50 do Código Civil, incluído pela Lei 13.874/19, que se entende por confusão patrimonial a ausência de separação de fato entre os patrimônios, caracterizada por: (1) cumprimento repetitivo pela sociedade de obrigações do sócio ou do administrador ou vice-versa; (2) transferência de

172 Direito Empresarial Brasileiro: Direito Societário • Mamede

ativos ou de passivos sem efetivas contraprestações, exceto os de valor proporcionalmente insignificante; e (3) outros atos de descumprimento da autonomia patrimonial.

O embaralhamento de obrigações e faculdades da sociedade com as relativas a outros patrimônios, designadamente do sócio, administrador ou de outra entidade não é lícito, rompendo com os princípios que dão sustentação ao artifício jurídico da pessoa jurídica. Por isso, a verificação de confusão patrimonial caracteriza abuso no uso da personalidade jurídica, autorizando a desconsideração da personalidade jurídica da sociedade, para reconhecer a responsabilidade do sócio, administrador ou entidade coligada de fato ou de direito (artigo 50 do Código Civil).

Esteja-se atento para a previsão anotada no § 4° do artigo 50 do Código Civil, incluído pela Lei 13.874/19: "a mera existência de grupo econômico sem a presença dos requisitos de que trata o caput daquele artigo não autoriza a desconsideração da personalidade da pessoa jurídica". Se não há confusão entre direitos e obrigações, entre créditos e débitos, entre os patrimônios das sociedades que compõem o mesmo grupo econômico, não pode haver desconsideração da personalidade jurídica para fazer as obrigações de uma(s) ser suportada por outra(s). Na mão contrária, é preciso atentar para o fato de que, mesmo não havendo grupo econômico, havendo confusão patrimonial, a desconsideração da personalidade jurídica é possível para, assim, fazer com que as obrigações de uma sociedade seja suportada por outra sociedade.

2 RELAÇÕES DE CONSUMO

Segundo o Código de Defesa do Consumidor, o juiz poderá desconsiderar a personalidade jurídica da sociedade quando, em detrimento do consumidor, houver abuso de direito, excesso de poder, infração da lei, fato ou ato ilícito ou violação dos estatutos ou contrato social. A desconsideração também será efetivada quando houver falência, estado de insolvência, encerramento ou inatividade da pessoa jurídica provocados por má administração (artigo 28). Como facilmente se percebe, uma das hipóteses listadas, a *violação das regras que estejam dispostas no contrato social*, confunde-se com o desvio de finalidade, nos moldes acima estudados. Será preciso, portanto, examinar as demais.

Abuso de direito caracteriza ato ilícito, configurando-se sempre que o titular de um direito (de uma faculdade), ao exercê-lo, excede manifestamente os limites impostos pelo seu fim econômico ou social, pela boa-fé ou pelos bons costumes (artigo 187 do Código Civil). Portanto, há limites para o exercício de uma faculdade jurídica; se são excedidos de forma manifesta, inequívoca, pratica-se um ato ilícito. As faculdades jurídicas têm uma razão que legitima sua existência e sua eficácia. Seu exercício deve cumprir os parâmetros da razão legal, conservando o equilíbrio fundamental entre o interesse de uma pessoa e os interesses das demais (de uma, algumas ou de todas, ou seja, o interesse da coletividade, o interesse público). É o pacto fundamental do Estado Democrático de Direito. Como facilmente se percebe, embora listado como hipótese de desconsideração da personalidade jurídica pelo Código de Defesa do Consumidor, o abuso de direito caracteriza ato ilícito (artigo 187 do Código Civil) e, assim, permite a desconsideração da personalidade jurídica mesmo fora de uma relação consumerista. Assim, se houve abuso de direito na prática de ato societário, segundo os parâmetros acima vistos, será possível desconsiderar a personalidade jurídica para afirmar a responsabilidade daquele(s) que contribuiu(íram) para o ato abusivo, direta ou indiretamente, praticando-o ou permitindo que fosse praticado.

Excesso de poder. A expressão *excesso de poder* surpreende o intérprete pelas possibilidades semânticas que revela. Em primeiro lugar, excesso de poder pode ser interpretado como ato *ultra vires* (artigos 115 a 120 do Código Civil), considerando a atribuição de poderes para o(s) administrador(es) societários e também a prepostos. Esse aspecto ainda se impacta pela aplicação da teoria da aparência: nos casos em que não é razoável pretender que o parceiro negocial, a exemplo do consumidor ordinário, exija a apresentação do ato constitutivo ou documento apartado com atribuição de poder e competência ao preposto, os atos do preposto vinculam a sociedade que lhe são aparentemente próprios, como examinado anteriormente. Ainda assim, afirma-se a responsabilidade pessoal de quem o praticou, sem prejuízo da responsabilidade solidária da sociedade.

Por outro lado, a expressão *excesso de poder* pode ser compreendida como não se referindo à outorga de poderes para representação, mas relativa ao ambiente econômico das atividades negociais, próprios dos ajustes de consumo. Poder, aqui, seria o poder econômico da sociedade fornecedora, sua capacidade de submissão ilícita ou meramente abusiva do mercado consumidor a seus atos. O excesso de poder, tomado como abuso do poder econômico, é ato ilícito e, como tal, permite a desconsideração da personalidade jurídica para determinar que o patrimônio do sócio ou administrador diretamente responsável pela infração da Ordem Econômica, em detrimento de consumidor, seja responsabilizado pessoalmente pela sua prática. Como facilmente se percebe também dessas considerações, há aqui outra hipótese que, apesar de inserida no Código de Defesa do Consumidor, não se aplica exclusivamente às relações de consumo, mas mesmo às relações civis ordinárias.

Infração da lei, fato ou ato ilícito permite a desconsideração da personalidade jurídica (artigo 28 do Código de Defesa do Consumidor). *Fato jurídico* é toda ocorrência que tem implicação jurídica; entre os fatos, se destacam os *atos jurídicos*, que são *ações humanas*. Não me parece que o fato não humano possa ser ilícito, já que não há licitude ou ilicitude nos fenômenos da natureza, que pertencem ao plano do ser e não ao plano do dever-ser. Portanto, fato ilícito e ato ilícito devem ser interpretados como sinônimos. Mais: sinônimos entre si e sinônimos em relação à expressão *infração da lei* (*contra legem facit*): atuar – agir ou omitir-se – ilicitamente é, por certo, infringir a lei.

174 Direito Empresarial Brasileiro: Direito Societário • Mamede

Doutrina e jurisprudência interpretam de forma diversa a possibilidade de desconsideração da personalidade jurídica por *infração da lei, fato ou ato ilícito*. Há quem pretenda que basta a ocorrência de ilicitude, qualquer que seja. Não é o meu entendimento, certo que uma interpretação assim larga significaria extinguir os limites de responsabilidade social. Se o legislador o quisesse, teria simplesmente previsto que administradores e sócios são sempre subsidiariamente responsáveis pelas obrigações consumeristas. Isso não foi feito. Assim, parece-me que se trata de *infração da lei, fato ou ato ilícito* no comportamento ativo ou omissivo dos que praticam atos societários e negociais, ou seja, dos que concretizam as atividades negociais do fornecedor. Assim, deve-se afastar a responsabilidade de quem nada tenha contribuído para a prática do ato. Em suma, não me parece que a norma esteja simplesmente transferindo para sócios e administradores a insegurança da atividade econômica dos empreendimentos.

2.1 Má administração

Má administração, nas relações de consumo, a ocorrência de má administração permite a desconsideração da personalidade jurídica da sociedade fornecedora para responsabilizar aquele ou aqueles que sejam eficazmente responsáveis, por ação ou por omissão, pela desídia ou inabilidade que determinou lesão a direito do consumidor, permitindo seja ele ressarcido. É parâmetro que também alcança as infrações à ordem econômica. Entre as qualidades de fornecedor está a *profissionalidade* no *desenvolvimento de atividade* (artigo 3º da Lei 8.078/1990), o que é distinto da prática de ato eventual. O fornecedor está obrigado a um comportamento eficiente, hábil a garantir o cumprimento das normas de proteção consumeristas (artigo 6º). A incompetência ou a inapetência para a condução do negócio constitui ato ilícito por si só. É comportamento culposo, determinando práticas negligentes e/ou imprudentes. Assim, lesam-se direitos básicos do consumidor (artigo 6º). Eis a justificativa para a despersonificação.

A caracterização da *má administração*, autorizando a desconsideração da personalidade jurídica, pressupõe um estado objetivo, deixam claro as Leis 8.078/1990: o fim da sociedade, resultado (1) da decretação da insolvência da sociedade simples ou da falência da sociedade empresária, (2) do encerramento regular de suas atividades (incluindo, portanto, deliberação de dissolução, liquidação e baixa do registro) e (3) da mera inatividade, ou seja, a inoperância da sociedade que, sem ter sido regularmente dissolvida, deixou – em definitivo ou por determinado tempo (é indiferente) – de manter suas atividades. A partir desse quadro objetivo, faz-se necessário demonstrar que a ele se chegou como resultado de *má administração*; incontáveis situações objetivas de fim da sociedade estarão, por certo, excluídas. Só quando haja demonstração de *má administração* haverá condições para a desconsideração.

Há *má administração* se há *desídia*: abandono da administração (em definitivo ou por lapso de tempo suficiente para determinar danos irreversíveis que conduzam ao fim das atividades), desinteresse habitual pelos assuntos societários, falta de compromisso com o empreendimento. Trata-se de uma forma específica de abuso de direito, já que o administrador ou sócio mantém as atividades negociais embora sem delas cuidar, no que transfere para terceiros o risco de sua inapetência pelos negócios que ainda se realizam por meio da sociedade e, assim, a probabilidade de que danos ocorram. Por outro lado, ter-se-á má administração, igualmente, quando se afira inabilidade, incompetência, imperícia, concretizada por meio da prática de atos que caracterizem inabilidade flagrante, incontestável.

A desconsideração da personalidade jurídica na hipótese de má administração não se faz indistintamente; a decisão judicial que a reconhecer – demonstrando a ocorrência dos pressupostos específicos, como examinados acima – deverá, ademais, determinar aquele ou aqueles que, com a medida, responderão pessoalmente pela obrigação que seria da sociedade. Aqui, também, faz-se necessária a investigação cuidadosa de comportamentos – ações ou omissões – que tenham, eficazmente, determinado a má administração.

Ressarcimento frustrado. De acordo com o § 5º do artigo 28 do Código de Defesa do Consumidor, a despersonalização da sociedade também poderá ser determinada sempre que sua personalidade for, de alguma forma, obstáculo ao ressarcimento de prejuízos causados aos consumidores. Para muitos, a partir dessa regra, pode-se desconsiderar a personalidade jurídica da sociedade fornecedora em qualquer caso, bastando que haja uma obrigação não satisfeita para com um consumidor. Essa interpretação parece-me absurda; se o legislador quisesse ser tão amplo, teria simplesmente previsto não se aplicar contra consumidores limites de responsabilidade societária. O dispositivo, portanto, não pode ser visto como uma ampla e irrestrita desconsideração da personalidade jurídica em favor dos consumidores, acredito.

Acredito que a norma apenas cria uma licença genérica para a desconsideração da personalidade jurídica fora das hipóteses de dolo, fraude, desvio de finalidade, confusão patrimonial, abuso de direito, excesso de poder, prática de ato ilícito ou má administração, fugindo aos riscos da definição de *situações-modelo, paradigmáticas, típicas*. Ainda assim, sua aplicação exige a demonstração fundamentada, pelo *decisum*, de que o ato ou o fato identificado é motivo suficiente para permitir a desconsideração da personalidade jurídica, à míngua de tipificação legal. Não se trata de mera fundamentação à luz dos fatos, mas de demonstração da relevância jurídica da situação hipotética, a justificar a desconsideração da personalidade jurídica.

No entanto, não se pode desconhecer que o grande precedente jurisprudencial sobre o tema foi o julgamento do Recurso Especial 279.273/SP, decidido, por apertada maioria, pela Terceira Turma do Superior Tribunal de Justiça:

"Responsabilidade civil e Direito do consumidor. Recurso especial. *Shopping Center* de Osasco-SP. Explosão. Consumidores. Danos materiais e morais. Ministério Público. Legitimidade ativa. Pessoa jurídica. Desconsideração. Teoria maior e teoria menor. Limite de responsabilização dos sócios. Código de Defesa do Consumidor. Requisitos. Obstáculo ao ressarcimento de prejuízos causados aos consumidores. Art. 28, § 5º.

– Considerada a proteção do consumidor um dos pilares da ordem econômica, e incumbindo ao Ministério Público a defesa da ordem jurídica, do regime democrático e dos interesses sociais e individuais indisponíveis, possui o Órgão Ministerial legitimidade para atuar em defesa de interesses individuais homogêneos de consumidores, decorrentes de origem comum.

– A teoria maior da desconsideração, regra geral no sistema jurídico brasileiro, não pode ser aplicada com a mera demonstração de estar a pessoa jurídica insolvente para o cumprimento de suas obrigações. Exige-se, aqui, para além da prova de insolvência, ou a demonstração de desvio de finalidade (teoria subjetiva da desconsideração), ou a demonstração de confusão patrimonial (teoria objetiva da desconsideração).

– A teoria menor da desconsideração, acolhida em nosso ordenamento jurídico excepcionalmente no Direito do Consumidor e no Direito Ambiental, incide com a mera prova de insolvência da pessoa jurídica para o pagamento de suas obrigações, independentemente da existência de desvio de finalidade ou de confusão patrimonial.

– Para a teoria menor, o risco empresarial normal às atividades econômicas não pode ser suportado pelo terceiro que contratou com a pessoa jurídica, mas pelos sócios e/ou administradores desta, ainda que estes demonstrem conduta administrativa proba, isto é, mesmo que não exista qualquer prova capaz de identificar conduta culposa ou dolosa por parte dos sócios e/ou administradores da pessoa jurídica.

– A aplicação da teoria menor da desconsideração às relações de consumo está calcada na exegese autônoma do § 5º do art. 28, do CDC, porquanto a incidência desse dispositivo não se subordina à demonstração dos requisitos previstos no *caput* do artigo indicado, mas apenas à prova de causar, a mera existência da pessoa jurídica, obstáculo ao ressarcimento de prejuízos causados aos consumidores".

A maioria foi conduzida pela Ministra Nancy Andrighi, responsável pela ementa acima, discordando do voto do relator originário, proferido pelo Ministro Ari Pargendler, para quem "o artigo 28, *caput*, do Código de Defesa do Consumidor prevê a desconsideração da personalidade jurídica da sociedade quando, em detrimento do consumidor, houver *'abuso de direito, excesso de poder, infração da lei, fato ou ato ilícito ou violação dos estatutos ou contrato social'*. [...] Com efeito, sem a presença de uma dessas circunstâncias, o suporte fáctico do artigo 28, *caput*, não

Parte Geral – Cap. 9 • Desconsideração da Personalidade Jurídica **177**

se completa, e, portanto, não incide a aludida norma jurídica – nada importando que o § 5º aparente que a desconsideração da pessoa jurídica possa ser mero efeito da necessidade de ressarcir os prejuízos causados aos consumidores, *verbis*: '§ 5º Também poderá ser desconsiderada a pessoa jurídica sempre que sua personalidade for, de alguma forma, obstáculo ao ressarcimento de prejuízos causados aos consumidores'. Na técnica de interpretação, o parágrafo não tem autonomia, subordinando-se aos limites do *caput*".

Também compondo a minoria, o Ministro Carlos Alberto Menezes Direito. Seu voto principia por destacar: "Na vida econômica, os conflitos não podem ser eternizados, sob pena de absoluta inutilidade da prestação jurisdicional. Do mesmo modo, o emaranhado de leis causa facilidades para manobras de toda a ordem, beneficiando os espertos e criando dificuldades aos honestos, que cumprem as suas obrigações. Mais grave ainda, dá ensanchas ao inadimplente de escapar ileso, deixando um vácuo na relação econômica, pela utilização de meios capazes de enredar o sistema de direito positivo. É nesse contexto que se deve examinar a teoria da desconsideração da personalidade jurídica. E a sua origem está bem vinculada ao panorama antes delineado".

"Formalmente, foi o direito inglês que inaugurou a proteção contra a fraude na atividade econômica, por meio do chamado '*Companies Act*', de 1929, que estabeleceu a competência da Corte para declarar que todos os que participaram, de forma consciente, da fraude constatada no curso da liquidação de uma determinada sociedade, seriam considerados responsáveis, direta e ilimitadamente, pela obrigação. Mas no direito norte-americano, desde o século XVI, já existiam instrumentos para evitar atos fraudulentos, aparecendo nos primeiros anos do século vinte o denominado '*Uniform Fraudulent Conveyance Act*', e já nos oitenta a revisão no '*Uniform Fraudulent Transactions Act*'. Ganhou fôlego a teoria, conhecida no direito anglo-saxão como '*disregard of legal entity*', espraiando-se pela Alemanha com a '*durchgriff der juristichen personen*', pela Itália com o '*superamento della personalità giuridica*', pela França com a '*mise à l'ecart de la personalité morale*'."

"[...] O que se deve considerar no trato doutrinário da desconsideração da personalidade jurídica é a sua utilização apenas para evitar o abuso ou a fraude, todas as vezes que a personalidade jurídica da sociedade comercial, na forma do art. 20 do Código Civil [de 1916], for utilizada como instrumento para prestigiar aquele que manipula a pessoa jurídica com o objetivo de fugir do adimplemento de uma dada obrigação. [...] A meu sentir, no plano doutrinário, a desconsideração da personalidade jurídica cabe quando houver a configuração de abuso ou de manipulação fraudulenta do princípio da separação patrimonial entre a sociedade e seus membros. O que se quer é evitar a manipulação da autonomia patrimonial da sociedade como meio de impedir, fraudulentamente, o resgate de obrigação assumida nos termos da lei. E, assim mesmo, a doutrina não conduz à extinção da sociedade, que permanece existindo regularmente, mas, tão somente, afasta a separação patrimonial em uma determinada circunstância. [...] Como sabido, o objetivo maior da desconsideração da personalidade jurídica é responsabilizar o sócio por dívida formalmente imputada à sociedade. Mas, isso não quer dizer que não possa ocorrer o contrário, ou seja, o afastamento da autonomia patrimonial para responsabilizar a sociedade por dívida do sócio, desde que caracterizada a manipulação fraudulenta."

Esclareceu o Ministro Carlos Alberto Menezes Direito que tais "lineamentos básicos da doutrina bem revelam que a aplicação jurisprudencial é de fundamental importância para que se possa aferir bem a extensão por ela alcançada no direito brasileiro. Só recentemente, com o Código de Defesa do Consumidor, artigo 28, é que houve a previsão positiva da doutrina da desconsideração da personalidade jurídica, usada pelos Tribunais, inicialmente, no campo tributário". Porém, destaca: "a disciplina positiva não acompanhou a doutrina da desconsideração da personalidade jurídica, oferecendo um contorno diferente e muito mais abrangente, particularmente, se considerado o § 5º do artigo 28, que autorizou a desconsideração sempre que houver obstáculo ao ressarcimento de prejuízos causados ao consumidor. Na verdade, é necessária muita cautela para que a regra que protege o consumidor não provoque o esvaziamento do artigo 20 do Código Civil [de 1916] e, com isso, um desequilíbrio da atividade econômica com o enfraquecimento da organização empresarial, que em uma economia de mercado é a base do desenvolvimento. De todos os modos, não acredito que seja possível desconhecer a disciplina positiva, entregando a prestação jurisdicional com uma interpretação que atravanque o direito que se quis assegurar para proteger o consumidor. E, nesse sentido, a jurisprudência vai ser de fundamental importância para a correta aplicação do artigo 28 do Código de Defesa do Consumidor, tal e qual foi para a introdução da doutrina no Brasil".

Emenda, adiante: "o certo é que a disciplina do consumidor representa a forma pela qual o direito positivo brasileiro recebeu a teoria da desconsideração da personalidade jurídica, e, por isso mesmo, devemos tratar de oferecer a melhor interpretação possível para tornar eficaz esse poderoso instrumento para defender o cidadão, tantas vezes lesado por maquinações realizadas com o só objetivo de prejudicar o ressarcimento de prejuízos, o adimplemento de obrigações licitamente assumidas. O primeiro aspecto a merecer a atenção do intérprete é a natureza da regra no que concerne a sua aplicação pelo Juiz. A meu sentir, o *caput* do artigo 28 não comporta outra interpretação que a de ser uma faculdade do Juiz, dependente, portanto, de seu prudente critério. É certo que a jurisprudência, tal e qual aconteceu com as medidas cautelares, poderá inclinar-se pela obrigatoriedade diante da presença dos pressupostos constantes do dispositivo. Assim, se estiverem eles presentes, ao Juiz não restará senão aplicá-la quando requerida pela parte. Mas, não creio que seja este o melhor caminho. O que está prescrito é que o Juiz poderá, o que quer dizer que no seu prudente critério repousou o legislador a aplicação da desconsideração".

"[...] Outra questão é saber se o ato do Juiz depende de pedido da parte. E, a meu juízo, não depende a aplicação do artigo 28 de requerimento da parte. Se

Parte Geral – Cap. 9 • Desconsideração da Personalidade Jurídica **179**

houver a presença das situações descritas no *caput*, em detrimento do consumidor, o Juiz poderá fazer incidir o dispositivo, independentemente de requerimento da parte. O que provoca a incidência da desconsideração é a existência de prejuízo para o consumidor. Havendo o prejuízo, está o Juiz autorizado a fazer valer o artigo 28".

Debruçando-se sobre o § 5º do artigo 28 do Código de Defesa do Consumidor, disse mais o Ministro Carlos Alberto Menezes Direito: "Neste feito, o ponto crucial é o do alcance do § 5º do artigo 28. A redação do dispositivo autoriza a interpretação literal de que a sua incidência não depende dos pressupostos constantes do *caput*. Nele está escrito: *'Também poderá ser desconsiderada a pessoa jurídica sempre que sua personalidade for, de alguma forma, obstáculo ao ressarcimento de prejuízos causados aos consumidores.'* Assim, poderia ser aplicada a desconsideração apenas verificada a situação de entrave ao ressarcimento dos prejuízos causados".

"[...] Na minha avaliação, realmente, o § 5º autoriza uma interpretação literal amplíssima. Mas, não enxergo nele vício capaz de torná-lo pernicioso, à medida que a jurisprudência sempre encontra um caminho que limita os excessos e consolida uma interpretação temperada de modo a fazer com que a incidência do § 5º seja confinada aos limites do interesse do consumidor, mas diante da configuração de maquinação para burlar o ressarcimento do prejuízo. A expressão *'de alguma forma'* deve ser interpretada na linha mestra da doutrina, ou seja, para evitar que o devedor, por manobra ilícita, escape da obrigação de pagar o que é devido. Com essas razões, dúvida não tenho em acompanhar também neste ponto o voto do ilustre Relator, subscrevendo as suas razões no que concerne ao exame do dissídio."

Discordando desses dois entendimentos e, assim, aderindo à posição da Ministra Nancy Andrighi, manifestou-se o Ministro Antônio de Pádua Ribeiro, para quem o § 5º do artigo 28 do Código de Defesa do Consumidor trata de uma *nova hipótese de desconsideração da personalidade jurídica*.

"É certo que, de ordinário, vale a fórmula de acordo com a qual *o parágrafo está subordinado ao caput*. Entretanto, esta não pode ter valor absoluto. A forma pode influenciar a interpretação da norma, mas nem sempre define o conteúdo da lei. Evidencia a independência do § 5º com relação ao *caput* a expressão que o introduz, ou seja, *'também poderá ser desconsiderada'*. Assim, mesmo não ocorrendo as hipóteses enumeradas no *caput*, pode o julgador desconsiderar a pessoa jurídica quando sua personalidade constituir obstáculo ao ressarcimento dos consumidores lesados. De outra forma, seria indiscutível a inutilidade do texto do § 5º, pois é óbvio que, ocorrendo alguma ou algumas das hipóteses do *caput*, poderia ser desconsiderada a personalidade jurídica da empresa, independentemente de haver ou não obstáculo à reparação. O intérprete poderia dizer, com acerto: houve abuso de direito, então o juiz pode desconsiderar a pessoa jurídica, antes mesmo de perquirir acerca do obstáculo que a personalidade possa causar ao ressarcimento do prejuízo aos consumidores. Entendimento outro valeria por considerar sem préstimo a disposição. Cumpre ainda indagar: Havendo o dano, reconhecida a responsabilidade (objetiva, no caso), identificadas as vítimas e havendo, também, o referido obstáculo, não se poderia desconsiderar a personalidade somente porque inocorrentes as hipóteses do *caput*? Os riscos da atividade comercial ficariam a cargo apenas dos consumidores e não dos empresários que – ainda que de boa-fé – se resguardam atrás da pessoa da empresa? Mais justo seria que os ônus da atividade, em casos como o de que se cuida, sejam suportados por aqueles que a empreenderam."

Prosseguiu o Ministro Antônio de Pádua Ribeiro: "Por outro lado, o entendimento aqui esposado não faz letra morta do artigo 28, *caput*. Reconhecer a autonomia do § 5º não significa afastar a do *caput*. Ocorrendo apenas uma das hipóteses deste ou a hipótese do parágrafo, a pessoa jurídica pode ser desconsiderada, conforme o prudente arbítrio do juiz. Além disso, a enumeração do art. 28 é exemplificativa, não havendo, pois, por que vincular o suporte fático do § 5º a outro. A previsão da segunda parte do *caput*, por exemplo, não depende da ocorrência do que previsto na primeira parte. Tanto é assim que nada impediu a jurisprudência de tratar do assunto, antes mesmo de ser positivado no Código de Defesa do Consumidor. Não obstante as valiosas observações a respeito da evolução da *disregard doctrine* constantes destes autos, inclusive dos votos anteriores, nada impede a constatação de que a legislação consumerista tenha ido além da tradicional doutrina da desconsideração da pessoa jurídica, estudada principalmente em Direito Comercial."

"[...] De qualquer sorte, não há nada a indicar uma tipologia fechada, taxativa, para as hipóteses ensejadoras da aplicação da teoria da desconsideração. [...] Não há nisso um completo esvaziamento da regra do artigo 20 do Código Civil [de 1916], já que a hipótese de que ora se cuida envolve relação de consumo e, como visto, a defesa do consumidor é tida como um dos pilares da ordem econômica, o que justifica o tratamento normativo especial."

O desempate coube ao Ministro Castro Filho, que acompanhou os Ministros Nancy Andrighi e Antônio de Pádua Ribeiro: "Inegavelmente, não é das mais felizes a redação do artigo 28 e seus parágrafos do Código de Defesa do Consumidor. Tanto que, quebrada a técnica legislativa, não há outra forma de validar o parágrafo 5º senão acoplando-o diretamente como complemento do *caput*". Destacou o magistrado que o tema da desconsideração da personalidade jurídica "suscita grande dificuldade, seja por seu caráter inovador, seja pela falta de consenso na doutrina e na jurisprudência, quanto aos critérios a serem observados na sua aplicação, já que, sendo produto de construção jurisprudencial, nascido nos países de direito consuetudinário (Inglaterra e Estados Unidos), sua aplicação em outros países esbarra na dificuldade de elaborar um conceito abrangente, capaz de abarcar todas as hipóteses. Diante dessa dificuldade, cabe ao Judiciário a árdua missão de averiguar, com equilíbrio e bom-senso, em cada caso concreto, a possibilidade da sua aplicação, pavimentando o tortuoso caminho de interpretação da norma jurídica. A esse fim, não podemos perder de vista que, se, por um lado, não pode-

Parte Geral – Cap. 9 • Desconsideração da Personalidade Jurídica **181**

mos fazer tábula rasa do princípio da autonomia patrimonial da pessoa jurídica, consagrado no artigo 20 do Código Civil [de 1916], por ser ele indispensável ao incremento da atividade econômica no país, por outro, não podemos nos olvidar da especial atenção dispensada pelo legislador à defesa dos direitos do consumidor, erigidos que foram à garantia fundamental e princípio da ordem econômica, nos termos dos artigos 5º, XXXII, e 170, V, da Constituição Federal". Nesse contexto, entendeu: "A partir da vigência do Código de Defesa do Consumidor, criou o legislador, pela norma do § 5º do artigo 28, uma nova hipótese de desconsideração da personalidade jurídica, a partir de um critério objetivo, e a correlação desse parágrafo com o *caput* do mencionado artigo, avulta da própria literalidade da sua redação, ao dispor, textualmente, que '***Também** poderá ser desconsiderada a pessoa jurídica...*' [grifei], indicando o advérbio em referência expressa condição de equivalência ou similitude em relação ao *caput*, a fim de facultar ao julgador, mesmo fora das situações ali descritas, desconsiderar a pessoa jurídica, quando sua existência constituir obstáculo ao ressarcimento dos prejuízos causados aos consumidores. Entender-se de outro modo, significaria retirar-lhe toda a eficácia, já que, diante de alguma das situações descritas no *caput* já seria possível levantar o véu da pessoa jurídica para alcançar o patrimônio pessoal dos sócios, independentemente de haver qualquer obstáculo à reparação aos consumidores, sendo de se ressaltar que a alegação de que teria havido '*equívoco remissivo*', ao recair o veto presidencial sobre o § 1º quando deveria ter recaído sobre o § 5º, não se compadece com o nosso sistema de direito positivado, no qual a lei vale por aquilo que está escrito. Daí presumir-se que o legislador não insere no texto palavras inúteis. [...] Essa orientação, visualizando no referido preceito normativo hipótese objetiva de desconsideração da personalidade jurídica, encontra ressonância em outros diplomas legais, de que é exemplo a Lei nº 9.605/1998, versando sobre as 'sanções penais e administrativas derivadas de condutas e atividades lesivas ao meio ambiente', cujo artigo 4º assim dispõe: '*Poderá ser desconsiderada a pessoa jurídica sempre que sua personalidade for obstáculo ao ressarcimento de prejuízos causados à qualidade do meio ambiente*.' Na área do Direito do Trabalho, também existem decisões aplicando a *teoria da despersonalização* na execução de créditos trabalhistas, uma vez constatada a insuficiência do patrimônio societário para honrar tais compromissos".

3 RELAÇÕES DE TRABALHO

No plano dos créditos oriundos de relações de trabalho, a desconsideração da personalidade jurídica tem sido reiterada e generalizadamente utilizada, por juízes de primeiro grau, decisões que são habitualmente confirmadas pelos Tribunais Regionais e pelo Tribunal Superior do Trabalho, sem que haja reforma pelo Supremo Tribunal Federal, provocado por meio de recurso extraordinário. Essa postura parte da premissa de que os créditos trabalhistas têm natureza alimentar, o que seria suficiente para justificar a desconsideração da personalidade jurídica, não apenas para alcançar o patrimônio do sócio administrador, mas de qualquer sócio, ainda que sem apontar-lhe a prática de qualquer fraude, ato abusivo, desvio de finalidade ou confusão patrimonial.

Nas edições anteriores deste livro, ocupei-me da exposição das razões utilizadas pelo Judiciário Trabalhista. No entanto, a concretização dessa interpretação larga, sem que houvesse uma correção pelas Cortes superiores, levou-me a perceber que o Judiciário brasileiro, por sua seção trabalhista – e sem a oposição do Supremo Tribunal Federal – considera a desconsideração da personalidade jurídica como a regra geral ou, melhor, o procedimento normal, regular, padrão, ao ponto de sequer demandar fundamentação, nos moldes dispostos pelo artigo 93, IX, da Constituição da República.

Essa aplicação desmoderada e generalizada do instituto parece-me um grande equívoco, transformando a mera condição de sócio num risco elevado. No entanto, é a realidade jurídica brasileira, aferida na efetividade dos procedimentos judiciários reiterados. É o Direito efetivo, com todo o seu peso, alcançando mesmo minoritários sem poder de evitar a prática de atos gerenciais. Aos advogados cabe advertir aqueles que pretendem investir seu capital em atividades negociais dessa realidade judiciária: uma *quase* revogação do princípio de separação patrimonial entre sócios e sociedade, bem como da limitação da responsabilidade do sócio ao valor do capital não integralizado, nas sociedades em que legalmente estabelecida. É a realidade que vivemos.

4 DEFINIÇÃO DA OBRIGAÇÃO E DO RESPONSABILIZADO

A desconsideração da personalidade jurídica não pressupõe declaração de insolvência e na falência. Basta o inadimplemento, pela sociedade, de uma obrigação, hipótese em que, verificada uma das hipóteses autorizativas, pode o Judiciário usar do instituto. É perfeitamente possível que a sociedade mantenha sua existência (personalidade e patrimônios próprios) após o *decisum*. Aliás, não raro, a despersonalização evita a declaração de falência ou insolvência: a sociedade que não tinha patrimônio ativo suficiente para fazer frente à obrigação ou obrigações, com o seu adimplemento por administrador, sócio ou terceiro, mantém as condições de existência, prolongando suas atividades.

Ao deferir a desconsideração da personalidade jurídica, o Judiciário definirá, com precisão e fundamentadamente (artigo 93, IX, da Constituição da República), qual a obrigação ou obrigações que se beneficiarão da medida e, como se verá adiante, aquele ou aqueles a quem serão estendidos os seus efeitos (artigo 50 do Código Civil). Todas as demais relações jurídicas da sociedade não são afetadas pelo deferimento da desconsideração da personalidade jurídica em relação a uma ou mais obrigações. Daí a indispensável necessidade de precisão. Note-se ser lícito, inclusive, precisar que a medida alcança um conjunto de obrigações ou, até, todas as obrigações, conforme as particularidades do caso em concreto.

Mais do que precisar a obrigação, deve-se precisar quem irá responder por ela, ou seja, aquele(s) sobre cujo patrimônio se estenderão os efeitos de tais obrigações, fundamentando tal imputação. A desconsideração da personalidade jurídica não é um simples desfazimento do princípio da separação patrimonial entre sócios e sociedade, nem mera revogação da limitação da responsabilidade do sócio ao valor do capital não integralizado, nas sociedades em que legalmente prevista. A desconsideração, portanto, não licencia um amplo e indiscriminado acesso à comunidade societária, mas pressupõe a definição fundamentada de quem é o responsável pelo mau uso ou abuso da personalidade jurídica. Entender o contrário subverteria os fundamentos do instituto, criando um cenário absurdo e injusto no qual se responsabiliza alguém não pelo que fez, mas por ter investido no empreendimento produtivo confiando na definição legal de um limite de responsabilidade.

A desconsideração da personalidade jurídica encarta-se confortavelmente na Teoria Geral do Direito Privado e no Direito Societário brasileiros, sendo recomendável uma exegese compreensiva, ou seja, que tome o instituto como parte do sistema, respondendo a situações precisas nas quais o mecanismo do limite de responsabilidade falha. Daí sua identificação com o abuso no emprego da pessoa jurídica, exigindo a identificação do responsável pelo ato (comissivo ou omissivo), sobre quem se estenderá a obrigação social.

Quando a ação ou omissão eficaz, caracterizadora do abuso de personalidade, por dolo (ato ilícito, fraude, desvio voluntário de finalidade, confusão patrimonial voluntária), culpa (má administração, desvio culposo de finalidade, confusão patrimonial culposa) ou abuso de direito (incluindo excesso de poder) for praticada pelo(s) administrador(es) da sociedade, sócio(s) ou não, a desconsideração da personalidade jurídica se fará para determinar a extensão dos efeitos da obrigação ou obrigações sobre o seu patrimônio, podendo ou não haver, conforme as particularidades reveladas pelo caso concreto, concomitante extensão sobre o patrimônio de um, alguns ou todos os sócios. É uma situação provável, já que ao administrador cumpre a coordenação das atividades societárias e a representação da pessoa jurídica, já sendo pessoalmente responsável pelos atos que pratique com excesso de poderes (atos *ultra vires*).

Pode também haver desconsideração da personalidade jurídica para estender os efeitos das obrigações sociais a um, alguns ou todos os sócios da pessoa jurídica. No julgamento do Recurso Especial 1.315.110/SE, a Terceira Turma do Superior Tribunal de Justiça afirmou a "possibilidade de a desconsideração da personalidade jurídica da sociedade limitada atingir os bens de sócios que não exercem função de gerência ou administração".

No corpo do acórdão que julgou o Recurso Especial 1.315.110/SE, a Terceira Turma do Superior Tribunal de Justiça posicionou-se no sentido de que, "em que pese não existir qualquer restrição no artigo 50 do Código Civil, a aplicação da desconsideração da personalidade jurídica apenas deve incidir sobre os bens dos administradores ou sócios que efetivamente contribuíram na prática do abuso ou fraude na utilização da pessoa jurídica, devendo ser afastada a responsabilidade dos sócios minoritários que não influenciaram na prática do ato". Destaque-se, contudo, que os julgadores entenderam que o caso julgado tinha uma particularidade: "A hipótese dos autos, contudo, é diversa daquela. No presente processo, a recorrente, juntamente com sua mãe, são as únicas sócias da sociedade limitada e cada uma detém 50% das quotas sociais. A recorrente não é, por conseguinte, sócia minoritária. Ademais, no seio de uma organização empresarial mais modesta, mormente quando se trata de sociedade entre mãe e filha, a titularidade de quotas e a administração são realidades que frequentemente se confundem. Nesse passo, as deliberações sociais, na maior parte das vezes, se dão no dia a dia, sob a forma de decisões gerenciais. Logo, é muito difícil apurar a responsabilidade por eventuais atos abusivos ou fraudulentos. Em hipóteses como essa, a previsão, no contrato social, de que as atividades de administração serão realizadas apenas por um dos sócios não é suficiente para afastar a responsabilidade dos demais. Seria necessário, para afastar a referida responsabilidade, a comprovação de que um dos sócios estava completamente distanciado da administração da sociedade".

Mas é preciso que seja demonstrado ter efetivamente participado do abuso da personalidade jurídica da sociedade. Se não há essa demonstração, o pedido deverá ser indeferido. O sócio ou sócios que não sejam responsáveis pelo abuso de direito, por ação ou omissão eficaz, não podem ser responsabilizados pessoalmente pelas obrigações sociais. Afinal, a lei lhes garantiu que não teriam responsabilidade subsidiária pelos débitos sociais insatisfeitos. E a desconsideração não deve ser um atalho para que se afirme responsabilidade civil pelo simples investimento, hipótese que não encontra base ou licença na Constituição da República.

Registro, porém, um precedente que parece ir além. Julgando o Recurso Especial 1.250.582/MG, a Quarta Turma do Superior Tribunal de Justiça afirmou que, "para os efeitos da desconsideração da personalidade jurídica, não há fazer distinção entre os sócios da sociedade limitada. Sejam eles gerentes, administradores ou quotistas minoritários, todos serão alcançados pela referida desconsideração". No caso, detectou-se "claramente que a prática da empresa em simular um contrato de compra e venda, sem informar a real intenção de captação de recursos – próprio de um contrato de investimento coletivo –, a realização de atos fraudulentos na emissão de títulos mobiliários sem a autorização do Banco Central e da Comissão de Valores Mobiliários e o fechamento inesperado da sociedade sem a devida comunicação a seus contratantes são fatores que afetam não apenas o investidor, mas todas as demais pessoas, como coletividade, que, na empresa, depositaram sua confiança e vislumbraram a rentabilidade do negócio". Caracterizado ficou do dano moral coletivo, entenderam os julgadores, cuja indenização foi fixada em R$ 100.000,00. No mesmo processo, decidiu-se pela desconsideração da personalidade jurídica para estender os efeitos desta condenação a um dos sócios quotistas que não exercia atividade gerencial ou administrativa na corporação. "Isto porque, pelos elementos constantes nos autos, é possível perceber que os sócios acima mencionados, apesar de não exercerem atos de gestão ou administração, tinham conhecimento de que a atividade por eles exercida não se tratava de compra e venda de avestruzes, mas sim de captação irregular de poupança popular (contrato de investimento coletivo) da qual se beneficiaram." Noutras palavras, apurou-se que, apesar de não exercerem atos de gestão, os demais sócios "tinham pleno conhecimento do desvio de finalidade perpetrado pelo Grupo Avestruz Master", razão pela qual a desconsideração da personalidade jurídica os alcançou.

Note-se, porém, que no corpo do acórdão, o relator, ministro Luís Felipe Salomão, foi um pouco além, afirmando que, na desconsideração da personalidade jurídica, "não há diferenciação dos sócios. Todos respondem indistintamente pela obrigação da empresa. Ocorrendo abuso da personalidade jurídica, determina-se sua desconsideração para, dessa forma, alcançar o patrimônio dos sócios que, por via transversa, gerou prejuízos a terceiros. Contudo, nesse processo de desconsideração não se realiza a ponderação de quem ocasionou o dano, sendo irrelevante determinar se a conduta foi praticada por meio dos atos dos gerentes e administradores ou de outro sócio específico. Todos aqui responderão pelo ato danoso". Disse mais: "Nessa toada, não pode o sócio minoritário, para se eximir dessa responsabilidade, alegar desconhecimento dos fatos abusivos praticados pela empresa. Mesmo tendo pequena parcela de quotas, é dever de cada sócio gerir as atividades e os negócios realizados pela sociedade".

Há no julgado elementos suficientes para fundar a desconsideração na conivência dos sócios quotistas que não exerciam atos de gestão: o Tribunal de Justiça de Minas Gerais explicitamente apontou a má-fé do recorrente ao aduzir que "foram coniventes com os atos fraudulentos praticados". No entanto, o acórdão sinalizou para algo maior: uma responsabilidade societária que resultaria da abstenção no dever de resistir, de se opor a atos que caracterizariam abuso de personalidade e autorizariam a desconsideração. E, ao fazê-lo, citou o Recurso Especial 1.315.110/SE que também afirmara a desconsideração como mero efeito da condição de sócio. Os demais membros da Turma Julgadora não foram tão longe. A ministra Maria Isabel Gallotti, embora tenha acompanhado a conclusão do relator, "no caso, se trata de um ato gravíssimo, que atenta contra a economia popular, e que não se trata de uma desconsideração que tenha sido voltada contra o sócio apenas em fase de execução, mas, sim, que ele já integrou a própria ação de conhecimento e que é imputada a ele conivência com os atos ilícitos e, inclusive, ter-se retirado um dia antes do fechamento das empresas". A mesma posição foi adotada pelo ministro Raul Araújo, chamando atenção para a possível caracterização de crime contra a economia popular e contra o sistema financeiro, pelos sócios.

186 Direito Empresarial Brasileiro: Direito Societário • Mamede

Não me parece de todo absurda a tese de que, na sociedade limitada (ao contrário do que se passaria com companhias abertas), todos os quotistas assumem um dever de proficiência societária, ou seja, de acompanhamento regular dos atos societários e atividades empresariais, respondendo civilmente pelos danos advindos da omissão em fazê-lo. No entanto, essa posição contraria a prática societária e empresarial brasileira em tal dimensão que seria indispensável que se fizesse por norma legal expressa a definir os termos desse dever de vivência societária efetiva. Até que tanto seja feito, parece-me socialmente temerária a posição, sendo recomendável manter o parâmetro atualmente chancelado, a exigir demonstração de que o sócio contribuiu eficazmente para o abuso de personalidade jurídica.

4.1 Extensão da obrigação sobre a empresa coligada

Também é possível que a desconsideração da personalidade jurídica se faça para a responsabilização de uma empresa coligada (controle societário, filiação ou mera participação societária). Julgando o Recurso Especial 228.357/SP, a Terceira Turma do Superior Tribunal de Justiça afirmou essa possibilidade, sempre que houver evidências da utilização da coligada com abuso de direito, para fraudar a lei ou prejudicar terceiros. Lembrando que, por previsão do § 4º do artigo 50 do Código Civil, incluído pela Lei 13.874/19, "a mera existência de grupo econômico, sem a presença dos requisitos especificados no *caput* daquele artigo, não autoriza a desconsideração da personalidade da pessoa jurídica".

É possível, inclusive, que a desconsideração se faça para alcançar sociedade que não mantenha relação societária, mínima que seja, com a sociedade devedora da obrigação, mas que faça parte da operação urdida e que envolveu emprego ilícito ou abusivo da personalidade jurídica. Foi o que reconheceu a Terceira Turma do Superior Tribunal de Justiça ao julgar o Mandado de Segurança 12.872. No caso, deferiu-se a desconsideração para estender os efeitos das obrigações a outra sociedade, controlada pelos mesmos sócios, reconhecendo que as empresas "apresentam-se separadas apenas em sua estrutura formal, causando deliberada confusão aos seus credores". No corpo do acórdão, lê-se: "pertencendo a falida a grupo de sociedades sob o mesmo controle e com estrutura meramente formal, o que ocorre quando as diversas pessoas jurídicas do grupo exercem suas atividades sob unidade gerencial, laboral e patrimonial, é legítima a desconsideração da personalidade jurídica da falida para que os efeitos do decreto falencial alcancem as demais sociedades do grupo. Impedir a desconsideração da personalidade jurídica nesta hipótese implicaria prestigiar a fraude à lei ou contra credores".

Somem-se algumas hipóteses específicas, anotadas nos parágrafos do artigo 28 do mesmo Código de Defesa do Consumidor. Assim, sempre que se tenham sociedades empresariais integrantes de um grupo de empresas, as obrigações de qualquer uma delas, fruto de direitos previstos no Código de Defesa do Con-

Parte Geral – Cap. 9 • Desconsideração da Personalidade Jurídica **187**

sumidor, constituirão obrigações subsidiárias das demais; assim, se a sociedade diretamente responsável pelo pagamento não o adimplir – por exemplo, por não ter patrimônio suficiente para saldar o débito correspondente – poderá o credor da obrigação resultante de relação de consumo executar judiciariamente qualquer uma das empresas de mesmo controle ou, ainda, a empresa controladora do grupo.

Em se tratando de sociedades consorciadas, ou seja, de empresas que tenham se unido para a realização de um mesmo empreendimento, tem-se responsabilidade solidária, e não meramente subsidiária. Explico-me: na responsabilidade subsidiária, o terceiro é chamado para responder pela obrigação apenas quando o responsável principal não consegue fazer frente ao valor, no todo ou em parte; portanto, a inadimplência do obrigado principal é requisito para a afirmação da responsabilidade subsidiária do terceiro. Já na responsabilidade solidária, o credor tem direito a exigir e receber de um ou de alguns dos devedores, parcial ou totalmente, a dívida comum (artigo 275 do Código Civil); se o pagamento tiver sido parcial, todos os demais devedores continuam obrigados solidariamente pelo resto. Aliás, se o credor propõe a execução de seu crédito contra um ou alguns dos devedores, esse ato não importa renúncia da solidariedade. Em se tratando de sociedades meramente coligadas, a extensão da responsabilidade está condicionada à demonstração de culpa.[1]

É preciso cuidado com a representação empresarial, que tem regulamentação específica (Lei 4.886/1965). Examinando o Recurso Especial 255.641/RJ, a Terceira Turma do Superior Tribunal de Justiça, não conheceu da irresignação contra acórdão que reconhecera ilegitimidade passiva *ad causam* em ação de rescisão de contrato cumulada a perdas e danos dirigida ao representante comercial. No feito, o Tribunal de Justiça do Ceará confirmara a impossibilidade da desconsideração da pessoa jurídica, pois "a empresa-ré, na verdade, era representante comercial do fornecedor/fabricante [...]. Não obrava em seu próprio nome, como ocorre no mandato mercantil, mas sim em nome da representada, tratando-se de contrato de agenciamento ao amparo das Leis 4.886/1965 e 8.420/1992. Assim, o negócio de consumo realizado ocorreu entre o autor da ação e o fabricante/fornecedor, como demonstra o contrato, até porque a obrigação pactuada envolvia a entrega de produto, e, faticamente, seria impossível ao representante cumprir tal obrigação. Daí já se vislumbrar não poder o representante figurar no polo passivo da ação em que o autor pleiteia, primeiramente, o desfazimento da relação de consumo celebrada com o fabricante/fornecedor".

Prossegue o acórdão: "Argumenta o apelante existir responsabilidade solidária da empresa – é, com arrimo no artigo 28, § 3º do Código de Defesa do Consumidor, porém nenhuma prova há nos autos de que a ré fosse consorciada ou concessionária do fabricante, ou, ainda, que, por algum meio, tivesse intermediação, pelo

---

[1] MAMEDE, Gladston. *Direito do consumidor no turismo*: Código de Defesa do Consumidor aplicado aos contratos, aos serviços e ao marketing do turismo. São Paulo: Atlas, 2004. p. 36-39.

188 Direito Empresarial Brasileiro: Direito Societário • Mamede

que *inaplicável, in casu*, a desconsideração da personalidade jurídica pretendida. Saliente-se inexistir norma legal contemplando hipótese de responsabilidade solidária do representante autônomo por ato praticado em nome do representado, dentro do exercício regular da representação".

Pode-se desconsiderar a personalidade jurídica para estender a obrigação de uma sociedade a terceiro que com ela não mantém relações jurídicas formais aparentes, mas relações ocultas. As situações são amplas, como sociedades que sucedem a outras, sem conexões jurídicas aparentes; *empresas de fachada*, constituídas para acobertar pessoas naturais ou jurídica; uso de agentes para assumir a titularidade de quotas ou ações, embora a titularidade da sociedade e da empresa seja de outrem (fala-se em *testa de ferro* ou em *laranja*). São apenas exemplos. A comprovação de todas essas situações de direito, constituídas por motivos fraudatórios, permite a desconsideração da personalidade jurídica para estender os efeitos das obrigações sociais a seus verdadeiros responsáveis.

5 TUTELA JURISDICIONAL

O Código de Processo Civil regulamentou o *incidente de desconsideração da personalidade jurídica*, procedimento que será instaurado a pedido da parte ou do Ministério Público, quando lhe couber intervir no processo; isso inclui a hipótese de desconsideração inversa da personalidade jurídica, ou seja, hipóteses nas quais a desconsideração se faz para estender, à pessoa jurídica, os efeitos de obrigação devida por sócio ou administrador. Dispensa-se a instauração do incidente se a desconsideração da personalidade jurídica for requerida na petição inicial da ação dirigida contra o devedor, hipótese em que será citado o sócio ou a pessoa jurídica (artigo 134, § 2°). Ademais, defende o prof. Everaldo Medeiros Dias que o incidente não se aplica às ações trabalhistas.[2]

O incidente de desconsideração é cabível em todas as fases do processo de conhecimento, no cumprimento de sentença e na execução fundada em título executivo extrajudicial (artigo 134). O pedido de instauração do incidente deverá observar os pressupostos previstos em lei (artigo 133), devendo demonstrar o preenchimento dos pressupostos legais específicos para desconsideração da personalidade jurídica (artigo 134, § 4°). A instauração do incidente será imediatamente comunicada ao distribuidor para as anotações devidas (artigo 134, § 1°), suspendendo o processo principal, salvo na hipótese de o pedido ser formulado na própria petição inicial da ação dirigida contra o devedor (artigo 134, § 3°).

---

[2] Conferir DIAS, Everaldo Medeiros. A Inaplicabilidade do Incidente de Desconsideração da Personalidade Jurídica nas Ações Trabalhistas: uma adequação baseada no princípio da proporcionalidade. Jundiaí: Paco Editorial, 2020.

Parte Geral – Cap. 9 • Desconsideração da Personalidade Jurídica **189**

Instaurado o incidente, o sócio ou a pessoa jurídica será citado para manifestar--se e requerer as provas cabíveis no prazo de 15 dias (artigo 135). Havendo necessidade de produção de provas, o juiz iniciará a instrução. Concluída a instrução, o incidente será resolvido por decisão interlocutória (artigo 136); se o incidente for instaurado em Tribunal, sendo a decisão proferida pelo relator, cabe agravo interno. Nos termos do artigo 790, VII, do Código de Processo Civil, são sujeitos à execução os bens do responsável, nos casos de desconsideração da personalidade jurídica. Esse responsável será determinado pela decisão do incidente. Esteja-se atento para o fato de que, nos termos do seu artigo 792, V, a alienação ou a oneração de bem é considerada fraude à execução, nos casos expressos em lei. E o artigo 137 da mesma lei prevê que, se o pedido de desconsideração for acolhido, a alienação ou a oneração de bens, havida em fraude de execução, será ineficaz em relação ao requerente. Emenda o § 3º do artigo 792, esclarecendo que, nos casos de desconsideração da personalidade jurídica, a fraude à execução se verifica a partir da citação da parte cuja personalidade se pretende desconsiderar.

De qualquer sorte, é preciso não confundir a fraude com credores com a declaração dos negócios realizados pelo falido, a contar do termo legal da insolvência empresarial. O reconhecimento da fraude não dispensa a preservação da boa-fé do terceiro, mormente quando comprova ter tomado cautelas que habitualmente se tomam para a realização daquele tipo de negócio. Noutras palavras, não pode haver mera declaração da fraude; também essa matéria deverá ser objeto do devido processo judicial. Situações como tais devem ser encaradas por múltiplos ângulos e sempre tendo por referência a preservação da segurança jurídica que deve resultar do sistema e a boa-fé das partes envolvidas nos fatos que se encadeiam.

6 DESCONSIDERAÇÃO INVERSA DA PERSONALIDADE JURÍDICA

O século XXI, já na sua abertura, assistiu a uma valorização da arquitetura societária, ou seja, esforços de planejamento patrimonial e empresarial com o objetivo de constituir estruturas que pudessem atender melhor aos desafios de uma economia mais dinâmica.[3] Nalguns casos, essa engenharia jurídica foi – e é – empregada com fins escusos, buscando constituir um ambiente impróprio para a correta realização dos princípios jurídicos e ditames legais.[4] Não raro, estruturas societárias foram urdidas apenas para romper com o princípio da garantia geral que é inerente à universidade de direito, ou seja, ao patrimônio jurídico: faculdades jurídicas são mantidas no patrimônio de certas pessoas jurídicas, ao passo que as

---

3   Conferir MAMEDE, Gladston; MAMEDE, Eduarda Cotta. *Holding familiar e suas vantagens*: planejamento jurídico e econômico do patrimônio e da sucessão empresarial. 3. ed. São Paulo: Atlas, 2012.

4   Conferir MAMEDE, Gladston; MAMEDE, Eduarda Cotta. *Blindagem patrimonial e planejamento jurídico*. 2. ed. São Paulo: Atlas, 2012.

obrigações jurídicas são constituídas no patrimônio de outra pessoa, natural ou jurídica, controladora daquela.

A rigor, como já visto, quotas e ações são títulos patrimoniais, razão pela qual podem ser penhorados, sendo adjudicados pelo credor ou por arrematante, quando não se opte pela liquidação direta da participação societária, ou seja, das quotas ou ações constritas. Dessa maneira, preserva-se os elementos da personalidade jurídica, estudados no Capítulo 2: a pessoa jurídica tem (1) personalidade jurídica, (2) patrimônio e (3) existência distintos dos seus membros. Assim, as obrigações do sócio não são obrigações da sociedade e vice-versa.

Contudo, os procedimentos de penhora e realização (adjudicação e/ou liquidação) de títulos societários pareceu mais custoso, razão pela qual desenvolveu-se nos meios jurídicos, nomeadamente judiciários, uma via alternativa: a desconsideração inversa (ou reversa) da personalidade jurídica. Em lugar de desconsiderar a personalidade da pessoa jurídica para afirmar a responsabilidade do sócio pelas obrigações sociais, desconsidera-se a personalidade da pessoa jurídica para afirmar sua responsabilidade pelas obrigações de um sócio.

Assim, julgando o Recurso Especial 948.117/MS, a Terceira Turma do Superior Tribunal de Justiça decidiu que "(iii) a desconsideração inversa da personalidade jurídica caracteriza-se pelo afastamento da autonomia patrimonial da sociedade, para, contrariamente do que ocorre na desconsideração da personalidade propriamente dita, atingir o ente coletivo e seu patrimônio social, de modo a responsabilizar a pessoa jurídica por obrigações do sócio controlador; (iv) considerando-se que a finalidade da *disregard doctrine* é combater a utilização indevida do ente societário por seus sócios, o que pode ocorrer também nos casos em que o sócio controlador esvazia o seu patrimônio pessoal e o integraliza na pessoa jurídica, conclui-se, de uma interpretação teleológica do art. 50 do Código Civil de 2002, ser possível a desconsideração inversa da personalidade jurídica, de modo a atingir bens da sociedade em razão de dívidas contraídas pelo sócio controlador, conquanto preenchidos os requisitos previstos na norma".

Note-se, porém, que os julgadores afirmaram que "a desconsideração da personalidade jurídica configura-se como medida excepcional. Sua adoção somente é recomendada quando forem atendidos os pressupostos específicos relacionados com a fraude ou abuso de direito estabelecidos no art. 50 do CC/2002. Somente se forem verificados os requisitos de sua incidência, poderá o juiz, no próprio processo de execução, *levantar o véu* da personalidade jurídica para que o ato de expropriação atinja os bens da empresa". No caso focado, porém, "à luz das provas produzidas, a decisão proferida no primeiro grau de jurisdição, entendeu, mediante minuciosa fundamentação, pela ocorrência de confusão patrimonial e abuso de direito por parte do recorrente, ao se utilizar indevidamente de sua empresa para adquirir bens de uso particular".

A aplicação do instituto exige redobrada cautela. A criação da pessoa jurídica, bem como dos limites de responsabilidade entre membros e sociedade, em quaisquer sentidos (direto ou inverso) constituem avanço jurídico universal, voltado para estimular investimentos privados, a bem do desenvolvimento coletivo. O desrespeito generalizado a tal parâmetro pode conduzir a um cenário no qual a iniciativa privada seja desestimulada, com impactos sobre toda a comunidade. Pior: ao fazer a pessoa jurídica responder por obrigações de um sócio, pode-se lesar ilegitimamente o patrimônio de outros sócios, fazendo-os suportar, ainda que indiretamente, dívidas que lhes são estranhas. Seria um desestímulo generalizado à constituição de coletividades sociais. Ainda assim, não se pode deixar de reconhecer haver situações extremas que, sim, caracterizam abuso de direito, a justificar uma desconsideração inversa da personalidade jurídica, mormente quando não se mostre viável a via regular: penhorar as quotas ou ações, que são bens patrimoniais do sócio e, assim, podem ser constritos e, enfim, adjudicados e/ou liquidados para adimplir suas obrigações.

Entrementes, a Lei 13.874/2019 fez incluir um § 3º no artigo 50 do Código Civil para estabelecer que as previsões anotadas em seu *caput* e §§ 1º e 2º, voltadas para dar maior rigidez na utilização do instituto, também se aplicam à extensão das obrigações de sócios ou de administradores à pessoa jurídica. Portanto, a aplicação do instituto não prescinde da verificação de fraude, simulação, confusão patrimonial ou desvio de finalidade. Não prescinde, igualmente, da avaliação dos efeitos da medida sobre terceiros, nomeadamente os demais sócios. Se há risco de indevida socialização da obrigação entre sócios que se revelem, no cenário apresentado, como terceiros de boa-fé, deve-se preferir a via ordinária, aqui reiteradamente destacada: penhorar e executar os títulos societários, realizando a parte do devedor no acervo societário.

7 PRESCRIÇÃO

Havendo desconsideração da personalidade jurídica, declara o Judiciário que a obrigação que era originalmente atribuída à sociedade (ou, em gênero, à pessoa jurídica) deve ser satisfeita por tal pessoa (sócio, administrador ou terceiro). A relação jurídica é a mesma, mas há uma declaração de que o seu responsável é outrem, ainda que expressada sob a forma de condenação para que a satisfaça. Portanto, num primeiro plano, somente se pode pedir a desconsideração da personalidade jurídica quando fundada em direitos não prescritos.

O prazo de prescrição do pedido de desconsideração é o mesmo prazo de prescrição do direito que o fundamenta, certo que a relação jurídica é a mesma. Assim, se o credor de uma nota promissória emitida por uma sociedade pretende a desconsideração da personalidade jurídica para responsabilizar pessoalmente o administrador pelo pagamento, deverá fazê-lo no triênio prescricional. A ação judicial pedindo a desconsideração não tem por efeito *reavivar* uma relação jurídica prescrita.

No entanto, é preciso particular atenção para as causas pessoais de suspensão ou interrupção da prescrição em face da desconsideração da personalidade jurídica. Se a desconsideração é pedida para responsabilizar sócio e/ou administrador que foi cônjuge do credor, irá ele se beneficiar do artigo 197, I, do Código Civil, segundo o qual não corre a prescrição entre cônjuges, na constância do casamento. Assim, a relação jurídica que está prescrita em relação à sociedade não estará em relação ao sócio e/ou administrador, permitindo a declaração da desconsideração e a determinação de adimplir a obrigação jurídica que tinha, originalmente, a pessoa jurídica como devedora.

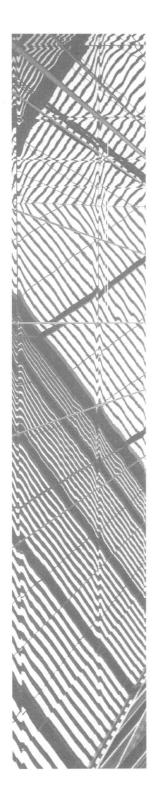

Parte Especial I
SOCIEDADES CONTRATUAIS EM ESPÉCIE

10
Sociedade Simples

1 ELEMENTO CARACTERIZADOR

A distinção entre a natureza simples e a natureza empresária da sociedade conhece uma vasta zona cinzenta, resultado do avanço econômico. Ambas dedicam-se a atividades negociais e buscam vantagens econômicas. Daí parecer-me que já se recomendaria unificar o Direito Negocial numa única disciplina para a qual se poderia manter o nome de Direito Empresarial. Essa unificação privilegiaria o Estado, permitindo unidade de registro e, assim, de controle sobre as atividades, na mesma toada que beneficiaria os agentes econômicos, dando acesso a vantagens como a recuperação, judicial ou extrajudicial, de seus negócios e o procedimento falimentar.

Como se trata apenas de uma proposta, é preciso trabalhar sobre a distinção ainda vigente, destacando que será simples a sociedade em que seus sócios se dedicam a uma atuação negocial pessoal, sendo empresária aquela na qual titularizam uma estrutura negocial organizada (empresa), nos moldes do artigo 966 do Código Civil. Segundo essa distinção – em muitas vezes de difícil identificação, na prática –, as atividades empresariais são realizadas de forma impessoal, por uma complexa estrutura de pessoas e equipamentos, seguindo rotinas próprias, voltadas à realização dos fins sociais. Já as sociedades simples são todas aquelas cujas atividades, por força de lei (*ex vi legis*, como ocorre com as sociedades de advogados) ou em virtude da vontade de seus sócios (*ex voluntate*), recusam a organização empresarial de suas atividades, optando por uma organização pessoal, *simples*, fora da lógica do mercado.

196 Direito Empresarial Brasileiro: Direito Societário • Mamede

No entanto, o Código Civil traz uma confusão entre natureza (simples e empresária) e tipo societário, razão pela qual este capítulo não cuidará da natureza de sociedade simples, mas de um tipo societário: a sociedade simples. Sim, é confuso. Mas é como está posto na lei.

2 TIPOS DE SOCIEDADE SIMPLES

Por força do que se encontra estipulado no artigo 983 do Código Civil, a sociedade simples poderá constituir-se pelas *normas que lhe são próprias*, referindo-se aos artigos 997 a 1.038 do Código Civil, que já foram estudados neste livro (Parte Geral); exsurge daí a previsão de que, além da natureza simples, há um tipo societário que é a sociedade simples. Ademais, será igualmente simples, por força do que determina o artigo 982, parágrafo único, do Código Civil, a sociedade cooperativa, regulada pelos artigos 1.093 a 1.096 do Código Civil e pela Lei 5.764/1971. O artigo 983 do Código Civil ainda aceita que a sociedade simples seja constituída por um dos tipos societários próprios da empresa, arrolados nos artigos 1.039 a 1.092 do Código Civil. A norma está equivocada, já que nos artigos listados estão dos tipos societários defesos às sociedades simples: a sociedade anônima (artigos 1.088 e 1.089) e a sociedade em comandita por ações (artigos 1.090 a 1.092). Ambas são, por força de lei, sociedades empresárias (artigo 982, parágrafo único).

Sociedades Simples
- Sociedade simples (em sentido estrito)
- Sociedade em nome coletivo
- Sociedade em comandita simples
- Sociedade limitada
- Sociedade cooperativa

Assim, a sociedade simples poderá estruturar-se pelos seguintes tipos societários: (1) *sociedade simples comum* (ou sociedade simples em sentido estrito); (2) *sociedade simples em nome coletivo*; (3) *sociedade simples em comandita*; (4) *sociedade simples limitada*; (5) *sociedade cooperativa*. A sociedade simples rege-se pelos artigos 997 a 1.038 do Código Civil, estudados nos Capítulos 3 a 6 deste livro. As demais sociedades simples respeitarão normas específicas que serão estudadas em capítulos individuais deste livro. A sociedade cooperativa é a única entre os tipos de sociedade simples cujo ato constitutivo é um estatuto social, já que se trata de uma sociedade institucional, com registro na Junta Comercial, como se verá na parte final deste livro. Todas as demais sociedades simples têm um contrato social como ato de constituição, sendo arquivado em Cartórios de Registro de Pessoas Jurídicas. Por ora, estudaremos a sociedade simples comum, ou seja, a sociedade simples que não opte por qualquer dos outros modelos (números 2 a 5, acima).

3 ATO DE CONSTITUIÇÃO

A sociedade simples comum (há quem fale em *sociedade simples ordinária*) é uma sociedade por quotas, cujo contrato social deverá ser arquivado no Registro Civil das Pessoas Jurídicas do local de sua sede (artigo 998 do Código Civil). O artigo 1.150 o reitera, estabelecendo que o empresário e a sociedade empresária estão vinculados ao Registro Público de Empresas Mercantis a cargo das Juntas Comerciais, ao passo que a sociedade simples está vinculada ao Registro Civil das Pessoas Jurídicas.

Cuida-se de uma sociedade essencialmente *intuitu personae*, ocupando a participação no capital um papel secundário à importância que se dá aos mútuos reconhecimento e aceitação entre os sócios. Mas podem ser estabelecidas cláusulas que mitiguem os efeitos dessa caracterização, incluindo a previsão de livre transferência da quota ou quotas sociais. Aliás, a lei não veda a figura do sócio mero titular de capital e, via de consequência, ocupando na sociedade a condição de mero investidor. Isso fica claro na aceitação de sócio incapaz, na contratação ou por evento posterior, se o aceitarem os demais sócios (artigo 1.030 do Código Civil). Essa possibilidade, ademais, está assinalada pela aceitação de sociedade simples em comandita, em que ao sócio comanditário somente poderá tocar a atuação eventual em nome da sociedade (artigo 1.047, *caput* e parágrafo único, do Código Civil).

Por meio do contrato social, constituído indiferentemente por instrumento particular ou público (artigo 997), os membros da sociedade simples definirão suas obrigações recíprocas, especificando a forma como contribuirão, com bens (dinheiro ou outros) ou serviços, para a realização do objeto social, bem como a forma como se dará a distribuição dos resultados sociais entre si (artigo 981). Nesse instrumento, como já visto, serão atendidos os requisitos do artigo 997 do Código Civil. Os sócios podem ser pessoas naturais ou jurídicas. Havendo sócio, obrigatoriamente pessoa natural, cuja participação societária consista na prestação de serviços, serão especificadas quais as prestações a que está se obrigando, bem como se poderá ou não se empregar em atividade estranha à sociedade, interpretando-se a omissão como uma vedação (artigo 1.006).

Eventuais alterações no contrato social demandam aprovação unânime dos sócios, salvo estipulação em contrário. As demais matérias aprovam-se por maioria absoluta de votos, salvo outro *quorum* no contrato.

4 RELAÇÕES ENTRE OS SÓCIOS

O caráter *intuitu personae* da *sociedade simples comum* mostra-se exponenciado, recomendando particular atenção às relações *interna corporis*, pois são resultado direto do tipo societário, ao ponto de se refletirem na forma de execução de suas atividades. Assim, deve-se compreender de forma mais estrita a vedação de se fazer substituir, o sócio, no exercício das funções, a não ser que haja consentimento unânime dos demais, salvo estipulação contratual em contrário.

Essa pessoalidade extremada, aliás, pode se refletir inclusive numa estruturação peculiar e *sui generis* de participação no acervo patrimonial, nos lucros e nas perdas, a partir do que se tenha desenhado no contrato social. Um amplo universo de alternativas se apresenta possível, sustentado nessa compreensão de *sociedade simples*. Por exemplo, a previsão de que os sócios contribuirão apenas para o rateio das despesas sociais (em valor certo ou em percentual sobre suas receitas), cabendo a cada qual as entradas que digam respeito à sua atuação. Também podem ser estabelecidos sistemas mistos de contribuição para as despesas, participação nas despesas e nos resultados. Parecem-me, ademais, lícitas, regras especiais sobre a participação no acervo patrimonial, incluindo a reserva de bens para os sócios. Como dito anteriormente, é ampla a gama de possibilidades negociais, sendo limitada apenas pela lei e pelos princípios gerais do Direito, designadamente, a vedação de cláusulas leoninas, desonestas (*improbas*) ou de má-fé, a recomendar a recomposição judiciária de estipulações espúrias, excessiva e injustificadamente desequilibradas.

A *affectio societatis* não se interpreta aqui como mero dever de atuação coerente e comprometimento dos sócios com a realização do objeto social. A natureza da sociedade simples recomenda maximizar a tradução da convivência harmônica como obrigação societária. Nunca se deve esquecer de que a lógica da sociedade simples é a atuação pessoal, presencial. A ausência de contribuição pessoal, quando prevista como elemento indispensável para fazer frente às despesas periódicas (artigo 1.004 do Código Civil), assume aqui um contorno ainda mais grave, já que em muitos casos implicaria a própria extinção da pessoa, ou problemas que se repetiriam a cada novo atraso, criando dificuldades para todos os demais membros da sociedade.

5 ADMINISTRAÇÃO

Não há vedação para que a sociedade simples comum tenha sócios pessoas jurídicas, sejam Pessoas Jurídicas de Direito Público, sejam de Direito Privado, nestas incluídas associações, sociedades e fundações. Aliás, todos os seus sócios poderão ser pessoas jurídicas. Coerentemente, não se veda a possibilidade de nomeação de pessoa(s) que não seja(m) sócio(s) para a administração societária. Essa nomeação, ademais, poderá ser feita por meio de cláusula no contrato social ou por meio de documento em apartado, seguindo as regras dispostas no ato constitutivo.

É perfeitamente possível adotar um modelo individual de administração, ou um modelo coletivo, com administração simultânea ou conjunta, nos moldes já estudados. Também é possível adotar um sistema de controle híbrido dos atos necessários à realização dos fins sociais: por um lado (o menos relevante, curiosamente), atos que dizem respeito à célula comum, societária; por outro, atos que dizem respeito a cada um dos sócios e a sua célula própria de atuação profissional. A experiência herdada das chamadas sociedades civis, sob o regime do Código Civil de 1916, mostra que tais células profissionais próprias têm, não raro, administração mais complexa do que a célula comum, tendo seus profissionais secretárias próprias, comprando seu próprio material de trabalho etc. Portanto, para cada negócio, aquele sócio torna-se o administrador e representante por excelência, embora a existência de reflexos sobre a coletividade, a exemplo da responsabilidade subsidiária ou solidária, conforme o caso, justifique, eventualmente, um representante para o profissional e outro para a sociedade, mormente nos contextos judiciários.

Nas sociedades simples em sentido estrito e nas sociedades simples em nome coletivo, não é juridicamente possível a estipulação de limite de responsabilidade entre as obrigações da sociedade e o patrimônio particular de seus sócios. Afirma-se, destarte, uma responsabilidade subsidiária, nos moldes já estudados, a significar que os sócios poderão ser chamados a responder pelas obrigações sociais se a sociedade não tiver bens suficientes para o seu adimplemento. Subsidiária por garantir que os bens particulares dos sócios não podem ser executados por dívidas da sociedade, senão depois de executados os bens sociais, sendo que a responsabilidade se concretizará na proporção em que participem das perdas sociais, salvo cláusula de responsabilidade solidária, nos moldes já estudados (artigos 1.023 e 1.024 do Código Civil).

Por fim, não se esqueça de que a sociedade simples não está sujeita à falência, mas à insolvência civil.

11
Sociedade em Nome Coletivo

1 NOME COLETIVO

Trata-se do tipo societário mais antigo: a primeira forma de sociedade mercantil de que se tem notícia. A denominação *sociedade em nome coletivo* é historicamente justificada pela antiga prática de usar como firma o nome completo de todos os seus sócios, como no exemplo *José Maria da Silva, Geraldo Magela de Souza & João Carlos Oliveira*.[1] A sociedade, nesse contexto, é tomada literalmente como sendo o somatório da individualidade de seus membros, o que é coerente com a compreensão de um fenômeno – e uma ferramenta – então novos. Assim, a aceitação do todo (a sociedade) estava diretamente ligada ao reconhecimento de cada unidade (cada sócio), mesmo aceitando-se o princípio de que a coletividade é distinta das singularidades (*universitas distat a singuli*), ou seja, de que a pessoa da sociedade não se confunde com as pessoas de seus sócios. Obviamente, essa estrutura inicial evolui muito até chegar ao modelo que se encontra nos artigos 1.039 a 1.044 do Código Civil, embora o núcleo conceitual se mantenha. A evolução do instituto (a sociedade) superou – e muito – essa compreensão. Evoluímos da percepção do grupo (o somatório de individualidades) para a instituição. O contrato de sociedade ainda traduz a percepção mais arcaica do artifício societário.

Só pessoas físicas podem ser sócias de uma sociedade em nome coletivo (artigo 1.039) e o nome societário será obrigatoriamente uma *firma social* (artigo

---

[1] MOSSA, Lorenzo. *Trattato del nuovo diritto commerciale*, 1951. Apud VASCONCELOS, Justino. Da composição da firma de sociedade em nome coletivo. *Revista Forense*, Rio de Janeiro, ano 52, v. 158, p. 472, mar./abr. 1955.

1.041), isto é, uma *razão social*, composta pelo nome civil de um, algum ou todos os sócios, no todo ou em parte. Note-se que Justino de Vasconcelos, citando farta doutrina, chega a afirmar ser possível a formação da firma utilizando-se apenas do prenome,[2] o que, devo confessar, causa-me certa estranheza, parecendo corromper a finalidade específica de demonstração da razão social. Se o nome de algum ou alguns dos sócios é omitido, torna-se obrigatório indicar a existência de membros não citados na firma, o que se faz pelo uso da expressão *e companhia*, por extenso ou abreviada (*e Cia.* ou *& Cia.*), necessariamente colocada ao final do nome, aceitando-se variações coloquialmente reconhecidas, a exemplo de *& filhos*, *& irmãos* (desde que os sócios omitidos na firma sejam, efetivamente, filhos ou irmãos, respectivamente) e, até, *& sócios*. Se não há sócios omitidos, o uso de tais expressões é vedado, respeitando-se o princípio da veracidade. O tema, de qualquer sorte, foi desenvolvido no volume 1 – *Empresa e Atuação Empresarial*, ao qual remeto o leitor.

2 ESTRUTURA

O contrato social de uma sociedade em nome coletivo segue as regras comuns relativas à qualificação dos sócios, da sociedade, especificação de capital, quotas sociais (incluindo modo e tempo de realização), prestações a que se obrigam os sócios que tenham se comprometido a serviços como forma de participação, investidura dos administradores, participação nas perdas e lucros (artigo 997). A sociedade poderá assumir natureza simples ou empresária, registrando-se, respectivamente, no Cartório de Registro Civil das Pessoas Jurídicas ou na Junta Comercial de sua sede.

Os sócios da sociedade em nome coletivo, simples ou empresária, serão obrigatoriamente pessoas físicas (artigo 1.039), no que se distingue da sociedade simples comum. Também o distingue o fato de só poder ser administrada por quem seja sócio, não por terceiro estranho ao quadro social. Trata-se de sociedade *intuitu personae*, resultado de mútuo reconhecimento e aceitação entre os sócios, a demandar aprovação unânime para a cessão de quota(s), embora seja lícito prever outra regra no contrato social, inclusive a livre circulação dos títulos societários. Essa característica marcadamente pessoal, por seu turno, não é descaracterizada quando se tem uma sociedade empresária em nome coletivo, sendo certo que, se outro fosse o ajuste entre os sócios, outra seria a forma societária escolhida, designadamente a sociedade limitada, em que tal elemento não se mostra tão nítido.

Quanto aos demais aspectos, por expressa previsão legal, aplicam-se as normas que regem as sociedades simples, estudadas na Parte Geral deste livro.

---

[2] VASCONCELOS, Justino. Da composição da firma de sociedade em nome coletivo. *Revista Forense*, Rio de Janeiro, ano 52, v. 158, p. 473, mar./abr. 1955.

3 OBRIGAÇÕES SOCIAIS

Facilmente se percebe que, também nas sociedades em nome coletivo, simples ou empresárias, será necessária uma interpretação mais ampla do conceito – e da obrigação – de *affectio societatis*. Há um *dever de comportamento* que se afirma a partir de quatro grandes referências (aproveitáveis, inclusive, ao árbitro ou julgador, na hipótese de conflito social): a lei, o contrato social, os usos societários e a equidade (a implicar, friso, a consideração da proporcionalidade e razoabilidade). A regra é a atuação pessoal do sócio (artigo 1.002), mas sempre se tendo em conta as práticas estabelecidas na vivência social, quando se tratar de sociedade empresária.

Embora a sociedade em nome coletivo tenha patrimônio jurídico próprio, os sócios têm responsabilidade subsidiária por tais obrigações; subsidiárias em relação à sociedade, solidária entre os sócios (artigo 1.039 do Código Civil). Portanto, os sócios têm responsabilidade em substituição (artigos 1.023 e 1.024), embora submetida ao benefício de ordem: os bens particulares dos sócios somente podem ser executados por dívidas da sociedade após a execução dos bens da própria sociedade, se existentes, ou depois de se aferir que a sociedade não possui bens para a satisfação do crédito (artigo 1.024). Mas a fruição do benefício de ordem, respeitados os princípios da boa-fé e da probidade, exige do sócio que, ao invocá-lo, indique bens livres e desimpedidos da sociedade para serem constritos em lugar de seus bens pessoais.

O sócio que fizer frente a uma obrigação social terá direito de regresso contra a sociedade, pela totalidade da dívida, ou contra os demais, até que se reparta entre todos, na proporção estatuída para a participação nas perdas sociais, o valor da obrigação saldada. Essa distribuição final da responsabilidade entre os sócios, ademais, poderá ser disciplinada no contrato social; mas tal estipulação somente terá validade entre os sócios (artigo 1.039, parágrafo único), preservada a solidariedade perante terceiros.

À solidariedade pelas dívidas sociais, fruto da subsidiariedade obrigacional, submete-se mesmo o sócio admitido na sociedade quando o débito já estava constituído (artigo 1.025 do Código Civil). O dispositivo, contudo, fala apenas que tal sócio novel *não se exime das dívidas sociais anteriores à admissão*; não o torna, portanto, partícipe da respectiva perda, que se define pela regra do artigo 1.007 do Código Civil. Assim, embora responda perante terceiros, não lhe caberá qualquer parcela do débito quando dos ajustes entre os sócios, sendo-lhe facultado, inclusive, beneficiar-se da regra da solidariedade para exigir, segundo queira, a totalidade da dívida (ou apenas parte dela) de qualquer dos demais sócios, nada lhe cabendo.

Em oposição, aquele ou aqueles sócios que tenham suportado os efeitos da obrigação, embora tenham direito de regresso contra os que não tiveram seu patrimônio atingido e/ou nada desembolsaram, não o terão contra o novel sócio,

Parte Especial I – Cap. 11 • Sociedade em Nome Coletivo **203**

já que não lhe cabe, perante a coletividade social, participação nas perdas sociais relativas a período em que não estava no quadro societário e não participava dos ganhos respectivos. Em oposição, para o sócio que se retirou da sociedade (dissolução parcial), aplica-se a regra da responsabilidade residual (artigo 1.032), já estudada neste livro.

Não se encontrando bens suficientes para fazer frente à obrigação social, nem no patrimônio social, nem no patrimônio dos sócios, o credor poderá preferir o pedido de falência da sociedade em nome coletivo, se empresária, ou o pedido de insolvência, se sociedade simples. Como os sócios são solidariamente responsáveis pelas obrigações sociais, a insolvência, civil ou empresária, da pessoa jurídica implicará simultânea insolvência dos sócios (artigo 81 da Lei 11.101/2005): a decisão que decreta a falência da sociedade com sócios ilimitadamente responsáveis também acarreta a falência destes, que ficam sujeitos aos mesmos efeitos jurídicos produzidos em relação à sociedade falida e, por isso, deverão ser citados para apresentar contestação, se assim o desejarem. Trata-se de matéria que, todavia, tem seu estudo concretizado no volume 4 (*Falência e Recuperação de Empresas*) desta coleção.

4 ADMINISTRAÇÃO

A sociedade em nome coletivo, simples ou empresária, só pode ter sócios como administradores. O artigo 1.042 do Código Civil determina que somente os sócios poderão administrá-las. É possível adotar administração individual, atribuída a um só sócio, independentemente da participação que tenha no capital social, majoritária ou minoritária (em qualquer percentual). Pode-se adotar administração coletiva, atribuída a alguns ou todos os sócios, conjunta, simultânea ou sucessivamente, hipóteses estudadas na Parte Geral deste livro. Como se trata de um tipo societário habitualmente marcado pela atuação pessoal dos sócios, no dia a dia da atividade negocial, é mais usual o recurso à deliberação coletiva (artigo 1.010 e seus parágrafos).

De resto, administração e representação devem colocar-se nos limites dos poderes outorgados pelo ato constitutivo (artigo 1.042), postos no contrato social ou em documento apartado devidamente registrado (artigo 1.012). Só nesses limites o emprego da firma social – ou razão social – será válido. Embora o administrador da sociedade deva ser sócio, obrigatoriamente, nada impede a constituição de gerente para tocar as atividades negociais cotidianas da sociedade, em sua sede ou nos estabelecimentos secundários. Esse gerente terá competência para a representação nos atos ordinários, cotidianos, de condução dos negócios, cabendo a representação da sociedade (em sentido estrito) e a administração macroscópica dos negócios societários àquele ou àqueles que, sendo sócios, foram nomeados para tanto pelo contrato social. O exercício desses poderes, aliás, pode-se concretizar

204 Direito Empresarial Brasileiro: Direito Societário • Mamede

apenas no plano dos atos ordinários da administração, se ausente a outorga de poderes especiais para os atos que o exijam (artigo 1.042 combinado com o artigo 661, ambos do Código Civil).

De resto, aplicam-se ao administrador da sociedade em nome coletivo as regras da administração societária estudadas no Capítulo 5 deste livro, designadamente aquelas que dizem respeito à atuação do administrador, sua responsabilidade civil e, por fim, a seu dever de prestar contas e submeter-se à fiscalização dos demais sócios.

5 PENHORABILIDADE DA QUOTA

Apesar de serem sociedades essencialmente *intuitu personae*, fortemente marcadas pelo mútuos reconhecimento e aceitação entre os sócios, as quotas da sociedade em nome coletivo são penhoráveis (artigos 1.026 e 1.030, parágrafo único, do Código Civil), embora sem prejuízo da preservação da *affectio societatis*. É nesse contexto que se deve interpretar o artigo 1.043, *caput* e parágrafo único, do Código Civil, a vedar que o credor particular do sócio, antes que a sociedade seja dissolvida, pretenda a liquidação da quota dele, exceto se (1) a sociedade houver sido prorrogada tacitamente ou (2) se houve prorrogação do prazo da sociedade e o credor a ela não se opor, no prazo de 90 dias, contado da publicação do ato dilatório, ou, fazendo-o, não tiver tal oposição acolhida pelo Judiciário.

Muitos pretendem ver em tal norma a definição de uma impenhorabilidade das quotas sociais das sociedades em nome coletivo, simples ou empresárias. Não é o que se afere, contudo, na leitura do dispositivo. Prestando atenção ao texto normativo, particular atenção deve ser dada aos incisos do parágrafo único, pois deixam claro que tal norma apenas se aplicará quando se tenha sociedade contratada por prazo certo e durante a validade deste. Em fato, o inciso I, quando afirma que o pedido de liquidação da quota é possível "quando a sociedade houver sido prorrogada tacitamente", indica claramente a possibilidade da penhora e liquidação da quota, estando a sociedade funcionando por prazo indeterminado; basta recordar que a *prorrogação tácita*, ali referida, é aquela que se encontra prevista no artigo 1.033, I, do Código Civil, fruto do vencimento do prazo de duração sem que haja oposição do sócio e sem que a sociedade entre em liquidação. E *tal prorrogação tácita*, esclarece o mesmo artigo 1.033, I, em sua parte final, dar-se-á *por tempo indeterminado*. A mesma posição se afere no inciso II, que, ao cuidar do direito de oposição à prorrogação do prazo de validade, não se refere à prorrogação por *tempo indeterminado*, mas fala em ato de dilação, identificado com novo prazo ou termo certo, durante o qual não se poderá liquidar a quota social, mas poderá utilizar-se da licença anotada no artigo 1.026, *caput*, do Código Civil, para pretender a participação no que couber ao sócio, seu devedor, nos lucros da sociedade.

Em se tratando de sociedade com prazo de validade indeterminado, originariamente ou fruto de prorrogação por *tempo indeterminado*, expressa ou tácita, aplicam-se as disposições legais genéricas, estudadas no Capítulo 6 deste livro, para o qual remeto o leitor.

12
Sociedade em Comandita Simples

1 COMANDITAR

Comanditar é fornecer fundos para uma atividade negocial, simples ou empresária, que será gerida por terceiros.[1] Um investidor comandita para que outrem administre. Esse investidor é chamado de *comanditário*; quem recebe os fundos é o *comanditado*, a quem cabe aplicá-los e administrá-los corretamente. Essa lógica dual, compreendendo dois tipos diversos de sócios, caracteriza a *sociedade em comandita simples*, tipo societário de aplicação rara na atualidade, mas bastante útil em seu conceito central, servindo a estratégia específica de investimento: na distinção dos tipos de sócios, como se estudará, protege-se o investidor (*comanditário*) e remarca-se a responsabilidade do administrador (*comanditado*) que, assim, tende a ser mais operoso e cauteloso, face ao risco experimentado por seus ativos pessoais. Isso viabiliza uma maior segurança para o investimento. A fórmula, contudo, não caiu no gosto do mercado brasileiro.

A presença de sociedades em comandita, simples ou por ações, no Direito brasileiro, permite a classificação das sociedades, em função da responsabilidade

---

[1] MICHAELIS. *Moderno dicionário da língua portuguesa*. São Paulo: Melhoramentos, 1998. p. 540; CALDAS AULETE (Org.). *Dicionário contemporâneo da língua portuguesa*. 4. ed. Rio de Janeiro: Delta, 1958. p. 1036; REY, Alain. *Le Micro-Robert*. Paris: Dictionnaires Le Robert, 1988. p. 190.

subsidiária dos sócios e/ou administradores, em três categorias:[2] (1) sociedades de responsabilidade ilimitada, a incluir a sociedade simples e a sociedade em nome coletivo; as associações, embora não sejam sociedades, são igualmente pessoas jurídicas de responsabilidade ilimitada, respondendo seus associados, subsidiariamente, pelas obrigações sociais; (2) sociedades de responsabilidade mista: sociedade em comandita simples e sociedade em comandita por ações; (3) sociedades de responsabilidade limitada, categoria que inclui a sociedade que traz exatamente esse nome (artigos 1.052 a 1.087 do Código Civil), além das sociedades anônimas.

Aplicam-se à sociedade em comandita simples, no que for compatível com sua disciplina jurídica, as normas da sociedade em nome coletivo (artigo 1.046) e, persistindo a lacuna, as normas da sociedade simples (artigo 1.040). Como visto, são dois tipos diversos de sócios: comanditários e comanditados. Os sócios *comanditários*, ou seja, aqueles que comanditam, são *simples prestadores de capital*, meros sócios investidores que, assim, estão obrigados apenas à *integralização* das suas respectivas quotas no patrimônio social; podem ser *pessoas naturais* ou *pessoas jurídicas*. Uma vez integralizado o capital social, não têm qualquer responsabilidade subsidiária pelas obrigações sociais, beneficiando-se de um limite que somente se desconfigurará se praticarem qualquer ato de gestão, ou tiverem seu nome na firma social (razão social).

2 RESPONSABILIDADE DO SÓCIO

Os sócios *comanditados* são os responsáveis pela administração da sociedade, razão pela qual devem ser *pessoas naturais* (artigo 1.045 do Código Civil); a eles se confiam o capital, o patrimônio societário e a atividade negocial, devendo representar a sociedade, em conformidade com a lei e o ato constitutivo. Respondem com seu patrimônio pessoal, subsidiária e ilimitadamente, pelas obrigações sociais (artigos 1.023 e 1.024). Não são obrigações do(s) comanditado(s); são obrigações da sociedade que, se não forem satisfeitas, devem ser adimplidas subsidiariamente pelo(s) sócio(s) comanditado(s). Tais sócios são sujeitos ativos do *benefício de ordem*, ou seja, podem indicar bens da sociedade suficientes para fazer frente ao crédito, exigindo que a execução se faça sobre eles, antes de constritos seus bens pessoais.

A responsabilidade será solidária sempre que houver mais de um sócio comanditado, podendo o credor dirigir a execução contra qualquer um, alguns ou todos esses, parcial ou totalmente, sendo que, havendo pagamento parcial, todos

---

[2] Conferir BORGES, João Eunápio. Sociedade de pessoas e sociedades de capital: a sociedade por cotas de responsabilidade limitada. *Revista Forense*, Rio de Janeiro, ano 47, v. 128, p. 17-22, mar. 1950. O autor sustenta-se no magistério de Vivante.

208 Direito Empresarial Brasileiro: Direito Societário • Mamede

os demais sócios comanditados continuam obrigados solidariamente pelo resto (artigo 1.045). Aliás, em face da aplicação subsidiária das normas que cuidam da sociedade em nome coletivo, a responsabilidade dos comanditados não se limita segundo a regra contratual de participação nas perdas sociais (artigo 1.023), mas é solidária entre os sócios, como estudado no Capítulo 11. Aquele ou aqueles que tenham sofrido os efeitos da execução sobre o seu patrimônio pessoal poderão exercer direito de regresso contra a sociedade, pela totalidade da dívida, ou sobre os demais, na proporção que lhes couber, conforme participação societária ou conforme ajuste de limitação de responsabilidade que, como já visto, tem validade restrita aos próprios sócios (artigo 1.039).

Essa regra alcança, inclusive, o sócio ou os sócios comanditados que sejam admitidos na sociedade quando o débito já estava constituído, contratual ou extracontratualmente (artigo 1.025). Pagará, mas terá direito de regresso pela totalidade do que pagou sobre os demais comanditados: não pode furtar-se à execução por tais obrigações, fruto da determinação legal, mas não são obrigações que contraiu, motivo pelo qual pode ressarcir-se integralmente do que perdeu, acionando aqueles que têm responsabilidade anterior: os sócios comanditados existentes ao tempo da contração da obrigação, solidariamente entre si, como examinado.

Embora o credor, não encontrando bens suficientes para a satisfação de seu crédito, possa pedir que a obrigação seja suportada pelo sócio ou sócios comanditados, não está a isso obrigado, podendo optar pelo pedido de declaração da insolvência da sociedade simples ou da falência da sociedade empresária que tenham, uma ou outra, adotado a forma de sociedade em comandita simples. Mas, se preferir executar o sócio ou sócios comanditados, um, alguns ou todos, pode também chegar à situação de não ver o seu crédito satisfeito, o que conduzirá igualmente ao pedido de insolvência ou falência, conforme a natureza simples ou empresária da atividade negocial. Isso conduzirá à falência ou insolvência dos sócios comanditados, simultaneamente. Os sócios comanditários, protegidos que estão pela previsão do limite de responsabilidade, não serão atingidos pelos efeitos da insolvência ou falência, exceto se não integralizaram (realizaram) parte do capital social que subscreveram no capital da sociedade ou se comprovado serem responsáveis por mau uso ou abuso da personalidade jurídica, por ação ou omissão eficaz, como estudado no Capítulo 9 deste livro.

3 RESPONSABILIDADE DO EX-SÓCIO

Particular atenção deve-se ter com a hipótese de dissolução parcial da sociedade. Um contorno particular para o problema da responsabilidade pessoal do sócio – comanditário e comanditado – desenha-se a partir da resolução da sociedade em relação a si, em qualquer de suas possibilidades: morte – sem que

Parte Especial I – Cap. 12 • Sociedade em Comandita Simples **209**

herdeiro seja aceito para substituir o *de cujus* –, retirada imotivada ou motivada (artigo 1.029), ou até por exclusão do quadro social (artigo 1.030).

Na resolução da sociedade em relação a sócio comanditado, aplica-se o artigo 1.032: o sócio, ex-cônjuge ou companheiro (se houve divórcio ou dissolução) ou herdeiros (se houve morte) não se eximirão da responsabilidade pelas obrigações sociais anteriores, pelo prazo de dois anos, contados da averbação da alteração contratual em que conste a resolução parcial do pacto societário. Essa responsabilidade residual é ilimitada, vale dizer, todo o patrimônio do ex-sócio comanditado – e não apenas o que se apurou com a liquidação das quotas. Seus bens penhoráveis, mesmo adquiridos após a saída, poderão ser objeto de execução pelas obrigações sociais anteriores à sua saída, se não prescritas, desde que o pedido tenha sido feito no período de decadência (dois anos), embora se deva considerar, aqui também, o que se desenvolveu sobre a matéria no Capítulo 11.

Note-se que o mesmo artigo 1.045, que prevê a responsabilidade ilimitada, fala em obrigação solidária, solidariedade esta que, por óbvio, não alcança os sócios comanditários, mas apenas (1) aqueles que ficaram na condição de comanditados, (2) aqueles comanditados que saíram e têm responsabilidade residual sobre o mesmo fato e (3) aqueles comanditados que ingressaram depois e, assim, são solidariamente responsáveis pelas obrigações anteriores (artigo 1.025). Apenas em relação aos herdeiros do sócio comanditado haverá uma limitação: somente podem ser demandados por valores superiores ao que receberam em sucessão, já que o artigo 1.792 é expresso em limitar a responsabilidade dos sucessores *causa mortis* às forças da herança.

Nunca é demais recordar, como visto, haver uma hipótese de extensão da responsabilidade residual (artigo 1.032): também estará solidariamente obrigado o comanditado pelas obrigações que sejam posteriores à sua saída da sociedade, mas anteriores à respectiva averbação, no limite de dois anos. É norma que reflete o princípio da aparência e o princípio da veracidade, aqui tomados em planos muito próximos, punindo a inércia daquele que, deixando de providenciar para que, prontamente, seja dada a conhecer sua saída da sociedade, permite a terceiros enganarem-se, negociando com a sociedade, crendo que ali ainda está o sócio que se retirou ou foi excluído. A regra, contudo, não se aplica à hipótese de morte, já que dela não cuida o referido artigo 1.032.

De qualquer sorte, recorde-se que também essa responsabilidade residual é subsidiária e, portanto, afirma-se apenas quando a própria sociedade não tem bens suficientes para adimplir a obrigação. Aliás, justamente por isso, na hipótese de resolução da sociedade em relação a sócio comanditário, será ele responsável pelas obrigações sociais até o limite do que recebeu. Afinal, a liquidação de suas quotas se fez em prejuízo do patrimônio social, patrimônio esse que garantia as obrigações anteriores à averbação de sua saída. Em face da ligação umbilical entre o patrimônio econômico ativo e o passivo, fica claro que essa responsabilidade não é sequer subsidiária em relação aos demais sócios, mas apenas subsidiária em relação ao patrimônio ainda titularizado pela sociedade. Entender o contrário seria privilegiar a chicana, a fraude, pois o sócio que se retirasse protegeria sua participação no patrimônio ativo dos efeitos do patrimônio passivo.

Reforça tal afirmação a regra do artigo 1.048 do Código Civil, *caput*, parte final, que se refere à diminuição do capital social, fruto da diminuição de quota do comanditário, estabelecendo que só produzirá efeitos em relação a terceiros após averbação da alteração do contrato social, *sempre sem prejuízo dos credores preexistentes*. No entanto, provando o ex-sócio que aquela obrigação, pela qual foi chamado a responder, constava da apuração de seus haveres quando da resolução do contrato de sociedade e liquidação da quota, terá ação não só contra a sociedade, mas também contra os demais sócios, pois sofreu seus efeitos duas vezes (*bis in idem*) e os demais, por seu turno, nenhuma. Isso caracteriza enriquecimento sem causa, determinando a obrigação de restituição (artigo 884 do Código Civil).

Afora essa hipótese, o sócio comanditário não está obrigado a responder, subsidiariamente, pelas obrigações sociais não satisfeitas pelo ativo da pessoa jurídica. Essa regra alcança mesmo os valores que tenham sido distribuídos como lucro, desde que o seu recebimento pelo comanditário tenha-se concretizado de boa-fé e em consonância com o balanço contábil da sociedade (artigo 1.049). No entanto, a meu ver, havendo distribuição de lucros ilícitos ou fictícios, os sócios comanditados, na qualidade de administradores, serão responsáveis por eles, solidariamente entre si, sendo que os sócios que receberam tais parcelas, conhecendo ou devendo conhecer-lhes a ilegitimidade, estarão igualmente responsabilizados, embora, sendo comanditários, no limite do valor recebido. Esse limite, contudo, cairá se provado ter havido ato ilícito que causou dano a outrem (artigo 927).

Arremate-se recordando que a mesma preocupação com a preservação do capital social e a segurança dos credores conduz à vedação de que se distribuam lucros aos sócios, designadamente aos comanditários, sempre que haja perdas que impliquem diminuição do capital social. Somente com a reintegração do *capital social* – o mesmo que *capital registrado* – poderá haver nova distribuição de lucros (artigo 1.049, parágrafo único).

4 CONTRATO SOCIAL

O contrato social da sociedade em comandita simples deverá atender os requisitos inscritos no artigo 997 do Código Civil, submetendo-se igualmente à necessidade de voto unânime para alteração (artigo 999), salvo disposição de ajuste em contrário. Obviamente, há pequenas distinções, como a necessidade de dividir os sócios em duas categorias: comanditados e os comanditários (artigo 1.045, parágrafo único), discriminação que deve estar clara no contrato social, sob pena de os comanditários serem chamados a responder pelas obrigações sociais, por não ficarem claros a sua condição societária e o limite de responsabilidade dela derivado. O Código Comercial de 1850, estipulava ser facultativa, na sociedade em comandita simples, a inscrição no Registro Mercantil do nome do sócio ou sócios comanditários, embora tornasse obrigatória a declaração da quantia certa do total dos fundos postos em comandita (artigo 312). No sistema inaugurado pelo Código Civil vigente, a omissão do nome de qualquer sócio não é lícita.

Como visto no volume 1 (*Empresa e Atuação Empresarial*) desta coleção, a sociedade terá firma social por nome, da qual constará o nome de um, alguns ou todos os sócios comanditados, no todo ou em parte. A presença na razão social do nome de qualquer sócio comanditário implica sua responsabilização pessoal e ilimitada pelas obrigações sociais, mesmo diante de previsão contrária no ato constitutivo (artigo 1.047). A expressão *e companhia* (*& Cia.*) é obrigatória, já que há outros sócios, nomeadamente os comanditários.

A tradição jurídica brasileira demanda que o contrato social traga cláusula expressa, prevendo que os sócios comanditários não respondem solidariamente pelas obrigações sociais (artigo 997, VIII), o que me parece despiciendo em face do tipo societário e sua regulação legal. De qualquer sorte, é recomendável que os advogados não deixem de prever no contrato social que os sócios comanditários não respondem subsidiariamente pelas obrigações sociais. Por outro ângulo, deve-se considerar como possível a estipulação entre os contratantes, no contrato social ou em documento apartado, uma limitação da responsabilidade de cada um dos sócios comanditados (artigo 1.039, parágrafo único), entre si, embora tal estipulação não tenha eficácia em relação aos terceiros, mas apenas entre os próprios sócios.

A sociedade em comandita simples, seja empresária ou simples, terá seu capital dividido em quotas, sendo que tanto comanditários quanto comanditados serão, necessariamente, quotistas, sob pena de, por óbvio, não serem sócios. Não há parâmetro legal para a distribuição do capital entre as duas categorias de sócio, devendo ser considerado que esse percentual será livremente estabelecido pelos ajustes entre as partes, devendo, no entanto, revelar probidade e boa-fé, em qualquer caso. Como se vê, nada impede que as quotas atribuídas aos comanditários representem 90% do capital social ou, em sentido contrário, que representem 10% deste capital. É indiferente. Os sócios comanditários, por sua função da sociedade, deverão obrigatoriamente realizar o valor de sua quota ou quotas por meio de dinheiro ou bens – imóveis ou móveis – que tenham expressão econômica. Já aos sócios comanditados é possível a integralização por meio de prestação de serviço (artigo 997, V).

5 ATUAÇÃO SOCIETÁRIA

A competência e o poder para administrar a sociedade serão obrigatoriamente outorgados para o sócio comanditado; havendo mais de um e estando silente o

212 Direito Empresarial Brasileiro: Direito Societário • Mamede

contrato social, haverá administração simultânea (artigo 1.013 do Código Civil). Aliás, aos comanditados cabem os mesmos direitos e obrigações dos sócios da sociedade em nome coletivo (artigo 1.046, parágrafo único). O sócio ou sócios comanditários estão legalmente excluídos da administração da sociedade; não podem praticar qualquer ato de gestão, nem ter o nome na firma social, sob pena de ficarem sujeitos às responsabilidades de sócio comanditado (artigo 1.047).

No entanto, podem ser outorgados poderes especiais para o sócio comanditado representar a sociedade em determinado negócio, como procurador, sem que se torne pessoalmente responsável (artigo 1.047, parágrafo único). A atuação do comanditário como procurador – e, portanto, mandatário e representante – da sociedade deverá dar-se em negócio determinado. Não é obrigatório ser um único negócio, mas devem ser negócios eventuais; a habitualidade desrespeita a vedação legal de participação na gestão dos negócios societários, determinando a sujeição do comanditário às responsabilidades que são próprias dos comanditados. Por outro lado, para cada um desses negócios – eventuais, como visto – se fará necessária uma procuração específica, com poderes que se refiram ao negócio que deve ser realizado, deixando claro que o comanditário não atua habitualmente na representação da sociedade, mas apenas para o negócio expressamente indicado na procuração passada especificamente para tal fim.

Embora não possa administrar a sociedade e gerir os seus negócios, nem mesmo podendo representá-la com habitualidade, o sócio comanditário não experimentará qualquer redução na sua faculdade de participação das deliberações societárias, podendo, ademais, fiscalizar os negócios realizados, bem como a escrituração contábil e demais documentos, pedir prestação de contas etc., pois trata-se de direitos acessórios à titularidade das quotas sociais.

6 MORTE DE SÓCIO

A sociedade em comandita simples, seja empresária ou simples, é *intuitu personae*, salvo cláusula contratual em contrário. A transferência de quotas *inter vivos* deve merecer a anuência unânime dos demais sócios (artigos 1.002, 1.003, 1.027 e 1.028), salvo previsão contratual expressa de *quorum* específico menor ou, ainda, prévia concessão da licença para transferência da quota social. Contudo, a regra geral é o direito de sucessão hereditária na titularidade da quota ou quotas de sócio comanditário, salvo estipulação diversa no contrato social (artigo 1.050 do Código Civil). A licença alcança cônjuges, ascendentes e descendentes, além dos colaterais e, mesmo, eventuais herdeiros testamentários. Acredito que mesmo os meeiros são por ela beneficiados, considerando a *mens legis*.

Especial atenção deve ter o artigo 1.050 quando se refere à designação pelos sucessores do sócio comanditário morto de *quem os represente*. A previsão interpreta--se por dois modos distintos. Em primeiro lugar, faculta aos herdeiros, enquanto não concluído o procedimento de inventário ou arrolamento, definir aquele que representará o espólio nas reuniões societárias, exercendo os direitos relativos a quota ou quotas que eram titularizadas pelo *de cujus*. Por outro ângulo, faculta aos credores, na definição dos quinhões que caberão a cada qual, na forma definida pelo Código de Processo Civil, determinar livremente aquele a quem caberá a quota ou quotas sociais e, assim, sucederá ao *de cujus* na sociedade, cabendo à sociedade aceitá-lo, acatando a previsão do artigo 1.050.

7 UNICIDADE DE CATEGORIAS

A sociedade em comandita simples dissolve-se pelas causas comuns (artigo 1.044 do Código Civil), estudadas no Capítulo 6 deste livro. Para além dessas causas genéricas, soma-se uma causa específica: a *unicidade de categorias*. Se a sociedade em comandita simples passa a ter apenas sócios comanditários ou apenas sócios comanditados, perde o elemento que a distingue e, destarte, perde sua razão de ser, justificando a sua extinção. Conduto, refletindo o princípio da preservação das atividades negociais, garante-se um período decadencial de 180 dias para que seja recomposta a pluralidade de categorias societárias (artigo 1.051, II).

Não havendo sócio comanditário, os sócios comanditados seguirão na administração e gestão da atividade negocial durante esse período, até que seja encontrado novo sócio comanditário para refazer a pluralidade de categorias. Em oposição, não havendo sócio comanditado, não poderão os comanditários praticar atos de administração e gestão, sob pena de tornarem-se responsáveis como se comanditados fossem (artigo 1.047). Deverão nomear um administrador provisório para a prática dos atos de administração, durante o período necessário para a constituição de sócio ou sócios comanditados (artigo 1.051). De qualquer sorte, em ambos os casos, faltando comanditários ou comanditados, é lícito aos sócios da categoria restante deliberar a transformação do tipo societário.

13
Sociedade Limitada: Estrutura

1 LIMITE DE RESPONSABILIDADE

Com o objetivo de estimular investimentos produtivos, em oposição à segurança do entesouramento de valores, evoluiu o Direito para estabelecer tipos societários nos quais não há responsabilidade subsidiária dos sócios pelas obrigações sociais não adimplidas pela sociedade. Dessa maneira, assegurou aos interessados que o investimento em atividades produtivas teria por único risco a perda do capital investido, nunca o comprometimento do patrimônio pessoal. Esse movimento consolidou-se no século XIX, numa disputa entre Estados Unidos, França, Inglaterra e Alemanha por investimentos, levando-os não apenas a ampliar o poder privado de explorar atividades negociais por meio de corporações privadas, mas prevendo a figura da limitação de responsabilidade.[1] Esse movimento contemplou, primeiro, as companhias (sociedades por ações), alcançando depois as sociedades contratuais.

No Direito brasileiro, já se encontrava no Código Comercial de 1850 a figura da sociedade em comandita simples, sociedade contratual na qual uma classe de sócios, os comanditários (que são meros investidores), não respondem subsidiariamente pelas obrigações sociais. Enfim, em 1919, criou-se uma sociedade por quotas de responsabilidade limitada (Decreto 3.708) que, em 2002, passou a ser chamada simplesmente sociedade limitada (artigo 1.052 do Código Civil).[2] No

---

[1] BENSOUSSAN, Fabio Guimarães. *Intervenção estatal na empresa privatizada*: análise das *golden shares*. Porto Alegre: Sergio Antonio Fabris, 2007, p. 17-22.

[2] Sobre o histórico das sociedades limitadas, conferir: CALÇAS, Manoel de Queiroz Pereira. *Sociedade limitada no novo Código Civil*. São Paulo: Atlas, 2003. p. 15-25.

Parte Especial I – Cap. 13 • Sociedade Limitada: Estrutura **215**

exterior, o tipo merece um regramento um pouco mais rígido, nomeadamente no que diz respeito ao capital mínimo, o que não foi encampado pelo Direito Brasileiro. Justo por isso, trata-se de tipo societário de uso vasto, adotado por 99% das sociedades empresárias brasileiras, segundo informações do Departamento de Registro Empresarial e Integração (DREI).

Seu estudo exige especial atenção, pois o tipo societário compreende realidades sociológicas e econômicas muito distintas, de grandes empresas transnacionais, como a *General Motors do Brasil Ltda.*, a pequenos negócios como o *Bar do Peru Ltda. ME.* Tal discrepância não pode ser desconsiderada na aplicação das normas jurídicas de regência para que assim se realize o princípio de dar a cada um o que é seu [*suum cuique tribuere*]. De qualquer sorte, essa discrepância constitui demanda específica para os profissionais do Direito: é na redação e nas alterações do contrato social que se mantém a definição jurídica da sociedade mais próxima da realidade.

2 REGIME JURÍDICO

A sociedade limitada pode ser constituída por uma ou mais pessoas (§ 1º do artigo 1.052 do Código Civil), naturais ou jurídicas. Alterações produzidas pela Lei 13.874/2019 trouxeram para o Direito Brasileiro essa nova figura de sociedade unipessoal que, portanto, funcionará como uma espécie de conjunto unitário: sociedade de um só sócio, um só quotista. Seu sócio ou sócios são responsáveis apenas pelo valor da quota ou quotas sociais que subscreveram e devem integralizar (artigo 1.052 do Código Civil). Uma vez realizado todo o capital subscrito, não se fazem necessários novos desembolsos, não havendo responsabilidade subsidiária pelas obrigações sociais. Não basta, contudo, integralizar só as próprias quotas. Enquanto todo o capital social não estiver realizado, todos os sócios respondem, solidariamente entre si, pelo valor integralizado. Portanto, o sócio que já integralizou sua participação no capital social pode ser responsabilizado pelo valor ainda não integralizado por outro(s) sócio(s).

O tipo societário é regulado pelos artigos 1.052 a 1.087 do Código Civil. Subsidiariamente, aplicam-se as normas da sociedade simples (artigo 1.053), salvo se o contrato social fizer opção expressa pela regência supletiva da Lei 6.404/1976, que cuida das sociedades por ações. Como se verá no estudo das normas da *Parte Especial II* deste livro, os principais efeitos da aplicação supletiva das normas aplicáveis à sociedade anônima são maior complexidade na administração e gestão da sociedade, adequada aos investimentos de maior monta. Friso que a regência supletiva pela Lei 6.404/1976 exige cláusula expressa no contrato social; no silêncio deste, a regência supletiva faz-se pelas normas da sociedade simples.

A sociedade poderá ter natureza simples ou empresária (artigo 983); se sociedade simples, sua regência supletiva será, obrigatoriamente, deste tipo societário (artigos 997 a 1.038), já que as sociedades por ações são empresariais por essência (artigo 982, parágrafo único). Como se verá à frente, sua contratação se faz em função das pessoas (*intuitu personae*), sob forma atenuada, já que sócio(s) titular(es) de participação inferior a 25% do capital social não podem se opor à cessão de quotas a terceiro estranho à sociedade (artigo 1.057). Mas é lícito ao contrato estabelecer a necessidade de aprovação unânime, bem como permitir a cessão livre das quotas (sociedade *intuitu pecuniae*).

A interpretação teleológica dos dispositivos legais implica considerar a mudança da regência supletiva como uma transformação societária em sentido largo. Assim, será preciso o consentimento de todos os sócios, embora possa haver consentimento prévio, por meio de cláusula no contrato social, caso em que o dissidente poderá retirar-se da sociedade (artigos 114 do Código Civil e 221 da Lei 6.404/1976), liquidando-se suas quotas (artigo 1.031 do Código Civil).

3 CONTRATO SOCIAL

Também a sociedade limitada funda-se num ato constitutivo, mais especificamente num contrato social. Mesmo se for uma sociedade limitada unipessoal, prevê o § 2º do artigo 1.052 do Código Civil, será necessário haver um contrato social que atenda a todos os requisitos especificados em lei. Está-se diante da figura do denominado contrato consigo mesmo, já aceito pelo Direito moderno desde o século XX. Note-se que, por se tratar de ato jurídico levado a registro, acaba funcionando muito mais como uma declaração pública de direitos e deveres e, assim, quase um contrato com o restante da sociedade: o contrato social obriga o sócio, tanto quanto obriga a sociedade, perante o restante da comunidade. Obviamente, há em tudo isso um esforço de adaptação de institutos jurídicos (contrato e contrato social) para uma nova realidade. O resultado imediato, infelizmente, é criar confusão e dificultar a compreensão de estudantes e leigos. Melhor seria uma reforma mais profunda que criasse institutos que dessem expressão atual, coerente, lógica, ao que, havendo evoluído, já não mais é o que outrora foi.

O contrato social da sociedade limitada deve atender aos requisitos do artigo 997: qualificação dos sócios, que poderão ser pessoas naturais ou jurídicas; nome (firma ou denominação); objeto social; sede; tempo de duração (prazo ou termo certos, ou prazo indeterminado); capital social, número de quotas e seus respectivos titulares; modo e tempo de realização do capital social, sendo vedada a integralização por meio de prestação de serviços[3] (artigo 1.055, § 2º); adminis-

---

[3]   O simples fato de o capital social, devidamente integralizado, ser o limite da responsabilidade dos sócios pelas obrigações sociais impede a estipulação da contribuição em serviço. Os credores não poderiam recorrer ao serviço comprometido (futuro) para saldar seus créditos na hipótese de inadimplência, mormente no caso de falência. É fundamental que o capital social da limitada seja

Parte Especial I – Cap. 13 • Sociedade Limitada: Estrutura **217**

tração social; participação dos sócios nos lucros; previsão de que os sócios não respondem subsidiariamente pelas obrigações sociais. Creio que, na sociedade simples limitada, é possível estabelecer distinções em função das pessoas (*ex personae*) na participação nos lucros, já que se tem atuação pessoal. Nas sociedades limitadas empresárias, deve ser adotada a fórmula de participação nos lucros em correspondência à participação no capital social. De resto, é lícito estipular outras cláusulas, desde que respeitem normas e princípios jurídicos.

Por nome, a sociedade limitada pode adotar firma social ou denominação. Optando por adotar a razão social, serão observadas as regras aplicáveis ao nome da sociedade em nome coletivo, atendendo ao princípio da veracidade. No entanto, desde que esclarecido tratar-se de sociedade limitada, o sócio ou os sócios cujos nomes componham a razão social não terão responsabilidade subsidiária pelas obrigações sociais. Também é lícito à sociedade limitada, simples ou empresária, adotar denominação (designação), usando mesmo termos de fantasia; aliás, a denominação pode mesmo ser composta a partir do nome de um, alguns ou todos os sócios, ou de terceiro que o autorize. Em qualquer caso, é indispensável que o nome contenha a palavra *limitada*, por extenso ou abreviada (*ltda.*), sob pena de descaracterização do limite de responsabilidade (artigo 1.158, § 3º). Em se tratando de denominação, deve-se acrescer o objeto social (artigo 1.158, § 2º), indicação que é dispensada quando se trate de firma (razão) social.

4 QUOTAS

O capital social da sociedade limitada é dividido em quotas, mesmo quando adote a regência supletiva da Lei 6.404/1976. Essas quotas podem ser *iguais ou desiguais, cabendo uma ou diversas a cada sócio* (artigo 1.055). Poder-se-ia ver na frase uma permissão para que fossem criadas, nas sociedades limitadas que adotam regência supletiva da Lei 6.404/1976, classes distintas de quotas (preferenciais e ordinárias). Esse debate está em curso e, a meu ver, não há licença legal para tanto. No entanto, há juristas que se posicionam em sentido contrário, como há estudos legislativos para dar expressão normativa clara à questão.

Aceita a possibilidade, os atos constitutivos de sociedades limitadas poderão estabelecer determinadas vantagens para certas quotas (preferenciais) em retribuição a certas desvantagens em relação às demais (ordinárias). Por exemplo, preferencialistas podem ter vantagem na distribuição de lucros ou benefícios na hipótese de dissolução da sociedade, quando de sua liquidação. Em oposição,

---

verdadeiro e efetivamente integralizado para afastar a responsabilidade subsidiária dos sócios. O sócio pode assumir (subscrever) quotas para integralização futura com o que receber da sociedade a título de salário (se for empregado dela), distribuição de lucros ou relação jurídica diversa; mas terá responsabilidade subsidiária até integralizar tais valores.

218 Direito Empresarial Brasileiro: Direito Societário • Mamede

perdem o direito de votar para a escolha de administradores. É o contrato social que deverá estabelecer essas diferenças, embora não podendo desrespeitar normas legais específicas do tipo societário, bem como normas gerais, inclusive aquelas que não consideram lícitas previsões leoninas, desequilíbrio excessivo, prejuízo a terceiros (trabalhadores, fisco, consumidores etc.), entre outras.

As quotas serão *iguais ou desiguais*, consequentemente, em função de seu valor. É indiferente se a participação de um sócio em 30% do capital de uma sociedade, cujo valor total é de R$ 100.000,00, seja representada por quota única no valor de R$ 30.000,00 (havendo outra quota de R$ 70.000,00, ou duas quotas, uma no valor de R$ 45.000,00 e outra no valor de R$ 25.000,00), ou 30 quotas no valor de R$ 1.000,00, 20 no valor de R$ 1.500,00 e, até, quotas em valores distintos: 10 quotas no valor de R$ 1.000, 20 quotas no valor de R$ 500,00 e 100 quotas no valor de R$ 100,00. A prática revela uma preferência pelo estabelecimento de fracionamentos menores, de valor igual, o que facilita a compreensão da divisão do capital social; mas para atender a estratégias negociais específicas, pode-se recorrer a uma distribuição não uniforme do capital social pelas respectivas quotas.

O legislador não criou qualquer limite para o capital e para a participação societária. Assim, não há capital social mínimo, nem capital social máximo para a sociedade limitada. Esse capital pode estar dividido em qualquer número de quotas, desde que igual ou superior a duas. As quotas podem ter qualquer valor monetário, desde que mensurável, reiterando-se que tais valores podem ser distintos. Há número mínimo de sócios (dois), mas não há número máximo. Também não há percentual mínimo ou máximo para a participação de cada sócio no capital social, embora a concentração de grande montante no patrimônio de um grande sócio pode reforçar, dependendo do caso, o argumento de confusão patrimonial, a justificar a desconsideração da personalidade jurídica.

4.1 Integralização

As quotas deverão ter valor expresso em moeda corrente nacional, obrigatoriamente. O contrato social trará (1) a definição do valor total do *capital social* (ou *capital registrado*), (2) o número de quotas em que este estará dividido, obrigatoriamente igual ou superior a duas quotas, (3) o valor de cada quota, que poderá ser igual ou desigual, e (4) a titularidade de cada quota ou grupo de quotas, relacionando, nominalmente, os sócios (cuja qualificação é exigida pelo artigo 997, I, do Código Civil) e a correspondente participação no capital social.

A subscrição do capital social não exige imediata integralização, no ato de assinatura do contrato social ou no ato de seu registro. É lícito especificar tempo e modo para a realização do valor das quotas. Pode-se estabelecer desembolso imediato ou futuro, ainda que em parcelas cujo pagamento será devido no prazo ou termo fixado pelo ato constitutivo. Pode-se estipular, por exemplo, que os sócios

Parte Especial I – Cap. 13 • Sociedade Limitada: Estrutura **219**

integralizarão 40% do valor das quotas sociais no ato da assinatura do contrato, 30% em 12 meses e outros 30% em 24 meses. Nada impede que as condições de integralização sejam distintas para os sócios, se assim dispuser o contrato social, desde que respeitados os princípios gerais do Direito.

Também é lícita, disse, a estipulação de modo – ou forma – para a realização da quota, não sendo indispensável haver desembolso de dinheiro. Os sócios podem admitir integralização pela transferência de bens ou de créditos. Mas é preciso que os bens tenham expressão econômica e que permitam uma avaliação, regulando com o valor a ser realizado no capital social, sob pena de caracterização de fraude. Todos os sócios responderão, solidariamente, pela exata estimação dos bens que forem incorporados ao patrimônio social para a realização de quotas, até o prazo de cinco anos da data do registro da sociedade (artigo 1.055, § 1º). Não se admite a integralização por meio de prestação de serviços (artigo 1.055, § 2º), em boa medida justificada pela própria necessidade de fortalecimento do capital e do patrimônio social, únicas garantias dos credores, face à inexistência de responsabilidade subsidiária dos sócios.

O valor estipulado – e, consequentemente, contratado – para o capital social da pessoa jurídica é um direito desta em relação aos sócios; e, por se tratar de um contrato social, é um direito de todos os sócios em relação a cada um dos demais. Com efeito, tanto a sociedade como os demais sócios têm o direito de ver realizado o valor das quotas sociais, não apenas por se tratar de meio necessário para a consecução das finalidades sociais, mas também em função da responsabilidade solidária de todos os sócios pela integralização do capital (artigo 1.052, segunda parte).

4.2 Indivisibilidade

As quotas sociais são definidas com liberdade pelo contrato social: número e valor, igualdade ou desigualdade. Por meio de alteração contratual, ademais, essa divisão do capital pode ser alterada agrupando quotas ou desmembrando-as. A previsão de 10 quotas de R$ 10.000,00 pode ser transformada em previsão de 100 quotas de R$ 1.000,00; a previsão de quotas desiguais pode ser alterada para a previsão de quotas iguais e vice-versa; uma quota desigual de R$ 30.000,00, no capital social de R$ 100.000,00, pode ser dividida em duas quotas de R$ 15.000,00. Essas alterações, todavia, exigem alteração do contrato social.

Não havendo alteração contratual e repactuação no número e valor das quotas sociais, a quota não pode ser dividida. Compreende-se, assim, o artigo 1.056 do Código Civil, que fala ser a quota *indivisível em relação à sociedade*, retirando, por tal forma, a validade de qualquer ajuste estranho ao contrato social, realizado por um, alguns ou mesmo todos os sócios, entre si ou com terceiros. A possibilidade de cessão parcial de uma quota *para efeito de transferência* (artigo 1.056) aplica-se a sociedades em que se tenha quotas em valor desigual (artigo 1.055), com necessária alteração do contrato social, desde que não tenha havido oposição de mais de 25% do capital social, salvo estipulação de quórum diverso pelo contrato social.

4.3 Condomínio de quota

Embora não se permita a divisão de quota social, senão por meio de alteração contratual, admite-se a figura do condomínio de quota, ou seja, que mais de uma pessoa (natural ou jurídica) seja titular de uma mesma quota (artigo 1.056). Melhor seria dizer de cotitularidade, já que a quota não é coisa (*res*) e, na tradição latina, apenas as coisas são passíveis de domínio, em sentido estrito; a quota, em oposição, é direito pessoal com expressividade patrimonial. O Direito contemporâneo, contudo, rompeu com essa tradição, assimilando a ideia de propriedade intelectual, tratando direitos (*ius*) como se fossem coisas (*res*). Ainda assim, os direitos pessoais com expressividade patrimonial são cedidos, e não vendidos, não comportando aluguel nem tradição.

A constituição do condomínio sobre quota ou quotas poderá ser *causa mortis* ou contratada *inter vivos* (artigo 1.056, § 1º). A constituição *inter vivos* de condomínio de quota pode merecer a oposição de 25% do capital social (artigo 1.057), se outro percentual não for estipulado pelo contrato social, entre a aprovação pela unanimidade dos sócios e a livre circulação dos títulos. A constituição *causa mortis* de condomínio de quota, por seu turno, não comporta recusa por parte dos demais sócios, já que resulta do artigo 1.784 do Código Civil: com a morte, a sucessão abre-se imediatamente, transmitindo-se a herança, desde logo, aos herdeiros legítimos e testamentários (*princípio da saisine*). Assim, no momento da morte se instaura, necessariamente, um condomínio sobre a quota ou mesmo quotas do *de cujus*, excetuada a hipótese de haver herdeiro universal.

Trata-se de condomínio provisório, a toda vista, o que é reconhecido pelo próprio artigo 1.056, § 1º, do Código Civil, quando se refere ao *inventariante do espólio de sócio falecido*, fazendo menção ao procedimento de inventário ou ao procedimento de arrolamento. Com efeito, haverá necessariamente um condomínio sobre a quota por parte do espólio, podendo concluir-se com (1) a admissão de um dos herdeiros na condição de sócio, conforme resulte da partilha havida no inventário ou arrolamento; (2) a admissão de um condomínio sobre a quota constituído por mais de um herdeiro, conforme apurado na partilha havida no inventário ou arrolamento; e (3) a liquidação da quota, quando não haja admissão do sócio, fruto da recusa dos próprios herdeiros ou da recusa da coletividade social (artigo 1.057).

Em qualquer hipótese, o condomínio de quotas não multiplica a participação societária (artigo 1.056, § 1º); os direitos inerentes à quota serão exercidos como se houvesse titularidade singular, tendo os condôminos de indicar o seu representante

Parte Especial I – Cap. 13 • Sociedade Limitada: Estrutura **221**

que, na hipótese de constituição *causa mortis*, será o inventariante. Apenas haverá consideração da pluralidade de pessoas para o efeito de afirmar a responsabilidade solidária de todos pelas prestações necessárias à sua integralização da quota.

4.4 Cessão de quotas

A quota é um direito pessoal com expressividade patrimonial econômica e, assim, comporta transferência, *inter vivos* ou *causa mortis*, desde que atendidos os requisitos legais e contratuais para tanto. Entre vivos, a transferência faz-se por cessão (artigo 1.057 do Código Civil). Se o cessionário é outro sócio, a transferência independe de *audiência* dos demais sócios, ou seja, dispensa-se não apenas a concordância (anuência), mas mesmo a consulta (audiência) aos demais sócios. Justamente por isso, a indispensável alteração contratual correspondente não poderá ser obstada pelos demais sócios (artigo 1.071, V). Parece-me que basta levar o instrumento de cessão de quotas, assinado pelos sócios, ao Registro Mercantil e pedir o seu arquivamento. Este instrumento terá, para efeitos de definir a participação no capital social, efeito de alteração contratual. Quando da próxima alteração contratual, tem a Junta a faculdade de exigir a consolidação do contrato social com a nova composição societária, em conformidade com o instrumento de cessão já arquivado.

É possível a cessão de quotas a terceiro, estranho ao quadro societário, se não há oposição de titulares de mais de um quarto do capital social (artigo 1.057, segunda parte), salvo estipulação em contrário. Portanto, a lei compreende a sociedade limitada como sendo contratada *intuitu personae* em termos, certo não exigir aprovação unânime, como para as demais sociedades contratuais (artigo 1.003). Portanto, a *audiência dos outros* é indispensável, certo que sócios que representem a menor unidade acima de 25% podem recusar o ingresso do terceiro. Parece-me, portanto, que o cedente deverá consultar os demais sócios e lograr aprovação de 75% do capital social para a alteração contratual que mudará a composição societária. A eficácia da cessão perante terceiros depende do registro público da alteração contratual.

Atenção, no entanto, para o que o Superior Tribunal de Justiça decidiu quando acolheu o Agravo Interno no Recurso Especial 1.359.060/RJ: "2. Os sucessores e o meeiro não são terceiros interessados em relação aos negócios jurídicos celebrados pelo inventariado; recebem eles o patrimônio (ativo e passivo) nas condições existentes na data do óbito. 3. As cotas societárias transferidas antes da data do óbito não integram o patrimônio a ser partilhado no inventário, sendo irrelevante, em relação aos sucessores do falecido, a circunstância de o registro do negócio jurídico na junta comercial ter ocorrido após o óbito. O registro é necessário apenas para a produção de efeitos da alteração societária em face da própria sociedade e de terceiros." Assim, em relação a meeiros e herdeiros, não há falar em ineficácia por falta de publicidade (advinda do registro); eventuais vícios, portanto, devem ser resolvidos discutindo a validade da alteração em si, ou seja, o ato de cessão.

Não é necessário que o instrumento seja firmado por todos os sócios, mas apenas por aqueles que representem três quartos do capital social. É indiferente o número de sócios; o sócio que detenha mais de 75% do capital, portanto, cede livremente suas quotas, assim como aprova ou recusa a cessão de quotas por qualquer outro sócio. Isso é perfeitamente legal e próprio da lógica societária, que foca o investimento na atividade negocial, salvo as sociedades cooperativas. Esse direito, todavia, deve ser exercido tendo em vista os limites impostos pelo seu fim econômico ou social, pela boa-fé ou pelos bons costumes; se não o for, caracterizará abuso de direito (artigo 187), determinando o dever de indenizar os danos daí advindos (artigo 927).

O contrato, contudo, poderá prever quórum diverso de aprovação da cessão de quotas, entre os sócios ou para terceiros. Aliás, é comum a previsão de que a cessão de quotas depende da aprovação unânime dos sócios, assim como a previsão de ser livre a transferência, *causa mortis*, das quotas para os herdeiros necessários. Pode-se prever qualquer outro quórum de aprovação, inclusive a livre circulação de quotas, tornando a sociedade *intuitu pecuniae*, hipótese na qual a transferência independerá até de *audiência* dos demais sócios. Como não podem se opor, a convocação de reunião ou assembleia de sócios para cuidar da cessão é inútil, despicienda; assim, creio, bastará levar, ao registro público, o instrumento de cessão de quotas, assinado por cedente e cessionário, e pedir o seu arquivamento. Este instrumento terá, para efeitos de definir a participação no capital social, efeito de alteração contratual. Quando da próxima alteração contratual, tem a Junta a faculdade de exigir a consolidação do contrato social com a nova composição societária, em conformidade com o instrumento de cessão já arquivado.

A previsão de cessão *independentemente da audiência dos outros sócios*, acredito, cria para cedente e cessionário a obrigação de dar ciência específica aos demais sócios, não me parecendo, em função dos princípios da socialidade (artigo 421 do Código Civil), da eticidade e da moralidade (artigo 422 do Código Civil). Não basta a ciência ficta, resultado do registro público. Parece-me indispensável notificação da transferência da participação societária a todos os demais sócios e ao administrador societário (se não sócio), sob pena de responder pelos danos, econômicos e morais, advindos desse desconhecimento.

Dando solução ao Recurso Especial 1.309.188/SP, a Quarta Turma do Superior Tribunal de Justiça, por maioria, assim se pronunciou: "(1) A cessão de quotas sociais em uma sociedade por responsabilidade limitada deve observar regras específicas, previstas no artigo 1.057 do Código Civil, em cujo *caput* há permissão para que o contrato social franqueie também a terceiros não sócios o livre ingresso na sociedade – aproximando-se, assim, das sociedades de capitais – ou imponha condições e restrições de toda ordem à admissão do novo sócio, priorizando o elemento humano como fator de aglutinação na formação do ente social. De uma

Parte Especial I – Cap. 13 • Sociedade Limitada: Estrutura **223**

forma ou de outra, a previsão contratual em sentido diverso prevalece sobre o aludido preceito legal. (2) Quando o instrumento de contrato social silenciar total ou parcialmente – embora a redação do art. 1.057 do CC não seja suficientemente clara –, é possível, desmembrando as suas normas, conceber a existência de duas regras distintas: (i) a livre cessão aos sócios; e (ii) a possibilidade de cessão a terceiros estranhos ao quadro social, desde que não haja a oposição de titulares de mais de 25% do capital social. (3) No caso, a validade do negócio jurídico vê-se comprometida pela oposição expressa de cerca de 67% do quadro social, sendo certo que o contrato social apresenta omissão quanto aos critérios a serem observados para a implementação da cessão de posição societária, limitando-se a mencionar a possibilidade dessa operação na hipótese do não exercício do direito de preferência pelos sócios remanescentes. (4) Outrossim, consta da Cláusula Sétima que a comunicação da intenção de alienação das quotas aos demais sócios far-se-ia acompanhar de 'outros dados que entender úteis' (fl. 674). Desse modo, causa certa estranheza o fato de os sócios remanescentes terem perquirido aos cedentes a qualificação dos cessionários e eles terem se recusado a fornecer, sob a mera alegação de que o contrato não os obrigava a tanto. Afinal, o pedido de esclarecimento consubstanciado na indicação do interessado na aquisição das quotas sociais, conquanto não fosse expressamente previsto no contrato social, era medida previsível e salutar, cujo escopo precípuo era justamente a preservação da *affectio societatis* e, em última instância, da ética, transparência e boa-fé objetiva, elementos que devem nortear as relações interpessoais tanto externa quanto *interna corporis*".

Alfim, recordo que até dois anos depois de averbada a modificação do contrato, responde o cedente solidariamente com o cessionário, perante a sociedade e terceiros, pelas obrigações que tinha como sócio (artigo 1.003, parágrafo único, e artigo 1.057, parágrafo único), regra que se interpreta em conformidade com a previsão de limite de responsabilidade (artigo 1.053).

Julgando o Recurso Especial 1.415.543/RJ, a Terceira Turma do Superior Tribunal de Justiça enfrentou a controvérsia acerca do termo inicial do prazo de dois anos da responsabilidade do sócio que cedeu suas quotas sociais, afirmando a "necessidade de averbação na Junta Comercial para que a cessão produza efeitos quanto à sociedade, ainda que todos os sócios, inclusive o sócio administrador, tenham anuído com a cessão". No caso, o ato de cessão foi assinado em agosto de 2007, mas arquivado apenas em agosto de 2008. Os ministros destacaram que a disposição do artigo 1.003 do Código Civil deixa expressamente estabelecido que o termo inicial do prazo decadencial seria a data da averbação da alteração contratual. O Tribunal de Justiça do Rio de Janeiro, contudo, entendeu que o prazo fluiria a partir da data da assinatura, pois, desde então, o contrato já produziria efeitos entre as partes, embora não os produzisse perante terceiros. Com isso, os efeitos também seriam produzidos contra a sociedade, uma vez que a cessão contou com a anuência expressa de todos os sócios. É a distinção entre a produção de efeitos

224 Direito Empresarial Brasileiro: Direito Societário • Mamede

nas relações internas e nas externas, no âmbito do direito societário, já teorizada, no século XIX, pelo grande jurista Augusto Teixeira de Freitas, citado no julgado.

Os ministros reconheceram que essa distinção é claramente aplicável na relação jurídica entre o cedente e o cessionário, de modo que o contrato já produz efeitos entre eles desde a data da assinatura. Porém, decidiram, "na hipótese em tela, o que se questiona são os efeitos na relação jurídica do cedente com a sociedade, não com o cessionário. O Tribunal de origem tratou essa relação jurídica como interna, talvez porque o instrumento de cessão tenha contado com assinatura de todos os sócios. Contudo, deve-se observar que a sociedade não é parte do negócio jurídico de cessão de cotas. Ademais, mesmo que todos os sócios tenham anuído à cessão, não se pode afirmar que a sociedade, (uma pessoa jurídica autônoma), tenha participado do negócio jurídico, de modo a estar subordinada (ou beneficiada) por seus efeitos". Mais do que isso, afirmou o Superior Tribunal de Justiça que, "sob outro prisma, observa-se que o legislador dedicou especial atenção ao regime jurídico da cessão de cotas, para evitar a prática de fraudes em prejuízo de terceiros e da própria sociedade. Assim, considerando a distinção entre a pessoa jurídica e a pessoa dos sócios, bem como o objetivo de evitar fraudes, a melhor solução para o caso dos autos é interpretar estritamente o disposto nos artigos 1.003 e 1.057, no sentido de que os efeitos da cessão com relação à sociedade somente se operem depois da efetiva averbação na Junta Comercial".

4.5 Usufruto de quota

Quotas são bens jurídicos e, assim, passíveis de usufruto (artigo 1.390 do Código Civil). Assim, haverá um nu-titular, ou seja, um sócio a quem corresponderá apenas o direito patrimonial sobre as quotas sociais, e um usufrutuário, a quem corresponderá o direito de exercer as faculdades sociais das quotas. A constituição do usufruto submete-se às regras gerais da cessão de participação societária, incluindo sobre anuência dos demais sócios, em conformidade com a lei (artigo 1.057) ou o contrato social. Não me parece que a constituição do usufruto exija alteração contratual, já que não interfere na composição societária. Mas deve ser averbada no registro público (aplicação extensiva dos artigos 1.391 e 1.057, parágrafo único). Contudo, se houver concomitante cessão gratuita (doação) de quotas e constituição de usufruto, o que é usual, será indispensável a alteração do contrato social, fazendo constar como sócio(s) o(s) donatário(s).

O usufruto se regerá pelas regras dos artigos 1.390 e seguintes do Código Civil, incluindo no que se refere a eventuais limitações que sejam dispostas em seu ato de constituição. Embora sem titularizar a nua-propriedade da quota, o usufrutuário se portará como se sócio fosse, tendo direito ao exercício das faculdades sociais, o que inclui a participação em deliberações sociais, incluindo a alteração do contrato social, exercício do direito de oposição ao ingresso de novos sócios, entre outros.

Parte Especial I – Cap. 13 • Sociedade Limitada: Estrutura **225**

Terá, ainda, direito à percepção dos frutos civis da quota ou quotas, ou seja, às distribuições de lucros. No entanto, os dividendos já destinados até a data inicial do usufruto pertencem ao proprietário, da mesma forma que os dividendos vencidos na data em que cessa o usufruto pertencem ao usufrutuário (artigo 1.398).

O usufruto de quota extingue-se (artigo 1.410): (1) pela renúncia ou morte do usufrutuário; (2) pelo termo de sua duração; (3) pela extinção da pessoa jurídica, em favor de quem o usufruto foi constituído, ou, se ela perdurar, pelo decurso de 30 anos da data em que se começou a exercer; (4) pela cessação do motivo de que se origina; (5) pela liquidação da sociedade, incluindo a sua falência; (6) pela consolidação (aquisição das quotas pelo usufrutuário); (7) por culpa do usufrutuário, quando não exerce os direitos sociais relativos às quotas.

4.6 Penhor de quota

As quotas sociais podem ser dadas em penhor (artigos 1.419 a 1.460 do Código Civil), ou seja, podem ser empenhadas, servindo como garantia de obrigação assumida por seu titular ou, mesmo, por outrem, certo ser lícito o oferecimento do penhor a favor de obrigação alheia.[4] Só pode empenhar quem pode ceder, assim como só pode ser empenhado o direito (no caso, a quota) que pode ser cedido (artigo 1.420). Assim, será preciso aferir no contrato social se o sócio tem livre disposição da quota para verificar se pode empenhá-la. Se há necessidade de aprovação da cessão por outros sócios, em unanimidade, três quartos (artigo 1.057) ou outro percentual contratualmente fixado, a obtenção de tal anuência é requisito para a cessão e, coerentemente, deve ser compreendida como requisito para a constituição do direito real de garantia.

A constituição do penhor sobre quotas não exige alteração contratual, já que não há alteração na composição societária. Não exige, ainda, transferência efetiva da posse (artigo 1.431), já que se trata de bem imaterial. Sua eficácia perante terceiros, contudo, demanda registro. Afinal, todas as informações que digam respeito à estrutura societária de uma sociedade, para serem eficazes perante terceiros, devem constar da respectiva matrícula. A comunidade em geral tem essa segurança: o registro revela a realidade societária das pessoas jurídicas. É esse o costume, é essa a orientação legal.

Não há falar em vencimento antecipado da obrigação pela desvalorização ordinária da quota, embora haja uma correspondente *depreciação* (artigo 1.425, I) (por *desvalorização ordinária* tenham-se as variações comuns, decorrentes da economia nacional), nem de eventos societários comuns (déficit e superávit), quando reversíveis. Em oposição, a demonstração de que fatos societários diversos

---

4   Conferir MAMEDE, Gladston. *Código civil comentado*: penhor, hipoteca e anticrese: artigos 1.419 a 1.510. São Paulo: Atlas, 2003. v. 14 (Coleção coordenada por Álvaro Villaça Azevedo).

226 Direito Empresarial Brasileiro: Direito Societário • Mamede

implicaram a deterioração ou depreciação da garantia, em níveis que excedam o normal da vida societária, constituirá motivo para exigir reforço ou substituição da garantia, sob pena de vencimento antecipado. De qualquer sorte, o credor pignoratício tem a faculdade e a obrigação de praticar os atos necessários à conservação do direito empenhado (artigo 1.454). Está legitimado, portanto, a prática desses atos, embora não possa abusar da faculdade, prejudicando o devedor pignoratício ou a sociedade (artigo 187). Isso inclui mesmo o direito de pedir a falência baseado na prática dos atos falimentares (artigo 94, III, da Lei 11.101/2005).

4.7 Penhora de quota

As limitações contratuais ou legais (artigo 1.057 do Código Civil) à cessão de quotas não traduzem impenhorabilidade. Na penhora e ulterior adjudicação judicial não há cessão, mas *desapropriação* judiciária (conferir Recurso Especial 40.191/SP, julgado pela Quarta Turma do Superior Tribunal de Justiça): extinção da relação originária, em prejuízo do devedor, e estabelecimento de uma nova relação jurídica, a bem da eficácia das relações jurídicas: a execução do direito creditício. Todavia, daí não se tira que aquele que adjudicou as quotas tem direito de se tornar sócio. O adjudicante assume a titularidade patrimonial dos títulos societários, não as faculdades sociais.

Portanto, as quotas da sociedade limitada são penhoráveis, ainda que a sociedade seja contratada *intuitu personae*. Afinal, as quotas são bens jurídicos. Contudo, para a proteção da coletividade social, a penhora das quotas está condicionada à *insuficiência de outros bens do devedor* (artigo 1.026). Se há outros bens, a constrição deve fazer-se preferencialmente sobre esses. Mas se outros não há, as quotas poderão ser penhoradas e adjudicadas. Essa constrição, contudo, deverá ser evitada se demonstrado que os lucros por distribuir são suficientes para satisfazer ao crédito executado (artigo 1.026, *ao meio*), caso em que a penhora deverá recair sobre tais lucros. O fim da execução não é a ruína do executado, mas satisfazer o crédito executado.

Quem adjudica as quotas não se torna sócio, nem tem direito a sê-lo. São eficazes contra si a limitação legal (artigo 1.057) e as limitações constantes do ato constitutivo devidamente registrado. Poderá pleitear sua aceitação na sociedade ou utilizar-se de direito de recesso, havendo condições jurídicas (legais ou contratuais) para tanto. Se pedir ingresso na coletividade social e houver aprovação, no quorum contratual (artigo 1.057) ou legal para tanto, irá se tornar sócio, com a respectiva alteração do contrato social. Se há recusa pelos demais sócios, resta-lhe pedir a liquidação da quota ou quotas cuja titularidade adjudicou, implicando resolução do contrato de sociedade em relação àqueles títulos, com sua liquidação e correspondente redução do capital social (artigos 1.030, parágrafo único, e 1.031, § 1º). Tratando-se de sociedade *intuitu pecuniae,* o adjudicante

Parte Especial I – Cap. 13 • Sociedade Limitada: Estrutura **227**

poderá escolher se irá tornar-se sócio ou se exercerá o direito de recesso, com a liquidação das quotas adjudicadas.

5 SÓCIO REMISSO

O artigo 1.058 do Código Civil refere-se ao *sócio remisso*. Curiosamente *remissão* traduz um ato de perdão (artigo 385), mas o dispositivo não alude ao *sócio perdoado*, mas ao *sócio inadimplente*. A expressão já constava do artigo 289 do Código Comercial (1850) e do artigo 7º do Decreto 3.708/19. Não é o Direito, contudo, mas o português que soluciona a aparente controvérsia: não obstante *remissão* seja *a ação de perdoar*, *remisso* é *aquele que tarda a fazer alguma coisa*, distinto de *remido*, que é aquele *libertado* (na remição) ou *perdoado* (na remissão). Fica claro, portanto, que entre o *remisso* e o *remido* está a *remissão* (ato do credor, a favor do devedor) ou *remição* (ato de terceiro, a favor do devedor); na mesma proporção, entre o remisso e o adimplente, está o pagamento ou adimplemento.

Essencialmente, o sócio está obrigado a cumprir com a obrigação social, na forma e prazo previstos no contrato social (artigo 1.004). Se não o faz, a sociedade poderá executá-lo ou os demais sócios poderão decidir excluí-lo (artigo 1.004, parágrafo único), devendo, para tanto, providenciar notificação pela sociedade para que cumpra sua obrigação em 30 dias, sob pena de perder direito sobre as quotas subscritas ou responder pelos danos emergentes da mora. Transcorrido o prazo de 30 dias, contados do recebimento da notificação (artigo 132), os sócios poderão deliberar a exclusão do sócio remisso ou a redução de sua participação societária ao montante que já tenha realizado (artigo 1.058). Da forma como colocado no artigo, trata-se de uma faculdade discricionária da maioria, conforme se apure na votação: pode-se excluir (restituindo os valores já entregues à sociedade) ou, transigindo com a mora, deliberar pela mera redução da participação societária, reduzida ao montante já integralizado.

A exclusão do sócio remisso ou a redução da sua participação societária ao montante já integralizado (realizado) poderá implicar uma redução do capital registrado para assimilar os valores não aportados pelo sócio. Os demais sócios, contudo, poderão tomar para si a respectiva quota ou parte de quota, se uma, ou quotas (artigo 1.058). Poderão, ademais, transferir a quota ou quotas a terceiro, embora seja forçoso reconhecer que os sócios têm preferência ao terceiro, salvo particularidades do ajuste. Havendo mais de um sócio interessado em tomar a quota ou as quotas para si, deverão ser essas atribuídas a todos eles, em iguais partes, se menos não quiserem. Em todos os casos, será necessário providenciar uma alteração contratual, traduzindo a nova composição societária.

O direito de tomar a quota ou as quotas do sócio remisso é atribuído aos sócios e não à sociedade (artigo 1.058). Portanto, verificada a inadimplência, qualquer dos sócios terá interesse material e processual para pretender a transferência para si das quotas do sócio remisso, devendo, quando muito, compartilhar tal direito com outro ou outros sócios que manifestem igual intenção. De qualquer sorte, se houve exclusão do sócio inadimplente, a sociedade deverá lhe devolver os valores por si já integralizados, deduzindo os juros da mora, as prestações estabelecidas no contrato, bem como as despesas (artigo 1.058).

6 CAPITAL SOCIAL

Para a realização do objeto social, os sócios definirão, no contrato social, o valor do capital social, expressado em moeda corrente (artigo 997, III), as quotas subscritas por cada um, além do tempo e do modo de sua integralização. Foi o que se estudou no Capítulo 3 deste livro. Na sociedade limitada, contudo, não pode haver realização do capital social por meio de prestação de trabalho (artigo 1.055, § 2º). Mas é lícito integralizar em dinheiro, pela cessão de crédito e pela transferência de bens materiais (móveis e imóveis) e imateriais (marcas, patentes); mesmo bens coletivos, orçados pelo seu valor de mercado (incluindo vantagens do ativo intangível), podem ser transferidos, a exemplo de estabelecimento empresarial (artigo 1.142) e o sobrevalor determinado por seu aviamento. Pode-se mesmo integralizar o capital por meio da transferência de direitos por tempo determinado, como a posse direta e o uso de um bem, devidamente avaliado segundo o mercado.

A subscrição e a integralização do capital societário são atos de investimento, assumindo o sócio a condição de titular de quotas que lhe asseguram faculdades sociais e patrimoniais, entre as quais o direito a participar do acervo patrimonial, se liquidada a sociedade. No entanto, enquanto a sociedade não seja dissolvida, o capital societário deve ser preservado na atividade negocial, a bem de sua preservação e, igualmente, para a garantia dos credores, que nada mais dispõem do que o patrimônio societário para a satisfação de seus créditos. Assim, os sócios serão obrigados à reposição dos lucros e das quantias retiradas, a qualquer título, ainda que autorizados pelo contrato, quando tais lucros ou quantia se distribuírem com prejuízo do capital (artigo 1.059). Essa regra não afasta a direta responsabilidade do administrador, a quem cabe a gerência do patrimônio societário. Por isso, no Recurso Especial 512.586/SC, a Primeira Turma do Superior Tribunal de Justiça reconheceu a responsabilidade do administrador que, embora estando ciente do inadimplemento dos tributos e contribuições, permitiu recolhimento de lucros e *pro labore*, o que "caracteriza, inequivocamente, ato ilícito, porquanto há conhecimento da lesão ao erário público".

Os sócios têm o poder de definir o montante global do capital que pretendem investir na atividade negocial, destacando-se que o capital é uma das cláusulas do contrato societário. Seu montante pode ser alterado (aumentado ou reduzido), conforme deliberem os sócios, desde que respeitadas as balizas legais.

6.1 Aumento de capital

Não havendo qualquer objeção em lei especial, e desde que todo o capital social tenha sido integralizado, é lícito aos sócios, mediante a aprovação de votos que correspondam a 75% do capital social (artigos 997, III, 1.071, V, e1.076, I, do Código Civil), alterarem o contrato social para aumentar o capital registrado da pessoa jurídica (artigo 1.081). O capital pode ser aumentado pelo aporte de valores novos, inclusive pela admissão de novo(s) sócio(s), bem como pela incorporação de lucros, ou seja, deixando de distribuir aos sócios o superávit econômico verificado ao longo do exercício para, com ele, *capitalizar* a sociedade. É uma estratégia de fortalecimento econômico da empresa, embora, como se viu no volume 1 – *Empresa e Atuação Empresarial*, outras estratégias há, como a formação de reservas de capital ou de fundos, com a vantagem de serem constituídos sem alteração contratual, além de serem reversíveis.

O aumento de capital pode concretizar-se tanto pelo aumento do valor de cada quota, quanto pela ampliação do número de quotas existentes. Assim o aumento para R$ 150.000,00 de um capital registrado de R$ 100.000,00, dividido em 100 quotas, pode fazer-se criando mais 50 quotas de R$ 1.000,00 ou elevando o valor de cada quota para R$ 1.500,00, conservando-se o número global de 100 quotas. Podem-se mesmo adotar estratégias mistas, aumento o valor e o número das quotas.

No aumento de capital por meio de novo aporte econômico, garante-se aos sócios direito de preferência na subscrição do capital a ser aumentado. Assim, até 30 dias após a deliberação, terão os sócios preferência para participar do aumento, na proporção das quotas de que sejam titulares (artigo 1.081, § 1º). Esse direito de preferência garante aos sócios a conservação de seu percentual de participação na sociedade, subscrevendo proporção correspondente no aumento de capital. Evita-se, assim, que o aumento possa ser utilizado para *pulverizar* a participação dos minoritários. É preciso estar atento para o fato de que o sócio não está obrigado a exercer o direito de preferência em sua totalidade, podendo fazê-lo apenas em parte; assim, o titular de quotas que representem 30% do capital social pode exercer seu direito de preferência à subscrição de até 30% das novas quotas, podendo fazê-lo em proporção menor.

As condições de exercício do direito de preferência são aquelas estipuladas pela deliberação de aumento do capital, devendo o sócio atendê-las, na mesma situação que as deverá atender outro sócio ou, até, um terceiro aceito para a subscrição do capital. É o que se passa com a previsão de que a integralização se fará obrigatoriamente em dinheiro, ou a aceitação de bens móveis e/ou imóveis; igualmente, a previsão de que a integralização se fará à vista ou a prazo, entre outras. Note-se que os sócios podem aumentar ou reduzir o prazo para o exercício do direito de preferência. A ampliação exige aprovação pela maioria do capital social; já a redução, por limitação de uma faculdade legal, exige voto unânime. Por outro ângulo, nada impede que, num só ato, os sócios aprovem o aumento e disciplinem como se dará a subscrição, incluindo aqueles que assumirão a nova participação societária.

O direito de preferência não é personalíssimo, mas uma vantagem patrimonial que pode ser cedida (artigo 1.081, § 2º). Portanto, cuida-se de um direito pessoal com expressividade econômica, compondo o patrimônio econômico (e não o patrimônio moral) da pessoa e, assim, passível de transferência, de cessão, gratuita ou onerosa. Essa cessão, contudo, deve ser pensada tendo em vista a natureza jurídica da contratação societária, certo que, em se tratando de constituição *intuitu personae*, o terceiro, cessionário do direito de preferência, deverá ser aceito por sócios representantes de pelo menos 75% do capital societário (artigo 1.057), se outro percentual – menor ou maior – não for estipulado pelo contrato social. Em se tratando de sociedade constituída *intuitu pecuniae*, a cessão será livre e o terceiro cessionário terá o direito de ver o seu nome incluído no contrato social, no rol dos sócios, subscrevendo as quotas correspondentes.

Eventual alteração das condições para subscrição e integralização do capital, estabelecidas após o decurso do prazo para preferência, implica reabertura desse prazo, permitindo-se ao sócio renovada oportunidade para exercer seu direito de preferência ou cedê-lo. A preferência se faz não só sobre a subscrição da parcela do capital aumentado, mas também pela forma de integralização, compreendida como qualidade essencial da obrigação cuja opção prioritária é dada; obviamente, há considerável diferença entre o pagamento em dinheiro, a vista, e pagamento dividido em seis parcelas semestrais.

Se o sócio não exerce o direito de preferência, nem o cede a outrem, passa-se a outro nível de preferência. Subsidiariamente, os demais sócios têm direito preferencial à subscrição do capital social em lugar do sócio que não a exerceu. Essa preferência decorre de uma interpretação analógica do artigo 171, § 8º, da Lei 6.404/1976, que prevê situação análoga para subscrição de novas ações nas companhias fechadas. Tais normas deixam claro haver não apenas uma proteção do capital, como também uma proteção da pessoa dos sócios, em sua qualidade de partes até então presentes no contrato de sociedade, recompensando seus esforços e os resultados correspondentes. Ademais, tal interpretação consulta o interesse da totalidade dos sócios na manutenção do corpo societário preexistente ao aumento do capital social, valorizando sua continuidade.

Como a lei não fixa condições para o exercício de tal direito, deve-se compreender que, salvo deliberação em contrário, cabe ao administrador societário notificar os demais sócios da existência de quotas não subscritas e abrir-lhes igual prazo de 30 dias para manifestarem seu interesse na subscrição delas. Somente então, quando não haja interesse no âmbito da sociedade, se poderá buscar terceiros, não cessionários do direito de preferência, além de estranhos ao capital social, para que subscrevam e, nas condições constantes da deliberação, realizem o capital social aumentado.

Concluída a definição de quem será o subscritor das novas quotas, seja sócio ou terceiro (cessionário ou não do direito de preferência), haverá reunião ou assembleia dos sócios, para que seja aprovada a modificação do contrato (artigo 1.081). A recusa somente poderá concretizar-se nos limites autorizados pela lei

Parte Especial I – Cap. 13 • Sociedade Limitada: Estrutura **231**

ou pelo contrato; fora de tais hipóteses, a negativa da modificação contratual caracterizará ato ilícito, a permitir a seu subscritor recorrer ao Judiciário pedindo a declaração de seu direito.

6.2 Redução de capital

É juridicamente possível reduzir o capital registrado (artigo 1.082 do Código Civil), ou seja, descapitalizar a sociedade, passando o valor correspondente para outras rubricas de sua escrituração, inclusive os lucros a serem distribuídos entre os sócios. Essa deliberação pode decorrer do fato de os sócios considerarem o capital social excessivo em relação ao objeto da sociedade. A redução também pode decorrer da existência de *perdas irreparáveis*, desde que o capital esteja totalmente integralizado. Em ambos os casos, contudo, faz-se indispensável uma correspondente modificação do contrato, a exigir a aprovação de sócios que titularizem ao menos 75% do capital social (artigos 997, III, 1.071, V, e 1.076, I), sendo devidamente levada ao Registro correspondente.

A redução do capital, em face de perdas irreparáveis, constitui adequação do capital à realidade contábil da sociedade. Nas sociedades em que há responsabilidade subsidiária dos sócios, esse déficit afirma-se como obrigação social de reposição das perdas, na mesma proporção da participação nos lucros. A previsão da ausência de responsabilidade subsidiária na sociedade limitada afasta essa possibilidade. Com a redução do capital social, equaliza-se a situação, acomodando a sociedade ao déficit contábil. Mas é alteração que pressupõe solvabilidade, isto é, que o patrimônio ativo tenha condições de atender ao passivo, mesmo com a redução de capital; do contrário, a solução é a insolvência, se sociedade simples, ou o pedido de falência, se empresária, substituível pela recuperação (Lei 11.101/2005). A redução de capital em face de perdas irreparáveis exige que o novo montante definido para o capital, como resultado da redução, seja suficiente para atender às necessidades específicas da atividade negocial.

Essa redução do capital em face de perdas irrecuperáveis implica renúncia dos sócios à parte do que investiram na sociedade. Afinal, a redução do capital será realizada com a diminuição proporcional do valor nominal das quotas (artigo 1.083). Justamente por isso, somente é admissível quando todas as quotas estiverem integralizadas; se não estiverem, haverá primeiro de se resolver isso, dando à sociedade a plenitude do investimento que lhe foi anteriormente definido – o capital registrado. A medida deverá, destarte, ser aprovada em reunião ou assembleia de sócios, cuja ata será levada ao Registro Público de Empresas Mercantis, se sociedade empresária, ou ao Registro Civil das Pessoas Jurídicas, se sociedade simples, tornando-se efetiva a partir da respectiva averbação.

Já na redução de capital social, por ter sido considerado excessivo, embora também se tenha uma diminuição proporcional do valor nominal das quotas ou no número das quotas, não haverá extinção do valor correspondente, assimilado como prejuízo pelos sócios. O valor será reembolsado aos sócios, embora não se possa afastar a possibilidade de sua alocação, definitiva ou temporária, em outras rubricas contábeis, conforme deliberação dos sócios. Se ainda não houve integralização total do capital social, essa redução pode ser feita pela dispensa de realização das prestações ainda devidas (artigo 1.084).

Os parágrafos do artigo 1.084 do Código Civil instituíram um sistema dispendioso para a redução do capital social que seja considerado excessivo. A ata da assembleia que aprovar a redução deveria ser publicada no órgão oficial da União ou do Estado, conforme o local da sede do empresário ou da sociedade, e em jornal de grande circulação (artigo 1.152). Da data da publicação da ata, inicia-se um prazo de 90 dias para que qualquer credor quirografário, por título líquido anterior a essa data, oponha-se ao deliberado. A redução somente se tornará eficaz se esses 90 dias se passem sem que a redução seja impugnada ou, sendo, se comprovado o pagamento da dívida ou o depósito judicial do respectivo valor. Só quando satisfeitas tais condições, proceder-se-á à averbação da ata que tenha aprovado a redução no registro público (artigo 1.084, § 3º).

O sistema é dispendioso face ao elevado custo dessas publicações, embora delas estejam dispensadas as microempresas e empresas de pequeno porte (artigo 71 da Lei Complementar 123/2006). É, ademais, ineficaz, pois é ilusório supor que os credores quirografários venham a acompanhar o *Diário Oficial* ou mesmo que busquem em jornais de grande circulação tais informações; não se olvide, a propósito, de que, normalmente, entre os credores quirografários estão pequenos fornecedores. Ademais, a vinculação intrínseca do patrimônio positivo ao patrimônio negativo de todas as pessoas torna ineficaz a redução de capital em relação aos credores de obrigações constituídas antes da redução do capital, no mínimo em função do artigo 158 do Código Civil, tendo por certo que a redução de capital, com restituição dos valores respectivos aos sócios, alberga-se no conceito de *negócio de transmissão gratuita de bens*.

Melhor seria, acredito, se fosse aceita a redução a partir da simples deliberação societária levada ao registro correspondente, ficando certo, porém, que os sócios são pessoalmente responsáveis pelos valores que lhes foram restituídos em relação às obrigações sociais contraídas antes da redução do capital social. Essa solução, aliás, se aplica integralmente às microempresas e empresas de pequeno porte que, como visto, estão dispensadas *da publicação de qualquer ato societário* (artigo 71 da Lei Complementar 123/2006). Basta-lhes levar ao registro público a ata da deliberação dos sócios, aprovando a redução do capital social, e, de imediato, o evento societário será eficaz. Note-se, porém, que a ausência de publicação não prejudicará, em nada, aos credores, nos termos acima estudados: serão pessoalmente responsáveis pelos valores que lhes foram restituídos em relação às obrigações sociais contraídas antes da redução do capital social.

14
Sociedade Limitada: Funcionamento

1 ADMINISTRAÇÃO

A vasta gama de sociedades limitadas, de empresas transnacionais a microempresas, exige cautela no estudo e tratamento da administração societária. Em qualquer caso, o contrato social deverá definir a administração, nomeando o(s) responsável(is) ou indicando as regras para a sua escolha, registradas em documento apartado, público ou privado, devidamente levado a registro público. A administração será confiada a pessoas naturais, obrigatoriamente (artigo 997, VI, do Código Civil), a quem caberá a condução dos assuntos societários e a representação social, o que poderá ser objeto de regulação pelo contrato social. Podem ser eleitos sócios ou não sócios (terceiro estranho ao quadro social), desde que o contrato social o permita expressamente (artigo 1.061). Mas não pode ser administrador quem está impedido de exercer atividade própria de empresário (artigo 973), matéria estudada no volume 1 desta coleção.

A nomeação do administrador por meio de cláusula contratual traduz uma maior estabilidade social, certo que sua investidura e sua destituição implicam alterações contratuais. Se o administrador é constituído por ato separado, sua investidura no cargo dá-se mediante assinatura de termo de posse em livro de atas da administração, nos 30 dias seguintes à designação, devendo ser averbado no registro público nos dez dias subsequentes (artigo 1.062). O *livro de atas da administração* é obrigatório nas sociedades limitadas cujo contrato social preveja a nomeação do administrador por ato em separado, assim como nas sociedades de grande porte (artigo 3° da Lei 11.638/2007). Nas demais sociedades, designadamente as que optem pela regência supletiva pelas normas da sociedade simples, é livro facultativo, o que é consentâneo com os costumes mercantis, além de razoável, considerando a estrutura da esmagadora maioria de nossas sociedades mercantis.

A previsão de nomeação por documento em separado amplia o desafio da eleição do administrador. A eleição de sócio para a administração faz-se, entre os presentes à deliberação, por maioria simples, contados os votos segundo o valor das quotas de cada sócio, à míngua de quórum legal específico, embora seja lícito ao contrato prevê-lo. Havendo empate, passa-se à eleição *per capita* e, persistindo, será preciso recorrer ao Judiciário (artigo 1.010) ou, havendo cláusula compromissória, à arbitragem.

Em oposição, se o contrato permitir administradores não sócios, a designação deles dependerá de aprovação da unanimidade dos sócios, enquanto o capital não estiver integralizado, e de dois terços, no mínimo, após a integralização (artigo 1.061). Visivelmente, o legislador considerou os riscos assumidos pelos sócios até a completa integralização do capital (artigo 1.052). O contrato social, contudo, pode trazer previsão diversa, o que é recomendável quando todos os sócios sejam pessoas jurídicas (o administrador será, sempre, um não sócio) ou quando o percentual de dois terços seja inviável, por exemplo, quando um sócio detém 60% do capital social e o outro 40%. O artigo 1.061 traz apenas uma regra geral que deverá ser aplicada quando as partes nada deliberaram sobre a matéria. Não se trata, a toda vista, de um direito indisponível, inexistentes os elementos para tal caracterização.

Pode-se, mesmo, atribuir a administração a todos os sócios, poder esse que não se estenderá àqueles sócios que ingressarem na sociedade posteriormente (artigo 1.060, parágrafo único), salvo cláusula contratual expressa em sentido contrário. É regra estranha e, creio, seria melhor se fosse suprida. Enquanto vigente, aplica-se tanto à hipótese de aumento de capital, com constituição de novas quotas e admissão de novo sócio, que as subscreveu, quanto à hipótese de cessão de quotas, quando o cessionário não sucederá o cedente nos poderes de administração, exceto se houver cláusula, parágrafo ou, mesmo, instrumento em separado, devidamente averbado no registro da sociedade, estendendo-lhe tais poderes. Também é possível nomear mais de um administrador, sócios ou não, com poderes para atuação simultânea, conjunta ou sucessiva, como já estudado.

2 ADMINISTRAÇÃO DA ATIVIDADE NEGOCIAL (GERÊNCIA)

O uso da firma ou denominação social é privativo do(s) administrador(es) que tenha(m) os necessários poderes (artigo 1.064 do Código Civil), certo que ao administrador é vedado fazer-se substituir no exercício de suas funções, sendo-lhe facultado, nos limites de seus poderes, constituir mandatários da sociedade,

Parte Especial I – Cap. 14 • Sociedade Limitada: Funcionamento **235**

especificados no instrumento os atos e operações que poderão praticar (artigo 1.018). Essa *indelegabilidade da administração societária*, contudo, diz respeito à condução dos assuntos societários em sentido estrito, não alcançando a gerência das atividades empresariais, que podem ser entregues a gerentes. Essa delegação de gerência é ato regular no Direito Societário, regendo-se por regras específicas (artigos 1.172 a 1.176), além de normas supletivas, como as que regulam a representação (artigos 115 a 120) e o mandato (artigos 653 e seguintes). Noutras palavras: não se exige que sócios e administrador societário toquem a atividade negocial; não precisam esquentar barriga no balcão. Podem ser investidores e, assim, não participar do cotidiano do negócio, o que não é raro. O gerente pode assumir toda a gestão da atividade negocial, o que não se confunde com a administração societária, que diz respeito à direção e representação da pessoa jurídica e não à direção da operação produtiva da sociedade limitada, em seu dia a dia. Sequer é preciso que a ele se dê o nome de *gerente* (artigo 1.172), havendo uma ampla gama de rótulos sinonímicos, como encarregado, supervisor ou, mesmo, diretor.

O rótulo importa menos, desde que seja possível aferir do contrato social que se trata de um responsável técnico que atua como *mandatário societário*. Portanto, é fundamental não confundir a representação societária (à qual o Código Civil deu o rótulo de *administração societária*), a representação da sociedade e a prática dos respectivos atos de representação, com o perdão da redundância, com a condução dos atos negociais (correspondente à *Ciência da Administração de Empresas*). A escolha da terminologia legal – administrador societário – não deve confundir o intérprete. Agora, a existência de administradores da empresa (um ou mais, o que é comum nas grandes corporações) está vinculada, necessariamente, à constituição de um administrador, figura jurídica que é prejudicial ou anterior à gerência. Em qualquer caso, administrador societário ou gerentes estão limitados pelos poderes que lhes foram conferidos, nomeadamente pelas restrições expressas, devidamente constantes de ato arquivado no registro público.

Se o contrato social não institui um sócio ou terceiro como administrador da sociedade, nos termos que estão sendo aqui estudados, mas constitui um *gerente*, estará constituindo um *administrador societário*, apesar do rótulo *gerente*. Aliás, não é raro encontrar sociedades que dão a seus administradores o rótulo de *sócio-gerente*. Essencialmente, se não há nomeação do administrador societário (não importa o rótulo que se lhe dê: Presidente, Diretor Geral etc.), não pode haver delegação da atividade negocial para um gerente. A definição da *administração da sociedade* é ato primário; a eventual definição da *administração da atividade negocial* (gerência, segundo o artigo 1.172) é ato secundário, dependente daquele. Acautele-se, todavia, para a hipótese de administração coletiva (conjunta ou simultânea), situação na qual todos os sócios serão os *administradores* (ato primário), sendo lícito constituir administrador(es) para a atividade produtiva (ato secundário).

Exemplifico: o contrato social de uma construtora define quem é o administrador societário e pode lhe dar um rótulo (presidente, diretor presidente etc.);

essencialmente, deverá atribuir-lhe os poderes de condução dos assuntos societários e a representação da pessoa jurídica. O mesmo contrato pode trazer a previsão de que o administrador poderá constituir diretorias técnicas (ou gerências técnicas, ou chefias, ou coordenadorias etc.), a quem se atribuirá a condução das respectivas áreas da atividade negocial. Dessa maneira, não é indispensável que o administrador dessa construtora seja o *responsável técnico* da empresa. Apesar de ser uma construtora, a administração societária pode ser exercida por um leigo em engenharia (um investidor), cabendo a um engenheiro experiente a responsabilidade técnica pela empresa.

Os *responsáveis técnicos* atuam, no âmbito das áreas empresariais que lhes foram confiadas (produção, vendas, engenharia, pessoal etc.), como *delegados administrativos*. Não há uma outorga originária de competência e poderes jurídicos, presente na nomeação do administrador societário, mas um substabelecimento, ou seja, uma cessão de poderes específicos para o cumprimento de sua função. Mas é lícito que o administrador conceda, aos gerentes, poderes limitados para a condução de suas áreas técnicas, reservando apenas para si alguns poderes. De qualquer sorte, esse substabelecimento será *com reservas*, necessariamente. Vale dizer, a cessão se dará como mera extensão da competência e dos poderes atribuídos ao administrador, sem extinção da relação originária. O substabelecimento *sem reservas* não é compatível com a administração societária, pois implica desrespeito à deliberação societária, já que, à revelia de reunião ou assembleia societária em que o tema fosse votado, instituiria uma nova administração. Não se permite que os responsáveis técnicos assumam a administração da sociedade (artigos 1.018 e 1.064), mas apenas que administrem as áreas que lhes foram atribuídas: vendas, produção, pessoal etc.

Os artigos 1.172 a 1.176 do Código Civil não demandam autorização expressa no contrato social para que haja constituição de gerentes (administradores da atividade empresarial). É ato que se inclui nos poderes genéricos do administrador, embora seja possível que o contrato social preveja o contrário. Silente o contrato, trata-se de ato próprio do administrador societário. Obviamente, se há administração coletiva, a matéria estará submetida à coletividade dos sócios (artigo 1.010). Não me foge que, também nesse tipo de gerência, há uma representação da sociedade; mas é representação em sentido largo, intimamente ligada aos assuntos ordinários à responsabilidade técnica do gerente, como tal devendo ser interpretada. Portanto, a contratação desse preposto é ato discricionário do administrador, não dizendo respeito à coletividade social: não depende de autorização dos demais, nem é passível de oposição, já que sua atuação está circunscrita à prática dos atos necessários ao exercício da função específica que lhe foi atribuída, não carecendo, sequer, de instrumento específico.

No alusivo à ampla cessão dos poderes de administração/representação societária, ao contrário da opinião que manifestei nas primeiras edições deste livro, percebo ser ilícita (artigos 1.018 e 1.064). Meu erro foi não ter aprofundado a distinção entre administração/representação societária e administração da atividade negocial (gerência, segundo o artigo 1.172), esta última identificada com a condução diária da empresa. Os seis professores de Direito que se tornaram sócios da *Café Livraria Exemplo Ltda*. nomearam o Prof. Belmonte administrador societário. Isso não quer dizer que ele precisa passar seus dias no estabelecimento. Pode constituir um administrador profissional para a empresa (gerente, segundo o artigo 1.172), exercendo a administração societária quando necessário: convocar e presidir a reunião de sócios, assinar o balanço patrimonial etc. Como o gerente (administrador da empresa, e não da sociedade) é mero preposto e não administrador societário, a ele não se aplicam os impedimentos para empresariar (artigo 973). Pode ser empregado pela sociedade empresária para gerenciá-la, desde que não se afira no ato uma fraude à lei.

A constituição do administrador empresarial (gerente), no geral, não demanda forma específica (artigo 1.173), salvo expressa disposição contrária no contrato social ou em lei especial. Com efeito, não é preciso instrumento para atribuir a alguém a condução cotidiana de uma padaria ou de uma linha de montagem. Contudo, dependendo do tipo de relação que manterá com terceiros e do alcance dos poderes que serão outorgados ao preposto ou, ao contrário, dos poderes que não se quer, expressamente, conceder-lhe, será preciso recorrer a instrumento público ou privado. A eficácia do instrumento perante terceiros demanda averbação no registro público (artigo 1.174).

Por outro lado, como não há qualquer vedação legal, a constituição de delegação de administração poderá ser feita no próprio contrato social, se a constituição do administrador também se deu por cláusula ali disposta. Essa possibilidade exige, antes de mais nada, a anuência (o voto favorável, se sócio) daquele que foi, no mesmo instrumento, nomeado administrador societário; não é lícito aos sócios, à revelia do administrador nomeado, instituir uma delegação de administração, o que rompe com a lógica jurídica do instituto, que, como visto, tem a natureza jurídica de um substabelecimento. Ademais, como se verá a seguir, o administrador societário é, em virtude e no contorno do que se encontra previsto no Código Civil, responsável pelos atos do administrador delegado. Também é lícito que o contrato social preveja o procedimento para a escolha de determinadas funções de gerência (administração de empresa), da nomeação à posse no cargo.

A responsabilidade do *administrador societário*, perante a sociedade, pelos atos do gerente (*administrador delegado*) segue as regras aplicáveis ao substabelecimento, creio. O administrador delegado, tanto quanto aquele constituído diretamente pela sociedade, está obrigado a atuar de forma diligente na competência que lhe foi conferida e no uso dos poderes a si atribuídos. Se o gerente age com dolo ou culpa, deverá indenizar os prejuízos que causou; se a delegação se deu sem a autorização dos sócios, o administrador societário, delegante dos poderes, responderá perante a sociedade, solidariamente com o administrador delegado, pelos atos praticados por este com dolo ou culpa (artigo 667).

No entanto, se o contrato previa a faculdade da delegação, só serão imputáveis ao administrador que constitui o gerente e lhe delega os poderes de administração (cessão de competência e poder ou substabelecimento) os danos que tenham sido causados pelo gerente (administrador delegado), quando comprovado que *a sua escolha* revelou dolo, culpa (negligência ou imprudência) ou abuso de direito; culpa, aqui, interpreta-se em sentido estrito, caracterizando desídia ou inabilidade para a atuação, conduzindo a prática de atos ruinosos, que não seriam cometidos por aquele que tomasse as cautelas habituais. A responsabilidade solidária, ademais, pode decorrer de instruções equivocadas, inquestionavelmente lesivas à sociedade, que o administrador societário tenha dado ao gerente (administrador delegado). Nessa categoria não estão colocadas as instruções aparentemente regulares, cujos resultados tenham se comprovado, posteriormente, como equivocados, o que implicaria a constituição de um improvável dever de resultado, isto é, uma obrigação de acertar nas decisões administrativas, pouco provável, sabemos. Refere-se, especificamente, a atos desidiosos ou ruinosos, caracterizadores de efetivamente, reitero, dolo, culpa (negligência ou imprudência) ou abuso de direito.

A previsão de responsabilidade do administrador societário pelos atos do administrador delegado seria inútil caso os direitos dela decorrentes estivessem diretamente vinculados à maioria societária. Com efeito, normalmente o administrador é o sócio majoritário ou pessoa a ele vinculada ou, no mínimo, vinculada àqueles sócios que, conjuntamente, detêm a maioria do capital social e, destarte, monopolizam as deliberações societárias. Justamente por isso, deve ser tido como possível a um sócio ou mais sócios, representativos da minoria societária, pedir a indenização da sociedade (a favor dessa), contra o administrador societário ou o administrador delegado, pelos atos que atendam às exigências listadas.

3 TEMPO DE EXERCÍCIO DA ADMINISTRAÇÃO

Salvo estipulação diversa, no contrato social ou no ato de nomeação, a constituição do administrador societário se faz por tempo indeterminado, permanecendo o administrador societário na função até ser destituído; pode haver, igualmente, nomeação por tempo certo, demandando eleição e nomeação periódicas (artigo 1.063 do Código Civil). Contudo, os sócios podem inovar, desde que respeitem os princípios e normas do Direito Societário; por exemplo, podem nomear o administrador por prazo indeterminado, com submissão a condição resolutiva.

A investidura na condição de administrador societário e sua cessação devem constar do registro público, seja pelo arquivamento de alteração contratual, seja pela averbação do respectivo documento apartado, conforme o caso, atendendo ao princípio da publicidade dos atos constitutivos para que tenham eficácia perante terceiros. Em se tratando de documento apartado, deverá ser averbado no registro público correspondente nos dez dias seguintes à sua ocorrência (artigo

1.063, § 2º); atendido esse prazo, a averbação retroagirá em seus efeitos à data da ocorrência (artigos 36 da Lei 8.934/94 e 1.151, § 2º, do Código Civil). Essa retroação encerra uma *presunção relativa* (ou seja, presunção *iuris tantum*) de veracidade dos documentos apresentados no prazo determinado.

Quando se tenha previsão de nomeação por prazo certo, o processo sucessório na administração societária seguirá o que esteja deliberado no contrato social, diante da ausência de normas legais específicas. Portanto, é plenamente lícita a previsão de recondução (artigo 1.063) ou a previsão de não ser possível a recondução, hipótese em que, somente com a alteração do contrato social poderá haver reeleição. Ainda assim, a soberania da coletividade reflete-se no direito que a maioria tem de destituir o administrador societário. A destituição imotivada antes do termo previsto, entretanto, implica o cerceamento da legítima expectativa da remuneração (*pro labore*) e eventuais outras premiações previstas, fazendo nascer a faculdade de pleitear a respectiva indenização. Diversa será a destituição antecipada que é motivada, embora seja lícito discutir a adequação de tal motivação.

A situação mais comum, contudo, é a definição de um administrador para atuar por tempo indeterminado. O término da administração, nessa hipótese, se não decorrer da dissolução da sociedade, decorrerá da renúncia do administrador ou de sua destituição, em qualquer tempo (artigo 1.063). Essa destituição, contudo, variará em função: (1) de o administrador ser, ou não, sócio; (2) do meio utilizado para a sua constituição; e (3) do motivador da pretensão de fazer cessar o seu exercício.

No plano da *destituição imotivada do administrador*, se o administrador é sócio e sua nomeação foi feita por meio de cláusula disposta no contrato social, demanda-se mais da metade do capital social para a destituição, salvo disposição contratual diversa (artigo 1.063, § 1º). Atingido o percentual legal ou contratual, a destituição faz-se de pleno direito, sem carecer de qualquer fundamentação. Se o administrador não é sócio, ou se sua nomeação se deu por documento em separado (seja sócio ou não), a destituição pode ser deliberada pela maioria absoluta do capital social (uma unidade acima de 50%), salvo disposição contratual diversa.

Nas sociedades contratuais, o direito de escolher ou destituir o administrador é apenas uma faculdade acessória da titularidade das quotas, manifestação do poder de gerência do patrimônio econômico de cada quotista. Faculdade arbitrária, como sói acontecer com direitos meramente econômicos, torna despicienda fundamentação na escolha ou na destituição do administrador que, portanto, não tem direito ao exercício da função, tomado em relação à maioria do capital social (segundo o *quorum* específico, conforme a situação, a lei e/ou o contrato social), cumprindo uma investidura precária. Ademais, é direito de qualquer sócio, independentemente do percentual que detenha do capital social, buscar judicialmente o término da administração, comprovando justa causa – designadamente, por ocorrência de falta grave (artigo 1.019).

Por fim, coloca-se a renúncia. Se a administração constitui uma obrigação, enquanto se estiver no exercício da função, manter-se no cargo não o é, ainda que se trate de mandato por tempo certo. A *renúncia* é ato unilateral e que não precisa ser motivado, não sendo lícito aos demais sócios questioná-la, nem a ela se opor, seja o administrador um sócio ou não. Fala-se em renúncia, considerando-se apenas um dos aspectos da relação jurídica: o administrador abre mão da competência e dos poderes que lhe foram outorgados. A outorga de poderes é ato unilateral, que prescinde da aquiescência do outorgado, embora seja lícito às partes discutir seus efeitos sobre a relação jurídica bilateral mantida entre sociedade e administrador (na qual toma-se como denúncia contratual), com os direitos e deveres dela decorrentes. A renúncia só demanda que o administrador faça comunicação por escrito (artigo 1.063, § 3º). Essa comunicação, creio, deve ser feita a todos os sócios, já que, até a renúncia, era ele, administrador, quem respondia pela sociedade, sendo absurdo pretender que ele mesmo recebesse a comunicação. Mais do que isso, creio que o administrador responde pelos danos ou prejuízos que decorram da omissão em notificar todos os sócios.

A partir do momento em que a coletividade social toma conhecimento da renúncia, produzir-se-ão os efeitos *ad intra*, isto é, entre os sócios. Todavia, os efeitos em relação a terceiros só se produzirão após a respectiva averbação e publicação do ato. Entretanto, até a publicação, a renúncia comporta retratação, desde que com ela concordem os sócios que titularizem percentual do capital societário em montante igual ao necessário para eleger o administrador. Depois da averbação e publicação do ato, não mais é possível retratar-se. Será preciso nova nomeação.

4 PODERES E DEVERES DO ADMINISTRADOR

Enquanto estiver no exercício da competência e dos poderes que lhe foram conferidos com a nomeação, o administrador tem o poder e o dever de administrar, sendo possível, inclusive, processá-lo se não se desonera adequadamente dessa função, a exemplo da administração desidiosa ou da administração ruinosa, fruto de dolo ou culpa – tomada essa no sentido técnico, apropriado à realidade do mercado, e não como uma obrigação de acertar nos atos de gerência, o que desbordaria o limite possível e razoável da probabilidade. Obrigação de bem administrar, portanto, considerada como atuação de meio e, jamais, como atuação de fim.

Ao administrador da sociedade limitada aplicam-se os deveres e os direitos previstos nos artigos 1.011 e seguintes do Código Civil, sendo que, adotando-se a regência supletiva da Lei das Sociedades por Ações, também as regras ali previstas. Em primeiro lugar, a representação da sociedade e, assim, o poder e o dever de viabilizar as relações jurídicas sociais. Na forma e nos limites definidos pelo contrato social, é sua (ou da coletividade social, se a competência e o poder não foram transferidos para o administrador) a compreensão das situações que se

Parte Especial I – Cap. 14 • Sociedade Limitada: Funcionamento **241**

apresentam para a sociedade, como na mesma forma e limites é sua a *expressão da vontade* que se interpretará como vontade da pessoa jurídica. Assim, o uso da firma (razão social) ou denominação é privativo dos administradores que, para tanto, tenham os necessários poderes (artigo 1.064).

Também é do administrador o poder e o dever de gerir as atividades negociais da sociedade, concretizando suas finalidades contratualmente previstas, embora possa delegar tal função a gerentes. Sob esse ângulo, afirma-se um dever genérico de bem administrar, acurada e dedicadamente, os assuntos pertinentes à atividade negocial, a eles se aplicando, no que couber, as regras concernentes ao contrato de mandato, como se estudou no Capítulo 5 deste livro. Aplicáveis, também, as normas que regulam a possibilidade de anulação ou declaração de nulidade de atos de administração que violem a lei ou o contrato social, bem como as rígidas regras que recomendam não atuar em benefício próprio e em prejuízo da sociedade, respondendo pelos danos – incluindo lucros cessantes e danos morais – que provocar (artigos 186, 187 e 927). Some-se a aplicação supletiva das normas que regem o mandato (artigos 653 a 691, por indicação do seu artigo 1.011, § 2º).

Se não cumpre com sua obrigação de atuar com probidade (honestidade), cuidado, diligência, o administrador estará obrigado a indenizar a sociedade pelas perdas e danos resultantes; igualmente se age imprudente ou negligentemente, bem como se age abusando de suas funções. Acrescento, como hipótese isenta de qualquer dúvida, a responsabilidade civil por atos ilícitos dolosos, cuja caracterização é, normalmente, mais fácil.

5 PRESTAÇÃO DE CONTAS

O administrador é um mandatário da sociedade e está obrigado a dar contas de seus atos aos sócios (artigo 668 do Código Civil), devendo elaborar o inventário, o balanço patrimonial e a demonstração de resultado econômico, ao término de cada exercício social (artigos 1.020 e 1.065). Como se viu no volume 1, a manutenção da escrituração contábil é uma obrigação de todo empresário e sociedade, simples ou empresária (artigo 1.179), sendo uma obrigação elementar do administrador societário e um direito dos sócios. O desrespeito ao dever de manter escrituração contábil regular, que atenda aos requisitos legais, caracteriza falta grave a justificar o deferimento do pedido judicial de destituição do administrador, ainda que formulado por sócio minoritário.

O sócio pode, *a qualquer tempo*, examinar os livros e documentos e o estado da caixa e da carteira da sociedade, embora seja lícito ao contrato social estipular época própria para esse exame (artigo 1.020). Essa limitação temporal, contudo, poderá ser excepcionada por meio de *ação de prestação de contas*, havendo elementos, demonstrados e comprovados, que a justifiquem. Aliás, mesmo o administrador societário pode mover tal ação para obter declaração judicial de que suas contas estão regulares, afastando dúvidas que, porventura, possam existir no seio da comunidade societária.

A prestação de contas pode realizar-se anualmente, por meio de reunião ou assembleia ordinária (artigo 1.078). Sua realização é facultativa nas sociedades em que há mera reunião de sócios, sendo obrigatória nas limitadas com mais de 10 sócios (artigo 1.072, § 1º) e nas sociedades de grande porte (artigo 3º da Lei 11.638/2007). Afora tais casos, a ausência de deliberação não é, por si só, causa de responsabilidade dos administradores, salvo demonstrando-se que tal comportamento omissivo foi causa eficaz de prejuízos experimentados pela sociedade, por qualquer dos sócios ou por terceiros. Justamente por isso, sua realização é rara, embora tenha inquestionáveis vantagens: garante transparência, afasta dúvidas e atesta a regularidade da administração, exonerando de responsabilidade os administradores e, se houver, os membros do conselho fiscal, salvo a demonstração de erro, dolo ou simulação, lembrando-se que a ação para pedir a anulação da aprovação extingue-se em dois anos.

Por fim, também ao término de sua atuação à frente da sociedade, o administrador estará obrigado a apresentar suas contas. Os sócios que sejam administradores não podem votar suas próprias contas, como se afere do artigo 1.074, § 2º, do Código Civil. Aliás, sequer seria necessária tal previsão já que é um contrassenso atribuir ao vigiado a condição de vigilante, sendo presumível que, mesmo não estando corretas as contas, ele votaria por sua aprovação. Pior: essa aprovação teria o efeito de exonerar de responsabilidade os membros da administração, segundo a letra do artigo 1.078, § 3º, do Código Civil, restringindo os direitos dos minoritários, que só poderiam impugnar as contas alegando erro, dolo ou simulação. Portanto, as contas são submetidas aos demais sócios, não administradores, que estejam presentes à reunião ou assembleia. Justamente por isso, a aprovação das contas é matéria que, em termos práticos, diz respeito aos minoritários.

Nesse contexto, resta questionar quais são os efeitos da recusa das contas. Afinal, o minoritário poderia, por birra, simplesmente recusar a aprovação das contas. A meu ver, o único efeito da recusa das contas é não dar quitação aos administradores, ou seja, não os exonerar de responsabilidade e, assim, deixar aberta a possibilidade de se recorrer ao Judiciário para discutir o conteúdo das contas, sem que seja necessário alegar, exclusivamente, erro, dolo ou simulação. Os administradores, ademais, podem mesmo se antecipar aos acionistas, recorrendo ao Judiciário, por meio de ação de prestação de contas, para demonstrar a regularidade do balanço e relatórios contábeis.

A recusa da prestação de contas não precisa ser fundamentada. A lei não o exige. No entanto, se recusar é um direito do sócio, comete ato ilícito o titular de um direito que, ao exercê-lo, excede manifestamente os limites impostos pelo seu fim econômico ou social, pela boa-fé ou pelos bons costumes (artigo 187 do Código Civil); e aquele que, por ato ilícito, causar dano a outrem, fica obrigado a repará-lo. Portanto, a recusa pura e simples, que não possa ser justificada, ca-

Parte Especial I – Cap. 14 • Sociedade Limitada: Funcionamento **243**

racteriza ato ilícito e dá margem à responsabilização pelos danos morais, que, acredito, pressupõem-se, no caso, e pelos danos econômicos que se provarem. Noutras palavras, seja em justificativa de voto, seja em processo judicial, o minoritário haverá de demonstrar qual prejuízo, acredita, a empresa experimentou e que fundamenta a reprovação das contas.

6 RESPONSABILIDADE CIVIL

O estudo da responsabilidade civil do administrador de sociedade contratual, feito no Capítulo 5, aplica-se inteiramente à sociedade limitada. O tipo societário, contudo, recomenda atenção a alguns aspectos. De abertura, o problema da legitimidade ativa para responsabilizá-lo. A Terceira Turma do Superior Tribunal de Justiça, no julgamento do Recurso Especial 736.189/RS, entendeu que "os desvios da administração causam prejuízos à sociedade e é ela quem tem legitimidade para reclamá-los em juízo. Trata-se, à toda evidência, de ação social". Para fundamentar tal posição, os julgadores usaram o artigo 159, Lei 6.404/1976, segundo o qual compete à sociedade, mediante prévia deliberação dos sócios, mover a ação de responsabilidade civil contra o administrador, pelos prejuízos causados ao seu patrimônio. Para os ministros, "há um certo paralelismo entre o regime legal das sociedades por quota de responsabilidade limitada e o das sociedades anônimas, pois, a final, seus administradores respondem perante a própria sociedade quando negligentemente lhe causarem danos".

No mesmo precedente, os julgadores entenderam, contudo, não ser necessário proceder-se a uma prévia *assembleia geral de sócios*, reconhecendo *a realidade vivenciada* pelas sociedades limitadas, sobretudo as micro e pequenas, nas quais "as deliberações sociais, na maior parte das vezes, se dão, no dia a dia, sob a forma de decisões gerenciais. Da mesma forma, é mais difícil se diferenciar na limitada o interesse social do interesse dos sócios. Por isso, as formalidades que bem tutelam as sociedades anônimas podem, se indistintamente transpostas para o âmbito das limitadas, se revelar verdadeiras armadilhas". Assim, "se a particular situação jurídica da sociedade revela que as decisões dos quotistas podem ser tomadas de maneira informal, exceto quando se refiram à própria alteração do contrato social, também não se deve erigir a realização de reunião prévia de quotistas à condição de pressuposto processual objetivo externo. Solução que favorece, ademais, o amplo acesso ao Poder Judiciário".

Justamente por considerar a realidade vivida pela esmagadora maioria das sociedades limitadas brasileiras, parece-me que a melhor solução é aceitar que a ação seja ajuizada pelo sócio, em nome próprio, mas no benefício da sociedade: ação social *uti singuli*. Isso não afasta a possibilidade de a ação ser movida em nome da sociedade (ação social *uti universi*), em seu próprio benefício, o que, contudo, demanda prévia deliberação social. Se o sócio minoritário é vencido pelos demais sócios (excluído o administrador e os que por interesses pessoais conflitantes com a sociedade estivessem impedidos de votar), poderá usar a ação social *uti singuli*. Entender o contrário significaria tornar o minoritário um sujeito desprovido de direitos, licenciando a prática generalizada de atos ilícitos (dolosos, culposos ou abusivos) que determinassem prejuízo ao patrimônio da sociedade e, destarte, ao patrimônio pessoal dele, na condição de quotista.

7 CONSELHO FISCAL

O contrato social pode instituir um *conselho fiscal*, composto de três ou mais membros e respectivos suplentes, sócios ou não, residentes no País (artigo 1.066 do Código Civil), sendo eleitos na assembleia anual (artigo 1.078). Seu funcionamento não prejudica, nem mitiga, os poderes da reunião ou assembleia de sócios. Cuida-se de figura raríssima na prática do Direito Societário, não se justificando na esmagadora maioria das sociedades limitadas, mas sendo útil naquelas que envolvem muitos sócios, além de empresas de grande porte (artigo 3º da Lei 11.638/2007).

Não podem compor o conselho as pessoas que estão impedidas de administrar a sociedade (artigo 1.011, § 1º, do Código Civil), membros dos demais órgãos da sociedade ou de outra por ela controlada, empregados de quaisquer delas, empregados dos seus respectivos administradores, além do cônjuge ou parente destes até o terceiro grau (artigo 1.066, § 1º). Assegura-se aos sócios minoritários, que representarem pelo menos um quinto do capital social, o direito de eleger, separadamente, um dos membros do conselho fiscal e o respectivo suplente (artigo 1.066, § 2º).

Sociedades que tenham conselho fiscal devem ter um *livro de atas e pareceres do conselho fiscal*, por meio do qual tomam posse o membro ou suplente eleito, assinando o respectivo termo nos 30 dias seguintes ao da eleição (artigo 1.067). O mandato é anual, sendo sua remuneração fixada pela coletividade social (artigo 1.068). É de sua competência (artigo 1.069), além de eventuais atribuições constantes de lei especial, (1) examinar, pelo menos trimestralmente, os livros e papéis da sociedade e o estado da caixa e da carteira, devendo os administradores ou liquidantes prestar-lhes as informações solicitadas; (2) lavrar no livro de atas e pareceres do conselho fiscal o resultado de tais exames; (3) exarar no livro de atas e pareceres do conselho fiscal um parecer sobre os negócios e as operações sociais do exercício em que servirem, tomando por base o balanço patrimonial e o de resultado econômico, apresentando-o à assembleia anual dos sócios; (4) denunciar os erros, fraudes ou crimes que descobrirem, sugerindo providências úteis à sociedade; (5) convocar a assembleia dos sócios se a diretoria retardar por mais de 30 dias a sua convocação anual, ou sempre que ocorram motivos graves e urgentes; e (6) durante o período de eventual liquidação da sociedade, praticar todos esses atos, acima referidos, embora tendo em vista as disposições especiais reguladoras da liquidação.

8 DELIBERAÇÕES SOCIAIS

A sociedade é uma coletividade contratada à qual se atribuiu personalidade jurídica, apresentando-se ao restante da comunidade como uma pessoa jurídica. Tem-se uma situação que guarda analogia com o *Boi de mamão* (ou *Boi de pano*), do folclore catarinense, o *Boi-Bumbá*, do folclore nordestino, ou, mesmo, o dragão chinês. Para quem está de fora, trata-se do animal representado: o boi, o dragão; esse é o plano das relações *ad extra* (para fora). Sob a fantasia, há seres humanos que devem interagir entre si para que *a personagem* tenha vida; é preciso harmonia (*affectio societatis*). Nesse plano específico, concretizam-se relações *ad intra* (para dentro) ou interna *corporis* (dentro do corpo), a exigir dos atores deliberações que viabilizem um movimento uniforme. Percebe-se, assim, a importância da reunião ou assembleia de sócios, deliberando sobre os desígnios da sociedade.

A reunião ou assembleia de sócios é o órgão máximo da sociedade, com poder para deliberar todas as matérias, nos limites da lei e do contrato, embora devendo respeitar os percentuais mínimos para aprovação de certas matérias. Mesmo nas sociedades em que há administração coletiva (designadamente sob a forma conjunta ou simultânea), são distintos os *atos de administração* e as *deliberações sociais*. A confusão está circunscrita às situações em que se fazem necessárias decisões sobre os negócios da sociedade, sem que ao administrador tenham sido atribuídos a competência e os poderes bastantes para delas se incumbir. Isso pode ocorrer, aliás, até para legitimar atos de representação. Por exemplo, o contrato social pode exigir a anuência, de todos os sócios ou de certo percentual do capital social, para que haja contratação de empréstimo com oferecimento de garantia real sobre o ativo imobilizado; se o administrador não apresenta a ata da reunião ou assembleia que lhe outorgou poderes especiais e específicos (vale dizer, que se refiram expressamente àquela contratação), seu ato caracterizará excesso de poder e, destarte, não vinculará o patrimônio da sociedade (artigo 116 do Código Civil).

As deliberações sociais podem ser tomadas em reunião ou assembleia (artigos 1.010 e 1.072 do Código Civil), eventos nos quais as decisões são tomadas pela maioria dos votos, contados segundo o valor das quotas de cada um. Ainda assim, não são eventos para a simples manifestação do poder da maioria, mas igualmente como espaço para a proteção dos minoritários que, *mesmo diante da inevitabilidade de serem vencidos* no que for deliberado, têm o direito de participar do encontro, tomar ciência do que está sendo discutido, participar do diálogo e de expressar o seu voto. O desrespeito às regras legais, portanto, permitirá ao sócio prejudicado pedir judicialmente a anulação da deliberação e a determinação de que o ato seja refeito, embora deva-se estar atento às finalidades das normas e à instrumentalidade das formas dispostas, sob pena de anular o ato sem que haja qualquer prejuízo efetivo, o que não é razoável.

A realização do encontro físico dos sócios (reunião ou de assembleia) é dispensável sempre que todos os sócios decidam a matéria ou matérias objeto da deliberação por escrito (artigo 1.072, § 3º). Ademais, segundo o artigo 1.080-A do Código Civil, incluído pela Lei 14.030/2020, o sócio poderá participar e votar a distância em reunião ou em assembleia, nos termos de regulamento do órgão competente do Poder Executivo Federal. Aliás, emenda o parágrafo único do dispositivo, a reunião ou assembleia poderá ser realizada de forma digital, respeitados os direitos legalmente previstos de participação e de manifestação dos sócios e os demais requisitos regulamentares.

Não se exige unanimidade na deliberação, se a lei ou o contrato não a exigirem para aquela hipótese em especial. Exige-se que todos os sócios firmem o instrumento por meio do qual seja tomada a deliberação, ainda que um ou alguns façam constar, expressamente, a sua discordância (seu voto vencido). Tais instrumentos deverão ser levados a registro sempre que decidida alteração do contrato social ou a matéria objeto da deliberação deva ser publicada para surtir efeitos perante terceiros.

A reunião é forma mais simples de encontro dos sócios para deliberação. Não há regras legais específicas, podendo ser um evento informal, se o contrato nada dispuser a respeito. Havendo controvérsia entre os sócios, aplicam-se subsidiariamente as regras da assembleia (artigos 1.072 e seguintes). Essa aplicação subsidiária deve considerar as particularidades da sociedade, seus usos internos, a forma habitual de concretizar as deliberações sociais, a boa-fé, o equilíbrio nas condições para o exercício de direitos societários entre sócios majoritários e sócios minoritários, além da probidade (artigos 110 a 114 e 421 e 422), destacada a ampla variedade de sociedades limitadas, de microempresas a multinacionais.

Assim, parece-me que as sociedades limitadas que tomem suas deliberações em reuniões não necessitam de *livro de atas da assembleia* (artigo 1.075, § 1º), próprio de sociedades que deliberem por meio de assembleias e sociedades de grande porte (artigo 3º da Lei 11.638/2007). Afora tais casos, as deliberações podem ser atermadas em documento assinado pelos sócios presentes à reunião. Se nem todos os sócios estiveram presentes, será necessária a comprovação de que houve convocação adequada para a reunião, caracterizando a ausência como abstenção de voto. Pode ocorrer de o(s) sócio(s) vencido(s) recusar(em)-se a assinar o documento, criando uma situação controversa; para evitá-la, é recomendável principiar a reunião colhendo a assinatura dos presentes numa lista de presença.

Por seu turno, a assembleia demanda respeito a certo procedimento. Sua instalação, em primeira convocação, exige a presença de no mínimo 75% do capital social; não atingido tal quórum, a instalação se fará, em segunda convocação, com qualquer número de sócios, independentemente de sua participação societária (artigo 1.074 do Código Civil). A assembleia será presidida e secretariada por sócios escolhidos entre os presentes (artigo 1.075). Não me parece que a escolha de *não sócios* (exemplo: administrador, gerente, contabilista, advogado etc.), sem que haja objeção dos presentes, seja defeito que conduza à nulidade ou anulabilidade da assembleia. Não podem ocupar a função de presidente ou de secretário aqueles a

Parte Especial I – Cap. 14 • Sociedade Limitada: Funcionamento **247**

quem diga respeito direto qualquer das deliberações a serem discutidas (artigo 1.074, § 2º). Havendo impasse na escolha de presidente e secretário, votam-se os nomes (artigo 1.010). O contrato social pode prever soluções específicas, como a definição de que as funções serão ocupadas por sócio com maior idade, para exemplificar.

O presidente instalará e conduzirá a assembleia, observando a pauta da convocação, além de decidir os incidentes que tenham sido suscitados, como questões de ordem e afins. Ao secretário cabe lavrar no livro de atas da assembleia um resumo dos trabalhos (pontos que foram expostos, eventuais intervenções, incidentes havidos etc.) e das deliberações, incluindo os votos dados a favor e em contrário das propostas apresentadas. A ata da assembleia deverá ser assinada pelos membros da mesa e por sócios participantes da reunião (incluindo os procuradores dos que se fizeram presentes por representante), quantos bastem à validade das deliberações, mas sem prejuízo dos que queiram assiná-la (artigo 1.075, § 1º). Cópia da ata autenticada pelos administradores, ou pela mesa, será apresentada ao registro público para arquivamento e averbação, nos 20 dias subsequentes à reunião, sendo ainda entregue, em igual prazo, a todo sócio que solicite (artigo 1.075, §§ 2º e 3º).

Nas sociedades limitadas com mais de 10 sócios (artigo 1.072, § 1º), nas sociedades de grande porte (artigo 3º da Lei 11.638/2007) e naquelas em que o contrato social opte pela realização de assembleia, e não de reunião de sócios, será obrigatório realizar uma assembleia ordinária anual, nos quatro meses seguintes ao término do exercício social (artigo 1.078 do Código Civil). Não é obrigação de todas as sociedades limitadas, sendo, aliás, situação rara. Essa assembleia ordinária terá por objetivo: (1) tomar as contas dos administradores e deliberar sobre o balanço patrimonial e o de resultado econômico; (2) designar administradores, quando for o caso, ou seja, quando se trate de administração por prazo certo; (3) tratar de qualquer outro assunto da *ordem do dia*, que deverá constar da convocação respectiva, evitando surpreender os sócios, nestes destacados aqueles que optem por não comparecer à assembleia.

Para que haja o exame e a aprovação das contas dos administradores, os documentos comprobatórios de sua atuação, incluindo aqueles que instruem o balanço patrimonial e o de resultado econômico, deverão ser postos à disposição dos sócios que não exerçam a administração até 30 dias antes da data marcada para a assembleia. Essa disponibilidade deve ser registrada por escrito, cabendo ao administrador colher – e conservar consigo – prova do respectivo recebimento. Essa assembleia tem procedimento próprio: instalada a assembleia, são lidos os documentos comprobatórios da atuação dos administradores, submetendo-os a discussão e votação. Embora possam participar da discussão, ou seja, embora tenham direito de voz, os membros da administração e, se houver, os do conselho fiscal, não poderão tomar parte da votação (não têm direito de voto), mesmo sendo sócios. A aprovação sem reserva das contas exonera de responsabilidade os membros da administração e, se houver, os do conselho fiscal, salvo erro, dolo

248 Direito Empresarial Brasileiro: Direito Societário • Mamede

ou simulação. A ação para pedir a anulação da aprovação, com base na ocorrência de erro, dolo ou simulação, extingue-se em dois anos (artigo 1.078).

8.1 Convocação

Reunião ou assembleia de sócios devem ser convocadas pelos administradores nos casos previstos em lei ou no contrato (artigo 1.072). Se os administradores retardarem a convocação, por mais de 60 dias, nos casos previstos em lei ou no contrato, qualquer sócio poderá convocá-las (artigo 1.073). A convocação também é licenciada aos titulares de mais de um quinto do capital, quando não atendido, no prazo de oito dias, pedido de convocação fundamentado, com indicação das matérias a serem tratadas (artigo 1.073). Se houver conselho fiscal, o órgão poderá convocar reunião ou assembleia de sócios para denunciar os erros, fraudes ou crimes que descobrirem, sugerindo providências úteis à sociedade; também poderá fazê-lo se a diretoria retardar por mais de 30 dias a sua convocação anual, ou sempre que ocorram motivos graves e urgentes (artigos 1.069, IV e V, e 1.073, II).

O anúncio de convocação da assembleia de sócios será publicado por três vezes, ao menos, no órgão oficial da União ou do Estado, bem como em jornal de grande circulação. Entre a data da primeira inserção e a da realização da assembleia, deverá mediar o prazo mínimo de oito dias, para a primeira convocação, e de cinco dias, para as posteriores (artigo 1.152, § 3°). A publicação não é um fim em si mesmo; sua razão é o conhecimento inequívoco por todos os sócios. Assim, acredito que mesmo não havendo publicação pela imprensa, deverá ser considerada atendida a exigência legal se (1) for comprovado que, inequivocamente, os sócios foram pessoalmente intimados por outra forma, a exemplo de notificação cartorária ou mesmo por telegrama ou carta, com aposição do recibo pelo interessado ou seu representante, ou (2) se todos os sócios compareceram à assembleia, ainda que não haja qualquer comprovação de sua ciência inequívoca, já que não há prejuízo. É uma interpretação consentânea com o artigo 1.072, § 2°. No entanto, para a validade da convocação, sem a respectiva publicação pela imprensa oficial e por jornal de grande circulação, é indispensável que a comunicação, obrigatoriamente por escrito, deixe claro local, data, hora e ordem do dia.

Se não houver publicação da convocação pela imprensa (artigo 1.152, § 3°), prova de ciência inequívoca de *todos* os sócios ou seu comparecimento voluntário, a assembleia será anulável. Todo sócio, por menor que seja sua participação, tem o direito de participar da deliberação social, sendo convocado ou inequivocamente cientificado de sua realização. Mas é direito disponível, razão pela qual tem-se anulabilidade e não nulidade. O prazo de decadência para a proposição da ação anulatória é de dois anos (artigo 179), embora possa haver, antes do transcurso desse, supressão da faculdade jurídica (*suppressio*). A publicação pela imprensa

Parte Especial I – Cap. 14 • Sociedade Limitada: Funcionamento **249**

não é forma ou solenidade do ato jurídico, mas mera prova do ato jurídico. Não há, portanto, nulidade, mas mera anulabilidade.

Arremato recordando que as microempresas e as empresas de pequeno porte são desobrigadas da realização de reuniões e assembleias em qualquer das situações previstas na legislação civil, as quais serão substituídas por deliberação representativa do primeiro número inteiro superior à metade do capital social, salvo (1) se houver disposição contratual em contrário, (2) caso ocorra hipótese de justa causa que enseje a exclusão de sócio ou (3) caso um ou mais sócios ponham em risco a continuidade da empresa em virtude de atos de inegável gravidade (artigo 70 da Lei Complementar 123/2006). A norma aplica-se exclusivamente às deliberações que demandam aprovação por maioria absoluta ou maioria simples entre os presentes (artigos 1.010, 1.072 e 1.076, II e III). Não representa redução do quórum de deliberação para as hipóteses que demandam aprovação por 75% do capital social (artigos 1.057 e 1.076, I).

8.2 Participação e votação

Todos os sócios têm o direito, mas não o dever, de participar das reuniões ou assembleias societárias. Apenas os administradores têm o dever de comparecer, salvo os não sócios que sejam dispensados. A ausência injustificada do administrador caracteriza *justa causa* para a sua destituição motivada, mesmo sendo um sócio (artigos 1.019 e artigo 1.063, § 1º, do Código Civil). Dependendo das circunstâncias, a recusa do administrador sócio poderá mesmo caracterizar *falta grave* no cumprimento de suas obrigações, permitindo à maioria dos *demais* sócios pedir sua exclusão judicial (artigo 1.030). Em ambos os casos, porém, caberá ao Judiciário, diante das particularidades fáticas do caso em concreto, definir se há, ou não, *justa causa* ou *falta grave* na ausência do sócio administrador à reunião ou assembleia à qual deva comparecer, a justificar a exclusão da sociedade; trata-se, portanto, de uma *quaestio facti* e não de uma *quaestio iuris*.

A participação do sócio, quando não se trate de administrador que deva fazer exposição pessoal sobre sua atuação, poderá fazer-se pessoalmente ou por seu representante legal ou convencional. O artigo 1.074, § 1º, lista *outro sócio* ou *advogado* como exemplos de representante para a assembleia; não veda, nem derroga, representação de outra natureza: representação legal (pais ou tutor do menor, curador do interditado) ou representação convencional. Em qualquer hipótese, porém, o representante que não tenha tal condição anotada no próprio contrato social, a exemplo dos pais, tutores e curadores, deverá apresentar instrumento que comprove ter poderes bastantes para participar da deliberação, designadamente a procuração ou carta de preposição com especificação dos atos autorizados, documento esse que será levado a registro junto com a ata da assembleia (artigo 1.074, § 1º).

250 Direito Empresarial Brasileiro: Direito Societário • Mamede

Se o sócio for sociedade que tenha administração coletiva, duas situações se apresentarão: em se tratando de administração conjunta, todos os sócios terão que comparecer para validar os votos correspondentes à sociedade, salvo procuração outorgada por todos para a participação na assembleia, sendo procurador sócio ou terceiro não sócio; se a administração for simultânea, qualquer dos administradores poderá comparecer para exercer, em nome da sociedade, seus direitos de quotista sobre a outra sociedade.

As deliberações tomam-se por percentuais mínimos diversos, dispostos no contrato social ou em lei. Assim, salvo estipulação contratual diversa, a escolha de administrador não sócio exige a aprovação pela unanimidade dos sócios, enquanto todo o capital social não tenha sido integralizado; se o capital estiver integralizado, esse percentual passa a ser de dois terços (artigo 1.061); a *destituição imotivada* de administrador sócio, nomeado por cláusula no contrato social, exige a aprovação de mais da metade do capital social, salvo disposição contratual diversa (artigo 1.063, § 1º); a *destituição imotivada* de administrador não sócio, nomeado por cláusula no contrato social, exige a aprovação por maioria absoluta, sendo indiferente demandar alteração do contrato social (artigos 1.071, III, e 1.076, II); a *destituição imotivada* de administrador, sócio ou não, nomeado por documento em apartado exige a aprovação por maioria absoluta (artigos 1.071, III, e 1.076, II), assim como a deliberação sobre a sua remuneração, quando não estabelecido no contrato social.

Exigem aprovação por, no mínimo, três quartos do capital social, a modificação do contrato social, a incorporação, a fusão, a dissolução da sociedade ou a cessação do estado de liquidação (artigo 1.076, I). Mais da metade do capital social aprova a proposição de se formular pedido de recuperação judicial (artigo 1.072, § 4º), embora possa o administrador, se houver urgência, requerer a recuperação, sem prévia reunião ou assembleia de sócios, se houver autorização de titulares de mais da metade do capital social. Garante-se o direito de se retirarem da sociedade aos vencidos nas deliberações de modificação relevante do contrato, fusão da sociedade, incorporação de outra ou dela por outra. Esse direito deverá ser exercido no prazo decadencial de 30 dias, contados da reunião ou assembleia que aprovou a deliberação (artigo 1.077). Por fim, aprovam-se por maioria dos votos entre os presentes as contas da administração ou do liquidante, bem como todos os outros casos que, em virtude da lei ou do contrato, possam ser deliberados por maioria desqualificada (artigo 1.076, III).

Nenhum sócio, por si ou na condição de mandatário, pode votar matéria que *lhe diga respeito diretamente* (artigo 1.074, § 2º). A regra aplica-se ao sócio que (1) vota, pessoalmente, por si mesmo, (2) vota, na condição de mandatário, por outro sócio, bem como (3) ao sócio que, assumindo a condição de mandante, vota por meio de representante. A expressão matéria que *lhe diga respeito diretamente* refere-se às situações em que a condição ou o comportamento do sócio é objeto da decisão, a exemplo de (1) o sócio inadimplente não deve participar da votação

Parte Especial I – Cap. 14 • Sociedade Limitada: Funcionamento **251**

sobre sua exclusão, execução, responsabilização ou redução societária (artigos 1.004, parágrafo único, e 1.058); (2) decisão sobre a proposição ou não de ação para a sua exclusão, por falta grave ou incapacidade posterior (artigo 1.030); (3) da deliberação que aprova ou não a avaliação de bens que ele tenha conferido ao capital social para integralização de suas quotas (artigo 1.055, § 1º); (4) aprovação das contas que ele, o sócio, prestar como administrador.

Em oposição, o dispositivo não se aplica às legítimas pretensões administrativas dos sócios, como na escolha do administrador societário, na qual o sócio pode, sim, votar em si mesmo. Também não se aplica, na administração coletiva simultânea, quando houver impugnação da operação pretendida por um dos sócios (artigo 1.013, § 1º), entre outros casos. De qualquer sorte, não se olvide que o artigo 1.010, § 3º, do Código Civil aplica-se inteiramente às sociedades limitadas. Assim, responde por perdas e danos o sócio que, tendo em alguma operação interesse contrário ao da sociedade, participar da deliberação que a aprove graças a seu voto. Isso, nos moldes estudados no Capítulo 5, ao qual remeto o leitor. Para além dessas situações expressas.

Respeitado o quórum de deliberação, disposto em lei ou no contrato social, as deliberações compreendem-se como parte do fenômeno contratual societário, caracterizando manifestação de vontade, segundo a lógica da coexistência coletiva, da qual a pluralidade de desígnios é elemento intrínseco. Essa manifestação coletiva da vontade exprime-se compreendendo a discordância, ou seja, assimilando os votos vencidos, que se vinculam à deliberação da maioria pela anterior adesão ao pacto societário. Portanto, as deliberações tomadas de conformidade com a lei e o contrato vinculam todos os sócios, ainda que ausentes ou dissidentes (artigo 1.072, § 5º). Em contraste, as deliberações infringentes do contrato ou da lei tornam ilimitada a responsabilidade dos que expressamente as aprovaram (artigo 1.080), respondendo solidariamente entre si, com seu patrimônio pessoal, pelos prejuízos causados à sociedade, aos demais sócios e até a terceiros. Também o administrador que executa atos, atendendo às deliberações infringentes do contrato ou da lei, salvo prova de coação irresistível, será pessoalmente responsável pelos prejuízos decorrentes.

O respeito a esse fenômeno contratual societário exige que uma questão seja enfrentada: a possibilidade jurídica de a maioria societária tomar medidas que impliquem no agravamento da condição da minoria. Por exemplo, (1) a alteração do contrato para estabelecer a possibilidade de exclusão extrajudicial de sócio minoritário (artigo 1.085 do Código Civil), anteriormente ausente do contrato social; (2) a renúncia à jurisdição pública, pela previsão de cláusula de arbitragem (jurisdição privada); (3) a mudança do critério para liquidação das quotas pelo exercício do direito de recesso, deixando o valor econômico da empresa, levantado em balanço especial (artigo 1.031), para usar o valor do patrimônio líquido, conforme último balanço; (4) restrição do direito do sócio de, a qualquer tempo, examinar os livros e documentos, e o estado da caixa e da carteira da sociedade (artigo 1.021). Entender o contrário é romper com a essência do pacto social, permitindo à maioria votar matérias em seu benefício e em prejuízo da minoria,

252 Direito Empresarial Brasileiro: Direito Societário • Mamede

questões essas que poderiam ter sido colocadas antes da adesão dos minoritários ao ajuste. Noutras palavras, o voto constituiria um abuso (artigo 187) no exercício dos direitos inerentes à posição majoritária em detrimento da posição minoritária, rompendo com o indispensável equilíbrio dos interesses recíprocos.

9 DISSOLUÇÃO TOTAL OU PARCIAL

A sociedade limitada, simples ou empresária, extingue-se pela dissolução (artigos 1.033, 1.044 e 1.087 do Código Civil), que se dará nas hipóteses de (1) vencimento do prazo de duração, embora possa haver imediata prorrogação por prazo indeterminado quando, vencido o prazo previsto ou verificado o termo assinalado para a existência social, não entrar a sociedade em liquidação, nem qualquer sócio se opuser ao prosseguimento de suas atividades; (2) deliberação unânime dos sócios nesse sentido, esteja contratada por prazo determinado ou indeterminado; (3) a deliberação favorável da maioria absoluta dos sócios também a extingue, quando contratada por prazo indeterminado; (4) unicidade social (um só sócio), sem que a pluralidade seja reconstituída em 180 dias, bem como quando seja extinta, na forma da lei, sua autorização para funcionar. São hipóteses que foram estudadas no Capítulo 6 deste livro. A essas, somam-se a insolvência civil, em se tratando de sociedade simples, ou a falência, em se tratando de sociedade empresária, a serem estudadas no volume 4 (*Falência e Recuperação de Empresas*) desta coleção.

No plano da chamada dissolução parcial (resolução da sociedade em relação a sócio), têm-se, em primeiro lugar, as causas genéricas das sociedades contratuais, igualmente estudadas no Capítulo 6. Inclui-se mesmo a possibilidade de resolução da sociedade em relação àqueles que preferem a sua dissolução, quando houver sócio ou sócios interessados em conservar o seu funcionamento, sendo protegidos pelo princípio da conservação das atividades negociais, como visto. É regra que vale para o fim do prazo ou a verificação do termo de funcionamento, quando houver oposição ao prosseguimento das atividades, e a deliberação pela maioria absoluta na sociedade contratada por prazo indeterminado. Também haverá resolução da sociedade limitada em relação a um sócio, com a liquidação da respectiva quota, na hipótese de sua morte (sociedade *intuitu personae*), se não houver admissão de herdeiro ou se os herdeiros não desejarem prosseguir na sociedade. Some-se a hipótese prescrita no artigo 1.029, a disciplinar o direito de recesso motivado ou imotivado, igualmente estudado no Capítulo 6 deste livro.

9.1 Resolução da sociedade em relação a sócios minoritários

Prevê o artigo 1.085 do Código Civil, especificamente para a sociedade limitada, que, quando a maioria dos sócios, representativa de mais da metade do capital

Parte Especial I – Cap. 14 • Sociedade Limitada: Funcionamento **253**

social, entender que um ou mais sócios estão pondo em risco a continuidade da empresa, em virtude de atos de inegável gravidade, poderá excluí-los da sociedade, mediante alteração do contrato social, desde que prevista neste a exclusão por justa causa. É hipótese distinta da exclusão judicial do sócio por *falta grave no cumprimento de suas obrigações* ou por *incapacidade superveniente*, prevista no artigo 1.030, e estudada anteriormente. A exclusão, aqui, é extrajudicial, ou seja, concretiza-se por meio de procedimento privado.

O artigo 1.085 prevê, portanto, uma hipótese de *exclusão disciplinar* que somente será possível quando estiver previamente prevista no contrato social. Essa estipulação, acredito, deve resultar do consentimento unânime dos sócios, não se aplicando o quórum de *três quartos do capital social*, previsto no artigo 1.176, I, sob pena de se permitir à maioria inserir alteração – prevendo a exclusão extrajudicial por justa causa – em prejuízo da minoria. Uma tal manobra seria nula de pleno direito por caracterizar fraude à lei (artigo 166, VI), permitindo à maioria criar em seu favor uma hipótese mais desfavorável à minoria, bastando recordar que, se não há tal cláusula, a maioria deve recorrer ao processo judicial para obter uma exclusão (artigo 1.030). No entanto, estando prevista no contrato, os sócios que ingressarem na sociedade posteriormente a ela se submeterão.

O contrato só precisa prever a possibilidade da exclusão por justa causa; a lei não exige – embora também não o vede – que o contrato social tenha um capítulo ou seção dedicada às infrações disciplinares e respectivas sanções. A partir da mera previsão no contrato social de que será possível a exclusão por justa causa, a realização dos procedimentos para deliberação sobre o tema é faculdade da coletividade social, não sendo lícito ao Judiciário intervir para impedir a realização de reunião ou assembleia, desde que não afira haver no procedimento falha formal, entre as que estudaremos na sequência. A lei autoriza e, prevendo o contrato, examinar a hipótese é um direito social.

A resolução da sociedade em relação a um sócio minoritário deverá ser aprovada por sócios que representem, simultaneamente, maioria absoluta do capital social (a menor fração acima da metade), e a maioria dos votos por cabeça. Essa necessidade de maioria dúplice resulta do texto legal, acredito: *quando* (1) *a maioria dos sócios,* (2) *representativa de mais da metade do capital social*. Bastava ao legislador dizer, como o fez no artigo 1.076, II, *pelos votos correspondentes a mais de metade do capital social*, caso não desejasse impor a necessidade de maioria dúplice, ou seja, maioria por ambos os critérios. E essa duplicidade se justifica pela gravidade da medida que, sim, deve ser compreendida como situação rara, excepcional.

Não basta, contudo, a dúplice maioria. De acordo com o parágrafo único do artigo 1.085, ressalvado o caso em que haja apenas dois sócios, a exclusão somente poderá ser determinada em reunião ou assembleia especialmente convocada para esse fim, ciente o acusado em tempo hábil para permitir seu comparecimento e o exercício do direito de defesa. Há necessidade, portanto, de *devido processo* (*due*

254 Direito Empresarial Brasileiro: Direito Societário • Mamede

process), ainda que privado: dar a conhecer ao sócio minoritário a acusação que pesa sobre si e dar-lhe a oportunidade para defender-se. Reitero: se tais requisitos formais forem atendidos, não é lícito pretender impedir a realização do evento societário. Isso não quer dizer, contudo, que não possa ser levada ao Judiciário (ou à arbitragem, se prevista) a pretensão de rever os fundamentos da decisão. Afinal, a autorização para a resolução do contrato em relação a um ou mais sócios minoritários que tenha(m) praticado ato ou omissão de *inegável gravidade, pondo em risco a continuidade da empresa*, não se trata de ato discricionário. Pelo contrário, o artigo 57 do Código Civil tem aqui aplicação subsidiária, prevendo que a exclusão justificada pela *existência de motivos graves* demanda *deliberação fundamentada*.

A fundamentação é indispensável para demonstrar que se atendeu à licença legal, devendo responder às teses arguidas pelo minoritário, no exercício do seu direito de defesa. A defesa exigida pelo Código Civil não é ato vazio de conteúdo, realizado *pro forma*. O minoritário tem o direito de permanecer na sociedade e só a perderá se efetivamente praticou ato que pôs em risco a continuidade da empresa, em virtude de atos de inegável gravidade. A fundamentação também é necessária para que se atenda aos princípios gerais dos atos jurídicos e, designadamente, dos contratos, vale dizer, a necessidade de respeito aos princípios da boa-fé, da probidade e da função social dos contratos (artigos 113, 421 e 422 do Código Civil). Ademais, têm-se ainda as garantias inscritas no artigo 5º, XXXV, LV e LVI, da Constituição da República: para que se garanta ao sócio excluído o seu direito constitucional de recorrer ao Judiciário, beneficiando-se do devido processo legal, nele destacado o direito ao contraditório e à ampla defesa, faz-se imprescindível a justificação do ato de exclusão, permitindo sua impugnação judicial.

No plano formal, a validade da deliberação de resolução do contrato em relação a um ou mais sócios pela prática de ato ou omissão de *inegável gravidade, pondo em risco a continuidade da empresa*, exige a convocação de reunião ou assembleia especialmente para esse fim, bem como de ser o sócio especialmente convocado não só sobre a sua realização, mas também para que, comparecendo, exerça seu direito de defesa. O legislador exigiu, ademais, que a convocação seja expedida em tempo hábil para permitir não apenas o comparecimento, como também o direito de defesa. Não esclareceu, porém, qual seria esse prazo, criando uma dificuldade para o jurista, cuja solução dependerá não de elementos jurídicos, mas dos elementos fáticos dados no caso concreto. Trata-se de *quaestio facti*, não de *quaestio iuris*. O ideal seria assinalar-se prazo superior a 15 dias, tomando por base o Código de Processo Civil, que assinala tal prazo para a apresentação da contestação pelo réu, no processo de conhecimento. Mas as circunstâncias do caso concreto podem recomendar prazo maior, indispensável ao comparecimento do sócio e sua defesa.

No que diz respeito à defesa, poderá ela ser feita por escrito ou oral, pelo próprio sócio ou por mandatário, designadamente por advogado, em face do princípio da indisponibilidade do advogado para a defesa dos direitos, que se extrai como corolário do artigo 133 da Constituição da República, mesmo para os ambientes extrajudiciais.[1] É preciso atentar para o fato de que a exclusão é hipótese excepcional, possível apenas quando haja atos de inegável gravidade que ponham em risco a continuidade da empresa. *Inegável gravidade,* por óbvio, é aquilo que é grave para qualquer um, aquilo que o senso comum reprovaria. Somente atos ilícitos se amoldam à definição legal; atos legais, ainda que contrários ao interesse da maioria dos sócios (tomada por ambos os critérios: maioria por cabeça e maioria do capital social), não se amoldam à licença legal. Entre essas, listam-se o direito de discordar da maioria, de votar em sentido contrário, de pedir prestação de contas, de exigir o cumprimento da lei e dos princípios jurídicos etc.

É preciso destacar que a exclusão de sócio é hipótese excepcional: é a exceção e não a regra. A hipótese inscrita no artigo 1.085 não foge a esse parâmetro. É uma licença angusta para que haja uma solução extrajudicial para o problema da prática de ato ilícito de *inegável gravidade* que *ponha em risco a continuidade da empresa*. Se (1) não há prática de ato ilícito, se (2) não se trata de hipótese de gravidade inequívoca ou se (3) o ato não põe em risco a continuidade da empresa, não poderá haver exclusão extrajudicial do sócio minoritário. Nesse sentido, havendo abuso no exercício do direito de exclusão extrajudicial, caracterizada estará a prática de ato ilícito (artigo 187). Consequentemente, o minoritário poderá, por meio de ação judicial, obter a nulidade de sua exclusão e da respectiva alteração contratual.

Não se pode olvidar que o minoritário tem o direito de ser sócio. Ele serviu ao(s) majoritário(s) para a constituição e/ou existência da sociedade e não pode ser simplesmente descartado quando não mais interesse à maioria dos sócios e do capital social. Entender o contrário seria desrespeitar os mais elementares princípios do Direito Societário, tornando o minoritário um sócio de segunda categoria, submetendo-o à vontade arbitrária do majoritário. Contudo, não há licença constitucional ou legal para que a propriedade minoritária de quotas ou ações seja considerada uma titularidade de segunda categoria, com menos direitos que a minoria. Afinal, a lógica jurídica societária alinha-se com a proposta de que os sócios convivam e não com a ideia de que uns sejam submetidos pelos outros.

Diante do Recurso Especial 1.286.708/PR, a Terceira Turma do Superior Tribunal de Justiça entendeu que "a prática de atos reiterados como padrão de normalidade por ambos os sócios e nas três sociedades que mantêm há mais de 40 anos, ainda que irregulares e espúrios, não servem como causa necessária da quebra da *affectio societatis* a fim de configurar justa causa para exclusão de sócio em relação à Concorde Administração de Bens Ltda." No caso, verificou-se a "existência de escrituração irregular, bem como na utilização de duvidosas operações

---

[1]   Conferir MAMEDE, Gladston. *A advocacia e a Ordem dos Advogados do Brasil.* 4. ed. São Paulo: Atlas, 2010.

de mútuo. Essas irregularidades se perpetravam com padrão de normalidade, em ambas as empresas e por ambos os sócios". No corpo do acórdão, destacou-se que "a exclusão de sócio de sociedade limitada não é possível pela mera quebra da *affectio societatis*. Conquanto se trate de liame originário da relação contratual dos sócios, necessário à manutenção do vínculo social, a *affectio societatis* pode embasar o pedido de retirada do sócio, mas não lhe impor sua exclusão".

Nessa toada, os julgadores destacaram de forma correta que "legalmente, a exclusão de sócio, nos termos do artigo 1.085 c/c 1.030, ambos do Código Civil, exigem o requerimento da maioria, bem como a demonstração de que o sócio excluído *está pondo em risco a continuidade da empresa*. Em clara homenagem ao princípio da preservação da empresa, demonstrada a prática de atos graves, tendentes a comprometer a continuidade da empresa, dispensa-se o requerimento da maioria. Isso porque a exclusão tem por antecedente a quebra do dever contratual de tal gravidade que poderia ensejar o desmantelamento da própria empresa; e a exigência de requerimento da maioria poderia resultar na impossibilidade fática de se proteger a sociedade, em especial, em situações como a do presente processo em que cada sócio detém a mesma proporção de quotas sociais. Apesar da dispensa do requerimento da maioria, por tratar-se de medida extrema e excepcional, não pode o direito transigir com a efetiva demonstração de uma justa causa. Assim, o rompimento da *affectio societatis*, para fins de exclusão deve decorrer de inadimplemento do dever de colaboração social, sendo imprescindível que haja a comprovação desse inadimplemento, com a especificação dos atos praticados pelo sócio que se pretende excluir e o prejuízo à consecução do fim social da empresa. Em outras palavras, que fique caracterizada a justa causa para a exclusão".

O mais interessante no litígio foi que a Turma Julgadora considerou a cultura da empresa para aferir a existência, ou não, de justa causa para a exclusão de sócio. Na hipótese analisada, os recorrentes propuseram ação com a finalidade de excluir os recorridos do quadro societário da empresa e alegaram como fundamento a quebra da *affectio societatis*, decorrente da existência de desvios de quantias expressivas do caixa das empresas. A conclusão do juízo de primeiro grau, mantida pelo acórdão, inclusive mediante a adoção e transcrição dos fundamentos da sentença, reconhece: "*i)* existência de irregularidades formais e materiais na empresa Concorde; *ii)* utilização de contrato de mútuo de origem fraudulenta para dar suporte a diversas transações financeiras. [...] Com efeito, segundo padrões de boa-fé e probidade exigidos do homem médio, não há dúvidas de que a irregularidade contábil e, mais ainda, a utilização de contrato fraudulento configuram, em tese, justa causa para o afastamento de sócio da administração e mesmo do quadro societário. Contudo, nos autos do presente processo, a perícia produzida apontou, conforme transcrito no próprio acórdão, que essas práticas eram reiteradas e corriqueiras" nas empresas dos sócios litigantes. "Desse modo, tratando-se de prática reiterada de ambos os sócios e em ambas as empresas, não vejo como imputar a essa prática espúria a condição *sine qua non* da quebra da *affectio societatis* e mesmo de eventual solução de continuidade da empresa. [...] Em síntese, diante do contexto probatório a justa causa apontada não foi demonstrada, e as causas consideradas justas pelo Tribunal de origem, no contexto prático da gestão de ambos os sócios, não seriam fundamento para romper o vínculo de afinidade porque tolerado e praticado mutuamente por ambos os sócios. Assim, não há comprovação quanto à culpa pelo rompimento desse vínculo societário, de tal sorte que não se pode impor a um dos sócios a pena de seu desligamento compulsório."

Determinada a exclusão, passar-se-á à liquidação da quota respectiva (artigos 1.031 e 1.032 do Código Civil), como foi estudado nos Capítulos 6 e 7 deste livro.

Parte Especial II
SOCIEDADES INSTITUCIONAIS (ESTATUTÁRIAS)

15
Introdução às Sociedades por Ações

1 SOCIEDADE INSTITUCIONAL OU ESTATUTÁRIA

Foram vistas, até aqui, sociedades constituídas sobre a lógica do contrato. Seus membros (os *sócios*) são contratantes entre si, vale dizer, partes de um negócio e que se obrigam mutuamente com o cumprimento das cláusulas dispostas no instrumento de contrato social. Como resultado, têm-se pessoas jurídicas que, *interna corporis*, estão marcadas pelo princípio inscrito no artigo 981 do Código Civil: trata-se de um negócio plurilateral entre partes determinadas – todas constantes do respectivo instrumento de contrato, o ato constitutivo da sociedade, não importa o tipo que assuma –, pessoas naturais ou jurídicas (excetuada a sociedade em nome coletivo e a condição de sócio comanditado na sociedade em comandita simples), que se obrigam *reciprocamente*. Como já disse, são relações jurídicas horizontais, próprias de uma relação contratual.

Essa lógica, porém, atende a determinado tipo de atuação negocial; mas cedo se percebeu a necessidade de constituir uma alternativa para atender à demanda específica. É comum identificar esse momento com o mercantilismo dos séculos XVI e XVII e a necessidade de mobilização de grande quantidade de capital para financiar as expedições náuticas que, partindo da Europa (o *Velho Mundo*), dirigiam-se à Ásia (as Índias) e à América (*Índias Ocidentais*) para fazer o comércio e obter vantagens econômicas; é usual identificar-se esse momento a partir de um fato histórico preciso: a instituição, em 1602, da *Companhia Holandesa das*

Índias Ocidentais.[1] A pedra de toque desse novo modelo societário, a companhia, era a valorização do fim negocial a ser realizado (o objetivo social), bem como da instituição constituída para realizá-lo, colocando em segundo plano a pessoa daqueles que, investindo na sociedade, contribuíam para a viabilidade de sua existência e, via de consequência, para a concretização dos fins sociais. Mais do que sócios (o que não deixam de ser), são compreendidos como acionistas, isto é, como titulares de partes ideais do patrimônio da companhia. Há um elemento comum com a ideia de quota, mas é preciso observar que nas companhias ou sociedades por ações a pessoa dos sócios ocupa uma posição secundária, o que fica claro do ato constitutivo: uma ata de assembleia na qual se ajustam as normas de seu *estatuto social* (e não *contrato social*), no qual os acionistas não são sequer nomeados e qualificados. Como se não bastasse, seguindo a lógica própria das associações, como se afere do artigo 53, parágrafo único, do Código Civil, não há, mesmo, um reconhecimento mútuo obrigatório, nem a definição de direitos e deveres recíprocos. Há instituidores, como tal compreendidos aqueles responsáveis pela fundação da companhia, e acionistas que vão aderindo ao empreendimento, originária ou derivadamente, sendo seus nomes e respectivas qualificações registrados em livro próprio, quando – nos sistemas que permitem as chamadas ações ao portador – a condição de acionista não decorra da mera apresentação do título correspondente (ação ao portador). Eis por que, anteriormente, afirmei que nas *sociedades estatutárias* enfoca-se precipuamente a instituição, a companhia, e menos as pessoas que estão unidas em sociedade, isto é, os acionistas (e, no plano das cooperativas, os cooperados).

2 ESTATUTO SOCIAL

Como visto, a disciplina jurídica da sociedade por ações, para além do que se encontra em lei, deverá ser disciplinada no estatuto social, aprovado quando da assembleia de fundação da sociedade e levado a registro, dando surgimento à respectiva pessoa jurídica. Esse estatuto é o ato de expressão coletiva da vontade, em moldes um pouco distintos do contrato social, certo que não implica a constituição de faculdades e obrigações recíprocas entre os fundadores. Não se contrata o estatuto social; cuida-se de um ato jurídico de instituição, a meu ver juridicamente mais sofisticado e preciso que a própria ideia de contrato social.

---

[1] ASCARELLI, Tullio. *Problemas das sociedades anônimas e direito comparado*. Campinas: Bookseller, 1999. p. 452. Botelho e Reis discordam da data: reconhecendo tratar-se de uma *sociedade anônima*, dizem que a *Companhia Holandesa das Índias Ocidentais* foi fundada em 1621 por mercadores holandeses, apoiados pelo governo das Províncias Unidas dos Países Baixos; chegou a ocupar o litoral do Nordeste brasileiro no século XVII (BOTELHO, Angela Vianna; REIS, Liana Maria. *Dicionário histórico Brasil*: colônia e império. Belo Horizonte: O Autor, 2001. p. 46 e 63).

Parte Especial II – Cap. 15 • Introdução às Sociedades por Ações **263**

O estatuto social é o ato jurídico, atermado em instrumento, a partir do qual se constrói a arquitetura societária da companhia. Seu terreno elementar de construção é formado pela Constituição da República, princípios jurídicos e leis. Sobre essa base, no exercício do direito de fazer o que a lei não proíbe e deixar de fazer o que a lei não determina, pode-se definir o desenho estrutural da pessoa jurídica. Cuida-se de uma estrutura normativa que inclui tanto os elementos de existência, próprios de sua identidade pessoal – e a companhia é uma pessoa jurídica cujos atributos de personalidade são legalmente protegidos, *ex vi* do artigo 52 do Código Civil, como estudado no item 7 do Capítulo 2 deste livro –, além de outros elementos de sua engenharia interna, como regras de funcionamento e disciplina das relações entre os acionistas. Nos itens seguintes, examinarei alguns pontos específicos da dimensão qualificadora do estatuto social sobre a companhia.

2.1   Objeto social

Sociedade que é, a sociedade por ações é pessoa jurídica que tem por finalidade genérica a produção de vantagens econômicas: um sobrevalor (*superávit* patrimonial) a ser apropriado por seus acionistas, que são os responsáveis diretos (originários) ou indiretos (derivados) pelo investimento de capital que determinará a formação do patrimônio empresarial usado na respectiva prática empresária. Essa finalidade genérica é dada pela lei; resta ao estatuto definir o objeto social, como tal compreendido, segundo o artigo 2º da Lei 6.404/1976, qualquer empresa de fim lucrativo, não contrário à lei, à ordem pública e aos bons costumes. Essa definição é essencial pois, como já estudado no item 3.2.2 do Capítulo 3, as pessoas jurídicas são instituições finalísticas, compreendendo-se sua existência e personificação justamente pela oportunidade de se concretizar o objeto definido por seu ato constitutivo, o estatuto social, no caso das sociedades por ações. Portanto, não basta uma definição genérica da finalidade lucrativa; também as sociedades anônimas deverão apresentar, em seu ato constitutivo, uma definição precisada, de forma clara e completa, do fim social, vale dizer, do objeto empresarial que será explorado.

Atente-se para o fato de o legislador ter afirmado que o objeto social da companhia será uma *empresa de fim lucrativo*; *empresa* sim, pois segundo o artigo 982, parágrafo único, primeira parte do Código Civil, as sociedades por ações (*sociedade anônima* e *sociedade em comandita por ações*) consideram-se sempre empresárias; o mesmo diz o artigo 2º, § 1º, da Lei das Sociedades por Ações (Lei 6.404/1976) que, no entanto, utiliza-se da nomenclatura anterior, própria do Código Comercial de 1850 e do Código Civil de 1916; destarte, refere-se às sociedades por ações como sociedades mercantis, regidas pelas *leis e usos do comércio*. A natureza empresária das sociedades por ações é retirada da própria estrutura jurídica, mesmo *in abstrato*: como se estudará nos capítulos seguintes, a complexidade normativa das sociedades é incompatível com a ideia de uma *sociedade simples*, constituindo, de per si, as bases de uma atuação empresária.

O artigo 2º, § 3º, da Lei 6.404/1976, nesse ponto aplicável mesmo às sociedades contratuais empresárias, aceita a possibilidade de a companhia ser constituída para ter como atividade negocial a participação em outras sociedades. A rigor, como esclarece o próprio dispositivo, qualquer companhia pode ter participação em quotas ou ações de uma outra sociedade, seja para beneficiar-se de incentivos fiscais, seja como meio para realização de seu objeto social; essa participação societária não carece de previsão no estatuto social da companhia ou no contrato social da sociedade contratual. Caracteriza um tipo de opção patrimonial: a sociedade que poderia manter em sua contabilidade coisas móveis ou imóveis, direitos etc., opta por manter quotas ou ações de outra sociedade, desde que atenda às regras legais sobre a coligação, estudadas no Capítulo 8 deste livro. Mas, nesses casos, essa titularidade sobre quotas ou ações concretiza-se apesar do objeto social definido no ato constituído, ou seja, da atividade negocial por meio da qual realiza o seu objeto social. Nesse sentido, o artigo 2º, § 3º, da Lei 6.404/1976, define uma hipótese absolutamente distinta, pois permite que a finalidade da sociedade seja justamente – e exclusivamente – essa: participar de outras sociedades. Tais *empresas de participação* têm na titularidade de quotas e ações, bem como no exercício dos direitos a elas inerentes – designadamente o direito à participação nos lucros –, a sua finalidade social, o que é lícito, vê-se.

2.2 Denominação

O nome empresarial da sociedade anônima será, por determinação legal, uma denominação, isto é, segundo o artigo 1.155 do Código Civil, nome que se forma segundo a conveniência dos sócios, que não estão obrigados a traduzir a razão social da empresa, vale dizer, que não estão obrigados a refletir a realidade da composição societária. A denominação, como já dito, permite o emprego de qualquer vocábulo, ou mesmo um conjunto de letras sem significado específico, para a identificação da sociedade. Vige, portanto, uma liberdade de eleição da palavra com a qual será designada a companhia, podendo significar alguma coisa, como *Companhia Vale do Rio Doce ou Usina Siderúrgica de Minas Gerais S.A. – Usiminas*, ou simplesmente não significar, aparentemente, nada, como, vejamos, *Splosh Kosh S.A.* ou *Sociedade Anônima Lequetina Rabicó*. Mas há limites a essa liberdade de denominação, a começar pela indispensável novidade: o nome empresarial deve identificar, individuar e jamais estabelecer confusão e, assim, uma concorrência ilegítima. Também não se admitem termos que contrariem a moral pública (palavrões, palavras despudoradas, obscenas, ultrajantes), nomes empresariais já registrados, termos ou expressões protegidos por direito autoral de outrem (a exemplo de poemas, músicas etc.) ou termos ou expressões que constituam marca registrada. Nesse sentido, o artigo 3º, § 2º, da Lei 6.404/1976 prevê que a utilização de denominação idêntica ou semelhante à de companhia já existente permite à prejudicada – a empresa que tem o registro anterior – requerer a modificação, por via administrativa (junta ao Registro do Comércio) ou judicial, podendo, ainda, demandar indenização pelas perdas e danos resultantes.

É possível utilizar-se por denominação uma estrutura assemelhada à das firmas sociais (ou razão social), como se afere do artigo 3º, § 1º, da Lei 6.404/1976 e do artigo 1.160, parágrafo único, do Código Civil, que licencia figurar na denominação o nome do fundador, acionista, ou pessoa que por qualquer outro modo tenha concorrido para o êxito da empresa. Não se trata, porém, de razão social, já que não se está obrigado a atender ao princípio da veracidade, não sendo necessário que a designação retrate a realidade social. São exemplos: *Construtora Adolpho Lindenberg S.A.* ou *Fábrica de Tecidos Carlos Renaux S.A.* É preciso, todavia, atentar para a proteção legal específica que é dada ao nome da pessoa, incluindo a alcunha (o apelido) utilizada para fins lícitos, considerados que são direitos personalíssimos, como se afere dos artigos 16 e seguintes do Código Civil. Portanto, a utilização do nome, no todo ou em parte, ou mesmo alcunha do fundador, acionista, ou pessoa que por qualquer outro modo tenha concorrido para o êxito da empresa, depende de não haver oposição da pessoa a quem corresponde.

À designação escolhida pelos fundadores acrescentar-se-á expressão informativa do tipo societário, ou seja, a expressão *sociedade anônima* (ainda que abreviada: S.A. ou S/A), que poderá ser colocada em qualquer posição: no início, no meio, ou no fim do nome. Também a expressão *companhia* (ou abreviada: *Cia.*) é caracterizadora da sociedade anônima, podendo compor o seu nome empresarial; nessa hipótese, por força do artigo 3º da Lei 6.404/1976, ainda vigente, a expressão não poderá ser posta ao final do nome empresarial, evitando-se a confusão com a firma social, face ao artigo 1.157, *caput*, do Código Civil. Destarte, na sociedade anônima, a expressão *companhia* (ou a abreviatura *Cia*) deverá apresentar-se, obrigatoriamente, no princípio ou no meio do nome empresarial. O artigo 1.158, § 2º, do Código Civil ainda exige que a denominação designe o objeto da sociedade, norma válida para todos os registros posteriores a 11 de janeiro de 2002 (data em que o Código entrou em vigor), já que os registros anteriores estão protegidos pela garantia que a Constituição dá ao ato jurídico perfeito. As novas companhias, portanto, deverão respeitar a nova disposição, adotando estruturas como *Forjas Taurus S.A.* ou *Refinaria de Petróleo Ipiranga S.A.* A identificação deverá ser específica, sendo recomendável evitar expressões excessivamente genéricas, como *indústria e comércio*; no entanto, será inevitável recorrer às generalizações quando houver empresas com objeto social variado. Como corolário da disposição, a alteração no objeto social da empresa implicará a obrigatoriedade de alteração do nome empresarial, permitindo que reflita, o quanto possível, o objeto da sociedade.

2.3 Outros elementos qualificadores

A sociedade anônima, *universitas personarum* que é, deve ter fixados, em seu ato de constituição, outros elementos qualificadores de sua existência jurídica. Assim, a especificação de sua sede, a permitir seja ela situada no espaço geográfico e, ademais, encontrada se necessário for, encontra-se no item 3.2.3 do Capítulo 3 deste livro, em que o tema foi abordado em minúcias. Também deve ser explicitado o seu prazo de duração, que poderá ser determinado ou indeterminado. O mais comum é a constituição de companhias com prazo indeterminado de funcionamento, mas é juridicamente possível limitá-lo. Com a determinação, define-se o prazo durante o qual, ou o termo até o qual a instituição da companhia terá validade jurídica. Esse prazo pode ser prorrogado, assim como novo termo pode ser definido, sendo a competência para tanto da assembleia geral, aplicando-se, aqui, analogicamente, os artigos 122, VIII, e 136, VII e X, da Lei 6.404/1976, exigindo para tanto a aprovação de acionistas que representem metade, no mínimo, das ações com direito a voto; se a companhia não tiver suas ações admitidas à negociação em bolsa ou no mercado de balcão, seu estatuto social poderá definir *quorum* maior, segundo o *caput* do citado artigo 136. A deliberação de prorrogação, todavia, dá ao acionista dissidente o direito de retirar-se da companhia, mediante reembolso do valor das suas ações, aplicado o artigo 137 da Lei 6.404/1976. Para a hipótese de vencer o prazo de duração, o artigo 206, I, *a*, da Lei 6.404/1976 fala em *dissolução de pleno direito*; a previsão, contudo, foi derrogada pelo artigo 1.033, I, do Código Civil, que tem plena aplicação às sociedades por ações, já que é norma geral de Direito Societário e de Direito Empresarial. Dessa maneira, se vencido o prazo certo de duração da companhia, ou se verificado o termo assinalado para o seu funcionamento, haverá de se providenciar, de imediato, a liquidação da sociedade. Na hipótese de os administradores não o fazerem, sem que haja oposição de qualquer acionista, a duração da companhia compreender-se-á prorrogada por tempo indeterminado. Havendo oposição de qualquer sócio, a aplicação do princípio da preservação da empresa e das atividades negociais recomenda a manutenção da companhia, reconhecido o direito do acionista oponente de retirar-se da companhia, mediante reembolso do valor das suas ações, aplicado, aqui também, o artigo 137 da Lei 6.404/1976.

Embora não haja espaço no estatuto social para que sejam registrados e qualificados todos os sócios da companhia, ao contrário do que se passa nas sociedades contratuais por força do artigo 997, I, do Código Civil, o ato constitutivo deverá especificar quem são os seus fundadores e quem são os seus diretores, nisso atendendo à exigência genérica do artigo 46, II, do Código Civil, aplicável a todas as pessoas jurídicas de Direito privado. Também é indispensável haver definição estatutária do modo por que se administra e se representa a companhia, ativa e passivamente, judicial ou extrajudicialmente, atendendo não só ao artigo 46, II, do Código Civil, mas igualmente ao artigo 138 da Lei 6.404/1976. Essa indicação, todavia, não se fará remetendo à pessoa certa, mas ao cargo ao qual se atribui tal competência e poder.

2.4 Reforma do estatuto

O estatuto social pode ser reformado; tal poder é dado privativamente à assembleia geral pelo artigo 122, I, da Lei 6.404/1976, embora seja necessário observar algumas balizas. Em primeiro lugar, faz-se necessário convocação de assembleia geral extraordinária para tanto, mediante anúncio publicado por três vezes, no mínimo, contendo, além do local, data e hora da assembleia, a ordem do dia e a indicação da matéria, como exigido pelo artigo 124 , devendo ainda respeitar o quórum de instalação (artigo 135 da Lei 6.404/1976).

Como se verá adiante, a assembleia geral é composta apenas por ações com direito a votar as matérias ali postas à deliberação, havendo espécies de ações que podem não ter direito a voto ou ter direito restrito de voto; serão esses titulares que, salvo situações específicas, aprovarão ou não, por maioria, a alteração do estatuto. Entre tais situações específicas, deve-se listar: o estatuto pode subordinar as alterações estatutárias que especificar à aprovação, em assembleia especial, dos titulares de uma ou mais classes de ações preferenciais, conforme o artigo 18, parágrafo único, Lei das Sociedades Anônimas. A alteração do estatuto na parte em que regula a diversidade de classes entre ações de uma mesma espécie, se não for expressamente prevista e regulada no próprio estatuto, requererá a concordância de todos os titulares das ações atingidas, conforme exigência do artigo 16, parágrafo único, daquela Lei. A limitação à circulação das ações nominativas de companhia fechada, criada por alteração estatutária, somente se aplicará às ações cujos titulares com ela expressamente concordarem, aplicado o artigo 36, parágrafo único, da mesma Lei.

Se a reforma do estatuto modifica ou reduz as vantagens que, até então, eram conferidas às partes beneficiárias, que serão estudadas no Capítulo 20, item 1, tais alterações, não obstante aprovadas pela assembleia geral, só terão eficácia por força do artigo 51 da Lei 6.404/1976, se forem aprovadas pela metade, no mínimo, dos seus titulares, reunidos em assembleia geral especial e desde que não privem o título de seus efeitos, hipótese que, por caracterizar renúncia a direito, implicaria anuência da totalidade dos titulares das partes beneficiárias, aplicado o artigo 114 do Código Civil. Existindo debêntures conversíveis em ações, enquanto puder ser exercido tal direito, a alteração do estatuto para mudar o objeto da companhia, criar ações preferenciais ou modificar as vantagens das existentes, em prejuízo das ações em que são conversíveis as debêntures, dependerá de prévia aprovação dos debenturistas, em assembleia especial, aplicado o artigo 57, § 2º, também da Lei 6.404/1976.

Por outro lado, aplicado o artigo 136 da Lei das Sociedades Anônimas, será necessária a aprovação de acionistas que representem metade, no mínimo, das ações com direito a voto (e não apenas das ações cujos acionistas estejam presentes à assembleia geral extraordinária), se maior *quorum* não for exigido pelo estatuto da companhia cujas ações não estejam admitidas à negociação em bolsa ou no mercado de balcão, para deliberar alteração estatutária que implique: (1) criação de ações preferenciais ou aumento de classe de ações preferenciais existentes, sem guardar proporção com as demais classes de ações preferenciais, salvo se já previstas ou autorizadas pelo estatuto; (2) alteração nas preferências, vantagens e condições de resgate ou amortização de uma ou mais classes de ações preferenciais, ou criação de nova classe mais favorecida; nessas duas primeiras hipóteses, a eficácia da deliberação depende de prévia aprovação ou da ratificação, em prazo improrrogável de um ano, por titulares de mais da metade de cada classe de ações preferenciais prejudicadas, reunidos em assembleia especial convocada pelos administradores e instalada com as formalidades legais.[2] A maioria absoluta das ações também é exigida para (3) redução do dividendo obrigatório; (4) mudança do objeto da companhia; e (5) criação de partes beneficiárias.

Não basta a aprovação da deliberação pela assembleia, por certo. Para que as alterações deliberadas passem a valer contra terceiros, ficam sujeitas às formalidades de arquivamento e publicação, não podendo, todavia, a falta de cumprimento dessas formalidades ser oposta, pela companhia ou por seus acionistas, a terceiros de boa-fé. Cumpre ao registro do comércio, por força dos artigos 97 e 98, cominados com artigo 135, § 2°, da Lei 6.404/1976, examinar se as prescrições legais foram observadas na alteração estatutária, bem como se as cláusulas reformadas não são contrárias à lei, à ordem pública e aos bons costumes, podendo negar o arquivamento, hipótese na qual os administradores deverão convocar imediatamente a assembleia geral para sanar a falta ou irregularidade, ou autorizar as providências que se fizerem necessárias. Com a 2ª via da ata da assembleia e a prova de ter sido sanada a falta ou irregularidade, o registro do comércio procederá ao arquivamento da alteração estatutária. Deverão providenciar, nos 30 dias subsequentes, a publicação da alteração, bem como a de certidão do arquivamento, em órgão oficial do local de sua sede; um exemplar do órgão oficial deverá ser arquivado no registro do comércio.

3 ESCRITURAÇÃO

Também a existência da sociedade anônima se expressa por uma dimensão escritural, a exigir a atenção a requisitos formais definidos em lei, estando obri-

---

[2] O § 2° do artigo 136 faculta à Comissão de Valores Mobiliários (conferir infra) autorizar a redução desse *quorum* no caso de companhia aberta com a propriedade das ações dispersa no mercado, e cujas três últimas assembleias tenham sido realizadas com a presença de acionistas representando menos da metade das ações com direito a voto. Neste caso, a autorização da Comissão de Valores Mobiliários será mencionada nos avisos de convocação e a deliberação com *quorum* reduzido somente poderá ser adotada em terceira convocação.

Parte Especial II – Cap. 15 • Introdução às Sociedades por Ações **269**

gadas a manter registro contábil regular. Assim, o artigo 176 da Lei 6.404/1976 define como obrigação da diretoria da sociedade anônima, ao fim de cada exercício social elaborar, com base na escrituração mercantil da companhia, as seguintes demonstrações financeiras, que, assinadas pelos administradores e por contabilistas legalmente habilitados, deverão exprimir com clareza a situação do patrimônio da companhia e as mutações ocorridas no exercício: (1) balanço patrimonial; (2) demonstração dos lucros ou prejuízos acumulados; (3) demonstração do resultado do exercício; e (4) demonstração dos fluxos de caixa, da qual estão dispensadas por força do artigo 176, § 6º, a companhia fechada com patrimônio líquido, na data do balanço, não superior a dois milhões de reais. Em se tratando de companhia aberta, também será preciso elaborar a (5) demonstração do valor adicionado. Lembre-se que, de acordo com o artigo 175, cada exercício contábil terá a duração de um ano, com data de início e término fixada no estatuto; por exemplo, início em 1º de janeiro e término em 31 de dezembro de cada ano; mas poderia ser início em 12 de abril de um ano e término em 11 de abril do ano seguinte. Note-se, contudo, que a companhia, por força de lei ou de disposição estatutária, como esclarece o artigo 204 da Lei 6.404/1976, poderá levantar balanço semestral ou, até, em períodos menores.

Tais demonstrativos deverão ser publicados pela companhia, com a indicação dos valores correspondentes das demonstrações do exercício anterior. Ademais, as demonstrações financeiras devem indicar a destinação dos lucros segundo a proposta dos órgãos da administração; a palavra final, todavia, será dada pela assembleia geral ordinária, que pode recusar tal destinação. Justamente por essa necessária submissão à coletividade social, o artigo 176, § 4º, da Lei de Sociedades Anônimas, exige que as demonstrações sejam complementadas por notas explicativas e outros quadros analíticos ou demonstrações contábeis necessários para esclarecimento da situação patrimonial e dos resultados do exercício; tais *notas explicativas* deverão indicar: (1) os principais critérios de avaliação dos elementos patrimoniais, especialmente estoques, dos cálculos de depreciação, amortização e exaustão, de constituição de provisões para encargos ou riscos, e dos ajustes para atender a perdas prováveis na realização de elementos do ativo; (2) os investimentos em sociedades coligadas; (3) o aumento de valor de elementos do ativo resultante de novas avaliações; (4) os ônus reais constituídos sobre elementos do ativo, as garantias prestadas a terceiros e outras responsabilidades eventuais ou contingentes; (5) a taxa de juros, as datas de vencimento e as garantias das obrigações a longo prazo; (6) o número, espécies e classes das ações do capital social; (7) as opções de compra de ações outorgadas e exercidas no exercício; (8) os ajustes de exercícios anteriores; e (9) os eventos subsequentes à data de encerramento do exercício que tenham, ou possam vir a ter, efeito relevante sobre a situação financeira e os resultados futuros da companhia.

Por fim, é preciso destacar que as demonstrações financeiras das companhias abertas, por comando do artigo 177, § 3º, deverão observar, além das regras

270 Direito Empresarial Brasileiro: Direito Societário • Mamede

comuns, as normas expedidas pela Comissão de Valores Mobiliários, e serão obrigatoriamente auditadas por auditores independentes registrados na mesma comissão. A auditoria é ato que atende aos interesses do mercado e ainda protege os minoritários. Não é ato que se realiza *pro forma*: a auditoria deve esmerar-se no levantamento da regularidade escritural e na aferição do cumprimento da legislação pela administração societária, respondendo pelos atos ilícitos praticados. Isso inclui responsabilidade penal, responsabilidade administrativa (perante a Comissão de Valores Mobiliários) e responsabilidade civil pelos prejuízos decorrentes de atos dolosos, culposos (por negligência ou imprudência e, como somatório de ambos, por imperícia) e atos praticados em abuso de direito.

No alusivo à responsabilidade civil dos auditores, resta saber quem tem legitimidade para argui-la. Como a função da auditoria independente tem por finalidade proteger interesses em três níveis – públicos (do mercado mobiliário), da companhia e dos acionistas que não partilham o controle e a administração societária –, parece-me que a sociedade de auditoria e os profissionais que atuaram em cada caso podem ser civilmente acionados pelo Ministério Público, pela própria companhia (ou por sua massa falida, havendo *quebra*) ou por sócios minoritários. Os minoritários podem atuar em nome próprio, mas em benefício da companhia, na forma dos artigos 159, § 4º, e 160, da Lei 6.404/1976. Parece-me, contudo, que podem atuar em nome e benefício próprios quando provem terem experimentado prejuízos diretos em seu patrimônio, como nas situações de falência, quando veem seus investimentos (o valor das ações que detinham) perderem-se completamente.

3.1 Livros sociais

A companhia deve ter, por estipulação do artigo 100 da Lei das Sociedades Anônimas, além dos livros obrigatórios a qualquer empresa, revestidos das mesmas formalidades legais: (1) *livro de registro de ações nominativas*, para inscrição, anotação ou averbação do nome do acionista e do número das suas ações; das entradas ou prestações de capital realizado; das conversões de ações, de uma em outra espécie ou classe; do resgate, reembolso e amortização das ações, ou de sua aquisição pela companhia; das mutações operadas pela alienação ou transferência de ações; do penhor, usufruto, fideicomisso, da alienação fiduciária em garantia ou de qualquer ônus que grave as ações ou obste sua negociação; (2) *livro de transferência de ações nominativas*, para lançamento dos termos de transferência, que deverão ser assinados pelo cedente e pelo cessionário ou seus legítimos representantes; (3) *livro de registro de partes beneficiárias nominativas* e (4) *livro de transferência de partes beneficiárias nominativas*, se tiverem sido emitidas. Somem-se: (5) o *livro de atas das assembleias gerais*; (6) *livro de presença dos acionistas*; (7) *livro de atas das reuniões do conselho de administração*, se houver tal órgão societário; (8) *livro de atas das reuniões de diretoria*; (9) *livro de atas e pareceres do conselho fiscal*. Nas companhias abertas, os livros acima numerados com números de 1 a 6 poderão ser substituídos por registros mecanizados ou eletrônicos, observadas as normas expedidas pela Comissão de Valores Mobiliários (artigo 100, § 2º, da Lei 6.404/1976). Nas companhias fechadas, os livros 1 a 5 da lista acima poderão ser substituídos por registros mecanizados ou eletrônicos, conforme previsão incluída pela Lei nº 14.195/2021.

Por outro lado, optando a companhia pelos serviços de um *agente emissor de certificados*, tal como lhe permite o artigo 27 da Lei 6.404/1976, os livros de *registro de ações nominativas, de transferência de ações nominativas, de registro de partes beneficiárias nominativas* e *de transferência de partes beneficiárias nominativas* (nestes dois últimos casos, se a companhia fechada as emitir) poderão ser substituídos por escrituração do agente, como autorizado pelo artigo 101 da mesma Lei, que, ademais, lhe permite manter, mediante sistemas adequados, aprovados pela Comissão de Valores Mobiliários, os registros de propriedade das ações, partes beneficiárias, debêntures e bônus de subscrição, devendo uma vez por ano preparar lista dos seus titulares, com o número dos títulos de cada um, a qual será encadernada, autenticada no registro do comércio e arquivada na companhia. Se a companhia recorrer à escrituração de ações por instituição financeira depositária, tal como lhe permitem os artigos 34 e seguintes da Lei 6.404/1976, deverá essa fornecer-lhe, ao menos uma vez por ano, cópia dos extratos das contas de depósito das ações e a lista dos acionistas com a quantidade das respectivas ações, que serão encadernadas em livros autenticados no registro do comércio e arquivados na instituição financeira, aplicado o artigo 102 da Lei 6.404/1976.

O conteúdo dos livros de *registro de ações nominativas, de transferência de ações nominativas, de registro de partes beneficiárias nominativas e de transferência de partes beneficiárias nominativas* (nestes dois últimos casos, se a companhia as emitir), poderá ser examinado por qualquer pessoa, como se afere do artigo 100, § 1º, da Lei 6.404/1976, desde que formule pedido fundamentado, demonstrando que precisa das informações para a defesa de direitos e esclarecimento de situações de interesse pessoal ou dos acionistas ou, se companhia aberta, de interesse do mercado de valores mobiliários. Também é possível a formulação de pedido de certidões dos assentamentos constantes desses livros, nas mesmas hipóteses, sendo que por elas a companhia poderá cobrar o custo do serviço, incidindo, aqui, a Súmula 389 do Superior Tribunal de Justiça: A comprovação do pagamento do "custo do serviço" referente ao fornecimento de certidão de assentamentos constantes dos livros da companhia é requisito de procedibilidade da ação de exibição de documentos ajuizada em face da sociedade anônima.

Assim, por exemplo, poderá um credor formular à companhia pedido de certidão sobre determinada pessoa, seu devedor, questionando-lhe se há ou não assentamentos que lhe digam respeito, e quais são, permitindo-lhe, por exemplo, requerer a penhora das ações ou a anulação, por fraude, de sua transferência. O indeferimento do requerimento permitirá ao prejudicado, se a companhia for aberta, recurso à Comissão de Valores Mobiliários; também poderá recorrer ao Judiciário, mormente se fechada a companhia. Atente-se para o fato de que a permissão para que seja cobrado o custo do serviço de emissão de certidões não cria para a companhia um espaço para fixar valores arbitrários, elevados, furtando-se ao dever de prestar a informação, como determinado em lei. O valor cobrado deverá ser, obrigatoriamente, razoável, isto é, conforme ao custo do serviço, não se admitindo que a companhia utilize do valor como meio de inviabilizar a consulta, nem como fonte de lucro.

De resto, também os livros da companhia estão protegidos pelo princípio do sigilo da escrituração empresarial; essa regra alcança mesmo os acionistas nas companhias abertas, embora deva ser vista com cautela nas companhias fechadas, face às suas próprias características. O artigo 105 da Lei 6.404/1976, todavia, permite a exibição *por inteiro* dos livros, quando ordenada judicialmente, deferido pedido formulado por acionistas que representem, pelo menos, 5% do capital social; esse pedido deverá apresentar-se fundamentado, apontando atos violadores da lei ou do estatuto, ou quando haja fundada suspeita de graves irregularidades praticadas por qualquer dos órgãos da companhia.

3.2 Responsabilidade pela escrituração regular

A companhia está obrigada a cuidar da regularidade das informações constantes de seus livros, razão pela qual o artigo 103 da Lei 6.404/1976 lhe atribui o dever de verificar a regularidade das *transferências* e da *constituição de direitos* ou *ônus* sobre os valores mobiliários de sua emissão. Se há um *agente emissor*, é sua tal obrigação, da mesma forma que será da instituição financeira depositária se os títulos forem mantidos em contas de depósitos (*títulos escriturais*). *Títulos*, reitero; tais normas não se limitam às ações, alcançando os demais títulos, a exemplo das debêntures e partes beneficiárias. Tais informações têm caráter de registro, pelo que se afere do parágrafo único do artigo 103, que define o juiz competente para solucionar as dúvidas levantadas pelos oficiais dos registros públicos como aquele a quem se devem submeter dúvidas suscitadas entre o acionista ou qualquer interessado, de um lado, e, do outro, a companhia, o agente emissor de certificados ou a instituição financeira depositária das ações escriturais. Tais dúvidas, todavia, estão limitadas a questões pertinentes às averbações determinadas pela Lei de Sociedades Anônimas, anotações, lançamentos ou transferências de ações, partes beneficiárias, debêntures, ou bônus de subscrição, nos livros de registro ou transferência; não alcançam, portanto, questões atinentes à substância do direito, cuja competência é do juízo cível por jurisdição comum; assim, por exemplo, se há uma questão controversa entre o titular do bônus de subscrição e a companhia, sobre o exercício do direito de subscrição, não há falar em suscitar dúvida perante aquele juízo, mas em exercício do direito de ação contra a companhia.

Parte Especial II – Cap. 15 • Introdução às Sociedades por Ações **273**

Se os livros apresentarem vícios ou irregularidades que, ademais, causem prejuízos a terceiros, acionistas ou não, a companhia será responsável por eles, como define o artigo 104 da Lei 6.404/1976, embora tenha direito de regresso contra o administrador ou preposto que seja diretamente responsável pelo ato doloso, culposo ou abusivo, que tenha determinado a lesão indenizada. Entre tais irregularidades está, segundo o parágrafo único, o atraso no registro de atos de emissão e substituição de certificados, e de transferências e averbações nos livros sociais, delegado à Comissão de Valores Mobiliários poder para definir o prazo para tanto.

4 COMPANHIAS ABERTAS OU FECHADAS

As sociedades por ações podem ser *abertas* ou *fechadas*. *Companhias abertas* têm seus *papéis* (ações, debêntures etc.) oferecidos ao público em geral, sendo negociados no *mercado aberto* (Bolsa de Valores, mercado de balcão organizado). Já títulos de companhias fechadas circulam de forma restrita, sem oferta pública. As companhias abertas estão submetidas a registro específico, controle e fiscalização mais rígidos, o que é feito para proteger a economia nacional e os investidores em geral. As companhias fechadas fogem dessa lógica e desse controle. Embora seus títulos circulem sem necessitar da aprovação dos demais sócios, não pode haver oferta dirigida indistintamente ao público em geral, usando meios de comunicação.

As companhias abertas submetem-se a um órgão estatal controlador, a quem compete sua regulamentação e fiscalização: a Comissão de Valores Mobiliários. Somente os valores mobiliários de emissão de companhia registrada na Comissão de Valores Mobiliários (CVM) podem ser negociados no mercado de valores mobiliários (artigo 4º da Lei 6.404/1976). Nenhuma distribuição pública de valores mobiliários será efetivada no mercado sem prévio registro na Comissão de Valores Mobiliários (§ 2º). Reitera-o artigo 22 da Lei 6.385/1976: considera-se aberta a companhia cujos valores mobiliários estejam admitidos à negociação na bolsa ou no mercado de balcão, estando, para tanto, submetida às normas definidas pela Comissão de Valores Mobiliários, nomeadamente sobre a natureza das informações que devam divulgar e a periodicidade da divulgação; relatório da administração e demonstrações financeiras; a compra de ações emitidas pela própria companhia e a alienação das ações em tesouraria; padrões de contabilidade, relatórios e pareceres de auditores independentes; informações que devam ser prestadas por administradores, membros do conselho fiscal, acionistas controladores e minoritários, relativas à compra, permuta ou venda de valores mobiliários emitidos pela companhia e por sociedades controladas ou controladoras; a divulgação de deliberações da assembleia geral e dos órgãos de administração da companhia, ou de fatos relevantes ocorridos nos seus negócios, que possam influir, de modo ponderável, na decisão dos investidores do mercado, de vender ou comprar valores mobiliários emitidos pela companhia; a realização, pelas companhias abertas com ações admitidas à negociação em bolsa ou no mercado de balcão organizado, de reuniões anuais com seus acionistas e agentes do mercado de valores mobiliários, no local de maior negociação dos títulos da companhia no ano anterior, para a divulgação de informações quanto à respectiva situação econômico-financeira, projeções de resultados e resposta aos esclarecimentos que lhes forem solicitados; finalmente, a regulamentação de outras matérias previstas em lei.

No que se refere à divulgação de informações, relatório de administração e demonstrações financeiras, além de padrões de contabilidade, relatórios e pareceres de auditores independentes, o artigo 4º da Lei 11.638/2007 permite que as normas editadas pela Comissão de Valores Mobiliários sejam especificadas por categorias de companhias abertas e demais emissores de valores mobiliários em função do seu porte e das espécies e classes dos valores mobiliários por eles emitidos e negociados no mercado. Essa função será compartilhada com o Conselho Monetário Nacional (CMN), segundo previsão do artigo 4º da Lei 6.385/1976.

A Lei Complementar 182/2021 criou uma situação especial ao alterar o artigo 294 da Lei 6.404/1976. Assim, a companhia fechada que tiver receita bruta anual de até R$ 78.000.000,00 (setenta e oito milhões de reais) poderá: realizar as publicações dispostas na lei por meio eletrônico (exceção ao disposto no seu artigo 289), bem como substituir os livros societários (artigo 100) por registros mecanizados ou eletrônicos. Mas essa disposição não se aplica à companhia controladora de grupo de sociedade, ou a ela filiadas (§ 3º). Ademais, a mesma Lei Complementar 182/2021, incluindo um artigo 294-A na Lei 6.404/1976, previu que a Comissão de Valores Mobiliários regulamentará as condições facilitadas para o acesso de companhias de menor porte (receita bruta anual inferior a quinhentos milhões de reais: artigo 294-B) ao mercado de capitais, e será permitido dispensar ou modular a observância ao disposto quanto (1) à obrigatoriedade de instalação do conselho fiscal a pedido de acionistas (artigo 161); (2) à obrigatoriedade de intermediação de instituição financeira em distribuições públicas de valores mobiliários (artigo 170, § 5º); (3) quanto ao recebimento de dividendo obrigatório (artigo 109, I, artigo 111, §§ 1º e 2º, e artigo 202); e (4) realização das publicações (artigo 289). A Comissão de Valores Mobiliários poderá (artigo 294-B; § 2º): estabelecer a forma de atualização do valor previsto no *caput* deste artigo e os critérios adicionais para a manutenção da condição de companhia de menor porte após seu acesso ao mercado de capitais; e disciplinar o tratamento a ser empregado às companhias abertas que se caracterizem como de menor porte.

5 A COMISSÃO DE VALORES MOBILIÁRIOS

A Comissão de Valores Mobiliários é uma autarquia federal que foi criada pela Lei 6.385/1976, com o objetivo de regular e fiscalizar o mercado brasileiro de valores mobiliários. São valores mobiliários: ações, debêntures e bônus de subscrição; os cupons, direitos, recibos de subscrição e certificados de desdobramento relativos a ações, debêntures e bônus de subscrição; os certificados de depósito de valores mobiliários; as cédulas de debêntures; as cotas de fundos de investimento em valores mobiliários ou de clubes de investimento em quaisquer ativos; as notas comerciais; os contratos futuros, de opções e outros derivativos, cujos ativos subjacentes sejam valores mobiliários; outros contratos derivativos, independentemente dos ativos subjacentes; e, quando ofertados publicamente, quaisquer outros títulos ou contratos de investimento coletivo, que gerem direito de participação, de parceria ou de remuneração, inclusive resultante de prestação de serviços, cujos rendimentos advêm do esforço do empreendedor ou de terceiros. Os emissores de valores mobiliários, seus administradores e controladores sujeitam-se à disciplina da Lei 6.385/1976.

Dessa maneira, apenas com prévia autorização da Comissão de Valores Mobiliários é possível atuar no mercado de títulos mobiliários, ou seja, fazer distribuição de emissão de títulos mobiliários no mercado, compra de valores mobiliários para revendê-los por conta própria, mediação ou corretagem de operações com valores mobiliários e compensação e liquidação de operações com valores mobiliários. Só os agentes autônomos e as sociedades com registro na Comissão poderão exercer a atividade de mediação ou corretagem de valores mobiliários fora da bolsa. Mas isso não alcança os títulos da dívida pública federal, estadual ou municipal, e os títulos cambiais de responsabilidade de instituição financeira, exceto as debêntures. Nesses casos, aplica-se legislação própria. Para cumprir tais funções, a Comissão de Valores Mobiliários tem o poder não apenas de expedir normas executórias (as *instruções*), como fazer exigências sobre aqueles que pretendem atuar no mercado de valores mobiliários, a exemplo de lhes exigir a forma de sociedade anônima, disciplinar suas demonstrações financeiras e a auditoria dessas, estabelecer padrões de cláusulas, condições etc. Pode mesmo recusar sejam admitidos no mercado as emissões que não atenda a seus padrões. Some-se a competência para fiscalizar e exercer juízo disciplinar (inclusive punindo) os atores que atuam no mercado de valores mobiliários (administradores, acionistas, corretoras, bolsas etc.) e as respectivas operações.

De acordo com o artigo 8º da Lei 6.385/1976, compete à Comissão de Valores Mobiliários (CVM) (1) regulamentar, com observância da política definida pelo Conselho Monetário Nacional, as matérias expressamente previstas na Lei 6.385/1976 e na Lei das Sociedades por Ações; (2) administrar os registros instituídos por esta Lei; (3) fiscalizar permanentemente as atividades e os serviços do mercado de valores mobiliários, bem como a veiculação de informações relativas ao mercado, às pessoas que dele participem, e aos valores nele negociados; (4) propor ao Conselho Monetário Nacional a eventual fixação de limites máximos de preço, comissões, emolumentos e quaisquer outras vantagens cobradas pelos intermediários do mercado; e (5) fiscalizar e inspecionar as companhias abertas dando prioridade às que não apresentem lucro em balanço ou às que deixem de pagar o dividendo mínimo obrigatório.

Note-se que tal competência não exclui aquela que se define para as bolsas de valores e para as bolsas de mercadorias e futuros, além das entidades de compensação e liquidação, com relação aos seus membros e aos valores mobiliários nelas negociados, sempre que coincidentes. Haverá, portanto, em tais hipóteses, uma competência concorrente entre a Comissão de Valores Mobiliários e aquele órgão, entre os citados, que possua igual poder/dever. Com efeito, todo o sistema de distribuição de valores (listado no artigo 15 da Lei 6.385/1976) está submetido à Comissão, que tem competência para definir os tipos de instituição financeira que poderão exercer atividades no mercado de valores mobiliários, bem como as espécies de operação que poderão realizar e de serviços que poderão prestar nesse mercado; competência, também, para definir a especialização de operações ou serviços a ser observada pelas sociedades do mercado, e as condições em que poderão cumular espécies de operação ou serviços.

No exercício poder de regulamentar as matérias disciplinadas pela Lei 6.385/1976 e pela Lei 6.404/1976, observando a política definida pelo Conselho Monetário Nacional, a Comissão de Valores Mobiliários pode publicar projetos de atos normativos, para receber sugestões, e convocar, a seu juízo, qualquer pessoa que possa contribuir com informações ou opiniões para o aperfeiçoamento das normas a serem promulgadas. No entanto, suas normas devem respeitar o princípio da legalidade (artigo 5°, II, da Constituição da República). Normas regulamentares podem ser criadas ou revogadas a qualquer momento, sem as contenções próprias da dialética legislativa, garantida pelo voto popular. Por isso, seu poder e alcance devem ser limitados, jamais desrespeitando a garantia de que ninguém está obrigado a fazer ou deixar de fazer algo senão em virtude de lei. Normas regulamentares podem apenas aclarar as linhas mestras do que esteja na lei, sem inovar, sem substituir a lei, furtando ao Legislativo o poder e o dever de discutir a matéria e discipliná-la. Trata-se de um imperativo do Estado Democrático de Direito.

Na execução dos atos de sua competência, a Comissão está obrigada a respeitar os princípios que orientam a administração pública, entre os quais a legalidade, a moralidade e a fundamentação. Também o princípio da publicidade, dando transparência de sua atuação, sendo de acesso público todos os documentos e autos de processos administrativos (artigo 8°, § 2°, da Lei 6.385/1976), salvo documentos que protegidos por sigilo legal, a exemplo da proteção aos livros empresariais. Ainda se ressalva o sigilo de documentos e processos quando imprescindível à preservação da intimidade ou do interesse social, caráter que, por sua excepcionalidade, deverá ser objeto de decisão fundamentada, passível de revisão judiciária.

A Comissão de Valores Mobiliários mantém serviço para responder a consultas ou orientar agentes do mercado de valores mobiliários ou qualquer investidor, ficando a seu critério divulgar ou não as respostas às consultas ou aos critérios

Parte Especial II – Cap. 15 • Introdução às Sociedades por Ações **277**

de orientação (artigo 13 da Lei 6.385/1976). Ademais, nos processos judiciários que tenham por objetivo matéria incluída na competência da Comissão de Valores Mobiliários, ela será sempre intimada, logo após a contestação, para, querendo, oferecer parecer ou prestar esclarecimentos, no prazo de 15 dias (artigo 31 da Lei 6.385/1976). A intimação será feita por mandado, se a Comissão tiver sede ou representação na comarca em que tramita a ação, ou por carta com aviso de recebimento, caso não tenha. Optando a Comissão de Valores Mobiliários por oferecer parecer ou prestar esclarecimentos, garante-lhe o § 2º desse artigo 31 o direito de ser intimada de todos os atos processuais subsequentes, pelo jornal oficial que publica expedientes forenses ou por carta com aviso de recebimento.

5.1 Poderes

Para a execução de suas funções, o artigo 9º da Lei 6.385/1976 atribui alguns poderes à Comissão de Valores. Mas, no que toca às instituições financeiras e demais sociedades autorizadas a explorar simultaneamente operações ou serviços no mercado de valores mobiliários e nos mercados sujeitos à fiscalização do Banco Central do Brasil, tais atribuições e faculdades estarão limitadas às atividades próprias ao mercado mobiliário (artigo 15, § 2º, da Lei 6.385/1976). Nesses casos, a atuação da Comissão se fará sem prejuízo das atribuições e da atuação do Banco Central, a quem cabe fiscalizar o mercado financeiro.

A Comissão de Valores Mobiliários pode examinar e extrair cópias de registros contábeis, livros ou documentos, inclusive programas eletrônicos e arquivos magnéticos, ópticos ou de qualquer outra natureza, bem como papéis de trabalho de auditores independentes, de pessoas naturais e jurídicas que integram o sistema de distribuição de valores mobiliários e das companhias abertas e demais emissoras de valores mobiliários. Tais registros devem ser mantidos em perfeita ordem e estado de conservação pelo prazo mínimo de cinco anos (artigo 9º, I, da Lei 6.385/1976). Havendo suspeita fundada de prática de atos ilegais, a Comissão poderá exercer essa faculdade inclusive em sociedades controladoras, controladas, coligadas e sociedades sob controle comum, mesmo que não se tratem de companhias abertas. Também estão sujeitos a tal atuação, os fundos e as sociedades de investimento; as carteiras e os depósitos de valores mobiliários; os auditores independentes; os consultores e analistas de valores mobiliários; e, mesmo, outras pessoas, naturais ou jurídicas, quando ocorrer qualquer irregularidade a ser apurada mediante processo administrativo, tais como *atos ilegais* e *práticas não equitativas*.

Todas essas pessoas, das companhias a terceiros envolvidos em irregularidade objeto de processo administrativo, poderão ser intimadas a prestar informações, ou esclarecimentos, sob cominação de multa, além de sanções disciplinares, de acordo com o que se encontra previsto no artigo 11, § 11, da Lei 6.385/1976, e sua aplicação independente de processo administrativo; sua fixação, contudo, deverá dar-se por ato fundamentado, mormente no que se refere à fixação do respectivo valor. Da decisão que aplica a multa cabe recurso, no prazo de dez dias e sem efeito suspensivo, ao Colegiado da Comissão de Valores Mobiliários.

A Comissão de Valores Mobiliários ainda tem poder para requisitar informações de qualquer órgão público, autarquia ou empresa pública; determinar às companhias abertas que republiquem, com correções ou aditamentos, demonstrações financeiras, relatórios ou informações divulgadas. Acresça-se o poder de celebrar convênios com órgãos similares de outros países, ou com entidades internacionais, para assistência e cooperação na condução de investigações para apurar transgressões às normas atinentes ao mercado de valores mobiliários ocorridas no país e no exterior (artigo 10 da Lei 6.385/1976). Essas informações poderão versar, inclusive, sobre matéria que, por disposição legal, esteja submetida a sigilo. O exercício de tal faculdade legal, contudo, deverá concretizar-se na medida exata do interesse público na investigação e punição de transgressões a regras e princípios do mercado de valores mobiliários, respondendo o Estado, juntamente com a autoridade pública, por abusos e excessos, dolosos ou culposos, que venham a determinar danos, inclusive de natureza moral. A atuação da Comissão de Valores Mobiliários, em cooperação com órgãos estrangeiros, faz-se exclusivamente no resguardo dos interesses públicos do Estado, dos cidadãos e da economia brasileira, razão pela qual a autarquia poderá recusar-se a prestar a assistência formulada quando houver interesse público a ser resguardado.

A Comissão de Valores Mobiliários é competente para apurar e punir condutas fraudulentas no mercado de valores mobiliários sempre que seus efeitos ocasionem danos a pessoas residentes no território nacional, independentemente do local em que tenham ocorrido; e os atos ou omissões relevantes tenham sido praticados em território nacional (artigo 9°, § 6°, da Lei 6.385/1976). Pode, para tanto, instaurar processo administrativo para apurar *atos ilegais* e *práticas não equitativas* de administradores, membros do conselho fiscal e acionistas de companhias abertas, dos intermediários e dos demais participantes do mercado.

Os processos administrativos seguirão ritos fixados pela Comissão de Valores Mobiliários, podendo ser precedidos de etapa investigativa. A investigação ou o processo poderão ser mantidos em sigilo ou divulgados, conforme as necessidades de elucidação dos fatos e, principalmente, o interesse público (artigo 9°, §§ 2° e 3°, da Lei 6.385/1976). Já as sessões de julgamento dos processos administrativos serão públicas (artigo 9°, § 5°, da Lei 6.385/1976), embora se possa restringir o acesso de terceiros, se o interesse público justificar. A eventual condenação em sanções administrativas não exclui a responsabilidade civil ou penal, devendo ser notificado o Ministério Público sempre que se concluir ter havido prática de crime de ação pública (artigo 12 da Lei 6.385/1976). De outra face, sendo necessário prevenir ou corrigir situações anormais do mercado, a Comissão de Valores Mobiliários pode suspender a negociação de determinado valor mobiliário ou decretar o recesso de bolsa de valores; suspender ou cancelar os registros que habilitam

Parte Especial II – Cap. 15 • Introdução às Sociedades por Ações **279**

a participação no mercado mobiliário; divulgar informações ou recomendações com o fim de esclarecer ou orientar os participantes do mercado; e proibir aos participantes do mercado, sob cominação de multa, a prática de atos que especificar prejudiciais ao seu funcionamento regular.

Particular atenção merece o artigo 9º, § 4º, da Lei 6.385/1976, pois prevê que a Comissão de Valores Mobiliários, na apuração de infrações da legislação do mercado de valores mobiliários, deverá dar prioridade às infrações de natureza grave, cuja apenação proporcione maior efeito educativo e preventivo para os participantes do mercado. Duas são as preferências ditadas pelo dispositivo: (1) infrações de natureza mais grave às infrações de natureza menos grave, a exigir um juízo comparativo de valor; (2) atos cuja resolução tenha maior efeito educativo aos atos cuja resolução tenderá a ter menor repercussão junto à comunidade em geral e ao mercado de valores mobiliários. Sempre que presentes uma e/ou outra situação, deverá a Comissão dar preferência à investigação, processamento e julgamento dos respectivos feitos, pelo que determinado pelo legislador. A norma reflete as necessidades específicas do mercado de valores mobiliários. As crises históricas, como a quebra da Bolsa de Valores de Nova Iorque em 1929, além de outras crises verificadas em outros tempos nos mercados de todo o mundo. Não se trata de regime de exceção, mas de prevalência do interesse público sobre a burocracia, bem como a constituição de um regime que atenta para as desigualdades para, a partir delas, definir um regime efetivamente isonômico. De qualquer sorte, a licença legal deve ser exercida sem abusos, o que implicaria vulneração do artigo 5º, *caput* e incisos XXXVII, LIII, LIV, LV e LVII da Constituição.

A Comissão de Valores Mobiliários pode suspender o procedimento administrativo instaurado para a apuração de infrações da legislação do mercado de valores mobiliários se o investigado ou acusado assinar *termo de compromisso*, obrigando-se a cessar a prática de atividades ou atos considerados ilícitos, corrigindo as irregularidades apontadas e indenizando os prejuízos. Ao aderir à proposta formulada pela Comissão e assinar o respectivo termo de compromisso, o investigado ou acusado não estará confessando a matéria de fato ou reconhecendo a ilicitude de sua conduta, objeto da investigação ou do processo administrativo, diz o § 6º do mesmo artigo 11. A transação pode decorrer da avaliação de custos e riscos do procedimento, além de suas incertezas. Ao transacionar, a parte não está assumindo a responsabilidade, mas apenas reconhecendo que o compromisso que lhe é proposto constitui alternativa mais interessante, menos arriscada e onerosa.

A transação pode dar-se *em qualquer fase* da investigação ou do processo administrativo. Como tal se devem entender, por óbvio, os momentos que medeiam a portaria de instauração da investigação ou do processo administrativo e o seu término, incluindo as fases de recurso e, até, de eventual pedido fundamentado de reconsideração, formulado à própria autoridade administrativa. Firmado o termo de compromisso, deverá ser publicado no *Diário Oficial da União*, discriminando o prazo para cumprimento das obrigações eventualmente assumidas. O termo constitui título executivo extrajudicial, razão pela qual, se não forem cumpridas as obrigações assumidas no prazo ajustado, a Comissão de Valores Mobiliários optará entre sua execução judicial ou por dar continuidade ao procedimento administrativo anteriormente suspenso.

5.2 Sanções disciplinares

O poder de impor sanções disciplinares alcança *práticas ilícitas* ou *abusivas* que atentem contra as Leis 6.385/1976 e 6.404/1976 e outras normas legais, com reflexo no mercado de valores mobiliários, e contra as resoluções da Comissão de Valores Mobiliários, desde que contidas no restrito âmbito do poder regulamentador, ou seja, desde que não desrespeitem o princípio da legalidade.

As penalidades que a Comissão de Valores Mobiliários pode determinar são as seguintes: (1) advertência; (2) multa; (3) suspensão do exercício do cargo de administrador ou de conselheiro fiscal de companhia aberta, de entidade do sistema de distribuição ou de outras entidades que dependam de autorização ou registro na Comissão de Valores Mobiliários; (4) inabilitação temporária, até o máximo de 20 anos, para o exercício de tais cargos; (5) suspensão da autorização ou registro para o exercício de atividades relacionadas ao mercado de valores mobiliários; (6) cassação de tal autorização ou registro; (7) proibição temporária, até o máximo de 20 anos, de praticar determinadas atividades ou operações, para os integrantes do sistema de distribuição ou de outras entidades que dependam de autorização ou registro na Comissão de Valores Mobiliários; e (8) proibição temporária, até o máximo de dez anos, de atuar, direta ou indiretamente, em uma ou mais modalidades de operação no mercado de valores mobiliários. Na fixação das penalidades serão considerados o arrependimento eficaz e o arrependimento posterior ou a circunstância de qualquer pessoa, espontaneamente, confessar ilícito ou prestar informações relativas à sua materialidade (artigo 11, § 9º, da Lei 6.385/1976).

A advertência não é penalidade ou sanção, mas admoestação: aviso de que o ato é irregular e que não deve ser praticado. Serve apenas para práticas que não sejam ilegais, mas que revelem mera desconformidade, nunca direta, com as regras que regem o sistema de distribuição de valores mobiliários. A reiteração na prática, todavia, recomenda sanções mais graves, desprezada a oportunidade oferecida pela advertência. Já a multa tem valores máximos fixados em lei (artigo 11, § 1º, da 6.385/1976), embora superáveis se houver reincidência, caso a Comissão não optar pela aplicação de penalidade mais grave. A decisão que fixa a multa tem eficácia de título executivo, sendo cobrada judicialmente (artigo 32 da Lei 6.385/1976). A suspensão e a perda de direitos são sanções destinadas às infrações graves, conforme definido pelas normas da Comissão de Valores Mobiliários. Sua aplicação não prescinde do devido processo administrativo, comportando recurso ao Conselho de Recursos do Sistema Financeiro Nacional.

Parte Especial II – Cap. 15 • Introdução às Sociedades por Ações **281**

Em obediência ao artigo 5º, XXXV, da Constituição da República, toda e qualquer punição permite ao ofendido recorrer ao Judiciário, pretendendo sua anulação ou revisão.

6 NEGOCIAÇÃO NO MERCADO

Sem prévio registro na Comissão, nenhuma emissão pública de valores mobiliários será aceita (artigo 19 da Lei 6.385/1976). Sujeitam-se a registro, controle e fiscalização, *venda*, *promessa de venda*, oferta à venda ou subscrição, *aceitação de pedido de venda ou subscrição* de valores mobiliários, praticados pela companhia emissora, seus fundadores ou pessoas a ela equiparadas. À *companhia emissora* equiparam-se, para os efeitos dessa norma, o seu *acionista controlador* e as pessoas por ela controladas, o coobrigado nos títulos, as instituições financeiras e demais sociedades que distribuam emissão de valores mobiliários, além de quem quer que tenha subscrito valores da emissão, ou os tenha adquirido à companhia emissora, com o fim de colocá-los no mercado.

A emissão pública de valores mobiliários somente poderá dar-se por meio do *sistema de distribuição de valores mobiliários* (artigos 15 e 19, § 4º, da Lei 6.385/1976). Caracterizam *emissão pública*: (1) a utilização de listas ou boletins de venda ou subscrição, folhetos, prospectos ou anúncios destinados ao público; (2) a procura de subscritores ou adquirentes para os títulos por meio de empregados, agentes ou corretores; (3) e a negociação feita em loja, escritório ou estabelecimento aberto ao público, ou com a utilização dos serviços públicos de comunicação. Em todos esses casos, a negociação dos títulos obedecerá às regras da Lei 6.385/1976 e às normas editadas pela Comissão de Valores Mobiliários.

O procedimento do registro de emissão pública deve ser instruído, entre outros requisitos regulamentares, com dados sobre (1) a companhia emissora, os empreendimentos ou atividades que exploram ou pretendem explorar sua situação econômica e financeira, administração e principais acionistas; (2) as características da emissão e a aplicação a ser dada aos recursos dela provenientes; (3) o vendedor dos valores mobiliários, se for o caso; e (4) os participantes na distribuição, sua remuneração e seu relacionamento com a companhia emissora ou com o vendedor. Somem-se a apresentação dos prospectos e outros documentos quaisquer a serem publicados ou distribuídos, para oferta, anúncio ou promoção do lançamento. Ademais, a Comissão poderá subordinar o registro a capital mínimo da companhia emissora e a valor mínimo da emissão, bem como a que sejam divulgadas as informações que julgar necessárias para proteger os interesses do público investidor (artigo 19, § 6º, da Lei 6.385/1976).

A Comissão de Valores Mobiliários mandará suspender emissão ou distribuição processada em desacordo com a lei e os regulamentos, principalmente quando se verificar que a emissão foi fraudulenta ou ilegal, ainda que depois de efetuado o registro, assim como na hipótese de a oferta, o lançamento, a promoção ou o anúncio dos valores estejam sendo feitos em condições diversas das constantes do registro, ou com informações falsas dolosas ou substancialmente imprecisas (artigo 20 da Lei 6.385/1976).

Esse registro, mesmo por companhia registrada, limita-se ao mercado de balcão; registro específico deve ser providenciado para o *mercado de balcão organizado* e outro para negociação em bolsa de valores (artigo 21 da Lei 6.385/1976). Portanto, sem os registros específicos, os títulos somente poderão ser negociados nos estabelecimentos das empresas ou profissionais que compõem o *sistema de distribuição de valores mobiliários*, previsto no artigo 15 da Lei, excluídas as operações efetuadas em Bolsas ou em sistemas administrados por entidades de balcão organizado. Como se não bastasse, cada Bolsa de Valores ou entidade de mercado de balcão organizado, segundo o artigo 21, § 4°, poderá estabelecer requisitos próprios para que os valores sejam admitidos à negociação no seu recinto ou sistema, mediante prévia aprovação da Comissão de Valores Mobiliários.

A expressão *mercado de balcão* traduz as negociações com valores mobiliários que se concretizam no estabelecimento das empresas ou profissionais que compõem o *sistema de distribuição de valores mobiliários*. Se há uma coordenação entre tais agentes, tem-se um *mercado de balcão organizado*. Por fim, tem-se a *bolsa de valores*, que é um espaço negocial mais amplo, quase uma feira de valores mobiliários. *Bolsa*, aqui, toma-se como centro público de negociações. É possível estabelecer, ademais, uma estrutura mais simples, a entidade de compensação e liquidação de operações com valores mobiliários.

À Comissão cumpre definir as condições de constituição e extinção do *mercado de balcão organizado* e da *bolsa de valores*, sua forma jurídica, seus órgãos de administração e o meio pelo qual serão preenchidos, incluindo número de sociedades corretoras e membros, requisitos ou condições de admissão (idoneidade, capacidade financeira e habilitação técnica de administradores), além da representação dos membros no recinto da Bolsa. Também lhe compete regular a administração das Bolsas, das entidades do mercado de balcão organizado e das entidades de compensação e liquidação de operações com valores mobiliários, fixar os emolumentos, comissões e quaisquer outros custos cobrados por tais entidades, regras para que exerçam poder disciplinar sobre seus membros, as penas que podem impor e os casos de exclusão, além das condições de realização das operações a termo (artigo 18 da Lei 6.385/1976).

Cumpre à Comissão de Valores definir espécies de operação autorizadas na Bolsa e no mercado de balcão; os métodos e as práticas que devem ser observados no mercado; as responsabilidades dos intermediários nas operações; a configuração de condições artificiais de demanda, oferta ou preço de valores mobiliários, ou de manipulação de preço; operações fraudulentas e práticas não equitativas na distribuição ou intermediação de valores; e as normas aplicáveis ao registro de operações a ser mantido pelas entidades do sistema de distribuição.

Bolsas de valores, entidades do mercado de balcão organizado e *entidades de compensação e liquidação de operações com valores mobiliários* têm autonomia administrativa, financeira e patrimonial, mas devem estar autorizadas pela Comissão de Valores Mobiliários, operando sob sua supervisão (artigo 17 da Lei 6.385/1976). São consideradas *órgãos auxiliares* da Comissão de Valores Mobiliários, incumbindo-lhes fiscalizar os respectivos membros e as operações com valores mobiliários nela realizadas nas bolsas e no mercado de balcão organizados.

7 REGISTRO DE COMPANHIA ABERTA

Como visto, qualquer companhia, para ter seus valores mobiliários negociados no mercado aberto, deve obter autorização e registro na Comissão de Valores Mobiliários. A Comissão pode classificar as companhias abertas em categorias, segundo as espécies e classes dos valores mobiliários por ela emitidos negociados no mercado, além de especificar normas aplicáveis a cada categoria. Enquanto se mantiver como companhia aberta, a sociedade estará submetida ao controle, regramento e fiscalização da Comissão de Valores Mobiliários. Isso implica práticas específicas; por exemplo, o valor nominal das ações de companhia aberta não poderá ser inferior ao mínimo fixado pela Comissão de Valores Mobiliários (artigo 11, § 3º, da Lei 6.404/1976); ademais, a manutenção da companhia no mercado aberto não pode ser apenas aparente, sem volume de títulos que permitam efetiva cotação e circulação entre investidores.

O mercado chama de *free float* a essa parcela de ações que está em circulação na bolsa. Quanto maior o *free float*, maior a liquidez do título, ou seja, mais fácil será vender os títulos ou comprá-los, o que é bom para os investidores, havendo mesmo companhias que recorrem a um formador de mercado (*market maker*), pessoa a quem se atribui a função de preservar essa liquidez. Também para a preservação da liquidez dos títulos da companhia, determina-se que será obrigado a fazer oferta pública para aquisição da totalidade das ações remanescentes no mercado o controlador de companhia aberta que adquirir ações que elevem sua participação, direta ou indireta, em determinada espécie e classe de ação, em porcentagem que, segundo normas da Comissão, impeça a liquidez de mercado das ações remanescentes (artigo 4º, § 6º, da Lei 6.404/1976). A ausência de liquidez no mercado (baixo *free float*) é um dos fatores que podem levar a alterações significativas no preço da ação, ampliando o *spread* (a distância entre os preços de oferta e de compra). Afinal, é possível chegar-se a uma situação em que não haja número suficiente de interessados em comprar e vender ações ou outros títulos. Digamos que o valor médio de mercado de uma ação seja R$ 1,00. Se eu preciso vendê-la, mas não há interessados, acabo aceitando ofertas baixas demais, como R$ 0,50, o que é ruim para a companhia.

Por isso, é lícito à companhia constituir formador de mercado (*market maker*): uma pessoa jurídica (habitualmente é uma corretora de valores), devidamente cadastrada, junto às bolsas de valores e às entidades de mercado de balcão organizado, e que atua na realização de operações que tenham por objetivo preservar a liquidez de ações e outros valores mobiliários, sendo fiscalizados pela Comissão de Valores Mobiliários, pela bolsa e pelo mercado de valores mobiliários. O formador de mercado acompanha as negociações e, dentro de faixas de preço predeterminadas, compra os títulos, quando, por eventualidade, não haja compradores interessados, assim como os vende, quando, por eventualidade, não haja vendedores interessados. Evitam-se, assim, solavancos (muito comuns na abertura e no fechamento do pregão da bolsa de valores), bem como a atuação de especuladores que buscam manipular o preço da ação. Isso se faz pela preservação da liquidez dos títulos: quem quer comprar ou vender, consegue efetuar o negócio em preço que se aproxima do valor médio do mercado. Algumas companhias optam por contratar esse serviço apenas para um período após a abertura do capital, caso em que o *market maker* é chamado de *estabilizador*. A existência de formadores de mercado é considerada uma prática da boa administração societária (boa governança corporativa). Obviamente, o formador de mercado pode ser responsabilizado pelos atos ilícitos que praticar com dolo, culpa ou abuso de direito. A companhia que o contratou, também.

A abertura de capital de uma sociedade já existente deve atender às normas expedidas pela Comissão de Valores Mobiliários. Os administradores e os sócios responsáveis por essa operação devem ter cuidado para informarem adequadamente o mercado sobre a situação da companhia e os riscos a que está submetida, transmitindo dados concretos que tracem uma imagem que corresponda àquilo que é vivido pela empresa, sob pena de responderem pelos que falsearem, omitirem e, até mesmo, pelo que não foi completa e adequadamente informado. Constitui ato ilícito omitir ou minimizar riscos do negócio e mesmo de mercado. Mais do que isso, é indispensável a realização de auditorias contábeis e diligências para atestar a veracidade das informações fornecidas para o mercado, respondendo os auditores pela inexatidão de seus lados. Os danos advindos da inadequação de informações atingem tanto àqueles que adquiram os títulos, quanto ao mercado em geral, permitindo a atuação cível, administrativa e penal do Ministério Público.

Havendo incorporação, fusão ou cisão que envolvam companhia aberta, as sociedades que a sucederem serão também abertas, devendo obter o respectivo registro e, se for o caso, promover a admissão de negociação das novas ações no mercado secundário, no prazo máximo de 120 dias, contados da data da assembleia geral que aprovou a operação, observando as normas pertinentes baixadas pela Comissão de Valores Mobiliários (artigo 223, § 3º, da Lei 6.404/1976). O descumprimento a tal determinação dá aos acionistas – a qualquer acionista, independentemente da espécie ou classe de suas ações – o direito de retirar-se da

Parte Especial II – Cap. 15 • Introdução às Sociedades por Ações **285**

companhia, mediante reembolso do valor das suas ações, nos 30 dias seguintes ao término do prazo para obter o registro na Comissão.

8 FECHAMENTO DE CAPITAL

A abertura da companhia é reversível, por meio do cancelamento do registro para negociação de ações no mercado. Aliás, abrir ou fechar o capital é uma decisão estratégica da coletividade social. Habitualmente, vai-se ao mercado aberto para capitalizar a sociedade, conseguindo novos sócios e, com eles, aporte de valores para ampliar as atividades negociais da empresa. É uma alternativa à alavancagem, ou seja, à contratação de empréstimos para financiar seus investimentos. Alavancar-se (endividar-se) ou procurar novos sócios são caminhos jurídicos possíveis, com implicações diversas, que são colocados à disposição dos agentes econômicos; são estratégias possíveis. Em alguns casos, a decisão de abrir o capital mira outros interesses que não os da companhia, mas de seus sócios, o que pode ser lícito e legítimo. É extremamente comum que, na operação de abertura de capital, haja uma oferta primária (novas ações, emitidas para capitalizar a empresa) e uma oferta secundária (ações que já existiam e pertenciam aos sócios). Assim, os sócios ganham com a cessão de suas quotas, sendo comum haver aquisição acima do valor de quotação.

Em oposição, a decisão de fechar o capital é habitualmente usada para dar maior flexibilidade à administração da companhia: companhias abertas estão mais *amarradas* pelas normas regulamentares da Comissão de Valores Mobiliários e pelo crivo constante dos investidores. Mas tem por desvantagem um custo elevado, como demonstrarei abaixo. Importa frisar que não há uma limitação legal para a abertura e o fechamento de capital. Há casos de companhias que eram abertas e optaram por fechar seu capital para se reestruturarem completamente. Após dois ou três anos, voltaram a pedir o registro para negociação de ações no mercado aberto. O ato em si é lícito. Obviamente, poderá se tornar ilícito por abuso de direito, o que deverá ser apurado em cada caso, conforme suas particularidades.

O fechamento do capital, com o cancelamento do registro para negociação de ações no mercado aberto, só será deferido se for feita oferta pública para aquisição da totalidade das ações em circulação no mercado (artigo 4º, § 4º, da Lei 6.404/1976). Formulada pelo controlador, direto ou indireto, essa oferta deve ter preço justo, ao menos igual ao valor de avaliação da companhia, apurado com base em critério aceito pela Comissão de Valores Mobiliários, assegurada a *revisão do valor da oferta*. É preciso particular atenção para os laudos de avaliação que orientam essas operações. A Comissão de Valores Mobiliários os regulamenta, definindo seu formato e conteúdo mínimo, bem como dados que devem estar presentes para validá-lo. Esses requisitos regulamentares devem ser compreendidos como mínimos; essencialmente, é preciso que os laudos atendam à finalidade legal de arbitrar um cenário potencialmente conflitivo entre os sócios, não pendendo para qualquer dos lados, ainda que a contratação da *expertise* seja feita pela administração da companhia e, assim, haja uma proximidade com os interesses dos controladores.

Antes de mais nada, é preciso que haja capacidade técnica indubitável para a sua elaboração, o que se aplica à pessoa jurídica e ao(s) profissional(is) por ela indicado(s) para a sua elaboração. Acredito que a avaliação pode ser impugnada, primeiramente, em face da ausência de demonstração de que o(s) encarregado(s) de fazê-la não tinha(m) conhecimento técnico, passível de comprovação, em nível suficiente para alicerçar a atribuição de poder e competência para realizar a análise. Não basta essa capacitação, contudo. Por mais capacitado que seja um especialista, não pode elaborar uma avaliação subjetiva, ou seja, não se admite que os valores indicados sejam a afirmação pura e simples da opinião do perito. É indispensável que o laudo seja fundamentado, vale dizer, que o documento explique e justifique os critérios usados, de modo a permitir não só a compreensão de como chegou àquelas conclusões, mas também de modo a permitir o exercício do direito de impugnar a avaliação, apontando falhas nos critérios que foram usados e apresentados para sustentá-la. Esse direito de impugnação está previsto na lei e, no plano do judiciário, tem previsão constitucional. Portanto, é direito dos interessados conhecer as premissas usadas e todas as demais fases do procedimento avaliatório para poder apontar equívoco, em qualquer momento, discordando do resultado.

A confiabilidade e a higidez de um laudo de avaliação está na análise de dados colhidos *in loco*, a exemplo do que fazem os auditores durante os procedimentos de *due dilligence* (auditoria prévia), como analisei no Capítulo 8. É negligente a postura do perito que elabora seu laudo de avaliação considerando exclusivamente os elementos que forem fornecidos pela administração da companhia. O avaliador deve partir do que aferiu e jamais do que uma das partes (a administração societária, em suas relações próximas com os controladores) – que tem interesse direto do negócio – afirma verificar-se. Sem uma aferição do que efetivamente se passa, a avaliação não completa a finalidade legal, não serve àquilo que determinou o legislador. Aliás, a importância que o trabalho de avaliação tem para arbitrar potenciais conflitos, entre os que controlam a companhia e os que estão à parte desse controle, justifica a sua responsabilidade administrativa (perante a Comissão de Valores Mobiliários) e civil (perante a companhia e, dependendo do que se passe, perante os sócios diretamente prejudicados) pelos atos ilícitos que pratique com dolo, culpa ou abuso de direito.

O artigo 4º-A da Lei 6.404/1976 prevê que 10%, no mínimo, das ações em circulação no mercado (todas as ações menos as de propriedade do acionista controlador, de diretores, de conselheiros de administração e as em tesouraria), não importa sua espécie ou classe, poderão requerer aos administradores da companhia que convoquem assembleia especial dos acionistas titulares de ações em circulação no mercado, para deliberar sobre a realização de nova avaliação pelo

Parte Especial II – Cap. 15 • Introdução às Sociedades por Ações **287**

mesmo ou por outro critério, para efeito de determinação do valor de avaliação da companhia.

Esse requerimento deverá ser apresentado no prazo de 15 dias, contados da divulgação do valor da oferta pública, devidamente fundamentado e acompanhado de elementos de convicção que demonstrem a falha ou imprecisão no emprego da metodologia de cálculo ou no critério de avaliação adotado. A ausência de fundamentação e dos elementos de convicção do pedido tornam-no imprestável, permitindo à companhia recusá-lo. Mas, havendo fundamentação e elementos de convicção, não cumpre à companhia examiná-los, nem indeferi-los, pois a lei não lhe atribuiu poder de decisão sobre a matéria. Poderá, isso sim, impugná-los judicialmente, como, aliás, lhe assegura a Constituição da República, tratando-se de pedido juridicamente possível. Se, no prazo de oito dias, contados do pedido, os administradores não convocarem assembleia especial dos acionistas titulares de ações em circulação no mercado, para deliberar sobre a realização de nova avaliação, nem obtiverem judicialmente autorização para não fazê-lo de imediato, faculta-se a acionistas que representem 10%, no mínimo, das ações em circulação no mercado, não importa sua espécie ou classe, convocar a referida assembleia, como lhes faculta o § 1º do mesmo artigo 4º-A.

Para evitar o abuso no direito à *revisão do valor de oferta*, o mesmo artigo 4º-A, no § 3º, prevê que os acionistas que requererem a realização de nova avaliação e aqueles que votarem a seu favor deverão ressarcir a companhia pelos custos incorridos, caso o novo valor seja inferior ou igual ao valor inicial da oferta pública. A medida tem por objetivo inibir pedidos inconsequentes, face aos elevados custos da operação. Sua referência é objetiva: basta que o valor apurado seja inferior ou igual ao valor inicial da oferta pública para que nasça a obrigação de ressarcimento da companhia pelos custos incorridos com o procedimento de revisão do valor de oferta. Alcançado preço superior, os custos incorridos no processo, suportados pela companhia, constituem um problema para os acionistas que restarem na coletividade social. Creio ser adequado que a minoria pretenda a responsabilização dos administradores, pois como resultado do abuso na oferta, a companhia suportou os custos dos procedimentos de *revisão do valor de oferta*.

Finda a oferta pública, se remanescerem em circulação menos de 5% do total das ações emitidas pela companhia, a assembleia geral poderá deliberar o resgate dessas ações pelo valor da oferta, depositando-o em estabelecimento bancário autorizado pela Comissão de Valores Mobiliários, à disposição dos seus titulares.

16
Capital Social e Ações

1 AÇÕES E SUAS ESPÉCIES, CLASSES E FORMAS

A sociedade por ações demanda um patrimônio econômico que viabilize a realização de seu objeto social: bens materiais (coisas imóveis e móveis) e imateriais (direitos pessoais patrimoniais com expressividade econômica). Esse patrimônio forma-se a partir do investimento dos sócios, constituindo o capital social que, de resto, deverá constar do estatuto social e, ademais, orientar a escrituração contábil da companhia. Nas sociedades por ações (anônimas e em comandita por ações), o capital social é dividido em ações, titularizadas e integralizadas pelos acionistas (pessoas naturais ou jurídicas). Uma vez integralizado o valor das ações que lhe subscrever ou adquirir, não há qualquer responsabilidade subsidiária pelas obrigações sociais, como se afere do artigo 1.088 do Código Civil e do artigo 1º da Lei 6.404/1976, norma especial que rege as sociedades por ações. A sociedade anônima é, por definição, uma sociedade de responsabilidade limitada.

O capital social será fixado no estatuto social da companhia, sendo obrigatoriamente expresso em moeda nacional, conforme estipulado pelo artigo 5º da Lei 6.404/1976. O parágrafo único desse mesmo artigo determina a correção anual da expressão monetária do valor do capital social, evitando-se, assim, a existência de distorções. No entanto, a correção monetária das demonstrações financeiras, inclusive para efeitos societários, foi expressamente vedada pelo artigo 4º, parágrafo único, da Lei 9.249/1995, derrogando, portanto, o artigo 5º, parágrafo único, da Lei 6.404/1976.

As ações são partes (*pedaços*) do capital social. No inglês, usa-se a palavra *share*, do verbo *to share* (repartir). A ação é uma parte do capital social à qual

Parte Especial II – Cap. 16 • Capital Social e Ações **289**

corresponde uma parcela proporcional do acervo patrimonial, se dissolvida e liquidada a sociedade, além de direitos e deveres sociais. É, portanto, um *título de inclusão*, a permitir a seu titular compor a comunidade social e, assim, ingressar no plano das relações *interna corporis* da companhia, embora devendo respeitar as balizas definidas pela legislação e pelo estatuto. O capital social e o número de ações serão definidos pelo estatuto social. Assim, se o estatuto define que o capital social é de R$ 5.000.000,00 e que são 500.000 ações, cada ação terá o valor de R$ 10,00. O estatuto não precisa, contudo, expressar o valor da ação, diz o artigo 11 da Lei 6.404/1976; se o fizer, ter-se-á *ação com valor nominal*. Mas mesmo que não o faça, pode-se aferir o *valor contábil* da ação dividindo-se o capital social pelo número de ações. A adoção, ou não, do *valor nominal* não altera, contudo, os direitos do acionista e a negociabilidade de seus títulos.

O valor nominal não se confunde com o *preço de emissão* da ação, como fica claro nos artigos 13 e 14 da Lei 6.404/1976. Por um lado, é certo que o preço de emissão não pode ser inferior ao resultado da divisão do capital social pelo número de ações, haja ou não nomeação do valor. Se isso ocorresse, o capital social não seria integralizado, o que atentaria contra o *princípio da realidade* ou *princípio da integralização*, estudado no primeiro volume desta coleção (*Empresa e Atuação Empresarial*): o capital registrado deve ser verdadeiro. Mas o preço de emissão pode ser superior ao *valor nominal* ou ao *valor contábil*; isso é muito comum nas companhias abertas: quando há uma oferta inicial de ações (o mercado fala em IPO – *initial public offering*) a companhia oferece os títulos ao mercado tendo por piso o seu valor nominal ou valor contábil. Quando a procura é maior que a oferta, forma-se um leilão e os que pagam mais ficam com o título. Assim, o preço de emissão, formado nesse *leilão*, pode ser superior ao valor contábil, hipótese na qual o sobrevalor (chamado de *prêmio de emissão*)[1] será usado para constituição de *reserva de capital*, tema que se estudou também no primeiro volume.

O *valor contábil*, mesmo quando assuma a forma de *valor nominal*, também não se confunde com o *valor de patrimônio líquido* da ação, isto é, o resultado da divisão do patrimônio líquido. Como já se estudou no volume 1 e neste volume, o capital é a pedra de toque da formação do patrimônio, com ele não se confundindo. Habitualmente, o patrimônio é muito superior ao capital, o que igualmente ocorre comumente com o patrimônio líquido (o ativo, subtraído do passivo). No mercado de valores mobiliários, aliás, é muito comum recorrer-se ao *valor de patrimônio líquido* da ação como meio para compreender qual deve ser o seu *valor de mercado*, embora também esses não se confundam. Aliás, não é raro serem publicados relatórios e notícias sobre companhias cujas ações estão sendo negociadas inferior ou, até, superior ao *valor de patrimônio líquido*.

---

[1] Quando a ação é adquirida pelo preço de emissão, sem sobrevalor (prêmio), diz-se que *foi adquirida ao par.*

Por fim, tem-se o chamado *valor de mercado*, isto é, o valor pelo qual o título está sendo negociado no mercado de valores mobiliários: bolsa de valores ou o mercado de balcão organizado. Fala-se, também, em *valor de cotação*, que é aquele apurado, dia a dia, em *bolsa de valores* ou em *mercado balcão*. O valor de cotação é suscetível à volatilidade do mercado, podendo haver quedas ou elevações substanciais, verificadas dia a dia. Essa variação pode ter causas diversas, mas devem ser todas próprias do mercado, não se admitindo iniciativas voltadas para fraudar a definição desse preço. Isso não impede, contudo, a instituição de formador de mercado (*market maker*), figura estudada no Capítulo 15.

Optando-se por atribuir um valor nominal às ações, deverá ser esse uniforme para todas as ações da companhia, como exigido pelo artigo 11, § 2º, da Lei 6.404/1976, não se permitindo, como nas sociedades contratuais, quotas com valor distinto umas das outras. Esse valor uniforme virá impresso no respectivo *certificado de ação*. Optando o estatuto por não fixar o valor nominal das ações, ainda assim poderão ser criadas uma ou mais classes de ações preferenciais – tema que se estudará na sequência – com valor nominal, de acordo com o § 1º do mesmo artigo 11. De qualquer sorte, o valor nominal da ação é apenas uma referência que se define a partir do capital registrado no estatuto; o valor em que o acionista negocia suas ações não está a ela vinculado.

Quando as ações tenham valor nominal, seu número e valor podem ser alterados, nas hipóteses listadas pelo artigo 12 da Lei 6.404/1976. Antes de mais nada, tal alteração é possível, ou melhor, é necessária quando haja (1) *Modificação do valor do capital social*, sem que haja modificação no número de ações. (2) *Desdobramento*: deliberação da assembleia geral de maior fracionamento do capital social, sem alteração deste; por exemplo, determinar que cada ação se desdobre em duas ou em cinco ações. (3) *Grupamento*: deliberação da assembleia geral de concentração das partes do capital social; por exemplo, o grupamento de cada dez, ou 123, ações em uma. (4) *Cancelamento de ações*, sem redução do capital social. Em todos os casos, a alteração do valor patrimonial resulta de operações matemáticas necessárias. O dispositivo ainda prevê a mudança do valor nominal como resultado da *alteração da expressão monetária do capital social*, prevista no artigo 5º, parágrafo único, da Lei 6.404/1976. Entretanto, reitero, a correção monetária das demonstrações financeiras, inclusive para efeitos societários, foi expressamente vedada pelo artigo 4º, parágrafo único, da Lei 9.249/95.

A ação é indivisível, não comportando frações. Um acionista não pode transferir 0,5 ou 0,75 ação; a própria companhia não pode criar frações, nem mesmo quando, capitalizando lucros ou reservas, emite novas ações: dessas operações não podem resultar frações de ação. No entanto, o artigo 28 da Lei 6.404/1976 admite cotitularidade de ação (condomínio). Assim, uma ação ou conjunto de ações pode pertencer a mais de uma pessoa, hipótese na qual os direitos respectivos serão exercidos pelo representante dos cotitulares.

As ações da companhia podem ser divididas em espécies, classes e formas distintas, conforme autorização dos artigos 15 e seguintes da Lei 6.404/1976. Essa categorização (ou *taxinomia*, preferindo-se) funda-se na percepção de que há, no mercado, (1) quem se interesse pelos assuntos da administração societária, e (2) quem investe na companhia na busca de lucros, não se interessando por participar das deliberações relativas à sua gestão. Sobre essas duas posturas, definem-se as duas espécies de ações existentes no Direito Brasileiro: (1) as *ações ordinárias*, destinadas àqueles que desejam participar das deliberações da companhia, tomando parte de sua assembleia geral, e (2) as *ações preferenciais*, para aqueles que estão mais focados no recebimento de dividendos e, portanto, abrem mão da participação nos debates e deliberações sobre os assuntos corporativos. Como são essencialmente investidores, confiando na companhia, mas alheando-se das deliberações, outorga-se-lhes acesso preferencial aos resultados (dividendos). O artigo 15 da Lei 6.404/1976 ainda se refere, como espécie acionária, a *ações de fruição*; mas, como se verá adiante, não se trata especificamente de uma espécie, mas de um estado social ou estado contábil; tais ações serão ordinárias ou preferenciais, mas estarão em *estado de fruição*.

A evolução jurídica das sociedades por ações não se resumiu a uma diferenciação de espécies, mas avançou para a possibilidade de definição, dentro das espécies, de classes distintas e, um pouco além, para formas diversas. A definição de classes, todavia, conhece uma limitação inscrita no artigo 15, § 1º, da Lei 6.404/1976: as ações ordinárias e preferenciais poderão ser de uma ou mais classes, observado, no caso das ordinárias, o disposto nos arts. 16, 16-A e 110-A da Lei 6.404/1976.

2 AÇÕES ORDINÁRIAS

Tem-se por ordinária a ação que confere direitos e deveres comuns, normais aos títulos societários, como as quotas. Assim, seu titular tem direitos e deveres patrimoniais, inclusive direito a participar do lucro e, na hipótese de dissolução, do acervo patrimonial, bem como direitos e deveres sociais, entre os quais o poder de participar das deliberações da assembleia geral. Daí falar-se em *ação comum*: se todas as ações de uma companhia fossem de um só tipo, seriam todas *ações ordinárias*. A particularidade de uma ação ordinária somente se afirma quando a companhia institui ações preferenciais, às quais correspondem vantagens determinadas. As ações ordinárias de companhia fechada poderão ser de classes diversas, em função de: (1) conversibilidade em ações preferenciais; (2) exigência de nacionalidade brasileira do acionista; (3) direito de voto em separado para o preenchimento de determinados cargos de órgãos administrativos; ou (4) atribuição de voto plural a uma ou mais classes de ações, observados o limite e as condições dispostos no art. 110-A da Lei 6.404/1976. É o que prevê o artigo 16 da Lei 6.404/1976, cujo parágrafo único emenda: a alteração do estatuto na parte em que regula a diversidade de classes, se não for expressamente prevista e regulada, requererá a concordância de todos os titulares das ações atingidas. Aliás, a Lei 14.195/2021 incluiu um artigo 16-A na Lei 6.404/1976 para vedar, nas companhias abertas, a manutenção de mais de uma classe de ações ordinárias, ressalvada a adoção do voto plural (respeitado o seu art. 110-A).

A *ação ordinária conversível* pode ser transformada em ação preferencial, por opção de seu titular, respeitadas as condições prefixadas no estatuto social. Enquanto não haja a conversão, será uma ação ordinária, para todos os efeitos (direitos e deveres) da lei e do estatuto. A opção de conversão é faculdade que, respeitadas as condições previamente estabelecidas no estatuto social, compõe a ação, constituindo, destarte, um direito que lhe é próprio.

A criação de classes em função da *nacionalidade do acionista* será uma necessidade em empreendimentos submetidos a limitações de participação de estrangeiros, como se passa, em função do artigo 222, § 1º, da Constituição da República, com a redação que lhe deu a Emenda Constitucional 36/2002, com as empresas jornalísticas e de radiodifusão sonora e de sons e imagens, nas quais pelo menos 70% do capital total e do capital votante deverão pertencer, direta ou indiretamente, a brasileiros natos ou naturalizados há mais de 10 anos. Tais companhias podem ter ações ordinárias de duas classes: 70%, ao menos, para brasileiros (natos ou naturalizados há mais de 10 anos) e 30%, quando muito, para estrangeiros ou brasileiros naturalizados há menos de 10 anos. Podem, igualmente, criar uma classe, com pelo menos 70% do capital votante exclusiva para brasileiros natos ou naturalizados há mais de 10 anos, e outra classe de livre circulação, facilitando sua circulação entre pessoas de qualquer nacionalidade. Note-se, todavia, que mesmo não tendo sido criada uma classe especial em função da nacionalidade do acionista, as limitações de participação de estrangeiros ou brasileiros naturalizados em tempo inferior ao mínimo exigido deverão ser respeitadas na participação societária.

Também é possível criar uma classe de ações ordinárias com direito de voto em separado para o preenchimento de determinados cargos de órgãos administrativos. A medida subverte a regra comum que reconhece em cada ação ordinária um mesmo poder societário, fazendo com que a participação no capital seja o critério objetivo de participação nos assuntos societários. O legislador, contudo, reconheceu que a companhia fechada pode estar submetida a questões diversas, a justificar uma composição da administração que não atenda à participação no investimento social. A essas situações servirá a instituição de duas ou mais classes, cada qual com uma especificação no direito de compor a administração societária, especificação essa que será detalhada pelo estatuto social.

A previsão estatutária de classes diversas para as ações ordinárias poderá ser alterada, extinguindo uma classe específica ou unificando todas as classes numa só. Essa alteração pode estar expressamente prevista e regulada pelo estatuto, bastando a aprovação pela assembleia geral. Mas deverá ser previsão anterior à aquisição da ação por seus titulares; a pretensão de alteração posterior, prevendo a possibilidade de extinção, é ato ilícito, ferindo o ato jurídico perfeito e o direito adquirido. A ação adquire-se com as características definidas no estatuto social que, assim, passam a compor o rol dos direitos e deveres do seu titular. Assim, se não houver previsão estatutária anterior, será também necessária a concordância de todos os acionistas da classe afetada, por menor que seja a sua participação no capital social. É o que estipula o artigo 16, parágrafo único, da Lei 6.404/1976.

3 AÇÕES PREFERENCIAIS

Em oposição às ordinárias, é possível que haja *ações preferenciais*, vale dizer, ações que têm acesso preferencial a algumas vantagens, definidas pelo estatuto social conforme a licença constante no artigo 17 da Lei 6.404/1976. O artigo 111, *caput*, da Lei 6.404/1976 permite que o estatuto deixe de conferir às ações preferenciais algum ou alguns dos direitos reconhecidos às ações ordinárias, entre os quais o direito de voto. Mas pode haver restrição de outra natureza, incluindo mera redução das matérias sobre as quais pode haver exercício do direito de voto. Apenas não podem ser restringidos os direitos listados pelo artigo 109, que serão estudadas posteriormente. Mais do que isso, podem ser definidas classes de ações preferenciais, cada qual com direitos e deveres diversos.

Respeitado o artigo 15, § 2º, da Lei das Sociedades Anônimas, com a redação que lhe deu a Lei 10.303/2001, o número de ações preferenciais sem direito a voto ou com restrição ao direito de voto não poderá ultrapassar 50% do total das ações emitidas. Impede-se, assim, que o controle da administração societária seja exercido por uma ínfima participação no capital social. O dispositivo, contudo, deve ser lido com cuidado para evitar equívocos: pode-se ter maior número de ações preferenciais, desde que sem a restrição de voto.

Os tipos legais de preferência que podem ser concedidos às ações estão listados nos artigos 17 e 18 da Lei 6.404/1976: (1) prioridade na distribuição de dividendo, fixo ou mínimo; (2) prioridade no reembolso do capital, com prêmio ou sem ele; note-se ser possível a concessão simultânea dessas duas preferências; e (3) vantagens políticas (artigo 18). As preferências e as vantagens devem constar, de forma precisa e minuciosa, no estatuto social, atendendo ao artigo 17, § 2º, da Lei 6.404/1976. O dispositivo ainda recomenda que mesmo as vantagens que tenham origem na lei, designadamente as que se estudarão na sequência, devem ser reproduzidas no estatuto social. Aliás, como se lê do artigo 19 da Lei 6.404/1976, o estatuto da companhia, quando haja previsão de ações preferenciais, declarará não apenas as vantagens ou preferências atribuídas a cada classe dessas ações, como também especificará as restrições a que ficarão sujeitas. Segundo o mesmo dispositivo, o estatuto social ainda poderá prever o *resgate* ou a *amortização*, a

294 Direito Empresarial Brasileiro: Direito Societário • Mamede

conversão de ações de uma classe em ações de outra e em ações ordinárias, e destas em preferenciais, fixando as respectivas condições.

Uma das vantagens que se pode garantir às ações preferenciais é a prioridade na distribuição de dividendo; é a vantagem que habitualmente é concedida. Sempre que a companhia registre superávit patrimonial em seu balanço e a assembleia geral delibere a distribuição entre os acionistas do lucro líquido do exercício, seguindo a Lei e o estatuto, as ações preferenciais terão prioridade no recebimento do montante a ser distribuído. É preciso estar atento, contudo, para o fato de que a distribuição de dividendos, mesmo para as ações que gozem de vantagens, somente pode ocorrer sem prejuízo do capital social. Não se pode remunerar o investimento dos titulares de ações, em prejuízo da própria companhia, o que ocorreria se houvesse uma distribuição de dividendos sem a verificação de superávit do patrimônio líquido, isto é, sem que haja lucro ou excesso de reservas de capital, a implicar a determinação – resultado da distribuição indevida – de um déficit patrimonial. Somente na hipótese de dissolução e liquidação da companhia, aceita-se tal distribuição, desde que se trate de vantagem expressamente assegurada. É o que se afere do artigo 17, § 3º, da Lei 6.404/1976.

A prioridade nessa distribuição pode dar-se por meio de *dividendo fixo* ou de *dividendo mínimo*. O *dividendo mínimo* é um piso percentual do lucro líquido do exercício que deverá ter distribuição obrigatória para os titulares das ações preferenciais. Por exemplo, 60% do lucro líquido do exercício. Se o estatuto prevê dividendo mínimo, mas não o fixa, aplica-se o artigo 202, I, da Lei 6.404/1976: *metade do lucro líquido*, diminuído das importâncias que sejam destinadas: (1) à constituição da *reserva legal* e (2) à formação da reserva para contingências. Também é lícito subtrair do cálculo do dividendo mínimo os valores escriturados como *reserva de lucros a realizar*, ou seja, créditos ainda não liquidados, como duplicatas a receber etc., sendo que, no exercício em que tais créditos forem realizados, havendo ingresso do dinheiro no caixa da companhia, tais valores deverão ser acrescidos ao primeiro dividendo subsequente, desde que não sejam absorvidos por prejuízos dos exercícios subsequentes. O dividendo mínimo também pode se beneficiar da reversão da reserva para contingências formada em exercícios anteriores.

O *dividendo fixo* é um valor certo, ou um percentual sobre o valor contábil (ou sobre o valor nominal) da ação, que o estatuto define como vantagem na distribuição de lucros aos acionistas. Por exemplo, o estatuto social pode garantir, a título de preferência, R$ 0,04 por ação sempre que haja distribuição de dividendos aos acionistas. Dessa forma, primeiro se pagará R$ 0,04 por cada ação preferencial para, depois, sobrando valores, distribuir dividendos aos titulares de ações ordinárias. Outro exemplo: o estatuto pode garantir, às ações preferenciais, 10% sobre o valor resultante da divisão do capital social pelo número total das ações. Assim, se o capital social é de R$ 500.000,00 e são 500.000 ações, cada ação terá o valor de R$ 1,00; o dividendo fixo será de R$ 0,10 por ação.

Parte Especial II – Cap. 16 • Capital Social e Ações 295

Preocupado com os efeitos nefastos que artifícios estatutários, contábeis e/ou exegéticos poderiam ter sobre o mercado aberto de ações, enfraquecendo ou esvaziando os direitos das ações preferenciais, a Lei 10.303/2001 consolidou o rol das vantagens que podem efetivamente justificar a perda ou redução da faculdade de voto, nas companhias abertas. Assim, o novo texto do artigo 17, § 1°, passou a estabelecer que, independentemente do direito de receber ou não o valor de reembolso do capital com prêmio ou sem ele (vantagem que se estudará na sequência), em se tratando de companhias abertas, às ações preferenciais sem direito de voto ou com restrição ao exercício deste direito se atribuirá *pelo menos uma* das seguintes preferências ou vantagens:

(1) Direito de participar do dividendo a ser distribuído, correspondente a, pelo menos, 25% (vinte e cinco por cento) do lucro líquido do exercício. Não se admite participação mínima que seja inferior a tal percentual, embora o cálculo deva levar em conta os elementos do artigo 202 da Lei 6.404/1976 (com a redação que lhe deu a Lei 10.303/2001). Essa participação se dará com prioridade no recebimento de dividendo que corresponda a, no mínimo, 3% do valor do patrimônio líquido da ação (capital social, devidamente atualizado, dividido pelo número total das ações). Portanto, do lucro líquido do exercício, se retirará, no mínimo, 25% para as ações preferenciais; se, após a distribuição, não se atingir o valor mínimo de 3% do valor do patrimônio líquido da ação, aumentar-se-á o percentual do lucro líquido, para além do mínimo definido estatutariamente (nunca inferior a 25%), até que se atinja o valor correspondente a esses 3% do valor do patrimônio líquido da ação. Se, ainda assim, sobrarem valores no lucro líquido do exercício, serão distribuídos dividendos para as ações ordinárias, até se atingir igual valor àquele destinado às ações preferenciais. Se, ainda assim, sobrar lucro líquido do exercício, deverão ser distribuídos em igualdade de condições entre ações preferenciais e ordinárias, evitando a distorção de receberem os ordinaristas mais do que os preferencialistas.

(2) Direito ao recebimento de dividendo, por ação preferencial, pelo menos 10% (dez por cento) maior do que o atribuído a cada ação ordinária. Nessa hipótese, os preferencialistas terão, sempre e necessariamente, uma vantagem em relação aos ordinaristas: no mínimo 10% a mais de dividendo por ação. Destaque-se que o artigo 17, § 4°, permite que, por meio de disposição expressa do estatuto, haja cumulação de prioridade, isto é, que se estipulem, para além do *dividendo fixo*, vantagens próprias dos *dividendos mínimos*. Assim, ao menos em tese, seria possível prever que, após o cálculo do dividendo fixo (desde que o total atribuído às ações preferenciais seja superior a 25% do lucro líquido do exercício), e pago igual valor às ações ordinárias, a participação nos lucros restantes se faria em igualdade de condições entre preferenciais e ordinárias; essa igualdade, contudo, não atende, de per si, à ideia de vantagem que é inerente às ações preferenciais, a justificar a supressão ou limitação no direito de voto. Também seria possível estipular que, após o pagamento do dividendo fixo, o valor que sobejasse do lucro líquido seria

distribuído garantindo-se, conforme previsão do artigo 17, § 1º, II, às ações preferenciais, sempre, 10% a mais do que o que se atribuir a cada ação ordinária.

(3) Direito de serem incluídas na oferta pública de alienação de controle, nas mesmas condições dos titulares das demais ações ordinárias; essa garantia, todavia, não se satisfaz, isoladamente, à proteção legal aos preferencialistas, exigindo o mesmo dispositivo – o artigo 17, § 1º, III, da Lei de Sociedades Anônimas – que, ademais, o estatuto deverá assegurar a tais ações preferenciais dividendo *pelo menos* igual ao das ações ordinárias.

Essa aquisição pública de ações (*tag along*) resulta da alienação, direta ou indireta, do controle de companhia aberta, obrigando o adquirente a oferecer, aos demais detentores de ações com direito a voto, comprar seus títulos pelo preço no mínimo igual a 80% (oitenta por cento) do valor pago por ação integrante do bloco de controle. É o que se estudará no Capítulo 22 deste livro. Esse direito, habitualmente conferido às ações ordinárias (*com direito a voto*) pode ser estatutariamente assegurado às ações preferenciais, atendendo ao artigo 17, § 1º, III, da Lei 6.404/1976 e, se o for, vinculará eventual adquirente do controle acionário, mesmo que seja terceiro estranho ao quadro social, desde que a respectiva cláusula esteja averbada no registro mercantil.

Note-se, contudo, que somente por meio de cláusula estatutária expressa terão os preferencialistas o direito de verem suas ações incluídas na oferta pública de alienação de controle, nas mesmas condições dos titulares das demais ações ordinárias. A regra geral, disposta na lei, não é esta: cuida-se de direito próprio dos ordinaristas (cf. Recurso Especial 710.648/MG). Reitero, porém, que o artigo 17, § 1º, refere-se apenas às ações preferenciais admitidas à negociação no mercado de valores mobiliários, não alcançando, portanto, as companhias fechadas, para as quais o legislador ainda permite o paradoxo de previsões estatutárias que acabem por determinar maior dividendo para os ordinaristas do que para os preferencialistas, por mais absurdo que possa isso parecer.

O artigo 17, § 4º, da Lei 6.404/1976, repetindo o texto que estava anotado no seu § 2º, antes das alterações produzidas pela Lei 10.303/2001, prevê que (1º) a participação prioritária no dividendo, salvo previsão estatutária em sentido contrário, não será cumulativa; (2º) a ação com dividendo fixo não participa dos lucros remanescentes; e (3º) a ação com dividendo mínimo participa dos lucros distribuídos em igualdade de condições com as ordinárias, depois de a estas assegurado dividendo igual ao mínimo. Portanto, quando não se tenha companhia aberta, se o estatuto da companhia fechada se refere apenas ao direito a dividendo fixo, não poderá o acionista pretender garantia de participação mínima sobre os lucros patrimoniais; receberá o valor mínimo e não participará dos lucros remanescentes. No sentido contrário, se há previsão de dividendo mínimo (percentual mínimo sobre o lucro verificado), não pode o acionista pretender um valor fixo.

Mais do que estar restrita às companhias fechadas, tal regra permite previsão estatutária em contrário. Nada impede, portanto, que o estatuto garanta que a participação prioritária na distribuição de dividendo seja cumulativa, isto é, que o direito à vantagem, quando não satisfeito num exercício, se some com o direito à vantagem no exercício seguinte, acumulando vantagens.

Todavia, mesmo nas companhias fechadas há limitações que não são admitidas pelo legislador. Assim, pelo artigo 17, § 5º, da Lei 6.404/1976, não pode haver restrição do direito das ações preferenciais de participar dos aumentos de capital decorrentes da capitalização de reservas ou lucros (incorporação de reserva ou de lucro ao capital registrado, conforme o artigo 169 da Lei). Se os lucros se incorporam ao capital, beneficiam-se, em proporção igual, todas as ações, sendo indiferente se ordinárias ou preferenciais, mesmo sendo diverso o seu valor de mercado. Excetuam-se, contudo, as ações com dividendo fixo, evitando seja ampliada a obrigação da companhia de honrar os valores fixados, com o que a capitalização poderia significar, em exercícios futuros, uma obrigação maior de desembolso, em prejuízo dos demais acionistas. Esse escopo legislativo (*mens legis*) é, contudo, falho, pois não contempla a possibilidade de as ações serem emitidas com vantagens de outra ordem, com reflexos negativos sobre os direitos dos preferencialistas numa eventual liquidação da companhia.[2]

É possível ao estatuto social, na definição das vantagens outorgadas às ações preferenciais, deferir-lhes o direito de prioridade cumulativa na distribuição de dividendo (fixo ou mínimo). A Lei 6.404/1976 fala, genericamente, em dividendo cumulativo, significando *dividendo prioritário e cumulativo*: (1) prioridade no pagamento dos dividendos, seja a partir de um valor mínimo por ação (dividendo fixo), seja num percentual mínimo sobre o lucro líquido do exercício; (2) caso não seja totalmente pago num exercício, o direito se acumulará para o exercício seguinte (*dividendo cumulativo*).

O artigo 17, § 6º, da Lei 6.404/1976 não só permite que seja conferida a vantagem de prioridade cumulativa na distribuição de dividendo, mas também aceita que, nos exercícios em que o lucro for insuficiente para atender à preferência, o pagamento se faça com as reservas de capital. Essas reservas resultam do artigo 182, § 1º, da mesma Lei, sendo estudadas no Capítulo 23 deste livro.

4 AÇÕES DE CLASSE ESPECIAL

Nas companhias que sejam objeto de procedimentos de desestatização (*privatização*) pode ser criada uma classe especial de ação preferencial, cuja propriedade será exclusiva do ente desestatizante, à qual o estatuto social conferirá poderes especiais, devidamente *precisados* (de forma minuciosa), incluindo poder

---

[2] Nesse sentido, a crítica de BARBOSA FILHO, Marcelo Fortes. *Sociedade anônima atual*: comentários e anotações às inovações trazidas pela Lei 10.303/2001 ao texto da Lei 6.404/1976. São Paulo: Atlas, 2004. p. 66.

de veto às deliberações da assembleia geral nas matérias especificadas pelo estatuto. É a chamada *golden share* ou *ação de ouro*, positivada no artigo 17, § 7º, da Lei 6.404/1976, com a redação que lhe deu a Lei 10.303/2001.

Ensina Bensoussan que as ações de classe especial constituem um *instrumento direto de política pública*, um mecanismo de preservação da ingerência do Estado na estrutura societária da companhia privatizada, feito por meio da outorga de uma série de prerrogativas excepcionais à uma diminuta classe de ações titularizada, temporária ou indefinidamente, pelo ente público que se desonerou da condução da atividade negocial. Suas faculdades são excepcionais, demandando interpretação cautelosa por subverterem a lógica jus-empresarialista, já que, apesar de representarem uma ínfima participação no capital social, suas faculdades garantem controle de certas decisões societárias. Essa forma extraordinária de intervenção estatal no domínio econômico privado teve origem no Reino Unido, na década de 1980, sendo replicada na União Europeia e em diversos outros sistemas jurídicos para garantir, em favor do Estado, sempre sobre a justificativa de salvaguardar o interesse nacional, o direito de nomeação de membros da diretoria, do conselho de administração e/ou do conselho fiscal, direito de veto sobre certas matérias, incluindo alienação de ativos, alteração da denominação, objeto social, sede, além do direito de dar a palavra final sobre alterações estatutárias, dissolução, metamorfoses societárias (cisão, incorporação, fusão e transformação), alienação de subsidiárias e mudanças relevantes na composição societária, o que não só impediria aquisições hostis, como transferência de participação acionária relevante para estrangeiros.[3]

Bensoussan traz uma série de exemplos: a ação de classe especial da *Rolls Royce VSEL*, empresa dedicada à energia nuclear e à construção de submarinos, tem por objetivo vetar alienação de ações, mantendo o controle da companhia sob controle do Reino Unido. Na *Sealink*, a ação especial permite ao Estado britânico requisitar a frota, em caso de conflito bélico, e vetar a alienação de mais de 25% da frota. A ação especial da *Societé Nationale Elf-Aquitane*, atuando no setor petrolífero, garantia ao Estado francês o direito de indicar dois membros da administração, poder de se opor a deliberações sobre disposição das ações e direito de autorizar, ou não, o aumento de participação acionária de qualquer sorte. Em todos os casos, sua constitucionalidade está diretamente vinculada à existência de razões de ordem pública ou segurança pública, o que justifica a limitação do princípio da livre movimentação de capitais, o que, mostra o autor, já conduziu a manifestações contrárias pelo Tribunal Europeu. A Corte também demanda que as faculdades especiais sejam razoáveis e proporcionais, baseadas

---

[3] BENSOUSSAN, Fabio Guimarães. *Intervenção estatal na empresa privatizada*: análise das *golden shares*. Porto Alegre: Sergio Antonio Fabris Editor, 2007; *passim*. A faculdade de vetar deliberações e decisões societárias, após tomadas, foi definida, pelo Tribunal Europeu, como *regime de oposição*.

Parte Especial II – Cap. 16 • Capital Social e Ações **299**

em circunstâncias específicas e objetivas de utilização, o que permitiria a reação de órgãos fiscalizadores e, mesmo, eventuais correções judiciárias.[4]

Como visto, trata-se de titularidade *intuitu personae*, nos termos do artigo 17, § 7º, da Lei 6.404/1976: licencia-se apenas ao Estado. O texto não me parece feliz; refere-se à espécie (*desestatização* ou *privatização*), quando correto teria sido utilizar-se do gênero: interesse público. Se o objetivo é garantir a ordem pública e a segurança nacional, não me parece razoável limitar a existência das ações de classe especial às situações de *desadministrativização* de atividades econômicas pela transferência do controle à iniciativa privada.[5] Assim, seguindo a *mens legis*, parece-me que a ação de classe especial pode ocorrer fora dos procedimentos de *desestatização*, mesmo na própria constituição da companhia. Imagine-se uma empresa cujo objeto de atuação seja a produção de armas de guerra ou blindados militares; haveria respeito ao mesmo interesse público se fosse constituída uma ou mais ações com poder de veto, sendo entregues à União. Essencialmente, é preciso haver titularidade pelo Estado e com o objetivo de preservar o interesse e a ordem públicos, além da segurança nacional. De outra face, a exigência de que se trate de ação preferencial limita-se às companhias que adotem distinção espécies diversas de ações. Se a companhia tem um só tipo de ação, sendo todas ordinárias, não será necessário, acredito, que a ação especial seja de espécie diversa, podendo simplesmente constituir classe diversa: ação ordinária de classe especial.

O exercício das faculdades especiais submete-se ao regime jurídico público, a exigir respeito aos princípios do Direito Administrativo, entre os quais o dever de fundamentação, hábil a permitir o exercício do direito de ação, com base no artigo 5º, XXXV, da Constituição da República. Essa necessidade é maior no regime de oposição, certo que o veto se encarta, obrigatoriamente, no âmbito específico da lógica constitucional brasileira, na qual há nítida valorização à iniciativa privada, devendo haver respeito à sistemática instituída pelo artigo 170 daquela Carta Política.

5 AÇÕES COM VANTAGENS POLÍTICAS

Embora sem a mesma amplitude das ações de classe especial, o artigo 18, *caput* e parágrafo único, da Lei 6.404/1976 permite que o estatuto crie uma ou mais classes de ações preferenciais: (1) a quem assegure o direito de eleger, em votação em separado, um ou mais membros dos órgãos de administração, e/ou (2) a quem subordine as alterações estatutárias que especificar, por meio de votação

---

[4] Idem; ibidem; *passim*.

[5] MAMEDE, Gladston. Neoliberalismo e desadministrativização. *Revista de Informação Legislativa*, Brasília: Subsecretaria de Edições Técnicas do Senado Federal, ano 32, nº 127, p. 151-159, jul./ set. 1995.

em assembleia especial desses acionistas. Também aqui se tem uma *ação de ouro*, embora com natureza diversa, não se limitem a entes públicos e não resultem necessariamente de processos de *desestatização*.

Essas faculdades não caracterizam derrogação da previsão estatutária de que a ação preferencial não terá poder de voto ou o terá restritivamente, certo que a faculdade de votar está reduzida às situações tipificadas no estatuto, e não em todo e qualquer matéria. No que toca à subordinação das alterações estatutárias, a aprovação pela assembleia dos acionistas da classe ou classes especiais poderá dar-se antes ou depois da assembleia geral, onde votam os ordinaristas. Portanto, pode haver tanto autorização para a alteração contratual (deliberação prévia dos preferencialistas) ou ratificação (deliberação posterior dos preferencialistas); em qualquer hipótese, porém, as alterações têm sua validade subordinada à aprovação da assembleia convocada entre os titulares das ações preferenciais de classe beneficiada com tal vantagem política.

Tais ações de classe especial, habitualmente instituídas *intuitu personae*, não comportando cessão ou perdendo sua especialidade diante da cessão, pois somente se justificam pela proteção ao interesse social específico. Em qualquer hipótese, é fundamental ter em destaque as previsões estatutárias, que definem os detalhes das vantagens políticas outorgadas a uma ou mais classe de ações preferenciais.

6 AÇÕES DE FRUIÇÃO (AMORTIZAÇÃO DE AÇÕES)

Embora tenha o legislador se referido às *ações de fruição*, não teve o cuidado de dar-lhes definição específica, como fê-lo com as *ações ordinárias* e com as *ações preferenciais*. A *ação de fruição* é o resultado do procedimento de amortização. Seus titulares, embora detenham títulos de participação na sociedade, já foram reembolsados pelo investimento que fizeram na companhia, vale dizer, pelos valores desembolsados para a realização daquelas ações. O artigo 44 da Lei 6.404/1976 permite que o estatuto ou a assembleia geral extraordinária, convocada expressamente para tal finalidade, autorize a aplicação de lucros ou de reservas de capital na amortização de ações, determinando as condições e o modo de proceder-se à operação. Na amortização, sem que haja redução do capital social (capital registrado), antecipa-se a distribuição aos acionistas dos valores que lhes poderiam tocar em caso de liquidação da companhia. Essa amortização pode ser integral ou parcial, podendo abranger todas as classes de ações ou só uma delas, sendo que as ações integralmente amortizadas podem ser substituídas por *ações de fruição* (artigo 44, § 5º, da Lei 6.404/1976).

O estatuto social ou a assembleia geral que deliberar a amortização podem estabelecer restrições de direitos para as *ações de fruição* (artigo 44, § 5º, da Lei 6.404/1976). Assim, quando originadas de ações ordinárias, as ações de

Parte Especial II – Cap. 16 • Capital Social e Ações **301**

fruição podem perder o direito de voto ou vê-lo restringido; quando derivadas de ações preferenciais, podem perder o direito à prioridade na distribuição de dividendo, passando a concorrer com as ações ordinárias. Em qualquer caso, ocorrendo liquidação da companhia, as ações de fruição, uma vez que já beneficiadas pela amortização total, somente concorrerão ao acervo líquido depois de assegurado às ações não amortizadas valor igual ao da amortização, corrigido monetariamente.

Parece-me que a fruição não é, em sentido estrito, um tipo de ação, mas um estado da ação, seja de espécie ordinária, seja de espécie preferencial. Estado, aliás, fruto de um evento social específico, a amortização, podendo manter-se, se assim disciplinar o estatuto ou deliberar a assembleia geral, no pleno gozo das faculdades próprias de sua espécie (ordinária ou preferencial).

6.1 Resgate de ações

Não se deve confundir *amortização da ação* com *resgate de ação*. Prevista no mesmo artigo 44 da Lei 6.404/1976, o resgate se faz pela aplicação de lucros ou reservas de capital, podendo ser autorizada pelo estatuto ou pela assembleia geral extraordinária. O resgate consiste no pagamento do valor das ações para retirá-las definitivamente de circulação. É situação próxima à compra da ação pela própria companhia; mas seu objetivo é extinguir a ação, reduzindo o capital social ou valorizando as ações remanescentes, o que, em se tratando de ações com valor nominal, implica a alteração do estatuto e dos certificados de ação. Ao contrário da amortização, não há resgate parcial, já que para a caracterização do instituto é indispensável a extinção da ação resgatada.

Salvo disposição em contrário do estatuto social, o resgate de ações de uma ou mais classes só será efetuado se, em assembleia especial convocada para deliberar essa matéria específica, a operação for aprovada por acionistas que representem, no mínimo, a metade das ações da classe ou das classes atingidas (artigo 44 da Lei 6.404/1976).

6.2 Ações resgatáveis

A prática mercantil fez surgir uma nova modalidade de ação, constituída em conformidade com as disposições anotadas na Lei 6.404/1976, mas sem que tenham previsão expressa na norma. É uma situação lícita, apesar da ausência de previsão legal expressa, já que atende às balizas legais elementares. As ações resgatáveis podem ser ordinárias ou preferenciais, embora adotem habitualmente essa última espécie. Sua característica distintiva está no fato de o estatuto social conceder-lhe a faculdade de, conforme a vontade de seu titular, demandar

302 Direito Empresarial Brasileiro: Direito Societário • Mamede

o resgate pela companhia ou, mesmo, o direito de exigir que a companhia as adquira do titular.[6]

As ações resgatáveis surgiram em decorrência de operações de investimento corporativo, realizadas por fundos especializados em aportar capital em empresas promissoras, assumindo a condição de sócio, visando ganhos com o sucesso de suas atividades negociais. São operações que se tornaram comuns com fundos de investimento qualificados como *venture capital* ou *private equity*. Esses fundos identificam empresas com boas perspectivas e, assumindo a condição de sócios, aportam capital que será utilizado para incrementar suas operações. O lucro dos investidores viria com uma futura alienação de sua participação societária, pretensamente por valor superior ao investido.

Diante dos riscos de tal operação, é comum que tais negócios se façam por meio de alterações estatutárias que atribuem às ações que venham a ser titularizadas pelo investidor de *venture capital* ou *private equity* a opção de resgate ou de venda para a companhia, em prazo ou termo previamente ajustados ou em face da realização de alguma condição jurídica, como a abertura do capital ou, em oposição, a ausência de abertura até certo limite de tempo.[7] Dessa maneira, o investidor – que, reitero, é um fundo de investimento – mantém a liquidez de seus ativos. Aliás, é preciso frisar que as possibilidades legais são amplas: é lícito às partes, por exemplo, vincular o resgate não só à abertura [ou não abertura] do capital, como à alienação de certa unidade produtiva.

7 FORMA DAS AÇÕES

Todas as ações devem ter forma norminativa (artigo 20 da Lei 6.404/1976), não mais existindo, no Direito brasileiro, *ações endossáveis* e *ações ao portador*. Os titulares de ações nominativas estão identificados no *livro de registro de ações nominativas*, devendo ser ali anotadas as transferências efetuadas. As *ações endossáveis* embora traziam a identificação do titular, mas comportaram transferência por endosso lançado no *certificado de ação*; quando o endossatário o apresentava à companhia, obtinha a transferência da titularidade, registrando-se a operação. Já *ações ao portador* eram representadas por *certificados de ação* que não identificavam o acionista, também não havendo registro; quem apresentas-

---

[6] Há casos nos quais não se estipula um direito de resgate – e, portanto, uma *ação resgatável* –, mas o direito do acionista investidor vender suas ações para o acionista controlador. Noutras palavras, o controlador, ao aceitar o aporte de capital pelo fundo investidor, assume a obrigação de comprar a participação desse investidor, após certo prazo, depois de certo termo ou se verificada determinada condição.

[7] É usual, nesses casos, a previsão de que a companhia se obriga a formar um fundo contábil, ou seja, de uma reserva de capital cuja finalidade específica é fazer frente ao resgate.

Parte Especial II – Cap. 16 • Capital Social e Ações **303**

se o título estaria legitimado a exercer os direitos correspondentes. A alteração deve-se à Lei 8.021/90, cujo objetivo foi ampliar o controle fiscal sobre os títulos mobiliários.

A titularidade das ações nominativas presume-se pela inscrição do nome do acionista no livro de *Registro de Ações Nominativas* ou pelo extrato que seja fornecido pela instituição custodiante, na qualidade de proprietária fiduciária das ações (artigo 31 da Lei 6.404/1976). Sua transferência opera-se por termo lavrado no livro de *Transferência de Ações Nominativas*, datado e assinado pelo cedente e pelo cessionário, ou seus legítimos representantes. Se o título foi adquirido em Bolsa de Valores, o cessionário será representado, independentemente de instrumento de procuração, pela sociedade corretora, ou pela caixa de liquidação da Bolsa de Valores (artigo 31, § 3º). A transmissão *causa mortis* da ação, por ato judicial (arrematação, adjudicação ou outro) ou por qualquer outro título, só se fará mediante averbação no *livro de Registro de Ações Nominativas*, à vista de documento hábil, que ficará em poder da companhia (§ 3º).

7.1 Ações escriturais

O estatuto da companhia pode autorizar ou estabelecer que todas as ações da companhia, ou uma ou mais classes de ações, sejam mantidas em contas de depósito, em nome de seus titulares, em instituição financeira autorizada pela Comissão de Valores Mobiliários, sem emissão de certificados (artigo 34 da Lei 6.404/1976). Fala-se em *ação escritural*, vale dizer, ação cuja existência não é representada por um certificado, mas por um registro escritural. A titularidade da ação, nesse contexto, afere-se pelo registro na conta de depósito das ações, aberta em nome do acionista nos livros da instituição depositária. Pode ser prevista quando da constituição da companhia ou em alteração estatutária, a exigir a apresentação dos certificados de ações pelos acionistas e o seu cancelamento.

Somente as instituições financeiras autorizadas pela Comissão de Valores Mobiliários podem manter serviços de escrituração de ações e de outros valores mobiliários. A instituição financeira depositária assumirá o registro das operações acionárias. Assim, a transferência da ação escritural opera-se pelo lançamento nos livros da instituição, com débito na conta de ações do alienante e crédito na conta de ações do adquirente, que, para tanto, apresentará ordem escrita do alienante, autorização ou ordem judicial, documento que ficará em poder da instituição (artigo 35, § 1º). A instituição financeira depositária está legalmente obrigada a fornecer aos acionistas extratos da conta de depósito das ações escriturais, (1) sempre que solicitados, (2) ao término de todo mês em que a conta for movimentada e (3) ao menos uma vez por ano, ainda que não haja movimentação.

Se por qualquer ato de seus prepostos no exercício da competência e dos poderes de depositária a instituição a quem cabe a escrituração causar prejuízos a acionista ou terceiro, deverá indenizar pelas perdas e danos. A companhia, por seu turno, responderá solidariamente pela reparação dos danos resultantes de erros ou irregularidades no serviço de ações escriturais; a regra está inscrita no artigo 34, § 3º, da Lei 6.404/1976, cuja redação, equivocada, dá a entender que a responsabilidade direta seria da companhia, podendo esta exercer eventual direito de regresso contra a instituição depositária. Todavia, se o ato, comissivo ou omissivo, doloso ou culposo, for praticado por preposto da instituição, a opção de processá-la diretamente será resultado direto dos artigos 186 e 927 do Código Civil, sendo que o texto do artigo 187 ainda permitirá incluir, como causa da responsabilização, o abuso de direito. Afinal, sua responsabilidade é prejudicial à responsabilidade da companhia, embora, diante da previsão de solidariedade, não possa a sociedade opor tal exceção ao terceiro interessado, credor que se beneficia do direito de escolher se processará apenas a companhia ou a instituição depositária, ou ambas. De qualquer sorte, se a companhia suporta a indenização, terá direito de regresso contra a instituição depositária.

8   MODIFICAÇÃO DO CAPITAL SOCIAL

O capital social pode ser aumentado ou reduzido, embora condicionado a regras específicas. O aumento pode ser deliberado pela assembleia geral ordinária, a quem caberia, também, a mera correção de sua expressão monetária (artigo 166 da Lei 6.404/1976); contudo, essa correção foi vedada pela Lei 9.249/95. O aumento também pode resultar de deliberação da assembleia geral ou do conselho de administração, respeitado o que a respeito dispuser o estatuto, se houver capital autorizado, ou seja, se o estatuto contiver autorização para aumento do capital social independentemente de reforma estatutária (artigo 168 da Lei 6.404/1976), autorização essa que deverá especificar: (1) o limite de aumento, em valor do capital ou em número de ações, e as espécies e classes das ações que poderão ser emitidas; (2) o órgão competente para deliberar sobre as emissões, que poderá ser a assembleia geral ou o conselho de administração; (3) as condições a que estiverem sujeitas as emissões; e (4) os casos ou as condições em que os acionistas terão direito de preferência para subscrição, ou de inexistência desse direito. Se não há autorização para aumento (ou estando esgotada ou expirada), faz-se necessária uma assembleia geral extraordinária convocada para decidir sobre reforma do estatuto social.

O aumento pode resultar da mera *capitalização de lucros* ou de *reservas de capital*, com ou sem emissão de novos títulos. Se não há emissão de novas ações, essas terão um valor maior, implicando alteração do valor nominal, se existente. Se há emissão de novas ações, serão distribuídas aos acionistas, na proporção de sua participação no capital social; essas ações preservarão as qualificações das ações das quais derivaram, inclusive no que diz respeito ao usufruto, fideicomisso,

Parte Especial II – Cap. 16 • Capital Social e Ações   **305**

inalienabilidade e incomunicabilidade que porventura as gravarem, salvo se o contrário constar dos instrumentos que constituíram aquelas situações jurídicas (artigo 169 da Lei 6.404/1976). Mas o estatuto pode excluir de tais aumentos de capital as ações preferenciais com direito a dividendo fixo (artigo 17, § 5º).

Na distribuição das novas ações aos acionistas, na proporção de sua participação no capital social, a operação matemática pode conduzir a uma conta fracionada. Se há um aumento de 3,45% no número de ações, um acionista com 3.827 ações terá direito a outras 132,0315 ações. Mas tal fracionamento de ação não é juridicamente possível: não se pode ser titular de 0,0315 de ação. Uma solução é desdobrar ações para, assim, acabar com as frações: se a cada ação corresponder 10.000 novas ações, 0,0315 de ação corresponderá a 315 ações. Outra solução está no artigo 169, § 3º, da Lei 6.404/1976: fixa-se prazo não inferior a 30 dias, durante o qual os acionistas poderão transferir as frações de ação entre si, formando ações *inteiras*. Vencido esse prazo, as frações serão reunidas em ações *inteiras* que serão vendidas em Bolsa, dividindo-se o produto da venda, proporcionalmente, pelos titulares das frações. Aliás, é o mesmo mecanismo que se usa no grupamento de ações, quando impliquem frações; por exemplo, estabelecido que cada 1.000 ações se tornarão uma só, quem tenha 1.315 ações passaria a ter 1,315, aplicando-se o mesmo procedimento.

Também pode haver aumento do capital pela emissão de novas ações. Quando se trate de companhia aberta, é coloquial chamar essa operação de IPO, sigla para a locução inglesa (*initial public offering*); fala-se, também, em oferta primária de ações.[8] O aumento por subscrição de novas ações só pode ser deliberado depois de realizados 75%, no mínimo, do capital social, devendo ser seguidos os procedimentos de constituição, por subscrição pública ou por subscrição particular, embora as entradas e as prestações da realização das ações possam ser recebidas pela companhia independentemente de depósito bancário. Em se tratando de subscrição pública, serão seguidos os procedimentos aplicáveis à constituição de companhias abertas, a serem estudados no Capítulo 17, incluindo prévio registro da emissão na Comissão de Valores Mobiliários, requerido mediante pedido que traga (1) estudo de viabilidade econômica e financeira do empreendimento e (2) prospecto, organizado e assinado pelos administradores e pela instituição

---

[8] Há dois tipos de *oferta primária de ações* (oferta de títulos que estão sendo emitidos): quando a companhia está sendo criada (subscrição pública de ações, como se estudará no Capítulo 18) ou quando se aumenta o capital com a emissão de novas ações. Em oposição, quando os sócios oferecem suas ações ao mercado aberto, fala-se em *oferta secundária de ações*. As duas ofertas podem ser feitas concomitantemente: uma oferta primária acompanhada de uma oferta secundária de ações, permitindo que os acionistas se beneficiem do interesse do mercado pelos títulos, causado pelo anúncio da operação. Também há companhias que dividem a oferta primária em partes, com o objetivo de *testar* o mercado. Essas operações são chamadas de operações subsequentes (*follow on*): após a oferta inicial, sendo boa a receptividade do mercado para os títulos, fazem-se emissões subsequentes (primárias ou secundárias). É corriqueiro que o resultado da oferta subsequente seja melhor que os resultados da oferta inicial.

financeira intermediária, meio necessário para a subscrição das novas ações. Não é lícito à Comissão de Valores Mobiliários, contudo, indeferir o aumento de capital e emissão de novas ações por temeridade do empreendimento (artigo 170, § 6º, da Lei 6.404/1976). Em se tratando de companhia fechada, serão observadas as regras que tenham sido estabelecidas pela assembleia geral que deliberou o aumento de capital.

A competência para fixar o preço de emissão de ações a serem distribuídas no mercado é definida pelo estatuto; se esse a atribui à assembleia geral, é-lhe lícito delegar a função ao conselho de administração. Mas o *preço de emissão* das novas ações deverá ser fixado, sem diluição injustificada da participação dos antigos acionistas, ainda que tenham *direito de preferência* para subscrevê-las. Essa fixação deverá ter em vista, alternativa ou conjuntamente, (1) a perspectiva de rentabilidade da companhia; (2) o valor do patrimônio líquido da ação; e (3) a cotação de suas ações em Bolsa de Valores ou no mercado de balcão organizado, admitido ágio ou deságio em função das condições do mercado (artigo 170 da Lei 6.404/1976). Esses parâmetros se fazem necessários em face da possibilidade de *ágio* no preço de emissão. O *preço de emissão* pode ser superior ao valor contábil da ação (o resultado da divisão do capital social registrado pelo número de ações), expresso (ação com valor nominal) ou não (ação sem valor nominal). Esse ágio (sobrevalor) constituirá reserva de capital.

O problema na fixação do *preço de emissão* é o uso do ágio para cercear o direito de preferência dos acionistas, forçando-os a desembolsar valores a maior para manter sua participação no capital social. O risco é o abuso do poder econômico. Imagine-se uma companhia na qual os trabalhadores tenham 10% das ações ordinárias; se o preço de emissão das novas ações contiver ágio elevado, muitos desistirão de adquiri-las, reduzindo sua participação na companhia. Por isso a submissão às balizas acima enumeradas. Aliás, o artigo 170, § 7º, determina que a proposta de aumento do capital esclareça qual o critério adotado, entre os numerados, justificando pormenorizadamente os aspectos econômicos que determinaram a sua escolha. De qualquer sorte, o problema sempre se resolverá em concreto, não raro exigindo a intervenção do Judiciário que, para solucioná-lo, levará em conta não só os interesses da companhia, como, igualmente, os interesses dos minoritários, além de preocupar-se com os princípios inscritos nos artigos 115 e 117 da Lei 6.404/1976, quando se ocupam do *abuso do direito de voto* e do *abuso de poder no exercício do controle acionário*.

Também haverá aumento de capital social pela conversão de *debêntures* ou *parte beneficiárias* em ações, tema que se estudará no Capítulo 19, assim como pelo exercício de direitos conferidos por bônus de subscrição ou de opção de compra de ações. Sobre tais opções de compra, o estatuto pode prever que a companhia, dentro do limite de capital autorizado, e de acordo com plano aprovado pela assembleia geral, outorgue opção de compra de ações a seus administradores ou empregados, ou a pessoas naturais que prestem serviços à companhia ou à so-

Parte Especial II – Cap. 16 • Capital Social e Ações **307**

ciedade sob seu controle (artigo 168, § 3º). Já as *debêntures, partes beneficiárias* e *bônus de subscrição* serão estudados, detidamente, no Capítulo 17 deste livro.

Em qualquer hipótese, o aumento será levado ao registro mercantil, para averbação, nos 30 dias seguintes; em se tratando de assembleia geral extraordinária de reforma do estatuto, proceder-se-á ao arquivamento da ata.

8.1 Direito de preferência

Os acionistas terão preferência para a subscrição do aumento de capital, na proporção do número de ações que possuírem (artigo 171 da Lei 6.404/1976), o que permite evitar que o aumento de capital reduza sua influência na assembleia geral. Essa previsão não obriga os acionistas a subscrever as ações emitidas, nem impede que outros as subscrevam, caso não exerçam o direito de preferência. Dessa maneira, deliberado pela assembleia geral o aumento de capital – desde que tal *decisum* não caracterize abuso de direito de voto (artigo 115 da Lei 6.404/1976) –, não poderão a ele se opor os acionistas que não possuam recursos para subscrever as ações emitidas; transcorrido o prazo de preferência, sem que a faculdade seja exercida, as ações serão oferecidas a outros.

Se o capital for dividido em ações de diversas espécies ou classes e o aumento for feito por emissão de mais de uma espécie ou classe, observar-se-ão as seguintes normas (artigo 171, § 1º): (1) no caso de aumento, na mesma proporção, do número de ações de todas as espécies e classes existentes, cada acionista exercerá o direito de preferência sobre ações idênticas às de que for possuidor; (2) se as ações emitidas forem de espécies e classes existentes, mas importarem alteração das respectivas proporções no capital social, a preferência será exercida sobre ações de espécies e classes idênticas às de que forem possuidores os acionistas, somente se estendendo às demais se aquelas forem insuficientes para lhes assegurar, no capital aumentado, a mesma proporção que tinham no capital antes do aumento; (3) se houver emissão de ações de espécie ou classe diversa das existentes, cada acionista exercerá a preferência, na proporção do número de ações que possuir, sobre ações de todas as espécies e classes do aumento.

O artigo 171, em seu § 2º, cuida de uma hipótese interessante: deliberar a assembleia geral que o aumento de capital se dará por meio de (1) capitalização de créditos ou (2) mediante subscrição em determinados bens. No primeiro caso, sendo a companhia devedora de determinados valores (créditos, considerados sob o ângulo dos respectivos credores), poderá transigir com estes para, em lugar de saldá-los, transformá-los em aumento de capital; os credores, nessa hipótese, integralizariam as ações com seu crédito contra a companhia, ou, por outro lado, receberiam as ações emitidas em pagamento de seus créditos. No segundo caso, a assembleia geral delibera que, para a realização do objeto social, seria conveniente incorporar determinados bens: certo ou certos imóveis, uma marca ou patente etc. Também nesses casos será assegurado aos acionistas o direito de preferência; para tanto, se for o caso, as importâncias pagas pelos acionistas serão entregues ao titular do crédito a ser capitalizado ou do bem a ser incorporado.

A solução legal, contudo, cria alguns desafios. Em primeiro lugar, em se tratando de créditos, caso os acionistas não exerçam integralmente o direito de preferência, respondendo pela totalidade da dívida da companhia (o crédito de seu credor, tomado pelo ponto de vista oposto), a operação poderá inviabilizar-se, já que, aplicado o artigo 314 do Código Civil, o credor poderá recusar receber apenas uma parte em dinheiro e outra em ações. No plano da integralização por incorporação de determinado bem, seu proprietário poderá recusar-se a aliená-lo mediante pagamento, preferindo exclusivamente a alternativa da incorporação por meio do recebimento de ações; imagine-se, como exemplo, o titular de uma patente que não tenha o interesse em cedê-la mediante pagamento, desejoso de se tornar acionista da companhia que a explore. Tais impasses não têm solução legal e podem, com efeito, exigir a intervenção do Judiciário que, embora atento ao direito de preferência de todos os sócios, não poderá descurar-se dos interesses da companhia e dos princípios que orientam o Direito Empresarial, entre os quais o princípio da preservação da empresa.

O direito de preferência também alcança a subscrição de títulos que possam ser convertidos em ações, como é o caso das debêntures conversíveis em ações, dos bônus de subscrição e das partes beneficiárias conversíveis em ações, desde que emitidas para alienação onerosa. Com a emissão dos títulos, todavia, resolve-se o direito de preferência e, assim, quando da conversão desses títulos em ações, não haverá falar em preferência para os acionistas que não os detenham (artigo 171, § 3º, da Lei 6.404/1976). Também não há preferência na outorga e no exercício de opção de compra de ações que, como prevê o artigo 168, § 3º, são outorgadas a administradores ou empregados, ou a pessoas naturais que prestem serviços à companhia ou a sociedade sob seu controle, se assim o prever o estatuto, e dentro do limite de capital autorizado, de acordo com plano aprovado pela assembleia geral.

A preferência é um direito passível de cessão onerosa ou gratuita (artigo 171, § 6º), bem como suscetível à decadência, se não exercido no prazo fixado pelo estatuto ou, silente este, pela assembleia geral, mas nunca inferior a 30 dias (artigo 171, § 4º). Aliás, a cessão do direito de preferência deverá concretizar-se no prazo decadencial. Embora o legislador tenha apenas se referido a prazo não inferior a 30 dias, não se deve reconhecer na sua fixação um poder arbitrário, desarrazoado. Haverá *abuso de voto* sempre que, em operações mais complexas, que envolvam grande aporte de capital (consideradas as particularidades próprias do empreendimento e, também, dos acionistas), a assembleia geral fixar prazo exíguo, próximo do trintídio mínimo, inviabilizando o exercício da preferência ou as negociações para a sua transferência a terceiros. Diante do fato, a intervenção judiciária se fará necessária para a imposição de tempo que

Parte Especial II – Cap. 16 • Capital Social e Ações **309**

atenda aos princípios da razoabilidade e da proporcionalidade que têm aqui ampla incidência.

Havendo usufruto ou fideicomisso de ação, se o titular das ações não exercer o direito de preferência até dez dias antes do vencimento do prazo decadencial, poderá fazê-lo o usufrutuário ou o fideicomissário. E o farão não em nome ou benefício do titular das ações, mas em nome e benefício próprios. Atente-se para o fato de o artigo 171, § 5°, da Lei 6.404/1976, podendo referir-se ao último terço do prazo, preferiu quantificar dez dias para tal transferência, *ex vi legis* da preferência, do titular das ações para o usufrutuário ou o fideicomissário; não creio, nesse contexto, que se possa concluir, portanto, que em prazos que superem 30 dias, a transferência se faria antes (por exemplo, que diante de um prazo de 60 dias, o usufrutuário pudesse exercer o direito de preferência se o titular não o fizesse até *20* dias antes do vencimento). Em todas as hipóteses, asseguram-se ao usufrutuário ou ao fideicomissário apenas os últimos dez dias. A transferência se faz no exclusivo interesse do usufrutuário ou do fideicomissário; assim, embora a companhia esteja obrigada a aceitar o exercício da faculdade por si, não poderá – ela – recusar-se a aceitar que o próprio titular exerça a preferência nos últimos dez dias. Somente se houver, nesses últimos dez dias, exercício comum da faculdade pelo titular e pelo usufrutuário ou o fideicomissário, afirmar-se-á o direito destes em prejuízo daqueles, nos termos do citado artigo 171, § 5° .

Findo o prazo de preferência, é possível que restem ações não subscritas. Na companhia aberta, o órgão que deliberou a emissão deverá dispor sobre as sobras; poderá mandar vendê-las em Bolsa (com ágio em benefício da companhia) ou rateá-las, na proporção dos valores subscritos, entre os acionistas que tiverem pedido, no boletim ou lista de subscrição, reserva de sobras; nesse caso, a condição constará dos boletins e listas de subscrição e o saldo não rateado será vendido em Bolsa. Na companhia fechada, as ações não subscritas pelos titulares do direito de preferência serão oferecidas, em rateio, aos acionistas que fizeram a subscrição das ações que lhes competiam, na proporção dos valores subscritos. Se ainda assim sobrarem títulos, poderão ser subscritos por terceiros, de acordo com os critérios estabelecidos pela assembleia geral ou pelos órgãos da administração.

O estatuto da *companhia aberta* que contiver autorização para o aumento do capital pode prever a emissão, sem direito de preferência para os antigos acionistas, ou com redução no trintídio decadencial para o exercício do direito de preferência, de ações e debêntures conversíveis em ações, ou bônus de subscrição, cuja colocação seja feita mediante (artigo 172 da Lei 6.404/1976): (1) venda em bolsa de valores ou subscrição pública; ou (2) permuta por ações, em oferta pública de aquisição de controle (artigos 257 e 263). Ademais, o estatuto da companhia, ainda que fechada, pode excluir o direito de preferência para subscrição de ações nos termos de lei especial sobre incentivos fiscais (artigo 172, parágrafo único).

8.2 Redução do capital social

A assembleia geral poderá deliberar a redução do capital social (1) havendo perdas no patrimônio líquido da sociedade (déficit), reduzindo o capital até o montante dos prejuízos acumulados, ou (2) por julgar que o capital social é excessivo. Se a proposta de redução do capital social for formulada pelos administradores, não poderá ser submetida à deliberação da assembleia geral sem o parecer do conselho fiscal, se a companhia o tem em funcionamento; se não estiver em funcionamento, 10% das *ações com direito a voto* ou 5% das *ações sem direito a voto* poderão requerer a sua instalação, em qualquer assembleia geral, elegendo seus membros de imediato, a tempo de submeter-lhes a pretensão e obter o respectivo parecer. A partir da deliberação de redução, ficarão suspensos os direitos correspondentes às ações cujos certificados tenham sido emitidos, até que sejam apresentados à companhia para substituição (artigo 172, § 3º).

A redução do capital social em face de perdas é uma adequação contábil da empresa e acaba por revelar que a coletividade social considera que a companhia pode existir com capital menor, assimilando as perdas anteriormente verificadas. Essa redução, até o limite dos prejuízos acumulados, implica renúncia de direito por parte dos acionistas, que veem pulverizar-se o valor contábil de suas ações, nominal ou não, sem que haja amortização, resgate ou reembolso. Já a redução do capital social considerado excessivo determina (1) restituição aos acionistas de parte do valor das ações e/ou (2) a diminuição do valor não integralizado, podendo chegar à importância das entradas. Embora o legislador não o tenha listado no corpo do artigo 174, também devem ser compreendidos como forma de redução do capital social considerado excessivo o resgate de ações (artigos 19 e 30, § 1º, *b*), ou a sua compra para posterior extinção (cancelamento), tal como prevista no artigo 30, § 1º, *b*, da Lei 6.404/1976.

Se houver em circulação debêntures emitidas pela companhia, a redução do capital, por qualquer das hipóteses acima, não poderá ser efetivada sem prévia aprovação pela maioria dos debenturistas, reunidos em assembleia especial. O mesmo, creio, deve ocorrer quando estejam em circulação ações preferenciais com direito de resgate, tal como permitido pelo artigo 19 da Lei 6.404/1976, excetuando-se o caso de trazerem cláusulas que protejam seus titulares na hipótese de o resgate não se dar no tempo e modo ajustado. Ademais, tal redução somente se tornará efetiva 60 dias após a publicação da ata da assembleia geral que a tiver deliberado (artigo 174, *caput*, da Lei 6.404/1976). Excetuam-se apenas as hipóteses de reembolso de ações, fruto do exercício do direito de retirada – o que será estudado no Capítulo 20 –, além da redução do capital fruto da inadimplência de acionista no dever de integralizar os títulos que subscreveu.

Durante aquele prazo de 60 dias, os credores quirografários por títulos anteriores à data da publicação da ata poderão, mediante notificação, de que se dará ciência ao registro do comércio da sede da companhia, opor-se à redução do capital.

Decairão desse direito os credores que o não exercerem dentro do prazo. Reitero, no entanto, o que disse no Capítulo 13: o patrimônio passivo (as obrigações da companhia) é garantido pelo patrimônio ativo (suas faculdades); a redução de capital é ato gratuito, sem contraprestação dos beneficiários, não se podendo admitir o prejuízo de credores da companhia, em benefício dos acionistas. Haveria, no mínimo, quebra do dever de boa-fé e probidade. Portanto, mesmo que não tenha havido oposição do credor, os acionistas que receberam parcelas do capital social, a título de restituição pela redução do capital registrado, ou que por tal tiveram seus débitos para com a companhia, fruto da obrigação não satisfeita de integralizar o capital subscrito, serão solidariamente responsáveis pelos débitos sociais, até o valor do proveito que tiveram. Isso, no mínimo, em função do que se encontra estabelecido no artigo 158 do Código Civil. A oposição faz-se em benefício do credor. É apenas uma faculdade sua, não uma obrigação. Facilita a execução de seu crédito, evitando que, diante do inadimplemento da companhia, deva executar os acionistas reembolsados ou beneficiários da remição dos valores por realizar.

Findo o prazo de 60 dias, se não houve oposição, a ata da assembleia geral que houver deliberado a redução de capital será arquivada no Registro do Comércio. Mesmo havendo oposição, o arquivamento será possível se a companhia comprovar que efetuou o pagamento do respectivo crédito ou, mesmo, que providenciou o depósito judicial da importância.

17
Constituição das Sociedades por Ações

1 FUNDAÇÃO

Não se contrata uma sociedade por ações, como se faz com a sociedade por quotas. Institui-se ou funda-se uma sociedade por ações. Não é mera questão de palavras. A sociedade por quotas é contratada, pressupondo um ajuste recíproco entre seus membros, todos constando do contrato social e assinando-o. A sociedade por ações é instituída por meio de uma assembleia geral de fundação; seus acionistas não constam do estatuto e sequer é preciso que todos estejam presentes à assembleia de fundação. Importa o ato de instituir, de criar a companhia, não decorrendo, daí, serem os sócios contratantes entre si, ou que tenham direitos e deveres recíprocos, como ocorre entre quotistas. A identificação e mútuo reconhecimento entre os sócios, elemento essencial das sociedades contratuais, é aqui acidental. As companhias são sociedades *intuitu pecuniae* por essência, sendo a identidade de seus sócios um elemento acessório, ocupando um plano secundário; cabe à companhia e à sua atividade negocial o primeiro plano.

Obviamente, pode ocorrer – e não é raro – constituição de *sociedades por ações* que rompam com essa lógica, assemelhando-se às sociedades contratuais, com mútuo reconhecimento e aceitação entre os sócios. Essas particularidades de casos dado em concreto não são suficientes para negar o regime legal aplicável às companhias. Mas a jurisprudência tem evoluído para responder a essas especificidades, modalizando o tratamento jurídico destinado a tais exceções.

Parte Especial II – Cap. 17 • Constituição das Sociedades por Ações **313**

Para a constituição de uma sociedade por ações é necessário atender a um conjunto de requisitos elementares (artigo 80 da Lei 6.404/1976); a companhia não se constituirá sem que sejam atendidos. Esses requisitos podem ser atendidos *simultaneamente*, permitindo a pronta e imediata constituição da companhia, o que é mais comum quando o número de sócios é restrito, ou *sucessivamente*, elemento a elemento o que é mais comum quando a companhia se constitui pela adesão de investidores diversos, sem prévio reconhecimento ou ajuste, seguindo, aliás, a ideia geral que norteia o instituto.

Todas as ações em que se divide o capital social deverão estar subscritas por, pelo menos, duas pessoas. Só se admite unicidade social para constituição de *subsidiária integral* (artigo 251 da Lei 6.404/1976) ou de empresa pública constituída sob a forma de sociedade anônima, que poderá ter o Estado como único acionista. De resto, a constituição exige pluralidade de acionistas. O artigo 206, I, *d*, da Lei 6.404/1976, permitindo unicidade societária excepcional, não se aplica à constituição, mas apenas a companhias já existentes que, por qualquer motivo, enfrentam a eventualidade de ver suas ações concentradas nas mãos de uma única pessoa. Também não se aceita, quando da constituição, que uma ou mais ações da companhia não tenham titular definido, estando sob titularidade da própria companhia, que as mantenha em tesouraria, como excepcionalmente admitido pelo artigo 30, § 1º, alíneas *b* e *c*, da Lei das Sociedades Anônimas.

A constituição da companhia ainda requer a realização de uma *entrada*: 10% do preço de emissão das ações subscritas, no mínimo, deverão estar integralizados em dinheiro. Não se aceitam, para essa entrada, bens de outra natureza. Esse percentual mínimo pode ser elevado, por lei ou regulamento, para certa categoria de sociedades. Não é necessário, para a constituição, que o capital social esteja totalmente integralizado, podendo ser estipulado prazos ou termos para o pagamento do restante do preço de emissão. Para garantir a efetivação desse requisito, o percentual mínimo deverá ser depositado no Banco do Brasil S.A. ou em outro estabelecimento bancário autorizado pela Comissão de Valores Mobiliários (artigo 80, III, da Lei 6.404/1976). Esse depósito deverá ser feito pelo fundador da companhia, no prazo de cinco dias contados do recebimento das quantias dos subscritores (artigo 81). O depósito será feito em nome do subscritor e a favor da sociedade em organização. Uma vez levada a registro a ata de fundação, com o estatuto da companhia, estará criada a pessoa jurídica (a sociedade anônima) que, assim, poderá levantar os valores depositados a seu favor, utilizando-os para suas atividades.

Se a companhia não se constituir em seis meses da data do depósito, o banco restituirá as quantias depositadas diretamente aos subscritores. Trata-se de mera faculdade dos subscritores, que podem admitir prazo de constituição superior a seis meses, aceitando que seu dinheiro fique, por mais tempo, depositado a favor da companhia, esperando que sejam subscritas todas as ações e realizados ao menos 10% do capital social. Dessa forma, parece-me que o artigo 81, parágrafo

314 Direito Empresarial Brasileiro: Direito Societário • Mamede

único, da Lei 6.404/1976 não estabelece um prazo máximo (indisponível) para a constituição da sociedade, mas apenas um direito que visa proteger os subscritores, para que não fiquem com seus valores indefinidamente comprometidos, depositados a favor de uma companhia que não se concretiza, afinal. O dispositivo apenas cria, a favor dos subscritores, uma faculdade de *desistência imotivada do empreendimento*, quando transcorrido o aludido semestre. Imotivada, reitero: completado aquele período, poderão os subscritores simplesmente requerer à instituição financeira que lhes restitua, diretamente, quantias depositadas. Mas é um direito disponível: é-lhes lícito manter o dinheiro por mais tempo se ainda interessados na constituição da companhia.

2 SUBSCRIÇÃO PÚBLICA

A constituição da companhia pode fazer-se por *subscrição pública* ou por *subscrição privada* de ações. A subscrição privada cria companhias fechadas (que podem ter seu capital aberto posteriormente). A subscrição pública cria companhias abertas, sendo feita por meio de *oferta pública*,[1] com a intermediação obrigatória de instituição financeira. Regulada pelo artigo 82 da Lei 6.404/1976, a *subscrição pública* exige prévio *registro da emissão* na Comissão de Valores Mobiliários, com apresentação de (1) estudo de viabilidade econômica e financeira do empreendimento; (2) o projeto do estatuto social; e (3) o prospecto, organizado e assinado pelos fundadores e pela instituição financeira intermediária.

O *estudo de viabilidade econômica e financeira do empreendimento* deve orientar os investidores sobre a sociedade e a empresa, o universo econômico no qual se incluirá, explanando sobre o objeto social, seus possíveis desdobramentos futuros (produtos ou serviços que poderão ser desenvolvidos), setores do mercado em que atuará e seus números, demanda atual, perspectivas futuras, avaliações sobre insumos (energia, matéria-prima etc.), expectativas confiáveis e fundamentadas sobre o retorno do investimento. Também devem ser expressados os aspectos negativos que sejam relevantes, como riscos. A omissão dos aspectos negativos caracteriza dolo por omissão, impedindo formação adequada da vontade pelos investidores.

A publicação do projeto de estatuto tem importância vital. Embora caiba à *assembleia de fundação* (*assembleia dos subscritores*) aprovar o estatuto, somente por unanimidade dos presentes poderá ser ele alterado (artigo 87, § 2º, da Lei 6.404/1976). Não basta um esboço ou um estudo; deve apresentar-se completo, satisfazendo a todos os requisitos exigidos para os contratos das sociedades mercantis em geral, designadamente os requisitos que são peculiares às companhias,

---

[1] O mercado usa o a abreviatura IPO (do inglês *initial public offering*).

Parte Especial II – Cap. 17 • Constituição das Sociedades por Ações **315**

com especial ênfase às normas pelas quais se regerá a companhia (artigo 83 da Lei 6.404/1976).

Já o prospecto, segundo o artigo 84 da Lei das Sociedades Anônimas, deverá mencionar, com precisão e clareza, as bases da companhia e os motivos que justifiquem a expectativa de bom êxito do empreendimento, e, em particular, os seguintes elementos: (1) o valor do capital social a ser subscrito, o modo de sua realização e a existência ou não de autorização para aumento futuro; (2) a parte do capital a ser formada com bens, a discriminação desses bens e o valor a eles atribuído pelos fundadores; (3) o número, as espécies e classes de ações em que se dividirá o capital; o valor nominal das ações, e o preço da emissão das ações; (4) a importância da entrada a ser realizada no ato da subscrição; (5) as obrigações assumidas pelos fundadores, os contratos assinados no interesse da futura companhia e as quantias já despendidas e por despender; (6) as vantagens particulares, a que terão direito os fundadores ou terceiros, e o dispositivo do projeto do estatuto que as regula; (7) a autorização governamental para constituir-se a companhia, se necessária; (8) as datas de início e término da subscrição e as instituições autorizadas a receber as entradas; (9) a solução prevista para o caso de excesso de subscrição; (10) o prazo dentro do qual deverá realizar-se a assembleia de constituição da companhia, ou a preliminar para avaliação dos bens, se for o caso; (11) o nome, a nacionalidade, o estado civil, a profissão e a residência dos fundadores, ou, se pessoa jurídica, a firma ou denominação, a nacionalidade e a sede, bem como o número e a espécie de ações que cada um houver subscrito;[2] (12) a instituição financeira intermediária do lançamento, em cujo poder ficarão depositados os originais do prospecto e do projeto de estatuto, com os documentos a que fizerem menção, para exame de qualquer interessado.

Se o prospecto não permite a adequada compreensão da companhia e do empreendimento, por exemplo pelo fato de conter informações falsas, imprecisas ou insuficientes (entre outros defeitos), a subscrição será anulável, já que o subscritor se enganará sobre elemento substancial do negócio jurídico, relativo à qualidade do objeto da declaração. As informações divulgadas ao mercado compõem a *oferta*, compreendida como formulação unilateral de condições a partir das quais se o ato jurídico deve concretizar-se. A anulação, com a retirada do acionista e reem-

---

[2] João Eunápio Borges realça a importância que se deve dar à pessoa dos fundadores, realçando que a preocupação do homem de negócio normal – e ele expressamente exclui "os *otários*, dos que caem nos contos, seja do anel, seja do bilhete, seja das sociedades anônimas" (*sic*) – é examinar as qualidades pessoais dos que estão à frente da fundação para avaliar se irá ou não subscrever ações; raramente lê os estatutos da sociedade, preocupando-se mais com a idoneidade moral e financeira, a experiência e a competência dos fundadores que, quase sempre, tornam-se diretores da empresa em organização. (BORGES, João Eunápio. Sociedade de pessoas e sociedades de capital – a sociedade por cotas de responsabilidade limitada. *Revista Forense*, Rio de Janeiro, v. 128, ano 47, p. 18, mar. 1950.)

bolso do que expendeu, decorre da simples prova da falsidade ou exagero doloso (*omissões graves ou promessas temerárias*) nos termos da proposição ao mercado, não sendo necessária prova de que o subscritor foi efetivamente enganado, o que empurraria o debate para uma infrutífera investigação *do estado psicológico do subscritor*.[3] De acordo com o artigo 287, II, *b*, prescreve em três anos a ação contra os fundadores para deles haver reparação civil por atos culposos ou dolosos, no caso de violação da lei, do estatuto ou da convenção de grupo, contado o prazo da data da publicação dos atos constitutivos da companhia.

Examinando o requerimento, a Comissão poderá (1) deferir o registro, (2) condicioná-lo a modificações no estatuto ou no prospecto ou (3) denegá-lo por inviabilidade ou temeridade do empreendimento, ou inidoneidade dos fundadores. A exigência de modificações, assim como a denegação, são atos que devem apresentar-se devidamente fundamentados, permitindo compreensão e revisão pelo Judiciário (artigos 5°, XXXV, e 37 da Constituição da República).

O subscritor, no ato da subscrição das ações a serem realizadas em dinheiro, pagará a entrada e assinará a lista ou o boletim individual autenticados pela instituição autorizada a receber as entradas, no qual será devidamente qualificado (artigo 85 da Lei 6.404/1976), sendo especificados o número das ações subscritas, sua espécie, classe e o total da entrada. A Lei 13.874/2019 incluiu dois parágrafos neste dispositivo. O primeiro permite que a subscrição seja feita, nas condições previstas no prospecto, por carta à instituição, acompanhada das declarações acima e do pagamento da entrada. O segundo dispensa a assinatura de lista ou de boletim na hipótese de oferta pública cuja liquidação ocorra por meio de sistema administrado por entidade administradora de mercados organizados de valores mobiliários.

3 ASSEMBLEIA GERAL DOS SUBSCRITORES

Atendidos todos os *requisitos elementares* (ou *requisitos preliminares*; artigo 80 da Lei 6.404/1976) e subscrito todo o capital social, os fundadores convocarão a *assembleia geral dos subscritores*, para deliberar sobre a constituição da companhia (artigo 86 da Lei 6.404/1976). A convocação se fará por anúncios que especifiquem hora, dia e local da reunião e que serão veiculados não apenas pela imprensa – nos jornais em que houver sido feita a publicidade da oferta de subscrição –, como também por meio de mídias que tenham sido usadas para a oferta pública da emissão, a exemplo de *site* específico na Internet. Nessa assembleia (também chamada de *assembleia de fundação* ou *assembleia de instituição da companhia*), a

---

[3] CAMPOS, João Vicente. Nulidade das subscrições pela falsidade dos prospectos. *Revista Forense*, Rio de Janeiro, v. 175, ano 55, p. 498, jan./fev. 1958.

Parte Especial II – Cap. 17 • Constituição das Sociedades por Ações **317**

companhia será fundada, mas o surgimento da pessoa jurídica somente ocorrerá com o registro público da ata dessa assembleia, contendo estatuto social aprovado, o que será feito na Junta Comercial.

A assembleia geral dos subscritores será presidida por um dos fundadores e secretariada por um dos subscritores (artigos 8° e 87 da Lei 6.404/1976). Será instalada, em primeira convocação, com a presença de subscritores que representem pelo menos a metade do capital social; se não alcançado esse *quorum*, será instalada, em segunda convocação, com qualquer número de acionistas. Nas companhias abertas, a primeira convocação deverá ser feita com 15 dias de antecedência, no mínimo, contados da publicação do primeiro anúncio; não se realizando a assembleia, será publicado novo anúncio, de segunda convocação, com antecedência mínima de oito dias.

Instalada a assembleia, será lido o recibo de depósito da parte do capital realizado em dinheiro, passando-se, na sequência, à discussão e votação do projeto de estatuto. Nessa assembleia, cada ação, independentemente de sua espécie ou classe, tem direito a um voto (artigo 87, § 2°, da Lei 6.404/1976), embora nem todas as matérias sejam deliberadas por apenas metade mais um dos presentes. É o que se passa com a aprovação do projeto de estatuto, certo que a maioria não tem poder para alterá-lo: se não há anuência de todos, não haverá alteração do estatuto. Fica claro, assim, que a subscrição tem o efeito jurídico de aprovação do projeto de estatuto, ainda que na da fase de constituição da empresa, considerado que, somente com a anuência dos próprios fundadores e de todos os demais subscritores poder-se-iam fazer alterações. De qualquer sorte, a maioria (mais da metade do capital social) pode se opor à constituição da companhia, criando o impasse. Não se trata, apenas, da maioria dos presentes à assembleia de fundação, mas de subscritores que representem mais da metade do capital social, isto é, a maioria do *capital social*. Esse poder de *oposição* à constituição acaba por instituir uma alternativa: diante do impasse, pode-se negociar a alteração do projeto de estatuto. Nesse sentido, embora nada tenha dito o legislador, parece-me perfeitamente possível que a assembleia de fundação seja suspensa, marcando-se nova data e constituindo-se grupos de estudo para harmonizar as posições conflitantes, permitindo-se, assim, o *levantamento* da oposição. Se for mantida a oposição de subscritores que representem mais da metade do capital social, o impasse impedirá a constituição da companhia.

Não havendo oposição de subscritores que representem mais da metade do capital social e observadas as formalidades legais, o presidente declarará constituída a companhia. Então, havendo oferecimento de bens para a integralização do capital social, as respectivas avaliações serão submetidas à assembleia. Em seguida, passa-se à eleição dos administradores, segundo as normas legais e estatutárias. Já não mais se exige unanimidade ou maioria do capital social; a eleição dos membros da administração se faz por maioria simples, computados os votos correspondentes às ações que tenham tal poder, comumente as ordinárias, salvo se

318 Direito Empresarial Brasileiro: Direito Societário • Mamede

o estatuto dispuser de forma diferente, incluindo a previsão de vantagem política para determinada classe de ações preferenciais.

Nas companhias abertas e nas de capital autorizado, por força do artigo 138, § 2º, da Lei 6.404/1976, haverá obrigatoriamente um conselho de administração; nas companhias de capital fechado, o conselho é facultativo, vale dizer, poderá ou não estar previsto como órgão de administração societária pelo estatuto social. Nas companhias em que existe previsão de um conselho, sua primeira composição será definida na assembleia de fundação, por maioria entre os subscritores presentes cujas ações exibam qualidade para tanto. Somente subscritores podem ser eleitos membros do conselho de administração, não fazendo a lei qualquer distinção entre espécies ou classes de ação.

Existindo um subscritor com poder de controle sobre a futura companhia, será lícito à minoria societária, mediante requerimento de subscritores que representem, pelo menos, 15% do total das *ações com direito a voto*, fazer uso da proteção anotada no artigo 141, § 4º, da Lei 6.404/1976, e exercer o direito legal (independentemente de previsão estatutária) de eleger, em separado (excluído o subscritor que detém o controle), um membro e seu suplente do conselho de administração. Como se trata de assembleia de instituição, não haverá falar em limitação do direito a período mínimo de participação acionária. Igual direito terão os subscritores de ações preferenciais sem direito a voto ou com voto restrito de emissão de companhia aberta, que representem, no mínimo, 10% do *capital social*, desde que não tenham exercido eventual direito de eleição, em separado, de ao menos um membro do conselho, se assim o prever o estatuto, à luz do artigo 18 da Lei 6.404/1976. De qualquer sorte, se a minoria entre os subscritores de ações ordinárias não conseguir preencher o *quorum* para o exercício do direito de eleição em separado, nem os subscritores de ações preferenciais, o artigo 141, § 5º, permite-lhes agregar suas ações para elegerem em conjunto um membro e seu suplente para o conselho de administração, desde que representem, no mínimo, 10% do *capital social*. O exercício de tais direitos de proteção às minorias não deve, contudo, provocar distorções, cerceando os direitos da maioria (dos controladores) sobre a companhia, razão pela qual dever-se-á assegurar ao subscritor ou subscritores que titularizem 50%, ou mais, das ações com direito de voto, o direito de eleger conselheiros em número igual ao dos eleitos pelos demais subscritores, mais um, independentemente do número de conselheiros que, segundo o estatuto, irá compor o órgão.

A eleição dos membros da diretoria será feita conforme estipulação do estatuto, havendo, no mínimo, dois membros. Podem ser eleitos acionistas ou não, mas os eleitos serão, obrigatoriamente, residentes no país, por determinação do artigo 146. Havendo um conselho de administração, serão os seus membros quem elegerão os membros da diretoria; aliás, é lícito eleger membros do conselho de administração, até o limite de 1/3 de sua composição, para a diretoria, conforme estipulação do artigo 143, § 1º, sempre da Lei 6.404/1976. Nas companhias fecha-

Parte Especial II – Cap. 17 • Constituição das Sociedades por Ações **319**

das, não havendo conselho, a eleição da primeira diretoria se fará na assembleia de fundação (assembleia de subscritores), se não se optar por constituição por escritura pública, como faculta o artigo 88 da Lei e será estudado no item seguinte.

No que diz respeito ao conselho fiscal, sua existência é sempre obrigatória, segundo o artigo 161 da Lei 6.404/1976, mas seu funcionamento poderá ser *permanente* ou *eventual*, conforme preveja o estatuto. Se permanente, já na assembleia de fundação seus membros serão eleitos. A eleição dos membros do conselho fiscal de funcionamento permanente, no âmbito da assembleia de fundação, será feita tomando-se os votos dos subscritores de ações que detenham poder de voto para tanto. De qualquer sorte, garante-se aos subscritores de ações preferenciais sem direito a voto, ou com voto restrito, o direito de eleger, em votação em separado, um membro e respectivo suplente; igual direito terão os subscritores de ações com direito a voto que sejam minoritários, desde que representem, em conjunto, 10% ou mais das ações com direito a voto; as demais vagas (membros efetivos e suplentes) serão escolhidas pelos demais subscritores de ações com direito a voto, exigindo o artigo 161, § 4º, *b*, que tais escolhidos sejam em número superior, em um membro, aos eleitos por minoritários e preferencialistas.

O que se passou na assembleia será reduzido a termo, em ata que narrará resumidamente o que se passou, incluindo discussões, objeções e protestos, além de deliberações. Aliás, é direito de qualquer dos subscritores presentes fazer constar em ata determinada particularidade: manifestação, ato ou fato, certo que o documento é prova do que se passou na assembleia. A ata será lavrada em duplicata, sendo lida ao final da assembleia e submetida à sua aprovação. Será, então, assinada por todos os subscritores presentes, ou por quantos bastem à validade das deliberações; um exemplar ficará em poder da companhia e o outro será destinado ao registro do comércio. A ata faz prova do que se passou, gozando de presunção *iuris tantum* (relativa) de veracidade: presume-se que o seu conteúdo retrate fielmente a assembleia, mas permite-se que, judicialmente, seja feita prova em contrário.

4 SUBSCRIÇÃO PARTICULAR

Na *subscrição particular* de ações, cria-se uma companhia fechada, ou seja, seus títulos não são oferecidos a todo o mercado, indistintamente, não se submetendo ao controle da Comissão de Valores Mobiliários. A constituição da sociedade, nesse caso, aproxima-se do que se passa com as sociedades contratuais, embora com distinções nítidas. Justamente por isso, o artigo 88 da Lei 6.404/1976, embora permita a constituição da companhia fechada por procedimento *análogo* ao da subscrição pública de ações, incluindo *assembleia de fundação* (*assembleia de subscritores*), aceita a constituição da sociedade fechada por meio de simples escritura pública, considerando-se fundadores todos os subscritores. Optando-se pela assembleia geral *de constituição*, deverão ser entregues à assembleia o projeto do estatuto, assinado em duplicata por todos os subscritores, além das listas ou boletins de subscrição de todas as ações. A assembleia se realizará, em primeira convocação, com oito dias de antecedência, no mínimo, contado o prazo da publicação do primeiro anúncio; não se realizando a assembleia, será publicado novo anúncio, de segunda convocação, com antecedência mínima de cinco dias (artigo 124, § 1º, I, da Lei 6.404/1976).

Optando-se pela escritura pública, basta mandar lavrá-la em Cartório de Registro de Títulos e Documentos, devendo ser assinado por todos os subscritores para que tenha validade. A escritura, diz o artigo 88, § 2º, deverá conter: (1) a qualificação dos subscritores; (2) o estatuto da companhia; (3) a relação das ações tomadas pelos subscritores e a importância das entradas pagas; (4) a transcrição do recibo do depósito da entrada; (5) a transcrição do laudo de avaliação dos peritos, caso tenha havido subscrição do capital social em bens; (6) a nomeação dos primeiros administradores e, quando for o caso, dos fiscais. A assinatura da escritura traduz aprovação do estatuto e anuência com os valores atribuídos aos bens usados para integralizar o capital social. A eleição da administração, nesse caso, não se faz por apuração de votos (por escrutínio), mas por convenção entre os instituidores, constando da escritura pública a composição do conselho de administração (se houver) e da diretoria. É facultado fazer constar apenas a existência do conselho social, sem nomeação de seus membros, para posterior eleição (artigo 161 da Lei 6.404/1976). Se o estatuto prevê funcionamento permanente do conselho fiscal, seus membros e suplentes também deverão estar nomeados na escritura pública de constituição da companhia por subscrição particular.

Há elementos que são comuns às subscrições públicas ou privadas. Assim, o subscritor pode fazer-se representar na assembleia geral ou na assinatura da escritura pública por procurador com poderes especiais (artigo 90 da Lei 6.404/1976). Em ambos os casos, os atos e publicações devem se referir a *companhia em organização*, assim como em ambos os fundadores responderão, no âmbito das respectivas atribuições, pelos prejuízos resultantes da inobservância de preceitos legais; mas se a subscrição for pública, essa responsabilidade alcançará as instituições financeiras que participarem da constituição (artigo 91). Essa responsabilidade por atos ou operações anteriores à constituição, das quais haja resultado prejuízo por dolo, culpa ou abuso de direito, é solidária entre os fundadores (artigo 92). Também é comum a obrigação de serem entregues, pelos fundadores aos primeiros administradores eleitos, todos os documentos, livros ou papéis relativos à constituição da companhia ou a esta pertencentes.

5 INTEGRALIZAÇÃO DAS AÇÕES

A constituição da companhia, aberta ou fechada, demanda integralização do capital social para que, assim, seja formado o seu patrimônio econômico, elemento

Parte Especial II – Cap. 17 • Constituição das Sociedades por Ações **321**

necessário à concretização de suas finalidades genéricas (produção de lucro) e específicas (realização de seu objeto social). A obrigação de integralizar é voluntariamente assumida, decorrendo da subscrição de ações. A subscrição, portanto, é ato por meio do qual o subscritor/acionista se obriga, com a companhia, a aportar determinado valor para a formação de seu patrimônio e, em contrapartida, assume a condição de titular das respectivas ações que lhe definem direitos sobre a sociedade. A integralização das ações subscritas se fará conforme as condições previstas no estatuto ou no boletim de subscrição. Omissos esses, nada versando sobre o montante da prestação e/ou o prazo ou data do pagamento, caberá aos órgãos da administração efetuar chamada, mediante avisos publicados na imprensa, por no mínimo três vezes, fixando prazo, não inferior a 30 dias, para o pagamento (artigo 106, § 1º, da Lei 6.404/1976).

A realização do capital, originalmente é obrigação do subscritor; mas se há transferência, onerosa ou gratuita, das ações, sem que tenha havido integralização de todo o capital social correspondente, haverá sucessão na obrigação de realizar: o novo acionista estará obrigado, perante a companhia, a integralizar o capital, mesmo que o contrário tenha sido estipulado entre cedente e cessionário, já que tal negócio é, em relação à empresa, *res inter alios acta*. O único efeito dessa cláusula, estipulando a obrigação do cedente, é permitir ao cessionário, que integralizar o capital, regressar contra aquele.

5.1 Integralização por incorporação de bens

O capital social da companhia pode ser integralizado não só a partir de contribuições em dinheiro, mas igualmente pela incorporação de qualquer espécie de bens suscetíveis de avaliação em dinheiro (artigo 7º da Lei 6.404/1976). Fala-se em incorporação pois os bens oferecidos são absorvidos pelo patrimônio societário; a sociedade passa a ser titular do bem, ao passo que o sócio é titular de ações devidamente integralizadas. Somente bens – o que inclui dinheiro e crédito – podem ser utilizados para a integralização do capital subscrito. Não se permite a contribuição em serviços, isto é, não há falar em aplicação, nem mesmo subsidiária, dos artigos 997, V, e 1.006 do Código Civil.

O bem oferecido não precisa ser de propriedade do subscritor; pode pertencer a terceiro que concorde com sua transferência para a sociedade, realizando o valor das ações subscritas por outrem. Nessa hipótese, o terceiro – proprietário da coisa (móvel ou imóvel) ou titular do direito – deverá apresentar instrumento prometendo entregar o bem para incorporação ao patrimônio social, caso (1) concorde com a avaliação e (2) sejam o bem e seu valor aprovados pela assembleia. Embora não contemplada pelo legislador, essa possibilidade exsurge clara do princípio de que se pode adquirir direito para si ou para outrem, além das regras específicas de pagamento a favor de terceiros, por mera liberalidade ou não. Afora figuras

322 Direito Empresarial Brasileiro: Direito Societário • Mamede

jurídicas específicas, como a alienação fiduciária em garantia ou o penhor de ações, devidamente anotadas nos registros da companhia, as relações havidas entre o acionista e o terceiro que integraliza as ações, feitas em dinheiro ou em bens, são estranhas à sociedade. São *res inter alios acta*, isto é, coisa passada entre outros. O terceiro, portanto, não tem qualquer ação contra a sociedade fundada no negócio havido entre si e o acionista, excetuadas, por óbvio, aquelas que digam respeito a nulidades ou anulabilidades típicas (coação, fraude contra credores). Nesse sentido, se no negócio lateral, do qual surgiu a *dação em integralização*, o acionista não adimplir a obrigação ali assumida, o terceiro dador do bem para integralização não poderá voltar-se contra a companhia.

A *dação de bens em integralização* principia por sua oferta, por determinado valor, aos fundadores da companhia. Se aceitos por esses, proceder-se-á à avaliação, feita por três peritos ou por empresa especializada, conforme nomeação na assembleia geral dos subscritores (artigo 8º da Lei 6.404/1976). Embora o legislador nada tenha dito a respeito, parece-me inequívoco que a assembleia de subscritores pode recusar, por maioria dos presentes, a integralização das ações pela integralização daqueles bens, considerando que não são úteis à companhia. Poderá, ainda, recusar o valor ofertado e condicionar a integralização a valor menor, desde que chancelado pela avaliação pericial. De qualquer sorte, os bens não poderão ser incorporados ao patrimônio da companhia por valor acima do que lhes tiver dado o subscritor, ainda que os avaliadores digam valer mais (artigo 8º, § 4º). O oferecimento do bem caracteriza promessa de sua transferência por aquele valor, cabendo aos fundadores, considerando-o útil para a companhia, submeter a oferta à assembleia de subscritores. A avaliação dos peritos ou empresa avaliadora apenas orientará a assembleia de fundação. Tem-se, portanto, situação que se amolda à previsão do artigo 427 do Código Civil: o subscritor, com a oferta do bem por determinado valor, manifesta sua vontade vinculante; bastará à assembleia aceitar a oferta para que a transferência se complete.

O laudo de avaliação deverá ser fundamentado, indicando critérios usados, elementos de comparação, sendo instruído com documentos relativos aos bens avaliados. Permitem, assim, que qualquer interessado entenda a avaliação. Exige-se ainda que os avaliadores estejam presentes à assembleia que conhecer do laudo, prestando as informações que lhes forem solicitadas. Se o valor da avaliação for inferior ao oferecido, o subscritor ou o terceiro que ofereceu o bem poderá recusar a *dação em integralização* por menos que a oferta.

Se o subscritor recusar o valor atribuído ao bem na avaliação, inferior à sua oferta, ou se a assembleia de subscritores recusar o bem, o valor da oferta ou o valor da avaliação, o projeto de constituição da companhia ficará sem efeito (artigo 8º, § 3º, da Lei 6.404/1976). Parece-me proveitoso, todavia, reconhecer que a inutilização do projeto pode ser contornada sempre que o subscritor e a assembleia aceitem que a integralização das ações subscritas seja feita em dinheiro, bem de inegável fungibilidade, permitindo que outro bem seja adquirido para

Parte Especial II – Cap. 17 • Constituição das Sociedades por Ações **323**

tanto. Contudo, se o bem tiver importância vital no projeto de constituição da companhia, tal solução poderá inviabilizar-se. É o que se passaria se a companhia estivesse sendo constituída para a produção de determinado bem cuja patente fora oferecida por um dos subscritores, mas que, ao final, recusou o valor da avaliação, por ser inferior à sua oferta.

Se o subscritor aceitar o valor e a assembleia aprovar a *dação em integralização* (bem e respectivo valor), os bens incorporar-se-ão ao patrimônio da companhia, competindo aos primeiros diretores cumprir as formalidades necessárias à respectiva transmissão que, na falta de declaração expressa em sentido contrário, se fará a título de propriedade ou titularidade (artigo 9º da Lei 6.404/1976). A importância da norma, contudo, está mais no que não diz, do que em seu texto expresso; com efeito, ao definir como regra geral a transferência dos bens à companhia a título de propriedade, mas aceitar declaração expressa em contrário, deixa claro que a integralização do capital poderá fazer-se por meio de negócio distinto da transmissão em definitivo. Assim, deve-se ter por regular a integralização das ações subscritas por meio de negócios como o arrendamento de imóvel (apurando os avaliadores qual seria o valor de mercado para tal cessão provisória do *ius utendi* do bem pelo prazo proposto) ou a cessão por prazo certo de marca.

Com a aceitação da integralização, tanto os avaliadores quanto o subscritor responderão perante a companhia, perante os acionistas e mesmo perante terceiros, pelos danos que lhes causarem por culpa ou dolo na avaliação dos bens. Essa responsabilidade civil pode somar-se à responsabilidade penal, se o ato (ação ou omissão) caracterizar fato penalmente típico. Em se tratando de bens em condomínio, cotitularizados por dois ou mais subscritores, a responsabilidade desses será solidária. Aliás, a responsabilidade civil do subscritor ou de acionistas que contribuam com bens para a formação do capital social será idêntica à do vendedor, com o que responderão tanto pela evicção, quanto pela existência de vícios redibitórios (artigo 10 da Lei 6.404/1976). Se a integralização se fez por transferência de crédito, o subscritor ou acionista responderá pela solvência do devedor.

A responsabilidade dos avaliadores, ademais, pode afirmar-se perante o próprio subscritor, mesmo quando não tenha aceito o valor da avaliação, sempre que tenham se comportado com dolo ou culpa – ou mesmo abuso de direito – no desempenho de seu mister, causando dano ao ofertante (artigo 8º, § 6º, da Lei 6.404/1976; artigos 186, 187 e 927 do Código Civil). Tal ação prescreve em um ano, contado da publicação da ata da assembleia geral que aprovar o laudo (artigo 287, I, *a*, da Lei 6.404/1976).

É passível de indeferimento o pedido de arquivamento de contratos sociais ou suas alterações em que haja incorporação de imóveis à sociedade, por instrumento particular, quando do instrumento não constar a descrição e identificação do imóvel, sua área, dados relativos à sua titulação, bem como o número da matrícula no Registro Imobiliário, e a outorga uxória ou marital, quando necessária. Atente-se, contudo, ao que foi decidido pela Terceira Turma do Superior Tribunal

324 Direito Empresarial Brasileiro: Direito Societário • Mamede

de Justiça quando julgou o Recurso Especial 1.743.088/PR: "1. A estipulação prevista no contrato social de integralização do capital social por meio de imóvel indicado pelo sócio, por si, não opera a transferência de propriedade do bem à sociedade empresarial. De igual modo, a inscrição do ato constitutivo com tal disposição contratual, no Registro Público de Empresas Mercantis, a cargo das Juntas Comercias, não se presta a tal finalidade. 1.1 A integralização do capital social da empresa pode se dar por meio da realização de dinheiro ou bens móveis ou imóveis , havendo de se observar, necessariamente, o modo pelo qual se dá a transferência de titularidade de cada qual. Em se tratando de imóvel, como se dá no caso dos autos, a incorporação do bem à sociedade empresarial haverá de observar, detidamente, os ditames do art. 1.245 do Código Civil, que dispõe: transfere-se entre vivos a propriedade mediante o registro do título translativo no Registro de Imóveis. 1.2 O registro do título translativo no Registro de Imóveis, como condição imprescindível à transferência de propriedade de bem imóvel entre vivos, propugnada pela lei civil, não se confunde, tampouco pode ser substituído para esse efeito, pelo registro do contrato social na Junta Comercial, como sugere a insurgente. 1.3 A inscrição do contrato social no Registro Público de Empresas Mercantis, a cargo das Juntas Comercias, destina-se, primordialmente, à constituição formal da sociedade empresarial, conferindo-se-lhe personalidade jurídica própria, absolutamente distinta dos sócios dela integrantes. 2. Explicitado, nesses termos, as finalidades dos registros em comento, pode-se concluir que o contrato social, que estabelece a integralização do capital social por meio de imóvel indicado pelo sócio, devidamente inscrito no Registro Público de Empresas Mercantis, não promove a incorporação do bem à sociedade; constitui, sim, título translativo hábil para proceder à transferência da propriedade, mediante registro, perante o Cartório de Registro de Imóveis em que se encontra registrada a matrícula do imóvel."

5.2 Incorporação de imóveis

Sendo ofertados e aceitos bens imóveis para a integralização de ações, sua incorporação à companhia não exige escritura pública (artigo 89 da Lei 6.404/1976). Basta levar ao Registro de Imóveis a ata da assembleia que aprovou a incorporação. De acordo com o artigo 98, § 2º, da Lei 6.404/1976, a certidão dos atos constitutivos da companhia, passada pelo registro do comércio em que foram arquivados, será o documento hábil para a transferência, por transcrição no registro público competente, dos bens com que o subscritor tiver contribuído para a formação do capital social. Para tanto, a ata da assembleia geral que aprovar a incorporação, na letra do § 3º, deverá identificar o bem com precisão, mas poderá descrevê-lo sumariamente, desde que seja suplementada por declaração, assinada pelo subscritor, contendo todos os elementos necessários para a transcrição no registro público. Atenção: a incorporação do imóvel do sócio à companhia deverá ser inscrita (registrada) no Cartório de Registro de Imóveis, e não apenas averbada.

Parte Especial II – Cap. 17 • Constituição das Sociedades por Ações **325**

Essas regras sobre a incorporação de bens, designadamente de imóveis, aplicam-se igualmente ao aumento de capital (artigo 170, § 3º, da Lei 6.404/1976), embora as entradas e as prestações da realização das ações possam ser recebidas pela companhia independentemente de depósito bancário (artigo 170, 4º). Essa disposição prestigia o fato de a companhia já estar constituída, já ter personalidade jurídica e, assim, estar capacitada (de direito e de fato) para ser titular das referidas importâncias, incorporando-as, de imediato, à sua contabilidade, cuja escrituração já está em curso, ao contrário do que se passa com a fase de constituição. De resto, também será feita sua avaliação por três peritos ou por empresa especializada, nomeados na assembleia geral que deliberar a emissão das novas ações. Procedida tal avaliação, a assembleia será convocada para deliberar sobre a incorporação, presentes os peritos ou a empresa avaliadora, a fim de apresentar o laudo (fundamentado, com indicação dos critérios de avaliação e elementos de comparação adotados, devidamente instruídos com documentos), além de prestarem as informações que lhes forem solicitadas. Se o subscritor aceitar o valor aprovado pela assembleia, os bens incorporar-se-ão ao patrimônio da companhia, competindo aos diretores cumprir as formalidades necessárias à respectiva transmissão. A ata da assembleia que aprovar a incorporação do bem, devidamente registrada na Junta Comercial, também será o documento hábil para a transferência, por transcrição no registro público competente, dos bens com que o subscritor tiver contribuído para a formação do capital social também no aumento de capital.

5.3   Acionista remisso

Considera-se acionista remisso àquele que está em mora com sua obrigação de integralizar o capital, sendo facultado à companhia executá-lo pelas importâncias devidas, servindo o boletim de subscrição e o aviso de chamada como título extrajudicial (artigo 107 da Lei 6.404/1976). A ausência do pagamento, nas condições previstas no estatuto ou boletim, ou na chamada, implica constituição em mora, de pleno direito, isto é, independentemente de notificação premonitória, sujeitando-se ao pagamento dos juros, da correção monetária e da multa que o estatuto determinar, esta não superior a 10% (dez por cento) do valor da prestação (artigo 106, § 2º). Se o sócio remisso for o adquirente de ações, originalmente subscritas por outrem, todos alienantes os que participaram da cadeia de sucessão, desde o subscritor original até o último alienante, são solidariamente responsáveis, podendo ser executados; tal responsabilidade cessará, em relação a cada alienante, no fim de dois anos a contar da data da transferência das ações (artigo 108). Obviamente, se a obrigação for satisfeita por coobrigado, poderá regressar contra o acionista, cobrando o valor que pagou, acrescido de despesas processuais, correção monetária e juros remuneratórios.

A companhia poderá, em lugar da execução, optar por mandar vender, em Bolsa de Valores, por conta e risco do acionista, as ações não integralizadas (artigo 107, II, da Lei 6.404/1976). Não se trata de negociação habitual de valores mobiliários admitidos no mercado aberto, mas de *leilão especial* na Bolsa de Valores do lugar da sede social, ou, se não houver, na mais próxima. O legislador utilizou-se da Bolsa de Valores como ambiente propício para a solução da inadimplência do acionista, independentemente de se tratar, ou não, de companhia aberta. O leilão será objeto de aviso, publicado por três vezes, com antecedência mínima, na última veiculação, de três dias da data de sua realização. O legislador não disse se as ações devem ser leiloadas em bloco ou se é possível ao interessado arrematar apenas uma parte do lote total das ações levadas à venda. A solução, creio, é dada pelo artigo 25 da Lei 6.404/1976, facultando a emissão de certificados de múltiplos de ação. Parece-me, portanto, ser possível arrematar tanto a totalidade do lote das ações, quanto apenas uma parte delas. Essencialmente, a melhor solução é aquela que atende a todas as partes, se possível, inclusive o acionista remisso.

O legislador nada falou sobre lanço mínimo. Pode-se argumentar que a expressão *por conta e risco do acionista* admite o risco de um valor menor à participação de cada ação no capital social, cabendo ao acionista remisso o dever de complementar o valor. Some-se o § 3º do mesmo artigo 107, que se refere à faculdade de a companhia promover a cobrança judicial se o preço apurado para as ações oferecidas em Bolsa não bastar para pagar os débitos do acionista. Essa interpretação, contudo, atenta contra o princípio da preservação da empresa, podendo determinar o enriquecimento do arrematante em desproveito do restante da comunidade acionária: não conseguindo haver do acionista remisso a diferença, seria criado um déficit patrimonial com o leilão. Isso seria lesivo à empresa, aos demais sócios e mesmo a terceiros que com ela mantêm relações jurídicas. Justamente por isso, parece-me que o leilão deve ter por *valor mínimo* – ou *valor de base* – o valor correspondente à participação de cada ação no patrimônio social.

Do produto da venda serão deduzidas as *despesas com a operação*, impedindo que a companhia se enriqueça indevidamente, à custa daqueles que atuaram na concretização dos atos necessários à venda por meio do leilão especial (107, § 2º, da Lei 6.404/1976). O dispositivo, contudo, parece-me equivocado em seus termos; a bem da verdade, somente haverá dedução se o resultado matemático for igual ou superior à parcela da contribuição social em aberto (o *quantum* da inadimplência do acionista remisso); afinal, esse *plus* tem por destino o acionista remisso e, assim, haverá dedução do valor que lhe é devido. Se a arrematação se der pelo valor mínimo – correspondente, como visto, ao valor de participação de cada ação para a formação do capital social –, não poderá haver, em sentido jurídico e contábil, uma dedução, pois isso implicaria produzir um déficit contábil: integralização das ações por valor menor, criando um descompasso entre o *capital registrado* e o *capital efetivamente integralizado*. Cuida-se, portanto, não de dedução, mas de retenção (*ius retentionis*), pelo responsável pelo leilão especial, do valor correspondente às despesas com a operação. Se essa retenção se fizer sobre o valor devido à companhia, a integralização deverá ser contabilizada pelo seu valor integral e as *despesas com a operação* serão contabilizadas, no passivo, como despesas. O resultado matemático pode ser o mesmo, mas o resultado contábil não o é, já que a contabilidade envolve não apenas valores, mas valores qualificados por suas respectivas rubricas escriturárias. Dessa forma, o que se terá é: (1) o capital social foi integralizado pelo ingresso do valor integral do lance mínimo; (2) houve despesas no montante x, retidas sobre o valor do lanço destinado à integralização: são despesas e não realização a menor do capital social. Essa despesa, por seu viés jurídico, caracterizará valor correspondente a um direito de regresso contra o ex-acionista, ao qual poderão ser acrescidos juros, correção monetária e multa, se previstos no estatuto. *Mutatis mutandis*, se o lanço superar o valor do lanço mínimo e, ademais, o valor das despesas com a operação de venda por leilão especial, a sobra (*superfluum*) ficará à disposição do ex-acionista, na sede da sociedade (artigo 107, § 2º).

A companhia não pode renunciar ao direito de executar o acionista remisso e devedores solidários ou de vender suas ações em leilão especial, bem como à opção de, iniciada a execução, mandar vender a ação em Bolsa de Valores (artigo 107, §§ 1º e 3º, da Lei 6.404/1976). Uma previsão em contrário, deve ter-se como *não escrita*, já que contraria determinação legal. Também é direito definido em lei a execução judicial, após a opção pela venda em Bolsa, se as ações oferecidas não encontraram tomador, ou se o preço apurado não bastar para pagar os débitos do acionista. Se a companhia não conseguir, por qualquer desses meios, a integralização das ações, poderá declará-las caducas e fazer suas as entradas realizadas, integralizando-as com lucros ou reservas, exceto a legal; se não tiver lucros e reservas suficientes. Nesse caso, terá o prazo de um ano para colocar as *ações caídas* em *comisso*; findo esse prazo sem que se encontre comprador, a assembleia geral deliberará sobre a redução do capital em importância correspondente (artigo 107, § 4º).

Parece-me, contudo, que se deve reconhecer, prejudicialmente, a possibilidade de aplicação subsidiária dos artigos 1.004 e 1.058 do Código Civil: permitir aos demais acionistas – sócios que são – tomarem para si as ações não realizadas, excluindo o primitivo titular e devolvendo-lhe o que houver pago, deduzidos os juros da mora, as prestações estabelecidas no estatuto, mais as despesas. Poderão, igualmente, deliberar pela redução da participação societária do acionista remisso ao montante já realizado, tomando para si as demais ações, integralizando-as, ou, ainda, buscando acionista apenas para aquelas que sobrem de tal redução. Sob tal ângulo, a declaração de caducidade se dará, especificamente, sobre o montante resultado da redução, e fazer suas as entradas realizadas, integralizando-as com lucros ou reservas, exceto a legal. Se, ainda assim, não conseguirem integralizá--las, não tendo lucros e reservas suficientes para tanto, mesmo no prazo ânuo acima referido, e sem encontrar comprador para elas, será inevitável recorrerem à redução do capital em importância correspondente.

6 REGISTRO

Como a existência legal das pessoas jurídicas dá-se com o registro respectivo, nenhuma companhia poderá funcionar sem que sejam arquivados e publicados seus atos constitutivos (artigos 45 do Código Civil e 94 da Lei 6.404/1976). Se a companhia houver sido constituída por deliberação em assembleia geral, deverão ser arquivados no registro do comércio do lugar da sede: (1) um exemplar do estatuto social, assinado por todos os subscritores; sendo pública a subscrição, também deverão ser apresentados os originais do estatuto e do prospecto, assinados pelos fundadores, bem como do jornal em que tiverem sido publicados; (2) a relação completa, autenticada pelos fundadores ou pelo presidente da assembleia, dos subscritores do capital social, com a qualificação, número das ações e o total da entrada de cada subscritor; (3) o recibo do depósito da parte do capital realizado em dinheiro; (4) duplicata das atas das assembleias realizadas para a avaliação de bens, se houver; (5) duplicata da ata da assembleia geral dos subscritores que houver deliberado a constituição da companhia. Se a companhia tiver sido constituída por escritura pública, bastará o arquivamento de certidão do instrumento, segundo o artigo 96 da Lei das Sociedades Anônimas.

À Junta Comercial a que for requerido o registro cumprirá examinar se as prescrições legais foram observadas na constituição da companhia, bem como se no estatuto existem cláusulas contrárias à lei, à ordem pública e aos bons costumes. O arquivamento poderá ser negado por inobservância de prescrição ou exigência legal ou por irregularidade verificada na constituição da companhia, hipótese na qual os primeiros administradores eleitos deverão convocar imediatamente a assembleia geral para sanar a falta ou irregularidade, ou autorizar as providências que se fizerem necessárias (artigo 97 da Lei 6.404/1976). Tal assembleia obedecerá às mesmas regras da assembleia de subscritores e suas deliberações devem ser tomadas por acionistas que representem, no mínimo, metade do capital social. Se a falta for do estatuto, poderá ser sanada na mesma assembleia, a qual deliberará, ainda, sobre se a companhia deve promover a responsabilidade civil dos fundadores (artigo 97, § 1º). Com a 2ª via da ata da assembleia e a prova de ter sido sanada a falta ou irregularidade, o registro do comércio procederá ao arquivamento dos atos constitutivos da companhia. Lembre-se que também a criação de sucursais, filiais ou agências, observado o disposto no estatuto, será arquivada no registro do comércio.

Arquivados os documentos relativos à constituição da companhia, seus administradores providenciarão sua publicação e da certidão do arquivamento, em órgão oficial do local da sede, no prazo de 30 dias, contados do arquivamento, apresentando um exemplar do órgão oficial para ser arquivado no registro do comércio. Os administradores são solidariamente responsáveis perante a companhia pelos prejuízos causados pela demora no cumprimento das formalidades complementares à sua constituição, sendo que a companhia não responde pelos atos ou operações praticados pelos primeiros administradores antes de cumpridas as formalidades de constituição, embora seja possível à assembleia geral deliberar em contrário (artigo 99 da Lei 6.404/1976).

A ação para anular a constituição da companhia, por vício ou defeito, prescreve em um ano, contado da publicação dos atos constitutivos, sendo que, mesmo após a proposição da ação, é lícito à companhia, por deliberação da assembleia geral, providenciar para que seja sanado o vício ou defeito (artigo 285 da Lei 6.404/1976).

18
Titularidade e Negociabilidade da Ação

1 CAMBIARIDADE

Pensados como contratos, as sociedades por quotas têm a identificação de seus sócios no ato constitutivo, sendo que, a cada alteração da composição societária, faz-se necessária uma respectiva alteração contratual. Ademais, a grande maioria das sociedades contratuais foi constituída *intuitu personae*, com sócios que mutuamente se identificam, se reconhecem e se aceitam. Mesmo quando contratadas *intuitu pecuniae*, essa identificação mútua resulta do próprio ato constitutivo. Não é a mesma lógica das companhias, nas quais a pessoa dos sócios ocupa um segundo plano. Para as companhias, importa o capital investido a estruturação normativa que *entifica* a empresa, ou seja, que a torna um ente, uma pessoa, permitindo a realização de seu objeto social. Sua dimensão institucional (e sua vinculação ao *institucionalismo*) é muito mais forte que nas sociedades contratuais. Essa realidade conduz a um amplo espaço de negociabilidade dos títulos (e participações) societárias, sem que isso interfira na existência e no funcionamento da companhia.

Sob tal ângulo, a dimensão patrimonial da ação vê-se reforçada pela facilidade de circulação. A extinção das *ações ao portador* e das *ações endossáveis*, pela Lei 8.021/90, reduziu essa cambiaridade, mas não a afastou. Basta dizer que a transferência de ações não exige alteração estatutária, mas simples anotação em livro próprio, mantido pela companhia ou, em se tratando de ações escriturais, pela instituição financeira depositária. Os titulares de ações, ordinárias ou preferenciais, sabem que têm em seu patrimônio bens que podem ser facilmente cambiados e, assim, servem-lhes não apenas como títulos de participação social, dando-lhes

Parte Especial II – Cap. 18 • Titularidade e Negociabilidade da Ação **331**

acesso à vida societária (participação em deliberações, eleições, dividendos), mas também são facilmente negociáveis.

2 EMISSÃO DE AÇÕES

A *emissão de ações* constitui *criação originária de direito*, ocorra na fundação da companhia ou no aumento de capital. Cria-se uma faculdade jurídica, qual seja, o direito sobre uma fração ideal de participação na companhia (e, via de consequência, na empresa e no patrimônio coletivo). Na capitalização de lucros ou reservas, essa *criação originária de direito* tem um titular definido: o acionista que recebe os novos títulos. Nas demais hipóteses, não haverá, *a priori*, um titular definido, carecendo de subscrição para que a relação jurídica seja completada. Pela subscrição, uma pessoa (natural ou jurídica) torna-se sujeito ativo da relação jurídica que tem por objeto a fração ideal da companhia (ação); seu sujeito passivo imediato é a companhia, pessoa jurídica autônoma que é, havendo, ademais, sujeitos passivos mediatos, considerando que a titularidade da ação é oponível *erga omnes*, isto é, o titular da ação (o acionista) pode fazer valer seus direitos contra todos os demais seres humanos.

A emissão não encontra dimensão material necessária. A ação não está marcada, como os títulos de crédito, pelo princípio da cartularidade. Como há *unicidade de forma* nominativa, o certificado, se emitido, não a representa; apenas comprova-a. A emissão é, por essência, ato escritural, havido nos registros da companhia, não demandando sequer, para a sua validade e eficácia, a emissão de um *certificado de ações*.

Como é uma fração do capital social, a ação tem um *valor contábil*, resultado da divisão desse capital pelo número de ações. Na constituição da empresa, essa operação matemática levará em conta o valor escolhido para o capital social dividido pelo número de ações emitidas para representá-lo, conforme conste do projeto de estatuto e do prospecto (artigos 82, § 1º, 83 e 84 da Lei 6.404/1976) ou dos ajustes que precedem a escritura pública de fundação (artigo 88). No aumento de capital com emissão de novas ações (lembrando ser possível simplesmente aumentar o valor contábil, nominal ou não, das ações), divide-se o valor total do capital, incluindo o aumento, pelo somatório das ações já existentes com as que serão emitidas. Não se pode fixar o *preço de emissão* em valor inferior ao contábil, mesmo não havendo valor nominal definido no estatuto, sob pena de determinar, de antemão, um déficit inaceitável contábil. Afinal, o pagamento do *preço de emissão* não realizaria o *capital registrado*. O aporte de capital seria inferior ao registrado no estatuto. Por isso, se o preço de emissão é inferior ao valor nominal da ação (ou ao seu *valor não nomeado*, mas apurado contabilmente), a emissão será nula (artigo 13 da Lei 6.404/1976), com reconhecimento da responsabilidade civil e penal dos infratores.

Em oposição, nada impede que as ações sejam emitidas com preço superior ao seu valor contábil (capital social total dividido pelo número de ações). Também nisso as sociedades contratuais se distinguem das sociedades institucionais: quem subscreve ações não está simplesmente aderindo à coletividade social, mas adquirindo títulos amplamente negociáveis, que valorizam ou se desvalorizam conforme o desenvolvimento da companhia no mercado. Assim, as expectativas de lucratividade podem justificar um ágio entre o valor contábil e o preço de emissão. Esse sobre-preço de emissão é contabilizado como *reserva de capital*.

A fixação do preço de emissão, respeitado o valor mínimo (*valor contábil*), é de responsabilidade dos fundadores da companhia, quando a subscrição se faz para a sua constituição. Se a subscrição se fizer para aumento de capital, a assembleia geral ou o conselho de administração o fixarão, conforme atribuição estatutária de competência.

3 CERTIFICADO DE AÇÃO

A emissão de certificados para as ações dos acionistas só é permitida após cumpridas as formalidades legais de funcionamento da companhia. Será nula, se feita antes, sendo responsabilizados os infratores, penal e civilmente, por tal ato e pelos prejuízos que provoquem (artigo 23 da Lei 6.404/1976). Note-se que *emissão de ações* e *emissão de certificado de ações* são atos distintos; na emissão de ações tem-se a criação de frações ideais do capital social, a serem subscritas; na emissão de certificado de ações tem-se apenas a expedição de um documento que demonstra a titularidade de ações. Escritos em português, os certificados atenderão aos requisitos do artigo 24 da Lei 6.404/1976.

A companhia poderá contratar uma instituição financeira para escriturar suas ações, guardar os respectivos livros de registro e transferência de ações e emitir os respectivos certificados de ações (artigo 27 da Lei 6.404/1976). Essa instituição, pela função que desempenha, é chamada de *agente emissor de certificados*, devendo estar autorizada pela Comissão de Valores Mobiliários. O contrato com o *agente emissor* transfere a este, com exclusividade, a prática dos atos de registro e emissão de certificados; seu nome constará das publicações e ofertas públicas de valores mobiliários feitas pela companhia. A exclusividade tem por principal função impedir confusões que poderiam decorrer de uma duplicidade de registros.

A instituição financeira autorizada a funcionar como agente emissor de certificados de ações pode emitir título representativo das ações que receber em depósito, nominativo ou escritural, respondendo por sua origem e autenticidade (artigo 43 da Lei 6.404/1976). Dos certificados constarão (1) o local e a data da emissão; (2) o nome da instituição emitente e as assinaturas de seus representantes; (3) a denominação *Certificado de Depósito de Ações*; (4) a especificação das ações depositadas; (5) a declaração de que as ações depositadas, seus rendimentos e o valor recebido nos casos de resgate ou amortização somente serão entregues ao titular do certificado de depósito, contra apresentação deste; (6) o nome e a qualificação do depositante; (7) o preço do depósito cobrado pelo banco, se devido na entrega das ações depositadas; e (8) o lugar da entrega do objeto do depósito. Os certificados de depósito de ações poderão, a pedido do seu titular, e por sua conta, ser desdobrados ou grupados.

4 CUSTÓDIA DE AÇÕES FUNGÍVEIS

A expressão *ações fungíveis* (artigo 41 da Lei 6.404/1976) é infeliz. Não existem *ações fungíveis*: quer *espécie*, *classe* ou *forma de ação*. Existe, isso sim, um estado de fungibilidade de ações, resultado do contrato, com uma instituição financeira, autorizada pela Comissão de Valores Mobiliários, para que esta receba ações em depósito, como *valores fungíveis*. A *fungibilidade*, portanto, é situação que surge dos serviços de custódia prestados pela instituição depositária, que recebe do acionista as ações como bens que podem ser substituídos por outros da mesma espécie (ações da companhia *tal*), qualidade (espécie e classe da ação) e quantidade. Aliás, esse estado de fungibilidade aplica-se aos demais valores mobiliários (artigo 41, § 2º).

Ao receber ações em custódia, a instituição depositária adquire sua propriedade fiduciária. Assim, embora seja mera depositária das ações, a instituição financeira custodiante assume *status* jurídico de titular. O titular das ações é o depositante e sua propriedade se prova pelo próprio contrato de custódia. Justamente por isso, o § 1º do artigo 41 veda à instituição depositária dispor das ações. Mais: é sua obrigação devolver ao depositante a quantidade de ações recebidas, com as modificações resultantes de alterações no capital social ou no número de ações da companhia emissora, independentemente do número de ordem das ações ou dos certificados recebidos em depósito.

A instituição financeira representa, perante a companhia, os titulares das ações recebidas em custódia para, assim, receber dividendos e ações bonificadas; também é por meio dela que se exerce o direito de preferência para subscrição de ações (artigo 42 da Lei 6.404/1976), provando sua legitimidade pelo contrato firmado com o titular das ações (artigo 41, § 4º). Mas não o faz para si, ainda que tenha a propriedade resolúvel das ações. Fá-lo para o depositante; é ele, acionista, que faz jus aos dividendos ou que é titular do direito de preferência.

A instituição depositária deverá comunicar à companhia emissora, imediatamente, o nome do proprietário efetivo quando houver qualquer evento societário que exija a sua identificação; e no prazo de até dez dias, a contratação da custódia e a criação de ônus ou gravames sobre as ações (artigo 41 da Lei 6.404/1976). Deverá, também, fornecer à companhia a lista dos depositantes de ações, assim como a quantidade de ações de cada um, sempre que houver distribuição de divi-

334 Direito Empresarial Brasileiro: Direito Societário • Mamede

dendos ou bonificação de ações e, em qualquer caso, ao menos uma vez por ano (artigo 42, § 1º). A companhia, por seu turno, é terceira em relação ao ajuste, não respondendo perante o acionista nem terceiros pelos atos da instituição depositária das ações (artigo 42, § 3º, da Lei 6.404/1976).

5 NEGOCIABILIDADE

A titularidade da ação pode ser transferida *inter vivos* ou *causa mortis*, onerosa ou gratuitamente. No entanto, para a segurança do mercado, as ações de *companhia aberta* não podem ser negociadas se ainda não realizados, no mínimo, 30% do preço de emissão, sob sanção de nulidade do ato (artigo 29 da Lei 6.404/1976). A expressão *negociadas* limita a vedação aos atos *inter vivos*, designadamente a cessão, fruto de negócio oneroso ou gratuito (doação). Não atinge a sucessão *causa mortis* (artigos 6º e 1.784 e seguintes do Código Civil); com efeito, se proibida a transferência das ações, em face da morte do acionista, para os herdeiros legítimos ou testamentários, ter-se-ia, diante do fim da personalidade jurídica do sócio (artigo 6º do Código Civil), uma relação jurídica sem titular. A norma também não alcança atos judiciais, a exemplo da adjudicação, arrematação judicial, desapropriação etc., que não são negócios.

Em se tratando de companhia fechada, o estatuto pode impor limitações à circulação das ações, desde que sejam minuciosamente reguladas (artigo 36 da Lei 6.404/1976). O mais comum é a previsão de um direito de preferência para os próprios acionistas, a quem as ações deverão ser oferecidas primeiro, em igualdade de condições (preço, prazo de pagamento etc.). Todavia, essa limitação estatutária não pode traduzir, direta ou indiretamente, vedação de sua negociação, nem conduzir a uma depreciação injustificada, o que desrespeitaria a garantia constitucional de propriedade (artigo 5º, XXII, da Constituição da República). As limitações ainda não podem sujeitar o acionista ao arbítrio dos órgãos de administração da companhia ou da maioria dos acionistas (artigo 36). A limitação à circulação, se prevista em alteração estatutária, só se aplicará às ações cujos titulares com ela expressamente concordarem, o que será averbado no *livro de registro de ações nominativas*.

A transferência das ações, já que obrigatoriamente nominativas (artigo 20 da Lei 6.404/1976), opera-se por termo lavrado no *livro de transferência de ações nominativas*, datado e assinado pelo cedente e pelo cessionário, ou seus legítimos representantes. Se a transferência se deu em bolsa de valores, o cessionário será representado, independentemente de instrumento de procuração, pela sociedade corretora, ou pela caixa de liquidação da bolsa de valores. Se a transferência se deu em virtude de transmissão por sucessão universal ou legado, de arrematação, adjudicação ou outro ato judicial, ou por qualquer outro título, somente se fará

Parte Especial II – Cap. 18 • Titularidade e Negociabilidade da Ação **335**

mediante averbação no *livro de registro de ações nominativas*, à vista de documento hábil, que ficará em poder da companhia.

Dando uma solução para o Recurso Especial 1.196.634/RJ, a Terceira Turma do Superior Tribunal de Justiça sentenciou a "ineficácia da escritura de doação, ratificada em assembleia geral, para transferir a titularidade das ações doadas", lembrando que o artigo 31, § 1º, da Lei 6.404/1976 prevê que *a transferência das ações nominativas opera-se por termo lavrado no livro de "Transferência de Ações Nominativas", datado e assinado pelo cedente e pelo cessionário, ou seus legítimos representantes*. Em sua fundamentação, o acórdão diz: "quanto à transferência de ações de uma sociedade anônima, sabe-se que as ações nominativas transferem-se por registro no livro de transferência de ações nominativas, ou por averbação no livro de registro de ações nominativas, conforme a causa da transferência, a teor do que dispõe o artigo 31 da Lei das Sociedades Anônimas. [...] À luz desse dispositivo, verifica-se que a mera pactuação de uma doação de ações, como ocorreu no caso dos autos, não opera, por si só, a transferência das ações ao donatário [...] Acrescente-se que nem mesmo a alegada ratificação da escritura pública de doação pela Assembleia Geral Extraordinária produz o efeito de alterar a titularidade das ações, se não efetivado o registro ou a averbação no livro próprio, na forma da lei.

A *companhia aberta* pode suspender os serviços de transferência, conversão e desdobramento de certificados, por períodos que não ultrapassem, cada um, 15 dias, nem o total de 90 dias durante o ano. Para tanto, deverá comunicar as bolsas de valores em que suas ações forem negociadas e publicar anúncio da medida na imprensa (artigo 37 da Lei 6.404/1976). Tal possibilidade deve ser usada, sempre, a favor dos interesses da companhia, de seus acionistas minoritários – constituindo abuso se o for para benefício da maioria – e do mercado de valores mobiliários como um todo; é o que se passa às vésperas de importantes eventos sociais que podem mudar drasticamente a cotação dos títulos no mercado.

É possível negociar títulos mobiliários por meio de mandatário, a quem se outorgue procuração para tanto. Pode, inclusive, outorgar-lhe procuração em causa própria (*in rem suam*), permitindo à corretora-mandatária transferir os títulos para si mesma. Contudo, se conservará titular das ações e, assim, fará jus aos direitos correspondentes, como distribuição de dividendos e preferência na hipótese de emissão de novas ações, enquanto o negócio não se concretize, isto é, enquanto não seja lavrado o termo de cessão no *livro de transferência de ações nominativas*, datado e assinado pelo cedente e pelo cessionário, ou seus legítimos representantes.

5.1 Negociação de ações pela companhia: resgate, reembolso, amortização e recompra

Como regra geral, as companhias estão proibidas de adquirir suas próprias ações, medida que visa impedir fraudes, mormente especulações indevidas com

336 Direito Empresarial Brasileiro: Direito Societário • Mamede

os títulos. Todavia, o artigo 30 da Lei 6.404/1976, que faz tal proibição, lista algumas exceções que devem ser cuidadosamente examinadas. Em primeiro lugar, excetuam-se operações de *resgate*, *reembolso* ou *amortização*, previstas em lei. *Resgate* e *amortização* devem estar previstos no estatuo ou serem aprovados por assembleias extraordinárias especialmente convocadas para tal finalidade (artigo 44 da Lei 6.404/1976). No *resgate*, a companhia aplica lucros ou reservas de capital para pagar o valor da ação aos titulares de determinada classe de ações, convocados para tal finalidade, retirando-as definitivamente de circulação. Na *amortização*, lucros ou reservas de capital são aplicados para antecipar aos acionistas (de todas as classes de ações ou só de uma ou algumas), integral ou parcialmente, valores que lhes poderiam tocar em caso de liquidação da companhia, permitindo que os títulos sejam substituídos por *ações de fruição*. Não se tratam, a toda vista, de operações que possam ser compreendidas como negociação, em sentido estrito.

Por *reembolso* tem-se a indenização do acionista dissidente que exerce o seu direito de retirada, como se estudará adiante. No reembolso, a companhia paga aos acionistas dissidentes o valor de suas ações (artigo 45 da Lei 6.404/1976), nos moldes em que se estudará. O reembolso pode fazer-se por meio de redução proporcional do capital social, com extinção das ações reembolsadas. Havendo lucros não distribuídos ou reservas de capital, excetuada a reserva legal, pode-se usá-los para o reembolso, hipótese em que as ações reembolsadas serão transferidas para a companhia, que as manterá em tesouraria, sendo transferidas para outros acionistas no prazo de 120 dias; se a substituição não ocorrer nesse prazo, o capital social considerar-se-á reduzido no montante correspondente e as ações serão extintas, cumprindo aos órgãos da administração convocar a assembleia geral, dentro de cinco dias, para tomar conhecimento daquela redução.

Há outras situações que, essas sim, caracterizam negociação com as próprias ações, mas que são lícitas (artigo 30, § 1º, *b*, *c* e *d*). De abertura, a companhia pode adquirir suas próprias ações para conservá-las em tesouraria, desde que o pagamento se faça com o saldo de lucros ou reservas (excetuada a reserva legal), sem implicar diminuição do capital social, conforme regras expedidas pela Comissão de Valores Mobiliários. A Comissão, aliás, poderá subordinar a aquisição das próprias ações à prévia autorização em cada caso. O desrespeito a tais normas implica nulidade do negócio. Enquanto tais ações permanecerem em tesouraria, não terão direito a dividendo nem a voto (artigo 30, § 4º), mas podem ser vendidas pela companhia (artigo 30, § 1º), devolvendo os títulos ao mercado. Autorizada a recompra, a operação não precisa ser feita de uma só vez; a companhia pode efetuar a compra aos poucos, aproveitando-se de baixas maiores verificadas; pode mesmo abster-se de comprar, caso queira.

A possibilidade de recompra permite às companhias reagir a quedas excessivas no preço das ações negociadas no mercado aberto, apostando em si próprias e na qualidade de seus papéis: é uma demonstração de que, entre os investimentos disponíveis no mercado, a companhia acha que encontrará a melhor valorização em suas próprias ações. Dessa maneira, a iniciativa emite um sinal positivo para o mercado, já que a companhia sabe de seu estado e demonstra acreditar em si mesma. Ademais, a recompra também trabalha a favor da maior liquidez dos títulos em períodos de crise, já que os acionistas interessados em se desfazer de seus papéis encontrarão comprador.

A companhia ainda pode adquirir suas próprias ações para cancelá-las (artigo 30, § 1°, *b*), operação que se parece com o resgate, mas com uma diferença essencial: não se convocam os acionistas de determinada classe de ações para o resgate de seus títulos; os títulos são comprados no mercado, e então, cancelados. Quando as ações estão sendo negociadas no mercado aberto por valores inferiores ao seu valor patrimonial, tais operações representam ganhos para os acionistas, aumentando a participação das ações remanescentes no patrimônio empresarial, bem como sua participação nos dividendos. Justamente por isso, a recompra para cancelamento pode ser mais vantajosa para os acionistas minoritários do que a distribuição de dividendos: ela valoriza suas participações societárias, produzindo vantagens em médio e/ou longo prazos.

A manutenção em tesouraria ou o cancelamento também são destinos possíveis em outro negócio permitido pela mesma alínea *b*: a doação de ações, por seu titular, para a própria companhia. A última exceção à proibição de negociação é a deliberação da redução do capital social, quando considerado excessivo (artigo 30, § 1°, *d*, da Lei 6.404/1976), quando se delibere pela restituição aos acionistas de parte do valor das ações (artigo 174). Verificado que o preço das ações em bolsa é inferior ou igual à importância que deve ser restituída, é possível à companhia comprar as ações no mercado aberto, para então cancelá-las (extingui-las), em lugar da simples restituição aos acionistas, o que lesaria os interesses sociais.

6 DIREITOS DE TERCEIROS SOBRE A AÇÃO

Consideram-se móveis para os efeitos legais os direitos pessoais de caráter patrimonial (artigo 83, III, do Código Civil), entre os quais as ações. Assim, é possível que sejam constituídas relações jurídicas que, em sua gênese (nomeadamente romana), eram próprios das coisas (*res*), como o penhor, o usufruto, o fideicomisso e a alienação fiduciária em garantia (artigos 39 e 40 da Lei 6.404/1976), podem ser constituídos sobre a ação, ou melhor, sobre a *titularidade* (para alguns, *propriedade*) da ação.

6.1 Penhor de ação

As ações podem ser dadas em penhor (artigo 39 da Lei 6.404/1976), constituindo, portanto, uma relação de garantia real, ou seja, um direito real sobre coisa

338 Direito Empresarial Brasileiro: Direito Societário • Mamede

alheia. No penhor, há uma relação obrigacional cujo cumprimento é garantido por determinado bem. A garantia é relação jurídica acessória com natureza real, isto é, com validade *erga omnes*, nos mesmos moldes do direito de propriedade (artigo 1.419 do Código Civil). O bem garantidor não precisa ser oferecido pelo devedor; é lícito empenhar um bem em garantia da dívida de outrem. De qualquer sorte, seja a ação empenhada pelo próprio devedor ou por um terceiro em favor do devedor, constitui-se um vínculo real entre a relação obrigacional garantida e a titularidade da ação empenhada. Assim, diante do inadimplemento da obrigação garantida, o credor pignoratício terá o direito de excutir as ações empenhadas (artigo 1.422 do Código Civil), isto é, de converter o penhor em penhora, no âmbito de execução do título extrajudicial ou judicial, embora seja nulo o *pacto comissorio*, ou seja, a cláusula que autoriza o credor pignoratício a ficar com as ações empenhadas se a dívida não for paga no vencimento (artigo 1.428 do Código Civil), embora se aceite, após o vencimento, a dação das ações em pagamento da dívida.

Para que o penhor de ação seja eficaz, o contrato no qual a garantia seja oferecida deverá atender às exigências do artigo 1.424 do Código Civil, declarando: (1) o valor do crédito, sua estimação, ou valor máximo; (2) o prazo fixado para pagamento; (3) a taxa dos juros, se houver; (4) o bem dado em garantia, com as suas especificações. Ademais, a garantia deverá ser registrada, como exige o artigo 1.432 da Lei Civil, prevendo o artigo 39 da Lei 6.404/1976 que será feita averbação do respectivo instrumento no livro de registro de ações nominativas. Em se tratando de *ação escritural*, penhor se constitui pela averbação do respectivo instrumento nos livros da instituição financeira, a qual será anotada no extrato da conta de depósito fornecido ao acionista. Em ambos os casos, a companhia ou a instituição financeira tem o direito de exigir um exemplar do instrumento de penhor. O artigo 1.452 do Código Civil exige, para a constituição do penhor de direito, instrumento público ou particular, registrado no Registro de Títulos e Documentos.[1]

Em se tratando de obrigação da qual a própria companhia seja credora, aplica-se a regra que lhe impede negociar com seus títulos; assim, a companhia não poderá receber em garantia as próprias ações (artigo 30, § 3º, da Lei 6.404/1976). Ressalva-se o penhor de ações para assegurar a gestão dos administradores (artigo 148, § 3º); em fato, pode o estatuto estabelecer que o exercício do cargo de administrador seja assegurado mediante penhor de ações da companhia ou outra garantia.

6.2 Alienação fiduciária em garantia

As ações podem ser objeto de alienação fiduciária em garantia (artigo 40 da Lei 6.404/1976), contrato no qual a propriedade resolúvel do bem garantidor de uma

---

[1] Conferir MAMEDE, Gladston. *Código civil comentado*: penhor, hipoteca e anticrese: artigos 1.419 a 1.510, São Paulo: Atlas, 2003. v. 14.

Parte Especial II – Cap. 18 • Titularidade e Negociabilidade da Ação **339**

obrigação, bem como sua posse indireta, ficam com o credor, ao passo que o devedor fiduciário, assumindo a posição de fiel depositário, conserva sua posse direta. A alienação fiduciária em garantia pode ser contratada quando do financiamento da aquisição do bem; igualmente se admite que o devedor, para a garantia de uma obrigação qualquer (um empréstimo, como exemplo), transfira a propriedade resolúvel e a posse indireta de um bem seu para o credor, ficando com sua posse direta e assumindo a condição de depositário do bem garantidor (Súmula 28 do Superior Tribunal de Justiça). Como a propriedade fiduciária é resolúvel, satisfeita a obrigação, finda-se o domínio do credor sobre o bem e refaz-se a relação propriedade anterior, isto é, o bem volta para o domínio do devedor. A alienação fiduciária será anotada no *livro de registro de ações nominativas*; optando a companhia pela subforma escritural, a averbação será feita nos livros da instituição financeira, que os anotará no extrato da conta de depósito fornecida ao acionista.

A transferência da titularidade da ação, ainda que resolúvel, para o patrimônio do credor, deve ser vista com cuidado. Aplicando-se as regras válidas para as coisas (bens materiais), o credor assumiria, ainda que de forma resolúvel, a condição de titular das ações, ou seja, de acionista. Não é o que se passa no caso. Ainda que o legislador não a tenha explicitado em dispositivo próprio, o credor fiduciário fica com uma *titularidade nua*, isto é, o devedor fiduciante conserva as faculdades decorrentes da ação, como votar, receber dividendos e exercer o direito de preferência na hipótese de emissão de novas ações.

6.3 Usufruto

No usufruto de ação (artigo 40 da Lei 6.404/1976), o acionista concede a outrem (*usufrutuário* ou *usufruidor*), do direito de lhes conservar a posse, usá-las socialmente (inclusive para exercício de voto, nas hipóteses em que as ações o tenham) e perceber os frutos decorrentes (dividendos). A companhia, portanto, deverá reconhecer um acionista cuja titularidade está despida dos direitos que lhe decorreriam e de um *usufruidor das ações*, que legitimamente titularizará as faculdades decorrentes da ação que usufrui. O usufruto pode ser constituído por instrumento público ou privado, não há forma prescrita, embora deva ser averbado no *livro de registro de ações nominativas* ou nos livros da instituição financeira depositária, se as ações forem escriturais,

O usufruto estende-se aos acessórios do bem e seus acrescidos (artigo 1.392 do Código Civil), regra que só tem parcial aplicação no Direito Societário. Alcança a distribuição de dividendos: o usufrutuário tem o direito de os perceber, pois são frutos civis (artigo 1.394 do Código Civil). Ressalvam-se dividendos decorrentes de lucros já verificados, incluídos os que tenham sido contabilizados sob a rubrica de reservas de lucros a realizar. Afinal, os frutos civis, vencidos na data inicial do usufruto, pertencem ao proprietário, e ao usufrutuário os vencidos na data em que

340   Direito Empresarial Brasileiro: Direito Societário • Mamede

cessa o usufruto (artigo 1.398 do Código Civil). Excetua-se dessa regra, por óbvio, a hipótese de usufruto decorrente de doação de ações, quando o usufruidor fará jus aos dividendos pendentes, na qualidade de ex-titular (e donatário), bem como aos que venham a ser distribuídos no futuro, na nova qualidade: a de usufruidor.

Se há aumento de capital por incorporação de lucros ou reservas de capital (artigo 169 da Lei 6.404/1976) que seriam atribuídos aos usufrutuários, a ele pertencerão as novas ações, aplicado o mesmo princípio do artigo 1.392 do Código Civil. No entanto, havendo aumento de capital por subscrição de novas ações (artigo 170), o direito de preferência tem disciplina própria (artigo 171, § 5º): é atribuído em primeiro lugar ao acionista com titularidade nua das ações e, somente nos dez últimos dias do prazo para exercício da preferência, ao usufrutuário, diante da inércia daquele. O acionista, nu titular das ações, não está obrigado a entregar tais títulos ao usufrutuário das outras, já que a regra geral do artigo 1.392 do Código Civil, prevendo que o usufruto se estende aos acessórios da coisa e seus acrescidos, comporta exceção, segundo texto expresso do artigo, que principia por "salvo disposição em contrário". Mas poderá fazê-lo, por certo, sem que isso caracterize constituição de novo usufruto. Se o acionista não exerce o direito de preferência e o usufruidor o faz (artigo 171, § 5º, da Lei 6.404/1976), as ações subscritas pertencerão a este, o usufrutuário. O usufrutuário ainda poderá exercer o direito de preferência em nome do nu acionista, se dispõe de poderes para tanto.

O usufruto de ações extingue-se artigo (1.410 do Código Civil): (1) pelo acordo entre nu titular e usufruidor, por instrumento público ou privado, averbado no *livro de registro de ações nominativas* da companhia, ou, sendo escriturais as ações, nos livros da instituição financeira depositária, que o anotará no extrato da conta de depósito fornecida ao acionista e informará à companhia; (2) pela renúncia ou morte do usufrutuário; (3) atingindo-se o termo de sua duração, ou completando-se o respectivo prazo; (4) pela extinção da pessoa jurídica, em favor de quem o usufruto foi constituído; (5) pelo decurso de 30 anos da data em que a pessoa jurídica começou a exercer a função de usufruidora das ações; (6) pela cessação do motivo de que se origina; (7) pela liquidação da companhia (incluindo a hipótese de falência), hipótese análoga à *destruição da coisa*; (8) por *consolidação*, se uma só pessoa se tornar, por cessão ou sucessão, nu titular e usufruidor; (9) pelo não uso ou não fruição das ações em que o usufruto recai, deixando de levantar dividendos que, destarte, prescrevem. Se o usufruto for constituído em favor de duas ou mais pessoas, extinguir-se-á a parte em relação a cada uma das que falecerem, salvo se, por estipulação expressa, o quinhão desses couber ao sobrevivente (artigo 1.411 do Código Civil).

6.4   Demais cláusulas e ônus

Ações também podem ser objeto de fideicomisso artigo 40 da Lei 6.404/1976, ou seja, é lícito ao acionista instituir, por testamento, herdeiros ou legatários para

Parte Especial II – Cap. 18 • Titularidade e Negociabilidade da Ação **341**

as ações, estabelecendo que tais herdeiros ou legatários, na condição de *fiduciários*, conservem a titularidade resolúvel dos títulos sociais até (1) a sua morte, (2) até a verificação de certo termo ou prazo ou (3) sob certa condição, quando as ações serão transmitidas a outra pessoa, o *fideicomissário*, a favor de quem a titularidade se resolve. O fiduciário terá a titularidade das ações, até a realização da condição (seja a sua morte, seja outra condição).

Refere-se o artigo 40, ademais, a outras cláusulas e ônus que, igualmente, podem instituir-se sobre a ação, devendo ser igualmente averbados no *livro de registro de ações nominativas* ou no livro da instituição financeira depositária, em se tratando, respectivamente, de ação nominativa ou escritural; nesta última hipótese, ademais, deverá haver anotação no extrato da conta de depósito fornecida ao acionista; a ausência da averbação implica a inoponibilidade do direito perante terceiros. É o que se passará com a penhora das ações ou com o seu arresto. É preciso ainda atentar para o artigo 40, parágrafo único, da Lei 6.404/1976, quando contempla as figuras da *promessa de venda da ação e do direito de preferência à sua aquisição*. Em ambos os casos, há relações meramente obrigacionais que, habitualmente, não poderiam ser opostas a terceiros. Assim, no primeiro caso, há a assunção, onerosa ou gratuita, da obrigação jurídica de vender (promessa de venda), que pode ter, ou não, prazo, termo ou, mesmo, condição suspensiva para concretização; no segundo, a assunção da obrigação de privilegiar o beneficiário do direito de preferência quando, indeterminadamente, se vier a alienar a ação ou conjunto de ações. O referido dispositivo, todavia, permite a oposição da operação a terceiros mediante sua averbação no *livro de registro de ações nominativas* ou nos livros da instituição financeira depositária, em se tratando, respectivamente, de ação nominativa ou escritural.

19
Outros Títulos Societários

1 PARTES BENEFICIÁRIAS

Partes beneficiárias são instrumentos por meio dos quais a companhia fechada (somente ela) confere direito de participação em seus lucros (artigo 47, parágrafo único, da Lei 6.404/1976). A companhia os emite para alienar (reitero, fora do mercado aberto: há proibição de oferta pública), ou para atribuir a fundadores, acionistas ou terceiros, como remuneração de serviços prestados à companhia. Seus titulares não são acionistas, sendo vedado conceder-lhes qualquer direito que, por força de lei ou do estatuto social, seja privativo de acionista, salvo o de fiscalizar os atos dos administradores, nos termos legais (artigo 46, § 3º). Sua emissão e os direitos que conferem devem estar previamente especificados no estatuto social ou ser regulados pela assembleia geral que deliberar sua criação. Eventuais dúvidas que surjam sobre a extensão das faculdades conferidas e seu exercício interpretar-se-ão de forma restritiva aos beneficiários (artigo 114 do Código Civil). Distribuídas gratuitamente ou alienadas onerosamente, as partes beneficiárias são estranhas ao capital social, não representam frações ideais do patrimônio social e não têm valor nominal. Nem se pode chegar a um valor contábil por meio de cálculos que envolvam o capital social, o número de ações e/ou o número de partes beneficiárias. Ainda assim, são títulos passíveis de serem negociados (exclusivamente no mercado fechado, reitero), se o contrário não estiver estipulado pelo estatuto da companhia ou pela deliberação assemblear que os regulamentou (artigo 46 da Lei 6.404/1976).

As partes beneficiárias interpretam-se como títulos societários de crédito eventual contra companhia. O *crédito* é o direito de participação no lucro, nas

Parte Especial II – Cap. 19 • Outros Títulos Societários **343**

condições estipuladas pelo estatuto ou pela assembleia geral. A companhia está obrigada a esse pagamento e dele o titular da parte beneficiária é o credor. O crédito é *eventual* por estar condicionado à existência de lucros suficientes a atender a condição contábil para o pagamento das partes beneficiárias: a totalidade das partes beneficiárias emitidas pela companhia somente pode conferir um direito de participação de até 10% do lucro anual (artigo 46, § 2º, da Lei 6.404/1976). Para chegar ao lucro anual, parte-se do resultado do exercício, deduzidos os prejuízos acumulados e a provisão para o imposto de renda (artigo 189). Se o resultado for positivo, haverá lucro no exercício. O pagamento das partes beneficiárias não se fará sob tal montante, calculando-se primeiro a participação estatutária dos empregados e a participação dos administradores (artigo 190). A subtração de tais parcelas é sucessiva: primeiro os empregados, depois os administradores. Somente a seguir, havendo sobra, calcula-se o pagamento das partes beneficiárias, que somente pode concretizar-se à conta de (1) lucro líquido do exercício, (2) lucros acumulados e (3) reserva de lucros (artigo 201). O limite de 10% deve ser considerado, inclusive, para a formação de reserva para resgate das partes beneficiárias, se houver (artigo 46, § 2º).

Havendo pagamento indevido, mas recebido de boa-fé, não poderá exigir repetição dos titulares das partes beneficiárias, mas os administradores serão responsabilizados, civilmente e, sendo o caso, criminalmente. Havendo má-fé, é possível exigir o reembolso dos valores entregues. Prescreve em três anos a ação contra os administradores ou titulares de partes beneficiárias para restituição das participações no lucro recebidas de má-fé, contado o prazo da data da publicação da ata da assembleia geral ordinária do exercício em que as participações tenham sido pagas (artigo 287, II, *d*, da Lei 6.404/1976).

Se a companhia for liquidada, após solvido o passivo exigível, os titulares das partes beneficiárias terão direito de preferência sobre o que restar do ativo até a importância da reserva para resgate ou conversão (artigo 48, § 3º).

1.1 Emissão de partes beneficiárias

A emissão de partes beneficiárias compete privativamente à assembleia geral (artigo 122, VII, da Lei 6.404/1976), sendo necessária a aprovação de acionistas que representem metade, no mínimo, das *ações com direito a voto* (seu artigo 136, VIII). A norma é absolutamente falha, certo que a instituição de partes beneficiárias afeta, diretamente, o direito dos titulares de ações preferenciais. A companhia só pode pagar dividendos à conta de lucro líquido do exercício, de lucros acumulados e de reserva de lucros (artigo 201) (artigo 15, § 6º, e não no § 5º, como, equivocadamente, consta do artigo 201), a utilização de reserva de capital, no caso das ações preferenciais com prioridade na distribuição de dividendo cumulativo. Ora, no cálculo do lucro líquido do exercício, toma-se o resultado do exercício,

344 Direito Empresarial Brasileiro: Direito Societário • Mamede

deduzem-se os prejuízos acumulados e a provisão para o imposto de renda e, depois, as participações de (1) empregados, (2) administradores e (3) partes beneficiárias, sucessivamente e nessa ordem (artigo 191). Portanto, os preferencialistas são diretamente prejudicados pela criação de partes beneficiárias, razão pela qual sua criação deve ser aprovada pela assembleia dos preferencialistas. Ora, a deliberação que altera preferência e vantagens das ações preferenciais não só exige prévia aprovação ou ratificação, em prazo improrrogável de um ano, pela maioria dos preferencialistas – e não só dos presentes à assembleia especial convocada para tal finalidade (artigo 136, II) –, como dá aos acionistas dissidentes o direito de retirada (recesso), com reembolso de suas ações (artigo 137). Entender o contrário seria permitir que os ordinaristas, deliberando pela criação de partes beneficiárias, alterassem as vantagens dos preferencialistas, o que rompe com os princípios de proteção da vigente Lei das Sociedades por Ações.

Os títulos são criados em espécie e classe única, já que a todos corresponde igual direito de crédito eventual contra companhia, sem vantagens distintas, não podendo sequer conferir vantagem política ou conversibilidade. Também não é possível a criação de séries distintas; haverá uma única série. Ademais, devem ser nominativos, por força da Lei 8.021/91, sendo registrados em livros próprios, mantidos pela companhia (artigo 50, § 1º, da Lei 6.404/1976) ou por um agente emissor de certificados (artigos 27, 43 e 50, § 2º). Não é incompatível com o tratamento legislativo das partes beneficiárias o recurso à subforma escritural, determinando-se o seu depósito em instituição financeira designada pela companhia, que manterá a respectiva escrituração, fornecendo extratos para os titulares, como se passa com as ações.

Os certificados de parte beneficiária devem conter (artigo 49 da Lei 6.404/1976): (1) a denominação *parte beneficiária*; (2) a denominação da companhia, sua sede e prazo de duração; (3) o valor do capital social, a data do ato que o fixou e o número de ações em que se divide; (4) o número de partes beneficiárias criadas pela companhia e o respectivo número de ordem; (5) os direitos que lhes serão atribuídos pelo estatuto, o prazo de duração e as condições de resgate, se houver; (6) a data da constituição da companhia e do arquivamento e publicação dos seus atos constitutivos; (7) o nome do beneficiário; e (8) a data da emissão do certificado e as assinaturas de dois diretores. Caso a companhia por nomear um agente fiduciário dos titulares (artigo 51, § 3º), nos moldes aplicáveis às debêntures, deverá colocar o nome do agente no certificado de partes beneficiárias (artigo 64, XI). O prazo de duração deve ser disciplinado pelo estatuto da companhia, sendo que, se forem atribuídas gratuitamente, esse prazo não poderá ultrapassar dez anos, excetuada a hipótese de serem destinadas a sociedades ou fundações beneficentes dos empregados da companhia (artigo 48).

Em lugar do prazo de validade, é possível emitirem-se partes beneficiárias resgatáveis, isto é, títulos que, de acordo com a previsão estatutária ou a estipulação das condições pela assembleia geral, possam ser recomprados pela compa-

Parte Especial II – Cap. 19 • Outros Títulos Societários **345**

nhia para cancelamento (extinção). O resgate seguirá as regras estipuladas pelo estatuto ou pela deliberação assemblear; essas normas marcam a emissão e, assim, vinculam os beneficiários que as receberam, gratuita ou onerosamente. Pode-se prever o resgate pelo valor integral ou por valor a menor, com ou sem correção monetária ou juros. No entanto, a previsão de resgate exige criação de reserva especial para esse fim (artigo 48 da Lei 6.404/1976), mas também respeitando o já citado limite de 10% dos lucros (artigo 46, § 2°). Se o fundo for constituído com parcelas que deveriam ter sido distribuídas às partes beneficiárias, mas não o foram, por força daquela limitação, ocorrendo de não vir a ser empregado para sua finalidade específica – resgate desses títulos – far-se-á indispensável a distribuição de seu valor ou saldo de valor para os beneficiários das partes, sob pena de caracterizar não só enriquecimento ilícito da companhia, como também fraude às condições do benefício. Porém, se o percentual garantido às partes beneficiárias for interior àqueles 10% (ou 0,1) dos lucros, e a reserva especial formar-se com os recursos contábeis que sobejem à limitação legal, os valores não utilizados para o resgate pertencerão à companhia, bastando-lhe utilizar-se de reversão contábil para empregá-los conforme deliberação da assembleia geral: capitalizando-os, compensando-os com prejuízos ou anotando-os como lucros acumulados ou a distribuir, como exemplos.

Para modificar ou reduzir as vantagens conferidas às partes beneficiárias, faz-se necessária uma reforma do estatuto, aprovada não só pela assembleia geral, mas também por uma assembleia especial dos titulares de partes beneficiárias (artigo 51 da Lei 6.404/1976). Para a autorização prévia ou ratificação da alteração dos benefícios, demandam-se votos correspondentes a, no mínimo, metade dos títulos (independentemente do *quorum* verificado na assembleia especial), sendo que, se a companhia tiver títulos em tesouraria, não os poderá usar para votar (artigo 51, § 2°). Tal assembleia será convocada por meio da imprensa, com um mês de antecedência, no mínimo; se não comparecerem titulares representativos de pelo menos metade das partes beneficiárias emitidas, a assembleia não será instalada. Nessa hipótese, nova assembleia somente poderá ser convocada após seis meses (artigo 51, § 1°).

1.2 Conversibilidade em ações

É possível prever a conversibilidade das partes beneficiárias em ações, mediante capitalização da respectiva reserva especial (artigo 48, § 2°, da Lei 6.404/1976). O legislador não esclarece a qual reserva especial está-se referindo, parece-me que a reserva especial atenderá à previsão dos artigos 46, § 2°, e 48, *caput*, da Lei 6.404/1976: no limite de 10% do lucro líquido do exercício, será satisfeito o crédito das partes beneficiárias e, ademais, formada a reserva de capital referida. A mesma sequência jurídica e contábil se aplicará na hipótese de partes beneficiárias emitidas com a faculdade de o titular optar entre a conversão em ações ou o resgate,

346   Direito Empresarial Brasileiro: Direito Societário • Mamede

hipótese na qual a reserva especial servirá às duas finalidades, alternativamente, não me parecendo seja necessário haver duas rubricas contábeis distintas.

A emissão de partes beneficiárias conversíveis em ações cria outros desafios. Como há possível alteração da proporção societária, é fundamental reconhecer aos próprios acionistas a preferência em sua aquisição, quando onerosa (artigos 57, § 1°, 109, IV, e artigo 171, § 3°, da Lei 6.404/1976). Mas é preferência para subscrição onerosa das partes beneficiárias; não há preferência na atribuição gratuita. Nesta, além da natureza análoga à doação, tem-se a fundamentação específica (artigo 47): para remunerar fundadores, acionistas ou terceiros pelos serviços prestados à companhia. Quando muito, os acionistas poderão votar contra a disposição e, tendo sido vencidos e preenchidos os requisitos legais, exercerem o seu direito de retirada.

2 DEBÊNTURES

As sociedades por ações, abertas ou fechadas, podem emitir debêntures, que são instrumentos que conferem aos seus titulares um direito de crédito contra a companhia (artigo 52 da Lei 6.404/1976). A grande vantagem das debêntures é permitir o fracionamento do valor que se toma em mútuo; assim, se a companhia pretende tomar um milhão de reais emprestados, pode emitir um milhão de debêntures no valor, cada uma, de R$ 1,00, facilitando sejam encontrados mutuantes dispostos ao negócio proposto, cada qual subscrevendo um número próprio de títulos.

Debêntures são títulos de crédito em sentido largo. Não se confundem com as cambiais, estudadas no volume 3 (*Títulos de Crédito*) desta coleção, que são obrigações representadas por base material necessária: o papel (*cártula*), que, mais do que comprová-las, materializa-as. Nas debêntures, o crédito do debenturista independe de uma base material; o certificado de debênture é apenas *uma* prova da obrigação da companhia, não a materializa. Não é um título de apresentação, cujo pagamento somente se faz à vista da cártula, como o cheque. Não se submete, portanto, ao Direito Cambiário, mas ao Direito Societário, designadamente à Lei 6.404/1976. Isso fica claro, já no artigo 52 da Lei de Sociedades Anônimas, quando destaca que o crédito do titular de uma debênture contra a companhia está submetido às condições constantes da escritura de emissão e, se houver, do certificado. Não há incorporação, nem autonomia, podendo existir mesmo sem certificado.

Nesse sentido, quando o Recurso Especial 1.316.256/RJ foi submetido à Quarta Turma do Superior Tribunal de Justiça, decidiu-se que o artigo 70 da Lei Uniforme de Genebra (LUG), referente às notas promissórias e letras de câmbio, não se aplica às debêntures. Aplica-se a estas o artigo 206, parágrafo 5°, inciso I, do Código Civil, que estabelece prescrever em 5 (cinco) anos a pretensão de cobrança de dívidas líquidas constantes de instrumento público ou particular.

2.1 Agente fiduciário

Se os títulos forem distribuídos ou admitidos à negociação no mercado aberto, haverá intervenção obrigatória de um *agente fiduciário dos debenturistas* (artigo 61, § 1º, da Lei 6.404/1976), que será nomeado e deverá aceitar a função na escritura de emissão das debêntures. Somente podem ser nomeadas para a função as pessoas naturais que satisfaçam aos requisitos para o exercício de cargo em órgão de administração da companhia e as instituições financeiras que, especialmente autorizadas pelo Banco Central do Brasil, tenham por objeto a administração ou a custódia de bens de terceiros; é facultado à Comissão de Valores Mobiliários estabelecer que nas emissões de debêntures negociadas no mercado o agente fiduciário, ou um dos agentes fiduciários, seja instituição financeira (artigo 66).

Não pode ser agente fiduciário: (1) pessoa que já exerça a função em outra emissão da mesma companhia, a menos que autorizado, nos termos das normas expedidas pela Comissão de Valores Mobiliários; (2) instituição financeira coligada à companhia emissora ou à entidade que subscreva a emissão para distribuí-la no mercado, e qualquer sociedade por ela controlada; (3) credor, por qualquer título, da sociedade emissora, ou sociedade por ele controlada; (d) instituição financeira cujos administradores tenham interesse na companhia emissora; (e) pessoa que, de qualquer outro modo, coloque-se em situação de conflito de interesses pelo exercício da função. Se, por circunstâncias posteriores à emissão, o agente fiduciário ficar impedido de continuar a exercer a função, deverá comunicar imediatamente o fato aos debenturistas e pedir sua substituição (artigo 66, § 3º, da Lei 6.404/1976).

A função do agente fiduciário é representar, nos termos da Lei 6.404/1976 e da escritura de emissão, a comunhão dos debenturistas perante a companhia emissora. Mas não tem poderes para acordar na modificação das cláusulas e condições da emissão (artigo 70). São seus deveres (artigo 68): (1) proteger os direitos e interesses dos debenturistas, empregando no exercício da função o cuidado e a diligência que todo homem ativo e probo costuma empregar na administração de seus próprios bens; (2) elaborar relatório e colocá-lo anualmente à disposição dos debenturistas, dentro de quatro meses do encerramento do exercício social da companhia, informando os fatos relevantes ocorridos durante o exercício, relativos à execução das obrigações assumidas pela companhia, aos bens garantidores das debêntures e à constituição e aplicação do fundo de amortização, se houver; do relatório constará, ainda, declaração do agente sobre sua aptidão para continuar no exercício da função; (3) notificar os debenturistas, no prazo máximo de 60 (sessenta) dias, de qualquer inadimplemento, pela companhia, de obrigações assumidas na escritura da emissão. A escritura de emissão disporá sobre o modo de cumprimento desses dois últimos deveres, podendo atribuir ao agente fiduciário as funções de autenticar os certificados de debêntures, administrar o fundo de amortização, além de manter em custódia bens dados em garantia e efetuar os pagamentos de juros, amortização e resgate (artigo 69).

348 Direito Empresarial Brasileiro: Direito Societário • Mamede

Para proteger direitos ou defender interesses dos debenturistas, o agente fiduciário pode usar de qualquer ação, o que fará em nome próprio e na condição de representante, *ex vi legis*, dos debenturistas. No caso de inadimplemento da companhia, poderá (artigo 68, § 3º, da Lei 6.404/1976): (1) declarar antecipadamente vencidas as debêntures e cobrar o seu principal e acessórios, observadas as condições da escritura de emissão; (2) executar garantias reais, receber o produto da cobrança e aplicá-lo no pagamento, integral ou proporcional, dos debenturistas; (3) requerer a falência da companhia emissora, se não existirem garantias reais; (4) representar os debenturistas em processos de falência, recuperação judicial, intervenção ou liquidação extrajudicial da companhia emissora, salvo deliberação em contrário da assembleia dos debenturistas; (5) tomar qualquer providência necessária para que os debenturistas realizem os seus créditos.

Sua competência é atribuída pela lei e não comporta restrição ou renúncia. As cláusulas da escritura de emissão que restrinjam os deveres, atribuições e responsabilidade legal do agente fiduciário consideram-se *não escritas* (artigo 68, § 6º). As despesas que faça para proteger direitos e interesses ou realizar créditos dos debenturistas serão acrescidas à dívida da companhia emissora, gozando das mesmas garantias das debêntures, e preferirão a estas na ordem de pagamento (artigo 68, § 5º). As condições de substituição e remuneração do agente fiduciário serão estabelecidas pela escritura de emissão de debêntures; em se tratando de emissões distribuídas no mercado, de debêntures negociadas em bolsa ou no mercado de balcão, deverão ser observadas as normas expedidas pela Comissão de Valores Mobiliários, que, ademais, fiscalizará o exercício da função, podendo nomear substituto provisório, nos casos de vacância, e suspender o agente fiduciário de suas funções e dar-lhe substituto, se deixar de cumprir os seus deveres (artigo 67 da Lei 6.404/1976).

Se, no exercício das suas funções, causar prejuízos aos debenturistas, por culpa ou dolo, responderá civilmente. Prescreve em três anos a ação contra o agente fiduciário de debenturistas ou titulares de partes beneficiárias para dele haver reparação civil por atos culposos ou dolosos, no caso de violação da lei ou da escritura de emissão, a contar da publicação da ata da assembleia geral que tiver tomado conhecimento da violação (artigo 287, II).

2.2 Emissão de debêntures

A deliberação sobre emissão de debêntures é da competência privativa da assembleia geral (artigos 59, *caput*, e 122, IV, da Lei 6.404/1976), ouvido o conselho fiscal, sempre que esteja instalado (artigo 163, III), o que pode ocorrer, inclusive, diante da pretensão de emissão das debêntures. A deliberação da assembleia sobre o tema prescinde da proposição ou anuência dos órgãos da administração – conselho de administração (se houver) e/ou diretoria –, o que fica claro da leitura do

Parte Especial II – Cap. 19 • Outros Títulos Societários **349**

artigo 283 da mesma lei, que, no âmbito específico da sociedade em comandita por ações, exige consentimento dos diretores ou gerentes para a emissão de debêntures.

Para as companhias abertas, o artigo 59, em seu § 1º, traz regra específica, permitindo ao conselho de administração deliberar sobre a emissão de debêntures não conversíveis em ações, salvo disposição estatutária em contrário. Mais do que isso, o estatuto da companhia aberta poderá autorizar o conselho de administração a, dentro dos limites do capital autorizado, deliberar sobre a emissão de debêntures conversíveis em ações, especificando o limite do aumento de capital decorrente da conversão das debêntures, em valor do capital social ou em número de ações, e as espécies e classes das ações que poderão ser emitidas (artigo 59, § 3º, da Lei 6.404/1976).

A assembleia geral que deliberar a emissão de debêntures – ou, na hipótese de companhia aberta, o conselho de administração – deverá fixar seus elementos quantitativos e qualitativos, respeitando não apenas a legislação vigente, mas ainda o estatuto social. São oito elementos, listados pelo artigo 59 da Lei 6.404/1976. (1) O *valor da emissão ou os critérios de determinação do seu limite*, além de eventual *divisão em séries*, certo que a companhia pode efetuar mais de uma emissão, e cada emissão pode ser dividida em séries (artigo 53). O *valor de emissão* da debênture pode ser distinto do *valor nominal* e até inferior a este, cabendo à assembleia deliberá--lo. (2) O *número* e o *valor nominal* das debêntures. As debêntures devem ter *valor nominal*, que será igual entre todas da mesma série (artigos 53, parágrafo único, e 54). Esse valor deverá estar expresso em moeda nacional (artigos 318 do Código Civil e 54 da Lei 6.404/1976); salvo nas hipóteses do Decreto-lei 857/1969, é nula a emissão em moeda estrangeira. Será lícita, portanto, a emissão da debênture em moeda estrangeira quando o credor ou devedor seja pessoa residente e domiciliada no exterior, assim como quando o valor captado tenha por objeto a cessão, transfe-rência, delegação, assunção ou modificação dessas obrigações em que uma parte reside no exterior, ainda que, nesse caso específico, ambas as partes contratantes sejam pessoas residentes ou domiciliadas no país.

A escritura ainda deverá cuidar de: (3) *garantias reais* ou a *garantia flutuan-te*, se houver. Essas garantias serão estudas a seguir, sendo que debêntures da mesma série devem conferir as mesmas garantias (artigo 53, parágrafo único). (4) As condições da *correção monetária*, se houver, com base nos coeficientes fi-xados para correção de títulos da dívida pública, na variação da taxa cambial ou em outros referenciais não expressamente vedados em lei (artigo 54, § 1º). Não se aplica o artigo 4º, parágrafo único, da Lei 9.249/95, que veda a *utilização de qualquer sistema de correção monetária de demonstrações financeiras, inclusive para fins societários*, certo que não há *sistema de correção monetária de demonstrações financeiras*, mas apenas deferimento de correção monetária sobre o crédito repre-sentado pela debênture. Também é possível que a escritura de debênture assegure ao seu titular a opção de receber o pagamento do principal e acessórios, quando do vencimento, amortização ou resgate, em moeda ou em bens (artigo 54, § 2º). (5) *Conversibilidade ou não em ações* e as condições a serem observadas na conversão.

Também são elementos da escritura de emissão: (6) *época e condições de vencimento, amortização ou resgate*, que deverão também constar do certificado, se existir (artigo 55 da Lei 6.404/1976). A companhia pode estipular amortizações parciais de cada série, para o que deverá criar fundos específicos (reservas contábeis para permitir o cumprimento das amortizações previstas). Se o valor da amortização for certo, não se tratará de fundo, mas, em boa técnica contábil, de provisão para amortização de debêntures. Também é lícito à companhia reservar-se o direito de resgate antecipado, parcial ou total, dos títulos da mesma série, destacando, em ambos os casos, a necessidade de tratamento uniforme para todos os títulos de mesma série (artigo 53, parágrafo único). (7) *Época e condições do pagamento dos juros, da participação nos lucros e do prêmio de reembolso*, se houver, verbas passíveis de serem asseguradas pelas debêntures (artigo 56). "O prêmio de reembolso consiste no pagamento da debênture pelo seu valor nominal quando tenha ela sido subscrita por valor inferior. O prêmio, portanto, está na diferença, *a maior*, do valor de pagamento."[1] Na companhia aberta é possível à assembleia geral delegar ao conselho de administração a deliberação sobre época e condições de vencimento, amortização, resgate, pagamento de juros, participação nos lucros e prêmio de reembolso, se houver, além do modo de subscrição ou colocação e o tipo das debêntures (artigo 59, § 1º). Por fim, a escritura de emissão deverá dispor sobre (8) o modo de subscrição ou colocação e o tipo das debêntures.

Não se deve confundir a *criação* dos títulos com sua *emissão*. *Criar* é dar existência material e/ou jurídica; *emitir* é lançar no meio social, dar existência social, estabelecendo relações. A *criação* de debêntures não implica emissão necessária; somente com a colocação no mercado, fechado ou aberto (com oferta e subscrição pública, nesse último caso), tem-se *emissão*. As debêntures podem ser criadas, mas não serem imediatamente emitidas, como podem ser emitidas, paulatinamente, em séries que são oferecidas à subscrição segundo a conveniência da administração. Assim, a assembleia geral pode deliberar que a emissão terá valor e número de série indeterminados, dentro dos limites por ela fixados (artigo 59, § 3º, da Lei 6.404/1976).

A criação de debêntures faz-se por meio de *escritura de emissão*, por instrumento público ou particular, na qual a companhia fará constar os direitos conferidos pelas debêntures, suas garantias e demais cláusulas ou condições (artigo 61 da Lei 6.404/1976). Havendo nova emissão da mesma série de debêntures, será ela objeto de aditamento à respectiva escritura. Se os títulos forem distribuídos ou admitidos à negociação no mercado, será obrigatória a intervenção de agente fiduciário dos debenturistas na escritura, bem como o atendimento aos padrões

---

[1] CARVALHOSA, Modesto. *Comentários à lei de sociedades anônimas*. São Paulo: Saraiva, 2002; v. 1, p. 655.

Parte Especial II – Cap. 19 • Outros Títulos Societários **351**

de cláusulas e condições que sejam definidos pela Comissão de Valores Mobiliários que, aliás, pode recusar a admissão ao mercado da emissão que não satisfaça aos padrões por ela definidos. A emissão ainda exige arquivamento, no registro do comércio, e publicação, no *Diário Oficial* e na imprensa, da ata da assembleia geral, ou do conselho de administração, que deliberou sobre a emissão, além de inscrição da escritura de emissão no registro do comércio. Os aditamentos à escritura de emissão serão averbados nos mesmos registros. Havendo garantias reais, deverão ser devidamente constituídas. Ausente ou incompleto o registro, os administradores da companhia respondem pelas perdas e danos causados à companhia ou a terceiros; ademais, o agente fiduciário ou qualquer debenturista poderão promover os registros ou sanar as lacunas e irregularidades porventura existentes nos registros promovidos pelos administradores; neste caso, o oficial do registro notificará a administração da companhia para que lhe forneça as indicações e documentos necessários (artigo 62).

Somente com a prévia aprovação do Banco Central do Brasil as companhias brasileiras poderão emitir debêntures no exterior com garantia real ou flutuante de bens situados no país, sendo que os credores por obrigações contraídas no Brasil têm preferência sobre os créditos por debêntures emitidas no exterior por companhias estrangeiras autorizadas a funcionar no país, salvo se a emissão tiver sido previamente autorizada pelo Banco Central do Brasil e o seu produto aplicado em estabelecimento situado no território nacional (artigo 73 da Lei 6.404/1976). Em qualquer hipótese, somente poderão ser remetidos para o exterior o principal e os encargos de debêntures registradas no Banco Central do Brasil. Ademais, a negociação, no mercado de capitais do Brasil, de debêntures emitidas no estrangeiro, depende de prévia autorização da Comissão de Valores Mobiliários.

2.3 Espécies e formas

As debêntures terão forma nominativa obrigatória, podendo manter-se sob a subforma escritural ou conservarem-se em contas de custódia, em nome de seus titulares, na instituição que a escritura de emissão designar (artigo 63 da Lei 6.404/1976). Já as espécies de debênture classificam-se em função da garantia que oferecem a seus titulares, credores que são da companhia (artigo 58). São quatro categorias: (1) *debênture com garantia real*; (2) *debênture com privilégio geral*; (3) *debênture sem preferência*; e (4) *debênture subordinada*. O adimplemento das *debêntures com garantia real* mantém um vínculo de *natureza real* com certo(s) bem(ns). Essa garantia pode ser representada por uma hipoteca ou por um penhor. Assim, a hipoteca sobre bem imóvel, estradas de ferro, direito de lavra de recursos naturais, navios ou aeronaves. Também penhor de bens móveis, de direitos e de créditos.

352 Direito Empresarial Brasileiro: Direito Societário • Mamede

A eficácia do vínculo de natureza real, perante terceiro, exige não apenas o registro mercantil da escritura de emissão, mas igualmente sua averbação no registro competente: em se tratando de imóvel, na respectiva matrícula no cartório de registro de imóveis; direito de lavra, no Departamento Nacional de Produção Mineral (artigo 55 do Código Minerário); se navios, na Capitania dos Portos – ou órgão subordinado – ou no Tribunal Marítimo (artigo 12 da Lei 7.652/1988); se aeronaves – ou mesmo apenas os motores de aeronaves –, no Registro Aeronáutico Brasileiro (artigos 138 e 139 do Código Brasileiro de Aeronáutica). No penhor também se faz necessário registro no órgão específico, se houver, para além do registro na Junta Comercial. Assim, em se tratando de propriedade industrial, averbação no Instituto Nacional de Propriedade Intelectual (INPI); se veículos terrestres, averbação junto ao Departamento de Trânsito (DETRAN) etc.

Não é necessário que o bem ou bens garantidores pertençam à própria companhia; o Direito Brasileiro aceita a figura do terceiro que oferece bem de seu patrimônio para garantir obrigação alheia, desde que o faça por ato que atenda aos requisitos legais; assim, em se tratando de imóvel, o terceiro hipotecante deverá oferecê-lo como garantia das debêntures emitidas pela companhia por meio de escritura pública que, junto com a escritura de emissão dos títulos, será averbada no registro de imóveis.[2] A escritura de emissão de debêntures com garantia real pode prever expressamente a faculdade de substituição dos bens garantidores por outros, desde que se preserve a garantia e haja concordância do agente fiduciário, se existente (artigo 70 da Lei 6.404/1976). Se não há agente fiduciário, parece-me que será necessária a aprovação pela assembleia de debenturistas.

Acredito que se aplicam, subsidiariamente, os artigos 1.419 a 1.430 do Código Civil, com disposições gerais dos direitos reais de garantia. Essa subordinação implica reconhecimento de que os títulos terão vencimento antecipado quando haja (artigo 1.425 do Código Civil): (1) deterioração ou depreciação do bem dado em segurança, desfalcando a garantia, sem que a companhia reforce ou substitua a companhia, quando intimada para tanto; (2) falência da companhia; (3) impontualidade no adimplemento de prestações, quando estipuladas na escritura de emissão; (4) perecimento do bem dado em garantia, sem sua substituição; e (5) desapropriação do bem dado em garantia, hipótese na qual se depositará a parte do preço que for necessária para o pagamento integral dos debenturistas, não havendo previsão de substituição de garantia e/ou não sendo ela devidamente providenciada. Creio, ademais, ser lícito à escritura de emissão, excepcionando a regra geral, prever que a amortização parcial das debêntures importa exoneração correspondente da garantia (artigo 1.421, parte final), rompendo com o princípio da *indivisibilidade da garantia*, representando pela máxima latina *totum in toto et qualibet parte*, isto é,

---

2   Conferir MAMEDE, Gladston. *Código Civil comentado*: penhor, hipoteca e anticrese: artigos 1.419 a 1.510. São Paulo: Atlas, 2003. v. 14.

Parte Especial II – Cap. 19 • Outros Títulos Societários **353**

"tudo no todo e em cada uma das partes".[3] Também é lícito assumir a obrigação de não alienar ou onerar o bem ou bens dados em garantia, obrigação que é oponível a terceiros, desde que averbada no competente registro, se existente.

A *debênture com privilégio geral* ou *debênture com garantia flutuante* assegura uma melhor classificação do crédito na hipótese de falência da companhia. Assim, os debenturistas não concorrem com credores ordinários (quirografários), sendo pagos antes desses. Em se tratando de companhia integrante de grupo de sociedades, a garantia flutuante pode ser constituída sobre o ativo de duas ou mais sociedades do grupo (artigo 58, § 6º, da Lei 6.404/1976). De qualquer sorte, essa preferência é meramente convencional e não supera as preferências legais (créditos acidentários, trabalhistas etc.), colocando-se ao final destas. É possível criar debêntures que cumulem a *garantia real* com o *privilégio geral* (artigo 58, § 2º); assim, se a excussão do bem garantidor não adimplir o pagamento, o valor faltante (*reliquum*) será classificado como crédito com privilégio geral. Sem a cumulação das vantagens, esse valor faltante (*reliquum*) seria classificado como crédito quirografário. Havendo mais de uma emissão de *debêntures com garantia flutuante*, preferem-se as anteriores às posteriores no acesso ao patrimônio para satisfação de seu crédito, considerada a data da inscrição da escritura de emissão (artigo 58, § 3º). Dentro da mesma emissão, todavia, as séries concorrem em igualdade. O dispositivo merece cautela, pois, ao falar em apuração da prioridade dentre as debêntures de mesma espécie definida pela data da inscrição da escritura de emissão, deixa claro que se está referindo à criação dos títulos e não propriamente à sua emissão, isto é, à oferta – disponibilização – ao mercado para subscrição.

A *debênture sem preferência* ou *debênture quirografária* não desafia o jurista; é crédito comum, ordinário, sem qualquer garantia especial. Seus titulares concorrem com os demais credores quirografários. Mais interessante é a quarta espécie, a *debênture subordinada*, por se tratar de título que, por convenção disposta na escritura de emissão e aceita pelos subscritores, cria um penúltimo nível de acesso ao patrimônio social, na hipótese de execução coletiva, inferior mesmo aos credores quirografários. O titular de debênture com cláusula de subordinação aos credores quirografários deverá esperar que os credores quirografários satisfaçam seus créditos para, somente então, havendo uma sobra, buscar a satisfação do seu direito. Abaixo deles só estão os acionistas, últimos a terem acesso ao acervo da companhia.

2.4   Certificado de debêntures

Se forem emitidos certificados, deverão conter (artigo 64 da Lei 6.404/1976): (1) denominação, sede, prazo de duração e objeto da companhia; (2) data da

---

[3]   Conferir MAMEDE, Gladston. *Código Civil comentado*: penhor, hipoteca e anticrese: artigos 1.419 a 1.510. São Paulo: Atlas, 2003. v. 14.

354 Direito Empresarial Brasileiro: Direito Societário • Mamede

constituição da companhia e do arquivamento e publicação dos seus atos constitutivos; (3) data da publicação da ata da assembleia geral que deliberou sobre a emissão; (4) data e ofício do registro de imóveis em que foi inscrita a emissão; (5) denominação *Debênture* e a indicação da sua espécie, pelas palavras "*com garantia real*", "*com garantia flutuante*", "*sem preferência*" ou "*subordinada*"; (6) designação da emissão e da série; (7) número de ordem; (8) valor nominal e cláusula de correção monetária, se houver, as condições de vencimento, amortização, resgate, juros, participação no lucro ou prêmio de reembolso e a época em que serão devidos; (9) condições de conversibilidade em ações, se for o caso; (10) nome do debenturista; (11) nome do agente fiduciário dos debenturistas, se houver; (12) data da emissão do certificado e a assinatura de dois diretores da companhia; (13) autenticação do agente fiduciário, se for o caso.

A companhia pode (artigo 65 da Lei 6.404/1976) emitir títulos provisórios, chamados *cautela de debêntures*, que representam as debêntures adquiridas por determinada pessoa. Também pode emitir *títulos múltiplos* para a mesma aquisição, quando o debenturista requeira que suas debêntures não sejam, todas, certificadas num único título, mas em múltiplos títulos; assim, o titular de dez mil debêntures pode pedir a emissão de 10 certificados de mil debêntures cada; se a companhia é aberta, os títulos múltiplos de debêntures devem obedecer à padronização de quantidade fixada pela Comissão de Valores Mobiliários. Também é possível, nas condições previstas na escritura de emissão com nomeação de agente fiduciário, a substituição dos certificados, inclusive para serem desdobrados ou grupados.

2.5 Conversibilidade em ações

É lícito emitir debêntures conversíveis em ações (artigo 57 da Lei 6.404/1976), hipótese na qual, em lugar de pagar pelos títulos, a companhia aceita a sua transformação em ações. Noutras palavras, empresta-se dinheiro à companhia pela perspectiva de se tornar sócio dela, em lugar de receber o respectivo pagamento. Como se trata de operação que impacta a composição societária, a emissão desses títulos deve atender os requisitos para a emissão de ações.[4]

A conversão faz-se nas condições constantes da escritura de emissão, que especificará: (1) as bases da conversão, seja em número de ações em que poderá ser convertida cada debênture, seja como relação entre o valor nominal

---

4 No mercado de ações, as debêntures conversíveis ocupam um espaço bem próprio: habitualmente, são papéis que remuneram os credores com juros menores, já que são adquiridos por pessoas que miram a oportunidade de se tornarem acionistas da companhia, nas condições da escritura de emissão. Habitualmente, sua emissão se faz em *momentos mais conturbados* do mercado, sendo adquirido por quem acredita que, no momento da conversão, as ações terão valor de mercado superior, ganhando com essa diferença (o mercado chama de *arbitragem* esse procedimento de especular com possíveis diferenças de valor: *arbitrar entre valores diversos*).

Parte Especial II – Cap. 19 • Outros Títulos Societários **355**

da debênture e o preço de emissão das ações; (2) a espécie e a classe das ações em que poderá ser convertida; (3) o prazo ou época para o exercício do direito à conversão; (4) as demais condições a que a conversão acaso fique sujeita. Como a conversão altera a composição societária e o equilíbrio de forças entre os acionistas, terão eles direito de preferência para subscrever debêntures emitidas com cláusula de conversibilidade em ações, na proporção do número de ações detidas, aplicadas as mesmas regras válidas para o aumento de capital mediante subscrição de ações (artigos 57, § 1°, e 171, § 3°, da Lei 6.404/1976). Estatuto social e a assembleia geral não podem privar os acionistas desse direito (artigo 109, IV).

Enquanto o direito de conversão puder ser exercido, dependerá de prévia aprovação dos debenturistas, em assembleia especial, ou de seu agente fiduciário, a alteração do estatuto, para mudar o objeto da companhia ou para criar ações preferenciais ou modificar as vantagens das existentes, em prejuízo das ações em que são conversíveis as debêntures (artigo 57, § 2°). Preservam-se assim as bases que orientaram a contratação do mútuo com opção para a assunção da condição de sócio, representada pela emissão de debêntures conversíveis em ações.

2.6   Assembleia de debenturistas

Os titulares de debêntures da mesma emissão ou da mesma série podem, a qualquer tempo, reunir-se em assembleia (artigo 71 da Lei 6.404/1976) a fim de deliberar, exclusivamente, sobre assuntos que digam respeito às debêntures ou tenham algum reflexo direto sobre estas. Assim, dependem da prévia aprovação dos debenturistas, reunidos em assembleia especialmente convocada, a incorporação, fusão ou cisão da companhia emissora (artigo 231 da Lei 6.404/1976), embora seja dispensável se for assegurado, aos que o desejarem, o resgate das debêntures, durante o prazo mínimo de seis meses a contar da data da publicação das atas das assembleias relativas à operação, caso em que a sociedade cindida e as sociedades que absorverem parcelas do seu patrimônio responderão solidariamente pelo resgate das debêntures.

A convocação dessa assembleia pode ser feita pelo agente fiduciário, pela companhia emissora, por debenturistas que representem 10%, no mínimo, dos títulos em circulação ou pela Comissão de Valores Mobiliários. A assembleia de debenturistas tem regência muito assemelhada à assembleia geral de acionistas, aplicando-se-lhe, subsidiariamente, as normas desta. Instala-se, em primeira convocação, com a presença de debenturistas que representem metade, no mínimo, das debêntures em circulação, e, em segunda convocação, com qualquer número. O agente fiduciário está obrigado a comparecer à assembleia e prestar aos debenturistas as informações que lhe forem solicitadas (artigo 71). As deliberações são tomadas por, no mínimo, metade das debêntures em circulação (e não apenas dos

356 Direito Empresarial Brasileiro: Direito Societário • Mamede

presentes), correspondendo a cada debênture um voto. A escritura de emissão pode estabelecer a necessidade de maioria qualificada, em qualquer percentual superior, e até de unanimidade, para aprovação de certas matérias.

2.7 Adimplemento

O crédito representado pela debênture vence na data ou prazo constante da escritura de emissão, que, ademais, deverá estar igualmente assinalado no respectivo certificado, se emitido. Mas a companhia pode emitir debêntures cujo vencimento somente ocorra nos casos de inadimplência da obrigação de pagar juros e dissolução da companhia, ou de outras condições previstas no título (artigo 55, § 4°, da Lei 6.404/1976). Isso para não falar das faculdades de efetuar amortizações parciais de cada série de debêntures e de fazer resgate antecipado, total ou parcial, das debêntures de mesma série. Ademais, a companhia tem o poder de estipular o vencimento vinculado a outras condições, previstas na escritura de emissão e, havendo, no certificado de debênture. A condição, como se sabe, subordina o efeito do negócio jurídico a evento futuro e incerto, sendo lícito estipular qualquer condição que não seja contrária à lei, à ordem pública ou aos bons costumes; a condição não pode, ainda, privar o negócio jurídico (o mútuo constituído por meio da emissão de debênture) de todo efeito, ou sujeitar o seu efeito ao puro arbítrio de uma das partes, seja a companhia, seja o debenturista.

A companhia poderá criar fundos contábeis para utilizar na amortização ou, até, no resgate dos títulos. A amortização de debêntures deve fazer-se uniformemente dentro das séries, já que se conferem os mesmos direitos às debêntures da mesma série (artigo 53, parágrafo único, da Lei 6.404/1976). Não sendo possível amortizar ou resgatar todos os títulos, a amortização de debêntures da mesma série deve ser feita mediante rateio (artigo 55, § 1°). Já o resgate parcial de debêntures da mesma série deve ser feito mediante sorteio ou, se as debêntures estiverem cotadas por preço inferior ao valor nominal, por compra no mercado organizado de valores mobiliários, observadas as regras expedidas pela Comissão de Valores Mobiliários (artigo 55, § 2°). Não se olvide, em acréscimo, ser facultado à companhia adquirir debêntures de sua emissão (1) por valor igual ou inferior ao nominal, devendo o fato constar do relatório da administração e das demonstrações financeiras; ou (2) por valor superior ao nominal, desde que observe as regras expedidas pela Comissão de Valores Mobiliários (artigo 55, § 3°, da Lei 6.404/1976).

O pagamento das debêntures se fará em moeda, conforme estipulação anotada na escritura de emissão, extinguindo-se os títulos que forem adimplidos. A escritura de debênture pode assegurar ao debenturista a opção de receber em moeda ou em bens, devidamente avaliados (artigo art. 8° e 54, § 2°, da Lei 6.404/1976), opção válida para o pagamento do principal e acessórios, amortização ou resgate. De acordo com o Superior Tribunal de Justiça, as "debêntures não perdem sua liquidez por dependerem de atualização monetária e cálculos aritméticos, a serem apurados quando da habilitação da falência. Precedentes". Foi o que decidiu a Quarta Turma do Superior Tribunal de Justiça ao examinar o Recurso Especial 1.316.256/RJ.

Extintas as debêntures, a companhia emissora deve fazer as respectivas anotações nos livros próprios, mantendo por cinco anos os certificados cancelados ou os recibos dos titulares das contas das debêntures escriturais, juntamente com os documentos relativos à extinção, sob pena de responsabilidade civil contra si e contra seus administradores. Se a emissão tiver agente fiduciário, caberá a este fiscalizar o cancelamento dos certificados.

2.8 Cédula de debêntures

As instituições financeiras, desde que autorizadas pelo Banco Central do Brasil, podem emitir cédulas lastreadas em debêntures, com garantia própria, que conferirão a seus titulares direito de crédito contra o emitente, pelo valor nominal e os juros nela estipulados (artigo 72 da Lei 6.404/1976). A cédula de debênture é um instrumento de financiamento da companhia que, em lugar de procurar interessados em subscrever as debêntures criadas e emitidas, contrata um mútuo com uma instituição financeira e dá, para garantia do valor mutuado, debêntures de sua própria emissão. Essa entrega dos títulos poderá ser física, isto é, entrega de um certificado de debêntures, ou meramente escritural, mas, ainda assim, criar-se-á um vínculo entre o adimplemento da obrigação (o pagamento do mútuo) e a titularidade das debêntures, permitindo que, sendo necessário executar a dívida, possa a instituição financeira credora pedir a conversão da garantia em penhora, levando-as à praça.

A cédula será nominativa, escritural ou não, e seu certificado conterá: (1) o nome da instituição financeira emitente e as assinaturas dos seus representantes; (2) o número de ordem, o local e a data da emissão; (3) a denominação *Cédula de Debêntures*; (4) o valor nominal e a data do vencimento; (5) os juros, que poderão ser fixos ou variáveis, e as épocas do seu pagamento; (6) o lugar do pagamento do principal e dos juros; (7) a identificação das debêntures-lastro, do seu valor e da garantia constituída; (8) o nome do agente fiduciário dos debenturistas; (9) a cláusula de correção monetária, se houver; e (10) o nome do titular.

Não consta da Lei 6.404/1976 a exigência de que as cédulas de debêntures expressem a destinação do empréstimo, elemento tipo por essencial nas cédulas de crédito rural, industrial, comercial e exportação. Assim, a companhia pode aplicar livremente os recursos captados na operação, conforme a deliberação da assembleia geral.

3 BÔNUS DE SUBSCRIÇÃO

Bônus de subscrição são títulos negociáveis que conferem ao seu *proprietário* o direito de, nas condições constantes do certificado, subscrever ações do capital social, bastando, para tanto, apresentá-los à companhia e pagar o preço de emissão das ações (artigo 75 da Lei 6.404/1976). São títulos de opção jurídica que asseguram direito eventual de preferência à subscrição de ações que venham a ser emitidas para aumento do capital social, em detrimento de outros interessados. Embora confiram apenas um direito de preferência, exigindo o pagamento do preço de emissão das ações, é possível, havendo subscrição onerosa dos bônus, estipular que o preço de emissão destes será abatido, total ou parcialmente, no preço de emissão das ações. Nesta hipótese, a companhia deverá criar uma reserva de capital correspondente, para fazer frente ao exercício desse direito de abatimento, quando da subscrição e integralização das ações emitidas.

Para emitir os bônus, deve haver autorização estatutária ou assemblear para o aumento de capital, limitando-se a operação ao valor constante dessa autorização: a totalidade dos direitos anotados nos bônus de subscrição deverá corresponder a, no máximo, a totalidade do aumento autorizado de capital, nunca mais. Os bônus de subscrição serão alienados pela companhia ou por ela atribuídos, como vantagem adicional, aos subscritos de emissões de suas ações ou debêntures (artigo 77 da Lei 6.404/1976). Quem delibera sua criação e emissão, além das condições da distribuição, é a assembleia geral, se o estatuto não a atribuir ao conselho de administração (art. 76).

Como o exercício do direito constante dos bônus impactam a composição societária, será necessário preservar o direito de preferência dos acionistas para a sua aquisição. Assim, se emitidos para alienação onerosa, os bônus serão primeiro oferecidos aos acionistas, e apenas aqueles que não forem subscritos por estes ou pelos cessionários do direito de preferência serão oferecidos a terceiros. Já na hipótese de emissão para atribuição gratuita, como vantagem adicional à subscrição de ações ou debêntures emitidas, garantir-se-á aos acionistas preferência em tal subscrição de ações ou debêntures, não lhes sendo lícito, por óbvio, pretender apenas o recebimento gratuito e independente do bônus, já que não foram assim emitidos.

O bônus de subscrição são títulos obrigatoriamente nominativos e, seu certificado conterá (artigo 79 da Lei 6.404/1976): (1) denominação da companhia, sua sede e prazo de duração; (2) valor do capital social, a data do ato que o tiver fixado, o número de ações em que se divide e o valor nominal das ações, ou a declaração de que não têm valor nominal; (3) nas companhias com capital autorizado, o limite da autorização, em número de ações ou valor do capital social; (4) o número de ações ordinárias e preferenciais das diversas classes, se houver, as vantagens ou preferências conferidas a cada classe e as limitações ou restrições a que as ações estiverem sujeitas; (5) a denominação *Bônus de Subscrição*; (6) o número de ordem; (7) o número, a espécie e a classe das ações que poderão ser subscritas, o preço de emissão ou os critérios para sua determinação; (8) a época em que o direito de subscrição poderá ser exercido e a data do término do prazo para esse exercício; (9) o nome do titular; e (10) a data da emissão do certificado e as assinaturas de dois diretores. De resto, aplicam-se aos bônus de subscrição as normas sobre certificados, títulos múltiplos e cautelas, agente emissor, propriedade e circulação, direitos de terceiros e custódia que, nos artigos 23 a 42 da Lei 6.404/1976, destinam-se prioritariamente às ações.

4 NOTAS PROMISSÓRIAS

Uma forma de captação de recursos por companhias abertas é a emissão de notas promissórias. Ao contrário das debêntures, esses títulos têm prazo mais curto, estipulando o pagamento, habitualmente, para 180 dias. Quando superiores, chegam, no máximo, a um ano. Os títulos estipulam a taxa de juros que remunerará os investidores/credores, sendo corriqueiro estabelecer um percentual superior aos índices correntes do mercado, como a taxa paga aos certificados de depósito interbancário (CDI). Note-se que não se emite uma só nota promissória, mas um conjunto de títulos; por exemplo, pode-se captar R$ 650 milhões por meio da emissão de 1.300 notas promissórias. As emissões comportam mesmo séries diversas.

As companhias que recorrem a esse instrumento jurídico de captação de recursos, normalmente, fazem-no tendo em vista a necessidade imediata de captação: a emissão de notas promissórias é bem mais simples do que a emissão de debêntures. Basta recordar que, nos termos da regulamentação da Comissão de Valores Mobiliários, as emissões de notas promissórias com prazo curto de vencimento sequer demandam a elaboração e publicação de prospectos. Aliás, as exigências formais para a emissão de debêntures praticamente inviabilizam operações de curto prazo. Dessa maneira, recorre-se às notas promissórias para dispêndios imediatos, como operações de incorporação ou aquisição do controle societário de outra companhia, além de oportunidades de investimentos que demandam pronta captação de recursos. Não raro, após captar valores por meio da emissão de notas promissórias, a companhia organiza-se para formas mais tradicionais de capitalização, como a emissão de ações ou de debêntures.

20
Direitos dos Acionistas

1 TIPOLOGIA

A aquisição originária (subscrição de ações) ou derivada – *inter vivos* (compra, doação, adjudicação, arrematação judicial) ou *causa mortis* (legítima ou testamentária) – de ações torna o adquirente, na condição de acionista, sujeito de direitos e deveres em relação à companhia, em dois tipos: patrimoniais e sociais. *Direitos e deveres patrimoniais* dizem respeito ao investimento em si: integralização do capital, recebimento de dividendos, cessão de títulos, sucessividade *causa mortis* na titularidade das ações; direito de renunciar à titularidade da ação; direito de participação em acervo eventualmente verificado ao fim da liquidação da companhia. Os *direitos e deveres sociais* enfocam a comunidade societária, incluindo os direitos de presença, voz e voto nas assembleias gerais. Os limites entre tais tipos, contudo, não são rígidos, havendo uma área de confusão, a exemplo da preferência para a subscrição de novas de ações ou títulos conversíveis em ações, o direito de retirada decorrente de determinadas deliberações sociais, o direito de fiscalização dos atos e contas administrativos.

O acionista residente ou domiciliado no exterior deverá manter, no país, representante com poderes para receber citação em ações contra ele, propostas com fundamento na Lei 6.404/1976, como estipula seu artigo 119. De qualquer sorte, mesmo ausente procuração que atenda a tais requisitos, o exercício, no Brasil, de qualquer dos direitos de acionista, confere ao mandatário ou representante legal qualidade para receber citação judicial.

O artigo 109 da Lei 6.404/1976 define um rol de direitos essenciais do acionista, que deles não poderá ser privado sequer pelo estatuto social ou pela assembleia

Parte Especial II – Cap. 20 • Direitos dos Acionistas **361**

geral: (1) participar dos lucros sociais; (2) participar do acervo da companhia, em caso de liquidação, destacadas as restrições das *ações de fruição* (*ações de gozo*), totalmente amortizadas, bem como àquelas que já tenham merecido amortização parcial; (3) fiscalizar a gestão dos negócios sociais; (4) preferência na subscrição de novas ações, partes beneficiárias conversíveis em ações, debêntures conversíveis em ações e bônus de subscrição, observado o disposto nos artigos 171 e 172, garantindo ao acionista a manutenção da proporcionalidade de sua participação na companhia; (5) retirar-se da sociedade – e de ver-se reembolsado no valor das ações – quando o legislador o tenha previsto.

Tais direitos compreendem-se segundo os ditames legais. Assim, a participação nos lucros deve considerar eventual preferência de espécie ou classe de ações, o que pode conduzir, conforme o caso, à ausência eventual de dividendos para os titulares de ações ordinárias, o que não caracteriza privação ou renúncia, mas mera decorrência do estado econômico da companhia e da aplicação de regras estatutárias lícitas; no entanto, ações de mesma espécie e classe devem conferir direitos iguais.

Já o direito de preferência na subscrição de títulos que impliquem alteração da composição societária comporta renúncia *a posteriori*, isto é, após – e somente após – a abertura do prazo para subscrição, renúncia essa que poderá ser expressa ou tácita (pelo decurso do prazo para exercício do direito). Não é lítica a renúncia à faculdade abstrata (*norma agendi*) de subscrição, mas lícita a renúncia à faculdade em concreto (*facultas agendi*) de subscrição, definida quando já possível o exercício do direito, aberto o prazo para a subscrição da respectiva emissão de ações, partes beneficiárias conversíveis em ações, debêntures conversíveis em ações e bônus de subscrição. Também o direito de se retirar da sociedade, nas hipóteses legais, comporta renúncia *a posteriori*, deixando seu acionista de o exercer para, assim, manter-se na sociedade.

A assembleia geral pode suspender o exercício de direitos pelo acionista que deixar de cumprir obrigação imposta pela lei ou pelo estatuto, cessando a suspensão logo que cumprida a obrigação (artigo 120 da Lei 6.404/1976). Por ser restritiva de direito, a medida deverá apresentar-se motivada. Ademais, não poderá fundar-se em obrigação estatutária ilegal ou abusiva, certo que o espaço normativo do estatuto deve amoldar-se ao princípio da legalidade.

2 DEFESA DOS DIREITOS E ARBITRAGEM

O estatuto da sociedade ou documento em separado (pacto parassocial), mesmo posterior, pode estabelecer que as divergências entre acionistas e a companhia, ou entre os próprios acionistas, serão solucionadas mediante arbitragem, nos termos em que especificar (cláusula compromissória). A jurisdição privada (arbitragem) tem se mostrado uma alternativa mais célere e, por vezes, mais técnica, já que

362 Direito Empresarial Brasileiro: Direito Societário • Mamede

se indicam por árbitros especialistas na área do litígio, em lugar de julgadores generalistas. Contudo, o compromisso arbitral não poderá, jamais, apresentar-se iníquo ou abusivo, caso em que deverá ser anulado.

A Lei 13.129/2015, incluindo um artigo 136-A na Lei 6.404/1976, estabelece a aprovação da inserção de convenção de arbitragem no estatuto social, observado o quórum de metade, no mínimo, das ações com direito a voto (se maior quórum não for exigido pelo estatuto da companhia cujas ações não estejam admitidas à negociação em bolsa ou no mercado de balcão – artigo 136) obriga a todos os acionistas, assegurado ao acionista dissidente, o direito de retirar-se da companhia mediante o reembolso do valor de suas ações, nos termos do artigo 45 da mesma lei.

Esse direito de retirada não será aplicável: (1) caso a inclusão da convenção de arbitragem no estatuto social represente condição para que os valores mobiliários de emissão da companhia sejam admitidos à negociação em segmento de listagem de bolsa de valores ou de mercado de balcão organizado que exija dispersão acionária mínima de 25% (vinte e cinco por cento) das ações de cada espécie ou classe; (2) caso a inclusão da convenção de arbitragem seja efetuada no estatuto social de companhia aberta cujas ações sejam dotadas de liquidez e dispersão no mercado, nos termos das alíneas "a" e "b" do inciso II do art. 137 desta Lei (artigo 136-A, § 2º).

A convenção de arbitragem somente terá eficácia após o decurso do prazo de 30 (trinta) dias, contado da publicação da ata da assembleia geral que a aprovou (artigo 136-A, § 1º). Obviamente, essa eficácia não prescinde de serem atendidos todos os princípios jurídicos, inclusive respeitadas as normas que vedem abuso de direito, além de exigir respeito à função social, eticidade, moralidade. Por exemplo, não pode ser tida como válida a cláusula compromissória que impeça, por qualquer forma (inclusive os autos valores de honorários arbitrais), o exercício do direito societário. Também não seria lícita a eleição de câmara arbitral parcial, cuja posição é notoriamente favorável à posição da maioria, em detrimento da jurisprudência judiciária dominante. São apenas exemplos, friso.

A lei nada fala sobre o conflito entre ordinaristas e preferencialistas: podem os ordinaristas submeterem os preferencialistas, incluindo, contra a sua vontade, a cláusula no ajuste? Podem fazê-lo, igualmente, para alcançar debenturistas? Em minha opinião, a resposta negativa se impõe. A opção pela arbitragem implica uma renúncia à jurisdição pública que, sabe-se, é garantida pela Constituição da República, em seu artigo 5º, XXXV. E, considerando o conflito potencial que existe entre titulares de ações ordinárias e preferenciais, creio que seria um abuso permitir àqueles submeter esses à cláusula compromissória (mormente considerando que podem escolher instituição arbitral, foro etc.). Assim, havendo ações preferenciais, parece-me que a aprovação da arbitragem pelos titulares de ações ordinárias não poderá ser estendida aos preferencialistas, pois não se manifestaram pela renúncia do direito à jurisdição pública. Será preciso que eles também aprovem a cláusula arbitral. Noutras palavras, a proposta de alteração do estatuto social deverá ser

Parte Especial II – Cap. 20 • Direitos dos Acionistas **363**

submetida aos preferencialistas e também aprovada por eles. Cuida-se, porém, de posição pessoal, devo realçar.

Uma vez aprovada a inclusão da cláusula compromissória no estatuto social, ela passa a compor a instituição e, assim, aqueles que adquirem ações da companhia, ordinárias ou preferenciais, aderem ao seu estatuto e às disposições destes. Assim, aquel'outros sócios que venham a ingressar na companhia depois, como cessionários de ações, estarão vinculados. No entanto, repito aqui o que disse sobre os contratos sociais: acredito que a cláusula de arbitragem pode ter sua eficácia suspensa em relação a determinado conflito societário, à sombra dos artigos 187, 421 e 422 do Código Civil. A função social da arbitragem é garantir o direito de jurisdição; opta-se por jurisdição privada (arbitral) e não por jurisdição pública (judicial). Não caracteriza – porque não pode caracterizar – renúncia à jurisdição. Se por suas características a cláusula arbitral não atender, ainda que em situação específica, ao direito à jurisdição, não poderá ser aplicada. Um exemplo é fácil: imagine-se que a câmara eleita tenha um valor mínimo de alçada; direitos cujo valor seja inferior não serão alcançados pela cláusula e a pretensão de defendê-los será judiciária. O mesmo se deve entender quando o valor a ser desembolsado para a instauração da arbitragem supera, e muito, o razoável, considerando, inclusive, o benefício buscado pelo acionista. Em lugar de viabilizar o exercício da faculdade, tal situação criará um obstáculo econômico intransponível ou de difícil transposição, o que não atende aos princípios jurídicos contemporâneos.

Por fim, de acordo com o artigo 287, II, *g*, da Lei 6.404/1976, prescreve em três anos a ação movida pelo acionista contra a companhia, qualquer que seja o seu fundamento.

3 VOTO

As coletividades desafiam a decisão, a tomada de uma posição entre as tantas possíveis. No plano das companhias, a manifestação coletiva da vontade resulta da exposição e debate das diversas posições e opiniões, com decisão pelo voto. Mas a faculdade de estar presente às assembleias societárias, de nelas se manifestar e de votar não é inderrogável, já se sabe. O regime próprio das sociedades por ações permite a instituição de espécies distintas de ações, algumas experimentando ausência regular do direito de voto ou restrição nesse direito como contraprestação ao gozo de vantagens patrimoniais, nomeadamente o acesso em vantagem aos dividendos sociais.

O direito de votar, portanto, apura-se em conformidade com as previsões do estatuto social, sendo o habitual que a cada ação ordinária corresponda um voto nas deliberações da assembleia geral (artigo 110, *caput*, da Lei 6.404/1976). Tal regra pode conhecer variações estatutárias, como a limitação do número de votos de cada acionista, permitida pelo § 1º do mesmo artigo, ou a possibilidade

364 Direito Empresarial Brasileiro: Direito Societário • Mamede

de apenas restringir o direito de voto das ações preferenciais (artigo 111 da Lei 6.404/1976).

Eventual direito de terceiro sobre a ação impacta a faculdade de votar. No *penhor de ação*, o acionista poderá, em regra, exercer normalmente o direito de voto, embora o artigo 113 da Lei 6.404/1976 permita que o contrato em que os títulos foram empenhados preveja limitação desse direito n'algumas deliberações, designadamente as que possam ter reflexo sobre o valor patrimonial do título, exigindo o consentimento do credor pignoratício. Na *alienação fiduciária da ação*, o credor – que conserva a titularidade da ação – não poderá exercer o direito de voto; isso, porém, não traduz que o devedor fiduciário, na posse das ações, possa fazê-lo, já que o mesmo artigo 113, no seu parágrafo único, dispõe que somente poderá votar segundo os termos do contrato de alienação fiduciária, que, portanto, deverá atribuir-lhe tal poder, embora podendo limitá-lo em determinadas questões. No *usufruto de ação*, o direito de voto só poderá ser exercido mediante prévio acordo entre nu-proprietário e usufrutuário, caso o tema não seja regulado no ato de constituição do gravame, segundo norma expressa anotada no artigo 114 daquela lei.

A Lei 14.195/2021 permitiu a criação de uma ou mais classes de ações ordinárias com atribuição de voto plural, não superior a dez votos por ação ordinária: (1) na companhia fechada; e na companhia aberta, desde que a criação da classe ocorra previamente à negociação de quaisquer ações ou valores mobiliários conversíveis em ações de sua emissão em mercados organizados de valores mobiliários. O voto plural amplia o poder do acionista nas deliberações; se o estatuto prevê que aquela classe tem ações com voto plural em dez votos, cada ação terá peso 10, contra o peso um das demais classes. Atente-se para a disposição, inscrita no § 9º do artigo 110-A, no sentido de que, quando houver norma legal que expressamente indique quóruns com base em percentual de ações ou do capital social, sem menção ao número de votos conferidos pelas ações, o cálculo respectivo deverá desconsiderar a pluralidade de voto. Mas as disposições relativas ao voto plural não se aplicam às empresas públicas, às sociedades de economia mista, às suas subsidiárias e às sociedades controladas direta ou indiretamente pelo poder público (§ 14).

A previsão inscrita no artigo 110-A exige ainda, para a criação de classe de ações ordinárias com atribuição do voto plural depende do voto favorável de acionistas que representem: (1) metade, no mínimo, do total de votos conferidos pelas ações com direito a voto; e (2) metade, no mínimo, das ações preferenciais sem direito a voto ou com voto restrito, se emitidas, reunidas em assembleia especial convocada e instalada com as formalidades da Lei 6.404/1964.[1] Assegura-se aos acionistas dissidentes o direito de se retirarem da companhia mediante reembolso

---

[1] § 3º O estatuto social da companhia, aberta ou fechada, nos termos dos incisos I e II do *caput* deste artigo, poderá exigir quórum maior para as deliberações de que trata o § 1º deste artigo.

do valor de suas ações (artigo 45), salvo se a criação da classe de ações ordinárias com atribuição de voto plural já estiver prevista ou autorizada pelo estatuto.

Por sua natureza e efeitos sobre a coletividade societária, há regras específicas para as companhias abertas. Antes de mais nada, a listagem de companhias que adotem voto plural e a admissão de valores mobiliários de sua emissão em segmento de listagem de mercados organizados sujeitar-se-ão à observância das regras editadas pelas respectivas entidades administradoras, que deverão dar transparência sobre a condição de tais companhias abertas (artigo 110-A, § 4°). Ademais, após o início da negociação das ações ou dos valores mobiliários conversíveis em ações em mercados organizados de valores mobiliários, é vedada a alteração das características de classe de ações ordinárias com atribuição de voto plural, exceto para reduzir os respectivos direitos ou vantagens (§ 5°).

É facultado aos acionistas estipular no estatuto social o fim da vigência do voto plural condicionado a um evento ou a termo (§ 6°), desde que não superior a sete anos, vez que a regra geral é que o voto plural atribuído às ações ordinárias tenha prazo de vigência inicial de até 7 (sete) anos, prorrogável por qualquer prazo, desde que: (I) seja observado o disposto nos §§ 1° e 3° deste artigo para a aprovação da prorrogação; (II) sejam excluídos das votações os titulares de ações da classe cujo voto plural se pretende prorrogar; e (iii) seja assegurado aos acionistas dissidentes, nas hipóteses de prorrogação, o direito de retirada (§ 7°).

As ações de classe com voto plural serão automaticamente convertidas em ações ordinárias sem voto plural na hipótese de: (I) transferência, a qualquer título, a terceiros, exceto nos casos em que: (a) o alienante permanecer indiretamente como único titular de tais ações e no controle dos direitos políticos por elas conferidos; (b) o terceiro for titular da mesma classe de ações com voto plural a ele alienadas; ou (c) a transferência ocorrer no regime de titularidade fiduciária para fins de constituição do depósito centralizado; ou o contrato ou acordo de acionistas, entre titulares de ações com voto plural e acionistas que não sejam titulares de ações com voto plural, dispor sobre exercício conjunto do direito de voto (§ 8°).

Por força do § 11 do artigo 110-A, são vedadas as operações: (1) de incorporação, de incorporação de ações e de fusão de companhia aberta que não adote voto plural e cujas ações ou valores mobiliários conversíveis em ações sejam negociados em mercados organizados, em companhia que adote voto plural; (2) de cisão de companhia aberta que não adote voto plural, e cujas ações ou valores mobiliários conversíveis em ações sejam negociados em mercados organizados, para constituição de nova companhia com adoção do voto plural, ou incorporação da parcela cindida em companhia que o adote. Ademais, completa o § 12, não será adotado o voto plural nas votações pela assembleia de acionistas que deliberarem sobre: (I) a remuneração dos administradores; e (II) a celebração de transações com partes relacionadas que atendam aos critérios de relevância a serem definidos pela Comissão de Valores Mobiliários.

366 Direito Empresarial Brasileiro: Direito Societário • Mamede

Será o estatuto social que deverá estabelecer (§ 13), além do número de ações de cada espécie e classe em que se divide o capital social, no mínimo: (I) o número de votos atribuído por ação de cada classe de ações ordinárias com direito a voto, respeitado o limite de que trata o *caput* deste artigo; (II) o prazo de duração do voto plural, observado o limite previsto no § 7º deste artigo, bem como eventual quórum qualificado para deliberar sobre as prorrogações, nos termos do § 3º deste artigo; e (III) se aplicável, outras hipóteses de fim de vigência do voto plural condicionadas a evento ou a termo (além daquelas previstas no artigo 110-A, conforme autorização do § 6º).

Não se aplica à sociedade em comandita por ações o disposto na Lei 6.404/1976 sobre voto plural, sobre conselho de administração, sobre autorização estatutária de aumento de capital e sobre emissão de bônus de subscrição (artigo 284).

4 AQUISIÇÃO DO DIREITO DE VOTO PELAS AÇÕES PREFERENCIAIS

A supressão ou a restrição do direito de voto das ações preferenciais justificam-se pela vantagem no acesso aos resultados empresariais, em detrimento da participação nas deliberações sociais. O *preferencialista* é, acima de tudo, um investidor, preocupado mais com ganhos do que com a administração dos negócios societários, nos limites em que não interfira, ilegitimamente, na produção dos resultados sociais. Se a companhia, *seguidamente*, não consegue produzir resultados, a supressão ou restrição ao direito de voto perde sua sustentação. Por isso, o artigo 111, §§ 1º e 2º, da Lei 6.404/1976 prevê que as ações preferenciais adquirirão o exercício pleno do direito de voto se a companhia deixar de pagar os dividendos fixos ou mínimos a que fizerem jus por três exercícios consecutivos, se menor prazo não estipular o estatuto. Conservarão o direito de voto até a volta do pagamento de dividendos, se não forem cumulativos, ou até que sejam pagos os cumulativos em atraso.

Enfrentando o Recurso Especial 1.152.849/MG, a Terceira Turma do Superior Tribunal de Justiça sentenciou que, "quando da convocação para a assembleia geral ordinária, não há necessidade de publicação da aquisição temporária do direito de voto pelas ações preferenciais (artigo 111, § 1º, da Leis das Sociedades por Ações – voto contingente). O detentor da ação preferencial que não recebeu seus dividendos conhece essa situação e deve, no próprio interesse, exercer o direito que a lei lhe concede. Ao subscrever quotas de capital, o acionista precisa conhecer as particularidades das ações que adquire, não podendo arguir o desconhecimento dos termos da lei."

Particular atenção merece a implantação inicial do empreendimento. A constituição da empresa pode implicar uma fase em que não produz lucros; por isso, o estatuto poderá estipular que o disposto nos §§ 1º e 2º vigorará a partir do término da implantação do empreendimento inicial da companhia (artigo 111, §

3º, da Lei 6.404/1976). Obviamente, esse prazo de implantação se define caso a caso, conforme as particularidades do empreendimento. Mas não é em faculdade arbitrária dos fundadores estipular, aleatoriamente, um prazo dilargado de implantação. Isso seria simulação (artigo 167, § 1º, II, do Código Civil).

A rigor, a estipulação desse prazo para implantação inicial deve estar anotada no estatuto, quando de sua criação. Na constituição por subscrição pública, tal especificidade deve ser destacada no prospecto, além de constar do projeto de estatuto, já que representa restrição dos direitos habituais dos preferencialistas. É possível que o prazo de implantação seja previsto em alteração estatutária posterior, creio. Porém, após a aprovação pela maioria dos *ordinaristas* presentes à assembleia geral extraordinária, convocada para tal finalidade, tal alteração deverá ser aprovada pela *unanimidade* dos *preferencialistas*, anuindo com a restrição de seus direitos. Não basta a maioria entre os preferencialistas, já que, ausente autorização expressa do legislador (a ser interpretada como regra própria do tipo societário), não é lícito à maioria deliberar sobre a renúncia de direitos da minoria.

Foi silente o legislador sobre a possibilidade de a companhia enfrentar mutações em sua estrutura empresarial, levando à necessidade de implantação de novo empreendimento, com investimentos de grande monta, prejudicando a distribuição de dividendos por longo período. Imagine-se uma construtora que opte executar uma grande obra, consumindo muito tempo e dinheiro, mas com grandes perspectivas de lucros. Não há norma que vede a extensão analógica do artigo 111, §§ 1º e 2º, da Lei 6.404/1976 nessas hipóteses, aceitando a estipulação de um prazo para a implantação de tal expansão, por meio de alteração estatutária ou documento em apartado, devidamente levado a registro. Mas será preciso aprovação pela assembleia geral dos ordinaristas, para além de posterior aprovação por assembleia de preferencialistas. *Ouso* acreditar que a unanimidade, nesse caso, não atende às necessidades jurídicas e econômicas da hipótese avençada, pois colocaria todo o futuro da empresa, eventualmente, nas mãos de uns poucos. Parece-me que os artigos 136 e 137 da Lei 6.404/1976 têm aqui aplicação analógica recomendável, inclusive no que diz respeito à previsão de que aos acionistas dissidentes se garantirá o direito de retirar-se da companhia, mediante reembolso do valor das suas ações.

5 ABUSO DO DIREITO DE VOTO

O estabelecimento de uma faculdade jurídica atende a certas funções e conhece limites, inclusive principiológicos, a exemplo da *socialidade* (função social), *eticidade* (boa-fé), e *moralidade* (probidade), *proporcionalidade* e *razoabilidade*. Por isso, o abuso de uma faculdade caracteriza ato ilícito (artigo 187 do Código Civil). Não é diferente com o direito de voto. Embora o voto seja uma faculdade do acionista, seu exercício pode caracterizar ato ilícito se concretizado fora das

368 Direito Empresarial Brasileiro: Direito Societário • Mamede

balizas de sua função social imediata (a companhia, compreendida como coletividade de acionistas) e mediata (a comunidade na qual a companhia se encarta e o
país em que está estabelecida), bem como se não se concretiza de forma honesta
(proba) e em boa-fé. Esse princípio alcança todos os tipos societários (contratuais
e estatutários).

O artigo 115 da Lei 6.404/1976, todavia, acresce uma referência a tal baliza
geral, prevendo que a razão de ser do direito de voto é o interesse da companhia,
reiterando que o abuso na faculdade de votar é um ato ilícito. A norma lista como
referências dessa abusividade o exercício do voto com a finalidade de (1) *causar
dano à companhia*; (2) *causar dano a outros acionistas*; (3) *de obter para si vantagem
a que não faz jus e de que resulte, ou possa resultar, prejuízo para a companhia ou
para outros acionistas*; (4) de *obter tal vantagem para outrem*. São apenas exemplos, é preciso frisar. Essencialmente, constitui ato ilícito o voto que desrespeita
os princípios societários, partindo das situações mais óbvias, como votar pelo
descumprimento de lei ou visando causar danos ao mercado, à comunidade em
geral, ao erário, ao meio ambiente, aos consumidores etc. Mas alcança situações
menos óbvias, como o voto que tem por objetivo prejudicar a sociedade ou os
demais sócios, bem como a pretensão de obter vantagem legal ou moralmente
indevida. E, por ser ilícito, é anulável, além de permitir a responsabilização de
seu(s) autor(es) pelos danos advindos.

O próprio artigo 115 deixa claro que a abusividade (e ilicitude) do voto prescinde, para sua caracterização, de que efetivamente se aufira vantagem indevida
ou que determine prejuízo para a companhia ou para outros acionistas. A ilicitude
está no abuso e não na vantagem decorrente. Veja que o § 3º do artigo 115 diz
que o acionista responde pelos danos causados pelo exercício abusivo do direito
de voto, ainda que seu voto não haja prevalecido. Essencialmente, a abusividade
do voto não se limita à responsabilidade civil, não pressupondo dano, econômico
ou moral, para caracterizar-se como ilícito. O voto abusivo é, em si, um ato ilícito,
ilicitude essa que pode apresentar-se em diversos âmbitos jurídicos, recomendando
atenção redobrada para o caso concreto. Essa ilicitude pode ferir o Direito regula-
tório do mercado de capitais, levando a sanções administrativas pela Comissão de
Valores Mobiliários. Outro exemplo é o crime de extorsão praticado por acionistas
que constrangem o administrador, mediante a ameaça de votarem contra a sua
prestação de contas, com o intuito de obter, para si ou para outrem, vantagem
econômica indevida.

Por isso, o voto abusivo, em si, pode dar azo à exclusão do acionista, considerado o ilícito societário. Pode, igualmente, qualificar como ilícito o voto em si,
razão pela qual, no mercado aberto, não é lícito ao acionista controlador de uma
companhia votar quando haja, em termos objetivos, um conflito de interesses
com a própria companhia, como a compra de ativos de uma outra companhia,
com o mesmo controle. A questão não é subjetiva, a demandar uma investigação
do comportamento e da intenção do acionista controlador; é objetiva: um mesmo

Parte Especial II – Cap. 20 • Direitos dos Acionistas **369**

controlador decidiria a operação em ambos os polos. Nos demais casos, pode-se fazer necessária a jurisdição pública (Judiciário) ou, se prevista, privada (arbitragem), para que se afirme a abusividade do voto.

No plano da responsabilidade civil, a abusividade no exercício do voto vincula-se à demonstração de dano, econômico ou moral, deixando claro não haver direito (e, *mutatis mutandis*, dever) à indenização sem a ocorrência de prejuízo, no que o dispositivo se harmoniza com o artigo 927 do Código Civil. Acresce o § 4º, do mesmo artigo 115 da Lei 6.404/1976, permitindo a anulação da deliberação tomada em decorrência do voto de acionista que tem interesse conflitante com o da companhia, reiterando a responsabilidade civil pelos danos causados e, ademais, obrigando o acionista a transferir para a companhia as vantagens que tiver auferido.

A ideia de *voto abusivo* e *voto em conflito de interesses* exige compreensão cautelosa, a demandar, antes de mais nada, a percepção de que a pluralidade de opiniões sobre os desígnios sociais é própria das coletividades sociais. A discórdia não é estranha à sociedade, mas lhe é potencial e intestina. Nada impede que os acionistas assumam posições conflitantes e que, ademais, orientem-se por sua própria *visão de mundo*, seu jeito de *agir empresarialmente*. A história está repleta de casos nos quais companhias se depararam entre alternativas empresariais diversas, por vezes antagônicas, fruto de visões diversas sobre o futuro econômico e, nele, a estratégia mais segura e/ou mais rentável. Segundo Barros, a divergência pode resultar de razões políticas (próprias de cada nação), sociológicas (regionalismos; a cultura de cada organização; normas, valores e significados próprios, intragrupais) e psicológicas (o certo e o errado aprendido por cada indivíduo), ou da *distância do poder* (distinção nas posições dos que efetivamente podem influenciar os destinos da organização e aqueles que, por sua participação minoritária, não têm tal perspectiva); some-se o *controle das incertezas*, permitindo aferir que pessoas distintas lidam de forma distinta com *incertezas futuras*. Influenciam igualmente as posições refletidas nos votos dados, a forma como as pessoas interagem socialmente, num espectro comportamental que vai dos individualistas aos coletivistas, num gradiente diverso. Não é só: a autora soma *masculinidade* versus *feminilidade*, como outra dimensão do problema, assim como a *orientação de longo prazo* versus *a orientação de curto prazo*.[2] As diferenças entre os modelos de gestão e entre opções estratégicas recomendam, portanto, cuidado na avaliação do voto como ato ilícito.

Creio que somente há *voto com a finalidade de causar dano* quando a motivação do voto não reflita opção ou visão empresarial, mas intenção deliberada de criar uma lesão à companhia ou a outrem (acionista ou não). É uma questão finalística. Por seu turno, constituirá *interesse contrário à companhia* todo aquele que prestigie, *ilegitimamente*, o sócio em detrimento da sociedade

---

[2] BARROS, Betania Tanure de. *Gestão à brasileira*: uma comparação entre América Latina, Estados Unidos, Europa e Ásia. São Paulo: Atlas, 2003. passim.

empresária. O conceito de *interesse contrário* é amplo, alcançando fins morais e jurídicos, afirmados em detrimento da companhia. Sacrifica-se a companhia para proveito econômico próprio ou, mesmo, para auferir prestígio, por mero capricho, por birra etc. Mas a ação deve ser ilegítima, isto é, deve ter um motivo que seja moral e/ou juridicamente condenável. Por isso assim, não é abusivo o voto dos acionistas empregados que reflitam a *legítima* preocupação com o corpo de trabalhadores; também é abusivo o voto de sócios ambientalistas que preferem a proteção ao meio ambiente aos lucros, já que o conflito de interesses é legítimo.

Mas há situações objetivas, como a avaliação de bens oferecidos para a integralização do capital subscrito. O acionista que os ofereceu não pode participar da assembleia geral que delibera sobre o respectivo laudo de avaliação (artigo 115, § 1º, da Lei 6.404/1976). Por isso, se todos os subscritores forem condôminos de bem com que concorreram para a formação do capital social, poderão aprovar o laudo, mas ficarão solidariamente responsáveis pelos danos causados à companhia. Também revela conflito de interesses o sócio/administrador participar da assembleia que examina suas contas. Por fim, há conflito sempre que a matéria a ser deliberada possa beneficiar o acionista de modo particular, ou em que esse tiver interesse oposto ao da companhia.

Para além dessas situações objetivas, abre-se um amplo espaço para hipóteses de abuso que se afirmam em conformidade com as particularidades de cada caso. As ilustrações são muitas, como o manejo do direito de voto como meio de chantagear a coletividade social a aceitar *isso ou aquilo*, a exemplo da obstrução de votações ou o manejo do voto apenas para forçar a aprovação de outras medidas, como a revisão de acordos societários. São cenários que justificam, a partir da constituição de litígios, correções enérgicas a bem da preservação dos deveres fiduciários existentes entre os sócios.

6 ACORDO DE ACIONISTAS

É lícito aos sócios acordarem entre si ações e/ou omissões, direitos e deveres, no que diz respeito ao exercício de seus direitos societários. Isso se faz por meio de um *acordo de acionistas*. O acordo de acionistas é contratação parassocial, vale dizer, convenção (contrato) que se compreende nas relações intestinas (*interna corporis*) da companhia, mas concretizada para aquém de suas regras universais, legais ou estatutárias, embora sem poder desrespeitá-las. É contrato que diz respeito à companhia e pode até vinculá-la, em certas matérias, bastando seja arquivado em sua sede. Definição de obrigações e faculdades entre os seus pactuantes, conforme tenham se ajustado.

Desde que o objeto do contrato seja lícito e não desrespeite o estatuto social, uma ampla gama de cláusulas diversas pode ser estabelecida, a exemplo da previsão de que os acordantes atuarão conjuntamente nas deliberações sociais, conforme decisão prévia de seus votos, incluindo a eleição dos membros da administração. A percepção de uma dimensão interna ao corpo da companhia, na qual os desígnios da sociedade constituem objeto da deliberação dos acionistas, segundo o tipo e/ou classe de suas ações, permite compreender o comportamento do acionista como resultado de *discricionariedade privada*, nos espaços licenciados pela lei e pelo estatuto. Essa *discricionariedade privada*, espaço de livre opção entre alternativas diversas, constitui ambiente negocial, o que remete o jurista para o fenômeno dos ajustes parassociais: o *acordo de quotistas* (sociedades contratuais) e, agora, o *acordo de acionistas*.

Os ajustes parassociais conjugam duas particularidades complementares: (1) envolvem acionistas, dizendo respeito à sociedade e ao exercício dos direitos derivados das ações, mas (2) não se confundem com as deliberações sociais, ainda que envolvam a maioria ou mesmo a totalidade dos acionistas. A *parassocialidade* é um plano social para aquém da universalidade social, no qual se permite aos sócios estabelecer obrigações e faculdades relativos à sua atuação social (comportamento social e/ou patrimonial), sem que se trate de uma *deliberação social* e, portanto, sem vincular a companhia, mas apenas seus signatários. São obrigações pessoais, resultantes do exercício da *liberdade de livre atuação jurídica e econômica*, liberdade de contratar, nos limites licenciados pela Constituição e pelas leis (artigos 1º, IV, e 5º, II, da Constituição da República), respeitados mesmo os princípios jurídicos não positivados.

Tais ajustes podem ter por objeto qualquer direito disponível, próprio da realidade societária, direta ou indiretamente. Por exemplo, há acordos que estabelecem que os pactuantes devem decidir, antecipadamente, como votarão na assembleia de acionistas; assim, ainda que na votação preliminar haja vencidos, todas as ações do bloco acordante votam, uníssonas, a posição previamente ajustadas. Outro exemplo é a cláusula *buy or sell* (compra ou venda), prevista num acordo de acionistas que veio a público por volta de 2011: com o objetivo de dar solução rápida a impasses entre os acordantes (eram dois), estabeleceu-se que qualquer acordante poderia pedir a instauração do procedimento; em prazo definido no acordo, as partes apresentariam, em envelope lacrado, um valor por ação, valor esse pelo qual comprariam a parte do outro ou lhe venderia a sua parte. Então, seria feito um sorteio pelo auditor da companhia e o acionista sorteado poderia escolher se compraria ou venderia as ações pelo preço fixado pelo sócio perdedor; a regra força os sócios a fixarem valores justos, já que podem ter que comprar as ações por aquele preço.

Não são válidos se desrespeitam normas constitucionais, princípios jurídicos, normas legais e mesmo o estatuto social. Se contrariassem o estatuto social, ultrapassariam o limite de sua função social, bem como os parâmetros da boa-fé e da probidade, mesmo se fossem urdidos para prejudicar o restante da coletividade social. A *parassocialidade* não é um espaço de negação da sociedade e do poder soberano da assembleia geral. O acordo parassocial é, exclusivamente, um acerto de atuação societária lícita, ética e proba. Não pode ser meio para a prática de voto abusivo, ou para descumprimento (direto ou indireto) de qualquer obrigação social, como o correto exame de contas e atos de administração, o que implicaria desconsiderar a verdade do que se passou para estabelecer o artificialismo de uma postura de anuência cega com posturas que podem ser lesivas à companhia, aos acionistas e mesmo a terceiros: o Estado, a comunidade, os trabalhadores etc.

Não é outra a posição do Superior Tribunal de Justiça, como se apura do julgamento, pela Terceira Turma, do Recurso Especial 1.152.849/MG: "O acordo de acionistas não pode predeterminar o voto sobre as declarações de verdade, aquele que é meramente declaratório da legitimidade dos atos dos administradores, restringindo-se ao voto no qual se emita declaração de vontade." No caso, a recorrente pretendia "ser permitido aprovar contas dos administradores por voto do acordo de acionistas". Essa possibilidade foi recusada.

Não há uma definição legal de forma obrigatória, razão pela qual tais convenções poderão ter estrutura variada. O mais comum é apresentarem-se como um instrumento de contrato, com cláusulas, sendo datado e firmado pelas partes. Pode apresentar-se, igualmente, como uma deliberação comum (uma ata de reunião ou assembleia) dos acordantes. Há casos em que se celebra um acordo maior (*acordo guarda-chuva*, diz o mercado), com cláusulas gerais que regem a relação entre os acordantes, a partir do qual são celebrados pactos menores, sob matérias específicas. Podem ser simples, prevendo uma cláusula apenas, como a preferência, entre os acordantes, na transferência de ações, assim como podem ser complexas, prevendo obrigações e faculdades diversas, até procedimentos executórios, podendo mesmo reger o controle da companhia.

O fato de o acordo de acionistas não poder desrespeitar o estatuto, mas apenas regular o exercício dos direitos legais e estatutários, não impede sejam estabelecidas regras específicas para a regência do pacto parassocial. Por exemplo, os acordantes podem eleger foro para a solução de pendengas, ainda que diverso da sede da companhia ou, mesmo, do foro de eleição que conste do estatuto social, assim como podem trazer cláusula de arbitragem, ainda que o estatuto social não a preveja ou, prevendo-a, tenha conteúdo diverso (como a eleição dessa ou daquela instituição arbitral). Nesses casos, o foro ou a cláusula arbitral do acordo só terão eficácia entre os acordantes e limitado às hipóteses que dizem respeito especificamente ao negócio parassocial.

O acordo de acionistas pode ser arquivado, na sede da companhia, se tiver por objeto a *compra e venda de ações*, a *preferência para adquiri-las*, o *exercício do direito a voto* ou do *poder de controle*, a partir do que a própria empresa estará obrigada a observar o ajuste (artigo 118 da Lei 6.404/1976), embora não esteja vinculada a outros pontos que tenham sido legitimamente ajustados, fora de tais matérias.[3] Não é arquivamento obrigatório, mas a opção de manter o ajuste oculto não vinculará a companhia e/ou terceiros, como a proibição de que, enquanto vigente o pacto averbado junto à companhia aberta, as ações não poderão ser negociadas em bolsa ou no mercado de balcão.

Arquivado o acordo, a companhia poderá solicitar aos seus membros esclarecimentos, no momento do arquivamento ou posteriormente, quando surja dúvida sobre os seus termos ou aplicação. No ato de arquivamento do acordo, será indicado um representante para comunicar-se com a companhia, prestando ou recebendo informações, quando solicitadas. Essa representação limita-se à interlocução com a companhia; não configura mandato para proferir, em assembleia, voto contra ou a favor de determinada deliberação. Para caracterizar o mandato, faz-se necessário haver cláusula expressa no ajuste, que poderá até ter prazo que supere um ano, que, afora o acordo de acionistas, é o limite de representação ordinária nas assembleias gerais (artigos 118, § 7º, e 126, § 1º, da Lei 6.404/1976).

Ausente a cláusula de mandato, será mantido o exercício individual do direito de presença, voz e voto nas assembleias, embora beneficiando-se os demais pactuantes das garantias inscritas nos §§ 8º e 9º do mesmo artigo 118: como resultado da vinculação da companhia aos termos do acordo de acionista arquivado em sua sede, o presidente da assembleia ou do órgão colegiado de deliberação da companhia não computará o voto proferido com infração de acordo de acionistas devidamente arquivado. Ausente um acordante de assembleia ou reunião de órgão de administração da companhia, ou abstendo-se de votar, qualquer outro partícipe do acordo devidamente arquivado terá o direito de votar com as ações pertencentes ao acionista ausente ou omisso, fazendo valer o ajuste parassocial. Para tanto, verificada a ausência ou a abstenção, a parte prejudicada deverá, de pronto, levantar *questão de ordem*, invocando o ajuste arquivado e, com base nele, requerer o direito de votar pelo acionista ausente ou omisso. O indeferimento desse requerimento implicará anulabilidade da deliberação, o que poderá ser pedido por qualquer dos signatários do acordo de acionistas. A mesma regra se aplica ao caso de membros do conselho de administração eleitos nos termos de acordo de acionistas, permitindo à parte prejudicada votar pelo conselheiro ausente ou omisso.

A eficácia das faculdades e obrigações disposta no acordo de acionista, perante terceiros, pressupõe publicidade. Assim, deverá ser arquivada na companhia e averbada nos livros de registro e nos certificados das ações. Em se tratando de ações escriturais, a ausência do certificado de ações criará uma dificuldade, certo que não se dá a terceiros acesso aos livros e documentos societários. Será preciso, portanto, arquivamento na Junta Comercial que, de resto, é medida aconselhável em qualquer caso, mesmo havendo certificado de ação no qual se anotou a

---

3   Conferir BARBOSA FILHO, Marcelo Fortes. *Sociedade anônima atual*: comentários e anotações às inovações trazidas pela Lei 10.303/2001 ao texto da Lei 6.404/1976. São Paulo: Atlas, 2004. p. 121-122.

existência do ajuste parassocial. Ademais, se o ajuste dispõe sobre política de reinvestimento de lucros e distribuição de dividendos, a companhia – se aberta – deverá informá-las à assembleia geral, no relatório anual (artigo 118, § 5º, da Lei 6.404/1976). Contudo, essa vinculação da companhia, dos demais acionistas e, mesmo, de terceiros estranhos à companhia não alcança a prática de ato ilícito, incluindo o abuso no direito de voto, deixando claro o § 2º do mesmo artigo 118 que os acordos *não poderão* ser invocados para eximir o acionista de responsabilidade no exercício do direito de voto, ou do poder de controle.

6.1 Execução

O pacto parassocial é um contrato e, assim, submete-se às regras gerais do Direito Obrigacional e do Direito Contratual; submete-se ainda às regras e princípios do Direito Empresarial e Direito Societário, já que tem a sociedade e a empresa como objetos, cuidando do comportamento societário dos pactuantes. Trata-se de ajuste que depende da existência da sociedade para existir, mas é contrato acessório. Deve ser voluntariamente cumprido por seus signatários, sob pena de ser objeto de execução, ou seja, sob pena de se buscar a aplicação coercitiva do ajuste. Dois problemas jurídicos surgem: (1) a possibilidade de execução do ajuste, quando um (ou mais) pactuante(s) se recusam a adimplir qualquer de suas cláusulas; (2) a possibilidade de surgirem litígios sobre o conteúdo das cláusulas ou sobre o comportamento dos pactuantes no âmbito do ajuste, considerando-se a lei, o estatuto social e, enfim, o acordo de acionistas, incluindo a pretensão de se reparar danos decorrentes da prática de ato ilícito.

A execução do acordo de acionistas pode ser posta em dois planos diversos: no primeiro, colocam-se os ajustes que tenham por objeto (1) a *compra e venda de ações*, (2) a *preferência para adquiri-las*, (3) o *exercício do direito a voto ou do poder de controle*, quando arquivados na sede da empresa (artigo 118 da Lei 6.404/1976). No outro plano, coloca-se a execução do ajuste que diga respeito a outras matérias ou, versando sobre aquelas, não tenha sido arquivado na sede da companhia. Em ambos os casos, porém, a execução pressupõe conformidade com a Constituição, as leis e o estatuto. Não é lícito pretender execução do ajuste parassocial para obrigar seus partícipes a deliberar contra a lei, a exemplo de medidas que contrariem a legislação ambiental ou consumerista.

No primeiro caso, a execução faz-se pelas regras do próprio artigo 118. De abertura, impedimento de negociação na bolsa ou no mercado de balcão das ações vinculadas ao acordo de acionistas averbado na sede da companhia (§ 4º), garantindo a manutenção da proporção de participação dos pactuantes nas deliberações sociais. Garante, ademais, o que Barbosa Filho chama de *acordos de bloqueio*, visando evitar a dispersão da titularidade das ações dos pactuantes, circunscrevendo sua circulação entre estes, nos termos do acordo.[4] Em segundo lugar, a obrigação do presidente da assembleia geral ou do órgão colegiado de deliberação da companhia não computar o voto proferido com infração de acordo de acionista devidamente arquivado (§ 8º). Some-se a permissão aos pactuantes para substituir o acionista – ou mesmo o membro do órgão colegiado – ausente ou omisso (§ 9º).

Portanto, a execução do acordo de acionistas no alusivo ao *exercício do direito a voto* ou do *poder de controle* comporta execução no plano da própria companhia, que está vinculada aos termos que estejam expressos no instrumento que foi arquivado em sua sede. Isso pode tornar-se um desafio, já que o acordo pode envolver um conjunto de regras próprias para o exercício conjunto das faculdades instrumentais do acionista; mas as dúvidas solucionam-se com a aplicação do § 11 do mesmo artigo 118, permitindo o pedido de esclarecimentos. Ademais, ainda como consequência dos §§ 8º e 9º, afirma-se a possibilidade de ir ao Judiciário para anular a deliberação na qual se tenha computado voto proferido com infração do acordo de acionista, determinando-se, ademais, que a companhia respeite os termos do pacto arquivado, como lhe determina o *caput* do artigo 118.

O acordo que tenha por objeto temas estranhos ao rol anotado no *caput* do artigo 118 da Lei 6.404/1976 e o acordo não arquivado na sede da companhia não se beneficia dessas formas específicas de execução. Será preciso recorrer às regras gerais que disciplinam a execução de *obrigação de fazer*, incluindo a obrigação de prestar declaração de vontade, como o voto ou a transferência de ações. Entretanto, não se possa afastar a possibilidade de o próprio *negócio parassocial* estabelecer solução diversa, desde que juridicamente possível, a exemplo da estipulação de multa. Obviamente, para que seja executada, a convenção parassocial deverá apresentar-se líquida e certa.

Por fim, no que diz respeito a eventuais litígios, entre os acordantes, sobre o conteúdo das cláusulas ou sobre o seu comportamento no âmbito do ajuste, incluindo a pretensão de se reparar danos decorrentes da prática de ato ilícito, pode-se recorrer à jurisdição ordinária (ao Poder Judiciário), quando o acordo não traga cláusula arbitral. Podem ser ajuizadas ações condenatórias, constitutivas e declaratórias, bem como se pode lançar mão de medidas de segurança (cautelar ou antecipação de tutela), incluindo o pedido de indenização fundado no fato de o comportamento de um ou mais acordantes desrespeitar o Direito Positivo (Constituição e leis), o estatuto social ou o pacto social.

6.2 Resolução

Contrato que é, o acordo de acionistas está submetido às regras gerais do Direito Obrigacional, ainda que deva respeitar as particularidades do

---

4   BARBOSA FILHO, Marcelo Fortes. *Sociedade anônima atual*: comentários e anotações às inovações trazidas pela Lei 10.303/2001 ao texto da Lei 6.404/1976. São Paulo: Atlas, 2004. p. 122.

376 Direito Empresarial Brasileiro: Direito Societário • Mamede

Direito Societário. Sua resolução segue a regra geral dos contratos, havendo que distinguir entre (1) contração por prazo indeterminado, (2) contratação vinculada a condição resolutiva e (3) contratação por prazo ou em função de termo determinado.

Se o acordo de acionistas for estipulado por prazo indeterminado, qualquer um dos pactuantes o poderá denunciar, respeitando os requisitos estipulados no ajuste para tanto. Não havendo qualquer estipulação, basta notificar as demais partes, sendo usual a concessão de prazo de 30 dias para que o ajuste se compreenda como extinto. Não é correto pretender *irrevogável* o acordo de acionistas que não tenha cláusula de revogação, assim como não é lícita a *cláusula de irrevogabilidade*. As obrigações anotadas no *acordo parassocial* caracterizam *pacto de trato sucessivo*: prestações que se sucedem, prolongando a realização do ajuste. A irrevogabilidade, assim, caracterizaria *sujeição eterna* da parte, figura estranho ao Direito brasileiro, senão incompatível. Submeter o acionista, *ad aeternum*, ao acordo é expropriá-lo de suas faculdades juridicamente assinaladas, a bem de interesses privados. Ademais, o acordo de acionista é *ajuste parassocial* e, por sua natureza, ambiente e implicações, constitui forma específica de associação, aplicando-se o artigo 5º, XX, da Constituição da República, a garantir que ninguém será obrigado – legal ou convencionalmente – a manter-se associado. Excetua-se a cláusula de *irrevogabilidade imotivada* da concessão de preferência na aquisição de ações entre os signatários, desde que nas mesmas condições oferecidas por terceiros, pois não cria lesão a qualquer dos signatários. Trata-se de ato único: concessão de preferência, assunção voluntária da obrigação de preferir entre os concorrentes aquele.

Havendo cláusula expressa estipulando condição resolutiva, deverá ser esta respeitada. Aplicado o artigo 127 do Código Civil, enquanto não se realizar a condição resolutiva, vigorará o negócio jurídico, podendo exercer-se desde a conclusão deste o direito por ele estabelecido. No entanto, ainda segundo aquele Código, não são lícitas as condições que contrariem a lei (o negócio será invalidado se estipulada condição ilícita ou de fazer coisa ilícita, segundo o artigo 123, II, do mesmo Código), a ordem pública ou os bons costumes, estando proibidas as condições que privem de todo efeito o negócio jurídico, bem como aquelas que sujeitem o ato ou negócio ao puro arbítrio de uma das partes. Assim, é possível pedir a declaração judicial da invalidade de condição resolutiva que tenha sido fixada de modo a impedir a resolução do pacto, determinando ilegítima sujeição *ad eternum* das partes.

Mais fácil é a hipótese de pacto ajustado por prazo ou a termo, se não se tratar de estipulação que, por seus termos, implique sujeição indefinida ou desproporcional. Nesse caso, o acordo somente poderá ser denunciado motivadamente, segundo suas próprias normas ou normas legais, entre as quais, creio, a *exceção de contrato não cumprido e a resolução por onerosidade excessiva*.

7 DIREITO DE RETIRADA

O artigo 137 da Lei 6.404/1976 garante ao acionista o direito de retirar-se da companhia, mediante reembolso do valor das suas ações, sempre que seja vencido em deliberação que: (1) *aprove* a criação de ações preferenciais ou aumento de classe de ações preferenciais existentes, sem guardar proporção com as demais classes de ações preferenciais, salvo se já previstos ou autorizados pelo estatuto; (2) aprove a alteração nas preferências, vantagens e condições de resgate ou amortização de uma ou mais classes de ações preferenciais, ou criação de nova classe mais favorecida; (3) determine a redução do dividendo obrigatório; (4) aprove a fusão da companhia, ou sua incorporação em outra; (5) aprove a participação em grupo de sociedades; (6) aprove a mudança do objeto da companhia; (7) aprove a cisão da companhia. Esse *direito de recesso*, ou de *retirada*, é também regra inderrogável, qualidade que retira dos termos do artigo 136, sendo que, em todas as hipóteses acima listadas, verifica-se uma alteração substancial das condições societárias, não sendo legítimo pretender obrigar os acionistas a aceitar tamanha guinada.

A previsão de um direito de retirada e reembolso vincula-se à verificação de prejuízo resultante da deliberação, nos termos legais. Assim, nas hipóteses 1 e 2, somente terá direito de retirada o titular de ações de espécie ou classe prejudicadas (artigo 137, I, da Lei 6.404/1976). Na aprovação de fusão da companhia, sua incorporação em outra ou sua participação em grupo de sociedades, o direito de retirada e reembolso depende não só da efetivação da operação (artigo 230), mas da ausência de *liquidez e dispersão* no mercado da espécie ou classe de ação (artigo 137, II); há *liquidez* quando a espécie ou classe de ação, ou certificado que a represente, integre índice geral representativo de carteira de valores mobiliários admitido à negociação no mercado de valores mobiliários, no Brasil ou no exterior, definido pela Comissão de Valores Mobiliários; há *dispersão*, quando o acionista controlador, a sociedade controladora ou outras sociedades sob seu controle detiverem menos da metade da espécie ou classe de ação. Na cisão, só haverá direito de retirada se a operação implicar: (1) mudança do objeto social, salvo quando o patrimônio cindido for vertido para sociedade cuja atividade preponderante coincida com a decorrente do objeto social da sociedade cindida; (2) redução do dividendo obrigatório; ou (3) participação em grupo de sociedades. Tais limitações ao *direito de recesso*, dispostas por força da Lei 10.303/2001, devem ser compreendidas unicamente no âmbito das companhias abertas, já que nas sociedades fechadas tais deliberações impactam os acionistas de forma mais sensível.

Não se podem olvidar as regras sobre o *abuso no direito de voto* e sobre o *conflito de interesses*, determinando o direito de indenização de acionistas que, não podendo retirar-se da empresa, sofram diretamente os prejuízos decorrentes da deliberação. Tem sim, direito à indenização o acionista dissidente que demonstre ter sofrido danos que decorrem, diretamente, do desrespeito aos artigos 115 e 117 da Lei 6.404/1976, na deliberação de fusão, incorporação ou cisão. Exemplo clássico é

378 Direito Empresarial Brasileiro: Direito Societário • Mamede

a desvalorização abrupta, comprovadamente decorrente do evento social deliberado (fusão, incorporação ou cisão da companhia), determinando um prejuízo real, de fácil constatação, fazendo com que a alienação da ação deixe de ser uma alternativa equilibrada por determinar uma lesão ao legítimo direito do acionista.

Para exercício do direito de retirada o acionista deverá reclamar o reembolso da ação no prazo decadencial de 30 dias, contado da publicação da ata da assembleia geral (artigo 137, IV e § 4°, da Lei 6.404/1976). Já o prazo para o dissidente de deliberação de assembleia especial de preferencialista será contado da publicação da respectiva ata. Em ambos os casos, terá direito de recesso e reembolso mesmo o acionista que se absteve de votar contra a deliberação e aquele que não compareceu à assembleia (artigo 137, § 2°); se votou favoravelmente, não terá direito ao recesso.

Nos 10 dias subsequentes ao término do prazo para reclamar o reembolso da ação, os órgãos da administração poderão convocar a assembleia geral para ratificar ou reconsiderar a deliberação, se entenderem que o pagamento do preço do reembolso das ações aos que exerceram o direito de retirada porá em risco a estabilidade financeira da empresa (artigo 137, § 3°, da Lei 6.404/1976). Somente após o decurso desse prazo de 10 dias ou, havendo a convocação de tal assembleia geral, após a ratificação da deliberação o pagamento do reembolso poderá ser exigido (artigo 137, IV).

Para evitar abusos no direito de retirada, somente se permite o seu exercício, ao acionista dissidente de deliberação da assembleia, inclusive o titular de ações preferenciais sem direito de voto, que era titular na data da primeira publicação do edital de convocação da assembleia, ou na data da comunicação do fato relevante objeto da deliberação, se anterior. Impede-se, assim, a compra de ações com o único objetivo de exercer o direito de reembolso, atuando contra os interesses da companhia (artigo 137, § 1°).

Também haverá direito de retirada (recesso), com reembolso das ações, quando, ocorrendo incorporação, fusão ou cisão, a companhia sucessora não obtiver o respectivo registro na Comissão de Valores Mobiliários e admissão de negociação das novas ações no mercado secundário, no prazo máximo de 120 dias, contados da data da assembleia geral que aprovou a operação (artigo 137, § 4°). O prazo decadencial para exercício desse direito é de 30 dias, contados do término do prazo para registro e admissão de negociação no mercado aberto de valores mobiliários.

7.1 Reembolso

Exercendo o direito de retirada, o acionista fará jus ao *reembolso* de suas ações: a companhia deverá pagar-lhe o valor dos títulos (artigo 45 da Lei 6.404/1976). As regras para o reembolso poderão estar dispostas no estatuto, mas o valor só poderá ser inferior ao patrimônio líquido constante do último balanço aprovado

Parte Especial II – Cap. 20 • Direitos dos Acionistas **379**

pela assembleia geral, nos 60 dias anteriores, se for estipulado com base no valor econômico da companhia, a ser apurado em avaliação (artigo 45, § 1º). O direito ao reembolso constitui proteção legal aos acionistas minoritários. Considerando tal baliza, é certo que a previsão de outro critério para o cálculo do reembolso, que não a regra geral, legalmente disposta, deverá constar originalmente do estatuto social ou corresponder a alteração estatutária que mereceu aprovação unânime, única forma de se preservar a proteção ao acionista minoritário, conforme a *mens legislatoris*. Permitir à maioria alterar o estatuto para fugir à previsão legal seria fraudar a proteção legal.

A regra geral é a consideração do *último balanço aprovado*, se ocorrido há menos de 60 dias. Se já se passaram mais de 60 dias do último balanço aprovado, o acionista que pede o reembolso pode pedir levantamento de balanço especial. Nesse caso, a companhia pagará imediatamente 80% do valor de reembolso calculado com base no último balanço e, levantado o balanço especial, pagará o saldo no prazo de 120 dias a contar da data da deliberação da assembleia geral (artigo 45, § 1º).

O *último balanço aprovado* não é o balanço do último exercício, embora na maioria das vezes, pela prática das sociedades, haja tal identificação. A locução interpreta-se literalmente, permitindo considerar balanço que tenha sido feito e aprovado pela Assembleia Geral por qualquer outro motivo que não fosse o encerramento do exercício contábil. Num velho artigo, publicado em 1943, muito antes, portanto, da legislação ora vigente, Ascarelli questionava se o acionista que se retira teria o direito de impugnar o balanço para efeitos de seu reembolso, reconhecendo haver situações em que se verifica excessiva depreciação contábil dos ativos ou não se contabiliza sua valorização; o autor destacava que as normas contábeis, preocupadas com a proteção dos credores, esforçam-se por evitar uma sobrevalorização do ativo, não dando muita atenção para sua subvalorização, refletindo a ideia de que tal subvalorização trabalharia a favor da proteção do capital social.[5]

A formação dessas *reservas ocultas de capital* é uma realidade comum em empresas sólidas e, efetivamente, trabalha contra o acionista que se retira, lesando seus direitos patrimoniais. Isso para não falar da hipótese de terem sido realizados negócios recentes, altamente lucrativos para a empresa. O artigo 45, § 2º, considera, apenas, o tempo: se a assembleia geral na qual o acionista restou vencido ocorreu após mais de 60 dias da data do último balanço aprovado, faculta-se ao acionista dissidente pedir, juntamente com o reembolso, levantamento de balanço especial. Despreza elementos objetivos, não exigindo do acionista retirante a demonstração de desconformidade entre o último balanço e a situação patrimonial ao tempo de sua saída. Esse desprezo, contudo, não traduz vedação à colocação do problema em

---

[5] ASCARELLI, Tullio. Sociedade por ações: retirada do acionista dissidente. *Revista Forense*, Rio de Janeiro, v. 96, ano 40, p. 19-20, out. 1943.

juízo, mormente por se tratar de lesão ou, no mínimo, ameaça de lesão ao direito de propriedade do acionista (artigo 5°, XXII e XXXV, da Constituição da República). Assim, creio que, a qualquer tempo, mesmo imediatamente após a data do último balanço, poderá o acionista retirante pedir o levantamento de balanço especial, desde que apresentando ao Judiciário elementos objetivos que sustentem a afirmação de subvalorização do ativo (ou mesmo sobrevalorização do passivo), justificando abandonar-se o critério meramente cronológico que se encontra positivado no artigo 45, § 2°, da Lei 6.404/1976. Pelas mesmas razões, parece-me que a própria companhia poderá recorrer ao Judiciário para pedir o levantamento de balanço especial, demonstrando que tal relatório contábil não reflete a realidade, inclusive em face de perdas posteriores à sua elaboração e aprovação.

É lícito ao estatuto prever que o reembolso se fará por meio de avaliação da ação, ou seja, pela determinação de seu valor de mercado; para tanto, o valor será o determinado por três peritos ou empresa especializada, mediante laudo fundamentado, com indicação dos critérios de avaliação e dos elementos de comparação adotados, devendo, ademais, apresentar-se instruído com os documentos que orientaram a definição. Os peritos serão indicados em lista sêxtupla pelo Conselho de Administração ou, se não houver, pela diretoria; em se tratando de empresa especializada, a indicação se fará por lista tríplice; a lista será submetida à assembleia geral, que deliberará por maioria absoluta de votos, não se computando os votos em branco, cabendo a cada ação, independentemente de sua espécie ou classe, o direito a um voto. Por seu trabalho, os avaliadores estarão civilmente obrigados, respondendo perante a companhia e perante os acionistas pelos danos causados na avaliação das ações, resultantes de comportamento doloso ou culposo; isso, independentemente de eventual responsabilidade penal.

Uma vez determinado o valor de reembolso, por qualquer dos critérios citados, o valor respectivo poderá ser pago à conta de lucros ou reservas, embora não se possa utilizar a reserva legal; se o reembolso se fizer por tal meio, as ações reembolsadas ficarão em tesouraria. Não havendo lucros acumulados ou reservas para tanto, o reembolso se fará à conta do capital social; nesta hipótese, os acionistas cujas ações tenham sido reembolsadas deverão ser substituídos no prazo de 120 dias, contados da publicação da ata da assembleia. Se a substituição não ocorrer nesse prazo, o capital social considerar-se-á reduzido no montante correspondente, cumprindo aos órgãos da administração convocar a assembleia geral, dentro de cinco dias, para tomar conhecimento daquela redução (artigo 45, § 6°, da Lei 6.404/1976). Não é, contudo, obrigatório utilizar-se de tal prazo, sendo lícito deliberar-se, de imediato, a redução do capital social no montante necessário para atender ao reembolso das ações reembolsadas.

Sobrevindo a falência da sociedade, antes que os dissidentes sejam reembolsados, seus créditos serão classificados como quirografários, embora em quadro separado, e os rateios que lhes couberem serão imputados no pagamento dos créditos constituídos anteriormente à data da publicação da ata da assembleia (artigo

Parte Especial II – Cap. 20 • Direitos dos Acionistas **381**

45, § 7º, Lei nº 6.404). As quantias assim atribuídas aos créditos mais antigos não se deduzirão dos créditos dos ex-acionistas, que subsistirão integralmente para serem satisfeitos pelos bens da massa, depois de pagos os primeiros. No entanto, se, quando ocorrer a falência, já se houver efetuado, à conta do capital social, o reembolso dos ex-acionistas – e estes não tiverem sido substituídos –, a insuficiência da massa para o pagamento dos créditos mais antigos determinará a possibilidade de se manejar ação revocatória para restituição do reembolso pago com redução do capital social, até a concorrência do que remanescer dessa parte do passivo. A regra está inscrita no § 8º, que, ademais, estipula que a restituição será havida na mesma proporção de todos os acionistas cujas ações tenham sido reembolsadas.

8 EXCLUSÃO DE ACIONISTA

Cenários societários e jurídicos mais amplos são apontados pela percepção de que a faculdade jurídica de votar pode ser mal exercida e, assim, tornar-se um ato ilícito, fazendo incidir consequências jurídicas diversas, a exemplo do dever de indenizar os prejuízos decorrentes ou, mesmo, a cominação de sanções societárias, administrativas (disciplinares) e penais. Esses cenários nascem da investigação, não do ato ilícito – entre os quais o exercício abusivo das faculdades societárias –, mas da *atividade social ilícita* (incluindo a *atividade social abusiva*), vale dizer, como tal compreendida o conjunto sistemático de atos, sequenciais (contínuos) ou não, contrários à função social da condição e atuação de acionista, o comportamento antissocietário, praticado por qualquer acionista, incluindo o sócio controlador.

O direito de ser titular (proprietário, em sentido largo, embora não haja coisa, *res*) de ações e exercitar as faculdades decorrentes encontra proteção cujas raízes estão na Constituição da República: na garantia fundamental da propriedade (artigo 5º, XXII e artigo 170, II), no reconhecimento de que a liberdade de ação econômica e jurídica (livre iniciativa) é um valor social que dá fundamento ao Estado Democrático de Direito (artigo 1º, IV) e à ordem econômica nacional (artigo 170, *caput*). No entanto, na mesma fonte fundamental se percebe que essa titularidade e os direitos a ela inerentes devem atender à sua função social, como se lê do artigo 5º, XXIII, bem como artigo 170, III, respeitando o Estado (artigo 1º, I, e 170, I), a propriedade dos demais acionistas e os direitos a ela inerentes (artigo 5º, XXII e artigo 170, II), a comunidade em geral (artigo 1º, II e III, e artigo 170, VII), os trabalhadores (artigo 1º, IV, primeira parte, artigos 6º e 7º, e artigo 170, VIII), do mercado em geral (artigo 170, IV), dos consumidores (artigo 170, V), do meio ambiente (artigo 170, VI), entre outros. Em suma, o direito de ser titular de ações, e de permanecer na coletividade social estruturada sob a forma de companhia, compreende-se em determinados limites, devendo cumprir funções maiores, designadamente atender aos parâmetros legais, entre os quais o respeito à licitude, socialidade, eticidade, moralidade, razoabilidade e proporcionalidade.

382 Direito Empresarial Brasileiro: Direito Societário • Mamede

Ademais, com a edição da Lei 10.406/2002, assistiu-se à consolidação positivada (legal) de um fenômeno de sobrevalorização do aspecto social das relações e faculdades jurídicas, recolocando o tema da legitimidade e mesmo licitude do arbítrio privado absoluto que, assim, somente é aceito em limites precisos, do que é uma demonstração forte o artigo 187 do Código Civil. Vive-se, dessa maneira, uma fase na qual há redobrada atenção para o princípio da função social das faculdades jurídicas, isto é, *função social dos direitos* (do que são exemplos a função social da propriedade, a função social do contrato etc.). Esse movimento jurídico e normativo, como facilmente se percebe, recoloca o conceito de *liberdade de agir jurídico e econômico*, compreendida como uma atribuição de poder para que os particulares orientem seu comportamento discricionariamente. Assistiu-se, inequivocamente, a uma redução da *autonomia privada*.

A percepção de que a faculdade jurídica de ser acionista implica respeito aos princípios jurídicos da licitude, socialidade, eticidade, moralidade, razoabilidade e proporcionalidade implica reconhecer que a *atividade social ilícita* (incluindo a *atividade social abusiva*) tem por efeito necessário a possibilidade de exclusão do sócio quando se comporte de maneira antissocietária, isto é, quando concretize um conjunto sistemático de atos, sequenciais (contínuos) ou não, contrários à função social da condição e da função de acionista, mesmo em se tratando do controlador ou do grupo de controladores. A ausência de norma específica inscrita na Lei 6.404/1976 em nada prejudica tal percepção e, de resto, não obsta a pretensão, em juízo público (Judiciário) ou privado (arbitral, havendo licença para tanto), de que seja excluído da companhia, o acionista sistematicamente concretize *atividade social ilícita* (incluindo a *atividade social abusiva*).

Na jurisprudência do Superior Tribunal de Justiça, encontra-se uma decisão singular do Ministro Carlos Alberto Menezes Direito, proferida no âmbito da Medida Cautelar 10.475/PR (completada pela decisão de embargos declaratórios), abordando a questão. Cuidava-se de ação ordinária de exclusão de sócio cominada com apuração de haveres que fora aforada por acionistas minoritários de *Batávia S/A Indústria de Alimentos* contra *Parmalat Brasil S.A. Indústria de Alimentos (em recuperação judicial)*, acionista majoritária (51% do capital votante), pretendendo a sua exclusão da companhia, medida que foi concedida em sítio de antecipação de tutela, sendo confirmada pelo Tribunal de Justiça do Paraná. Pretendendo suspender os efeitos de tais pronunciamentos, a acionista majoritária alegou que "o direito brasileiro não prevê a exclusão de acionista, muito menos do controlador, fixando-lhe o direito de, um dia – que se sabe muito distante, pela natureza do processo – receber seus haveres (ressalte-se que jamais foi deferida sequer caução como contracautela), como tudo se passasse no campo de uma sociedade limitada. [...] A Lei das SA, um dos mais perfeitos textos legislativos em vigor, concebeu um sistema irrepreensível, que, inclusive, soube diferenciar, como não fazia o diploma que o antecedeu (Decreto-lei 2.627/40), as companhias de capital aberto das de capital fechado, dando-lhes distintas disciplinas. Permitiu que o acionista vencido em matérias especificadas na lei (só nas hipóteses dos arts. 137, 223, § 4°; 252, § 2°; 256, § 2° e 264, § 3°, todos da Lei n° 6.404) pudesse se retirar da sociedade (direito de recesso) e receber o valor de suas ações (reembolso). Admitiu, ainda, uma possibilidade de exclusão de sócio: a do acionista remisso (artigo 107 da Lei das SA), que deixa de integralizar o capital subscrito, quando, então, a companhia pode optar entre a execução do sócio ou a venda a terceiro das respectivas ações. Como se vê, a interpretação sistemática e teleológica da lei que rege as sociedades por ações mostra, com muita nitidez, ser impensável a exclusão de acionista, salvo do remisso". Eis os argumentos da acionista cuja exclusão fora pedida.

Examinando a pretensão, o Ministro Carlos Alberto Menezes Direito principiou afirmando que o Código Civil de 2002 "trouxe relevante inovação a respeito das sociedades anônimas, dispondo que 'a sociedade anônima rege-se por lei especial, aplicando-se lhe, nos casos omissos, as disposições deste Código'. [...] Daí que não há como afastar, de plano, em processo cautelar, a regra do artigo 1.030 do Código Civil de 2002, relativo às sociedades personificadas, que estabelece: 'Ressalvado o disposto no artigo 1.004 e seu parágrafo único, pode o sócio ser excluído judicialmente, mediante iniciativa da maioria dos demais sócios, por falta grave no cumprimento de suas obrigações, ou, ainda, por incapacidade superveniente'." Na sequência, reconheceu que "os fatos apontados no acórdão recorrido, assim, de fato, são graves, podendo o retorno da ora requerente ao controle da empresa Batávia S/A. Indústria de Alimentos causar prejuízo a esta". Esses fatos incluiriam evidências de desvio de valores da sociedade por parte da Parmalat que não ficaram devidamente esclarecidos, bem como a questão de determinado bônus da Tetrapak, concedido à Batávia e que não teria sido repassado a ela pela Parmalat.

Um último aspecto deve ser abordado nesta demanda. Segundo a decisão acima referida, o Tribunal de Justiça do Paraná, ao confirmar a antecipação de tutela no pedido de exclusão do acionista, fundou-se no fato de que, "conforme se constata do Protocolo de Associação e o Acordo de Acionistas firmados quando da constituição da empresa Batávia S/A Indústria de Alimentos, esta é uma sociedade anônima fechada, havendo restrições para o ingresso de terceiros na sociedade, o que caracteriza o seu caráter *intuitu personae*, havendo, assim, o elemento da *affectio societatis*. Logo, eventual quebra do vínculo da *affectio societatis* autoriza a exclusão do sócio violador. Isto porque, ao contrário do alegado pelo agravante, a Lei n° 6.404/1976 (Lei das Sociedades Anônimas) é omissa no tocante à exclusão de acionistas, aplicando-se, subsidiariamente o Código Civil". O argumento é equivocado, por menor, em sua premissa: o fato de se tratar de uma *sociedade anônima fechada com restrições para o ingresso de terceiros na sociedade*. Não me parece ser a restrição para circulação dos títulos, inclusive com cessão a terceiros que ingressariam na companhia, fator essencial para permitir a pretensão de excluir acionista, mesmo o controlador. O fundamento é a *atividade social ilícita* (incluindo a *atividade social abusiva*), ou seja, o comportamento antissocietário, como tal compreendido o conjunto sistemático de atos, sequenciais (contínuos) ou não, contrários à função social da condição e atuação de acionista.

21
Órgãos Societários

1 ASSEMBLEIA GERAL

A assembleia geral, convocada e instalada de acordo com as determinações legais e estatutárias, tem poderes para decidir todos os negócios relativos ao objeto da companhia e tomar as resoluções que julgar convenientes a sua defesa e desenvolvimento (artigo 121 da Lei 6.404/1976). Sua realização pode ser presencial ou virtual, ou seja, por meio de comunicação que efetivamente permita aos acionistas interessados acompanharem as discussões e manifestarem os seus votos. Mesmo nas companhias abertas, o acionista pode participar e votar a distância em assembleia geral, embora, nesse caso, seja indispensável atender à regulamentação da Comissão de Valores Mobiliários (parágrafo único do artigo 121).

Compete *privativamente* à assembleia geral (artigo 122 da Lei 6.404/1976): (1) a reforma do estatuto social, embora algumas deliberações dependam da anuência de terceiros, como debenturistas ou titulares de ações preferenciais, como já visto. A assembleia geral extraordinária que tiver por objeto a reforma do estatuto somente se instalará, em primeira convocação, com a presença de acionistas que representem, no mínimo, 2/3 (dois terços) do total de votos conferidos pelas ações com direito a voto, mas poderá instalar-se, em segunda convocação, com qualquer número (artigo 135). Também (2) a eleição dos administradores e fiscais da companhia, caso não haja um conselho de administração para tanto; a faculdade de destituição e, destarte, de nova eleição poderá ser exercida, a qualquer tempo (artigo 122, II). Não há falar em eleição de administrador para investidura por prazo certo, durante o qual seu afastamento deveria fundar-se em falta grave ou motivo relevante, embora tal garantia possa ser objeto de acordo de acionistas e, destarte, mostrar-se executável entre os seus participantes.

Ainda lhe compete privativamente (3) tomar, em assembleia geral ordinária anual, as contas dos administradores e deliberar sobre as demonstrações financeiras por eles apresentadas; (4) autorizar a emissão de debêntures. Na companhia aberta, contudo, o conselho de administração pode deliberar sobre a emissão de debêntures não conversíveis em ações, salvo disposição estatutária em contrário (artigo 59, § 1º, da Lei 6.404/1976). Não é só, lembre-se ainda que o estatuto da companhia aberta poderá autorizar o conselho de administração a, dentro dos limites do capital autorizado, deliberar sobre a emissão de debêntures conversíveis em ações, especificando o limite do aumento de capital decorrente da conversão das debêntures, em valor do capital social ou em número de ações, e as espécies e classes das ações que poderão ser emitidas (artigo 59, § 2º). Em ambos os casos (§§ 1º e 2º), a assembleia geral pode delegar ao conselho de administração a deliberação (1) sobre a oportunidade da emissão; (2) sobre a época e as condições de vencimento, amortização ou resgate; (3) sobre a época e as condições do pagamento dos juros, da participação nos lucros e do prêmio de reembolso, se houver; e (4) sobre o modo de subscrição ou colocação, e o tipo das debêntures (artigo 59, § 4º).

Ainda lhe compete privativamente (5) suspender o exercício dos direitos do acionista; (6) deliberar sobre a avaliação de bens com os quais o acionista pretende concorrer para a formação do capital social; (7) autorizar a emissão de partes beneficiárias; (8) deliberar sobre transformação, fusão, incorporação e cisão da companhia, sua dissolução e liquidação, eleger e destituir liquidantes e julgar as suas contas (artigo 122, VIII). Por fim, (9) autorizar os administradores a pedir falência ou recuperação (judicial ou extrajudicial).[1] A Lei 14.195/21, alterando o texto vigente desde a Lei 10.303/01, trocou *pedir concordata por pedir recuperação judicial*. Não há razão razoável, mormente considerando a evolução da norma e os debates em torno da atualização legislativa para excluir o pedido de recuperação extrajudicial; em caso de urgência, a confissão de falência ou o pedido de recuperação poderá ser formulado pelos administradores, com a concordância do acionista controlador, se houver, hipótese em que a assembleia geral será convocada imediatamente para deliberar sobre a matéria.. Em se tratando de companhias abertas, por inclusão da Lei 14.195/21, compete-lhe (10) deliberar sobre a celebração de transações com partes relacionadas, a alienação ou a contribuição para outra empresa de ativos, caso o valor da operação corresponda a mais de 50% do valor dos ativos totais da companhia constantes do último balanço aprovado.

A assembleia geral poderá ser ordinária ou extraordinária. A *assembleia geral ordinária* ocorrerá anualmente, nos quatro primeiros meses seguintes ao término do exercício social (artigo 132 da Lei 6.404/1976) e terá por objetivo: (1) tomar as contas dos administradores, examinar, discutir e votar as demonstrações financei-

---

[1] A Lei 14.195/2021, alterando o texto vigente desde a Lei 10.303/2001, trocou pedir concordata por pedir recuperação judicial. Não há razão razoável, mormente considerando a evolução da norma e os debates em torno da atualização legislativa para excluir o pedido de recuperação extrajudicial.

ras; (2) deliberar sobre a destinação do lucro líquido do exercício e a distribuição de dividendos; (3) eleger os administradores e os membros do conselho fiscal, quando for o caso. Nos demais casos, ter-se-á *assembleia geral ordinária*, embora, seja possível convocar e realizar, cumulativamente, assembleia geral ordinária com assembleia geral extraordinária, no mesmo local, data e hora, e, ademais, instrumentadas em ata única (artigo 131, parágrafo único). A assembleia geral deverá ser realizada, preferencialmente, no edifício onde a companhia tiver sede ou, por motivo de força maior, em outro lugar, desde que seja no mesmo Município da sede e seja indicado com clareza nos anúncios. Ademais, por força do § 2º-A do artigo 124 (incluído pela Lei 14.030/2020) as companhias, abertas e fechadas, poderão realizar assembleia digital, nos termos do regulamento da Comissão de Valores Mobiliários e do órgão competente do Poder Executivo federal, respectivamente.

Salvo previsões legais específicas, a assembleia geral instalar-se-á, em primeira convocação, com a presença de acionistas que representem, no mínimo, um quarto do total de votos conferidos pelas ações com direito a voto e, em segunda convocação, instalar-se-á com qualquer número (artigo 125 da Lei 6.404/1976). Mesmo os acionistas sem direito de voto, ou com direito restrito, podem participar, ainda que para discutir a matéria submetida à deliberação. Para estar presente é preciso provar a qualidade de acionista, por meio da exibição do documento de identidade; em se tratando de ações escriturais, deverá ser exibido ou depositado na companhia, se o estatuto o exigir, comprovante expedido pela instituição financeira depositária (artigo 126).

O acionista pode ser representado na assembleia geral por procurador; o artigo 126, § 1º, exige que esse procurador seja acionista, administrador da companhia ou advogado; na companhia aberta, o procurador pode, ainda, ser instituição financeira, cabendo ao administrador de fundos de investimento representar os condôminos. Essa regra, creio, não tem o condão de restringir as situações ordinárias de representação: o representante do absolutamente incapaz (pai, tutor ou curador), o curador dos bens do ausente, os sucessores provisórios do ausente/acionista, o administrador de sociedade, associação ou da fundação (ou preposto, devidamente acompanhado de carta de preposição com especificação de poderes para atuação na assembleia), o inventariante do espólio do sócio falecido, ou síndico da massa insolvente ou falida etc. Também poderá participar da assembleia o pai, assistindo o filho relativamente incapaz, o tutor, assistindo o menor entre 16 e 18 anos de idade, ou o curador, assistindo aquele que, interditado, foi declarado relativamente incapaz pelo Judiciário. Não se olvide, bem a propósito, o artigo 126, § 4º, da Lei 6.404/1976, segundo o qual tem a qualidade para comparecer à assembleia o representante legal do acionista. Em se tratando de representação voluntária – concretizada por meio de procuração –, exige-se constituição em data não superior a um ano, regra que, se viu, não alcança a constituição de mandatário em acordo de acionistas.

Note-se que a procuração pode mesmo indicar o conteúdo do voto do procurador, em lugar de atribuir-lhe genericamente um poder de representação. Nesta hipótese, o procurador atuará como um *núncio*, ou seja, se limitará a expressar a vontade (o voto) que o acionista pré-enunciou no instrumento procuratório. Portanto, à míngua de poderes para tanto, não poderá votar de outra forma; se o fizer, haverá ato *ultra vires* (para além dos poderes outorgados). A direção da assembleia não poderá computar o seu voto, já que estará na posse da procuração e deverá aferir não haver poderes para voto cujo conteúdo ultrapasse as faculdades outorgadas. Aliás, a possibilidade de outorga de procuração com o conteúdo de voto tem sido utilizada por algumas companhias abertas que disponibilizam executivo(s) para atuar(em) como procurador(es), recebendo procurações dos acionistas com prévia definição dos votos a serem expressados nas assembleias.[2]

Como é possível a outorga de poderes para votar com certo conteúdo, previamente definido pelo mandante, é possível mesmo que um só procurador receba outorgas de poder para votar de formas diversas. Assim, como exemplo, o administrador de um fundo de ações, após prévia consulta a seus clientes, pode pedir que se registre, em determinada votação, 54 milhões de ações a favor, 8 milhões de ações contra e 10,1 milhões de ações abstendo-se de votar, embora registrando sua presença à votação para, assim, permitir a verificação do quórum de instalação da assembleia. Se o procurador atua como núncio, recebendo o conteúdo prévio do voto do mandante, não há falar em conflito de interesse.

Os acionistas – ou seus representantes – que comparecerem à assembleia assinarão o *livro de presença*, indicando o seu nome, nacionalidade e residência, bem como a quantidade, espécie e classe das ações de que são titulares. Considera-se presente em assembleia geral, para todos os efeitos desta lei, o acionista que registrar a distância sua presença, na forma prevista em regulamento da Comissão de Valores Mobiliários (artigo 127, *caput* e parágrafo único, da Lei 6.404/1976).

Assembleia Geral Ordinária

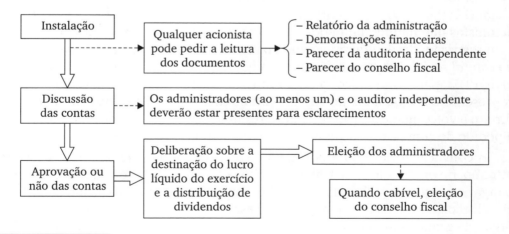

---

[2] Há ilícito contratual quando o procurador não expressa o voto conforme a procuração que aceitou receber.

388 Direito Empresarial Brasileiro: Direito Societário • Mamede

1.1 Convocação

Compete ao conselho de administração, se houver, ou aos diretores, observado o disposto no estatuto, convocar a assembleia geral; pode também ser convocada (1) pelo conselho fiscal, (2) por qualquer acionista, na inércia do Conselho e da Diretoria ou por acionistas que representem 5% do capital social (artigo 123 da Lei 6.404/1976), nos termos que serão aqui estudados.

O *conselho fiscal* convocará a *assembleia geral ordinária*, se os órgãos da administração retardarem por mais de um mês tal convocação. Convocará a *assembleia geral extraordinária* sempre que ocorrerem motivos graves ou urgentes, incluindo na agenda das assembleias as matérias que considerar necessárias. Compete a *qualquer dos membros do conselho fiscal* denunciar aos órgãos de administração e, se estes não tomarem as providências necessárias para a proteção dos interesses da companhia, à assembleia geral, os erros, fraudes ou crimes que descobrirem, e sugerir providências úteis à companhia (artigo 163, IV, da Lei 6.404/1976). Ora, para que possa haver denúncia à assembleia geral, esta precisa ser extraordinariamente convocada. Assim, creio que *qualquer dos membros do conselho fiscal* tem poder para convocar a assembleia geral extraordinária para denunciar *erros, fraudes ou crimes*.

Qualquer acionista poderá convocar a assembleia geral sempre que os administradores (o conselho de administração ou, não havendo este, a diretoria) retardarem, por mais de 60 dias, a convocação nos casos previstos em lei ou no estatuto. Por fim, *acionistas que representem 5%, no mínimo, do capital social* poderão requerer aos administradores a convocação da assembleia geral, por meio de pedido fundamentado que indique as matérias a serem tratadas. Se esse pedido não for atendido em oito dias, os próprios acionistas (5% ou mais do capital social) podem convocar a assembleia geral (artigo 123, parágrafo único, *c*). Destaque-se não se tratar exclusivamente de *capital votante*, mas do *capital social* (Lei 9.457/97); portanto, a acionista pode ser pedida e convocada até por acionistas que não tenham poder de voto (ações preferenciais) ou tenham voto com restrição, desde que preencham o requisito de representar *5%, no mínimo, do capital social*. Um pouco distinta é a hipótese anotada na alínea *d* do mesmo artigo 123, parágrafo único: podem convocar da assembleia geral acionistas que representem *5% ou mais* do capital votante ou *5% ou mais* dos acionistas sem direito a voto, quando os administradores não atenderem, no prazo de oito dias, a pedido de convocação de assembleia para instalação do conselho fiscal.

A convocação será feita por meio de anúncio publicado por três vezes, no mínimo, no órgão oficial da União ou do Estado ou do Distrito Federal, conforme o lugar em que esteja situada a sede da companhia, e em outro jornal de grande circulação editado na localidade em que está situada a sede da companhia ou em órgão de grande circulação local, se não se edita jornal ali. Da convocação constará local, data e hora da assembleia, a ordem do dia, e, no caso de reforma do estatuto, a indicação da matéria (artigo 124 da Lei 6.404/1976). Em se tratando de *companhia aberta*, o prazo de antecedência da primeira convocação será de 21 dias (alteração pela Lei 14.195/2021) e o da segunda convocação de 8 dias (artigo 124, § 1º, da Lei 6.404/1976).

A Comissão de Valores Mobiliários poderá, a seu exclusivo critério, mediante decisão fundamentada de seu Colegiado, a pedido de qualquer acionista, e ouvida a companhia: determinar, fundamentadamente, o adiamento de assembleia geral por até 30 dias, em caso de insuficiência de informações necessárias para a deliberação, contado o prazo da data em que as informações completas forem colocadas à disposição dos acionistas; pode, por igual, interromper, por até 15 dias, o curso do prazo de antecedência da convocação de assembleia-geral extraordinária de companhia aberta, a fim de conhecer e analisar as propostas a serem submetidas à assembleia e, se for o caso, informar à companhia, até o término da interrupção, as razões pelas quais entende que a deliberação proposta à assembleia viola dispositivos legais ou regulamentares (artigo 124, § 5º).

Se *companhia fechada*, a primeira convocação da assembleia geral deverá ser feita com oito dias de antecedência, no mínimo, contado o prazo da publicação do primeiro anúncio; se a assembleia não se realizar, será publicado novo anúncio, de segunda convocação, com antecedência mínima de cinco dias. Nessas sociedades fechadas, o acionista que representar 5%, ou mais, do capital social, será convocado por telegrama ou carta registrada, expedidos com oito dias de antecedência, desde que o tenha solicitado por escrito, indicando endereço completo e prazo de vigência do pedido, não superior a dois anos, podendo ser renovado. Essa convocação não dispensa a publicação do aviso pela imprensa. Se não for expedida, o acionista terá direito de indenização contra os administradores pelos prejuízos que tenha sofrido (artigo 124, § 3º). De qualquer sorte, mesmo não havendo publicação pela imprensa ou expedição de correspondência, será considerada regular a assembleia geral a que comparecerem todos os acionistas (artigo 124, § 4º). Se a companhia fechada tiver menos de 20 acionistas e patrimônio líquido inferior a R$ 10.000.000,00, a assembleia geral pode ser convocada por anúncio entregue a todos os acionistas, contra recibo, com igual antecedência, devendo a companhia guardar recibos de entrega dos anúncios de convocação e arquivar no registro de comércio, juntamente com a ata da assembleia, cópia autenticada dos mesmos. Essa regra não se aplica à companhia controladora de grupo de sociedade, ou a ela filiadas (artigo 294, com redação dada pela Lei 13.818/19).

As companhias abertas com ações admitidas à negociação em bolsa de valores deverão remeter à Bolsa de Valores, na data da publicação do anúncio de convocação da assembleia, os documentos postos à disposição dos acionistas para deliberação na assembleia geral (artigo 124, § 6º, da Lei 6.404/1976). Em se tratando de assembleia geral ordinária, *indiferentemente de se tratar de companhia fechada ou aberta*, os administradores estão obrigados a comunicar, por anúncios publicados na imprensa oficial e de grande circulação, até um mês antes da data marcada para a realização da assembleia, onde estão disponíveis aos acionistas: (1) o relatório da administração sobre os negócios sociais e os principais fatos administrativos do exercício findo; (2) a cópia das demonstrações financeiras; (3) o parecer dos auditores independentes, se houver; (4) o parecer do conselho fiscal, inclusive votos dissidentes, se houver; e (5) os demais documentos pertinentes a assuntos incluídos na ordem do dia (artigo 133). Relatório da administração, demonstrações financeiras e parecer dos auditores independentes deverão também ser publicados, pelo menos até cinco dias antes da data marcada para a realização da assembleia geral. O anúncio ainda indicará onde o acionista pode obter cópias desses documentos. Na companhia fechada, o acionista que detenha 5%, ou mais, do capital social (e não apenas do capital votante) poderá requerer, por escrito, que lhe sejam remetidas cópias desses documentos. A companhia fechada que tiver menos de vinte acionistas, com patrimônio líquido de até R$ 10.000.000,00 (dez milhões de reais), poderá deixar de publicar os documentos de que trata o artigo 133, desde que sejam, por cópias autenticadas, arquivados no registro de comércio juntamente com a ata da assembleia que sobre eles deliberar (artigo 289, com redação dada pela Lei 13.818/19).

Dando arremate à disputa inserida no Recurso Especial 1.152.849/MG, a Terceira Turma do Superior Tribunal de Justiça decidiu que "da convocação para a assembleia geral ordinária deve constar a ordem do dia com a clara especificação dos assuntos a serem deliberados. A votação de matéria não publicada na ordem do dia implica nulidade apenas da deliberação, e não de toda a assembleia". No caso, "houve a convocação para a assembleia geral ordinária. Contudo, a ordem do dia foi omissa em relação a um ponto: a deliberação sobre a destinação do lucro líquido do exercício e a distribuição de dividendos. Apesar da omissão, tais matérias foram discutidas na reunião, por isso a sentença decretou a nulidade da deliberação com a devolução dos dividendos efetivamente distribuídos.

A assembleia geral que reunir a totalidade dos acionistas pode considerar sanada a falta de publicação dos anúncios ou a inobservância dos prazos acima referidos; no entanto, é obrigatória a publicação dos documentos antes da realização da assembleia (artigo 133, § 4º, da Lei 6.404/1976). A publicação dos anúncios é dispensada quando os documentos citados são publicados até um mês antes da data marcada para a realização da assembleia geral ordinária (artigo 133, § 5º). Excepciona-se a companhia fechada que tiver menos de 20 acionistas, com patrimônio líquido inferior a R$ 1.000.000,00, poderá deixar de publicar tais documentos, desde que sejam, por cópias autenticadas, arquivados no registro de comércio juntamente com a ata da assembleia que sobre eles deliberar. Essa regra, todavia, não se aplica à companhia controladora de grupo de sociedade, ou a ela filiadas (artigo 294).

1.2 Funcionamento

Antes de abrir-se a assembleia, os acionistas assinarão o "Livro de Presença", indicando o seu nome, nacionalidade e residência, bem como a quantidade, espécie e classe das ações de que forem titulares (artigo 128 da Lei 6.404/1976). Os trabalhos da assembleia serão dirigidos por um presidente e registrados por um secretário, escolhidos pelos acionistas presentes, se de forma diversa não estipular o estatuto (artigo 128). O presidente desempenha um papel essencial, granjeando grande responsabilidade para aquele que ocupa a função. Afinal, ao aceitar a função, assume o poder e o dever de atuar de forma a garantir o bom andamento dos trabalhos, o que implica respeito à Constituição, às leis e ao estatuto da companhia, além de pactos parassociais eficazes, como regulamentos, código de ética e boa conduta empresarial etc. Some-se o dever de atender aos princípios societários e, mais do que isso, aos princípios gerais do Direito, como o respeito, a boa-fé, a probidade, a função social da empresa e das faculdades jurídicas.

A assunção da presidência de uma assembleia geral é ato jurídico relevante, com múltiplas implicações jurídicas e do qual resultam obrigações que podem conduzir à responsabilização administrativa, civil e penal, conforme o que se verifique no caso em concreto. É dever do presidente conduzir os trabalhos segundo a lei e o estatuto, bem como – havendo – outras normas societárias, cuidando para que todos os sócios, controladores ou não, com grandes ou pequenas participações, tenham seus direitos respeitados. Ele é o árbitro dos embates societários, devendo respeitar a vontade da maioria, sem se descuidar, jamais, dos direitos dos minoritários. Acresça-se o dever de dar bom andamento ao evento societário, garantindo que, atendidos os parâmetros jurídicos vigentes, alcance suas finalidades, o que implica atenção aos procedimentos por meio dos quais devem se realizar os debates e, enfim, apurar-se a vontade societária, segundo o quórum de deliberação legal e/ou convencionalmente estabelecido.

Ao presidente cabe a decisão das questões controversas que surjam durante o procedimento, determinando a anotação dos dissídios e decidindo-os, em conformidade com a lei e o estatuto, quando seja de sua competência fazê-lo, ou colocando em votação para decisão, quando a competência seja da coletividade social. Isso implica, por certo, um dever genérico de não deixar que sua atuação seja contaminada por seus próprios interesses societários, nem se vergar à influência do(s) controlador(es), sob pena de responder pelos ilícitos praticados na presidência.

Como regra geral, as deliberações da assembleia geral tomam-se pela maioria absoluta de votos dos acionistas presentes (que tenham tal direito), por si ou por representante, não se computando os votos em branco (artigo 129). Essa contagem, creio, faz-se considerando aqueles que estão presentes à assembleia no momento da votação; portanto, computam-se os votos dos retardatários – aqueles acionistas que não estavam presentes no início dos trabalhos, mas chegaram depois, mesmo que instantes antes de uma deliberação qualquer (até instantes antes da última deliberação). Em contraste, não se computam os votos daqueles que, estando presentes na abertura dos trabalhos, não estejam presentes no momento da votação, tendo-se ausentado sem deixar procurador para exercer seu direito de votar. Há, contudo, matérias que exigem aprovação por votos que superem a metade, mais um, dos presentes; na companhia fechada, por exemplo, o estatuto pode aumentar o quórum para certas deliberações, desde que especifique as matérias (artigo 129, § 1º, da Lei 6.404/1976).

Dos trabalhos e deliberações da assembleia será lavrada, no livro de atas da assembleia geral, ata assinada pelos membros da mesa e pelos acionistas presentes. Para validade da ata é suficiente a assinatura de quantos bastem para constituir a maioria necessária para as deliberações tomadas na assembleia. A ata poderá ser lavrada na forma de sumário dos fatos ocorridos, inclusive dissidências e protestos, e conter a transcrição apenas das deliberações tomadas, desde que: (1) os documentos ou propostas submetidos à assembleia, assim como as declarações de voto ou dissidência, referidos na ata, sejam numerados seguidamente, autenticados pela mesa e por qualquer acionista que o solicitar, e arquivados na companhia; (2) a mesa, a pedido de acionista interessado, autentique exemplar ou cópia de proposta, declaração de voto ou dissidência, ou protesto apresentado. Da ata tirar-se-ão certidões ou cópias autênticas para os fins legais (artigo 130 da Lei 6.404/1976); a ata da assembleia geral ordinária deve ser arquivada no registro do comércio e publicada (artigo 134). Nas companhias abertas, das quais se exige a publicação da ata, a assembleia geral ou o estatuto social pode autorizar sua publicação com omissão das assinaturas dos acionistas (artigo 130, § 2º); ademais, se a ata não for lavrada sob a forma de sumário dos fatos ocorridos, poderá ser publicado apenas o seu extrato, com o sumário dos fatos ocorridos e a transcrição das deliberações tomadas (artigo 130, § 3º).

As deliberações tomadas em assembleia geral ou extraordinárias podem ser anuladas judicialmente por terem sido irregularmente convocadas ou instaladas, por terem violado a lei ou o estatuto, bem, como por estarem eivadas de erro, dolo, fraude ou simulação. Essa ação prescreve em dois anos, contados da deliberação (artigo 286 da Lei 6.404/1976). Entendo, contudo, que esse prazo prescricional não se aplica às hipóteses de nulidade, por serem imprescritíveis (artigo 169 do Código Civil).

1.3 Assembleia ordinária e prestação de contas

Em se tratando de assembleia ordinária, uma vez instalada, qualquer acionista poderá requerer – e lhe será deferida – a leitura do relatório da administração sobre os negócios sociais e os principais fatos administrativos do exercício que se findou, a cópia das demonstrações financeiras, o parecer dos auditores independentes (se houver), o parecer do conselho fiscal, inclusive votos dissidentes (se houver) e os demais documentos pertinentes a assuntos incluídos na ordem do dia. Havendo ou não leitura, serão tais documentos submetidos à discussão e votação. Os administradores da companhia, ou ao menos um deles, bem como o auditor independente (se houver), devem estar presentes à assembleia para

Parte Especial II – Cap. 21 • Órgãos Societários **393**

atender a pedidos de esclarecimentos de acionistas (artigo 134), exceto se os diretores forem os únicos acionistas, nas sociedades fechadas (artigo 134, § 6º).

A aprovação, sem reserva, das demonstrações financeiras e das contas exonera de responsabilidade os administradores e fiscais, salvo erro, dolo, fraude ou simulação (artigo 134, § 3º). Justamente por isso, a assembleia pode decidir adiar a deliberação e ordenar diligências, verificando a necessidade de outros esclarecimentos (artigo 134, § 2º). O adiamento da deliberação também será possível – se assim o decidirem os acionistas presentes à assembleia – se não comparecerem administrador, membro do conselho fiscal ou auditor independente. Em contraste, se a assembleia aprovar as demonstrações financeiras com modificação no montante do lucro do exercício ou no valor das obrigações da companhia, os administradores promoverão, dentro de 30 dias, a republicação das demonstrações, com as retificações deliberadas pela assembleia. Por outro lado, se a destinação dos lucros proposta pelos órgãos de administração não lograr aprovação, as modificações introduzidas constarão da ata da assembleia (artigo 134, § 4º).

Os sócios que sejam administradores não podem votar suas próprias contas, como se afere do artigo 115, § 3º, da Lei 6.404/1976. Aliás, sequer seria necessária tal previsão já que é um contrassenso atribuir ao vigiado a condição de vigilante. É pouco crível que, mesmo sabendo que as contas não são boas, vá ele votar por sua rejeição. Justamente por isso, a aprovação de contas é assunto de *não administradores*. Insisto: não é uma questão de minoritários, mas de *sócios não administradores*. Não interessa se esse universo de *sócios não administradores* é composto pela totalidade dos sócios (nas hipóteses de administração profissional) ou pela maioria ou por minoria, por menor que seja. Justamente por isso, se 80% do capital votante está nas mãos de sócios que exercem, direta ou indiretamente (por meio de sociedade controladora), a administração societária, a aprovação ou rejeição das contas caberá aos 20% seguintes. Se os não *ordinaristas não administradores* representam 5% ou, quiçá, menos, será esse o universo daqueles a quem caberá examinar as contas sociais.

Essa interpretação, aliás, é coerente com a previsão inscrita no § 3º do artigo 134 da Lei 6.404/1976, segundo o qual a aprovação, sem reserva, das demonstrações financeiras e das contas, exonera de responsabilidade os administradores e fiscais, salvo erro, dolo, fraude ou simulação. Vale dizer, ao aprovarem suas próprias contas, os sócios administradores estariam restringindo as faculdades jurídicas dos sócios não administradores. Como é presumível que os sócios administradores detenham o controle, haveria um indefectível cerceamento do direito dos minoritários; isso não me parece razoável, nem proporcional. Como é presumível que os controladores vão aprovar as próprias contas, melhor seria acabar com a submissão dessas contas à assembleia e já prever-se que aos acionistas não administradores cabe buscar, judicialmente, a anulação do balanço e demonstrativos contábeis.

Nesse contexto, insisto na tese sobre os efeitos da rejeição das contas, enfrentando a possibilidade de os acionistas simplesmente recusarem-se, por birra,

394 Direito Empresarial Brasileiro: Direito Societário • Mamede

a não aprová-las. O único efeito da recusa das contas é não dar quitação aos administradores, ou seja, não os exonerar de responsabilidade e, assim, deixar aberta a possibilidade de se recorrer ao Judiciário para discutir o conteúdo das contas, sem que seja necessário alegar, exclusivamente, erro, dolo ou simulação. Os administradores, ademais, podem mesmo se antecipar aos acionistas, recorrendo ao Judiciário, por meio de ação de prestação de contas, para demonstrar a regularidade do balanço e relatórios contábeis.

De resto, destaco que não há exigência legal de que o voto que aprove ou rejeite as contas seja fundamentado. No entanto, se recusar é um direito do sócio, comete ato ilícito o titular de um direito que, ao exercê-lo, excede manifestamente os limites impostos pelo seu fim econômico ou social, pela boa-fé ou pelos bons costumes (artigo 187 do Código Civil); e aquele que, por ato ilícito, causar dano a outrem, fica obrigado a repará-lo. Portanto, a recusa pura e simples, que não possa ser justificada, caracteriza ato ilícito e dá margem à responsabilização pelos danos morais, que, acredito, pressupõem-se, no caso, e pelos danos econômicos que se provarem. Noutras palavras, seja em justificativa de voto, seja em processo judicial, o minoritário haverá de demonstrar qual o prejuízo, acredita, a empresa experimentou e que fundamentam a reprovação das contas.

1.4 Quórum de votação

O artigo 136 da Lei 6.404/1976 exige a aprovação de acionistas que representem metade, no mínimo, do total de votos conferidos pelas ações com direito a voto, se maior quórum não for exigido pelo estatuto da companhia cujas ações não estejam admitidas à negociação em bolsa ou no mercado de balcão, para deliberação sobre: (1) criação de ações preferenciais ou aumento de classe de ações preferenciais existentes, sem guardar proporção com as demais classes de ações preferenciais, salvo se já previstos ou autorizados pelo estatuto; (2) alteração nas preferências, vantagens e condições de resgate ou amortização de uma ou mais classes de ações preferenciais, ou criação de nova classe mais favorecida; (3) redução do dividendo obrigatório; (4) fusão da companhia, ou sua incorporação em outra; (5) participação da companhia em grupo de sociedades; (6) mudança do objeto da companhia; (7) cessação do estado de liquidação da companhia; (8) criação de partes beneficiárias; (9) cisão da companhia; e (10) dissolução da companhia. Na primeira e segunda hipóteses, a eficácia da deliberação depende de prévia aprovação ou da ratificação, em prazo improrrogável de um ano, por titulares de mais da metade de cada classe de ações preferenciais prejudicadas, reunidos em assembleia especial convocada pelos administradores e instalada com as formalidades legais.

O texto assertivo do artigo 136, principiando pela expressão forte *é necessário*, deixa claro que o legislador quis erigir uma proteção à minoria social em relação às matérias ali elencadas, que somente poderão ser alteradas pelo quórum ali previsto,

Parte Especial II – Cap. 21 • Órgãos Societários **395**

se maior não for exigido pelo estatuto. De qualquer sorte, segundo o artigo 136, §§ 2º e 3º, da Lei 6.404/1976, faculta-se à Comissão de Valores Mobiliários autorizar a redução do quórum previsto neste artigo no caso de companhia aberta com a propriedade das ações dispersa no mercado e cujas três últimas assembleias tenham sido realizadas com a presença de acionistas que representem menos da metade do total de votos conferidos pelas ações com direito a voto, devendo ser essa autorização mencionada nos avisos de convocação; mais do que isso, a deliberação com quórum reduzido somente poderá ser adotada em terceira convocação. A regra se aplica, inclusive, às assembleias especiais de acionistas preferenciais (artigo 136, § 1º).

Havendo empate na contagem dos votos, aplica-se o que o estatuto estabelecer, incluindo arbitragem. Se não há solução estatutária, nova assembleia será convocada, com intervalo mínimo de dois meses, para votar a deliberação; se permanecer o empate e os acionistas não concordarem em cometer a decisão a um terceiro (um árbitro), caberá ao Poder Judiciário decidir, no interesse da companhia (artigo 129, § 2º, da Lei 6.404/1976).

2 ÓRGÃOS DE ADMINISTRAÇÃO

A administração da companhia competirá, conforme dispuser o estatuto, ao *conselho de administração* e à *diretoria*, ou somente à diretoria; as companhias abertas e nas de capital autorizado terão, obrigatoriamente, um conselho de administração (artigo 138 da Lei 6.404/1976). É vedada, nas companhias abertas, a acumulação do cargo de presidente do conselho de administração e do cargo de diretor-presidente ou de principal executivo da companhia (§ 3º), embora a Comissão de Valores Mobiliários possa editar ato normativo que excepcione as companhias de menor porte (previstas no art. 294-B da Lei 6.404/1976) de tal vedação.

Aos órgãos de administração atribuem-se funções (competências) e poderes específicos, equilibrando-se com funções e poderes que são atribuídos a outros órgãos (a assembleia geral, o conselho fiscal) e, eventualmente, a células (o acionista, em sua individualidade) ou grupos de células sociais (grupos de acionistas ou representatividade mínima). É vedado outorgar a outro órgão, criado por lei ou pelo estatuto, as atribuições e poderes conferidos por lei aos órgãos de administração (artigo 139).

Podem ser membros do conselho de administração e/ou da diretoria pessoas naturais com capacidade civil plenas, sendo inelegíveis as que estejam impedidas por lei especial, ou condenadas por crime falimentar, prevaricação, peita ou suborno, concussão, peculato, contra a economia popular, a fé pública ou a propriedade, ou a pena criminal que vede, ainda que temporariamente, o acesso a cargos públicos (artigo 147, § 1º, da Lei 6.404/1976). Em se tratando de companhia aberta, são ainda inelegíveis as pessoas declaradas inabilitadas por ato da Comissão de Valores Mobiliários (§ 2º).

Se a lei exigir certos requisitos para a investidura em cargo de administração da companhia, a assembleia geral somente poderá eleger quem tenha exibido os necessários comprovantes, dos quais se arquivará cópia autêntica na sede social (artigo 147, *caput*). A lei não impede que uma mesma pessoa participe, simultaneamente, do conselho de administração e da diretoria, embora o estatuto da companhia possa trazer tal vedação. Em muitos casos, esse *mandato duplo* é exercido na presidência do conselho e da diretoria. Embora lícita, essa concentração de poderes não é vista como boa prática societária, ou seja, não se compreende entre as práticas da boa *governança corporativa*.

Conselheiros e diretores serão investidos nos seus cargos assinando termo de posse no *livro de atas do conselho de administração* ou *livro de atas da diretoria*, conforme o caso, nos 30 dias seguintes à nomeação. Após esse prazo, a nomeação torna-se sem efeito, salvo justificação aceita pelo órgão da administração para o qual tiver sido eleito. Do termo deve constar a indicação de pelo menos um domicílio no qual o administrador receberá as citações e intimações em processos administrativos e judiciais relativos a atos de sua gestão, sob pena de nulidade (artigo 149, § 2°). O estatuto pode instituir a necessidade de *garantia de gestão*, isto é, estabelecer que o exercício do cargo de administrador deva ser assegurado, pelo titular ou por terceiro, mediante penhor de ações da companhia ou outra garantia, hipótese em que a investidura estará condicionada à apresentação e aceitação da garantia que, de resto, só será levantada após aprovação das últimas contas apresentadas pelo administrador que houver deixado o cargo (artigo 148).

A remuneração dos membros do conselho de administração e da diretoria, inclusive benefícios de qualquer natureza e verbas de representação, serão fixados pela assembleia geral, no montante global ou individual, levando em conta o tempo dedicado às suas funções, sua competência e reputação profissional e o valor dos seus serviços no mercado (artigo 152 da Lei 6.404/1976). O estatuto pode prever a participação dos administradores no lucro da companhia, desde que (1) o seu total não ultrapasse a remuneração anual dos administradores e (2) não ultrapasse 10% dos lucros, prevalecendo o limite que for menor (artigo 152, § 1°). Essa atribuição somente será possível nas companhias que fixem o dividendo obrigatório em 25% ou mais do lucro líquido, sendo que os administradores só farão jus à participação nos lucros do exercício social em relação ao qual for atribuído aos acionistas o dividendo obrigatório (artigo 152, § 2°). A companhia fechada que tiver menos de 20 acionistas, com patrimônio líquido inferior a R$ 1.000.000,00, poderá fazer o pagamento da participação dos administradores sem observância de tal regra, desde que aprovada pela unanimidade dos acionistas (artigo 294).

O administrador pode renunciar à função, ato que se torna eficaz, em relação à companhia, desde o momento em que lhe for entregue a comunicação escrita do renunciante, e em relação a terceiros de boa-fé, após arquivamento no registro de comércio e publicação, que poderão ser promovidos pelo renunciante (artigo 151 da Lei 6.404/1976).

3 CONSELHO DE ADMINISTRAÇÃO

Composto por, no mínimo, três membros, eleitos pela assembleia geral e por ela destituíveis a qualquer tempo, o *conselho de administração* é um órgão de deliberação colegiada, mas sem poder de representar a companhia, o que é privativo dos diretores. Desempenha, portanto, uma função estratégica, macroadministrativa, em oposição à função da diretoria, que é microadministrativa: o conselho ocupa-se das linhas mestras da atuação empresarial, ao passo que a diretoria encarrega-se do dia a dia da empresa e das inúmeras medidas que são necessárias para o cumprimento das metas, métodos e estratégias deliberadas pelo conselho de administração. Só os diretores são representantes da companhia (Recurso Especial 410.752/SP); o Conselho e os conselheiros, não.

O estatuto da companhia estabelecerá: (1) o número de conselheiros, ou o máximo e mínimo permitidos, e o processo de escolha e substituição do presidente do conselho, que pode ser feita pela assembleia geral ou pelo próprio conselho de administração; (2) o modo de substituição dos conselheiros; (3) o prazo de gestão, que não poderá ser superior a três anos, permitida a reeleição; (4) as normas sobre convocação, instalação e funcionamento do conselho. O estatuto poderá prever a participação no conselho de representantes dos empregados, escolhidos pelo voto destes, em eleição direta, organizada pela empresa, em conjunto com as entidades sindicais que os representam (artigo 140 da Lei 6.404/1976). O conselheiro deve ter reputação ilibada, não podendo ser eleito para a função, salvo dispensa expressa da assembleia geral, aquele que ocupar cargos em sociedades que possam ser consideradas concorrentes no mercado, em especial, em conselhos consultivos, de administração ou fiscal; o mesmo se aplica àquele que tiver interesse conflitante com a sociedade (artigo 147, § 3º). De resto, na composição do conselho de administração das companhias abertas, é obrigatória a participação de conselheiros independentes, nos termos e nos prazos definidos pela Comissão de Valores Mobiliários (artigo 140, § 2º).

Compete ao conselho de administração (artigo 142): (1) fixar a orientação geral dos negócios da companhia; (2) eleger e destituir os diretores da companhia e fixar-lhes as atribuições, observado o que a respeito dispuser o estatuto; (3) fiscalizar a gestão dos diretores; examinar, a qualquer tempo, os livros e papéis da companhia; solicitar informações sobre contratos celebrados ou em via de celebração; e quaisquer outros atos; (4) convocar a assembleia geral ordinária ou, quando julgar conveniente, extraordinariamente; (5) manifestar-se sobre o relatório da administração e as contas da diretoria; (6) manifestar-se previamente sobre atos ou contratos, quando o estatuto assim o exigir; (7) deliberar, quando autorizado pelo estatuto, sobre a emissão de ações ou de bônus de subscrição; (8) autorizar, se o estatuto não dispuser em contrário, a alienação de bens do ativo permanente, a constituição de ônus reais e a prestação de garantias a obrigações de terceiros; e (9) escolher e destituir os auditores independentes, se houver, deliberação que pode ser vetada, em ato devidamente fundamentado, por conselheiros representantes da minoria dos titulares de ações ordinárias ou dos preferencialistas (artigo 142, § 2º).

O conselho de administração delibera por maioria de votos, mas o estatuto pode estabelecer quórum qualificado para deliberações sobre matérias que especificar. Suas atas, sempre que contiverem deliberação destinada a produzir efeitos perante terceiros, serão arquivadas no registro do comércio e publicadas na imprensa oficial e de grande circulação (artigo 142, § 2º). Podem ser eleitas para membros dos órgãos de administração pessoas naturais (artigo 146), não mais se exigindo, desde a Lei 12.431/11, que sejam sócios. Dessa maneira, todo o conselho pode ser composto por não sócios, o que abre margem para a eleição de conselheiros independentes, como tal compreendidos profissionais que não estão ligados a quaisquer dos grupos societários.

Esteja ou não previsto no estatuto, faculta-se aos acionistas que representem, no mínimo, 10% (dez por cento) do capital social com direito a voto, requerer a adoção do processo de voto múltiplo, por meio do qual o número de votos de cada ação será multiplicado pelo número de cargos a serem preenchidos, reconhecido ao acionista o direito de cumular os votos em um só candidato ou distribuí-los entre vários (artigo 141); é uma forma de permitir aos minoritários eleger ao menos um dos membros do conselho. Esse pedido deve ser feito à companhia até 48 horas antes da assembleia geral, cabendo à mesa que dirigir os trabalhos da assembleia informar previamente aos acionistas, à vista do *livro de presença*, o número de votos necessários para a eleição de cada membro do conselho. Feita a apuração dos votos, havendo empate para uma ou mais vagas no conselho, será feito novo escrutínio, pelo mesmo processo. A adoção de voto múltiplo tem um efeito específico na eventualidade de destituição de qualquer membro do conselho pela assembleia geral: destituição dos demais membros, procedendo-se a nova eleição. Se a vacância não decorrer de destituição, mas de morte, interdição, renúncia, assumirá o suplente. Se não há suplente, faz-se nova eleição de todo o conselho (artigo 141, § 3º). Se a votação se fizer pelo processo convencional, havendo vaga no conselho, por destituição ou outra causa, permite a eleição somente daquele que o substituirá.

Para a proteção da minoria, o artigo 141, § 4º, da Lei 6.404/1976 garante a eleição em separado – e mesmo a destituição –, de um membro e seu suplente do conselho de administração. Para esse cargo, haverá uma votação em separado na assembleia geral, da qual estará excluído o acionista controlador ou grupo de acionistas que, por acordo, mantenha o controle acionário. Para o exercício do direito de eleição em separado, exige-se comprovação de titularidade ininterrupta da participação acionária durante o período mínimo de três meses, imediatamente anterior à realização da assembleia geral, evitando manobras de última hora. Justamente por isso, o § 8º demanda que a companhia mantenha registro com a identificação dos acionistas que exercerem tal prerrogativa. São dois os grupos beneficiados pela regra: (1º) ações de emissão de companhia aberta com direito a voto, que representem, pelo menos, 15% do total das *ações com direito a voto*; e (2º) ações preferenciais sem direito a voto ou com voto restrito de emissão de companhia aberta, que representem, no mínimo, 10% do *capital social*, desde que não tenham exercido eventual direito de eleição, em separado, de ao menos um membro do conselho, se assim o prever o estatuto (artigo 18 da Lei 6.404/1976). Se nenhum desses dois grupos preencher o *quorum* para o exercício do direito de eleição em separado, permite-lhes agregar suas ações para elegerem em conjunto um membro e seu suplente para o conselho de administração, desde que representem, no mínimo, 10% do *capital social* (artigo 141, § 5º).

Sempre que, cumulativamente, a eleição do conselho de administração ocorrer pelo sistema do voto múltiplo e os titulares de ações ordinárias ou preferenciais exercerem a prerrogativa de eleger conselheiro, será assegurado a acionista ou a grupo de acionistas vinculados por acordo de votos que detenham mais de 50% do total de votos conferidos pelas ações com direito a voto o direito de eleger conselheiros em número igual ao dos eleitos pelos demais acionistas, mais um, independentemente do número de conselheiros que, segundo o estatuto, componha o órgão. Preservam-se, assim, os direitos e os interesses legítimos do controlador ou controladores.

4 DIRETORIA

Órgão administrativo imprescindível – já que a instalação de um conselho de administração é uma faculdade –, à diretoria compete a representação da companhia e a prática dos atos necessários ao seu funcionamento regular. Será composta por um ou mais diretores, sendo faculdade de cada companhia estabelecer, em seu estatuto, a estrutura de sua administração: presidente, um ou mais vice-presidentes, diretores etc. Seus membros poderão ser acionistas ou não, sendo, portanto, possível e, até, comum a contratação de administradores profissionais que não detêm uma ação sequer da companhia. Apenas pessoas naturais poderão ser eleitas para membros dos órgãos de administração, sendo que, em função da alteração do artigo 146 pela Lei 14.195/2021, não mais se exige que residam no Brasil. No entanto, a posse de administrador residente ou domiciliado no exterior fica condicionada à constituição de representante residente no País, com poderes para, até, no mínimo, três anos após o término do prazo de gestão do administrador, receber: (1) citações em ações contra ele propostas com base na legislação societária; e (2) citações e intimações em processos administrativos instaurados pela Comissão de Valores Mobiliários, no caso de exercício de cargo de administração em companhia aberta (incluído pela Lei 14.195/2021).

É comum haver um presidente ou diretor presidente, ou seja, um chefe (CEO – *Chief Executive Officer*). Não é indispensável, entretanto. Nada impede que se preveja uma diarquia: dois chefes, como em Esparta, na Grécia antiga. Podem ter eles poderes (que devem exercer em conjunto, alternada ou isoladamente) ou poderes diversos. Pode-se estabelecer, inclusive, que a administração será compartilha por três ou mais pessoas. Mundo afora, aumenta o número de companhias sem chefes (presidentes ou outro nome), com administração coletiva, a exemplo de um comitê gestor. Essencialmente, o estatuto (devidamente registrado na Junta Comercial, reitero) deverá reger o funcionamento e dizer quem responde por cada função e quem representa a companhia. Pode prever, inclusive, que a representação será feita por mais de um, exigindo assinatura de dois ou mais. Entrementes, o que estiver estipulado deverá ser respeitado: se é preciso a anuência ou participação de dois ou mais, sem ela, o ato não será eficaz, não representando pessoa jurídica e não vinculando o seu patrimônio. Há relatos de situações de sucesso, como há relatos de fracassos advindos de impasses.

Os membros da diretoria são eleitos, e podem ser destituídos a qualquer tempo, pelo conselho de administração, ou, se não existir conselho, pela assembleia geral, devendo o estatuto estabelecer: (1) o número de diretores, ou o máximo e o mínimo permitidos; (2) o modo de sua substituição; (3) o prazo de gestão, que não será superior a três anos, permitida a reeleição; e (4) as atribuições e poderes de cada diretor (artigo 143). Até 1/3 dos membros do conselho de administração podem ser eleitos para cargos de diretores. A ata da assembleia geral ou da reunião do conselho de administração que eleger administradores deverá conter a qualificação e o prazo de gestão de cada um dos eleitos, devendo ser arquivada no registro do comércio e publicada.

O estatuto poderá definir a qual ou quais diretores compete a representação da sociedade e os atos de sua administração; poderá, ainda, estabelecer que determinadas decisões, de competência dos diretores, sejam tomadas em reunião da diretoria, por maioria de votos. Silente o estatuto e não existindo deliberação do conselho de administração, os atos de administração e a representação competirão simultaneamente a qualquer diretor (artigo 144 da Lei 6.404/1976). Para o exercício dos atos de sua competência, os diretores poderão constituir mandatários da companhia, devendo especificar, no instrumento, os atos ou operações que poderão praticar e a duração do mandato, à exceção do mandato judicial, que poderá ser por prazo indeterminado (artigo 144, parágrafo único).

Ao resolver o Recurso Especial 1.377.908/MG, a Quarta Turma do Superior Tribunal de Justiça estabeleceu que "os atos praticados pelos diretores de sociedades anônimas, em nome destas, não ocorrem por mera intermediação ou representação da pessoa jurídica. Vale dizer que, a rigor, essas sociedades não são propriamente *representadas* pelos seus órgãos administrativos nos atos praticados, tendo em vista que é mediante estes que elas próprias se apresentam perante o mundo exterior". Na fundamentação, o acórdão destaca que, para a caracterização da representação, em sentido estrito, "necessário se faz a existência de duas vontades, a do representado e a do representante. No caso das pessoas jurídicas, há apenas uma vontade, a da sociedade, que é externada pelos seus membros diretores, que agem como se fosse a própria pessoa moral." Lembrou-se, aliás, que

"Pontes de Miranda, com seu toque de gênio, cunhou a expressão de que a pessoa jurídica é "presentada" pelos seus diretores ou administradores nos atos jurídicos praticados com terceiros (*Tratado de direito privado, t. 50, § 5.331,* Campinas: Bookseller, 1965). É mediante seus diretores que a pessoa jurídica se faz presente em suas relações com terceiros."

Seguindo essa linha de raciocínio, prosseguiu aquela Alta Corte: "Com efeito, os atos praticados pelos diretores da companhia – que, a rigor, são atos da própria sociedade –, ao menos em relação a terceiros, desloca-se do poder convencional das pessoas físicas para a capacidade legal e estatutária das pessoas jurídicas em praticar este ou aquele ato, devendo a adequada representação da pessoa jurídica e a boa-fé do terceiro contratante serem somadas ao fato de ter ou não a sociedade praticado o ato nos limites do seu objeto social, na pessoa de quem ostentava ao menos aparência de poder."

Mais do que isso, na resolução do Recurso Especial 1.377.908/MG, a Quarta Turma do Superior Tribunal de Justiça estabeleceu que "não cabe ao Judiciário apreciar o mérito dos atos administrativos, isto é, questão acerca de 'critérios variáveis que se contêm na apreciação subjetiva dos administradores, a quem cabe decidir acerca da conveniência e oportunidade do ato' – no caso, pactuação acessória pela qual a companhia, que não é devedora na avença principal, figura como dadora em penhor mercantil acessório à cédula de crédito bancário, emitida por empresa com quem mantém estreita relação". Na fundamentação do acórdão, foi posicionado "o problema relativo à validade dos atos praticados pelos diretores da sociedade – que, a rigor, são atos da própria sociedade –, ao menos em relação a terceiros, desloca-se do poder convencional das pessoas físicas para a capaci- dade legal e estatutária das pessoas jurídicas em praticar este ou aquele ato. Isso decorre do fato de que a capacidade da sociedade empresária está encapsulada na sua própria finalidade, prevista nos atos constitutivos, ou, em alguns casos, como o presente em exame, até mesmo na lei".

Por tais vias, o julgado coloca a questão jurídica da *especialização estatutária*: "se a pessoa jurídica é constituída em razão de uma finalidade específica (objeto social), em princípio, os atos consentâneos a essa finalidade, praticados em nome e por conta da sociedade, por seus representantes legais, devem ser a ela impu- tados". Os atos praticados pelos administradores, em nome da sociedade, devem revelar a qualidade objetiva de atenderem aos interesses da pessoa jurídica, o que se apura considerando *a especialização do objeto essencial da sociedade*. Daí falar-se nessa qualidade objetiva ou, melhor, num parâmetro objetivo para a *discriciona- riedade dos administradores e acionistas majoritários*, servindo, mesmo, à aferição de eventual *abuso de poder*. Por isso, conclui o acórdão, fora desses parâmetros objetivos, não cabe ao Judiciário apreciar o mérito dos atos administrativos. É preciso atender à lei e ao estatuto social.

Essa base doutrinária levou a Quarta Turma do Superior Tribunal de Justiça, ainda no julgamento do Recurso Especial 1.377.908/MG, a asseverar estarem fora

402 Direito Empresarial Brasileiro: Direito Societário • Mamede

do alcance do Judiciário *os critérios variáveis* que estão contidos na *apreciação subjetiva dos administradores*, certo que a eles cabe a avaliação de *conveniência e oportunidade* do ato, decidindo ou não por sua prática. O administrador societário tem a faculdade exclusiva de decidir pela sociedade, se respeita a lei, o estatuto – e, acrescento eu, os pactos parassociais e deliberações sociais tornadas públicas. Falece ao Judiciário poder para alterar a decisão que não atenta contra tais normas, embora possa responder a *abusos e distorções* que venham a ser aferidos *na prática societária*, o que inclui a responsabilidade civil de administradores de companhias, quando pratica atos ilícitos (dolo, culpa – por negligência ou imprudência – ou abuso de direito), mesmo que o faça no âmbito de suas atribuições legais e estatutárias.

5 DEVERES DOS ADMINISTRADORES

Os membros do conselho administrativo e da diretoria estão obrigados a empregar, no exercício de suas funções, o cuidado e a diligência que todo homem ativo e probo (honesto) costuma empregar na administração dos seus próprios negócios, exercendo as atribuições legais e estatutárias no interesse da companhia e de forma que permita a boa realização das finalidades da empresa, embora estejam igualmente obrigados a satisfazer às exigências do bem público e da função social da empresa (artigo 154 da Lei 6.404/1976). Tais obrigações alcançam mesmo o administrador eleito por grupo ou classe de acionistas, não podendo, ainda que para defesa do interesse dos que o elegeram, faltar a esses deveres.

É expressamente ao administrador (artigo 154, § 2º): (1) praticar ato de liberalidade à custa da companhia, embora o conselho de administração ou a diretoria possam autorizar a prática de atos gratuitos razoáveis em benefício dos empregados ou da comunidade de que participe a empresa, tendo em vista suas responsabilidades sociais; (2) sem prévia autorização da assembleia geral ou do conselho de administração, tomar por empréstimo recursos ou bens da companhia, ou usar, em proveito próprio, de sociedade em que tenha interesse, ou de terceiros, os seus bens, serviços ou crédito; (3) receber de terceiros, sem autorização estatutária ou da assembleia geral, qualquer modalidade de vantagem pessoal, direta ou indireta, em razão do exercício de seu cargo; as importâncias recebidas com infração a tal disposto pertencerão à companhia (artigo 154, § 3º).

O administrador deve servir com *lealdade* à companhia e manter reserva sobre os seus negócios, razão pela qual se veda ao administrador (artigo 155): (1) usar, em benefício próprio ou de outrem, com ou sem prejuízo para a companhia, as oportunidades comerciais de que tenha conhecimento em razão do exercício de seu cargo; (2) omitir-se no exercício ou proteção de direitos da companhia ou, visando à obtenção de vantagens, para si ou para outrem, deixar de aproveitar oportunidades de negócio de interesse da companhia; e (3) adquirir, para revender com lucro, bem ou direito que sabe necessário à companhia, ou que esta tencione adquirir. Ademais, não pode intervir em qualquer operação social na qual tenha interesse conflitante com o da companhia, bem como na deliberação que a respeito tomarem os demais administradores, cumprindo-lhe cientificá-los do seu impedimento e fazer consignar, em ata de reunião do conselho de administração ou da diretoria, a natureza e extensão do seu interesse (artigo 156). Se ainda assim o negócio vier a ser realizado, as condições deverão ser razoáveis ou equitativas, idênticas às que prevalecem no mercado ou em que a companhia contrataria com terceiros, sem o que será anulável, e o administrador interessado será obrigado a transferir para a companhia as vantagens que dele tiver auferido (artigo 156, § 1º). No exame do Recurso Especial 156.076/PR, a Quarta Turma do Superior Tribunal de Justiça, fez incidir esse artigo 156 a um "contrato celebrado com representante comercial, no interesse de um de seus diretores, contendo cláusulas inusuais e lesivas aos interesses da representada, entre elas a da determinação do prazo longo de dez anos e previsão de indenização correspondente ao total das comissões devidas pelo tempo restante, em caso de rescisão do contrato".

Lealdade também implica dever de guardar sigilo sobre os negócios e assuntos da empresa (artigo 155), o que, em se tratando de companhia aberta, alcança qualquer informação que ainda não tenha sido divulgada para conhecimento do mercado, obtida em razão do cargo e capaz de influir de modo ponderável na cotação de valores mobiliários. O administrador não pode valer-se da informação para obter, para si ou para outrem, vantagem mediante compra ou venda de valores mobiliários. Mesmo o comportamento leviano, de quem *fala demais*, rompe com o dever de sigilo. Se há quebra desse sigilo e alguém é prejudicado em compra e venda de valores mobiliários, terá direito de haver do infrator indenização por perdas e danos, exceto se já conhecesse a informação ao contratar. Também é vedada a utilização de informação relevante ainda não divulgada, por qualquer pessoa que a ela tenha tido acesso, com a finalidade de auferir vantagem, para si ou para outrem, no mercado de valores mobiliários (artigo 155, § 4º). O administrador deve zelar para que subordinados ou terceiros de sua confiança não violem esse dever de lealdade e sigilo, respondendo pela negligência em fazê-lo ou, mesmo, pela imprudência no trato dos assuntos societários (artigo 155, § 2º).

Há, também, um dever de informação, que inclui a declaração, ao firmar o termo de posse, sobre o número de ações, bônus de subscrição, opções de compra de ações e debêntures conversíveis em ações, de emissão da companhia e de sociedades controladas ou do mesmo grupo, de que seja titular (artigo 157 da Lei 6.404/1976). Ademais, em se tratando de companhia aberta, o administrador está obrigado a revelar à companhia, bastando que o requeiram acionistas que representem 5% ou mais do *capital social*: (1) o número dos valores mobiliários de emissão da companhia ou de sociedades controladas, ou do mesmo grupo, que tiver adquirido ou alienado, diretamente ou através de outras pessoas, no exercício anterior; (2) as opções de compra de ações que tiver contratado ou exercido no exercício anterior; (3) os benefícios ou vantagens, indiretas ou complementares, que tenha recebido ou esteja recebendo da companhia e de sociedades coligadas, controladas ou do mesmo grupo; (4) as condições dos contratos de trabalho que tenham sido firmados pela companhia com os diretores e empregados de alto nível; e (5) quaisquer atos ou fatos relevantes nas atividades da companhia. Os esclarecimentos prestados pelo administrador poderão, a pedido de qualquer acionista, ser reduzidos a escrito, ser autenticados pela mesa da assembleia e fornecidos por cópia aos solicitantes, embora a revelação desses atos ou fatos só possa ser utilizada no legítimo interesse da companhia ou do acionista, respondendo os solicitantes pelos abusos praticados (artigo 157, § 3º).

O dever de informação assume particular importância nas companhias abertas, face aos impactos que produz sobre o mercado de valores mobiliários e, destarte, sobre direitos e interesses de terceiros que negociem ou se abstenham de negociar com os títulos da empresa. Justamente por isso, seus membros da diretoria e do conselho de administração devem comunicar imediatamente à bolsa de valores e divulgar pela imprensa qualquer deliberação da assembleia geral ou dos órgãos de administração da companhia, ou fato relevante ocorrido nos seus negócios, que possa influir, de modo ponderável, na decisão dos investidores do mercado de vender ou comprar valores mobiliários emitidos pela companhia; apenas poderá recusar-se a fazê-lo se a revelação puder pôr em risco interesse legítimo da companhia (artigo 157, § 4º). O administrador pode recusar-se a prestar a informação sobre atos ou fatos relevantes nas atividades da companhia, mesmo quando requerida por acionistas que representem 5% ou mais do *capital social*, se entenderem que sua revelação porá em risco interesse legítimo da companhia, cabendo à Comissão de Valores Mobiliários, a pedido dos administradores, de *qualquer acionista*, ou por iniciativa própria, decidir sobre a prestação de informação e responsabilizar os administradores, se for o caso (artigo 157, § 5º). Some-se, alfim, o dever de comunicar imediatamente à Comissão de Valores Mobiliários, às bolsas de valores ou entidades do mercado de balcão organizado nas quais os valores mobiliários de emissão da companhia estejam admitidos à negociação, sobre as modificações em suas posições acionárias na companhia.

O administrador também está obrigado a prestar contas, anualmente, na assembleia geral ordinária, sobre a situação econômico-financeira da companhia, bem como de seus atos de gestão, devidamente justificados (fundamentados), apresentando os relatórios contábeis (inventário, balanço patrimonial e demonstrações contábeis). No cumprimento dessa obrigação, o administrador deve expor a real situação econômico-financeira da sociedade, não lhe sendo lícito falsear, fraudar, alterar, maquiar, omitir ou, até, pretender construir uma *versão melhor, mais amena, mais otimista*, quando o cenário é diverso. O administrador tem o dever jurídico de dar a conhecer, de forma fiel e imparcial, o real desempenho de sua gestão, bem como os resultados verdadeiros e a real situação econômico-financeira da empresa. Sua responsabilidade alcança mesmo a interpretação que

Parte Especial II – Cap. 21 • Órgãos Societários **405**

dá ao valor de ativos (por exemplo, valor da participação em outra sociedade), à avaliação que faz do risco de operações e outros elementos (a justificar a formação de provisões ou fundos), entre outros elementos.

6 RESPONSABILIDADE DOS ADMINISTRADORES

O desrespeito aos deveres de administração, incluindo os parâmetros éticos, constitui ato ilícito. Se desse ato ilícito decorrem danos, econômicos ou morais, sofridos pela companhia, por um, alguns ou todos os sócios, bem como por terceiros, o administrador deverá indenizá-los. Isso não quer dizer que o administrador seja pessoalmente responsável por todas as obrigações que contrair em nome da sociedade. Se atua regularmente, seus atos físicos compreendem-se como atos jurídicos da própria sociedade. O ato de administração que não excede os poderes outorgados pelo estatuto, nem desrespeite a lei, é ato juridicamente atribuível à companhia e não ao administrador. É dela a responsabilidade. Nada que fuja à regra geral, disposta no artigo 116 do Código Civil: a prática de atos e a manifestação de vontade pelo representante, quando nos limites de seus poderes, não produz efeito sobre o seu patrimônio pessoal, mas vincula o patrimônio do representado.

No entanto, responde civilmente pelos prejuízos que causar o administrador que viola a lei ou o estatuto, excedendo os poderes que lhe foram outorgados (ato *ultra vires*, isto é, para além dos poderes). Por administrador compreendem-se os membros de quaisquer órgãos, criados pelo estatuto, com funções técnicas ou destinados a aconselhar os administradores (artigo 160 da Lei 6.404/1976). Ademais, também responde pelo dano, em solidariedade com o administrador, aquele que, com o fim de obter vantagem para si ou para outrem, concorrer para a prática de ato com violação da lei ou do estatuto. Não se trata, porém, de responsabilidade objetiva, que se afirma exclusivamente da verificação do dano. É responsabilidade subjetiva, a exigir a aferição de que o administrador agiu com dolo, culpa (negligência ou imprudência, incluindo a imperícia, que é a combinação daquelas) ou abuso de direito.

No entanto, não se pode olvidar que a administração faz-se em obediência às determinações legais e estatutárias, bem como deve-se lembrar que prestar contas de seus atos é uma obrigação elementar do administrador. A combinação desses elementos implica reconhecer que cabe ao administrador demonstrar e provar a regularidade (a licitude) de seus atos. O dever de bem administrar e prestar contas (provar que bem administrou) conduzem a uma necessária inversão do ônus probatório: o autor da ação de responsabilidade civil precisa apenas apontar a ocorrência do dano experimentado pela companhia ou pelos sócios, no todo ou em parte. Caberá ao(s) administrador(es) a demonstração de que não houve ato ilícito (dolo, culpa ou abuso de direito), vale dizer, que a administração atendeu aos comandos legais e estatutários, não sendo responsável pelo dano indicado.

406 Direito Empresarial Brasileiro: Direito Societário • Mamede

O administrador não é responsável por atos ilícitos de outros administradores, salvo se com eles for conivente, se negligenciar em descobri-los ou se, deles tendo conhecimento, deixar de agir para impedir a sua prática. Exime-se de responsabilidade o administrador dissidente que faça consignar sua divergência em ata de reunião do órgão de administração ou, não sendo possível, dela dê ciência imediata e por escrito ao órgão da administração, no conselho fiscal, se em funcionamento, ou à assembleia geral (artigo 158, § 1º, da Lei 6.404/1976). De qualquer sorte, os administradores são solidariamente responsáveis pelos prejuízos causados em virtude do não cumprimento dos deveres impostos por lei para assegurar o funcionamento normal da companhia, ainda que, pelo estatuto, tais deveres não caibam a todos eles (§ 2º). Há, portanto, um dever de atuação conjunta para atender as determinações legais, em nível que chega a traduzir um dever de polícia dos atos e omissões dos demais administradores, no que se refere ao cumprimento dos deveres impostos por lei para assegurar o funcionamento normal da companhia.

Nas companhias abertas, essa responsabilidade ficará restrita, aos administradores que, por disposição do estatuto, tenham atribuição específica de dar cumprimento a tais deveres (artigo 158, § 3º). De qualquer sorte, o administrador que, tendo conhecimento do não cumprimento desses deveres por seu predecessor, ou pelo administrador competente, deixar de comunicar o fato à assembleia geral, tornar-se-á por ele solidariamente responsável (§ 4º). Também responderá solidariamente com o administrador quem, com o fim de obter vantagem para si ou para outrem, concorrer para a prática de ato com violação da lei ou do estatuto (5º).

A ação de responsabilidade civil contra o administrador, pelos prejuízos causados ao patrimônio da companhia, compete à própria sociedade e não a seus sócios, embora dependa de prévia deliberação da assembleia geral (artigo 159 da Lei 6.404/1976). Tal assembleia poderá ser ordinária, se o assunto estiver previsto na ordem do dia ou for consequência direta de assunto nela incluído, extraordinária, sendo que o administrador ou administradores contra os quais deva ser proposta ação ficarão impedidos e deverão ser substituídos na mesma assembleia (§§ 1º e 2º). Se a ação não for proposta no prazo de três meses da deliberação da assembleia geral, qualquer acionista poderá promovê-la (§ 3º); já que não é representante da sociedade, moverá a ação em nome próprio, mas em benefício da sociedade. Não se confunda, contudo, com ação de indenização aforada por acionista ou por terceiro, fundada em prejuízo pessoal que foi causado por ato ilícito praticado pelo administrador, para qual estará legitimado o próprio lesado.

A manifestação da assembleia geral consulta a coletividade social, ainda que pela maioria dos que têm poder de voto, mas falha por permitir que a maioria impeça, ilegitimamente, a apuração de responsabilidades, prejudicando a companhia. Para evitar isso, se a assembleia deliberar não promover a ação, pode o acionista ou os acionistas que representem 5% ou mais do capital social promover a ação (artigo 159, § 4º). Moverão a ação em nome próprio, mas em benefício da companhia, que receberá eventual produto da vitória judicial, embora deva ser

Parte Especial II – Cap. 21 • Órgãos Societários **407**

indenizado o autor, ou autores, de todas as despesas em que tiver incorrido, incluindo correção monetária, embora limitado aos proveitos obtidos com a ação. Se os controladores detiverem mais de 95% do capital social e das ações com direito a voto, "os acionistas minoritários desta têm legitimidade ativa extraordinária para, independentemente de prévia deliberação da assembleia geral, ajuizar, mediante prestação de caução, ação de responsabilidade civil contra aquela e seu administrador, em figurando este simultaneamente como controlador direto". Foi o que decidiu a Quarta Turma do Superior Tribunal de Justiça, julgando o Recurso Especial 16.410/SP.

Por outro lado, a Quarta Turma do Superior Tribunal de Justiça, diante do Recurso Especial 179.008/SP, afirmou a carência da ação para apurar a responsabilidade do administrador de sociedade anônima do acionista minoritário que, "na época, detinha a maioria das ações e aprovara, sem ressalvas e sem protestos, todos os balanços e as demonstrações financeiras da companhia". No corpo do acórdão, o Ministro Cesar Asfor Rocha destacou que todas as condições protetivas previstas na Lei 6.404/1976 "destinam-se a assegurar direitos do acionista minoritário, não controlador, pois essa é que é a ideia central, a pedra de toque." Completou: "Não haveria mesmo de se supor que o acionista majoritário, principal interessado na boa condução dos negócios da companhia, não exercesse uma permanente vigilância sobre os atos dos seus administradores. E como majoritário, não precisaria ele desses instrumentos que são postos à disposição dos minoritários, pois a só e só condição de majoritário já lhe confere oportunidade para fazer, de imediato, correção de desmandos praticados pelos administradores."

No mesmo precedente, o Ministro Asfor Rocha reconheceu que, "a par de se ver um extraordinário instrumento posto à disposição dos acionistas minoritários para proteção de seus direitos, verifica-se que a decisão assemblear é, em regra, salvo peculiaridades excepcionais, pré-requisito indispensável para a propositura da ação. [...] Do comando imposto pelo artigo 159, *caput* e seu § 4º, da Lei 6.404/1976 decorre, efetivamente, que deve haver prévia deliberação da assembleia geral para propor a ação de responsabilidade civil contra administrador, pelos prejuízos causados ao seu patrimônio, e em se deliberando pelo não ajuizamento da ação poderá esta ser aforada *por acionistas que representem 5% (cinco por cento), pelo menos, do capital social*". No entanto, reconheceu que determinadas peculiaridades excepcionais poderiam afastar a necessidade de prévia deliberação pela assembleia geral, como aquelas do julgamento do Recurso Especial 16.410/SP, que citei acima: é despiciendo exigir "a convocação de assembleia geral para deliberar sobre a propositura de processo judicial destinado a apurar responsabilidade do administrador que controla empresa detentora de 99% das ações com direito a voto. Tal assembleia, *in casu*, além de impregnada por absoluto contrassenso, teria resultado certo e induvidoso, pelo que sem sentido a sua realização".

A ação deverá ser julgada improcedente se o Judiciário reconhecer que o administrador agiu de boa-fé e visando ao interesse da companhia, o que constitui

408 Direito Empresarial Brasileiro: Direito Societário • Mamede

hipótese de exclusão de responsabilidade (artigo 159, § 6º, da Lei 6.404/1976). A norma deve ser vista com redobrada cautela; creio só aplicar-se à imprudência. Não se aplica à negligência, nem ao desrespeito de norma legal ou estatutária expressa, para os quais não há falar em boa-fé.

Um problema à responsabilização do administrador é a aprovação de suas contas pela assembleia geral. No julgamento do Recurso Especial 257.573/DF, a Terceira Turma do Superior Tribunal de Justiça, por maioria de votos, decidiu que "a aprovação das contas pela assembleia geral implica quitação, sem cuja anulação os administradores não podem ser chamados à responsabilidade". A maioria foi conduzida pelo Ministro Ari Pargendler, para quem "a aprovação das demonstrações financeiras e das contas pela assembleia geral de uma sociedade anônima pode ser, simplesmente, o termo inicial do prazo de prescrição da ação de responsabilidade civil contra os respectivos administradores, e pode, também, significar, para estes, a extinção dessa responsabilidade (*quitus*) – tudo dependendo dos interesses que se quer proteger, os da sociedade ou os dos seus gestores". No Brasil, "a aprovação da gestão constitui ato jurídico perfeito a proteger os interesses dos administradores, sem cuja anulação estes não podem ser chamados à responsabilidade" (artigo 134, § 3º, da Lei 6.404/1976). Para afirmar tal posição, o magistrado recusou a tese de que a ação de responsabilidade civil não estaria subordinada à prévia anulação da deliberação da assembleia geral que aprovou as contas do administrador, tese essa que se alicerça na afirmação de que o artigo 159 da Lei 6.404/1976 exige tão somente a prévia deliberação da assembleia geral. Recusou-a "pela razão simples de que não há ação de responsabilidade contra quem, pela aprovação de suas *contas*, obteve o *quitus*. No sistema da Lei 6.404/1976, *balanço* está, aí, por *demonstrações financeiras*, cuja aprovação não se assimila à *aprovação de contas*".

Vencido restou o Ministro Waldemar Zveiter, sustentando que "a ação prevista no artigo 286 da Lei 6.404/1976 não constituiu condição *sine qua non* para o ajuizamento da ação de responsabilidade civil intentada contra ex-administrador (artigo 287, II, *b*, 2). A aprovação, sem reserva, do balanço e das contas somente exonera de responsabilidade os membros da diretoria e do Conselho Fiscal se tais documentos não estiverem viciados por erro, dolo, fraude ou simulação. Trata-se de presunção *iuris tantum*, que não representa um salvo-conduto para a atuação ilícita do administrador". Recusou, portanto, a tese de que a anulação de ato da assembleia geral, que encontra disciplina no artigo 286 da Lei das Sociedades Anônimas, é condição para a propositura da ação de responsabilidade prevista no artigo 287, II, *b*, 2, da mencionada lei. "Na realidade, não há que se confundir os negócios e atos suscetíveis de anulação, como é o caso das deliberações tomadas pela assembleia geral, com a responsabilidade civil do ex-diretor decorrente da prática de ato ilícito. São atos diversos e autônomos. [...] Se bem observada a redação do artigo 287, II, *b*, 2, da Lei das Sociedades Anônimas, o termo *a quo* do prazo prescricional da ação indenizatória contra o administrador começa a correr *da data da publicação da ata que aprovar o balanço referente ao exercício em que a violação tenha ocorrido. Prima facie*, evidencia-se que o legislador fez referência ao vocábulo aprovar no inciso II, *b*, 2, do artigo 287 da Lei das Sociedades Anônimas, não o fazendo nos incisos anteriores. Ora, o termo *aprovar*, no inciso II, *b*, 2, tem um significado, um escopo, um objetivo, que há de ser interpretado teleologicamente. [...] No *texto sub examen*, temos que o vocábulo *aprovar*, a que se refere o mencionado dispositivo, não deve ser interpretado isoladamente, deve ser contextualizado. Se a ação intentada com lastro no artigo 286 fosse mesmo condição de procedibilidade para a ação de responsabilidade civil do administrador, uma vez aprovadas as contas, e ajuizada a ação com o objetivo de impugná-las, duas seriam as possibilidades: a obtenção de um resultado negativo (desaprovação das contas) ou positivo (ratificação das contas). Como é de se ver, a primeira hipótese, por si só, excluiria a aplicação do artigo 287, II, *b*, 2, gerando a eterna impunidade do administrador, servindo de verdadeira salvaguarda para os fraudadores."

Também vencida restou a Ministra Nancy Andrighi, que, em seu voto, destacou "a infração ao *dever de diligência* (artigo 153 da Lei das Sociedades Anônimas)", a autorizar a ação social do artigo 159 da Lei das Sociedades Anônimas; esse dispositivo, "ao disciplinar a ação social pela própria companhia contra o administrador, não prescreveu a imprescindibilidade de anulação da assembleia geral que aprovou as demonstrações financeiras e contas do administrador. [...] Embora o legislador pátrio, ao contrário dos mais recentes diplomas alienígenas sobre o tema, e em dissonância com a quase totalidade das leis específicas de outros países, tenha optado pela aprovação em único ato de *demonstrações financeiras e contas* (artigo 134, § 3º, da Lei das Sociedades Anônimas), o equívoco em se erigir a anulação da assembleia geral ordinária que aprovou ambas (demonstrações financeiras e prestação de contas) como requisito para a propositura da ação social do artigo 159 da Lei das Sociedades Anônimas não está na *literalidade da lei*, não está na fonte legal, mas na interpretação equivocada do intérprete".

Entre tais posições, parece-me que a minoria tem a razão. A anulação da aprovação das contas tem efeito societário e, destarte, contábil. Não afasta o aspecto obrigacional – a responsabilidade civil – que tem fundamento e regulamento próprio. Aliás, mesmo que a aprovação não fosse anulada, restaria intacta a lesão causada por ato ilícito e, assim, o direito de indenização da companhia. De resto, submeter tais questões ao arbítrio da aprovação da maioria é criar uma hipótese de desrespeito ao artigo 5º, XXXV, da Constituição da República, já que o acionista minoritário poderia padecer de uma lesão ou ameaça de lesão a direito que estaria excluída da apreciação do Poder Judiciário. A aprovação de contas não é, e não pode ser, uma licença para que a maioria viole direitos da minoria, fazendo prevalecer a inverdade sobre a verdade, o ilícito sobre o lícito, o ímprobo sobre o honesto.

7 CONSELHO FISCAL

Embora todo acionista seja titular de uma faculdade de fiscalização dos atos societários, exercendo-a segundo as definições legais (artigo 109, III, da Lei 6.404/1976), não detém um poder amplo, pois vastidão absoluta seria nefasta para a empresa: qualquer concorrente, adquirindo uma única ação, poderia pretender intrometer-se em todos os assuntos da companhia, descobrir-lhes os segredos empresariais, utilizando tal informação a seu favor. Por isso, o poder de fiscalização dos acionistas conhece limites precisos. Em lugar, dentro do corpo societário, instituiu-se um órgão de função específica, ao qual se atribui um poder/dever institucional de fiscalização das atividades e contas sociais, equilibrando os interesses individuais dos acionistas com os interesses corporativos da companhia: o *conselho fiscal* (artigo 161).

O conselho fiscal tem existência obrigatória, mas permite-se que tenha *funcionamento eventual*, isto é, funcionamento apenas nos exercícios sociais nos quais seja pedido por acionistas que representem, no mínimo, 10% das *ações com direito a voto*, ou 5% das *ações sem direito a voto*. Esse pedido poderá ser formulado em qualquer assembleia geral, ainda que a matéria não conste do anúncio de convocação, bastando que se atinja o *quorum* mínimo para o requerimento; na mesma assembleia serão eleitos os membros do conselho fiscal que funcionará até a primeira assembleia geral ordinária após a sua instalação, quando será dissolvido, respeitada a previsão estatutária de *funcionamento eventual*. Se o estatuto prever *funcionamento permanente*, a eleição se fará em cada assembleia geral ordinária e os eleitos exercerão seus cargos até a assembleia geral ordinária seguinte. Em ambos os casos, os membros poderão ser reeleitos (artigo 161, § 5º, da Lei 6.404/1976).

O conselho fiscal compõe-se de três a cinco membros, e suplentes em igual número. São pessoas naturais, acionistas ou não, devendo residir no país, ser diplomadas em curso de nível universitário, ou ter exercido, por prazo mínimo de três anos, cargo de administrador de empresa ou de conselheiro fiscal; demonstrando não haver, na localidade, pessoas em número suficiente que preencham tais requisitos, pode-se formular pedido judicial de dispensa de sua satisfação. Não podem ser eleitas pessoas impedidas por lei especial, ou condenadas por crime falimentar, de prevaricação, peita ou suborno, concussão, peculato, contra a economia popular, a fé pública ou a propriedade, ou a pena criminal que vede, ainda que temporariamente, o acesso a cargos públicos; em se tratando de companhia aberta, são ainda inelegíveis as pessoas declaradas inabilitadas por ato da Comissão de Valores Mobiliários. Também não são elegíveis os membros de órgãos de administração e empregados da companhia ou de sociedade controlada ou do mesmo grupo e o cônjuge ou parente, até terceiro grau, de administrador da companhia.

Parte Especial II – Cap. 21 • Órgãos Societários **411**

A eleição cabe à assembleia geral, embora se garanta aos titulares de ações preferenciais sem direito a voto, ou com voto restrito, direito de eleger, em votação em separado, um membro e respectivo suplente; igual direito terão os acionistas minoritários, desde que representem, em conjunto, 10% ou mais das ações com direito a voto; as demais vagas (membros efetivos e suplentes) serão escolhidas pelos demais acionistas com direito a voto, exigindo o artigo 161, § 4º, *b*, que tais escolhidos sejam em número superior, em um membro, aos eleitos por minoritários e preferencialistas. Os eleitos deverão exercer pessoalmente a função, que é indelegável. Mas serão por isso reembolsados das despesas de locomoção e estada necessárias ao desempenho da função, além de remunerados em importância fixada pela assembleia geral que os eleger, não podendo ser inferior a 10% da remuneração que, em média, for atribuída a cada diretor, não computados benefícios, verbas de representação e participação nos lucros (artigo 162, § 3º).

Em face do Agravo Regimental em Agravo em Recurso Especial 298.568/RS, a Quarta Turma do Superior Tribunal de Justiça enfrentou a questão da remuneração dos membros do Conselho Fiscal. Nos fundamentos do acórdão, lê-se: "A requerida, em consonância com o disposto no artigo 161 da referida Lei, deliberou, em Assembleia Geral de Acionistas, pela instalação de um Conselho Fiscal composto por três pessoas [...]. Quanto à remuneração dos referidos conselheiros, ficou decidido, na mesma Assembleia, que essa se daria em conformidade com o disposto no artigo 162, parágrafo 3º, da Lei nº 6.404/1976. Nota-se, dessa forma, que a remuneração dos conselheiros fiscais não pode ser inferior a dez por cento da que, em média, é auferida pelos diretores da companhia. Não cogita a lei, portanto, do pagamento de remuneração com base na média das horas efetivamente trabalhadas pelos diretores da companhia, tal como pretende a parte recorrente, mas, sim, na remuneração efetivamente por eles percebida, excluindo-se benefícios, verbas de representação e participação nos lucros. Assim, sendo inequívoco o recebimento, pelos diretores da requerida, de remuneração no valor de R$ 33.000,00 mensais, deve a quantia repassada aos conselheiros fiscais equivaler a 10% desse montante, chegando-se, assim, à remuneração de R$ 3.300,00 mensais. Não há, ademais, enriquecimento sem causa por parte do apelado, ou mesmo violação ao Princípio da Razoabilidade, pois o montante a ser por ele percebido decorre de expressa determinação legal. Além disso, a quantia paga não se mostra excessiva, mormente se considerada a importante atividade fiscalizadora atribuída ao órgão do qual faz parte o demandante."

Compete ao conselho fiscal (artigo 163 da Lei 6.404/1976): (1) fiscalizar, por qualquer de seus membros, os atos dos administradores e verificar o cumprimento dos seus deveres legais e estatutários; (2) opinar sobre o relatório anual da administração, fazendo constar do seu parecer as informações complementares que julgar necessárias ou úteis à deliberação da assembleia geral; (3) opinar sobre as propostas dos órgãos da administração, a serem submetidas à assembleia geral, relativas à modificação do capital social, emissão de debêntures ou bônus de subscrição, planos de investimento ou orçamentos de capital, distribuição de dividendos, transformação, incorporação, fusão ou cisão; (4) denunciar, por qualquer de seus membros, aos órgãos de administração e, se estes não tomarem as providências necessárias para a proteção dos interesses da companhia, à assembleia geral, os erros, fraudes ou crimes que descobrirem, e sugerir providências úteis à companhia; (5) convocar a assembleia geral ordinária se os órgãos da administração retardarem por mais de um mês tal convocação, e a extraordinária sempre que ocorrerem motivos graves ou urgentes, incluindo na agenda das assembleias as matérias que considerarem necessárias; (6) analisar, ao menos trimestralmente, o balancete e demais demonstrações financeiras elaboradas periodicamente pela companhia; (7) examinar as demonstrações financeiras do exercício social e sobre elas opinar; e (8) exercer essas atribuições, durante a liquidação, tendo em vista as disposições especiais que a regulam. Nenhuma dessas atribuições, ou mesmo os poderes correspondentes, podem ser outorgados a outro órgão da companhia.

Os órgãos de administração estão obrigados a disponibilizar aos membros do conselho fiscal, cópias de balancetes e demonstrações financeiras elaboradas periodicamente, relatórios de execução de orçamentos (se houver), dentro de 15 dias, contados do recebimento de solicitação escrita, e cópias das atas das reuniões dos órgãos de administração, no prazo de 10 dias (artigo 163, § 1º). Também podem assistir às reuniões do conselho de administração, se houver, ou da diretoria, quando se vá deliberar sobre os assuntos em que devam opinar. Prevê-se, ademais, um poder investigativo (artigo 163, § 8º), permitindo-lhes apurar fato cujo esclarecimento seja necessário ao desempenho de suas funções, podendo, inclusive, formular questões a serem respondidas por perito; para tanto, por meio de pedido fundamentado (justificado), é faculdade do conselho solicitar à diretoria que indique, para esse fim, no prazo máximo de 30 dias, três peritos, que podem ser pessoas físicas ou jurídicas, de notório conhecimento na área em questão, entre os quais o conselho fiscal escolherá um, cujos honorários serão pagos pela companhia.

A Lei 10.303/2001 deferiu diversas faculdades de fiscalização aos membros do conselho, individualmente, permitindo que cada qual desempenhe a função, mesmo sozinho, com liberdade e eficácia, não sendo prejudicado pela inércia ou resistência dos demais. Cada membro pode solicitar, isoladamente, esclarecimentos ou informações aos órgãos de administração, a elaboração de demonstrações financeiras ou contábeis especiais. Basta que tais pedidos estejam diretamente relacionados com a função fiscalizadora. Ademais, qualquer membro poderá solicitar esclarecimentos, informações ou até a apuração de fatos específicos aos auditores independentes, se a companhia os tiver. Se não há auditoria independente, o conselho fiscal poderá, para melhor desempenhar suas funções, escolher contador ou firma de auditoria e fixar-lhes os honorários, dentro de níveis razoáveis, vigentes na praça e compatíveis com a dimensão econômica da companhia, os quais serão pagos pela empresa.

Os membros do conselho fiscal têm os mesmos deveres dos administradores, mormente diligência, probidade, exercício profícuo das funções que lhes foram outorgadas pela lei e pelo estatuto, lealdade, informação e, até, dever de abster-se quando haja conflito de interesses; por isso, respondem pelos danos resultantes de omissão no cumprimento de seus deveres e de atos praticados com culpa ou dolo, ou com violação da lei ou do estatuto (artigo 165 da Lei 6.404/1976). Tais obrigações interpretam-se de forma harmônica com as particularidades da função fiscalizadora, distintas da função de administrar. Os conselheiros-fiscais devem exercer suas funções no exclusivo interesse da companhia, considerando-se abusivo o exercício da função com o fim de causar dano à companhia, ou aos seus acionistas ou administradores, ou de obter, para si ou para outrem, vantagem a que não faz jus e de que resulte, ou possa resultar, prejuízo para a companhia, seus acionistas ou administradores (§ 1º). O membro do conselho fiscal não é responsável pelos atos ilícitos de outros membros, salvo se com eles foi conivente, ou se concorrer para a prática do ato (§ 2º). Contudo, a responsabilidade dos membros do conselho fiscal por omissão no cumprimento de seus deveres é solidária, mas dela se exime o membro dissidente que fizer consignar sua divergência em ata da reunião do órgão e a comunicar aos órgãos da administração e à assembleia geral (§ 3º).

Também é obrigação do conselho fiscal fornecer ao acionista, ou grupo de acionistas que representem, no mínimo, 5% (cinco por cento) do capital social, informações sobre matérias de sua competência, sempre que solicitadas (artigo 163, § 6º). Nas assembleias gerais, ao menos um membro do conselho fiscal deve comparecer para responder eventuais pedidos de informações formulados pelos acionistas, sendo que os pareceres e representações do conselho fiscal, ou mesmo aqueles formulados por qualquer de seus membros, poderão ser apresentados e lidos na assembleia geral, independentemente de publicação e ainda que a matéria não conste da ordem do dia (artigo 164). Nas companhias abertas, os membros do conselho fiscal devem informar imediatamente as modificações em suas posições acionárias na companhia à Comissão de Valores Mobiliários e às Bolsas de Valores ou entidades do mercado de balcão organizado nas quais os valores mobiliários de emissão da companhia estejam admitidos à negociação, nas condições e na forma determinadas pela Comissão de Valores Mobiliários (artigo 165-A).

8 ÓRGÃOS TÉCNICOS E CONSULTIVOS

O estatuto da companhia pode prever outros órgãos técnicos e consultivos, para além de assembleia geral, conselho de administração, diretoria e conselho fiscal (artigo 160 da Lei 6.404/1976). Aliás, já são órgãos especiais a assembleia dos preferencialistas que sejam titulares de vantagens políticas (artigo 18), a assembleia dos titulares de partes beneficiárias (artigo 51) e a assembleia dos debenturistas (artigos 57, § 2º, 68, § 3º, *d*, e 71). Para além desses, há liberdade

414 Direito Empresarial Brasileiro: Direito Societário • Mamede

de estruturar a companhia, instituindo órgãos não previstos em lei. Por exemplo, uma companhia do setor elétrico pode instituir um conselho técnico, composto por peritos que devem chancelar ações que envolvam, engenharia civil ou elétrica, meio ambiente etc.

Contudo, o estabelecimento de qualquer outro órgão técnico ou consultivo deve atender a duas balizas legais. Em primeiro lugar, não se pode outorgar-lhes atribuições e/ou poderes que a lei tenha conferido aos demais órgãos de administração da companhia (artigo 139 da Lei 6.404/1976). Em segundo lugar, tendo sido criado um outro órgão técnico ou consultivo, aplicam-se aos seus membros as normas dirigidas aos demais órgãos da administração (artigo 160): deveres e responsabilidades, finalidade das atribuições e desvio de poder, dever de lealdade, conflito de interesses, dever de informar, responsabilidade civil por atos comissivos e omissivos, dolosos e culposos.

Um grande exemplo de órgão estatutário é o chamado comitê de auditoria, previsto por muitas companhias, inspiradas na legislação norte-americana (*Sarbanes-Oxley Act*). Esse órgão é habitualmente composto por técnicos independentes, não estando vinculados ao conselho de administração, nem à diretoria, a quem compete supervisionar os atos administrativos, relatórios etc., embora sem usurpar as funções do Conselho Fiscal.

9 SOCIEDADE EM COMANDITA POR AÇÕES

A companhia pode adotar a estrutura de *sociedade em comandita por ações*, regida pelas normas aplicáveis à sociedade anônima, embora com as particularidades que se verá nesta seção (artigos 1.090 do Código Civil e 280 da Lei 6.404/1976). Nesse tipo societário, preserva-se a ideia de *comanditamento*: sócios que investem e sócios que administram, razão pela qual somente o acionista tem qualidade para administrar a sociedade, podendo ocupar a condição de diretor, cuja nomeação se fará no ato constitutivo da sociedade, sem limitação de tempo, somente havendo destituição por deliberação de acionistas que representem no mínimo dois terços do capital social. O princípio alcança mesmo a gerência social, a exigir, igualmente, nomeação pelo estatuto social e mesmo *quorum* especial para destituição (artigo 282 da Lei 6.404/1976).

Também preserva-se o princípio segundo o qual os comanditários não respondem subsidiariamente pelas obrigações sociais, mas os comanditados sim. Dessa forma, diretor e/ou gerente respondem subsidiária e ilimitadamente pelas obrigações da sociedade; se houver mais de um diretor, serão todos eles solidariamente responsáveis entre si, depois de esgotados os bens sociais. Mesmo o diretor destituído ou exonerado continua, durante dois anos, responsável pelas obrigações sociais contraídas sob sua administração (artigo 1.091 do Código Civil). Justamente por tal perfil, não se admite que a assembleia geral, sem o consentimento dos diretores, mude o objeto essencial da sociedade, prorrogue-lhe o prazo de duração, aumente ou diminua o capital social, crie debêntures ou partes beneficiárias, bem como delibere participação em grupo de sociedades (artigo 283 da Lei 6.404/1976). Também não se lhe aplicam as disposições sobre voto plural, conselho de administração, autorização estatutária de aumento de capital e emissão de bônus de subscrição (artigo 284).

A sociedade em comandita por ações poderá adotar *firma social*, da qual só farão parte os nomes dos sócios-diretores ou gerentes (artigo 281 da Lei 6.404/1976). A utilização do verbo *poder* deixa claro não ser necessário adotar a razão social, aceitando-se a denominação. Optando-se pela estrutura de firma social, deverá haver alteração no nome empresarial a cada alteração da administração ou gerência, já que ficam ilimitada e solidariamente responsáveis pelas obrigações sociais, os que, por seus nomes, figurarem na razão social. De resto, a denominação ou a firma deve ser seguida das palavras "Comandita por Ações", por extenso ou abreviadamente (*cpa*).

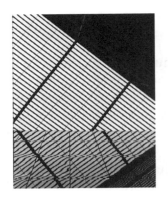

22
Controle, Coligação e Subsidiariedade

1 CONTROLE ACIONÁRIO

As companhias submetem-se à expressão coletiva da vontade, tomada em assembleia geral, com votos tomados segundo a participação no capital social, ainda que possa haver espécie ou classes de ação sem direito a voto, como estudado. Assim, conforme o volume e a qualidade de participação no capital social, uma pessoa (natural ou jurídica) ou um grupo de pessoas, acordadas entre si, podem controlar a companhia. Não há um percentual mínimo para que se defina uma situação de controle, embora seja certo que, com mais de 50% do capital votante, controla-se a sociedade. Contudo, dependendo da situação societária, percentuais menores podem garantir o controle acionário; é o que se passa em companhias abertas cujas ações podem mostrar-se *pulverizadas*, isto é, dispersas pelo mercado. É uma situação de fato: ter títulos societários (ações com direito a voto) que efetivamente assegurem, de forma *permanente* (contínua), o poder de decidir as deliberações da assembleia geral, além de eleger a maioria dos administradores da companhia (artigo 116 da Lei 6.404/1976). O termo *permanente* traduz-se por duradouro, não eventual. Quem apenas vence uma ou algumas votações não é um controlador. Deve haver hegemonia societária, um assenhoramento estável sobre a companhia. Pelo ângulo oposto, *permanente* não se traduz como eterno; apenas como estável e duradouro. A situação de controle pode ser alterada, dentre outros fatores, por que outros acionistas acordaram-se, pela transferência de ações etc.

Parte Especial II – Cap. 22 • Controle, Coligação e Subsidiariedade **417**

Mais do que isso, é preciso que efetivamente se use o poder oferecido pelas ações detidas para dirigir as atividades sociais e orientar o funcionamento dos órgãos da companhia. Assim, por exemplo, pode haver controle acionário com meros 36% das ações ordinárias, desde que tal percentual seja suficiente para, de fato, assegurar vitória constante nas deliberações da assembleia geral e a eleição da maioria dos administradores da companhia. Portanto, controlador é quem comanda a companhia, de fato e direito, com bônus e ônus decorrentes: determina o destino da sociedade, escolhe quem a administra, assim como assume as obrigações derivadas dessa condição, certo que não pode sujeitar a companhia a seus caprichos, devendo respeitar a coletividade social: minoritários, preferencialistas, debenturistas, titulares de partes beneficiárias e bônus de subscrição, trabalhadores, credores, parceiros (como fornecedores e consumidores), a comunidade em geral e mesmo o Estado.

Tem-se uma situação muito próxima ao domínio: o controlador sente-se dono da empresa, podendo ser reconhecido socialmente como tal. São óbvios os benefícios e vantagens de se controlar uma companhia: ocupar a administração, conduzir a empresa, definir estratégias, conhecendo a realidade e as entranhas dos negócios. Justamente por isso, nas companhias abertas, acionista controlador da companhia aberta e os acionistas, ou grupo de acionistas, que elegerem membro do conselho de administração ou membro do conselho fiscal, deverão informar imediatamente as modificações em sua posição acionária na companhia à Comissão de Valores Mobiliários e às Bolsas de Valores ou entidades do mercado de balcão organizado nas quais os valores mobiliários de emissão da companhia estejam admitidos à negociação, nas condições e na forma determinadas pela Comissão de Valores Mobiliários (artigo 116-A da Lei 6.404/1976). Essencialmente, o controlador está obrigado a usar seu poder para fazer a companhia realizar o seu objeto e cumprir sua função social.

Não se deve exercer o poder de controle fora dos limites da lei, do estatuto, da boa-fé, da probidade e da função social da companhia, compreendida *ad intra* (como coletividade social) e *ad extra* (como pessoa jurídica e como empresa: patrimônio e atividade incrustados no cotidiano social). O desrespeito a tais balizas caracteriza ato ilícito, podendo caracterizar crime, ato indisciplinar no âmbito do mercado de capitais, comportamento antissocial (podendo conduzir à exclusão da sociedade), bem como dever de indenizar os danos, econômicos ou morais, decorrentes. O controlador ou controladores são pessoalmente responsáveis pelos atos que pratiquem abusando de controle, podendo ser demandados pelos *demais acionistas*, trabalhadores (haja ou não relação de emprego) e, mesmo, por terceiros, incluindo representantes da comunidade (artigo 116 da Lei 6.404/1976). A previsão de responsabilidade *para com a comunidade em que atua* torna os controladores possíveis sujeitos passivos (*réus*) em ação civil pública, sendo acionados pelas pessoas listadas no artigo 5º da Lei 7.347/1985, por danos causados a qualquer

418 Direito Empresarial Brasileiro: Direito Societário • Mamede

dos bens contemplados por seu artigo 1º, não havendo falar em litisconsórcio necessário, mas apenas facultativo, com a companhia.

Essa responsabilidade do acionista controlador tem expressão positiva no artigo 117 da Lei 6.404/1976, que a contempla como decorrente de atos praticados com abuso de poder, embora não se possa afastar a hipótese de atos dolosos, por motivos óbvios. O § 1º do dispositivo elenca algumas situações que caracterizam abuso de poder; algumas pois o reconhecimento do abuso fora de tais hipóteses tem lastro na própria regra geral, disposta no artigo 187 do Código Civil, aplicado em conjunto com seu artigo 927. É abusiva a prática de atos voltada a (1) orientar a companhia para fim estranho ao objeto social ou lesivo ao interesse nacional, ou levá-la a favorecer outra sociedade, brasileira ou estrangeira, em prejuízo da participação dos acionistas minoritários nos lucros ou no acervo da companhia, ou da economia nacional; (2) promover a liquidação de companhia próspera, ou a transformação, incorporação, fusão ou cisão da companhia, com o fim de obter, para si ou para outrem, vantagem indevida, em prejuízo dos demais acionistas, dos que trabalham na empresa ou dos investidores em valores mobiliários emitidos pela companhia; (3) promover alteração estatutária, emissão de valores mobiliários ou adoção de políticas ou decisões que não tenham por fim o interesse da companhia e visem causar prejuízo a acionistas minoritários, aos que trabalham na empresa ou aos investidores em valores mobiliários emitidos pela companhia; (4) eleger administrador ou fiscal que sabe inapto, moral ou tecnicamente; (5) induzir, ou tentar induzir, administrador ou fiscal a praticar ato ilegal, ou, descumprindo seus deveres definidos na Lei das Sociedades Anônimas e no estatuto da companhia, ou promover, contra o interesse da empresa, sua ratificação pela assembleia geral; haverá, nessa hipótese, responsabilidade solidária entre o administrador ou fiscal e o acionista controlador; (6) contratar com a companhia, diretamente ou através de outrem, ou de sociedade na qual tenha interesse, em condições de favorecimento ou não equitativas; (7) aprovar ou fazer aprovar contas irregulares de administradores, por favorecimento pessoal, ou deixar de apurar denúncia que saiba ou devesse saber procedente, ou que justifique fundada suspeita de irregularidade; (8) subscrever ações, para os fins de aumento do capital social, com a realização em bens estranhos ao objeto social da companhia.

Julgando o Recurso Especial 798.264/SP, a Terceira Turma do Superior Tribunal de Justiça afirmou que: "O § 1º, do artigo 117, da Lei das Sociedades Anônimas enumera as modalidades de exercício abusivo de poder pelo acionista controlador de forma apenas exemplificativa". Assim, "a Lei das Sociedades Anônimas adotou padrões amplos no que tange aos atos caracterizadores de exercício abusivo de poder pelos acionistas controladores, porquanto esse critério normativo permite ao juiz e às autoridades administrativas, como a Comissão de Valores Mobiliários (CVM), incluir outros atos lesivos efetivamente praticados pelos controladores". A posição é adequada e melhor traduz o espírito do Direito Societário.

Parte Especial II – Cap. 22 • Controle, Coligação e Subsidiariedade **419**

No mesmo precedente (Recurso Especial 798.264/SP), a Terceira Turma chamou atenção para o fato de que, para a caracterização do abuso de poder de que trata o artigo 117, é "desnecessária a prova da intenção subjetiva do acionista controlador em prejudicar a companhia ou os minoritários", mas "é indispensável a prova do dano". Não se está, definitivamente, diante de uma hipótese de responsabilidade objetiva, à míngua previsão legal. Não se foge ao regime geral dos atos ilícitos e da responsabilidade civil, sendo certo que o artigo 187 do Código Civil já define o abuso de direito como ato ilícito. A ele somam-se os casos de dolo e de culpa. O ato ilícito pode decorrer da negligência com deveres da condição de controlador ou, mesmo, na imprudência como as faculdades foram exercidas. Por exemplo, a eleição de administrador(es) inequivocamente sem condições de cumprir com suas funções e atender às necessidades da companhia, resultando em prejuízos.

Quanto à prova do dano, afirmou a Ministra Nancy Andrighi: "para que se caracterize o abuso de poder do acionista controlador, deve o acionista prejudicado provar que um ato ilícito efetivamente praticado pelo controlador – ainda que não descrito na enumeração feita pelo § 1º do artigo 117 da Lei das S.A. – tenha lhe causado um dano patrimonial. Entretanto, se, não obstante a iniciativa probatória do acionista prejudicado, não for possível fixar, já no processo de conhecimento, o montante do dano causado pelo abuso de poder do acionista controlador, esta fixação deverá ser deixada para a liquidação de sentença" (Recurso Especial 798.264/SP).

2 SOCIEDADE CONTROLADORA

O acionista controlador de uma companhia pode ser outra sociedade. Essa *sociedade controladora* pode ser uma sociedade por ações ou por quotas. Também é possível haver uma estrutura de sociedades interpostas, distanciando a sociedade controladora da sociedade controlada, criando uma situação de controle indireto (artigo 243, § 2º, da Lei 6.404/1976): controle que não é exercido diretamente, mas *através de outras controladas*.

A *sociedade controladora* submete-se ao mesmo regulamento aplicável ao acionista controlador. Por isso, se a companhia controlada é aberta, a sociedade controladora está obrigada a informar imediatamente as modificações em sua posição acionária na companhia à Comissão de Valores Mobiliários e às Bolsas de Valores ou entidades do mercado de balcão organizado nas quais os valores mobiliários de emissão da companhia estejam admitidos à negociação, nas condições e na forma determinadas pela Comissão de Valores Mobiliários (artigo 116-A da Lei 6.404/1976). Também significa obrigação de usar o poder de controle com o fim de fazer a companhia realizar o seu objeto e cumprir sua função social, seus deveres e responsabilidades para com os demais acionistas, trabalhadores e para com a comunidade em que atua, cujos direitos e interesses deve lealmente respeitar e atender, evitando o abuso no poder de controle (artigos 116 e 117). O desrespeito a tais balizas caracteriza ato ilícito, com a obrigação de indenizar os prejuízos decorrentes.

A possibilidade de confusão patrimonial entre sociedade controladora e controlada justifica medidas como a exigência de que o relatório anual da sociedade controladora, se *sociedade por ações*, relacione seus investimentos em sociedades controladas e, ademais, mencione as modificações ocorridas durante o exercício, o que garante o direito de informação de acionistas e investidores sobre a atuação da empresa por interpostas sociedades (artigo 243 da Lei 6.404/1976). Aliás, a Comissão de Valores Mobiliários pode exigir de companhia aberta a divulgação de informações adicionais sobre sociedade controlada (artigo 243, § 3º). Não é só. As companhias controladas não podem ter participação societária na controladora – isto é, serem titulares de suas ações ou quotas –, excetuada a hipótese de aquisição de ações para permanência em tesouraria, desde que usem utilizando para tanto valor nunca superior ao saldo de lucros ou reservas (exceto a reserva legal) e sem diminuição do capital social, ou quando é beneficiária de um ato de doação, mantendo-as igualmente em tesouraria, suspenso o direito de voto (artigo 244), o que impede sejam usadas para reforçar a posição dos administradores da sociedade controladora; em se tratando de companhia aberta, ainda se deverão observar normas específicas, baixadas pela Comissão de Valores Mobiliários. A controlada deve alienar, dentro de seis meses, as ações ou quotas que excederem o valor dos lucros ou reservas, sempre que estes sofrerem redução (artigo 244, § 4º), sob pena de responsabilidade civil solidária dos administradores das sociedades, equiparando-se, para efeitos penais, à compra ilegal das próprias ações.

Se a sociedade controladora causar danos à sociedade controlada, descumprindo os deveres de acionista controlador e suas responsabilidades, estará obrigada a reparar os danos. Para tanto, poderão ajuizar a respectiva ação reparatória (1) acionistas que representem 5% ou mais do capital social ou (2) qualquer acionista, embora, neste caso, o artigo 246 exija que seja prestada caução pelas custas e honorários de advogado devidos no caso de vir a ação ser julgada improcedente. Essa exigência de caução parece-me inconstitucional; afinal, cerceia o direito de acesso ao Judiciário (artigo 5º, XXXV, da Constituição da República). De qualquer sorte, se a sociedade controladora for condenada, além de reparar o dano e arcar com as custas, pagará honorários de advogado e prêmio de 5% ao autor da ação, calculados sobre o valor da indenização (artigo 246, § 2º).

Sociedades controladora e controlada estão sujeitas a eventos societários, incluindo mutações societárias, estudadas no Capítulo 8 deste livro. Entre esses eventos, a incorporação da companhia controlada pela sociedade controladora, a exigir preocupação com os minoritários e com o risco de confusão patrimonial, certo que (1) parte do capital social da controlada – as ações titularizadas pela controladora – se incorpora à sociedade controladora, fortalecendo as posições

Parte Especial II – Cap. 22 • Controle, Coligação e Subsidiariedade **421**

societárias dos sócios quotistas ou acionistas dessa; (2) a outra parte, titularizada pelos minoritários, se incorpora por meio de troca de títulos: os minoritários da incorporada tornam-se sócios quotistas ou acionistas da controladora. Por isso, a justificação apresentada à assembleia geral da controlada deve trazer o cálculo das relações de substituição das ações dos seus *acionistas não controladores* por ações da sociedade controladora, o que se faz tendo por base o valor de patrimônio líquido das ações da controladora e da controlada, avaliados os dois patrimônios segundo os mesmos critérios e na mesma data, a preços de mercado, por três peritos ou empresa especializada e, no caso de companhias abertas, por empresa especializada (artigo 264 da Lei 6.404/1976). A Lei 10.303/2001 admite a instituição de *outro critério aceito pela Comissão de Valores Mobiliários*, no caso de companhias abertas.

Faculta-se aos acionistas da companhia controlada – dissidentes da deliberação da assembleia geral que aprovar a operação –, o direito de retirar-se da sociedade, reembolsando o valor de suas ações ou exigindo o valor do patrimônio líquido a preços de mercado, sempre que as relações de substituição de suas ações, previstas no protocolo da incorporação, forem menos vantajosas que as resultantes da comparação do valor do patrimônio líquido das ações ou quotas da controladora com o valor do patrimônio líquido das ações da controlada (artigo 264). Para evitar manobras conceituais, contábeis e jurídicas, essas mesmas regras aplicam-se (1) a incorporação da controladora por sua controlada; (2) a fusão de controladora e controlada; (3) a incorporação de ações da companhia controlada pela sociedade controladora; (4) a incorporação de ações da sociedade controladora pela sociedade controlada, e, mesmo; (5) a incorporação, fusão e incorporação de ações de sociedades sob controle comum (artigo 264, § 4º). Mas essas regras não se aplicam no caso de as ações do capital da controlada terem sido adquiridas no pregão da Bolsa de Valores ou por meio de oferta pública (§ 5º).

3 ALIENAÇÃO DO CONTROLE

O controle acionário das companhias fechadas pode ser alienado de forma livre, seguindo as regras comuns de transferência de ações, salvo existência de cláusulas especiais no estatuto social, que pode impor limitações à circulação das ações, desde que devidamente reguladas, não podendo impedir a negociação, nem sujeitar o acionista ao arbítrio dos órgãos de administração da companhia ou da maioria dos demais acionistas (artigo 36 da Lei 6.404/1976). Por exemplo, é possível prever o direito de preferência dos demais sócios, nas mesmas condições da oferta feita por um terceiro. Também é possível que existam cláusulas sobre a matéria, dispostas em acordo de acionistas (artigo 118). Essa liberdade negocial, abre margem para o uso de instrumentos jurídicos diversos. Um exemplo é a cláusula *earn-out*: ajusta-se que parte do valor da transação está condicionada ao desempenho futuro da empresa. Assim, se a empresa efetivamente render o que o vendedor diz, o valor da alienação é maior, havendo o pagamento do *sobrepreço*. Do contrário, o valor será menor. Como facilmente se percebe, é um instrumento que exige maestria dos advogados para regrar os múltiplos aspectos envolvidos: alteração nos custos, administração, padrões contábeis etc.

Já nas companhias abertas, em face do impacto gerado sobre o mercado de valores mobiliários, a alienação, direta ou indireta, do controle acionário está submetida a regras específicas, algumas dispostas na própria Lei 6.404/1976, outras dispostas em normas da Comissão de Valores Mobiliários. Na companhia aberta, o adquirente do controle acionário está obrigado a formular uma oferta pública para aquisição das ações com direito a voto de propriedade dos demais acionistas da companhia, de modo a lhes assegurar o preço no mínimo igual a 80% do valor pago por ação com direito a voto, integrante do bloco de controle (artigo 254-A da Lei 6.404/1976). Esse mecanismo é chamado de *extensão de prêmio de controle* ou *tag along*; seu objetivo é evitar o excessivo amesquinhamento do valor das ações que estão fora do bloco de controle. Não é raro que ações tenham um valor de mercado, mas o adquirente pague bem mais para ter o controle; esse sobrevalor é chamado de *prêmio de controle*. Assim, se a ação ordinária é habitualmente vendida a R$ 70,00 e o adquirente do controle paga R$ 100,00 por ação, estará obrigado ao *tag along*, ou seja, a formular uma oferta pública de aquisição (OPA) no valor mínimo de R$ 80,00, se outro percentual não estiver previsto no estatuto social. Habitualmente, essa regra alcança apenas ações com direito a voto. É comum que as preferenciais fiquem excluídas da extensão do prêmio de controle, salvo na hipótese do artigo 17, III, estudado no Capítulo 16. Contudo, ocorre de algumas companhias garantirem, em seus estatutos sociais, o mesmo direito aos preferencialistas.

Note-se que somente a transferência do controle justifica a obrigatoriedade de extensão do prêmio de controle (*tag along*). Se alguém que já está, de fato, no controle da companhia adquire a participação de outro acionista, ainda que de grande vulto, e mesmo pagando mais do que o valor de mercado, não haverá falar em extensão desse sobrevalor (prêmio). Isso, mesmo se houvesse controle compartilhado, salvo aferido, no caso concreto, que esse compartilhamento foi urdido como parte de um procedimento de transferência do controle. Como facilmente se percebe, a solução dessa equação se fará a partir da consideração das particularidades havidas em cada caso.

O dever de extensão de prêmio de controle aplica-se mesmo quando haja *alienação indireta do controle*. A alienação direta do controle faz-se pela transferência de ações da própria companhia; a alienação indireta do controle se faz pela transferência de quotas ou ações da sociedade que a controla. Afinal, quem compra o controle da controladora, obtém o controle da controlada. Não é raro encontrarem-se situações de *controle em cadeia*, nas quais sociedades de participação (*holdings*) detém o controle de sociedades que, por seu turno, detém o

Parte Especial II – Cap. 22 • Controle, Coligação e Subsidiariedade **423**

controle de outra(s) sociedade(s). A aquisição do controle da sociedade que está na raiz dessa estrutura, pode revelar-se, conforme o caso concreto, uma operação de aquisição de controle das sociedades controladas, afirmando o dever de *tag along*.

A alienação do controle acionário, direta ou indireta, pode fazer por simples transferência das ações integrantes do bloco de controle, pela transferência de ações vinculadas a acordos de acionistas ou, mesmo, pela transferência de valores mobiliários conversíveis em ações com direito a voto, cessão de direitos de subscrição de ações e de outros títulos ou direitos relativos a valores mobiliários conversíveis em ações que venham a resultar na alienação de controle acionário da sociedade. Em qualquer hipótese, a alienação do controle acionário de companhia aberta *somente poderá ser contratada sob a condição, suspensiva ou resolutiva*, de o adquirente fazer a oferta pública de aquisição das ações com direito a voto dos demais acionistas (artigo 254-A da Lei 6.404/1976), nos termos já estudados.

Há, contudo, situações lindeiras que, embora impliquem alterações no controle, não caracterizam alienação de controle e, assim, não dão margem à obrigatoriedade de formulação de oferta pública para extensão de prêmio de controle. Um exemplo são as companhias de capital difuso, sem controlador definido, quando se forma um controle por meio de acordo entre acionistas. Outra situação é a substituição de um acionista no bloco de controle; imagine-se que o controle é mantido, a partir de acordo de acionistas, por quatro sócios, cada qual com 13% das ações ordinárias, totalizando 52% do capital votante. A transferência das ações de um desses para uma outra pessoa, que o substitui no controle, não caracteriza, igualmente, alienação de controle. Assim, que tais ações (os 13% do cessionário) tenham sido transferidas com elevado prêmio (sobrevalor ao preço corrente de mercado), os sócios não controladores não terão direito à oferta pública de aquisição para extensão do prêmio (*tag along*).

A oferta pública é um elemento intrínseco – *ex vi legis* – do contrato de alienação do controle acionário de companhias abertas. Os §§ 2º e 3º do mesmo artigo atribuíram à Comissão de Valores Mobiliários o poder de autorizar a alienação de controle de que trata o *caput*, desde que verificado que as condições da oferta pública atendem aos requisitos legais, bem como a competência para estabelecer normas a serem observadas na oferta pública.

No entanto, o adquirente do controle acionário de companhia aberta pode criar um atrativo para os acionistas minoritários, oferecendo-lhes uma alternativa à alienação das ações, premiando-os por ficar na companhia (artigo 254-A, § 4º). É uma solução para evitar o elevado custo de comprar as ações ordinárias dos minoritários, mesmo com o deságio de até 20%. Assim, para evitar uma adesão à oferta pública, o adquirente formulará uma alternativa: todas as ações com direito a voto que permanecerem na companhia – vale dizer, que não aderirem à oferta pública – serão merecedoras do pagamento de um prêmio nunca inferior à diferença entre o valor de mercado das ações e o valor pago por ação integrante

424 Direito Empresarial Brasileiro: Direito Societário • Mamede

do bloco de controle. Dessa forma, todos aqueles que não exercerem o direito de alienação de suas ações serão merecedores do prêmio.

No que se refere à aprovação da transferência de controle, não pode a Comissão de Valores Mobiliários fazer uma avaliação sobre os sujeitos ativo e passivo da operação, mas apenas cuidar da proteção aos acionistas minoritários, exigindo o respeito aos procedimentos que preservem os interesses desses. As pessoas do(s) alienante(s) e do(s) adquirente(s) são tema que foge à competência e ao poder da Comissão. Essa liberdade de eleger parceiros só é excepcionada pela própria Constituição, nos casos em que, por força de lei (em sentido estrito), atribui-se ao Estado o poder de autorizar, ou não, a exploração da atividade (artigo 170, parágrafo único). Assim, tratando-se de companhia que dependa de autorização estatal para funcionar, a alienação do controle acionário exige prévia autorização do órgão competente para aprovar a alteração do seu estatuto (artigo 255 da Lei 6.404/1976).

No plano privado, a aquisição do controle acionário de uma sociedade por ações ou por quotas submete-se à vontade arbitrária privada, nos limites definidos pela lei e pelo ato constitutivo (contrato social ou estatuto social). Se a adquirente é companhia aberta, todavia, exige-se deliberação favorável de sua assembleia geral, especialmente convocada para conhecer da operação, sempre que o preço de compra constitua investimento relevante para si (artigos 247, parágrafo único, e 256 da Lei 6.404/1976). A aprovação pela assembleia geral também é obrigatória se o preço médio de cada ação ou quota ultrapassar uma vez e meia o maior entre os seguintes valores: (1º) a cotação média das ações em bolsa ou no mercado de balcão organizado, durante os 90 dias anteriores à data da contratação; (2º) o valor de patrimônio líquido da ação ou quota, avaliado o patrimônio a preços de mercado; ou (3º) o valor do lucro líquido da ação ou quota, que não pode ser superior a 15 vezes o lucro líquido anual por ação nos dois últimos exercícios sociais, atualizado monetariamente.

Se não houve aprovação pela assembleia geral, a operação será anulável por defeito jurídico intrínseco (falta de autorização), embora se deva reconhecer a validade de ratificação posterior (artigo 176 do Código Civil), isto é, por assembleia convocada após a aquisição, ratificando-a. Essa possibilidade, aliás, é reconhecida pelo § 1º do artigo 256 da Lei 6.404/1976, segundo o qual a proposta ou o contrato de compra, acompanhado de laudo de avaliação do patrimônio das quotas ou ações, será submetido à prévia autorização da assembleia geral, ou à sua ratificação, sob pena de responsabilidade dos administradores, instruído com todos os elementos necessários à deliberação, entre os quais me parece indispensável um laudo de auditoria contábil da sociedade cujos títulos – quotas ou ações – pretende-se adquirir, permitindo formar a convicção dos acionistas da companhia adquirente. Se o preço da aquisição ultrapassar uma vez e meia o maior daqueles três valores, o acionista dissidente da deliberação da assembleia que aprovar a aquisição do controle da sociedade terá o direito de retirar-se da companhia mediante reembolso do valor de suas ações.

Parte Especial II – Cap. 22 • Controle, Coligação e Subsidiariedade **425**

4 OFERTA PÚBLICA DE AQUISIÇÃO DE CONTROLE ACIONÁRIO

É lícito a quem quer assumir o controle acionário da companhia emitir uma oferta pública para a aquisição das ações que são necessárias para tanto (artigos 257 e seguintes da Lei 6.404/1976), permitindo aos acionistas aderirem à proposição em igualdade de condições, evitando, assim, o prejuízo dos minoritários, já que a aquisição do controle não se faz pela simples aquisição do bloco de ações controladoras de seu detentor ou detentores, o que livra o adquirente da necessidade de pagar aos minoritários o prêmio de controle, acima estudado. A *oferta pública para aquisição de controle de companhia aberta* implica a necessária participação de uma instituição financeira, que garantirá o cumprimento das obrigações assumidas pelo ofertante. Essa condição de *garante* da oferta é fruto de expressa previsão legal, embora o legislador não a tenha regulamentado, sendo razoável aceitar qualquer instituto jurídico que atenda à exigência legal, a exemplo da fiança bancária – *garantia fidejussória* que é – ou, no mínimo, a responsabilidade solidária da instituição financeira participante da oferta. A participação necessária da instituição financeira não é limitada, pelo legislador, à mera garantia do negócio, sendo razoável aceitar sua atuação como intermediária ou mesmo interveniente. De qualquer sorte, não têm validade jurídica todas as cláusulas e medidas que descaracterizem a responsabilidade da instituição como garante da operação, incluindo aquelas cujo efeito é postergar ou minimizar os direitos dos lesados na operação, beneficiários que são da proteção jurídica, aplicado o artigo 166, II e VI, do Código Civil.

A *oferta pública de aquisição do controle acionário* submete-se, em seu conteúdo e forma, à normas regulamentares da Comissão de Valores Mobiliários, que pode mesmo expedir normas que disciplinem a negociação das ações objeto da oferta durante o prazo de eficácia da oferta pública (artigo 263 da Lei 6.404/1976). A oferta é irrevogável (artigo 257), caracterizando formulação unilateral da obrigação de contratar, embora vinculada a uma condição: alcançar volume de ações suficientes para ter o controle da companhia. Com a aceitação da oferta – e alcançado o volume mínimo a que está condicionada a operação – o contrato se completa, devendo executar-se. Mas irrevogabilidade não traduz infinidade; a oferta tem um prazo de eficácia e, vencido este, extingue-se a oferta, o que é distinto da revogação, ato unilateral e arbitrário, que não é admitido pela lei.

A oferta de compra se formulará por um instrumento – isto é, por documento escrito produzido especificamente para comprová-la – que será firmado pelo ofertante e pela instituição financeira que garante o pagamento, devendo ser publicado na imprensa. Esse instrumento atenderá ao artigo 258, indicando (1) o número mínimo de ações que o ofertante se propõe a adquirir e, se for o caso, o número máximo; (2) o preço e as condições de pagamento; (3) a subordinação da oferta ao número mínimo de aceitantes e a forma de rateio entre os aceitantes, se o número deles ultrapassar o máximo fixado; não atingido o mínimo fixado –

426 Direito Empresarial Brasileiro: Direito Societário • Mamede

o que impediria a aquisição do controle acionário –, não se completa o negócio jurídico, já que a oferta está diretamente vinculada aos seus termos. Superado o máximo fixado, o negócio está completo, não podendo ser revogado; nesse caso, serão aplicados os critérios de rateio, que não podem conter qualquer dirigismo, rompendo o caráter e a finalidade da operação. O melhor exemplo é, por certo, o sorteio. Parece-me igualmente legítimo, à luz do que se lê na Lei 6.404/1976 e da interpretação extensiva de suas normas (tendo em vista, designadamente, a ideia de submissão dos valores mobiliários às regras do mercado aberto), o estabelecimento do leilão negativo, isto é, a preferência por aqueles que, em prazo assinalado, ofereçam o maior deságio sobre o preço de base, fixada no instrumento de oferta pública. O instrumento de oferta pública ainda deverá expressar (4) o procedimento que deverá ser adotado pelos acionistas aceitantes para manifestar a sua aceitação e efetivar a transferência das ações; (5) o prazo de validade da oferta, que não poderá ser inferior a 20 dias; e (6) informações sobre o ofertante. Como se não bastasse, a oferta deverá ser comunicada à Comissão de Valores Mobiliários dentro de 24 horas da primeira publicação.

O interessado em adquirir o controle acionário de companhia aberta também pode formular uma oferta pública de *permuta de valores mobiliários,* ou até uma oferta mista, combinando pagamento em dinheiro e permuta de valores mobiliários, condicionado a prévio registro na Comissão de Valores Mobiliários (artigos 257, § 1º, e 259 da Lei 6.404/1976). Se a proposta de aquisição se limita à permuta, fala-se em *instrumento de permuta,* que deverá ser submetido à Comissão de Valores Mobiliários com o pedido de registro prévio da oferta e deverá conter, além dos seis requisitos mínimos elencados, informações sobre os valores mobiliários oferecidos em permuta e as companhias emissoras desses valores, nada impedindo serem títulos da própria companhia, como ações preferenciais ou debêntures (artigo 259).

Os acionistas que desejarem aceitar a oferta formulada deverão recorrer às instituições financeiras ou instituições do mercado de valores mobiliários, indicadas no instrumento de oferta, firmando ordens de venda ou permuta, que são, igualmente, instrumentos irrevogáveis, anuindo e aderindo às condições ofertadas. No entanto, se outro interessado formular uma oferta pública concorrente, no prazo de validade da anterior, as ordens de venda que já tenham sido firmadas em aceitação de oferta anterior tornam-se nulas quando publicada a oferta concorrente (artigo 262, § 1º). Com efeito, a existência de oferta pública em curso não impede qualquer outro interessado de formular uma oferta concorrente, desde que observe as normas até aqui estudadas. Cria-se, assim, uma situação de disputa, para a qual o legislador previu, até, a faculdade de o primeiro ofertante prorrogar o prazo de sua oferta, até fazê-lo coincidir com o da oferta concorrente.

Independentemente do aparecimento, ou não, de uma oferta concorrente, é facultado ao ofertante melhorar, apenas uma vez, as condições de preço ou forma de pagamento, desde que em porcentagem igual ou superior a 5% e até dez dias

Parte Especial II – Cap. 22 • Controle, Coligação e Subsidiariedade **427**

antes do término do prazo da oferta (artigo 261, § 1º); é uma alternativa para impedir o fracasso de oferta que, nos termos originalmente formulados, não esteja atraindo muitos aderentes, fadando-a ao fracasso. Não permite, contudo, uma lesão àqueles que já aderiram à oferta inicial; segundo a mesma norma, as novas condições se estenderão aos acionistas que já tiverem aceito a oferta.

A oferta pública é ato de mercado e, certamente, tem efeitos marcantes sobre o valor e a negociabilidade das ações. Por isso, o ofertante, a instituição financeira intermediária e a Comissão de Valores Mobiliários estão obrigados a manter sigilo sobre a oferta projetada (artigo 260 da Lei 6.404/1976). O desrespeito a tal obrigação caracteriza ato ilícito, determinando a responsabilidade do infrator pelos danos que causar, ainda que se trate de lesão a direitos difusos. Prescreve em três anos a ação contra o violador do dever de sigilo para dele haver reparação civil, a contar da data da publicação da oferta (artigo 287, II, *f*).

Uma vez findo o prazo da oferta pública, a instituição financeira intermediária comunicará o resultado à Comissão de Valores Mobiliários e, mediante publicação pela imprensa, aos aceitantes. Havendo sucesso, passa-se ao pagamento dos aderentes e/ou à entrega dos títulos oferecidos em permuta. Se o número de aceitantes ultrapassar o máximo, será obrigatório o rateio, na forma prevista no instrumento da oferta.

5 SUBSIDIÁRIA INTEGRAL

Uma sociedade brasileira pode constituir uma subsidiária integral, ou seja, uma companhia da qual será a única acionista (artigo 251 da Lei 6.404/1976). A subsidiária integral é outra pessoa jurídica, outra sociedade, atuando como *longa manus* da sociedade que detém a integralidade de suas ações. A aceitação da unicidade social é aceita considerando a pluralidade societária da controladora, o que preserva a ideia de *universitates personarum*, inerente ao Direito Societário brasileiro, em seu momento atual. A intercomunicação marcante entre as sociedades deixa a subsidiária integral em condição análoga à de órgão social da controladora, embora com autonomia subjetiva (personalidade jurídica própria) e patrimonial (faculdades – inclusive a titularidade de bens – e obrigações próprias).

A expressão *sociedade brasileira* (artigo 251) – e não *companhia brasileira* – aponta para a possibilidade de que a subsidiária integral ser uma sociedade de qualquer tipo, contratual ou estatutária; mas só sociedades; empresários (*empresas individuais*) não são alcançados pela licença. Mais do que isso, é preciso que seja uma sociedade brasileira, ou seja, constituída no Brasil, segundo as leis brasileiras e com sede no país. Isso não impede, entretanto, a atuação de subsidiária integral estrangeira no Brasil, embora sob a condição de empresa estrangeira, devidamente autorizada. Como a subsidiária integral tem um único acionista, sua constituição se faz por subscrição privada, por meio de escritura pública. No entanto, se a

428 Direito Empresarial Brasileiro: Direito Societário • Mamede

sociedade acionista for uma companhia de capital aberto, a operação estará submetida às normas e ao controle da Comissão de Valores Mobiliários, face às suas inequívocas repercussões sobre os interesses dos acionistas da controladora, além de investidores e, por fim, do mercado como um todo. A criação de subsidiária integral não é matéria de deliberação privativa da assembleia geral (artigo 122 da Lei 6.404/1976), mas do *conselho de administração*, se houver, ou da diretoria (artigo 142). Por isso, se a sociedade instituidora optar por subscrever o capital de subsidiária integral em bens, deverá ela, companhia subscritora, aprovar o laudo de avaliação, sendo civilmente responsáveis por tal aprovação os administradores que a deliberaram, além dos avaliadores (artigos 8°, 10, e seu parágrafo único, e 251, § 1°). Nas sociedades contratuais, a questão será decidida na forma do contrato e, silente este, a assembleia ou reunião de sócios deliberará sobre o tema.

Pode-se criar uma subsidiária integral ou transformar uma companhia em subsidiária integral. Para essa transformação bastará que uma sociedade brasileira, seja qual for a sua forma societária, adquira todas as ações de uma determinada companhia, convertendo em subsidiária integral (artigos 251, § 2°, e 252 da Lei 6.404/1976). É o que se chama incorporação de ações, fenômeno jurídico que já foi objeto de pronunciamento do Superior Tribunal de Justiça, quando sua Quarta Turma deu resposta ao Recurso Especial 1.202.960/SP: "A incorporação de ações é operação prevista no artigo 252 da Lei 6.404/1976, pela qual uma sociedade anônima é convertida em subsidiária integral, não implicando, pois, em sua extinção, que subsiste com personalidade jurídica, patrimônio e administração própria, não ocorrendo a sucessão em direitos e obrigações como ocorre com o instituto jurídico da incorporação, disciplinado pelo artigo 227 do mesmo Diploma."

Também é possível a uma sociedade brasileira *incorporar* todas as ações do capital social de outra companhia para convertê-la em subsidiária integral, operação essa que será submetida à deliberação da assembleia geral das duas companhias mediante protocolo e justificação (artigo 252 da Lei 6.404/1976), nos termos estudados no Capítulo 8 deste livro. A assembleia geral da sociedade incorporadora, se aprovar a operação, deverá autorizar o aumento do capital, a ser realizado com as ações a serem incorporadas e nomear os peritos que as avaliarão; os acionistas não terão direito de preferência para subscrever o aumento de capital, mas os dissidentes poderão retirar-se da companhia (artigo 137, II), mediante o reembolso do valor de suas ações (artigo 230). Haverá também uma assembleia geral na companhia cujas ações houverem de ser incorporadas, exigindo-se para a aprovação da operação o voto de metade, no mínimo, das ações com direito a voto, autorizando a diretoria a subscrever o aumento do capital da incorporadora, por conta dos seus acionistas; também aqui se garante aos dissidentes da deliberação o direito de retirar-se da companhia, nos mesmos moldes. A incorporação efetiva-se com a aprovação do laudo de avaliação pela assembleia – de sócios ou de acionistas – da incorporadora; os titulares das ações incorporadas receberão diretamente da incorporadora as ações que lhes couberem.

Parte Especial II – Cap. 22 • Controle, Coligação e Subsidiariedade   **429**

Observe-se que tanto na hipótese de (1) aquisição de todas as ações de uma companhia que, destarte, é transformada em subsidiária integral, quanto na hipótese de (2) incorporação de uma companhia que é transformada em subsidiária integral, transformando-se aqueles que, até então, eram acionistas da incorporada em acionistas da incorporadora, faz-se necessário *fechar o capital* da subsidiária integral. Com efeito, se todas as ações estão no poder de uma única pessoa – a sociedade controladora – não há falar em participação no mercado aberto de valores mobiliários. Portanto, deverá a sociedade controladora providenciar o cancelamento do registro para negociação de ações no mercado.

A condição de companhia subsidiária integral de outra sociedade é reversível. É possível admitir outros acionistas, seja por meio de aumento de capital, com emissão de novas ações, seja alienando parte das ações, restaurando a pluralidade de acionistas. Isso pode ocorrer conservando-se o controle acionário ou, mesmo, alienando-o, embora conservando participação societária. Essa operação não é matéria afeta à reunião ou assembleia de sócios, salvo disposição diversa no ato constitutivo, mas afeta aos administradores, sendo que, nas companhias que tenham conselho de administração, é deste a competência para tanto (artigo 142, I, II, III, VI e VIII, da Lei 6.404/1976).

Optando os administradores da sociedade controladora pelo desfazimento do controle integral da companhia subsidiária por meio do aumento de capital desta e consequente emissão de novas ações, os sócios da controladora terão direito de preferência para subscrever as ações criadas na subsidiária integral. O mesmo ocorrerá na hipótese de a companhia decidir alienar as ações da subsidiária integral, no todo ou em parte, devendo preferir seus próprios sócios para tal operação (artigo 253). Em qualquer das duas situações, a oferta das ações se fará em assembleia convocada para esse fim (artigo 253, parágrafo único). Essa assembleia será o marco inicial para a contagem do prazo decadencial para exercício do direito de preferência. Se a controladora for sociedade contratual, esse prazo será de 30 dias (artigo 1.081, § 1º, do Código Civil); se companhia, será, *no mínimo*, de 30 dias, conforme fixado pelo estatuto ou assembleia geral (artigo 171, § 4º, da Lei 6.404/1976); em ambos os casos, os sócios da controladora.

Não se manifestou o legislador sobre duas questões mui relevantes: (1) o mercado de valores mobiliários ou mercado aberto e (2) a alteração ou não do controle acionário com o desfazimento da integralidade. Esse silêncio, a meu ver, deixa claro que o direito de preferência dos sócios da controladora é regra geral e impostergável, o que se reforça pela percepção de que a condição de subsidiária integral é incompatível com a presença no mercado aberto de valores mobiliários, vez que todas as ações estão no domínio de uma única pessoa jurídica (a sociedade brasileira controladora). Portanto, tanto a emissão de ações fruto do aumento de capital quanto a alienação das ações titularizadas pela controladora, no todo ou em parte, fazem-se pela lógica das companhias fechadas, embora, se a controladora for companhia aberta, o procedimento não fuja ao controle da Comissão de

Valores Mobiliários, para a proteção dos minoritários da controladora, bem como dos direitos difusos de todos os investidores em potencial e do mercado em geral. A abertura do capital daquela que foi, um dia, subsidiária integral é tema posterior ao exercício do direito de preferência pelos sócios da controladora.

A subsidiária integral pode experimentar outros eventos societários. Pode ser objeto de transformação societária, mudando o tipo societário, independentemente de dissolução e liquidação (artigo 220 da Lei 6.404/1976), embora deixando de ser *companhia subsidiária integral*, sendo necessário refazer a pluralidade de sócios, devendo ser respeitados os preceitos reguladores da constituição e o registro do tipo societário a ser adotado pela sociedade. Também pode fundir-se com outra sociedade, resultando na transformação da subsidiária em sociedade controlada, coligada (ou filiada) ou na qual se terá mera participação. A subsidiária integral pode, ainda, ser incorporada por outra sociedade, assim como pode incorporar a outra sociedade, neste caso, com dois cenários possíveis: (1) incorporar, aceitando os sócios da incorporada, deixando de ser subsidiária integral, ou (2) incorporar após adquirir a totalidade das ações, conservando, portanto, a condição de companhia com controle integral sob titularidade de sociedade brasileira, ou seja, a condição de subsidiária integral. Também são possíveis operações mais complexas, com troca de títulos, passando os sócios da incorporada à condição de sócios da sociedade controladora, mantendo a condição de subsidiária integral.

Pode haver cisão, daí resultando partes que podem ser subsidiárias integrais, submetidas à mesma sociedade controladora, ou que tenham outro destino: constituírem sociedades com pluralidade de sócios, serem incorporadas a outra sociedade etc. Também pode ocorrer de a subsidiária integral ser incorporada pela sociedade controladora, o que implica sua extinção, bem como pode ser dissolvida, com correspondente liquidação e extinção (artigo 206 da Lei 6.404/1976), incluindo a hipótese de falência da subsidiária integral, o que não atinge a sociedade controladora, nem seus administradores, excetuada a hipótese de desconsideração da personalidade jurídica.

6 COLIGAÇÃO E PARTICIPAÇÃO

Mesmo sem caracterizar controle acionário, as companhias podem experimentar outros eventos societários, estudados no Capítulo 8, como a coligação, vale dizer, ter de participar com 10% ou mais do capital da outra sociedade, sem controlá-la. Podem, também, manter simples participação no capital de outra sociedade, isto é, titularizar ações ou quotas em volume inferior a 10% de seu capital social, desde que tal percentual não seja suficiente para determinar o controle. Em qualquer das hipóteses, o relatório anual da administração deve relacionar os investimentos da companhia em sociedades coligadas e controladas e mencionar as modificações ocorridas durante o exercício (artigo 243 da Lei 6.404/1976).

Em se tratando de companhia aberta, demanda-se em acréscimo a divulgação das informações adicionais que forem exigidas pela Comissão de Valores Mobiliários sobre sociedades coligadas e controladas.

Também em relação às sociedades por ações aplica-se a vedação de participação recíproca entre a companhia e suas coligadas ou controladas, excetuada a hipótese de ao menos uma das sociedades participar de outra com observância das condições em que a lei autoriza a aquisição das próprias ações, como estudado no Capítulo 19 deste livro. Em tais hipóteses, as ações ou quotas do capital da controladora, de propriedade da controlada, terão suspenso o direito de voto, devendo ser alienadas dentro de seis meses, se excederem o valor dos lucros ou reservas, sempre que esses sofrerem redução. Para aquisições de ações da companhia aberta, feitas por suas coligadas e controladas no mercado de valores mobiliários, serão observadas as normas da Comissão de Valores Mobiliários, que pode subordiná-las, até, à prévia autorização em cada caso. Em se tratando de participação recíproca em virtude de incorporação, fusão ou cisão, ou da aquisição, pela companhia, do controle de sociedade, tal particularidade deverá ser mencionada nos relatórios e demonstrações financeiras de ambas as sociedades, e será eliminada no prazo máximo de um ano (artigo 244, § 5º, da Lei 6.404/1976). Sendo *sociedades coligadas*, deverão ser alienadas as ações ou quotas de aquisição mais recente ou, se da mesma data, os títulos que representem menor porcentagem do capital social; o dispositivo, todavia, ressalva a possibilidade de *acordo em contrário*. De resto, a aquisição de ações ou quotas de que resulte participação recíproca com violação a tais regras importa responsabilidade civil solidária dos administradores da sociedade, equiparando-se, para efeitos penais, à compra ilegal das próprias ações (§ 6º).

Os administradores não podem, em prejuízo da companhia, favorecer sociedade coligada, controladora ou controlada, cumprindo-lhes zelar para que as operações entre as sociedades, se houver, observem condições estritamente comutativas, ou com pagamento compensatório adequado; os administradores respondem civilmente perante a companhia pelas perdas e danos resultantes de atos que desrespeitem tal regra (artigo 245 da Lei 6.404/1976). Coligação, aqui, interpreta-se em sentido largo, a incluir as hipóteses de controle, de mera filiação (10% ou mais, do capital da outra sociedade, sem que haja controle) e, até, de mera participação societária (menos de 10% do capital social, sem que haja controle acionário). Para além da responsabilidade dos administradores, há a responsabilidade da própria pessoa jurídica: a sociedade controladora está obrigada a reparar os danos que causar à companhia por infração de suas obrigações de controle: usar seu poder de controle para fazer a companhia realizar o seu objeto e cumprir sua função social, respeitando os direitos dos demais acionistas, de todos aqueles que trabalham na empresa, além dos direitos e interesses da comunidade (artigo 246).

A controladora responde pelo exercício abusivo do poder de controle, inclusive pelas modalidades elencadas no artigo 117, § 1º, da Lei 6.404/1976. A ação para haver reparação cabe (1) a acionistas que representem 5% ou mais do

432 Direito Empresarial Brasileiro: Direito Societário • Mamede

capital social ou (2) a qualquer acionista, desde que preste caução pelas custas e honorários de advogado devidos no caso de vir a ação ser julgada improcedente. Essa caução tem por objetivo claro evitar aventuras judiciárias, em desproveito da administração societária; sua fixação não constitui uma faculdade do juiz, mas uma obrigação *ex vi legis*. Em contraste, o artigo 246, em seu § 2º, determina que a sociedade controladora, se condenada, além de reparar o dano e arcar com as custas, pagará honorários de advogado de 20% (vinte por cento) e prêmio de 5% (cinco por cento) ao autor da ação, calculados sobre o valor da indenização. Por fim, não se olvide que, de acordo com o artigo 287, II, *b*, prescreve em três anos a ação contra acionistas, administradores, fiscais e sociedades de comando, para deles haver reparação civil por atos culposos ou dolosos, no caso de violação da lei, do estatuto ou da convenção de grupo, contado o prazo da data da publicação da ata que aprovar o balanço referente ao exercício em que a violação tenha ocorrido.

7 GRUPO DE SOCIEDADES

A sociedade controladora e suas controladas podem constituir um *grupo de sociedades*, um conjunto empresarial regulado por convenção específica, por meio da qual se obriguem a combinar recursos ou esforços para a realização dos respectivos objetos sociais, ou a participar de atividades ou empreendimentos comuns (artigo 265 da Lei 6.404/1976). A constituição do *grupo de sociedade* pressupõe a existência de uma *sociedade controladora* e, em contraste, de *sociedades controladas*; o uso reiterado dessas expressões, pelos artigos 265 a 274 da Lei 6.404/1976, implica não se admitir a constituição formal de um grupo de sociedades quando há mera situação de coligação ou filiação (10% ou mais do capital da outra sociedade, sem que haja controle). Aliás, o artigo 265, § 1º, não só exige o controle das *sociedades filiadas* (expressão que pode causar dúvida, em face do texto do artigo 1.097 do Código Civil), mas também exige controle *de modo permanente*, embora aceite controle direto ou indireto, bem como controle resultante de acordo com outros sócios de quotistas ou acionistas.

A impossibilidade de constituição *formal*, vale dizer, de constituição *de direito* do grupo sem que haja uma relação de controle societário, não impede socieda-des meramente coligadas de agruparem-se *de fato*, quero dizer, *informalmente*, inclusive mediante o estabelecimento plenamente válido de uma convenção in-tragrupal. Não há norma jurídica que o vede. Mas será preciso respeitar os artigos 243 a 246 da Lei 6.404/1976, estudadas nas seções anteriores deste capítulo. Não será, porém, um *grupo de sociedades* em sentido estrito, não podendo sequer usar as palavras *grupo* ou *grupo de sociedade*, por expressa proibição do artigo 267, parágrafo único, que as reservas para os grupos organizados de acordo com a Lei.

A sociedade controladora poderá ser uma sociedade de participação ou *holding* (artigo 2º, § 3º, da Lei 6.404/1976), *pura* (que apenas detém participações so-

Parte Especial II – Cap. 22 • Controle, Coligação e Subsidiariedade **433**

cietárias em outras sociedades) ou *mista* (que, para além de participar de outras sociedades, ainda mantém atividade operacional).[1] Note-se que só a *holding pura* está obrigada a ter por objeto social a participação em outras sociedades. As demais sociedades podem ter objetos sociais específicos e, ainda assim, ter participação em outras pessoas jurídicas, incluindo o seu controle. Aliás, o artigo 179, III, da Lei 6.404/1976 reconhece que a participação em outras sociedades constitui investimento, sendo escriturado como parte do ativo permanente da empresa – o que alcança, mesmo, o empresário (dito *empresário individual*, expressão redundante que, todavia, afasta dúvidas fruto do uso coloquial da palavra *empresário*, identificado com a figura do sócio de quotista ou acionista que controla a sociedade), também obrigado à escrituração de suas contas.

A convenção de grupo societário deverá conter os elementos listados pelo artigo 269 da Lei 6.404/1976: (1) A *designação* do grupo, ou seja, o seu nome, do qual constarão as palavras *grupo de sociedades* ou *grupo* (artigo 267); nada impede que o núcleo da denominação repita o núcleo da denominação de uma das sociedades do grupo: Grupo Abril e Editora Abril S.A. (2) A indicação da *sociedade de comando*, necessariamente brasileira (artigo 265, § 1º), e das *sociedades filiadas*. (3) As *condições de participação* das diversas sociedades, esclarecendo como se dará a combinação de recursos e/ou esforços para a realização dos respectivos objetos sociais, a participação em atividades ou empreendimentos comuns, respeitando a lei e os atos constitutivos. (4) O *prazo de duração*, se houver, e as condições de extinção. (5) As *condições para admissão* de outras sociedades *e para a retirada* das que o componham; a retirada é elemento intrínseco à convenção do grupo de sociedades (artigo 269, V); os grupos societários são cindíveis por definição, caracterizando a previsão contrária como indevida sujeição de uma parte às demais, cláusula leonina e, assim, inválida. As condições para admissão e para a retirada não podem contrariar leis; por exemplo, não se pode estabelecer que sociedade meramente coligada, da qual a sociedade de comando não detém o controle, passe a fazer parte do grupo.

Também são elementos obrigatórios da convenção de grupo societário (6) os *órgãos e cargos da administração* do grupo, suas atribuições e as relações entre a estrutura administrativa do grupo e as das sociedades que o componham. As relações entre as sociedades, a estrutura administrativa do grupo e a coordenação ou subordinação dos administradores das sociedades filiadas serão estabelecidas na convenção do grupo, embora cada sociedade conserve personalidade e patrimônios distintos (artigo 266). Particular atenção deve ser dada aos atos constitutivos das sociedades filiadas – estatutos ou contratos sociais –, que deverão compatibilizar-se com o que dispõe a convenção, sob pena de a adesão ao grupo caracterizar ato *ultra vires* e, assim, não vincular a respectiva sociedade. Assim, a

---

1   Conferir MAMEDE, Gladston; MAMEDE, Eduarda Cotta. *Holding familiar e suas vantagens*: planejamento jurídico e econômico do patrimônio e da sucessão familiar. 3. ed. São Paulo: Atlas, 2012.

434 Direito Empresarial Brasileiro: Direito Societário • Mamede

adesão ao grupo pode exigir alterações nas cláusulas do ato constitutivo, designadamente naquelas que cuidam da administração e/ou representação societária. (7) A declaração da nacionalidade do controle do grupo; o grupo de sociedades considera-se sob controle brasileiro se (a) a sua sociedade de comando está sob o controle de pessoas naturais residentes ou domiciliadas no Brasil; (b) pessoas jurídicas de direito público interno; ou (c) sociedade ou sociedades brasileiras que, direta ou indiretamente, estejam sob o controle destas últimas (artigo 269). E (8) as condições para alteração da convenção.

A convenção de grupo deve ser aprovada (artigo 270), observando as normas para alteração do contrato social ou do estatuto, exigindo, portanto, aprovação por acionistas que representem metade, no mínimo, das ações com direito a voto, se maior *quorum* não for exigido pelo estatuto (art. 136, V). Garante-se aos sócios dissidentes da deliberação o direito de recesso, com reembolso de suas ações ou quotas, segundo as regras estudadas anteriormente, inclusive no que se refere ao prazo decadencial e à possibilidade de a deliberação ser revertida pela assembleia, avaliando os efeitos nefastos do reembolso pedido. A sociedade que, por seu objeto, dependa de autorização para funcionar, só pode participar de grupo de sociedades após a aprovação da convenção do grupo pela autoridade competente para aprovar suas alterações estatutárias (artigo 268).

Uma vez aprovada a convenção pela sociedade controladora (*sociedade de comando*) e por todas as sociedades controladas (*sociedades filiadas*), deverá ser ela levada a arquivamento no registro do comércio da sede da sociedade de comando, juntamente com as atas das assembleias gerais, ou instrumentos de alteração contratual, de todas as sociedades que tiverem aprovado a constituição do grupo, além de declaração autenticada do número das ações ou quotas de que a sociedade de comando e as demais sociedades integrantes do grupo são titulares em cada sociedade filiada, ou exemplar de acordo de acionistas que assegura o controle de sociedade filiada. Se as sociedades filiadas tiverem sede em locais diferentes, deverão ser arquivadas no registro do comércio das respectivas sedes as atas de assembleia ou alterações contratuais que tiverem aprovado a convenção, sem prejuízo do registro na sede da sociedade de comando. O grupo se considerará constituído a partir da data do arquivamento, cuja certidão deverá ser publicada na imprensa, passando a sociedade de comando e as filiadas a usar as respectivas denominações acrescidas da designação do grupo. As alterações da convenção do grupo também serão devidamente arquivadas, cumpridas as formalidades legais, e publicadas para valerem em relação a terceiros; a falta de cumprimento dessas formalidades, no entanto, não pode ser oposta pela companhia, ou por seus acionistas, a terceiros de boa-fé.

O grupo de sociedades não tem personalidade jurídica própria, não é uma pessoa jurídica. É apenas uma convenção entre pessoas jurídicas (as *sociedades de comando e as filiadas*), embora disponha de uma estrutura administrativa, definida na convenção, podendo ter, inclusive, órgãos de deliberação colegiada e cargos

Parte Especial II – Cap. 22 • Controle, Coligação e Subsidiariedade **435**

de direção geral (artigo 272 da Lei 6.404/1976). A representação da sociedade *de comando* e das *filiadas* cabe exclusivamente aos respectivos administradores societários, em conformidade com os respectivos estatutos ou contratos sociais. É possível, contudo, que a convenção, devidamente arquivada e publicada, disponha expressamente de modo diverso (artigo 272). Em sua atuação, os administradores das sociedades filiadas observarão suas atribuições, poderes e responsabilidades, de acordo com os respectivos estatutos ou contratos sociais, mas igualmente a orientação geral e as instruções expedidas pelos administradores do grupo, desde que não importem violação da lei ou da convenção do grupo. Os administradores do grupo e os investidos em cargos de administração em mais de uma sociedade poderão ter a sua remuneração rateada entre as diversas sociedades. Também é lícito à convenção estipular uma gratificação aos administradores, à qual farão jus somente nos exercícios em que se verificarem lucros suficientes para que se atribua o dividendo obrigatório aos acionistas (artigo 202 da Lei 6.404/1976).

A combinação de recursos e esforços, a subordinação dos interesses de uma sociedade aos de outra, ou do grupo, e a participação em custos, receitas ou resultados de atividades ou empreendimentos somente poderão ser opostos aos sócios minoritários das sociedades filiadas (ou seja, os demais sócios, excluídas a sociedade de comando e as demais filiadas do grupo) nos termos da convenção do grupo (artigo 276). Havendo distribuição de custos, receitas e resultados, serão determinadas e registradas no balanço de cada exercício social das sociedades interessadas, assim como as compensações entre sociedades, previstas na convenção do grupo. Se a sociedade de comando do grupo causar danos à sociedade filiada por descumprimento dos deveres genéricos de acionista controlador e dos deveres específicos de sociedade controladora, deverá indenizá-los, sendo réus a administradora de comando e os administradores (artigo 276, § 3°). A ação poderá ser interposta por acionistas que representem 5% ou mais do capital social, bem como a qualquer acionista, desde que preste caução pelas custas e honorários de advogado devidos no caso de vir a ação ser julgada improcedente (artigo 246). A sociedade controladora, se condenada, além de reparar o dano e arcar com as custas, pagará honorários de advogado e prêmio de 5% ao autor da ação, calculados sobre o valor da indenização (artigo 246, § 2°).

A constituição de um grupo de sociedades não implica a assunção, pelas sociedades participantes de responsabilidade solidária ou subsidiária por suas obrigações, contratuais ou extracontratuais. Nem a controladora, em relação às controladas; nem as controladas, em relação à controladora ou em relação às demais controladas, membros da estrutura societária constituída. Obviamente, a convenção de grupo pode prever o contrário, mas não é obrigatório, nem provável; afinal, não há responsabilidade solidária, nem subsidiária, em função de (1) uma sociedade controlar outra(s); (2) uma sociedade ser controlada por outra; (3) várias sociedades serem controladas por uma mesma sociedade. Se essa solidariedade ou subsidiariedade surgisse da simples constituição do grupo, ninguém o faria.

436 Direito Empresarial Brasileiro: Direito Societário • Mamede

Não me passa despercebido que a jurisprudência trabalhista revela incontáveis precedentes em sentido contrário, também havendo alguns na jurisprudência consumerista. No entanto, são disciplinas e setores judiciários que revelam um inconformismo notório com a distinção entre personalidades jurídicas. No entanto, não se pode olvidar, jamais, que as empresas que se estruturam em grupo empresarial continuam sendo pessoas jurídicas diversas, submetidas às regras do seu tipo societário: se são sociedades limitadas ou sociedades anônimas, a responsabilidade dos sócios não vai além da obrigação de integralização do capital social, nos termos já estudados.

Alfim, registre-se que o funcionamento do *Conselho Fiscal da companhia filiada* a grupo, quando não for permanente, poderá ser pedido por acionistas não controladores que representem, no mínimo, 5% das ações ordinárias, ou das ações preferenciais sem direito de voto. Em sua constituição, os acionistas não controladores votarão em separado, cabendo às ações com direito a voto o direito de eleger um membro e respectivo suplente e às ações sem direito a voto, ou com voto restrito, o de eleger outro; a sociedade de comando e as filiadas poderão eleger número de membros, e respectivos suplentes, igual ao dos eleitos pelos não controladores, mais um. O Conselho Fiscal da sociedade filiada poderá solicitar aos órgãos de administração da sociedade de comando, ou de outras filiadas, os esclarecimentos ou informações que julgar necessários para fiscalizar a observância da convenção do grupo (artigo 277 da Lei 6.404/1976).

8 CONSÓRCIO

As companhias e quaisquer outras sociedades, sob o mesmo controle ou não, coligadas ou não, e, mesmo, sem qualquer participação societária entre si, podem se *consorciar*, isto é, podem se reunir para a execução de determinado empreendimento (artigos 278 e 279 da Lei 6.404/1976). Esse *consórcio* (ou *joint venture*, para os que preferem expressões alienígenas) não tem personalidade jurídica; é um contrato de sociedade despersonificado (artigos 981 e seguintes do Código Civil). Mas nada impede que as consorciadas optem por personificar o contrato de sociedade que estabelecem entre si; a *Autolatina S.A.*, consórcio (*joint venture*) estabelecido pela *Ford Motor Company do Brasil Ltda*. e a *Volkswagen do Brasil Ltda*., é um exemplo de união personalizada de esforços. Não é ilícito, reitero; mas com a personificação, muda-se de imediato a natureza jurídica da reunião para atuação conjunta; deixa de se tratar de um consórcio e passa a ser uma *sociedade*; seus partícipes deixam de ser *consorciados* e passam a ser *sócios quotistas* ou *acionistas*. Já não se aplicam os artigos 278 e 279 da Lei 6.404/1976, nem os artigos 981 a 990 do Código Civil. Aplicar-se-ão os artigos 997 a 1.087 do Código Civil e/ou a Lei 6.404/1976.

Parte Especial II – Cap. 22 • Controle, Coligação e Subsidiariedade **437**

As sociedades consorciadas somente se obrigam nas condições previstas no respectivo contrato, respondendo cada uma por suas obrigações, não havendo presunção de solidariedade entre as consorciadas (artigo 278, § 1º, da Lei 6.404/1976); essa parte final do parágrafo, todavia, deve ser vista com redobrado cuidado, tendo o próprio Legislativo, na esteira do Judiciário, excepcionado a regra em algumas situações. Assim, o Código das Relações de Consumo prevê que as sociedades consorciadas são solidariamente responsáveis pelas obrigações decorrentes das relações de consumo (artigo 28, § 3º). Em contraste, prevalece a regra geral o § 2º do artigo 278 da Lei das Sociedades Anônimas, a dizer que a falência de uma consorciada não se estende às demais, subsistindo o consórcio com as outras contratantes; os créditos que porventura tiver a falida serão apurados e pagos na forma prevista no contrato de consórcio. Obviamente, a desconsideração da personalidade jurídica, fruto do reconhecimento das condições para tanto, pode levar a extensão das obrigações de uma consorciada à outra ou outras e, destarte, à sua falência, nos termos estudados no Capítulo 9 deste livro. Mas é hipótese que se prende a condições precisas, como visto.

A constituição formal do consórcio faz-se por meio de instrumento de contrato, aprovado pelo órgão da sociedade com competência para autorizar a alienação de bens do ativo permanente, do qual deve constar: (1) a designação do consórcio, se houver; (2) o empreendimento que constitua o objeto do consórcio; (3) a duração, endereço e foro; (4) a definição das obrigações e responsabilidade de cada sociedade consorciada e das prestações específicas; (5) normas sobre recebimento de receitas e partilha de resultados; (6) normas sobre administração do consórcio, contabilização, representação das sociedades consorciadas e taxa de administração, se houver; (7) forma de deliberação sobre assuntos de interesse comum, com o número de votos que cabe a cada consorciado; e (8) a contribuição de cada consorciado para as despesas comuns, se houver (artigo 279 da Lei 6.404/1976). Esse instrumento de contrato e suas eventuais alterações serão arquivados no registro do comércio do lugar da sua sede, devendo a certidão do arquivamento ser publicada.

Na prática das relações empresariais, diversas sociedades e empresários se unem informalmente, participando de empreendimentos comuns, sem constituição formal de um consórcio. Tais relações são jurídicas, caracterizando contrato válido e exequível, mesmo quando não haja instrumento. Esse consórcio informal, todavia, não atende aos requisitos da Lei 6.404/1976 que, destarte, somente lhe pode ser aplicada subsidiariamente. Não constituem, portanto, em sentido estrito, um consórcio de sociedades, não permitindo, por exemplo, lançamentos contábeis respectivos.

23
Resultados Econômicos

1 FINALIDADE ECONÔMICA

Embora sejam diversos os objetos sociais de cada sociedade, todas têm a mesma finalidade genérica: produzir vantagens econômicas apropriáveis por seus sócios. A realização dessa faz-se pela concretização do objeto social, conforme previsão no ato constitutivo, demandando a constituição de um patrimônio específico: bens materiais (coisas móveis e/ou imóveis) e imateriais (direitos pessoais com expressividade econômica, como marca, patente etc.), a exigir investimento dos partícipes: um aporte de capital que é devido pelo empresário (artigo 968, III, do Código Civil) ou sociedade empresária (artigo 997, III, do Código Civil e artigo 5º da Lei 6.404/1976). Em contrapartida, os valores gerados pela atividade empresária (sua receita) que superem as respectivas despesas poderão ser destinados aos sócios, desde que preservado o capital social. Não constituem mero *saldo positivo*, como ocorrera com pessoas jurídicas de Direito Público, associações e fundações; são lucro, isto é, uma remuneração ao capital investido.

Essa atividade é historiada por uma escrituração específica – os registros contábeis – que são obrigatórios para empresários e sociedades empresárias (artigos 1.179 e seguintes do Código Civil e 177 da Lei 6.404/1976). Partindo do aporte inicial de capital, registram-se os movimentos havidos, como estudado também no volume inaugural desta coleção (*Empresa e Atuação Empresarial*). Para controle, essa escrituração deve ser mantida em registros permanentes, com obediência aos preceitos legais e aos princípios de contabilidade, devendo observar métodos ou critérios contábeis uniformes no tempo e registrar as mutações patrimoniais segundo o regime de competência. No plano das sociedades por ações, o tema ganha renovada importância, entre outros motivos, em razão das garantias de dividendo mínimo ou dividendo fixo que podem ser previstas, como estudado no Capítulo 16 deste livro.

2 DEMONSTRAÇÕES PERIÓDICAS

Para fins contábeis, a atuação da sociedade é dividida em exercícios, cada qual com a duração de um ano, sendo livremente fixado pelo estatuto as datas de início e de término do exercício (artigo 175 da Lei 6.404/1976), embora o mais comum seja fixar o início em 1º de janeiro e o término em 31 de dezembro do mesmo ano. Nada impede, contudo, fixação diversa, como princípio em 12 de abril de um ano e término em 11 de abril do ano seguinte. Apenas excepcionalmente, o exercício poderá ser inferior a um ano. Isso pode ocorrer no ano de constituição da companhia: o primeiro exercício principiará na constituição e findará na data de término fixada pelo estatuto. Também poderá haver exercício inferior a um ano quando se tenha alteração estatutária da data de abertura ou de término do exercício social.

Ao final de cada exercício social, é obrigação da diretoria elaborar demonstrações financeiras com base na escrituração mercantil da companhia (artigo 176 da Lei 6.404/1976). Como estudado no volume 1 desta coleção (*Empresa e Atuação Empresarial*), são relatórios contábeis que devem exprimir, com clareza, a situação do patrimônio da companhia e as mudanças que ocorreram ao longo daquele exercício. São quatro as demonstrações financeiras obrigatórias: (1) *balanço patrimonial*; (2) *demonstração dos lucros ou prejuízos acumulados*; (3) *demonstração do resultado do exercício*; e (4) *demonstração dos fluxos de capital*, sendo que companhia fechada, com patrimônio líquido inferior a R$ 2.000.000,00, na data do balanço, não está obrigada à elaboração e publicação da demonstração dos fluxos de capital (artigo 176, § 6º, da Lei 6.404/1976). As companhias abertas ainda estão obrigadas a elaboração e publicação da (5) demonstração do valor adicionado.

A Lei 13.818/2019 fez alterações nos artigos 289 e 294 da Lei 6.404/1976. Antes de mais nada, estabeleceu que as publicações ordenadas por esta lei obedecerão às seguintes condições: (1) deverão ser efetuadas em jornal de grande circulação editado na localidade em que esteja situada a sede da companhia, de forma resumida e com divulgação simultânea da íntegra dos documentos na página do mesmo jornal na Internet, que deverá providenciar certificação digital da autenticidade dos documentos mantidos na página própria emitida por autoridade certificadora credenciada no âmbito da Infraestrutura de Chaves Públicas Brasileiras (ICP-Brasil); (2) no caso de demonstrações financeiras, a publicação de forma resumida deverá conter, no mínimo, em comparação com os dados do exercício social anterior, informações ou valores globais relativos a cada grupo e a respectiva classificação de contas ou registros, assim como extratos das in-

440 Direito Empresarial Brasileiro: Direito Societário • Mamede

formações relevantes contempladas nas notas explicativas e nos pareceres dos auditores independentes e do conselho fiscal, se houver. A companhia fechada que tiver menos de vinte acionistas, com patrimônio líquido de até R$ 10.000.000,00 (dez milhões de reais), poderá deixar de publicar os documentos de que trata o artigo 133, desde que sejam, por cópias autenticadas, arquivados no registro de comércio juntamente com a ata da assembleia que sobre eles deliberar.

As demonstrações apresentam-se sob forma comparativa, indicando também os valores correspondentes das demonstrações do exercício anterior, sendo acompanhadas de notas explicativas, quadros analíticos e outras demonstrações e relatórios necessários para esclarecimento da situação patrimonial e dos resultados do exercício; tais notas indicarão (artigo 176, § 5º, da Lei 6.404/1976): (1) os principais critérios de avaliação dos elementos patrimoniais, especialmente estoques, dos cálculos de depreciação, amortização e exaustão, de constituição de provisões para encargos ou riscos, e dos ajustes para atender a perdas prováveis na realização de elementos do ativo; (2) os investimentos em sociedades coligadas; (3) o aumento de valor de elementos do ativo resultante de novas avaliações; (4) os ônus reais constituídos sobre elementos do ativo, as garantias prestadas a terceiros e outras responsabilidades eventuais ou contingentes; (5) a taxa de juros, as datas de vencimento e as garantias das obrigações a longo prazo; (6) o número, espécies e classes das ações do capital social; (7) as opções de compra de ações outorgadas e exercidas no exercício; (8) os ajustes de exercícios anteriores; e (9) os eventos subsequentes à data de encerramento do exercício que tenham, ou possam vir a ter, efeito relevante sobre a situação financeira e os resultados futuros da companhia.

Em se tratando de companhias abertas, é fundamental que notas explicativas forneçam informações claras, objetivas e verdadeiras ao mercado. Noutras palavras, a previsão legal não constitui mera formalidade que se atende com textos vazios, lacônicos, genéricos, nem com complexidade excessiva, considerações herméticas, dúbias, entre uma miríade de características que não atendam ao dever de transparência. Essencialmente, é preciso informar adequadamente, o que inclui um dever de alertar, se há motivo para tanto. Não o fazer ou fazê-lo inadequadamente caracteriza descumprimento da norma, isto é, ato ilícito. E, se não há uma tradição brasileira de buscar a responsabilização civil pelo descumprimento dessa obrigação, companhias brasileiras que têm títulos negociados no exterior (via recibos de ações: *american depositary receipts* – ADR) se veem surpreendidas por pedidos judiciais que se fundam justamente no silêncio ou na má qualidade das informações de seus balanços.

No que se refere aos investimentos relevantes em outras sociedades, considera-se relevante o investimento em sociedade coligada ou controlada, quando seu valor contábil é igual ou superior a 10% do valor do patrimônio líquido da companhia; também é considerado relevante o investimento se, no conjunto das sociedades coligadas e controladas, o valor contábil é igual ou superior a 15% do valor do patrimônio líquido da companhia. Para tais hipóteses, o artigo 247 exige que as notas explicativas contenham informações precisas sobre as sociedades coligadas e controladas e suas relações com a companhia, indicando: (1) a denominação da sociedade, seu capital social e patrimônio líquido; (2) o número, espécies e classes das ações ou quotas de propriedade da companhia, e o preço de mercado das ações, se houver; (3) o lucro líquido do exercício; (4) os créditos e obrigações entre a companhia e as sociedades coligadas e controladas; e (5) o montante das receitas e despesas em operações entre a companhia e as sociedades coligadas e controladas.

Em se tratando de companhia aberta com mais de 30% do valor do seu patrimônio líquido representado por investimentos em sociedades controladas, faz-se necessária a elaboração, ainda, de demonstrações consolidadas, das quais serão excluídos (artigo 250 da Lei 6.404/1976): (1) as participações de uma sociedade em outra, pelo custo de aquisição; na eventualidade de o valor de participação exceder o custo, a parcela excedente será destacada dos resultados de exercícios futuros até que fique comprovada a existência de ganho efetivo (artigo 250, § 3º); (2) os saldos de quaisquer contas entre as sociedades; e (3) as parcelas dos resultados do exercício, dos lucros ou prejuízos acumulados e do custo de estoques ou do ativo permanente que corresponderem a resultados, ainda não realizados, de negócios entre as sociedades.

A participação dos acionistas não controladores no patrimônio líquido e no lucro do exercício será destacada, respectivamente, no balanço patrimonial e na demonstração do resultado do exercício. Se houver alguma parcela do custo de aquisição do investimento em controlada que não for absorvida na consolidação, deverá ser mantida no ativo permanente, com dedução da provisão adequada para perdas já comprovadas, e será objeto de nota explicativa. As sociedades controladas, cujo exercício social termine mais de 60 dias antes da data do encerramento do exercício da companhia, elaborarão demonstrações financeiras extraordinárias em data compreendida nesse prazo (artigo 250, § 4º). Tais demonstrações consolidadas darão mais transparência sobre as relações mantidas pelas empresas e, destarte, maior segurança para acionistas e para o mercado. A Comissão de Valores Mobiliários pode expedir normas sobre as sociedades cujas demonstrações devam ser abrangidas na consolidação e, até, determinar a inclusão de sociedades que, embora não controladas, sejam financeira ou administrativamente dependentes da companhia, ou mesmo autorizar, em casos especiais, a exclusão de uma ou mais sociedades controladas (artigo 249, parágrafo único).

O grupo de sociedades, além das demonstrações financeiras referentes a cada uma das companhias que o compõem, deverá haver publicação de demonstrações consolidadas, compreendendo todas as sociedades do grupo (artigo 275). Tais demonstrações serão publicadas junto com as demonstrações da sociedade de comando, mesmo que não adote a forma de sociedade por ações (§ 2º). Não é só. Se no grupo de sociedades houver companhia aberta, as demonstrações consolidadas serão obrigatoriamente auditadas por auditores independentes registrados na Comissão de Valores Mobiliários e observarão as normas desta. Por seu turno, as companhias filiadas indicarão, em nota às suas demonstrações financeiras publicadas, o órgão que publicou a última demonstração consolidada do grupo a que pertencer.

As demonstrações financeiras serão elaboradas por contabilistas legalmente habilitados, que as escriturarão uniformemente, isto é, usando os mesmos métodos ou critérios contábeis, sendo assinadas pelos administradores e pelos contabilistas que as elaboraram. Para garantir a uniformidade escritural, se houver modificação dos métodos ou critérios contábeis, em algum exercício, deverá ser indicada em nota explicativa que ressaltará os seus efeitos (artigo 177, § 1º, da Lei 6.404/1976). Pode ocorrer de existirem disposições, inscritas em normas tributárias ou em legislação especial que se aplique à atividade que constitui o objeto da companhia, demandando a elaboração de demonstrações contábeis diversas, assim como determinando a utilização de métodos ou critérios contábeis diferentes daqueles inscritos na Lei 6.404/1976 ou às normas estatuídas pela Comissão de Valores Mobiliários, em se tratando de companhia aberta. Nesse caso, essas normas tributárias e especiais não elidem a obrigação de elaborar, para todos os fins, as demonstrações financeiras determinadas pela Lei das Sociedades por Ações (artigo 177, § 2º, da Lei 6.404/1976). Assim, a sociedade deverá observar ambas as determinações, mantendo a escrituração contábil ordinária, segundo os critérios inscritos na Lei 6.404/1976, além de uma escrituração extraordinária, conforme a determinação da norma tributária ou legislação especial, o que conduzirá à elaboração de um registro contábil próprio a tais finalidades, em livros auxiliares. No caso da elaboração das demonstrações para fins tributários, essa se fará mediante registro na escrituração mercantil, desde que sejam efetuados em seguida lançamentos contábeis adicionais que assegurem a preparação e a divulgação de demonstrações financeiras com observância da legislação comercial e aos princípios de contabilidade geralmente aceitos, observando métodos ou critérios contábeis uniformes no tempo e registrando as mutações patrimoniais segundo o regime de competência (artigo 177, § 2º, II).

Em se tratando de companhias abertas, serão observadas normas específicas, expedidas pela Comissão de Valores Mobiliários, elaboradas em consonância com os padrões internacionais de contabilidade adotados nos principais mercados de valores mobiliários, devendo a escrituração ser obrigatoriamente auditada por auditores independentes, devidamente registrados naquela Comissão, o que incluirá mesmo as demonstrações para fins meramente tributários, acima referidas (artigo 177, §§ 3º e 5º). Já as companhias fechadas poderão optar por observar as normas sobre demonstrações financeiras expedidas pela Comissão de Valores Mobiliários para as companhias abertas (artigo 177, em seu § 6º). Entretanto, a adoção das normas aplicáveis às companhias abertas sobre escrituração e elaboração de demonstrações financeiras e a obrigatoriedade de auditoria independente por auditor registrado na Comissão de Valores Mobiliários será obrigatória para as sociedades de grande porte (artigo 3º da Lei 11.638/2007), ou seja, a sociedade ou conjunto de sociedades sob controle comum que tiver, no exercício social an-

Parte Especial II – Cap. 23 • Resultados Econômicos **443**

terior, ativo total superior a R$ 240.000.000,00 ou receita bruta anual superior a R$ 300.000.000,00.

3 RESULTADOS DO EXERCÍCIO

O *balanço patrimonial* é a demonstração na qual registram-se as faculdades (*ativo*) e as obrigações (*passivo*), da companhia no exercício. Para facilitar o conhecimento e a análise da situação financeira da companhia, o legislador determinou uma ordem classificatória das contas; assim, no ativo as contas são dispostas em ordem decrescente de grau de liquidez dos elementos nelas registrados, nos seguintes grupos: *ativo circulante*; *ativo realizável a longo prazo*; *ativo permanente* (dividido em *investimentos, ativo imobilizado, ativo intangível* e *ativo diferido*); no passivo, as contas serão classificadas nos seguintes grupos: *passivo circulante*; *passivo exigível a longo prazo*; *resultados de exercícios futuros*; *patrimônio líquido*. Os saldos devedores e credores que a companhia não tiver direito de compensar serão classificados separadamente, como viu-se no volume 1 desta coleção (*Empresa e Atuação Empresarial*).

O patrimônio líquido da companhia é o encontro entre o ativo e o passivo; se a empresa está deficitária (ativo menor do que o passivo), este valor será negativo. Se a companhia está superavitária, o ativo é maior do que o passivo; há uma sobra patrimonial. Sua colocação ao final da coluna do passivo serve, apenas, para garantir a *partida dobrada*, que se estudou no volume 1: o encontro de contas entre as colunas de ativo e passivo. Isso significa que os elementos que compõem o patrimônio líquido devem ter valor que, somando-se ao valor dos demais grupos de contas do passivo (*passivo circulante, passivo exigível a longo prazo* e *resultados de exercícios futuros*), alcance um valor total igual ao ativo, em seu somatório total. É preciso atentar para essa conta, pois nela se definirá a existência, ou não, de lucro a ser distribuído entre os acionistas.

O patrimônio social é dividido em (1) capital social, (2) reservas de capital, (3) ajustes de avaliação patrimonial, (4) reservas de lucros (5) ações em tesouraria e (6) prejuízos acumulados. Resumindo o que se estudou no volume 1, em primeiro lugar, deve-se subtrair o capital social, já que deve ser preservado; obviamente, deve ser separada a parcela ainda não realizada do capital (ações subscritas, mas não inteiramente integralizadas), pois são valores que não foram, ainda, disponibilizados para a companhia. Em seguida, sendo ainda positivo o valor, subtraem-se as *reservas de capital*, isto é, valores que serão preservados na companhia – e em sua contabilidade – para fazer frente a eventualidades. Há valores que devem ser contabilizados, obrigatoriamente, como reservas de capital (artigo 182, § 1º, da Lei 6.404/1976); é o que se passa com: (1) a contribuição do subscritor de ações que ultrapassar o valor nominal e a parte do preço de emissão das ações sem valor nominal que ultrapassar a importância destinada à formação do capital social, inclusive nos casos de conversão em ações de debêntures ou par-

444 Direito Empresarial Brasileiro: Direito Societário • Mamede

tes beneficiárias; e (2) o produto da alienação de partes beneficiárias e bônus de subscrição. São classificadas como ajustes de avaliação patrimonial, enquanto não computadas no resultado do exercício em obediência ao regime de competência, as contrapartidas de aumentos ou diminuições de valor atribuído a elementos do ativo (artigo 177, § 5º; artigo 183, I; e artigo 226, § 3º, da Lei 6.404/1976) e do passivo, em decorrência da sua avaliação a preço de mercado. São classificadas como ajustes de avaliação patrimonial as contrapartidas de aumentos de valor atribuídos a elementos do ativo em virtude de novas avaliações com base em laudo aprovado pela assembleia geral, nos termos estudados no Capítulo 17 deste livro. São classificadas como reservas de lucros as contas constituídas pela apropriação de lucros da companhia. Por fim, levam-se em conta as ações em tesouraria e os prejuízos acumulados.

Aferindo-se lucros ou prejuízos do balanço, deverão ser eles objeto de uma demonstração específica: a *Demonstração de Lucros ou Prejuízos Acumulados* (DLPA), que parte do saldo do início do período, podendo incluir *ajustes de exercícios anteriores*, ou seja, ajustes decorrentes de efeitos da mudança de critério contábil, ou da retificação de erro imputável a determinado exercício anterior, e que não possam ser atribuídos a fatos subsequentes. De resto, a Demonstração de Lucros ou Prejuízos Acumulados esclarecerá as reversões de reservas (dinheiro que estava reservado e que volta a ser disponibilizado, podendo compensar prejuízos ou ampliar lucros a serem distribuídos entre os acionistas), bem como o lucro líquido do exercício. Também ali se explicitarão os valores que foram transferidos para formação de reservas, os dividendos que serão distribuídos entre os acionistas (indicando o montante do dividendo por ação do capital social), eventual parcela dos lucros a ser incorporada ao capital e o saldo ao fim do período.

Para a compreensão do resultado das atividades da companhia, elabora-se a *Demonstração do Resultado do Exercício* (DRE), contendo (1) a receita bruta das vendas e serviços, as deduções das vendas, os abatimentos e os impostos; (2) a receita líquida das vendas e serviços, o custo das mercadorias e serviços vendidos e o lucro bruto; (3) as despesas com as vendas, as despesas financeiras, deduzidas das receitas, as despesas gerais e administrativas e outras despesas operacionais; (4) o lucro ou prejuízo operacional, as receitas e despesas não operacionais; (5) o resultado do exercício antes do Imposto sobre a Renda e a provisão para o imposto; (6) as participações de debêntures, de empregados e administradores, mesmo na forma de instrumentos financeiros, e de instituições ou fundos de assistência ou previdência de empregados, que não se caracterizem como despesa; e (7) o lucro ou prejuízo líquido do exercício e o seu montante por ação do capital social, como viu-se no volume 1 – *Empresa e Atuação Empresarial*.

A *Demonstração dos Fluxos de Caixa* (DFC) explica as origens dos recursos que circularam pela companhia e a sua aplicação, indicando as alterações ocorridas no saldo de caixa e equivalentes de caixa, durante o exercício, segregando essas alterações em, no mínimo, 3 (três) fluxos: (1) das operações; (2) dos financiamentos; e (3) dos investimentos. Portanto, o *fluxo de caixa* (também chamado de *fluxo de*

Parte Especial II – Cap. 23 • Resultados Econômicos **445**

liquidez, fluxo de tesouraria ou *fluxo de numerário*) é o movimento de recebimentos e desembolsos da empresa. Portanto, é um relatório quantitativo e qualitativo sobre o movimento de valores pelo caixa da empresa, permitindo confrontar os recebimentos (*encaixes*), em valor e origem, e desembolsos (*desencaixes*). As sociedades anônimas com capital aberto, ou seja, companhias com títulos mobiliários negociáveis no mercado de capitais, estão ainda obrigadas à elaboração de um outro relatório contábil: *a Demonstração do Valor Adicionado* (artigo 176, V, da Lei 6.404/1976). A *Demonstração do Valor Adicionado* indica o valor da riqueza gerada pela companhia, a sua distribuição entre os elementos que contribuíram para a geração dessa riqueza, tais como empregados, financiadores, acionistas, governo e outros, bem como a parcela da riqueza não distribuída (artigo 188, II).

Em todos os casos, as demonstrações financeiras registrarão a destinação dos lucros segundo a proposta dos órgãos da administração, no pressuposto de sua aprovação pela assembleia geral.

4 LUCRO E RESERVAS

Se há prejuízo no exercício, ele será obrigatoriamente absorvido pelos lucros acumulados, pelas reservas de lucros e pela *reserva legal*, nessa ordem. Se há superávit, o primeiro a fazer é deduzir os prejuízos acumulados e a provisão para o Imposto sobre a Renda (artigo 189 da Lei 6.404/1976). Na sequência, determinam-se as participações estatutárias de empregados, administradores e partes beneficiárias, nessa ordem (artigo 190). Tais pagamentos só podem se efetivar à conta de lucro líquido do exercício, de lucros acumulados e de reserva de lucros; somente as ações preferenciais com direito a dividendo fixo podem ser pagas à conta de reserva de capital.

Havendo saldo positivo nesta conta, será considerado *lucro líquido*, devendo os órgãos da administração da companhia apresentar à assembleia geral ordinária, juntamente com as demonstrações financeiras do exercício, uma proposta sobre a destinação a ser-lhe dada, respeitadas as balizas dispostas nos artigos 193 a 203 da Lei 6.404/1976 e no estatuto da companhia. Em primeiro lugar, 5% do lucro líquido do exercício serão aplicados, antes de qualquer outra destinação, na constituição de uma *reserva legal*, que não excederá 20% (vinte por cento) do capital social; essa reserva legal tem por finalidade assegurar a integridade do capital social e somente poderá ser utilizada para compensar prejuízos ou aumentar o capital (artigo 193). O estatuto poderá criar outras reservas desde que, para cada uma, (1) indique, de modo preciso e completo, a sua finalidade; (2) fixe os critérios para determinar a parcela anual dos lucros líquidos que serão destinados à sua constituição; e (3) estabeleça o limite máximo da reserva. As reservas estatutárias, se existentes, serão subtraídas do lucro líquido, se remanescente saldo para tanto, logo após a subtração da reserva legal.

446 Direito Empresarial Brasileiro: Direito Societário • Mamede

Também é possível constituir *reserva para contingências*, isto é, destinar parte do lucro líquido à formação de reserva com a finalidade de compensar, em exercício futuro, a diminuição do lucro decorrente de perda julgada provável, cujo valor possa ser estimado; cabe aos órgãos da administração propor à assembleia geral sua constituição, indicando a causa da perda prevista e justificar, com as razões de prudência que a recomendem, a constituição da reserva; como se viu no volume 1, tal reserva poderá assumir a forma de *fundo* ou de *provisão*, conforme o caso. De qualquer sorte, por expressa disposição do artigo 200, as reservas de capital somente poderão ser utilizadas para (1) absorção de prejuízos que ultrapassarem os lucros acumulados e as reservas de lucros; (2) resgate, reembolso ou compra de ações; (3) resgate de partes beneficiárias; (4) incorporação ao capital social; e (5) pagamento de dividendo a ações preferenciais, quando essa vantagem lhes for assegurada. Mas é possível que a reserva constituída com o produto da venda de partes beneficiárias seja destinada ao resgate desses títulos.

Outra possibilidade é a deliberação de reter uma parcela do lucro líquido do exercício para atender a necessidades específicas, como investimentos, em conformidade com orçamento elaborado e submetido à assembleia pelos órgãos da administração, não só justificando a medida, mas também apresentando todas as fontes de recursos e aplicações de capital, fixo ou circulante. A prévia aprovação do orçamento é requisito para permitir que a assembleia geral ordinária, por proposta dos órgãos da administração, delibere a *retenção de lucros* para cumprimento do plano de investimentos traçados. Essa anterioridade do orçamento, contudo, é limitada; o orçamento poderá ter duração de até cinco exercícios, excetuando-se a hipótese de projeto de investimento que demande tempo maior de execução, quando poderá superar esse limite (artigo 196, § 1º, da Lei 6.404/1976). A aprovação do orçamento poderá ser feita pela assembleia geral ordinária que deliberar sobre o balanço do exercício, mas deverá ser revisado anualmente, quando tiver duração superior a um exercício social.

Note-se, todavia, que o artigo 198 da Lei das Sociedades Anônimas veda destinação dos lucros para constituição de reservas ou a retenção de lucros para realização conforme orçamento previamente aprovado, quando implique prejuízo à distribuição de dividendos obrigatórios. Essa proteção aos preferencialistas também se reflete no artigo 197, que permite a utilização de *reserva de lucros a realizar* para pagamento do dividendo obrigatório, e para nada mais.

Obviamente, a constituição indiscriminada de reservas pode criar uma distorção econômica, jurídica e contábil, podendo ser lesiva aos direitos e interesses dos acionistas minoritários. Por isso, não se permite que o saldo de reservas de lucros ultrapasse o capital social, executado quando se trate de reserva (designadamente as provisões) para contingências determinadas (como *provisão para créditos de liquidação duvidosa, provisão para ajuste de estoques, provisão para décimo-terceiro, provisão para férias, provisão de comissões* etc.), bem como a reserva de lucros a realizar, que nada mais é do que a transferência para o exercício seguinte de

Parte Espec al II – Cap. 23 • Resultados Econômicos **447**

créditos que, não obstante contabilizados (lançados como ingressos), ainda não foram realizados, vale dizer, não houve pagamento, tornando possível a inadimplência. Quando atingido valor igual ou superior ao capital social, a assembleia deliberará sobre a aplicação do excesso na (1) integralização de ações, se ainda as há por integralizar, no (2) aumento do capital social ou (3) na distribuição de dividendos (artigo 199 da Lei 6.404/1976).

5 DIVIDENDOS

Ao investirem na companhia, integralizando suas ações, os acionistas esperam ser remunerados pelo capital investido. Essa remuneração é um direito do acionista, embora condicionada à verificação de superávit, além do atendimento às determinações legais, estatutárias e assembleares, como pagamento de impostos, participações, além da formação de reservas. Os lucros que não forem destinados à reserva legal, às reservas estatutárias, à retenção de lucros e às reservas de lucros a realizar deverão ser distribuídos como dividendos (artigo 202, § 6º, da Lei 6.404/1976). Não se admite a distribuição de lucros em detrimento da continuidade da empresa; a distribuição de dividendos não pode concretizar-se em detrimento do capital social. Por isso, a companhia só pode pagar dividendos à conta de lucro líquido do exercício, de lucros acumulados e de reserva de lucros; ressalvam-se as ações preferenciais com prioridade na distribuição de dividendo cumulativo quando o estatuto lhes confira o direito de recebê-lo, no exercício que o lucro for insuficiente, à conta das reservas de capital (artigos 182, § 1º, e 201). O artigo 201, *caput*, parte final, que excepciona essa hipótese de uso da reserva de capital, traz um erro: remete ao § 5º do artigo 17, quando, em função das alterações promovidas pela Lei 10.303/2001, a remissão correta é ao § 6º.

Nas demais hipóteses, se há distribuição de dividendos desobedecendo a balizas legais e estatutárias, os administradores e fiscais serão solidariamente responsáveis pela reposição à caixa social a importância distribuída, sem prejuízo da ação penal que no caso couber. Já os acionistas não estão obrigados a restituir os dividendos que em boa-fé tenham recebido. Contudo, presume-se a má-fé quando os dividendos forem distribuídos sem o levantamento do balanço ou em desacordo com os resultados deste (artigo 201, § 2º). Prescreve em três anos a ação contra acionistas para restituição de dividendos recebidos de má-fé, contado o prazo da data da publicação da ata da assembleia geral ordinária do exercício em que os dividendos tenham sido declarados (artigo 287, II, *c*).

É lícito ao Judiciário determinar a suspensão da distribuição de lucros, ordenando sua penhora ou arresto fundado em obrigação pecuniária devida pela sociedade. Nesse caso, a constrição judicial se faz sob ativos da companhia devedora e, assim, obsta a sua transferência para os acionistas, como previsto. O fundamento é a temeridade da distribuição, certo que a companhia, aberta ou fechada, deve adimplir obrigação pecuniária (dívida cível, trabalhista, previdenciária, fiscal

448 Direito Empresarial Brasileiro: Direito Societário • Mamede

etc.). Nesse caso, até a solução da pendenga, os valores deverão ficar bloqueados no caixa da companhia, na condição de depositária judicial, ou serem transferidos para o Judiciário. Havendo adjudicação desses valores, será preciso retificar a escrituração contábil, já que, em face da determinação judicial, não haverá a distribuição dos dividendos societários. Distinta será a determinação de que seja penhorada ou arrestada a parcela de dividendos que seja devida a determinado acionista, por obrigação deste. Nesse caso, mantém-se a escrituração, certo que a distribuição de dividendos se mantém, ainda que o sócio não chegue a embolsar o valor que lhe era devido, já que judicialmente constrito. A parcela será transferida ao Judiciário, ficando depositada em conta judicial à disposição do juízo.

É possível à companhia que levante balanço semestral, por força de lei ou de disposição estatutária, declarar, por deliberação dos órgãos de administração, se autorizados pelo estatuto, dividendo à conta do lucro apurado nesse balanço (artigo 204 da Lei 6.404/1976). Poderá, até, levantar balanço e distribuir dividendos em períodos menores, nos termos de disposição estatutária, desde que o total dos dividendos pagos em cada semestre do exercício social não exceda o montante das reservas de capital previstas no artigo 182, § 1º, quais sejam: (a) a contribuição do subscritor de ações que ultrapassar o valor nominal e a parte do preço de emissão das ações sem valor nominal que ultrapassar a importância destinada à formação do capital social, inclusive nos casos de conversão em ações de debêntures ou partes beneficiárias; e (b) o produto da alienação de partes beneficiárias e bônus de subscrição. Também é lícito ao estatuto autorizar os órgãos de administração a declarar dividendos intermediários, à conta de lucros acumulados ou de reservas de lucros existentes no último balanço anual ou semestral.

5.1 Dividendo obrigatório

Os acionistas têm direito de receber como dividendo obrigatório, em cada exercício, a parcela dos lucros estabelecida no estatuto ou, se este for omisso, a importância determinada de acordo com as normas previstas no artigo 202 da Lei 6.404/1976. Dessa forma, segundo o § 1º do artigo, é possível que o estatuto estabeleça o dividendo como porcentagem do lucro ou do capital social, ou fixar outros critérios para determiná-lo, desde que sejam regulados com precisão e minúcia e não sujeitem os acionistas minoritários ao arbítrio dos órgãos de administração ou da maioria. Se há omissão estatutária, aplica-se a regra legal, garantindo o recebimento de metade do lucro líquido do exercício diminuído da importância destinada à constituição da reserva legal e da importância destinada à formação da reserva para contingências e acrescido dos valores que resultem da reversão da mesma reserva formada em exercícios anteriores. Essa omissão pode ser sanada, alterando-se o estatuto social para introduzir norma sobre a matéria, embora a assembleia geral não possa estipular dividendo obrigatório que seja inferior a 25% do lucro líquido, igualmente diminuído da importância destinada

Parte Especial II – Cap. 23 • Resultados Econômicos   **449**

à constituição da reserva legal e da importância destinada à formação da reserva para contingências e acrescido dos valores que resultem da reversão da mesma reserva formada em exercícios anteriores (§ 2º).

É possível limitar o pagamento do dividendo ao montante do lucro líquido do exercício que tiver sido realizado; a questão é relevante (artigo 202, II). Como visto no volume 1 desta coleção (*Empresa e Atuação Empresarial*), as operações são contabilizadas segundo o tempo de sua ocorrência. Se a companhia vendeu R$ 450.000,00 em bens, mas com pagamento a ser realizado no exercício seguinte, o lançamento da operação se fará de imediato: todo o valor será lançado no ativo circulante (*direitos realizáveis no curso do exercício seguinte*, segundo o artigo 179, I, da Lei 6.404/1976), embora não esteja no caixa, já que não houve, ainda, o pagamento (não foi realizado). Daí a permissão de limitar o montante do lucro líquido aos *valores já realizados*, registrando a diferença como *reserva de lucros a realizar*. Mantém-se como parte do patrimônio líquido, mas é preservado do cálculo do lucro destinado à distribuição entre os acionistas. De qualquer sorte, esses valores que foram registrados na *reserva de lucros a realizar*, quando realizados (quando houver o adimplemento, ingressando o dinheiro no caixa da companhia), deverão ser acrescidos ao primeiro dividendo declarado após a realização, se não tiverem sido absorvidos por prejuízos verificados no exercício subsequente.

No entanto, é preciso considerar a limitação imposta pelo artigo 197 da Lei 6.404/1976, que somente autoriza à assembleia geral, por proposta dos órgãos de administração, destinar o excesso à constituição de reserva de lucros a realizar, no exercício em que o montante do dividendo obrigatório ultrapassar a *parcela realizada do lucro líquido do exercício*, diminuído da importância destinada à constituição da reserva legal e da importância destinada à formação da reserva para contingências e acrescido dos valores que resultem da reversão da mesma reserva formada em exercícios anteriores.

A constituição das reservas estatutárias, reservas para contingências, retenção de lucros e reservas de lucros a realizar não prejudicará o direito dos acionistas preferenciais de receber os dividendos fixos ou mínimos a que tenham prioridade, inclusive os atrasados, se cumulativos (que não foram pagos, face à ausência de lucro), excepcionada a reserva legal (artigo 203 da Lei 6.474/1976). No entanto, no exercício social em que os órgãos da administração informarem à assembleia geral ordinária ser a distribuição de dividendos incompatível com a situação financeira da companhia, não será ela obrigatória. Para a validade do procedimento, exige-se parecer do conselho fiscal, se em funcionamento, sobre essa informação; em se tratando de companhia aberta, seus administradores encaminharão à Comissão de Valores Mobiliários, dentro de cinco dias da realização da assembleia geral, exposição justificativa da informação transmitida à assembleia (artigo 202, § 4º). Essa alternativa implica registro como *reserva especial* dos lucros que deixarem de ser distribuídos e, se não absorvidos por prejuízos em exercícios subsequentes, deverão ser pagos como dividendo assim que o permitir a situação financeira da companhia. Por outro lado, em se tratando de (1) companhias abertas exclusivamente para a captação de recursos por debêntures não conversíveis em ações e (2) companhias fechadas, exceto nas controladas por companhias abertas que não se enquadrem na primeira hipótese, permite-se que a assembleia geral, desde que não haja oposição de qualquer acionista presente, delibere a distribuição de dividendo inferior ao obrigatório ou a retenção de todo o lucro líquido.

O pagamento dos dividendos será feito à pessoa que, na data do ato de declaração do dividendo, estiver inscrita como proprietária ou usufrutuária da ação. O pagamento poderá fazer-se por cheque nominativo remetido por via postal para o endereço comunicado pelo acionista à companhia, ou mediante crédito em conta corrente bancária aberta em nome do acionista; em se tratando de ações em custódia bancária ou em depósito, os dividendos serão pagos pela companhia à instituição financeira depositária, que será responsável pela sua entrega aos titulares das ações depositadas. O dividendo deverá ser pago, salvo deliberação em contrário da assembleia geral, no prazo de 60 dias da data em que for declarado e, em qualquer caso, dentro do exercício social. A ação para haver dividendos prescreve em três anos, contado o prazo da data em que tenham sido postos à disposição do acionista, segundo o artigo 287, II, *a*, da Lei das Sociedades Anônimas.

24
Dissolução, Liquidação e Extinção

1 DISSOLUÇÃO

As ideias de dissolução, liquidação e extinção da pessoa jurídica foram estudadas nos Capítulos 6 e 7 deste livro. A dissolução, viu-se, é a deliberação – a decisão coletiva – de romper-se o vínculo intersubjetivo que une os sócios (quotistas, acionistas ou cooperados) e, via de consequência, o desmembramento do patrimônio comum a que deram origem com seus investimentos, diretamente, pela subscrição, ou indiretamente, como cessionários de quotas ou ações. Tem-se, portanto, um processo distinto da constituição: em lugar de agregarem-se pessoas e capital (matriz da formação do patrimônio empresarial), desagregam-se tais elementos, para o que se faz necessário um procedimento específico – a liquidação – ao fim do qual se extinguirá não apenas a coletividade de pessoas (*universitas personarum*) e de faculdades/obrigações (*universitas iuris*), mas igualmente a personalidade jurídica que lhes foi atribuída.

No plano específico das sociedades por ações, as hipóteses de dissolução da companhia estão listadas no artigo 206, que as divide em três grandes grupos. Em primeiro lugar, está a *dissolução de pleno direito*, que se haverá (1) pelo término do prazo de duração; (2) nos casos previstos no estatuto; (3) por deliberação da assembleia geral; (4) pela existência de um único acionista, verificada em assembleia geral ordinária, se o mínimo de dois não for reconstituído até a do ano seguinte, ressalvada a hipótese de subsidiária integral; (5) pela extinção, na forma da lei, da autorização para funcionar. Num segundo grupo colocam-se as hipóteses de *dissolução por decisão judicial* (1) quando anulada a sua constituição, em ação proposta por qualquer acionista; (2) quando provado que não pode preencher o seu fim, em ação proposta por acionistas que representem 5% ou mais do capital

452 Direito Empresarial Brasileiro: Direito Societário • Mamede

social; e (3) em caso de falência, na forma prevista na respectiva lei. Por fim, tem-se a dissolução por decisão de autoridade administrativa competente, nos casos e na forma previstos em lei especial.

2 DISSOLUÇÃO DE PLENO DIREITO

A *dissolução de pleno direito* é aquela que se opera pela simples verificação dos elementos (fatores) legalmente assinalados como marcos jurídicos nos quais a companhia se resolve, devendo desagregar-se. A expressão *pleno direito*, nesse contexto, traduz dissolução imediata, não condicionada a nada mais que a ocorrência de qualquer dos fatores indicados no dispositivo. Assim, como exemplo, basta que a assembleia geral delibere a dissolução da assembleia para que, sem qualquer outro requisito, considere-se decidida a dissolução, passando-se à fase de liquidação para, enfim, extinguir a pessoa jurídica; obviamente deve-se separar a hipótese de o estatuto da companhia listar condição extra à deliberação, desde que legítima.

É forçoso, no entanto, reconhecer que a afirmação de uma resolubilidade de pleno direito encontrará, na atualidade, a teoria da preservação da empresa como contraponto conceitual jurídico. Tem-se claro ser do interesse da comunidade, sempre que possível – e sem lesão a direitos legítimos dos titulares dos empreendimentos, os sócios quotistas ou acionistas que nele investiram –, a manutenção da empresa e de sua atuação. Essa percepção implica buscar cenários nos quais se compatibilizem os interesses daqueles que, legitimamente, pretendem a dissolução da sociedade e daqueles que, também legitimamente, pretendem a sua preservação.

A previsão de dissolução de pleno direito da companhia quando do término do prazo de duração – ou, por óbvio, a verificação do termo assinalado no estatuto –, anotada no artigo 206, I, *a*, da Lei 6.404/1976, parece-me, deve considerar-se derrogada pelo artigo 1.033, I, do Código Civil, a prever que, vencido o prazo de duração, sem oposição de qualquer sócio e sem que a sociedade entre em liquidação, a sociedade se prorrogará por tempo indeterminado. Com efeito, a interpretação/aplicação extensiva se justifica plenamente pela afirmação do princípio da preservação das atividades negociais que, embora ainda fraco nos anos 70, já se mostra consagrado neste século XXI. Nessa senda, reitero ser meu parecer que o artigo 1.033, I, do Código Civil simplesmente desqualifica o vencimento do prazo de duração ou a verificação do termo, como hipótese de dissolução de pleno direito. Mais: creio que a afirmação do princípio da preservação da sociedade também justifica a afirmação de um direito de retirada, com reembolso das respectivas ações, sempre que algum sócio exerça, como lhe faculta a lei, oposição à prorrogação do prazo de duração da empresa.

A extinção da sociedade por *casos previstos no estatuto* é afirmação da faculdade jurídica de se submeter resolução dos ajustes jurídicos, mesmo institucionais,

Parte Especial II – Cap. 24 • Dissolução, Liquidação e Extinção **453**

a eventos futuros, mas de (1) ocorrência incerta ou (2) ocorrência em tempo incerto. É a hipótese de uma companhia constituída para a exploração mineral em lavra certa, com previsão estatutária de dissolução quando esgotada essa. A liberdade de estabelecer no estatuto casos para a dissolução social é bem ampla, correspondendo aos limites definidos pelo artigo 122 do Código Civil, segundo o qual são lícitas, em geral, todas as condições não contrárias à lei, à ordem pública ou aos bons costumes; entre as condições defesas incluem-se as que privarem de todo efeito o negócio jurídico, ou o sujeitarem ao puro arbítrio de uma das partes. Por outro lado, para além do problema oferecido pela aplicação da teoria da preservação societária também a essa hipótese – o que é perfeitamente possível, sempre com o cuidado de preservar direitos e interesses legítimos (nomeadamente, os interesses patrimoniais econômicos) dos que desejam a resolução da companhia –, é preciso reconhecer que a verificação em si da condição resolutiva pode tornar-se um desafio jurídico, ou seja, pode se tornar controversa (*res controversa*), exigindo a intervenção judiciária para afirmar se, efetivamente, o *caso previsto no estatuto* ocorreu, ou não, e, dessa forma, se a companhia deve, ou não, entrar em liquidação. A posição dos que defendam a mantença da companhia, nesse cenário, é confortável, pois litigam beneficiados pela alternatividade de pedidos: (1) reconhecimento de que a condição não ocorreu; (2) declaração do direito daqueles que desejam preservar a companhia de o fazer. Os efeitos jurídicos de cada pedido, todavia, são distintos, já que no segundo caso afirma-se o direito dos dissidentes de retirarem-se da companhia, ao contrário do que se experimenta na primeira hipótese, em que o Judiciário declarará simplesmente não haver causa para a dissolução de pleno direito da companhia.

A dissolução por deliberação da assembleia geral é a afirmação de um poder institucional reverso: à coletividade (*universitas personarum*) a que se deu o poder de agregar dá-se igualmente o poder de desagregar. O tema desafia, como já dito, a teoria da preservação da empresa, tema anteriormente estudado. No plano das sociedades anônimas, todavia, a unicidade não se afere a partir do livro de registro de ações nominativas, mas a partir de uma assembleia geral ordinária. O artigo 206, I, *d*, da Lei 6.404/1976 reflete a sistemática vigente antes da Lei 8.021/1990 – quando ainda existiam *ações ao portador* e *ações endossáveis*. Essa *falha sistêmica*, fruto da inabilidade do legislador de 1990 – de resto aferível em diversas partes do texto da Lei de Sociedades Anônimas, a justificar, inclusive, remendos feitos pelas Leis 9.457/1997 e 10.303/2001, ainda assim insuficientes –, gera insegurança, o que justifica, a meu ver, uma interpretação favorável ao acionista. Em fato, da forma em que se encontra o texto atualmente, se a unicidade se verificar – mesmo sendo aferível a partir do livro de registro de ações nominativas – alguns dias após a realização da assembleia geral ordinária, não se principiará o prazo para a recomposição da pluralidade de acionistas, já que o dispositivo fixa o marco inicial à verificação da unicidade em *assembleia geral ordinária*; a partir de então terá o acionista até a próxima assembleia geral – pois é essa a melhor interpretação para a expressão genérica (e, assim, infeliz) *até à*

454 Direito Empresarial Brasileiro: Direito Societário • Mamede

do ano seguinte – para recompor a pluralidade social. Obviamente, tal regra não se aplica à subsidiária integral.

Alfim, o artigo 206, I, da Lei 6.404/1976 lista a extinção, na forma da lei, da autorização para funcionar como hipótese para a extinção de pleno direito da companhia. O tema foi estudado no Capítulo 6, item 6.5, ao qual remeto o leitor.

3 DISSOLUÇÃO POR DECISÃO JUDICIAL

Na sequência, em seu inciso II, o artigo 206 da Lei 6.404/1976 lista as hipóteses de dissolução fruto de decisão judicial, reconhecendo, portanto, que tais situações pressupõem uma controvérsia – que lhes é inerente –, a exigir a solução judiciária, a pressupor, por óbvio, respeito às garantias processuais, designadamente o devido processo legal, o contraditório e a ampla defesa, com os meios e recursos a ela inerentes, incidindo o artigo 5º, LIV e LV, da Constituição da República, plenamente, à hipótese. A sentença que decide pela dissolução terá natureza diversa, podendo ser constitutiva ou mesmo declaratória; assim, como exemplo, é constitutiva a sentença que anula a constituição e a que determina a dissolução pela incapacidade de preencher o seu fim; mas é declaratória a sentença que reconhece a nulidade da constituição, bem como aquela que afirma a falência da sociedade. Tais ações terão por réus os demais acionistas e, segundo uma tradição jurídica brasileira, a própria companhia que, na qualidade de pessoa jurídica, tem interesse direto no objeto da demanda. Deve-se reconhecer, contudo, que a citação de todos os sócios, pessoalmente ou por edital, tem o efeito prático de preservar os direitos e interesses da companhia, já que estarão convocados ao processo todos aqueles a quem, em nome próprio ou em nome da companhia (como seus representantes), o feito diz respeito.

A hipótese de anulação ou declaração de nulidade da constituição foi estudada no Capítulo 6, item 6.6, ao qual remeto o leitor. Trata-se de pedido judicial para o qual estão legitimados todos os acionistas, ainda que titulares de uma única ação. Em se tratando de pedido de nulidade da constituição, a legitimidade ativa alcança, além dos sócios, o Ministério Público, terceiros interessados, podendo, em acréscimo, ser reconhecida *ex officio* pelo Judiciário, quando conhecer do negócio jurídico ou dos seus efeitos e as encontrar provadas. A análise de tais pretensões, reitero, não prescinde de muita razoabilidade e, até, da consideração de que não há nulidade – e, portanto, anulabilidade (*nulidade relativa*) – sem prejuízo, princípio comumente aludido por meio da máxima gálica *pas des nullités sans grief*. Reitero, portanto, a importância da extensão – no mínimo por analogia – do princípio da instrumentalidade das formas a tais searas do Direito Societário, interpretando, nesses termos, o precedente anotado no Recurso Especial 35.230/ SP pela Quarta Turma do Superior Tribunal de Justiça.

Parte Especial II – Cap. 24 • Dissolução, Liquidação e Extinção   **455**

Quanto à impossibilidade de preencher o seu fim, foi ela abordada no item 6.7 – fim social exaurido ou inexequível – do Capítulo 6 deste livro, ao qual remeto o leitor. No plano das companhias, todavia, ressalta-se um aspecto mais genérico, o respeito à finalidade lucrativa que é inerente à titularidade de ações. Assim, a Quarta Turma do Superior Tribunal de Justiça, julgando o Recurso Especial 111.294/ PR, deferiu pedido de dissolução de sociedade considerando ter restado provado nos autos que os acionistas que pediam a dissolução não recebiam dividendos há muito anos, não aferindo qualquer vantagem com a sociedade; assim, não estaria a empresa atingindo sua finalidade, hipótese que se enquadra no artigo 206, II, *b*, da Lei 6.404/1976. Do contrário, se submeteria o acionista à obrigação de sofrer os efeitos de um investimento improdutivo, que em nada atende à sua razão de ser. No entanto, preferiu-se a solução da dissolução parcial, permitindo que os acionistas que desejavam continuar com a companhia o fizessem. O tema será melhor desenvolvido, neste mesmo capítulo, quando se examinar a dissolução parcial da companhia.

Deve-se compreender no plano da decisão judicial de impossibilidade de preenchimento do fim social, o pedido formulado em ação civil pública julgada procedente pelo Judiciário, nos termos estudados no Capítulo 6. O pedido implica a afirmação de uma impossibilidade transversa, fruto da prática societária: não obstante constituída para a realização de determinado objeto, a companhia não se mostra capaz de preencher tal fim lícito, incorrendo em práticas ilícitas que, destarte, recomendam sua dissolução. Mas é preciso cautela. A Terceira Turma do Superior Tribunal de Justiça, quando julgou o Recurso Especial 36.098/SP, declarou que "o Ministério Público não pode, em ação civil pública, pedir a dissolução de uma sociedade anônima, alegadamente no interesse dos acionistas; imprestabilidade da ação civil pública para as finalidades pretendidas, seja porque não diz respeito a interesses coletivos, e sim de interesses de um grupo de pessoas, seja porque a sentença não resultaria em provimento genérico, na medida do interesse público, este o único que o Ministério Público pode pleitear". O relator, Ministro Ari Pargendler, destacou que à hipótese não se aplicaria o artigo 670 do Código de Processo Civil de 1939, a autorizar o Ministério Público a propor ação de dissolução de sociedade civil e também a de sociedade comercial que promover *atividade ilícita ou imoral*; "aqui, no entanto, não foi esta a ação proposta, e, sim, a ação civil pública que nada tem a ver com esse dispositivo legal. [...] Quer dizer, ainda quando reconhecida a legitimidade do Ministério Público para propor a ação civil pública em hipótese não expressamente previstas em lei, o pedido deve resultar em sentença cujo provimento seja genérico, apenas na medida do interesse público, sem antecipar tutela individual – modelo em que não se encaixa a espécie, exatamente porque nela o interesse não é da coletividade, e sim de um grupo de pessoas que alegadamente seriam beneficiadas com a dissolução da sociedade ré". Aderindo a tal posição, o Ministro Eduardo Ribeiro ponderou: "A Constituição, é certo, em seu artigo 129, III, insere, entre outras funções institucionais, a defesa de interesses difusos e coletivos. Admitiu, porém, lhe fossem conferidas outras, desde que compatíveis com sua finalidade. E o artigo 127 inclui, no que lhe incumbe, a defesa dos interesses sociais. Desse modo, ainda que se trate de direitos disponíveis, sua defesa caberá ao Ministério Público, quando haja um interesse social. Na espécie, entretanto, não se trata de direitos individuais homogêneos."

Ao cabo, o inciso II do artigo 206 da Lei 6.404/1976 inclui a falência como hipótese de decisão judicial da dissolução. O tema será adequadamente abordado no volume 4 (*Falência e Recuperação de Empresas*) desta coleção, inteiramente dedicado ao assunto.

4 DISSOLUÇÃO POR DECISÃO ADMINISTRATIVA

A dissolução por decisão da autoridade administrativa competente, nos casos e na forma previstos em lei especial, hipótese de dissolução da companhia por força do artigo 206, III, da Lei 6.404/1976, é situação jurídica que demanda particular cuidado em face dos princípios norteadores da atuação econômica definidos pela Constituição da República, designadamente seus artigos 1º, IV, 5º, *caput* e incisos II, XIII (em interpretação extensiva, o que recomenda cautela), XIX, XX, XXXV, LIV e LV, 170, *caput* e parágrafo único.

De qualquer sorte, deve-se reconhecer que as companhias que demandam autorização para o seu funcionamento, estudadas no item 3 do Capítulo 2 deste livro, poderão ser dissolvidas por decisão da autoridade administrativa, como visto no item 3.1 daquele capítulo, ao qual remeto o leitor.

5 DISSOLUÇÃO PARCIAL

Questão acesa no Direito Brasileiro é a possibilidade de dissolução parcial de sociedades anônimas, o que, deve-se reconhecer, tem o mesmo efeito do recesso ou da retirada, com reembolso do valor das ações, embora afirmado em outras hipóteses que não as que resultam dos artigos 136 e 137 da Lei 6.404/1976. No Superior Tribunal de Justiça, por exemplo, aceitou-se a possibilidade, em tese, nos fundamentos do Recurso Especial 247.002/RJ, no qual a dissolução fora pedida porque a companhia há muito não distribuía dividendos e, assim, não estaria cumprindo com sua finalidade maior, que é a produção de vantagens econômicas apropriáveis pelos seus acionistas, enquadrando-se na figura anotada no artigo 206, II, *b*, da Lei 6.404/1976. Reconheceu-se, porém, que desejando os demais sócios prosseguirem com a sociedade, a aplicação do princípio da preservação da empresa conduziria à dissolução parcial da empresa, como melhor solução, atendendo a todos. Em oposição, a mesma Corte, julgando o Recurso Especial 419.174/SP, entendeu o contrário. Nesse acórdão, lê-se o voto do Ministro Carlos Alberto Menezes Direito: "Na minha compreensão, não é possível a dissolução parcial de

Parte Especial II – Cap. 24 • Dissolução, Liquidação e Extinção **457**

sociedade anônima, pouco importando as peculiaridades de cada caso." Para o magistrado, a natureza jurídica da sociedade anônima não comporta dissolução parcial, ao contrário da sociedade limitada.

Acredito que a dissolução parcial seja, sim, possível, embora em hipóteses graves e raras. Antes de mais nada, as situações previstas na Lei 6.404/1976 e, eventualmente, em leis especiais. Mas todo direito, toda faculdade jurídica, existe para cumprir uma finalidade social, econômica, política ou de outra natureza. Quando o exercício da faculdade excede manifestamente tal finalidade, não há falar em conformidade com a lei, como, aliás, reconhece o artigo 187 do Código Civil. Portanto, é preciso compreender o direito e a função social do direito, binômio que está consagrado no sistema jurídico contemporâneo.

O fato de a sociedade não conseguir produzir lucros e remunerar os acionistas com dividendos (artigo 2º, *caput*, da Lei 6.404/1976) é, para mim, um ótimo exemplo. Foi o que se aferiu no Recurso Especial 111.294/PR: restara provado que por mais de uma década não havia distribuição de dividendos; ora, verificando-se que a sociedade não tem condições de cumprir com suas finalidades gerais – que não produz vantagens econômicas em nível satisfatório, que não se mostra ativa em números de negócios que atendam às legítimas expectativas dos sócios –, poderá ser formulado e deferido pedido judicial para a dissolução. O entendimento contrário licenciaria aos acionistas que controlam a sociedade usurpar do patrimônio social em proveito próprio e em desproveito dos demais, o que caracteriza abuso de direito.

Lembre-se que, conforme o artigo 206, II, *b*, da Lei 6.404/1976, é faculdade dos acionistas que representem 5% (cinco por cento) ou mais do capital social pedir a dissolução judicial da companhia quando provado que não pode preencher o seu fim. Mas se os demais acionistas quiserem manter a sociedade, a dissolução total não será obrigatória. O princípio da preservação da empresa permite aos réus redimensionarem a ação, em sua contestação, anuindo com a dissolução parcial, ou seja, anuindo com a retirada dos autores, com reembolso do valor das ações.

A dissolução parcial, portanto, não se afirma como hipótese jurídica em si, autônoma, mas como situação jurídica acessória, alternativa, fruto da aplicação do princípio da preservação das atividades negociais. A ela se chegará, necessariamente, a partir do reconhecimento de uma causa legal, listada no artigo 206 da Lei 6.404/1976, para a dissolução total da companhia; mas afirmar-se-á a partir da posição dos dissidentes, daqueles que, não concordando com a pretensão de dissolver, restam vencidos no mérito: efetivamente, (1) o prazo de duração terminou, (2) o caso previsto no estatuto se verificou, (3) houve deliberação da assembleia geral ou (4) provou-se que a companhia não preenche o seu fim. O pedido formulado ao Judiciário para a preservação da companhia, desde que assegurados todos os direitos e interesses legítimos dos que pretendem a dissolução, deve ser acatado, se viável, o que conduzirá à dissolução parcial.

458 Direito Empresarial Brasileiro: Direito Societário • Mamede

Em situações comuns, não se considera a quebra da *affectio societatis* como hipótese para o recesso do acionista. Contudo, a jurisprudência do Superior Tribunal de Justiça evoluiu para concluir que tal hipótese deve ser aceita nas companhias fechadas que revelem alta pessoalidade na condição dos sócios, nomeadamente as chamadas empresas familiares. A posição parece-me correta, mormente considerando que, em incontáveis casos, chega-se à condição de sócio não pela adesão, mas pela partilha resultante de divórcio, dissolução ou sucessão hereditária. Não há uma adesão, mas uma sujeição familiar, com efeitos nefastos que transcendem a própria pessoa jurídica. Por isso, evolui minha posição para aceitar a dissolução parcial também nesses casos.

No julgamento do Recurso Especial 247.002/RJ pela Terceira Turma do Superior Tribunal de Justiça, a Ministra Nancy Andrighi destacou que o fato de a sociedade ser controlada por poucos acionistas "não é suficiente para a quebra excepcional da regra do artigo 206 da Lei 6.404/1976. [...] Ainda que sensibilize o argumento de que as ações da sociedade anônima de capital fechado não são comercializadas em bolsa ou mercado de balcão, e, portanto, estariam sujeitas à vontade e conveniência, principalmente, do acionista controlador na sua aquisição, a dissolução parcial e a apuração de haveres não encontra amparo na solução legislativa, nem haveria meios de se mitigar a prescrição legal do artigo 206 da Lei 6.404/1976", exceto emenda, diante de peculiaridades do caso concreto, como se verificou no julgamento do Recurso Especial 111.294/PR.

Nesse acórdão, julgado pela Terceira Turma do Superior Tribunal de Justiça, o Ministro Barros Monteiro afirmou que "não se podem aplicar às sociedades anônimas (organizadas sob o princípio de *intuitu pecuniae*) normas e critérios próprios das sociedades erigidas consoante o *intuitu personae*. Exemplificativamente, a dissolução parcial de uma sociedade limitada implicaria a retirada do sócio dissidente, mediante a apuração de haveres, feita através da elaboração de um balanço especial. Tal situação não deve ser transplantada para as sociedades por ações, cuja natureza e regime jurídico são diversos".

Essa posição, todavia, restou vencida, adotando a maioria a posição do Ministro César Asfor Rocha que, embora reconhecendo que a Lei 6.404/1976 não prevê, explicitamente, a retirada de sócio pela quebra de *affectio societatis* – já que a sociedade anônima é constituída em função da participação no capital (*intuitu pecuniae*) e não em virtude das pessoas que contratam a sociedade (*intuitu personae*) –, realçou que, naquele caso, os sócios foram congregados, quando da constituição da companhia, por motivações pessoais (tratava-se de um grupo familiar), "agindo, substancialmente, como força atrativa, a afeição recíproca e a mútua confiança que permeava entre eles". Dessa maneira, "a afirmação de que não se devem aplicar às sociedades anônimas, por serem organizadas sob o princípio *intuitu pecuniae*, normas e critérios próprios das sociedades erigidas consoante o *intuitu personae*, deve ser recebida com temperamento exatamente porque há

Parte Especial II – Cap. 24 • Dissolução, Liquidação e Extinção **459**

hipótese em que o elemento preponderante quando do recrutamento dos sócios para a constituição da sociedade foi a afeição pessoal que reinava entre eles".

Os Embargos de Divergência no Recurso Especial 1.079.763/SP permitiram à Segunda Seção do Superior Tribunal de Justiça reiterar a "subsistência da orientação constante do Acórdão embargado: "A 2ª Seção, quando do julgamento do EResp n. 111.294/PR (Rel. Min. Castro Filho, por maioria, *DJU* de 10.09.2007), adotou o entendimento de que é possível a dissolução de sociedade anônima familiar quando houver quebra da *affectio societatis* (EResp 419.174/SP, Rel. Min. ALDIR PASSARINHO, *DJ* 04.08.2008)."

6 LIQUIDAÇÃO E EXTINÇÃO

À dissolução segue-se a liquidação da companhia. Em se tratando de dissolução de pleno direito, se nada dispuser o estatuto sobre o tema, compete à assembleia geral determinar o modo de liquidação e nomear o liquidante e o conselho fiscal que devam funcionar durante o período de liquidação, podendo, também nessa fase, ter *funcionamento permanente* ou *funcionamento eventual* (a pedido de acionistas), como dispuser o estatuto. É lícito à assembleia, inclusive, manter o conselho de administração, se o tiver, competindo-lhe nomear o liquidante. Nomeado pela assembleia ou pelo conselho, o liquidante poderá ser destituído, a qualquer tempo, pelo órgão que o tiver nomeado.

A liquidação será processada judicialmente se a dissolução se deu por sentença judicial; também será judicial se o pedir qualquer acionista, quando os administradores ou a maioria de acionistas deixarem de promover a liquidação, ou a ela se opuserem, não obstante tenha havido dissolução de pleno direito da companhia. Por fim, a liquidação judicial é também necessária quando tenha havido dissolução por decisão de autoridade administrativa, processando-se a requerimento do Ministério Público, à vista de comunicação da autoridade, sempre que a companhia, nos 30 dias subsequentes à dissolução, não iniciar a liquidação ou, se após iniciá-la, a interromper por mais de 15 dias. Na liquidação judicial será observado o disposto na lei processual, que se estudou no Capítulo 7, devendo o liquidante ser nomeado pelo juiz.

São deveres do liquidante, segundo o artigo 210 da Lei das Sociedades Anônimas: (1) arquivar e publicar a ata da assembleia geral, ou certidão de sentença, que tiver deliberado ou decidido a liquidação; (2) arrecadar os bens, livros e documentos da companhia, onde quer que estejam; (3) fazer levantar de imediato, em prazo não superior ao fixado pela assembleia geral ou pelo juiz, o balanço patrimonial da companhia; (4) ultimar os negócios da companhia, realizar o ativo, pagar o passivo, e partilhar o remanescente entre os acionistas; (5) exigir dos acionistas, quando o ativo não bastar para a solução do passivo, a integralização de suas ações; (6) convocar a assembleia geral, a cada seis meses, para prestar-lhe

460 Direito Empresarial Brasileiro: Direito Societário • Mamede

contas dos atos e operações praticados no semestre e apresentar-lhe o relatório e o balanço do estado da liquidação; a assembleia geral pode fixar, para essas prestações de contas, períodos menores (não inferiores a três meses) ou maiores (não superiores a 12 meses); (7) confessar a falência da companhia e pedir a recuperação judicial ou extrajudicial da empresa, nos casos previstos em lei; (8) finda a liquidação, submeter à assembleia geral relatório dos atos e operações da liquidação e suas contas finais; (9) arquivar e publicar a ata da assembleia geral que houver encerrado a liquidação. De acordo com o artigo 217 da Lei 6.404/1976, o liquidante terá as mesmas responsabilidades do administrador, e os deveres e responsabilidades dos administradores, fiscais e acionistas subsistirão até a extinção da companhia. No que se refere aos seus poderes, o liquidante poderá representar a companhia e praticar todos os atos necessários à liquidação, inclusive alienar bens móveis ou imóveis, transigir, receber e dar quitação. Mas somente com autorização da assembleia geral poderá gravar bens e contrair empréstimos (esses são permitidos quando indispensáveis ao pagamento de obrigações inadiáveis), ou prosseguir, ainda que para facilitar a liquidação, na atividade social. Em todos os atos ou operações, o liquidante deverá usar a denominação social seguida das palavras *em liquidação*.

É faculdade do liquidante convocar a assembleia geral, sempre que julgar necessário; já na liquidação judicial, as assembleias gerais necessárias para deliberar sobre os interesses da liquidação serão convocadas por ordem do juiz, a quem compete presidi-las e resolver, sumariamente, as dúvidas e litígios que forem suscitados. Nestes casos, exige-se que as atas das assembleias sejam apensadas ao processo judicial, por cópias autenticadas. Nas assembleias gerais da companhia em liquidação, todas as ações gozam de igual direito de voto, tornando-se ineficazes as restrições ou limitações porventura existentes em relação às ações ordinárias ou preferenciais. Na eventualidade de se deliberar pela cessação do estado de liquidação, quando for isso possível, restaura-se a eficácia das restrições ou limitações relativas ao direito de voto.

Para o pagamento do passivo, deverá o liquidante respeitar os direitos dos credores preferenciais, mas sempre atento para a proporcionalidade da satisfação dos credores e sem distinguir entre obrigações vencidas e vincendas, mas, em relação a estas, com desconto às taxas bancárias, como se lê do artigo 214 da Lei 6.404/1976. Se o ativo for superior ao passivo, o liquidante poderá, sob sua responsabilidade pessoal, pagar integralmente as dívidas vencidas. Se após o pagamento de todos os credores, restarem ainda valores, a assembleia geral poderá deliberar que se façam rateios entre os acionistas, à proporção que se forem apurando os haveres sociais; a assembleia poderá, inclusive, estabelecer condições especiais para a partilha do ativo remanescente, com a atribuição de bens aos sócios, pelo valor contábil ou outro por ela fixado, desde que tal disposição seja aprovada por acionistas que representem 90%, no mínimo, dos votos conferidos pelas ações com direito a voto. Todavia, se um acionista minoritário provar que as condições

Parte Especial II – Cap. 24 • Dissolução, Liquidação e Extinção **461**

especiais de partilha visaram favorecer a maioria, em detrimento da parcela que lhe tocaria, a partilha será suspensa, se não consumada; se já consumada, o Judiciário poderá determinar que os acionistas majoritários indenizem os minoritários pelos prejuízos apurados.

Uma vez pago o passivo e rateado o ativo remanescente, o liquidante convocará a assembleia geral para a prestação final das contas. Aprovadas as contas, encerra-se a liquidação e a companhia se extingue. O acionista que deliberar contra a aprovação das contas terá 30 dias, a contar da publicação da ata, para promover a ação que lhe couber.

Na eventualidade de, após o encerramento da liquidação, descobrir-se um credor da companhia cujo crédito não foi satisfeito, terá ele direito de exigir dos acionistas, individualmente, o pagamento de seu crédito, até o limite da soma, por eles recebida. A ação dos credores não pagos contra os acionistas e os liquidantes prescreve em um ano, contado o prazo da publicação da ata de encerramento da liquidação da companhia, de acordo com o artigo 287, I, *b*, da Lei 6.404/1976. De resto, acionista executado terá direito de haver dos demais a parcela que lhes couber no crédito pago. Poderá, ainda, propor contra o liquidante ação de perdas e danos, desde que comprove que houve dolo, culpa ou abuso de direito no ato ou omissão que determinou, eficazmente, a não satisfação de seu crédito.

De acordo com o artigo 287, II, *c*, prescreve em três anos a ação contra os liquidantes, para deles haver reparação civil por atos culposos ou dolosos, no caso de violação da lei ou do estatuto, contado o prazo da data da publicação da ata da primeira assembleia geral posterior à violação.

25
Sociedade Cooperativa

1 COOPERATIVISMO

Os nativos brasileiros já se organizavam economicamente a partir da ideia de propriedade e produção coletivos, comunitários.[1] Esse modelo, contudo, já foi há muito abandonado pela chamada *sociedade ocidental*. Essa economia ocidental, como demonstra Marx, parte de um fetichismo da terra, *fonte da renda fundiária*, e evolui para o fetichismo do capital, a *fonte do lucro*, correspondendo às massas – desprovidas de meios eficazes para produzir – a necessidade da alienação do trabalho, a fim de obterem o salário, obterem dinheiro, *forma alterada da mercadoria*; mas o salário é custeado pelo próprio trabalho que remunera, pois é parte da produção, no qual é compreendido como custo, e da qual sobrará, para o titular do capital, lucro. O capital seria, assim, "um instrumento de pescar trabalho alheio", proporcionando "o poder de extrair gratuitamente um determinado *quantum* de trabalho dos trabalhadores, o poder de se apropriar de uma determinada mais-valia, mais-trabalho, mais-produto (*surplus value*, *surplus labour*, *surplus produce*), de um modo tão claro que o próprio dinheiro pode ser vendido como capital, mas uma mercadoria *sui generis*, ou, ainda, que o capital pode ser comprado sob a forma de mercadoria ou dinheiro".[2]

No século XIX, esse modelo capitalista de expropriação do trabalho e sua submissão à chamada *lei da oferta e da procura* revelou uma crueldade ímpar, fa-

---

[1] Conferir RIBEIRO, Darcy. *Diários índios*: os urubus-kaapor. São Paulo: Companhia das Letras, 1996; MARTIUS, Carl F. P. *O estado do direito entre os autóctones do Brasil*. Tradução Alberto Löfgren. Belo Horizonte: Itatiaia; São Paulo: Editora da USP, 1982.

[2] MARX, Karl. *Karl Marx*. Tradução de Edgard Malagodi. São Paulo: Nova Cultural, 1996. p. 189-191 (O Rendimento e suas Fontes). (Coleção Os Pensadores).

Parte Especial II – Cap. 25 • Sociedade Cooperativa **463**

zendo surgir diversas correntes socialistas, utópicas ou científicas, entre as quais a ideia do cooperativismo, que tem em sua raiz o pensamento do francês Charles François Marie Fourier, em 1808,[3] e do britânico Robert Owen, 1817, culminando com tentativas iniciais de implantação, designadamente com a iniciativa do armazém cooperativo de Rochdale (Lancashire, Inglaterra), principiado em 1843 e consolidado em 1844, cujo líder foi Charles Howarth.[4] A proposição central é o abandono do modelo de exploração do trabalho por um terceiro, isto é, pelo capitalista: aquele que tem o capital e, assim, pode apropriar-se dos meios de produção e, ademais, pagar pelo trabalho alheio, nos termos teorizados por Marx. Em seu lugar, propõe-se a união de esforços, a cooperação, o trabalho coletivo para a produção de benefícios comunitários.

A compreensão da sociedade cooperativa, via de consequência, implica atenção para esse aspecto central, para essa inversão de modelo de atuação dos sócios, sem o que o equívoco será inevitável. O empreendimento, o ato de empreender, de fazer (ποιειν e daí *poiesis*), de produzir (do latim *producere*: fazer andar para frente, levar adiante, dar à luz), não se revelaria *individualista* por qualquer de suas formas: (1) o individualismo daqueles que trabalham sozinhos, isolados; é o trabalho autônomo; (2) o individualismo daqueles que atuam exclusivamente para si, ainda que não ajam isoladamente, mas submetendo outros, seus contratados (incluindo – e destacados – os empregados), mas tendo por objetivo o autobeneficiamento; (3) o individualismo daqueles que, empregados em empreendimentos alheios, compreendem-se como mera mão de obra, como trabalho remunerado, mas alheio ao ato global de empreender: trabalhar, para esses operários, é cumprir tarefas ou jornadas (horários); não é ter a consciência do fazer, do produzir.

O cooperativismo se propõe como uma alternativa a esse modelo: trabalho coletivo a bem da coletividade. A sociedade cooperativa, portanto, não é pensada em virtude das pessoas (*intuitu personae*) ou do capital (*intuitu pecuniae*), mas como espaço jurídico e econômico de contribuição mútua.

2 NATUREZA JURÍDICA

As cooperativas são pessoas jurídicas de Direito Privado, organizadas a partir da reunião de pessoas; são, portanto, coletividades de pessoas (*universitates personarum*), mais especificamente, sociedades, já que têm finalidade *econômica*, embora não tenham finalidade *lucrativa*. Esses conceitos precisam ser melhor compreendidos. Em primeiro lugar, note-se que o artigo 44 do Código Civil, nisto seguindo teoria já vetusta, divide as pessoas jurídicas em dois grandes grupos:

---

3 SILVA FILHO, Cícero Virgulino da. *Cooperativas de trabalho*. São Paulo: Atlas, 2002. p. 46.

4 MARTINS, Sergio Pinto. *Cooperativas de trabalho*. São Paulo: Atlas, 2003. p. 20.

coletividade de bens (*universitates bonorum*) e coletividade de pessoas (*universitas personarum*). No primeiro grupo têm-se as fundações; no segundo, têm-se as associações e as sociedades; as primeiras são organizações de pessoas sem fins lucrativos (artigo 53, *caput*, do Código Civil), as segundas são organizações constituídas para finalidade econômica, vale dizer, que terão por objeto uma atividade negocial qualquer, com a qual se pretenda produzir vantagem econômica. Nas sociedades cooperativas, em fato, há uma *finalidade econômica*; mas, reitero, não há finalidade de *lucro*. Deve-se recordar, aqui, que *lucro é a remuneração pelo capital investido*, próprio das sociedades empresárias, embora a fragilidade conceitual das demais sociedades simples não nos permita descartar tal possibilidade. Subscrevendo ações e integralizando-as, o acionista investe na formação do capital da sociedade anônima e, sem trabalhar para a empresa, fará direito ao lucro, remuneração pelo seu investimento. Essa equação é, pelas razões examinadas no item anterior deste capítulo, estranha ao cooperativismo e, via de consequência, às sociedades cooperativas.

Por outro lado, não obstante o legislador, no artigo 3º da Lei 5.764/1971, refira-se à *celebração do contrato de sociedade cooperativa*, as cooperativas são *sociedades institucionais* e não contratuais; são, destarte, *instituídas* e não contratadas. A lógica dos contratos, mesmo que compreendida a pluralidade de partes, não se aproveita a tais coletividades de pessoas (*universitates personarum*); isso fica claro dos artigos 14 e seguintes da mesma Lei, quando se referem à constituição das sociedades cooperativas a partir de deliberação tomada pelos fundadores em assembleia geral. Aliás, segundo a Terceira Turma do Superior Tribunal de Justiça, "no direito cooperativo, assentou a doutrina que os estatutos contêm as normas fundamentais sobre a organização, a atividade dos órgãos e os direitos e deveres dos associados frente a associação. São disposições que valem para todos os partícipes (cooperados) por isso que de natureza geral e abstrata, tal como a constituição reguladora da vida do estado rege o comportamento das sociedades personificadas. Tais normas não assumem uma característica contratual, mas regulamentar ou institucional". O precedente foi exarado no julgamento do Recurso Especial 126.391/SP, do qual foi relator o Ministro Waldemar Zveiter. A exemplo das sociedades por ações, portanto, a sociedade cooperativa é compreendida como um espaço que supera a pessoa de seus membros, que a transcende, no qual os cooperados – fundadores ou não – obrigam-se, pela adesão, a contribuir reciprocamente com bens ou serviços para o exercício de uma atividade econômica, de proveito comum, sem objetivo de *lucro*.

As cooperativas são sociedades simples, independentemente de seu objeto, por força do artigo 983, *caput*, do Código Civil, e justamente por isso não estão sujeitas à falência. Note-se, porém, que a regência geral das cooperativas é definida por norma específica, a Lei 5.764/1971, além dos artigos 1.093 a 1.096 do Código Civil. Somente subsidiariamente, respeitando-se os princípios essenciais do cooperativismo, admite-se o recurso às normas que regem a sociedade simples, como esclarece o artigo 1.096 do Código Civil, lembrando-se que aquelas normas, estudadas na primeira parte deste livro, foram pensadas para sociedades contratuais, não para uma sociedade institucional *sui generis*, submetida a características que a vinculam ao movimento cooperativo globalizado.

As cooperativas são, elas também, em sua qualidade de pessoas jurídicas, entes finalísticos, vale dizer, seres constituídos para objetivos específicos, merecendo a atribuição de personalidade jurídica a partir do registro. Seu objeto, segundo o artigo 5º da Lei 5.764/1971, será gênero de serviço, operação ou atividade, prestados diretamente a seus cooperados, hipótese em que se qualificarão como *sociedades cooperativas singulares*, conforme os artigos 6º, I, e 7º, da mesma Lei das Cooperativas que, aliás, expressamente licenciam a participação, como sócio, de pessoas jurídicas que tenham por objeto as mesmas ou correlatas atividades econômicas das pessoas físicas ou, ainda, aquelas sem fins lucrativos. Três ou mais cooperativas singulares podem constituir uma *cooperativa central* ou *federação de cooperativas* com o objetivo de organizar, em comum e em maior escala, os serviços econômicos e assistenciais de interesse das filiadas, integrando e orientando suas atividades, bem como facilitando a utilização recíproca dos serviços. Afora as centrais e federações que exerçam atividades de crédito, permitem os §§ 1º e 2º do artigo 6º a admissão de associados individuais, que serão inscritos no Livro de Matrícula da sociedade e classificados em grupos visando à transformação, no futuro, em cooperativas singulares que a elas se filiarão. Por outro lado, o artigo 8º, em seu parágrafo único, permite a constituição de cooperativas centrais, às quais se associem outras cooperativas de objetivo e finalidades diversas, desde que para a prestação de serviços de interesse comum. Uma cooperativa central de distribuição, voltada para o escoamento da produção, poderia ser constituída, como exemplo, por uma cooperativa agrícola de produtores de café, uma cooperativa agrícola de produtores de hortaliças e uma cooperativa de artesãos. Por fim, permite-se que três ou mais cooperativas centrais ou federações de cooperativas constituam uma confederação de cooperativas, da mesma ou de diferentes modalidades. As confederações de cooperativas têm por objetivo, *ex vi* do artigo 9º da Lei 5.764/1971, orientar e coordenar as atividades das filiadas, nos casos em que o vulto dos empreendimentos transcender o âmbito de capacidade ou conveniência de atuação das centrais e federações.

Essa, contudo, não é a única classificação legal para as cooperativas. O artigo 10 afirma que poderão ser ainda classificadas de acordo com o objeto ou pela natureza das atividades desenvolvidas por elas ou por seus associados. Fala-se, assim, em cooperativas (1) agrícolas, (2) de consumo, (3) de crédito, (4) educacionais, (5) especiais, (6) habitacionais, (7) de infraestrutura, (8) minerais, (9) de produção, (10) de saúde, (11) de trabalho e (12) de turismo e lazer.[5] O artigo

---

5 MARTINS, Sergio Pinto. *Cooperativas de trabalho*. São Paulo: Atlas, 2003. p. 38.

466 Direito Empresarial Brasileiro: Direito Societário • Mamede

10, § 2º, permite a constituição de cooperativas mistas, que apresentem mais de um objeto de atividades.

No que diz respeito à responsabilidade dos sócios pelos compromissos da sociedade, aplicados os artigos 11 a 13 da Lei 5.764/1971 e 1.095 do Código Civil, classificam-se as sociedades em limitadas, nas quais a responsabilidade alcança apenas o valor do capital social subscrito e ainda não integralizado, e sociedades cooperativas de responsabilidade ilimitada, nas quais a responsabilidade do sócio pelos compromissos da sociedade é pessoal, solidária e não tem limite, embora esteja, por força do artigo 13 da Lei 5.764/1971, submetida ao benefício de ordem, ou seja, somente se poderá invocar a responsabilidade do sócio para com terceiros, como membro da sociedade, depois de judicialmente exigida da cooperativa.

2.1 Características essenciais

As sociedades cooperativas devem apresentar determinadas características essenciais que lhes preservam não apenas o gênero, mas também a própria filosofia do cooperativismo mundial; tamanha sua importância, tais características foram repetidas pelo legislador pátrio, que as inscreveu no artigo 4º da Lei 5.764/1971 e artigo 1.094 do Código Civil. Vamos estudá-las uma a uma:

Liberdade de adesão – por princípio do cooperativismo, e determinação do artigo 4º, I, da Lei 5.764/1971, as sociedades cooperativas têm número ilimitado de associados; todo aquele que queira aderir à instituição, contribuir com seus esforços e beneficiar-se de sua atuação poderá fazê-lo, desde que preencha os requisitos necessários para tanto: não é lícito pretender o ingresso numa cooperativa de médicos, sem ser um médico. Não é lícito estabelecer critérios subjetivos para a admissão ou não dos interessados, mas apenas critérios objetivos, que não permitam qualquer forma de discriminação ou preferência pessoal, elementos de todo estranhos ao cooperativismo. A adesão, contudo, deve ser voluntária; como se não bastasse a garantia inscrita no artigo 5º, XX, da Constituição da República, é próprio do cooperativismo que ninguém pode ser compelido a associar-se e que todos os associados podem deixar a instituição quando bem quiserem.

O número mínimo de cooperados, esclarece o artigo 1.094, II, do Código Civil, será aquele necessário para que se possa compor a administração da sociedade, conforme exigência estatutária; não será, porém, inferior a 20, respeitado o artigo 6º, I, da Lei 5.764/1971. Não há um número máximo, o que é próprio do cooperativismo, mas o artigo 4º, I, da Lei 5.764/1971 reconhece a viabilidade jurídica de se definirem limitações em função da impossibilidade técnica de prestação de serviços. Nesse contexto, o ingresso em cooperativa constitui um direito público subjetivo de todos aqueles que preencham os requisitos mínimos legítimos fixados pelo estatuto; direito público subjetivo sim, já que a liberdade de ingresso, para além de um princípio próprio do cooperativismo, é regra positiva-

Parte Especial II – Cap. 25 • Sociedade Cooperativa **467**

da no dispositivo ora analisado. Ademais, o próprio artigo 2º da Lei 5.764/1971 pontifica a atribuição do Estado na coordenação e no estímulo às atividades de cooperativismo no território nacional. Parece-me claro, consequentemente, que qualquer interessado em aderir à sociedade cooperativa que a tanto seja impedido, face à afirmação de limitação fruto de impossibilidade técnica, tem o direito de contestar judicialmente a existência de tal impossibilidade que, como se afere da lei e dos princípios cooperativos, não constitui matéria *interna corporis*, não refletindo um poder arbitrário ou discricionário da assembleia de cooperados ou da administração da sociedade cooperativa.

Variabilidade ou dispensa do capital social (artigo 1.094, I, do Código Civil; artigo 4º, II, da Lei 5.764/1971) – o funcionamento das pessoas jurídicas depende, obviamente, de fontes de recursos para sua manutenção: as pessoas jurídicas de Direito Público interno utilizam-se de tributos para tanto,[6] as fundações mantêm-se com os frutos gerados pelos bens livres dotados, que se devem mostrar suficientes para as despesas operacionais e para a consecução das finalidades sociais, como se afere do artigo 63 do Código Civil. Para sociedades simples e empresárias, os sócios quotistas ou acionistas investem na formação de um capital social, beneficiando-se do lucro gerado pela empresa, que lhes é distribuído. As associações, por seu turno, trarão definidas no estatuto as fontes de recursos para que se mantenham, segundo previsão do artigo 54, IV, do Código Civil.

As sociedades cooperativas também demandam a formação de um patrimônio próprio, hábil a permitir a realização de suas atividades. Tomando por sua natureza de sociedade e seu fim econômico, o artigo 1.094, I, do Código Civil e o artigo 4º, II, da Lei 5.764/1971, aludem a um *capital social*; melhor seria dizer a "fundo social", face ao significado técnico do termo *capital*: dinheiro que não tem por finalidade a aquisição de bens para a satisfação pessoal, mas dinheiro que é alocado com a finalidade específica de produzir mais dinheiro, produzir lucro, seja pelo mútuo, do qual se extraem os juros, seja pelo investimento em meios de produção, concretizando atividade negocial da qual se aferirá lucro. A ideia de lucro, contudo, é estranha ao cooperativismo, daí parecer-me um pouco inadequado falar-se em *capital social*; os sócios cooperados podem ser chamados a contribuir para um fundo social que permita a consecução do objeto social, embora não façam jus à remuneração por tal *contribuição*, já que não se trata, em sentido estrito, de um *investimento*.

Esse fundo pode não existir, inclusive. O artigo 1.094, I, do Código Civil, deixa claro ser dispensável a definição de um *capital social*; assim, traduz a possibilidade de se constituírem sociedades cooperativas sem qualquer patrimônio econômico específico; um grupo de costureiras, por exemplo, cada qual trabalhando em sua própria residência e reunindo-se na casa de uma delas (indicada como sede), sem

---

[6] Conferir MAMEDE, Gladston. *IPVA*: imposto sobre a propriedade de veículos automotores. São Paulo: Revista dos Tribunais, 2002. p. 15-28.

que haja um fundo econômico comum, dispensando contribuições em quotas-partes. De qualquer sorte, havendo definição desse fundo patrimonial comum, será ele variável por definição legal, não exigindo deliberação social para tanto. Ademais, o artigo 24, *caput*, da Lei 5.764/1971, limita cada quota-parte a valor unitário que não ultrapasse o maior salário mínimo vigente no país.

A Lei 13.097/15 incluiu um § 4º neste artigo 24, prevendo que tais quotas deixam de integrar o patrimônio líquido da cooperativa quando se tornar exigível, na forma prevista no estatuto social e na legislação vigente, a restituição do capital integralizado pelo associado, em razão do seu desligamento, por demissão, exclusão ou eliminação.

Limitação do número de quotas-partes do capital para cada cooperado (artigo 1.094, III, do Código Civil; artigo 4º, III, da Lei 5.764/1971) – não se admite que o fundo social da cooperativa esteja concentrado na mão de um único, ou de poucos cooperados. De acordo com o artigo 24, I, da Lei 5.764/1971, nenhum associado poderá subscrever mais de 1/3 (um terço) do total das quotas-partes, salvo nas sociedades cooperativas em que a subscrição deva ser diretamente proporcional ao movimento financeiro do cooperado ou ao quantitativo dos produtos a serem comercializados, beneficiados ou transformados, ou ainda, em relação à área cultivada ou ao número de plantas e animais em exploração. Em tais casos específicos, não haverá concentração injustificada de contribuições para o fundo social comum (capital social), mas contribuições que se justificam pela própria participação do sócio cooperado nas atividades sociais. Assim, se fazendeiros constituem uma cooperativa para armazenamento e distribuição de sua produção, havendo entre eles um que tenha produção significativamente superior, respondendo por 65% do movimento previsto de vegetais, permite-se superar o limite de 1/3, já que tal contribuição a maior justifica-se pela necessidade específica do cooperado. É o que a Lei das Cooperativas chama de critério de proporcionalidade, lícito sempre que assim seja mais adequado para o cumprimento dos objetivos sociais. Também não estão sujeitas àquele limite as pessoas jurídicas de direito público que participem de cooperativas de eletrificação, irrigação e telecomunicações.

Note-se, todavia, que a titularização de mais de uma quota-parte não traduz benefício financeiro direto ou vantagem política para o sócio cooperado. Nesse sentido, o artigo 24, § 3º, da Lei 5.764/1971, veda às cooperativas distribuírem qualquer espécie de benefício às quotas-partes do capital ou estabelecer outras vantagens ou privilégios, financeiros ou não, em favor de quaisquer associados ou terceiros, excetuando-se os juros até o máximo de 12% ao ano, que incidirão sobre a parte integralizada. Portanto, o titular de uma quota e o titular de 30 acabam tendo os mesmos direitos, fruto da condição de sócio (e a cada sócio corresponde um voto) e do trabalho desempenhado.

Cessão limitada de quota – segundo o artigo 4º, IV, da Lei 5.764/1971, seria juridicamente impossível ceder as quotas-partes do capital a terceiros, *estranhos à sociedade*; o inciso IV do artigo 1.094 do Código Civil, harmônico, fala em impossi-

Parte Especial II – Cap. 25 • Sociedade Cooperativa   **469**

bilidade de transferência, ainda que por herança. Tais normas devem ser estudadas tendo por referência o artigo 26 da Lei 5.764/1971, a dizer que a "transferência de quotas-partes será averbada no Livro de Matrícula, mediante termo que conterá as assinaturas do cedente, do cessionário e do diretor que o estatuto designar". Não se trata, portanto, de impossibilidade de cessão ou transferência das quotas--partes, mas de uma limitação do direito de as transferir a outrem, que não se faz pela lógica das sociedades *intuitu pecuniae*: a quota não é um bem jurídico que se possa transferir livremente; somente se pode transferi-la a quem preenche as condições objetivas para se tornar um cooperado e, assim, será admitido na sociedade. Também é possível ao sócio cooperado que se retira da sociedade ceder sua quota, gratuita ou onerosamente, para outro sócio cooperado, já que este já é parte da sociedade e, assim, preenche os requisitos para ser cessionário do direito. Afora tais situações específicas, não se pode transferir a quota, *inter vivos* ou *causa mortis*, nos termos dos dispositivos estudados.

De qualquer sorte, não se pode perder de vista, na análise do problema, a regra inscrita no artigo 56, *caput* e parágrafo único, do Código Civil. Por um lado, tem-se claro que a condição de sócio cooperado não é transmissível em si; a quota-parte, todavia, é fração do patrimônio e, assim, uma faculdade jurídica de seu titular, a permitir duas situações diversas: transferência a quem esteja sendo admitido como sócio cooperado, aplicado o artigo 26 da Lei 5.764/1971, ou indenização de seu valor.

Princípio da administração democrática – a cada cooperado corresponde um voto nas assembleias da sociedade cooperativa (singularidade), como garantem o artigo 4º, V, da Lei 5.764/1971 e artigo 1.094, VI, do Código Civil. A participação no capital social, como já visto acima, é elemento completamente estranho às deliberações sociais: um voto para quem tem várias quotas e, igualmente, para quem tem apenas uma. O princípio é igualmente vetusto e marca, satisfatoriamente, a distinção qualitativa das sociedades cooperativas. Apenas quando se tratar de *cooperativas centrais, federações* e *confederações de cooperativas*, com exceção das que exerçam atividade de crédito, poder-se-á optar pelo critério da proporcionalidade. Wilson Alves Polonio, a propósito, coloca um problema relevante: o inciso V do artigo 4º da Lei 5.764/1971 "não esclarece a relação em que a proporcionalidade deverá pautar-se para definir o critério de voto facultado às cooperativas centrais, federações e confederações cooperativas. Assim, pensamos que a proporcionalidade poderia ser considerada de duas formas, quais sejam: (i) em relação às operações realizadas pelos associados; ou (ii) em relação ao número de associados das cooperativas singulares que compõem as cooperativas centrais, federações ou confederações de cooperativas". E, expressando opinião que creio correta, arremata: "Parece-nos que o segundo critério comentado seria o que melhor atenderia ao princípio da administração democrática. De fato, não nos parece razoável que, *v. g.*, uma central de cooperativas, formada, portanto, por cooperativas singulares, definisse o critério de voto na proporção das operações

470 Direito Empresarial Brasileiro: Direito Societário • Mamede

de cada cooperativa singular, vez que o movimento desta, na central de cooperativas, poderia estar totalmente distanciado da quantidade de seus associados."[7]

Corolário necessário, o *quorum* para o funcionamento e deliberação da assembleia geral será computado em função do número de sócios cooperados e não do capital. O total do patrimônio social do fundo formado pela contribuição dos cooperados e o número de quotas são elementos absolutamente estranhos à aferição do *quorum*. Importa verificar quantos são, no total, os sócios (independentemente das quotas que titularizam, friso) e quantos estão presentes à assembleia, como se afere do artigo 4º, VI, da Lei 5.764/1971 e artigo 1.094, V, do Código Civil.

Resultados em função das operações – os resultados da cooperativa, inclusive o retorno das sobras líquidas do exercício, não são apurados em função do número de quotas de cada sócio cooperado, mas tendo em vista as operações por ele realizadas. As sobras líquidas são o resultado do fechamento da contabilidade, observando-se ter havido recolhimento a maior do que o custo das operações realizadas. Exemplifico: numa cooperativa para venda de livros aos sócios cooperados, acrescenta-se ao valor de custo dos itens um extra, destinado às demais despesas (luz, água, empregados etc.). Ao final do exercício, verificando que esse *valor extra* superou, no total, as demais despesas, tem-se uma sobra líquida que, por princípio, será distribuída proporcionalmente ao valor das operações efetuadas pelo sócio com a sociedade, diz o artigo 1.094, VII, do Código Civil. Entretanto, o artigo 4º, VII, da Lei 5.764/1971, utilizando-se da frase "salvo deliberação em contrário da assembleia geral", permite que outra destinação seja dada às sobras líquidas, como incorporação ao patrimônio da sociedade ou a seus fundos.[8]

O artigo 1.094, VII, do Código Civil, ademais, permitiu a atribuição de juro fixo ao capital realizado; trata-se de um "princípio clássico (Rochdale/1843), que, embora sendo observado nos congressos que se seguiram (1845, 1854, 1937, 1966), conserva seu conteúdo inicial [...]. Os cooperados recebem, habitualmente, se houver, uma remuneração limitada ao capital integralizado, como condição de sua adesão".[9] Esse juro é a remuneração pelo dinheiro que o sócio disponibilizou para a sociedade (*capital realizado*) e será, por princípio cooperativo, fixo e limitado.

Indivisibilidade dos fundos – o artigo 28 da Lei 5.764/1971 obriga as cooperativas a constituir (1) um Fundo de Reserva, destinado a reparar perdas e atender ao desenvolvimento de suas atividades, constituído com 10%, pelo menos, das sobras líquidas do exercício; e (2) um Fundo de Assistência Técnica, Educacional e Social, destinado a prestação de assistência aos associados, seus familiares e, quando

---

7   POLONIO, Wilson Alves. *Manual das sociedades cooperativas*. 3. ed. São Paulo: Atlas, 2001. p. 41.

8   Nesse sentido, também CARVALHOSA, Modesto. *Comentários ao código civil* (artigos 1.052 a 1.195). São Paulo: Saraiva, 2003. v. 13, p. 412 e 413.

9   FIGUEIREDO, Ronise de Magalhães. *Dicionário prático de cooperativismo*. Belo Horizonte: Mandamentos, 2000. p. 83-84.

Parte Especial II – Cap. 25 • Sociedade Cooperativa **471**

previsto nos estatutos, aos empregados da cooperativa, constituído de 5%, pelo menos, das sobras líquidas apuradas no exercício. Ademais, permite-se à assembleia geral criar outros fundos, inclusive rotativos, com recursos destinados a fins específicos fixando o modo de formação, aplicação e liquidação. Na eventualidade de dissolução da cooperativa, tais fundos, por princípio, não poderão ser divididos pelos sócios, o que caracterizaria vantagem econômica que não se harmoniza com os princípios do cooperativismo. O artigo 68, VI, da Lei 5.764/1971, determina que tais fundos sejam destinados ao Banco Nacional de Crédito Cooperativo S/A, instituição que foi extinta pelo artigo 1º, IV, da Lei 8.029/90. É comum afirmar-se que, assim, a destinação de tais valores será a Fazenda Nacional, o que, diante do artigo 61, *caput*, do Código Civil, não me parece uma necessidade, podendo ser destinado a instituição municipal, estadual ou federal de fins idênticos ou semelhantes; por outro lado, não havendo tal disposição, os valores serão prioritariamente destinados à Fazenda Estadual, se entidade de âmbito local, ou à Fazenda Nacional, se entidade cuja área transcenda os limites de uma Unidade da Federação, considerado o artigo 61, § 2º, do Código Civil.

Neutralidade política, religiosa, racial e social – trata-se, em primeiro lugar, de princípio cooperativo que reforça a ideia de liberdade de adesão, acima estudada. Não é só, porém. Fica extremamente claro, do princípio inscrito no artigo 4º, IX, da Lei 5.764/1971 que cooperativas não podem ser constituídas com objetivos sectários, nem ter tais referências como base dos critérios de admissão de seus cooperados, o que preserva a ideia de universalismo – e ampla solidariedade humana – que marcam o movimento cooperativo mundial. Não se trata, portanto, de um simples respeito às garantias inscritas no artigo 5º, VIII e XLII, da Constituição, nem à Lei 7.716/1989. A finalidade é superior, transcendendo a mera prática discriminatória; veja-se que é lícito criar uma associação religiosa – Associação das Mulheres Católicas de Cabrobó, como exemplo –, mas não é lícito criar uma Cooperativa Católica, que apenas aceitasse membros que professassem tal religião.

Assistência a cooperados e empregados – o artigo 4º, X, da Lei 5.764/1971 diz ser uma característica das sociedades cooperativas a prestação de assistência aos associados e, quando previsto nos estatutos, aos empregados da cooperativa. A norma é estranha, vista pelo ângulo das demais sociedades dedicadas à atividade negocial; deve, todavia, ser compreendida a partir da lógica e da principiologia cooperativista, para a qual a solidariedade, o colaboracionismo, são princípios intrínsecos, motores do próprio evento de associação dos cooperados. A compreensão da sociedade como um espaço de assistência é, portanto, marca qualificadora da *affectio societatis* das cooperativas. Essa assistência, aliás, não é pensada simplesmente como esforço mútuo para a consecução dos fins sociais, como colaboração negocial; não se amesquinha assim. A assistência é posta como dever geral de companheirismo que transcende o espaço econômico e social.

Limitação da área de admissão – a liberdade de adesão define-se, por força do artigo 4º, XI, da Lei 5.764/1971, em função de uma área de admissão, de uma

472 Direito Empresarial Brasileiro: Direito Societário • Mamede

circunscrição geográfica, definida em função das possibilidades de efetiva reunião, controle, operações e prestação de serviços. Tem-se, portanto, uma baliza para aquela liberdade de admissão, um limite objetivo, não arbitrário e não segregador.

2.2 Especialidade

Não se perca de vista, em momento algum, que o cooperativismo é um movimento mundializado e que atende a balizas internacionalmente fixadas, o que limita, e muito, o arbítrio nacional – por parte de qualquer dos Poderes da República – para alterar tais características essenciais. Em fato, a Lei 5.764/1971 teve a preocupação com tal dimensão internacionalizada do tipo societário, instituindo a Organização das Cooperativas Brasileiras (OCB), sociedade civil, com sede na Capital Federal, que não só funciona como órgão técnico-consultivo do Governo, mas a quem compete a representação do sistema cooperativista nacional.

Fruto dessa particularidade, deve-se ter em vista, sempre, que o ato cooperativo – aquele praticado (1) entre a cooperativa e seu cooperado, (2) entre os cooperados e a cooperativa e (3) entre as cooperativas entre si, quando associadas, para a consecução dos objetivos sociais – não implica operação de mercado, nem contrato de compra e venda de produto ou mercadoria. É ato jurídico de natureza própria, deixa-o claro o artigo 79 da Lei 5.764/1971, distinta dos atos praticados no âmbito das empresas e, mesmo, das sociedades simples. Não é, igualmente, ato de trabalho autônomo ou relação de emprego, como esclarece o artigo 90: qualquer que seja o tipo de cooperativa, não existe vínculo empregatício entre ela e seus cooperados, embora, em relação aos seus empregados, a cooperativa se iguala às demais empresas para os fins da legislação trabalhista e previdenciária.

Nessa linha, é fundamental atentar-se para os efeitos da independência entre a titularidade de capital – de quotas-partes – e as faculdades e obrigações sociais, no âmbito das cooperativas. Assim, no que diz respeito às despesas da sociedade, serão essas cobertas pelos associados, mediante rateio, na proporção direta da fruição de serviços, embora seja lícito, para melhor atender à equanimidade de cobertura das despesas da sociedade, estabelecer-se no estatuto social (1) o rateio, em partes iguais, das despesas gerais da sociedade entre todos os associados, quer tenham ou não, no ano, usufruído dos serviços por ela prestados, conforme definidas no estatuto; e (2) o rateio, em razão diretamente proporcional, entre os associados que tenham usufruído dos serviços durante o ano, das sobras líquidas ou dos prejuízos verificados no balanço do exercício, excluídas as despesas gerais já atendidas na forma do número anterior. A opção por tal distinção implica a obrigação de levantar separadamente as despesas gerais, diz o artigo 81 da Lei 5.764/1971. De resto, os prejuízos verificados no decorrer do exercício, como prevê o artigo 89, serão cobertos com recursos provenientes do Fundo de Reserva e, se insuficiente este, mediante rateio, entre os associados, na razão direta dos

Parte Especial II – Cap. 25 • Sociedade Cooperativa **473**

serviços usufruídos, ressalvada a opção pela distinção de despesas, desde que levantadas separadamente as despesas gerais.

Para exprimir essa condição essencial de cooperação mútua para alcançar determinado fim comum, a Lei 13.806/2019 incluiu um artigo 88-A na Lei 5.764/1971. Admite-se que, por cláusula estatutária, a cooperativa seja dotada de legitimidade extraordinária autônoma concorrente para agir como substituta processual em defesa dos direitos coletivos de seus associados quando a causa de pedir versar sobre atos de interesse direto dos associados que tenham relação com as operações de mercado da cooperativa. Atua, assim, como um ente de representação coletiva. Mas isso, reitero, desde que haja previsão em seu estatuto e haja, de forma expressa, autorização manifestada individualmente pelo associado ou por meio de assembleia geral que delibere sobre a propositura da medida judicial.

3 CONSTITUIÇÃO

A sociedade cooperativa constitui-se por deliberação da assembleia geral dos fundadores, constantes da respectiva ata, ou por instrumento público, estipula o artigo 14 da Lei 5.764/1971. O ato constitutivo, sob pena de nulidade, deverá declarar: (1) a denominação da entidade, na qual deverá constar, obrigatoriamente, a expressão *cooperativa* (de resto, de uso exclusivo deste tipo societário), seu objeto social e sua sede; (2) o nome, nacionalidade, idade, estado civil, profissão e residência dos fundadores, que assinam o ato de constituição, bem como o valor e número da quota-parte de cada um; (3) a aprovação do estatuto da sociedade; e (4) o nome, nacionalidade, estado civil, profissão e residência dos cooperados eleitos para os órgãos de administração, fiscalização e outros. Note-se que a Lei 5.764/1971 refere-se à necessidade de apresentação dos atos constitutivos "ao respectivo órgão executivo federal de controle, no Distrito Federal, Estados ou Territórios," para obtenção de autorização de funcionamento; no entanto, tal norma se incompatibilizou com o artigo 5º, XVIII, da Constituição da República, que prevê que a criação de cooperativas independe de autorização, sendo vedada a interferência estatal em seu funcionamento.

Se o estatuto social não estiver transcrito no ato de constituição, deverá o respectivo instrumento ser assinado pelos fundadores. O artigo 21 lista os elementos que deverão constar do estatuto, quais sejam: (1) a denominação, sede, prazo de duração, área de ação, objeto da sociedade, fixação do exercício social e da data do levantamento do balanço geral; (2) os direitos e deveres dos associados, natureza de suas responsabilidades e as condições de admissão, demissão, eliminação e exclusão e as normas para sua representação nas assembleias gerais; (3) o capital mínimo, o valor da quota-parte, o mínimo de quotas-partes a ser subscrito pelo associado, o modo de integralização das quotas-partes, bem como as condições de sua retirada nos casos de demissão, eliminação ou de exclusão;

(4) a forma de devolução das sobras registradas aos associados, ou do rateio das perdas apuradas por insuficiência de contribuição para cobertura das despesas da sociedade; (5) o modo de administração e fiscalização, estabelecendo os respectivos órgãos, com definição de suas atribuições, poderes e funcionamento, a representação ativa e passiva da sociedade em juízo ou fora dele, o prazo do mandato, bem como o processo de substituição dos administradores e conselheiros fiscais; (6) as formalidades de convocação das assembleias gerais e a maioria requerida para a sua instalação e validade de suas deliberações, vedado o direito de voto aos que nelas tiverem interesse particular sem privá-los da participação nos debates; (7) os casos de dissolução voluntária da sociedade; (8) o modo e o processo de alienação ou oneração de bens imóveis da sociedade; (9) o modo de reformar o estatuto; (10) o número mínimo de associados; e (11) se a cooperativa tem poder para agir como substituta processual de seus associados, na forma do art. 88-A daquela lei, acrescido pela Lei 13.806/2019.

No que diz respeito ao *capital social*, isto é, ao *fundo social* da cooperativa, o estatuto poderá estipular que o pagamento das quotas-partes se fará por meio de prestações periódicas, independentemente de chamada, por meio de contribuições ou outra forma. Aceita-se, ademais, quando não se tratar de cooperativa de crédito, cooperativa agrícola mista com seção de crédito e cooperativa habitacional, a integralização das quotas-partes e o aumento do fundo social por meio da incorporação de bens, avaliados previamente, com posterior homologação em assembleia geral, bem como mediante retenção de determinada porcentagem do valor do movimento financeiro de cada associado, como anotado no artigo 27 da Lei 5.764/1971. O § 2º do mesmo artigo comanda que, nas sociedades cooperativas em que a subscrição de capital seja diretamente proporcional ao movimento ou à expressão econômica de cada associado, o estatuto deverá prever sua revisão periódica para ajustamento às condições vigentes.

4 ADMISSÃO, ELIMINAÇÃO E EXCLUSÃO DE COOPERADOS

O ingresso nas cooperativas, já se viu, é livre a todos que desejarem utilizar os serviços prestados pela sociedade, desde que adiram aos propósitos sociais e preencham as condições estabelecidas no estatuto; é o princípio da liberdade de adesão, viu-se, repetido pelo artigo 29 da Lei 5.764/1971, que ratifica a faculdade de se limitar o ingresso sempre que se torne tecnicamente impossível a prestação de serviços a novos cooperados. O preenchimento de *condições estabelecidas no estatuto* traduz possibilidade de ser restrita a admissão dos sócios a pessoas que exerçam determinada atividade ou profissão, ou estejam vinculadas a determinada entidade. É o que se passa, no primeiro caso, com uma cooperativa de médicos e, no segundo, com uma cooperativa de consumo dos empregados de certa companhia. Em algumas circunstâncias, como nas cooperativas de eletrificação, irrigação e

Parte Especial II – Cap. 25 • Sociedade Cooperativa **475**

telecomunicações, as condições poderão ser geograficamente definidas, isto é, serão admissíveis as pessoas que se localizem na respectiva área de operações.

A admissão de um cooperado principia com um pedido de ingresso formulado pelo interessado, submetido à aprovação pelo órgão de administração, complementando-se com a subscrição das quotas-partes de capital social e a sua assinatura no Livro de Matrícula. As cooperativas de crédito e as agrícolas mistas com seção de crédito são, de acordo com o artigo 30 da Lei 5.764/1971, uma exceção a tal regra, submetidas que estão a legislação específica que as rege, face à sua atuação no âmbito do Sistema Financeiro Nacional. Durante todo o período de permanência na sociedade, os cooperados serão tratados isonomicamente, e a obrigação da cooperativa é assegurar a igualdade de direitos dos associados, sendo-lhe defeso, segundo o artigo 37 da Lei 5.764/1971, (1) remunerar quem agencie novos cooperados; (2) cobrar prêmios ou ágio pela entrada de novos cooperados ainda a título de compensação das reservas; e (3) estabelecer restrições de qualquer espécie ao livre exercício dos direitos sociais.

A demissão do associado será unicamente a seu pedido, garante o artigo 32 da Lei 5.764/1971, mas ele poderá ser eliminado, o que, segundo o artigo 33, caracteriza sanção disciplinar aplicada em virtude de infração legal ou estatutária, ou por fato especial previsto no estatuto, mediante termo firmado por quem de direito no Livro de Matrícula, com os motivos que a determinaram, devendo ser comunicada ao interessado no prazo de 30 dias, sendo-lhe lícito recorrer à primeira assembleia geral; esse recurso tem efeito suspensivo, segundo previsão do artigo 34, parágrafo único. Aplicável aqui, igualmente, o artigo 57 do Código Civil, quando permite a eliminação (ali chamada *exclusão*) por motivos graves, segundo deliberação fundamentada, aprovada pela maioria absoluta dos presentes à assembleia geral especialmente convocada para esse fim. Essa aplicação extensiva deve-se, por óbvio, às qualidades específicas do direito disciplinar, que não está subordinado ao princípio da tipicidade; não está e não poderia estar, já que são incontáveis as situações que, mesmo não anotadas no estatuto ou na lei, constituem infração grave à convivência coletiva. De qualquer sorte, num ou noutro caso, a decisão final da assembleia geral poderá ser objeto de impugnação judicial, aplicado o artigo 5º, XXXV, da Constituição da República à espécie.

O artigo 35 da Lei 5.764/1971 cria, supletivamente à figura jurídica da eliminação, a figura da exclusão do cooperado. A exclusão é, como a eliminação do cooperado, uma hipótese de cancelamento de sua matrícula; mas não se trata de uma sanção disciplinar, como aquela. A exclusão do associado será feita: (1) por dissolução da pessoa jurídica sócia cooperada; (2) por morte do cooperado; (3) por incapacidade civil não suprida; ou (4) por deixar de atender aos requisitos estatutários de ingresso ou permanência na cooperativa.

Note-se, ao cabo, que a responsabilidade do cooperado perante terceiros, por compromissos da sociedade, perdura para os demitidos, eliminados ou excluídos até quando aprovadas as contas do exercício em que se deu o desligamento. Em se

476 Direito Empresarial Brasileiro: Direito Societário • Mamede

tratando de falecimento, as obrigações do *de cujus*, contraídas com a sociedade, e as oriundas de sua responsabilidade como sócio em face de terceiros, passam aos herdeiros, nos limites das forças da herança (artigo 1.792 do Código Civil), prescrevendo, porém, após um ano contado do dia da abertura da sucessão, segundo o artigo 36, parágrafo único da Lei 5.764/1971, embora ressalvados os aspectos peculiares das cooperativas de eletrificação rural e habitacionais.

4.1 Concorrência com a cooperativa

Para impedir a concorrência predatória, em prejuízo da coletividade dos cooperados, o artigo 29, § 4º, da Lei 5.764/1971, prevê que não poderão ingressar no quadro das cooperativas os agentes de comércio e empresários que operem no mesmo campo econômico da sociedade. Essa possibilidade, aliás, permite a compreensão de uma questão que, atualmente, atormenta os tribunais brasileiros. A Terceira Turma do Superior Tribunal de Justiça, examinando o Recurso Especial 367.627/SP, afirmou que "o médico associado à cooperativa está obrigado a obedecer ao seu estatuto. Se esse contém cláusula que prevê a exclusividade de prestação de serviços, devem os médicos associados abster-se de prestar serviços em entidade congênere". O mesmo entendimento foi esposado pela Segunda Seção (Terceira e Quarta Turmas) no julgamento do Recurso Especial 261.155/SP: "o cooperado que adere a uma cooperativa médica submete-se ao seu estatuto, podendo atuar livremente no atendimento de pacientes que o procurem, mas vedada a vinculação a outra congênere, conforme disposição estatutária". Nesse julgado o Ministro Ruy Rosado de Aguiar destacou ter "por irrecusável que a Unimed pode estabelecer limitações aos seus cooperativados, relativamente à prestação de serviços médicos a outras entidades, especialmente para aquelas que, segundo entendimento da classe, atuem de forma mercantilista, uma vez que a Unimed foi instituída para combater esse modo de exploração do profissional da medicina. Os associados da Unimed sabem disso, estão inclusive obrigados a comunicar sobre essa situação quando do seu ingresso e, posteriormente, devem manter a cooperativa informada sobre eventual vinculação com outras entidades. [...] A Lei 9.656, de 4.6.98, cujo art. 18, inc. III, veda às operadoras de planos ou seguros privados estabelecerem cláusulas de exclusividade, não se aplica à entidade ré, uma vez que a relação que se estabelece é de natureza cooperativa. Além disso, trata-se de diploma não apreciado no r. acórdão recorrido, e a divergência é posterior aos fatos que originaram a demanda". Aderindo à mesma posição, o Ministro Carlos Alberto Menezes Direito afirmou que "a natureza cooperativa da ré tem contorno particular. Não se trata de uma cooperativa nacional. Não explora planos de seguro saúde. Seu âmbito de atuação é local. Isso quer dizer que os médicos de uma determinada localidade podem reunir-se sob regime de cooperativa para prestação de serviços médicos. Aquele médico que ingressa na cooperativa faz uma opção pessoal de trabalho sob tal regime, o que cria impedimento de prestar serviços da

Parte Especial II – Cap. 25 • Sociedade Cooperativa **477**

mesma natureza a outra entidade concorrente, sob pena de gerar prejuízo para o conjunto dos cooperados. [...] Vale relevar que as cooperativas são sociedades de pessoas, tal como definido pela Lei nº 5.764/1971. Existe, portanto, uma identidade entre a cooperativa e o médico cooperado, o que, por si só, legitima a exigência estatutária. [...] Não é crível, com todo respeito, entender-se que a exclusividade do cooperado fere qualquer dispositivo legal. E assim é pelo simples fato de ser da própria natureza do regime jurídico das cooperativas. Cercear a cooperativa de exigir que os seus cooperados mantenham exclusividade de serviços seria atingir a essência das cooperativas, enquanto sociedades de pessoas".

Há outros precedentes no mesmo sentido. Cite-se, entre esses, o julgamento do Recurso Especial 83.713D RS, pela Terceira Turma, sendo relator o Ministro Eduardo Ribeiro: "o fato de as normas internas da recorrida vedarem a participação de seus associados em organizações consideradas concorrentes, não se haverá de concluir que realizada a previsão contida no primeiro daqueles dispositivos. Não se vislumbra, com efeito, possa daí resultar a dominação do mercado nacional ou mesmo a eliminação, ainda que parcial, da concorrência. As empresas que se dediquem ao mesmo ramo de atividade poderão valer-se de outros médicos, ou mesmo atrair os profissionais ligados à recorrida e que considerem interessante dela se desvincularem. [...] Na verdade, é livre o ingresso na sociedade cooperativa, é livre a aceitação das restrições que disso decorrem, e é livre a retirada do sócio cooperativado. Portanto, não existe nessa relação restrição ao direito de exercer a profissão. De outro ponto de vista, a proibição ao profissional de prestar serviços a outra entidade que está no mercado e os explora comercialmente, não significa violação à liberdade de concorrência, sendo comum a exigência de exclusividade".

Registro, contudo, haver entendimentos em contrário. Ainda no âmbito do Recurso Especial 261.155/SP, julgado pela Segunda Seção do Superior Tribunal de Justiça, o Ministro Aldir Passarinho Junior afirmou que "o art. 3º [da Lei n. 5.764/1971] somente pode ser entendido, por óbvio, como uma conduta do cooperado no âmbito da própria instituição, e não como uma regra de vida a limitar quaisquer ações suas com intenção de auferir lucro. E, mesmo assim, o recebimento de honorários por serviços prestados, como referenciado de uma empresa de seguro-saúde, não é lucro, é contraprestação financeira que visa a manutenção pessoal do próprio médico. O parágrafo 4º do art. 29 tampouco restou malferido, pelas mesmas razões acima. O autor não é empresário ou agente econômico. É um profissional liberal que percebe honorários, volta-se a frisar. [...] Não identifico incompatibilidade de objetivos ou comportamento prejudicial à cooperativa pelo simples fato de o profissional da medicina ser também referenciado ou credenciado de uma instituição de seguro saúde. Ele não deixará, com isso, de atender às suas obrigações como cooperado. Prestará serviços atendendo pacientes vinculados ao plano de saúde Bradesco e receberá pelo trabalho que realizar. Nada além. [...] Tudo soa não como uma tentativa de preservação do 'espírito cooperativo', mas como uma batalha comercial, em que as vítimas, lamentavelmente, são os doentes, que órfãos do sistema público de saúde, veem o atendimento às suas necessidades ser conduzido por interesses que escapam à sua compreensão". O Ministro ainda destacou as Leis 9.656/98 – que dispõe sobre planos e Seguros Privados de Assistência à Saúde – e 8.884/94 – Lei *Antitruste*, ponderando, ao final: "E não se diga que por se cuidar de uma cooperativa, a ré estaria infensa a tais normas, porquanto não pode a natureza da instituição prevalecer sobre toda e qualquer norma direcionada, especificamente, ao exercício de uma atividade vinculada à área da saúde, bem assim as que visam proteger, em essência, o cidadão e o consumidor, cujo bem-estar não pode ser olvidado no exercício da atividade econômica. Seria privilegiar a forma, meramente, em detrimento de princípios maiores, guardados em normas de ordem pública. [...] Não identifiquei, como visto acima, restrição legal à filiação do médico cooperativado a outra instituição de saúde, como prestador de serviços profissionais, no que beneficia, sem dúvida, a população, porquanto notadamente em uma cidade interiorana, com menor número de médicos, deve ser proporcionado amplo acesso aos mesmos pelos usuários dos planos."

Tal posição discordante foi chancelada pelo Ministro Antônio de Pádua Ribeiro: "várias têm sido as ações ajuizadas contra a ré, inclusive com base em inquéritos, para inibir o comportamento utilizado pela recorrida, que, segundo se alegou, vem trazendo transtornos a empresas concorrentes, sobretudo em cidades do interior e, consequentemente, aos usuários de modo geral. Recebi diversas cópias de ações promovidas pelo Ministério Público do Estado do Rio Grande do Sul contra a Unimed, o que me fez ver que, antes de, como *in casu*, cuidar-se da exclusão de uma médica por prestar seus serviços também a outra instituição, envolve o presente julgamento interesse preponderante a ser protegido". O magistrado recorreu à Lei 8.884/94 (de prevenção e repressão às infrações contra a ordem econômica), concluindo ser "necessário haver uma concorrência sadia e leal entre empresas de planos privados de saúde, para que mais e mais pessoas possam ter acesso a eles. Impedir ou criar dificuldades para que a coletividade possa ser atendida por profissionais de outras empresas, principalmente em locais onde o número de médicos nem sempre é suficiente para atender à população, é infringir a legislação antitruste, acima transcrita. [...] Parece-me que a alegação de que a Unimed, por se tratar de Cooperativa, não tem fins lucrativos não se mostra sincera, pois a restrição imposta tem como objetivo evitar empresas concorrentes, haja vista as informações de que a ré está respondendo a vários processos perante a Secretaria de Direito Econômico. [...] É de se ver que a imposição de exclusividade ou fidelidade como assim entende a recorrida, além de estar vedada por lei, inibe ou até extingue a livre iniciativa e a livre concorrência em matéria de planos de saúde, podendo causar prejuízos não somente aos profissionais excluídos como aos pacientes que, sem possibilidade de opção, terão que aceitar as condições do plano de saúde que lhes serão impostas pela recorrida".

Também nesse julgado, tal posição foi confrontada pela Ministra Nancy Andrighi, para quem "a finalidade do pacto cooperativo – impedir que o associado

Parte Especial II – Cap. 25 • Sociedade Cooperativa **479**

exerça 'qualquer atividade considerada prejudicial à cooperativa ou que conflite com seus objetivos' – é evidente: potencializar o sucesso econômico da união cooperativa. Nos termos do CC/2002, a sociedade cooperativa, considerada tipo de sociedade simples (art. 982, parágrafo único), exerce atividade econômica (CC/2002, art. 981), o que exige de seus representantes a constante busca pela competitividade, único meio de assegurar a sua manutenção no mercado capitalista. Nesse contexto, revela-se evidente que a associação de cooperado com sociedade concorrente fere o pacto cooperativo, porquanto diminui o grau de competitividade da sociedade cooperativa perante as outras entidades prestadoras de serviços de plano de saúde. É de ressaltar, ademais, que o pacto cooperativo não impede o exercício de serviços médicos diretamente pelo cooperado, ou por sociedade de médicos constituída para esse fim, desde que caracterizada a hipótese como atividade econômica não empresária, nos termos do art. 966, parágrafo único, do CC/2002: 'Não se considera empresário quem exerce profissão intelectual, de natureza científica, literária ou artística, ainda com o concurso de auxiliares ou colaboradores, salvo se o exercício da profissão constituir elemento de empresa.' E isto porque a prestação de serviços de plano de saúde caracteriza atividade econômica empresária (CC/2002, art. 966, *caput*), o que implica concluir que o médico-cooperado não poderá associar-se a qualquer sociedade que exerça tal atividade. Não a caracteriza, entretanto, a mera prestação direta de serviços médicos, a qual, abarcada pelo parágrafo único do art. 966 do CC/2002, constitui atividade econômica não empresária, e poderá ser livremente exercida pelo médico-cooperado, em nome próprio ou em sociedade constituída para este fim, porque não abrangida pelo pacto cooperativo". No que diz respeito à validade ou nulidade do pacto cooperativo perante a Lei Antitruste, a Ministra reconheceu que "as cláusulas de exclusividade sempre restringem, de alguma forma, o nível de concorrência existente em dado mercado relevante. Um franqueador, por exemplo, frequentemente impede o seu franqueado de comercializar produtos de empresas concorrentes, fato esse capaz de restringir a concorrência. Não se pode considerar nula, entretanto, toda cláusula que restringe a concorrência, porque é da essência dos contratos empresariais restringir a concorrência. Como exemplos de restrições válidas da concorrência, encontram-se, de um lado, o pacto de não concorrência firmado entre alienante e adquirente de estabelecimento comercial, como reconhecido pelo CC/2002, em seu art. 1.147, e, de outro, o tratamento jurídico conferido às patentes, premiando-se com o direito ao uso exclusivo aqueles que tenham contribuído para o aprimoramento dos padrões tecnológicos existentes. A conclusão pela nulidade ou validade da restrição à concorrência, como bem anota a Doutrina Antitruste, em exegese adequada dos arts. 20 e 21 da Lei 8.884/94, resulta da identificação das restrições concorrenciais legítimas, porque razoáveis, e das ilegítimas, por lhes faltarem a razoabilidade".

Nesse contexto, a Ministra Nancy Andrighi destacou as particularidades do caso em concreto: "Primeiro, a Unimed, em suas diversas cooperativas formadas para a prestação de serviços médicos por meio de planos de saúde, compete no

Brasil com rivais formidáveis em tradição, qualidade e porte financeiro; umas derivam sua penetração no mercado do tempo em que atuam no setor; outras derivam de alianças firmadas com instituições financeiras e congêneres de porte, isso quando não representam, claramente, empresas criadas e geridas pelo próprio grupo financeiro já consolidado. Disso resulta concluir ser acirrada a competição no setor. Segundo, a competitividade existente no mercado de serviços de planos de saúde implica reconhecer a necessidade de prestação desse serviço em âmbito nacional, porquanto coberturas meramente estaduais ou regionais são, cada vez mais e mais, insuficientes ao atendimento das necessidades do consumidor, dado que: (a) certos tratamentos médicos são oferecidos apenas nos grandes centros urbanos, e (b) a mobilidade crescente das pessoas, decorrente da facilitação dos meios de transporte e da conjuntura do mercado de trabalho, torna exigível a prestação em âmbito nacional. Terceiro, considerado que a prestação em âmbito nacional é essencial à manutenção da competitividade da prestadora de plano de saúde, deve-se concluir que a Unimed, cuja penetração de mercado está concentrada em determinados centros regionais, possui baixo grau de competitividade no setor, em especial se comparada com sociedades prestadoras de plano de saúde em âmbito nacional. Do exposto pode-se concluir que a cláusula de exclusividade exigida pela Unimed não caracteriza abuso de posição dominante, nos termos dos arts. 20 e 21 da Lei 8.884/94, porquanto tal prática não inviabiliza a entrada de concorrentes de porte na região indicada no processo em análise (interior do Estado de São Paulo). Ao contrário, bem aplicada a regra da razão na hipótese, deve-se concluir que a cláusula de exclusividade adotada pela Unimed mais propicia do que restringe a competitividade no setor, porquanto aumenta a *rivalidade econômica* existente entre a Unimed e as prestadoras de plano de saúde de porte, em especial aquelas que atuam em todo o mercado nacional e que, por essa razão, não deixarão de ingressar e atuar de forma competitiva nos mercados regionais onde a Unimed se faz presente com maior grau de penetração."

5 ASSEMBLEIA GERAL

O órgão supremo da sociedade cooperativa é, segundo o artigo 38 da Lei 5.764/1971, a assembleia geral dos sócios, que detém, dentro dos limites legais e estatutários, poderes para decidir os negócios que digam respeito ao objeto de atuação da cooperativa, bem como para tomar resoluções convenientes ao desenvolvimento e a defesa da sociedade. As assembleias gerais serão convocadas, com antecedência mínima de dez dias, em primeira convocação, mediante editais afixados em locais apropriados das dependências comumente mais frequentadas pelos associados, publicação em jornal e comunicação aos associados por intermédio de circulares. O *quorum* de instalação será de dois terços do número de associados, segundo o artigo 40. Não havendo no horário estabelecido, *quorum* de instalação, as assembleias poderão ser realizadas em segunda ou terceira convocações desde que assim permitam os estatutos e constem do respectivo edital, quando então será observado o intervalo mínimo de uma hora entre a realização por uma ou outra convocação. O *quorum* de instalação em segunda convocação será de metade mais um dos associados; em terceira convocação, será de dez associados, no mínimo, exceção feita às cooperativas centrais e federações e confederações de cooperativas, que se instalarão com qualquer número. A competência para convocá-la é do presidente da sociedade, de qualquer dos órgãos de administração e, mesmo, do conselho fiscal. Faculta-se, ademais, a convocação por cooperados, em pleno gozo dos seus direitos, que totalizem 25% do total dos sócios.

A assembleia geral delibera por maioria de votos dos sócios com direito de votar que estejam presentes, sendo que o *decisum* a que chegaram vincula a todos, ainda que ausentes ou discordantes. Cada cooperado presente não terá direito a mais de um voto, qualquer que seja o número de suas quotas-partes, proibindo o artigo 42, § 1º, a representação por meio de mandatário. Todavia, nas cooperativas singulares com mais de 3.000 cooperados e naquelas em que haja filiados residindo a mais de 50 km da sede, permite-se que o estatuto estabeleça a possibilidade de representação por delegados que tenham a qualidade de cooperados no gozo de seus direitos sociais e não exerçam cargos eletivos na sociedade; o número de delegados, a época e a forma de sua escolha por grupos seccionais de sócio de igual número, bem como o tempo de duração da delegação, são elementos que deverão ser determinados pelo estatuto. As assembleias gerais compostas por delegados decidem sobre todas as matérias que, nos termos da lei ou dos estatutos, constituem objeto de decisão da assembleia geral dos associados. A existência de delegados não impede o cooperado integrante de grupo seccional de comparecer à assembleia, embora lhe prive de voz e voto.

Já nas assembleias gerais das cooperativas centrais, federações e confederações de cooperativas, diz o artigo 41 da Lei 5.764/1971 que a representação será feita por delegados indicados na forma dos seus estatutos e credenciados pela diretoria das respectivas filiadas; os grupos de associados individuais das cooperativas centrais e federações de cooperativas, se existirem, serão representados por um delegado, escolhido entre seus membros e credenciado pela respectiva administração. Não se esqueça, todavia, ser lícito em tais hipóteses a instituição do voto proporcional, como estudado no item 2.1 deste capítulo.

De acordo com o artigo 43 da Lei 5.764/1971, prescreve em quatro anos a ação para anular as deliberações da assembleia geral viciadas de erro, dolo, fraude ou simulação, ou tomadas com violação da lei ou do estatuto, contado o prazo da data em que a assembleia foi realizada. Particular atenção deve ser dada, todavia, para a deliberação violadora da lei, lembrando-se que, dependendo de seu conteúdo, estar-se-á diante de nulidade; é o que se afere dos artigos 104, II, e 166, II, III e VII, do Código Civil. E, como prevê o artigo 169 do Código Civil, o negócio

482 Direito Empresarial Brasileiro: Direito Societário • Mamede

jurídico nulo não é suscetível de confirmação, nem convalesce pelo decurso do tempo (*quod nullum est, nullum producit effectum*).

Anualmente, nos três primeiros meses após o término do exercício social, será convocada uma assembleia geral ordinária para deliberar sobre os seguintes assuntos: (1) prestação de contas dos órgãos de administração (relatório da gestão, balanço e demonstrativo das sobras apuradas ou das perdas decorrentes da insuficiência das contribuições para cobertura das despesas da sociedade) acompanhada de parecer do Conselho Fiscal; sublinhe-se que, de acordo com o artigo 44 da Lei 5.764/1971, a aprovação do relatório, balanço e contas dos órgãos de administração desonera seus componentes de responsabilidade, ressalvados os casos de erro, dolo, fraude ou simulação, bem como a infração da lei ou do estatuto; ressalvam-se as cooperativas de crédito e das agrícolas mistas com seção de crédito. Também são matérias afetas à deliberação da assembleia geral ordinária (2) a destinação das sobras apuradas ou rateio das perdas decorrentes da insuficiência das contribuições para cobertura das despesas da sociedade, deduzindo-se, no primeiro caso as parcelas para os Fundos Obrigatórios; (3) eleição dos componentes dos órgãos de administração, do Conselho Fiscal e de outros, quando for o caso; (4) quando previsto, a fixação do valor dos honorários, gratificações e cédula de presença dos membros do Conselho de Administração ou da Diretoria e do Conselho Fiscal; (5) quaisquer outros assuntos de interesse social, desde que não tenham por objeto matéria que, por força do artigo 46 da Lei 5.764/1971, seja de competência exclusiva da assembleia geral extraordinária.

Por seu turno, a assembleia geral extraordinária realizar-se-á sempre que necessário e poderá deliberar sobre qualquer assunto de interesse da sociedade, desde que mencionado no edital de convocação, conforme previsão do artigo 45 da Lei 5.764, embora haja matérias que sejam de sua competência exclusiva: (1) reforma do estatuto; (2) fusão, incorporação ou desmembramento; (3) mudança do objeto da sociedade; (4) dissolução voluntária da sociedade e nomeação de liquidantes; e (5) aprovação das contas do liquidante. Em todos esses casos, são necessários os votos de 2/3 dos cooperados presentes, para tornar válidas as tais deliberações.

6 ÓRGÃOS DA ADMINISTRAÇÃO

A sociedade cooperativa é administrada por uma diretoria ou um conselho de administração, conforme disponha seu estatuto, sendo composta exclusivamente de cooperados eleitos pela assembleia geral. O associado que aceitar e estabelecer relação empregatícia com a cooperativa, de acordo com o artigo 31 da Lei 5.764/1971, perde o direito de votar e ser votado, até que sejam aprovadas as contas do exercício em que ele deixou o emprego. Também são inelegíveis, diz o artigo 51, além das pessoas impedidas por lei, os condenados a pena que vede, ainda que temporariamente, o acesso a cargos públicos; ou por crime falimentar, de prevaricação, peita ou suborno, concussão, peculato, ou contra a economia popular, a fé pública ou a propriedade; como se não bastasse, não podem compor uma mesma diretoria ou conselho de administração os parentes entre si até segundo grau, em linha reta ou colateral. O estatuto fixará o mandato dos administradores, nunca superior a quatro anos, bem como dirá se é lícita ou não a reeleição, embora, em se tratando de conselho de administração, seja legalmente obrigatória a renovação de, no mínimo, 1/3 de seus membros, segundo o artigo 47, *caput*, da Lei 5.764/1971. Também é lícito ao estatuto criar outros órgãos que julgue necessários à administração, a exemplo de órgãos e conselhos técnicos. Também é facultado aos órgãos de administração, *ex vi* do artigo 48, contratar gerentes técnicos ou comerciais que não pertençam ao quadro de associados, fixando-lhes as atribuições e os salários.

Os administradores, eleitos ou contratados, praticam os atos de administração em nome da sociedade, nos moldes genericamente dispostos no artigo 116 do Código Civil: embora o ato físico seja praticado pelo administrador (representante), seus efeitos se produzem sobre a sociedade (representada), vinculando o patrimônio desta e não o patrimônio do administrador, desde que não ultrapassados os poderes conferidos (ato *ultra vires*), nem se revele má-fé, dolo ou culpa. Justamente por isso, o artigo 49 da Lei 5.764/1971 prevê não serem os administradores pessoalmente responsáveis pelas obrigações que contraírem em nome da sociedade, mas responderão solidariamente pelos prejuízos resultantes de seus atos, se procederem com culpa ou dolo; ressalva-se a legislação específica que rege as cooperativas de crédito, as seções de crédito das cooperativas agrícolas mistas e as de habitação. Por outro lado, nos moldes do artigo 118 do Código Civil, é preciso que o ato ou operação social seja praticado em nome da sociedade, apresentando-se o administrador como representante da mesma e dando a conhecer a extensão de seus poderes. Se os participantes do ato ou operação ocultam a natureza da sociedade podem ser declarados pessoalmente responsáveis pelas obrigações em nome dela contraídas, sem prejuízo das sanções penais cabíveis, como prevê o artigo 50 da Lei 5.764/1971.

No exercício de suas funções, os administradores eleitos ou contratados estão obrigados a agir com dedicação e denodo, sempre atentos aos interesses primeiros da cooperativa e da coletividade de cooperados, respondendo, perante a sociedade, por sua desídia, bem como por atos culposos e dolosos praticados. Nesse sentido, o artigo 52 da Lei 5.764/1971 estabelece que o diretor ou membro do conselho de administração que, em qualquer operação, tenha interesse oposto ao da sociedade não pode participar das deliberações referentes a essa operação, cumprindo-lhe acusar o seu impedimento. A regra alcança, inclusive, o mero cooperado, quando das assembleias gerais. Ademais, completa o artigo 53, os componentes da administração e do conselho fiscal equiparam-se aos administradores das sociedades anônimas para efeito de responsabilidade criminal. No plano cível, a sociedade, por seus diretores, ou representada pelo associado escolhido em assembleia geral, terá direito de ação contra os administradores, para promover sua responsabilidade; a regra, disposta no artigo 54, não prejudica em nada, por ressalva expressa do legislador, a ação que cabe ao cooperado.

Para fiscalizar a atuação dos administradores, a cooperativa terá um *conselho fiscal*, composto de três membros efetivos e três suplentes, todos cooperados, eleitos anualmente pela assembleia geral, sendo permitida apenas a reeleição de 1/3 dos seus componentes, aplicado o artigo 56 da Lei 5.764/1971. Desse conselho não farão parte os inelegíveis para a administração, vistos acima, parentes dos diretores até o segundo grau, em linha reta ou colateral, bem como os parentes entre si até esse grau. Não é possível exercer cumulativamente cargos nos órgãos de administração e de fiscalização.

Mesmo antes do fim do mandato, poderá a assembleia geral (ordinária ou extraordinária), por força do artigo 39 da Lei 5.764/1971, destituir membros dos órgãos de administração ou fiscalização. Julgando a assembleia que tal destituição poderá afetar a regularidade da administração ou fiscalização da entidade, o parágrafo único daquele mesmo artigo faculta-lhe designar administradores e conselheiros provisórios, até a posse dos novos, cuja eleição se efetuará no prazo máximo de 30 dias.

7 FUSÃO, INCORPORAÇÃO E DESMEMBRAMENTO

As sociedades cooperativas também são passíveis de experimentar metamorfoses societárias, embora limitadamente. Podem, por exemplo, fundir-se: uma ou mais cooperativas juntam-se, confundindo-se seus patrimônios e corpos sociais num único, definindo-se uma nova personalidade jurídica em prejuízo das anteriores, que se absorvem no processo de unificação social. Uma vez aprovada a *fusão* pelas assembleias gerais extraordinárias das cooperativas, por 2/3 dos ali presentes, cada uma, conforme o artigo 57, § 1º, da Lei 5.764/1971, indicará nomes para comporem comissão mista que procederá aos estudos necessários à constituição da nova sociedade, tais como levantamento patrimonial, balanço geral, plano de distribuição de quotas-partes, destino dos fundos de reserva e outros e projeto de estatuto. Tal comissão elaborará um relatório com todos esses elementos, que será submetido a uma assembleia geral conjunta que, aprovando-o, declarará extinta as sociedades originárias e criada a sociedade objeto da fusão – sucessora daquelas nos direitos e obrigações –, levando-se a arquivamento na Junta Comercial competente os respectivos documentos, em duas vias, para aquisição de personalidade jurídica. Em se tratando de cooperativas que exerçam atividades de crédito, aprovados os relatórios da comissão mista e constituída a nova sociedade em assembleia geral conjunta, a operação será submetida ao Banco Central do Brasil.

Uma sociedade cooperativa pode incorporar outra, absorvendo-lhe o patrimônio e recebendo seus cooperados; assim, a cooperativa incorporadora assumirá as

Parte Especial II – Cap. 25 • Sociedade Cooperativa **485**

obrigações da incorporada e se investirá nos seus direitos, como dito pelo artigo 59 da Lei 5.764/1971. Para tanto, serão obedecidas as mesmas formalidades estabelecidas para a fusão, limitadas as avaliações ao patrimônio da sociedade ou sociedades incorporandas. Também é possível a uma sociedade cindir-se, vale dizer, desmembrar-se em tantas quantas forem necessárias para atender aos interesses dos cooperados. Permite-se, mesmo, o desmembramento para a constituição de uma cooperativa central ou federação de cooperativas, e cooperativas singulares a ela vinculadas. A proposição de desmembramento será objeto de deliberação por assembleia geral extraordinária, devendo ser aprovada por 2/3 dos presentes. A assembleia designará uma comissão para estudar as providências necessárias à efetivação da medida, cabendo-lhe apresentar um relatório, acompanhado dos projetos de estatutos das novas cooperativas, a ser apreciado em nova assembleia especialmente convocada para esse fim. Também do relatório constará um plano de desmembramento, com previsão do rateio do ativo e passivo da sociedade desmembrada entre as novas cooperativas, atribuindo a cada qual uma parte do capital social da sociedade desmembrada em quota correspondente à participação dos cooperados que passam a integrá-la. Optando-se pela constituição de uma cooperativa central ou federação de cooperativas, prever-se-á o montante das quotas-partes que as associadas terão no capital social desta.

8 DISSOLUÇÃO E LIQUIDAÇÃO

As sociedades cooperativas se dissolvem de pleno direito, segundo o artigo 63 da Lei 5.764/1971, nas seguintes hipóteses: (1) deliberação da assembleia geral, desde que um mínimo de 20 cooperados, nas cooperativas singulares, ou três, nas cooperativas centrais ou federações de cooperativas, não se disponham a assegurar a sua continuidade; (2) pelo decurso do prazo de duração; (3) pela consecução dos objetivos predeterminados; (4) devido à alteração de sua forma jurídica; (5) pela redução do número mínimo de cooperados ou do capital social mínimo se, até a assembleia geral subsequente, realizada em prazo não inferior a seis meses, eles não forem restabelecidos; (6) pelo cancelamento da autorização para funcionar, embora circunscrito àquelas que, pelo tipo de atividade, a exijam; (7) pela paralisação de suas atividades por mais de 120 dias. À dissolução segue-se o procedimento de liquidação, que terminará com a extinção da personalidade e cancelamento do registro respectivo. Essa liquidação será de responsabilidade de um ou mais liquidantes, nomeados pela Assembleia Geral, quando esta deliberar a dissolução; também será nomeado um conselho fiscal de três membros e três suplentes, com a finalidade de acompanhar os atos do liquidante ou liquidantes. Em sentido oposto, é facultado igualmente à assembleia geral, nos limites de suas atribuições, destituir os liquidantes e os membros do Conselho Fiscal, em qualquer época, designando os seus substitutos. Nas demais hipóteses, deverá a administração convocar uma assembleia geral para tal nomeação; se não o fizer, qualquer cooperado ou o órgão estatal fiscalizador poderão pedir a liquidação judicial da sociedade. Os liquidantes terão todos os poderes normais de administração, podendo praticar atos e operações necessários à realização do ativo e pagamento do passivo, mas não podem, sem autorização da assembleia, gravar de ônus os móveis e imóveis, contrair empréstimos, salvo quando indispensáveis para o pagamento de obrigações inadiáveis, nem prosseguir, embora para facilitar a liquidação, na atividade social; é o que dispõe o artigo 71 da Lei 5.764/1971. Durante o procedimento, deverá usar a denominação da cooperativa, seguida da expressão: *Em liquidação*. De resto, os liquidantes arquivarão na Junta Comercial a ata da assembleia geral em que foi deliberada a liquidação, arrecadarão os bens, livros e documentos da sociedade, onde quer que estejam, bem como convocarão os credores e devedores, promovendo o levantamento dos créditos e débitos da sociedade. O artigo 68, V, da Lei 5.764/1971, assinala-lhes um prazo de 15 dias, contados de sua investidura, para proceder ao levantamento do inventário e balanço geral do ativo e passivo, com a assistência, sempre que possível, dos administradores. Passarão, então, a realizar o ativo social para saldar o passivo, exigindo dos cooperados a integralização das respectivas quotas-partes do capital social não realizadas, quando o ativo não bastar para solução do passivo. Respeitados os direitos dos credores preferenciais, pagarão as dívidas sociais proporcionalmente e sem distinção entre vencidas ou não.

Após o pagamento do passivo, havendo sobra de patrimônio (*superfluum*), reembolsarão os cooperados do valor de suas quotas-partes; é lícito, diz o artigo 72, à assembleia geral resolver, antes de ultimada a liquidação, que o liquidante faça rateios por antecipação da partilha, à medida que se apurem os haveres sociais, desde que já estejam pagos todos os credores. Por fim, darão destino à eventual sobra: instituição municipal, estadual ou federal de fins idênticos ou semelhantes, a Fazenda Estadual, se entidade de âmbito local, ou à Fazenda Nacional, se entidade cuja área transcenda os limites de uma Unidade da Federação, considerado o artigo 61, § 2º, do Código Civil. Se, pelo contrário, o patrimônio ativo realizado não for suficiente para saldar os credores, os liquidantes, sendo de responsabilidade ilimitada a sociedade cooperativa, fornecerão aos credores a relação dos cooperados. Sobre essa sobra de débitos (*reliquum*) falarei em item próprio.

Para a preservação dos interesses da coletividade, o liquidante ou liquidantes deverão convocar a assembleia geral a cada seis meses ou sempre que necessário, apresentando-lhe relatório e balanço do estado da liquidação e prestando contas dos atos praticados durante o período anterior; trata-se não apenas de uma obrigação, mas de uma faculdade própria da condição de liquidação. Lembre-se, a propósito, de que as obrigações e as responsabilidades dos liquidantes regem-se pelos preceitos peculiares aos dos administradores da sociedade liquidanda, como esclarece o artigo 69; como se não bastasse, prevê o artigo 53 que os liquidantes

Parte Especial II – Cap. 25 • Sociedade Cooperativa **487**

se equiparam aos administradores das sociedades anônimas para efeito de responsabilidade criminal.

Finda a liquidação, solucionado o passivo, reembolsados os cooperados até o valor de suas quotas-partes e encaminhado o remanescente conforme o estatuído, convocará o liquidante assembleia geral para prestação final de contas, apresentando relatório e as contas finais. Aprovadas as contas, encerra-se a liquidação e a sociedade se extingue, devendo a ata da assembleia ser arquivada na Junta Comercial e publicada, extinguindo-se, assim, a sociedade. Aquele cooperado que, presente a tal assembleia, discordar da aprovação das contas, terá o prazo de 30 dias, a contar da publicação da ata, para promover a ação que couber, conforme estatui o artigo 74, parágrafo único, da Lei 5.764/1971.

8.1 Responsabilidade subsidiária pelo passivo não satisfeito

Alguns associados da Cooperativa de Consumo dos Empregados do Banco do Brasil em Brasília, que estava em procedimento de liquidação extrajudicial, ajuizaram uma ação de prestação de contas contra o liquidante. Alegaram que, aplicado o artigo 914 do Código de Processo Civil, os cooperados, individualmente, têm legitimidade ativa para propor ação de prestação de contas contra a cooperativa, independentemente da obrigação desta em prestar contas de forma coletiva, através de assembleia. O Tribunal de Justiça do Distrito Federal negou-lhes tal direito, decisão que foi confirmada pela Terceira Turma do Superior Tribunal de Justiça, que conheceu da questão por meio do Recurso Especial 306.645/DF. Segundo o Ministro Carlos Alberto Menezes Direito, a regra geral de ser devida a apresentação de contas por aqueles que administram bens de terceiros é exercida em conformidade com cada legislação específica. No caso, "prestadas as contas relativas ao período questionado pelo liquidante em assembleia geral extraordinária, tal qual previsto na lei especial de regência, sendo as mesmas aprovadas, não há legitimidade dos cooperados individualmente para o ajuizamento da ação de prestação de contas". Destacou o julgador: "No caso, a assembleia geral foi convocada e as contas prestadas, sendo fixada a forma de rateio das perdas verificadas no período reclamado pelos autores. Se foram prestadas as contas, que nas cooperativas em liquidação extrajudicial é obrigação do liquidante, não há como exigi-las individualmente." A Quarta Turma do Superior Tribunal de Justiça, julgando o processo de outros cooperados da mesma Cooperativa de Consumo dos Empregados do Banco do Brasil em Brasília, que lhe chegou pelo Recurso Especial 306.733/DF, adotou posição diametralmente oposta: "Os associados têm interesse na prestação de contas do liquidante sobre a situação das contas da entidade em liquidação, uma vez que estão sendo cobrados para o pagamento das dívidas sociais." Relator do feito, o Ministro Ruy Rosado de Aguiar reconheceu que "os cooperativados estão sujeitos ao decidido em assembleia-geral [...]. Ocorre que os associados estão sendo cobrados de R$ 3.000,00, a serem pagos em 15 parcelas mensais, para cobertura de uma despesa que não foi objeto de prestação de contas à assembleia geral. Também não conhecem eles o montante das despesas ditas gerais e o das despesas operacionais, pelas quais – alegam – somente responderiam os que delas se beneficiaram". Como esse esclarecimento não foi prestado pelo liquidante à assembleia geral, "os associados que estão sendo agora cobrados de mais um rateio para pagamento das despesas da Cooperativa em liquidação têm não apenas interesse, mas o direito de receber informação sobre o estado das contas da entidade e esclarecimentos sobre a responsabilidade de cada um sobre o débito ainda existente, uma vez que há parcelas com diversa natureza. Não vejo de que outro modo poderiam os autores tomar conhecimento das contas sociais e da extensão da responsabilidade de cada um, o que deveria ter precedido a cobrança que já está em curso". Não é o único precedente nesse sentido. Julgando o Recurso Especial 401.692/DF, a Quarta Turma do Superior Tribunal de Justiça afirmou que "os cooperados, individualmente ou em grupos, não têm legitimidade ativa para exigir da cooperativa prestação de contas, que é feita ao órgão previsto em lei para tomá-las, no caso a assembleia geral". Essa posição seguiu o voto do Ministro Aldir Passarinho, que se inspirou em outros precedentes da mesma Corte. Assim, a mesma Turma, no julgamento do Recurso Especial 306.789/DF, cujo relator foi o Ministro Barros Monteiro, afirmou que, "havendo previsão acerca do órgão incumbido de tomar as contas, falece interesse e legitimidade aos cooperados para, individualmente, exigir as contas da entidade". Da Terceira Turma, tem-se o Recurso Especial 306.645/DF, relatado pelo Ministro Carlos Alberto Menezes Direito, no qual se asseverou que, "prestadas as contas relativas ao período questionado pelo liquidante em assembleia geral extraordinária, tal e qual previsto na lei especial de regência, sendo as mesmas aprovadas, não há legitimidade dos cooperados individualmente para o ajuizamento da ação de prestação de contas".

O entendimento, todavia, não me parece adequado. A aprovação de contas pela assembleia tem característica de deliberação coletiva e, como tal, tem seu efeito vinculado ao patrimônio coletivo, não sendo lícito pretender que a coletividade tenha o direito de dispor sobre obrigação individual, já fora do âmbito do ambiente societário. Em fato, o *reliquum* – a sobra não satisfeita do patrimônio passivo – deixa de ser matéria societária, na medida em que o credor ou liquidante passa a agir contra o patrimônio individual; nesses sítios, não há mais um patrimônio social passível de gerência por deliberação social. Há patrimônio individual, que em nada se confunde com a pessoa jurídica da sociedade cooperativa. Para a defesa – assim como para a disposição – do patrimônio individual, falece competência e poder para assembleia de cooperados. Os atos que eventualmente pratique nesse território estão completamente despidos de legitimidade: superam os poderes que a lei outorga às coletividades, restritos ao ambiente social e ao patrimônio correspondente.

Referências

ACADEMIA BRASILEIRA DE LETRAS JURÍDICAS. *Dicionário jurídico*. 4. ed. Rio de Janeiro: Forense Universitária, 1997.

AGOSTINHO (Bispo de Hipona). *O livre-arbítrio*. Tradução de Nair de Assis Oliveira. São Paulo: Paulus, 1995.

ALMEIDA, Carlos Guimarães. A virtuosidade da sociedade em conta de participação. *Revista Forense*, Rio de Janeiro, ano 69, v. 244, p. 5-16, out./dez. 1973.

ALMEIDA, Napoleão Mendes de. *Gramática metódica da língua portuguesa*. 43. ed. São Paulo: Saraiva, 1999.

ARISTÓTELES. *Ética a Nicômacos*. Tradução de Mário da Gama Kury. 4. ed. Brasília: Editora Universidade de Brasília, 2001.

ARISTÓTELES. *Política*. Tradução de Mário da Gama Kury. 3. ed. Brasília: Editora Universidade de Brasília, 1997.

ASCARELLI, Tullio. *Problemas das sociedades anônimas e direito comparado*. Campinas: Bookseller, 1999.

ASCARELLI, Tullio. Sociedade por ações: retirada do acionista dissidente. *Revista Forense*, Rio de Janeiro, v. 96, ano 40, p. 19-22, out. 1943.

BARBI, Otávio Vieira. *Composição de interesses no aumento de capital das sociedades limitadas*. Rio de Janeiro: Forense, 2007.

BARBOSA FILHO, Marcelo Fortes. *Sociedade anônima atual*: comentários e anotações às inovações trazidas pela Lei 10.303/01 ao texto da Lei 6.404/76. São Paulo: Atlas, 2004.

490 Direito Empresarial Brasileiro: Direito Societário • Mamede

BARRETO, Celso de Albuquerque. *Acordo de acionistas*. Rio de Janeiro: Forense, 1982.

BARROS, Betania Tanure. *Gestão à brasileira*: uma comparação entre América Latina, Estados Unidos, Europa e Ásia. São Paulo: Atlas, 2003.

BENSOUSSAN, Fabio Guimarães. *Intervenção estatal na empresa privatizada*: análise das *golden shares*. Porto Alegre: Sergio Antonio Fabris, 2007.

BIGNOTTO, Newton. *Maquiavel republicano*. São Paulo: Loyola, 1991.

BORGES, João Eunápio. Sociedade de pessoas e sociedades de capital: a sociedade por cotas de responsabilidade limitada. *Revista Forense*, Rio de Janeiro, v. 128, ano 47, p. 17-22, mar. 1950.

BOTELHO, Angela Vianna; REIS, Liana Maria. *Dicionário histórico Brasil*: colônia e império. Belo Horizonte, 2001.

BUCCI, Maria Paula Dallari. *Cooperativas de habitação no direito brasileiro*. São Paulo: Saraiva, 2003.

BULGARELLI, Waldirio. *Fusões, incorporações e cisões de sociedades*. 6. ed. São Paulo: Atlas, 2000.

BULGARELLI, Waldirio. *Manual das sociedades anônimas*. 13. ed. São Paulo: Atlas, 2001.

BULGARELLI, Waldirio. *Sociedades comerciais*. 10. ed. São Paulo: Atlas, 2001.

CALÇAS, Manoel de Queiroz Pereira. *Sociedade limitada no novo Código Civil*. São Paulo: Atlas, 2003.

CALDAS AULETE (Org.). *Dicionário contemporâneo da língua portuguesa*. 4. ed. Rio de Janeiro: Delta, 1958.

CAMPOS, João Vicente Campos. Nulidade das subscrições pela falsidade dos prospectos. *Revista Forense*, Rio de Janeiro, v. 175, ano 55, p. 497-498, jan./fev. 1958.

CARVALHO, Dora Martins. O direito de preferência e a incorporação de sociedades. *Revista Forense*, Rio de Janeiro, v. 220, ano 63, p. 429-433, out./nov. 1967.

CARVALHOSA, Modesto. *Comentários à Lei de Sociedades Anônimas*. São Paulo: Saraiva, 2002.

CARVALHOSA, Modesto. *Comentários ao Código Civil* (artigos 1.052 a 1.195). São Paulo: Saraiva, 2003. v. 13. (Coleção coordenada por Antônio Junqueira de Azevedo.)

CASTRO, Amílcar de. A suposta sociedade internacional de indivíduos. *Revista Forense*, Rio de Janeiro, v. 165, ano 53, p. 7-13, mar. 1956.

CATEB, Salomão de Araújo. *Direito das sucessões*. São Paulo: Atlas, 2003.

COELHO, Fábio Ulhoa. *A sociedade limitada no novo código civil*. São Paulo: Saraiva, 2003.

COELHO, Fábio Ulhoa. *Curso de direito comercial*. 7. ed. São Paulo: Saraiva, 2003.

COELHO, José Gabriel Pinto. Responsabilidade das entidades coletivas. *Revista de Direito*: civil, comercial e criminal, Rio de Janeiro: Cruz Coutinho, v. 4, p. 23-39, abr. 1907.

CORRÊA-LIMA, Osmar Brina. *Sociedade anônima*. 2. ed. Belo Horizonte: Del Rey, 2003.

COSTA, Filomeno J. da. Algumas novidades jurídicas sobre sociedades anônimas. *Revista Forense*, Rio de Janeiro, v. 183, ano 56, p. 7-27, maio/jun. 1959.

DIAS, Everaldo Medeiros. *A Inaplicabilidade do Incidente de Desconsideração da Personalidade Jurídica nas Ações Trabalhistas*: uma adequação baseada no princípio da proporcionalidade. Jundiaí: Paco Editorial, 2020.

DIAS, Ronaldo Brêtas Carvalho. *Fraude no processo civil*. Belo Horizonte: Del Rey, 1988.

DINIZ, Gustavo Saad. *Direito das fundações privadas*: teoria geral e exercício de atividades econômicas. 2. ed. Porto Alegre: Síntese, 2003.

FABRETTI, Láudio Camargo. *Incorporação, fusão, cisão e outros eventos societários*: tratamento jurídico, tributário e contábil. São Paulo: Atlas, 2001.

FARIA, Anacleto de Oliveira. Sociedade comercial entre cônjuges. *Revista Forense*, Rio de Janeiro, v. 178, ano 55, p. 469-474, jul./ago. 1958.

FARIA, Ernesto. *Dicionário escolar latino-português*. Rio de Janeiro: FAE, 1988.

FARIA, S. Soares de. *Do abuso da razão social*. São Paulo: Saraiva, 1933.

FAUSTO, Boris. *História do Brasil*. 8. ed. São Paulo: EDUSP, 2000.

FAZZIO JÚNIOR, Waldo. *Manual de direito comercial*. 3. ed. São Paulo: Atlas, 2003.

FAZZIO JÚNIOR, Waldo. *Sociedades limitadas*: de acordo com o Código Civil de 2002. São Paulo: Atlas, 2003.

FEIJÓ, Ricardo. *História do pensamento econômico*. São Paulo: Atlas, 2001.

FERREIRA, Aurélio Buarque de Holanda. *Novo dicionário da língua portuguesa*. 2. ed. Rio de Janeiro: Nova Fronteira: 1997.

FEUERBACH, Ludwig. *Princípios da filosofia do futuro e outros escritos*. Tradução de Artur Morão. Lisboa: 70, 1988.

FIGUEIREDO, Ronise de Magalhães. *Dicionário prático de cooperativismo*. Belo Horizonte: Mandamentos, 2000.

492 Direito Empresarial Brasileiro: Direito Societário • Mamede

FIÚZA, Ricardo (Org.). *Código Civil*: parecer final às emendas do Senado Federal feitas ao projeto de lei da Câmara nº 118, de 1984, que institui o Código Civil. Brasília: Centro de Documentação e Informação, 2000.

FIÚZA, Ricardo (Org.). *Novo Código Civil comentado*. São Paulo: Saraiva, 2002.

FIÚZA, Ricardo. *O novo Código Civil e as propostas de aperfeiçoamento*. São Paulo: Saraiva, 2004.

FONSECA, Priscila M. P. Côrrea da. *Dissolução parcial, retirada e exclusão de sócio*. São Paulo: Atlas, 2002.

FRASÃO, Stanley Martins. *A responsabilidade civil do administrador da sociedade limitada*. 2003. Dissertação (Mestrado em Direito Empresarial) – Faculdade de Direito Milton Campos, Belo Horizonte.

FREITAS, Augusto Teixeira de. *Esboço do Código Civil*. Brasília: Ministério da Justiça: Fundação Universidade de Brasília, 1983.

FREITAS, Elizabeth Cristina Campos Martins de. *Desconsideração da personalidade jurídica*: análise à luz do Código de Defesa do Consumidor e do novo Código Civil. São Paulo: Atlas, 2002.

FURTADO, Jorge Henrique Pinto. *Curso de direito das sociedades*. 4. ed. Coimbra: Almedina, 2001.

GABRICH, Frederico de Andrade. *Contrato de franquia e direito de informação*. Rio de Janeiro: Forense, 2002.

GALVÃO, Ramiz. *Vocabulário etimológio, ortográfico e prosódico das palavras portuguesas derivadas da língua grega*. Rio de Janeiro, Belo Horizonte: Garnier, 1994. (Edição fac-símile)

HERRMANN JUNIOR, Frederico. *Análise de balanços para administração financeira*: análise econômica e financeira do capital das empresas. 9. ed. São Paulo: Atlas, 1972.

HERRMANN JUNIOR, Frederico. *Contabilidade superior*: teoria econômica da contabilidade. 10. ed. São Paulo: Atlas, 1978.

HERRMANN JUNIOR, Frederico. *Custos industriais*: organização administrativa e contábil das empresas industriais. 7. ed. São Paulo: Atlas, 1974.

HOUAISS, Antônio; VILLAR, Mauro Salles. *Dicionário Houaiss da língua portuguesa*. Rio de Janeiro: Objetiva, 2001.

IUDÍCIBUS, Sérgio de; MARION, José Carlos. *Dicionário de termos de contabilidade*: breves definições, conceitos e palavras-chave de contabilidade e áreas correlatas. São Paulo: Atlas, 2001.

Referências **493**

JUSTINIANUS, Flavius Petrus Sabbatus. *Institutas do Imperador Justiniano*: manual didático para uso dos estudantes de direito de Constantinopla, elaborado por ordem do Imperador Justiniano, no ano de 533 d.C. Tradução de José Cretella Júnior e Agnes Cretella. São Paulo: Revista dos Tribunais, 2000.

KAFKA, Franz. *O processo*. Tradução de Syomara Cajado. São Paulo: Nova Época, s.d.

LAMY FILHO, Alfredo. A reforma da lei de sociedades anônimas. *Revista Forense*, Rio de Janeiro, v. 231, ano 66, p. 11-17, jul./set. 1970.

LIMA, Leandro Rigueira Rennó. *Arbitragem*: uma análise da fase pré-arbitral. Belo Horizonte: Mandamentos, 2003.

LOBO, Jorge (Coord.). *A reforma da lei das S.A.* São Paulo: Atlas, 1998.

MACIEL, Arthur Antunes (Dr. Antônio). *Memória de um rato de hotel*. Rio de Janeiro: Dantes, 2000.

MAIA NETO, Francisco. *Arbitragem*: a justiça alternativa. Belo Horizonte: F. Maia Neto, 2002.

MAMEDE, Gladston. *A advocacia e a Ordem dos Advogados do Brasil*. 3. ed. São Paulo: Atlas, 2008.

MAMEDE, Gladston. *Agências, viagens e excursões*: regras jurídicas, problemas e soluções. São Paulo: Manole, 2003.

MAMEDE, Gladston. *Código Civil comentado*: penhor, hipoteca e anticrese: artigos 1.419 ao 1.510. São Paulo: Atlas, 2003. v. 14. (Coleção coordenada por Álvaro Villaça Azevedo.)

MAMEDE, Gladston. *Contrato de locação em shopping center*: abusos e ilegalidades. Belo Horizonte: Del Rey, 2000.

MAMEDE, Gladston. *Direito do consumidor no turismo*: Código de Defesa do Consumidor aplicado aos contratos, aos serviços e ao marketing do turismo. São Paulo: Atlas, 2004.

MAMEDE, Gladston. *Direito do turismo*: legislação específica aplicada. 3. ed. São Paulo: Atlas, 2004.

MAMEDE, Gladston. *Direito empresarial brasileiro*: empresa e atuação empresarial. 3. ed. São Paulo: Atlas, 2009. v. 1.

MAMEDE, Gladston. *Direito empresarial brasileiro*: títulos de crédito. 5. ed. São Paulo: Atlas, 2009. v. 3.

MAMEDE, Gladston. *Direito empresarial brasileiro*: falência e recuperação judicial de empresas. 3. ed. São Paulo: Atlas, 2009. v. 4.

MAMEDE, Gladston. *IPVA*: imposto sobre a propriedade de veículos automotores. São Paulo: Revista dos Tribunais, 2002.

494 Direito Empresarial Brasileiro: Direito Societário • Mamede

MAMEDE, Gladston. *Manual de direito empresarial*. 4. ed. São Paulo: Atlas, 2009.

MAMEDE, Gladston. *Manual de direito para administração hoteleira*: incluindo análise dos problemas e dúvidas jurídicas, situações estranhas e as soluções previstas no direito. 2. ed. São Paulo: Atlas, 2006.

MAMEDE, Gladston. Neoliberalismo e desadministrativização. *Revista de Informação Legislativa*, Brasília: Subsecretaria de Edições Técnicas do Senado Federal, ano 32, nº 127, p. 151-159, jul./set. 1995.

MAMEDE, Gladston. *Semiologia do direito*: tópicos para um debate referenciado pela animalidade e pela cultura. 3. ed. São Paulo: Atlas, 2009.

MAMEDE, Gladston. *O trabalho acadêmico no direito*: monografias, dissertações e teses. Belo Horizonte: Mandamentos, 2001.

MAMEDE, Gladston; MAMEDE, Eduarda Cotta. *Manual de redação de contratos sociais, estatutos e acordos de sócios*. 3. ed. São Paulo: Atlas, 2016.

MAMEDE, Gladston. *Divórcio, dissolução e fraude na partilha de bens*: simulações empresariais e societárias. 4. ed. São Paulo: Atlas, 2014.

MAQUIAVEL, Nicolau. *Maquiavel*. Tradução de Lívio Xavier. São Paulo: Nova Cultural, 1996. (Coleção *Os Pensadores*)

MARCONDES, Sylvio. *Questões de direito mercantil*. São Paulo: Saraiva, 1977.

MARCONDES, Sylvio. Sociedade e exercício da atividade mercantil. *Revista Forense*, Rio de Janeiro, v. 210, ano 62, p. 28-38, maio/jun. 1965.

MARTINS, Sergio Pinto. *Cooperativas de trabalho*. São Paulo: Atlas, 2003.

MARTINS, Sergio Pinto. *Comentários à CLT*. 6. ed. São Paulo: Atlas, 2003.

MARTINS, Sergio Pinto. *Direito do trabalho*. 15. ed. São Paulo: Atlas, 2002.

MARTIUS, Carl F. P. *O estado do direito entre os autóctones do Brasil*. Tradução de Alberto Löfgren. Belo Horizonte: Itatiaia; São Paulo: Editora da USP, 1982.

MARX, Karl. *Karl Marx*. Tradução de Edgard Malagodi. São Paulo: Nova Cultural, 1996. (Coleção *Os Pensadores*)

MAZZILLI, Hugo Nigro. *A defesa dos interesses difusos em juízo*. 16. ed. São Paulo: Saraiva, 2003.

MAZZILLI, Hugo Nigro. *O inquérito civil*. 2. ed. São Paulo: Saraiva, 2000.

MENDONÇA, José Xavier Carvalho de. *Tratado de direito comercial*. 5. ed. Rio de Janeiro: São Paulo: Freitas Bastos, 1953.

MICHAELIS. *Moderno dicionário da língua portuguesa*. São Paulo: Melhoramentos, 1998.

MILLET, Louis. *Aristóteles*. Tradução de Roberto Leal Ferreira. São Paulo: Martins Fontes, 1990.

MONTEIRO, Washington de Barros. *Curso de direito civil*. 39. ed. São Paulo: Saraiva, 2003.

MORAES, Alexandre de. *Constituição do Brasil interpretada e legislação constitucional*. São Paulo: Atlas, 2002.

MORAES, Alexandre de. *Direito constitucional*. 11. ed. São Paulo: Atlas, 2002.

MORAIS, Antão. Sociedade em conta de participação – *investment trusts* – sociedade de crédito, financiamento ou investimentos. *Revista Forense*, Rio de Janeiro, v. 165, ano 53, p. 7-27, maio/jun. 1956.

NUNES, Gilson; HAIGH, David. *Marca*: valor do intangível, medindo e gerenciando seu valor econômico. São Paulo: Atlas, 2003.

NUNES, Pedro. *Dicionário de tecnologia jurídica*. 13. ed. Rio de Janeiro: Renovar, 1999.

OLIVEIRA, Amanda Flávio. *O direito da concorrência e o Poder Judiciário*. Rio de Janeiro: Forense, 2002.

OLIVEIRA, Djalma de Pinho Rebouças de. *Manual de gestão das cooperativas*: uma abordagem prática. São Paulo: Atlas, 2003.

PAES, P. R. Tavares. *Responsabilidade dos administradores de sociedades*. 3. ed. São Paulo: Atlas, 1999.

PAESANI, Liliana Minardi. *Direito e internet*: liberdade de informação, privacidade e responsabilidade civil. 2. ed. São Paulo: Atlas, 2003.

PANTALEÃO, Leonardo (Org.). *Fundações educacionais*. São Paulo: Atlas, 2003.

PINHEIRO, Juliano Lima. *Mercado de capitais*: fundamentos e técnicas. 2. ed. São Paulo: Atlas, 2002.

PIRENNE, Henri. *História econômica e social da Idade Média*. Tradução de Lycurgo Gomes da Motta. São Paulo: Mestre Jou, 1963.

POLONIO, Wilson Alves. *Manual das sociedades cooperativas*. 3. ed. São Paulo: Atlas, 2001.

REQUIÃO, Rubens. *Curso de direito comercial*. 15. ed. São Paulo: Saraiva, 1985.

REY, Alain (diretor de redação, sucessor de Paul Robert). *Le Micro-Robert*. Paris: Dictionnaires Le Robert, 1988.

RIBEIRO, Darcy. *Diários índios*: os urubus-kaapor. São Paulo: Companhia das Letras, 1996.

RODRIGUES, Frederico Viana. *Insolvência bancária*: liquidação extrajudicial e falência. Belo Horizonte: Mandamentos, 2004.

RODRIGUES, Frederico Viana (Coord.). *Direito de empresa no novo Código Civil*. Rio de Janeiro: Forense, 2004.

RODRIGUES, Silvio. *Direito civil*. 32. ed. São Paulo: Saraiva, 2002.

RODRIGUES JUNIOR, Otavio Luiz. *Revisão judicial dos contratos*: autonomia da vontade e teoria da imprevisão. São Paulo: Atlas, 2002.

ROLIM, Luiz Antonio. *Instituições de direito romano*. São Paulo: Revista dos Tribunais, 2000.

SÁ, Antônio Lopes de. *Contabilidade e o novo código civil de 2002*. Belo Horizonte: UNA, 2002.

SÁ, Antônio Lopes de. *Princípios fundamentais de contabilidade*. 3. ed. São Paulo: Atlas, 2000.

SÁ, Antônio Lopes de. *Teoria da contabilidade*. 3. ed. São Paulo: Atlas, 2002.

SÁ, Antônio Lopes de; SÁ, Ana M. Lopes de. *Dicionário de contabilidade*. 9. ed. São Paulo: Atlas, 1995.

SANTANA, Jair Eduardo. *Limites da decisão judicial na colmatação de lacunas*: perspectiva social da atividade judicante. Belo Horizonte: Del Rey, 1998.

SANTOS, Jurandir. *Lei de sociedades anônimas anotada*. São Paulo: Juarez de Oliveira, 2003.

SARAIVA, F. R. dos Santos. *Dicionário latino-português*. 11. ed. Rio de Janeiro, Belo Horizonte: Garnier, 2000.

SCHMIDT, Paulo; SANTOS, José Luiz dos. *Avaliação de ativos intangíveis*. São Paulo: Atlas, 2002.

SENA, Adriana Goulart de. *A nova caracterização da sucessão trabalhista*. São Paulo: LTr, 2000.

SHAW, George Bernard. *Socialismo para milionários*. Tradução de Paulo Rónai. Rio de Janeiro: Ediouro, [s.d.].

SIDOU, J. M. Othon. Empresa individual de responsabilidade limitada. *Revista Forense*, Rio de Janeiro, ano 60, v. 204, p. 39-48, out./dez. 1963.

SILVA, De Plácido e. *Vocabulário jurídico*. 10. ed. Rio de Janeiro: Forense, 1987.

SILVA, Eduardo Silva da. *Arbitragem e direito da empresa*: dogmática e implementação da cláusula compromissória. São Paulo: Revista dos Tribunais, 2003.

SILVA, José Anchieta da. *Conselho fiscal nas sociedades anônimas brasileiras*. Belo Horizonte: Del Rey, 2000.

SILVA FILHO, Cícero Virgulino da. *Cooperativas de trabalho*. São Paulo: Atlas, 2002.

SOARES, Rinaldo Campos. *Empresariedade e ética*: o exercício da cidadania corporativa. São Paulo: Atlas, 2002.

STIGLITZ, Ruben S.; STIGLITZ, Gabriel A. *Responsabilidad precontratual*: incumplimiento del deber de información. Buenos Aires: Abeledo-Perrot, 1992.

TEIXEIRA, Egberto Lacerda. Reforma da Lei das Sociedades Limitadas. *Revista Forense*, Rio de Janeiro, ano 67, v. 233, p. 5-10, jan./mar. 1971.

TZIRULNIK, Luiz. *Empresas & empresários* – no novo Código Civil: Lei 10.406, de 10.1.2002. São Paulo: Revista dos Tribunais, 2003.

VALADÃO, Haroldo. Direito interplanetário e direito intergentes planetárias. *Revista Forense*, Rio de Janeiro, v. 177, ano 55, p. 7-27, maio/jun. 1958.

VASCONCELOS, Justino. Da composição da firma de sociedade em nome coletivo. *Revista Forense*, Rio de Janeiro, ano 52, v. 158, p. 471-483, mar./abr. 1955.

VENOSA, Sílvio de Salvo. *Direito civil*. 3. ed. São Paulo: Atlas, 2003.

VILELA, Marcelo Dias Gonçalves. *Arbitragem no direito societário*. Belo Horizonte: Mandamentos, 2004.